講談社選書メチエ

697

フランス史

G・ベルティエ・ド・ソヴィニー

鹿島 茂［監訳］

楠瀬正浩［訳］

MÉTIER

HISTOIRE DE FRANCE
by Guillaume de Bertier de Sauvigny

Japanese translation published by arrangement with
Flammarion S. A. through The English Agency Japan (Japan) Ltd.

はじめに

本書の執筆を筆者が思い立ったのは、簡単な事実に気がついた結果である。すなわち、ある程度高度な水準において、ハイ・レベルな高名なアカデミー会員あるいは大学教授たちによって著され、しばしば豪華な図版に飾られているフランス史の本は、選択が困難なほど数多く出版されているのに反して、初めての入門書として若者たちが気軽に手にすることができるような、あるいはフランス文化に関心を抱いている外国人たちに気楽に薦めることができるような、簡単なフランス史の本は見当たらないという事実である。

こうした欠落部分の埋め合わせを意図して筆者が採用したのは、厳密に年代順に従い、政治的事件と歴史的人物に多くのページを割き、逆に、今日教育プログラムで大幅に取り入れられている《文化的事象》は最小限にとどめる、といういわば《昔ながらの《レトロ》》スタイルであった。

フランス史という魅力あふれる庭園のいずれかの箇所を、さらなる関心に駆られて思いのままに散策してみたいと思われる読者のために、巻末には最近の著作だけではなく、古い著作をも含めて、参考文献のリストが掲げられている。というのも古い著作の多くは今日不当に無視され、その一方で出版業界の利益追求によって生みだされた、性急で軽薄な書物がもてはやされるという現象が生じている。ここでも筆者は《昔ながらの《レトロ》》立場を非難されるかもしれない。しかしこうした非難にさらされるという危険ならば、筆者は喜んで引き受けるつもりである。一見したところの新しさとは、多くの場合、ふたたび見いだされた過去にすぎないということを、歴史教育に捧げられた長い生涯をつうじて、筆者は経験的に学んできているからである。

Histoire de France

目次

フランス史

（　）は原則として原本での使用を踏襲しているが、一部では原本での使用箇所以外に、表記や用語の併記、年月の補記等のために用いている。

《　》は原本での使用をほぼそのまま踏襲したが、一部で和文としての読みやすさのために「　」等に置き換えている。また、原本でイタリック表記されたものも《　》つきにした。

〔　〕は訳者による補足や注記を示す。

本文中の地図、系図は原本を翻訳のうえ作図し直した。そのほかの挿画は、すべて本邦訳にあたって適宜挿入した。

装釘　宗利淳一

第一章 起源

Histoire de France

今日フランスと呼ばれている国が歴史の舞台に登場するのはローマ帝国の時代であるが、当時この国はゴール（ガリア）、すなわちガリア人の国と呼ばれていた。その後かなりの時間が経過し、この国はようやくフランキア、すなわちフランク族の国として認められるようになる。その間にもこのゲルマン人の部族は、ローマ期ガリアの広大な部分に彼らの支配を樹立していた。

いわゆるフランスと呼ばれてしかるべき国家の歴史が始まるのは、フランク族の王のなかでももっとも偉大な王であったシャルルマーニュの帝国が八四三年に分割されてからである。しかし、たとえそれ以前にフランスが国家（Etat）としては存在していなかったとしても、この地に国（pays）と国民が存在し、それまでの文明が物質的にも精神的にも多くのものを蓄積していたことに変わりはない。それゆえすべてのフランス史の研究は、フランス国民の肉体と魂のなかへと統合されていったこうした過去の諸要素に、ひとまずある程度は目を通しておく必要がある。

ニーム「メゾン・カレ」
（コリント様式神殿　前2年〜2年）

1　初期の文明

先史時代

南フランスの河川流域地帯〔ドルドーニュあるいはペリゴール地方〕は、狩猟生活を送り、洞窟に住んでいた原始時代の人びとに、きわめて良好な生活環境を提供していた。紀元前二万年ころのものと推定される有名なラスコーの洞窟壁画をはじめとして、先史時代の人類のもっとも感動的な痕跡のいくつかが発見されているのは、この地域においてである。

紀元前二〇〇〇年から前一五〇〇年にかけて、西ヨーロッパ全域には、イギリスの島々をも含めて、巨石（メガリチック、ギリシャ語のメガ〔大きい〕とリトス〔石〕からなる合成語）文明と呼ばれる文明が広まっていた。この名称は当時の住民が作り上げた自然石の石塊からなる巨大なモニュメントに由来している。フランスで、こうした建造物がブルターニュ地方以上に数多く顕著に見られる土地はほかにない。たとえばカルナックの列石遺跡では、少なくとも二千のメンヒル（長い石）が規則的な七本の列を形成している。もっとも、フランスの他の多くの地域でもこうしたメンヒルあるいはドルメン〔机石〕は少なからず発見されている（地図参照）。

今日姿を消してしまった巨石のいくつかは、ピエールフィット（立った石）、ピエールラット（広い石）といった地名にその痕跡を残している。

ギリシャの植民活動

東地中海でもっとも進んだ文明を誇っていた人びとがフランスとスペインの沿岸地域に姿をあらわすようになったのは、紀元前一〇〇〇年くらいのことである。最初に登場したのはフェニキア人で、彼らはとりわけ現在のモナコならびにポール＝ヴァンドルに交易所あるいは寄港地を建設していた。彼らにとって主要な関心の対象であったのは、銅と錫《すず》――青銅の成分――であり、それらが採掘されていたのは、スペインの鉱山、ピレネー山脈あるいはさらに遠方のコルヌアイユ（ブルターニュ半島

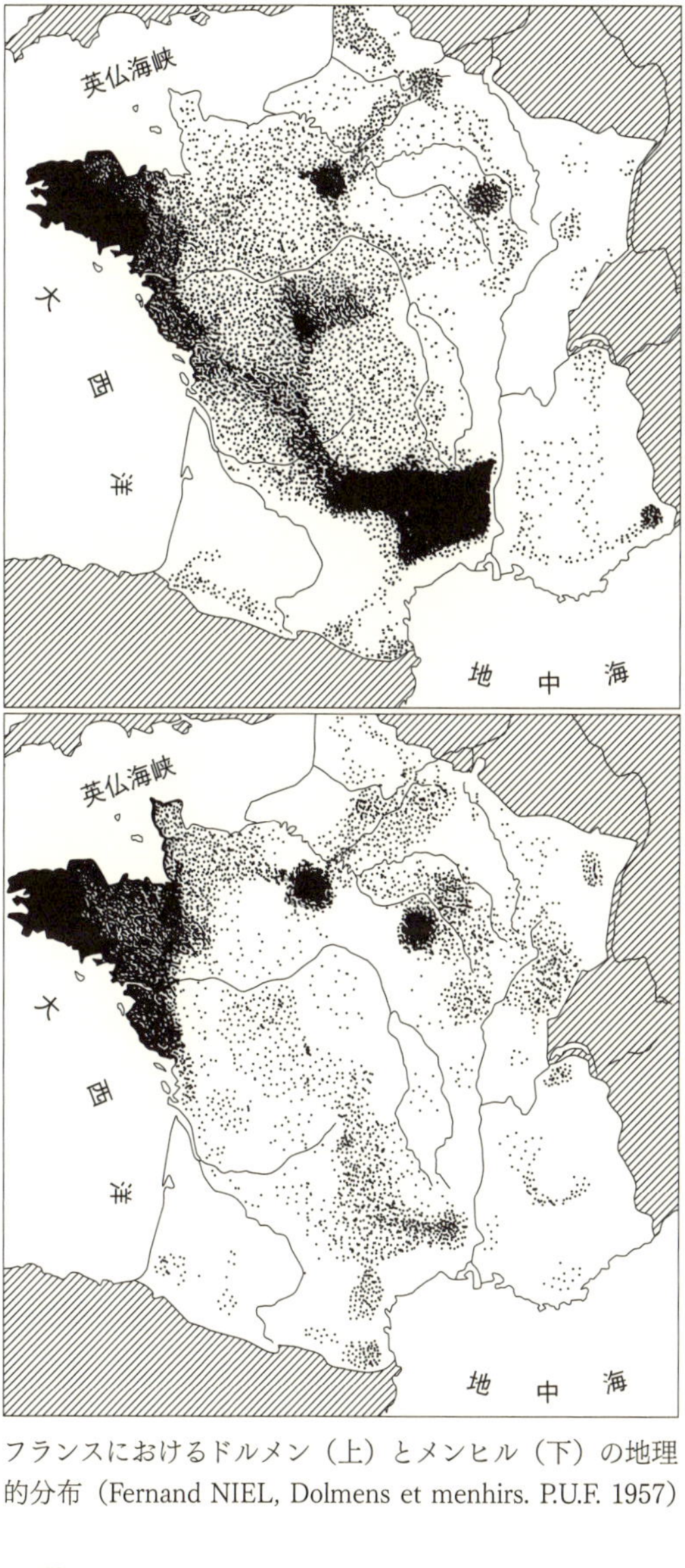

フランスにおけるドルメン（上）とメンヒル（下）の地理的分布（Fernand NIEL, Dolmens et menhirs. P.U.F. 1957）

南西部）の鉱山である。これらの鉱山から銅と錫は海路によって、あるいは陸路によって、地中海の港に運ばれていた。

やがてギリシャ人がフェニキア人のあとを受けてこの地を訪れるようになった。しかしギリシャ人は寄港するだけで満足したわけではない。紀元前六〇〇年ころ、彼らはローヌ川の広大な流域地帯の河口近くに、マッシリア、あるいはマッサーリアと呼ばれた文字どおりの都市（現在のマルセイユ）を建設している。この植民都市を建設したのは、当時小アジアの海岸、現在のトルコに存在していた都市ポーカイアのギリシャ人であった。ペルシャの征服者がポーカイアを攻囲し奪取したとき、ポーカイア住民の大部分はマッサーリアの植民都市に逃れている。その後、マッサーリアはすぐに経済的な繁栄を誇る大都市へと発展し、それとともにフランスとスペインの海岸沿いには、マッサーリア以外にもさまざまなギリシャ植民都市が数珠状に誕生するようになった。現在の都市名のいくつかは次のようにかつてのギリシャ植民都市の名称の名残りをとどめている。ニース（ニーケー＝勝利に由来）、アンチーブ（アンティポリス＝向かいの町に由来）、アグド（アガテー＝幸運もしくは良い都市に由来）など。今日でもマルセイユの人びとは、自分たちは「ポーカイアの人間」であると好んで口にしている。近年になって都市の中心部で進められた再開発事業により、かつてのギリシャ植民都市の興味深い遺跡がいくつも発見されている。

ギリシャ人はあえて内陸部に定住しようとはしなかったが、それでも彼らの交易路は遠く北フランスにまで及んでいた。こうした商取引の規模を示す特別に貴重な証拠のひとつに、一九五三年にヴィクスで発見された巨大なブロンズ製のクラテル（酒と水を混ぜるのに用いた二つの取っ手をもつ深鉢）があり、発見されたのはマルセイユから北方五百キロの地点である。そうした交易品とともに貨幣と文字を使用する習慣が広まっていった。

ケルト人の到来

ギリシャ人がマルセイユに定住するようになったのとほぼ同じころ、大陸内部は中央ヨーロッパの山岳地帯からやってきた民族、ケルト人（Celtes あるいは Kelts）の侵略にさらされていた。この好戦的な部族は鉄製の武器を有し、戦車を使用していたので、先住民をたやすくしたがわせることができた。先住民が侵略者たちと混血状態になるのにそれほど時間はかからなかった。ケルト人の居住地域はイタリアにまで広がり、ローマ人はきびしい戦闘を余儀なくされたが、最終的には侵略者をアルプスの北方に押し返すことに成功している。すでに述べたように、このケルト人の国が当時のローマ人にとってガリアとなった。

2　被支配時代以前のガリア

今日のフランス文明がケルト期あるいはガリア期（紀元前六〇〇年~前五〇年）に負うているものは、ローマ帝国の支配からもたらされた豊かな遺産に比べるならば、取るに足らないものに思われるかもしれない。それでもフランス史とフランス文学の世界へ読者を導こうとするならば、われわれは十九世紀初頭に歴史家や詩人たちが甦《よみがえ》らせた、かつてのガリア人の神話的イメージを無視することはできない。なかでもシャトーブリアンの英雄叙事詩『殉教者たち』はその好例であろう。神話と歴史は、一八七〇〜七一年の普仏戦争の敗北をうけて新たな活力を見いだし、このときフランス人はすべてのゲルマン的なものに対する憎悪を遠い過去に投影し、相手がローマ人であろうとゲルマン人であろうと、侵略者に対するガリア人の抵抗を讃えたのである。今でもある種のサブ・カルチャー的イメージ〔人気バンド・デシネ作品『アステリックス』など〕が数世代にわたって小学生の脳裡に刻みこまれ、フランスの国民的伝統の一部を形成している。

住民と統治機構

ローマによって征服される以前、ガリアに住んでいた住民の数はおおよそ千五百万人と推定されている。彼らはほぼ六十の部族国家にわかれていた。彼らのあいだに統一がなされなかったことについては多くの理由が考えられるが、なかでも大きな要因は広大な国土にあったかもしれない。そこでは深い森、大きな沼沢地、幅広い河川によって、居住地域は相互の孤立を余儀なくされていた。これらの部族の名称はかなりの数がローマ人によって書き記されており、その多くは今日のフランスの都市や地方の名称のなかに見いだされる。

こうした原始的な小国群の大部分において、王あるいは首長の一門は貴族社会を構成する戦士たちの手により、すでに権力を奪い去られていた。戦士たちは選出された指揮官と、ほぼ定期的に開かれていた集会を通じて統治をおこなっていた。下層民はしばしば少数の支配者たちに叛逆を試み、君主政を復興してそこに保護を求めようとした。その結果、また指導的地位を占めていた一門同士でも争いが絶えなかったために、部族や都市の生活はほとんど絶え間のない動揺と不安のなかにあった。

Ambiani	Amiens （アミアン）	
Andegavi	Angers （アンジェ）	Anjou （アンジュー）
Atrebates	Arras （アラス）	Artois （アルトワ）
Bituriges	Bourges （ブールジュ）	Berry （ベリー）
Carnutes	Chartres （シャルトル）	
Cenomani	Le Mans （ル・マン）	Maine （メーヌ）
Lemovicences	Limoges （リモージュ）	Limousin （リムーザン）
Namnetes	Nantes （ナント）	
Pictavi	Poitiers （ポワチエ）	Poitou （ポワトゥー）
Senones	Sens （サンス）	
Tricasses	Troyes （トロワ）	
Turones	Tours （トゥール）	Touraine （トゥーレーヌ）
Veneti	Vannes （ヴァンヌ）	

地名と部族の名称

社会階層

統治においてはさまざまな形態が見られた一方で、社会構造、風俗、宗教に関しては、ガリア全域においてほぼ同一の形態しか見いだされない。ふたつの特権階級が人口の大部分を支配しており、ひとつは聖職者集団、すなわちドルイド司祭たち、もうひとつは貴族、すなわちローマ人の呼称にしたがうならば、騎士階級《エクイテス》である。

ドルイド司祭になるには務めを果たすための幾年にもわたる修行が必要であった。その間、彼らはたんに宗教上の秘儀だけではなく、天文学、医学、哲学をも学んでいる。彼らは尊崇の的である特権階級を構成し、戦闘と納税の義務を免除され、裁判官と教育者の任務をも果たしていた。毎年、国中のドルイド司祭たちは、カルヌーテス族の国〔現在のシャルトルおよびオルレアン地方あたり〕のいずれかの場所に集結し、ひとりの最高指導者を選出していた。ドルイド司祭団と結びつき、彼らの特権のいくつかを享受していた人びとの中に、バルドと呼ばれる一種の詩人がおり、国民の生きた記憶装置のような役割を果たしていた。祝賀行事の折に彼らが歌う長編詩は神々の伝説と古代の英雄の偉業を人びとの心によみがえらせていた。

貴族は土地と馬を所有する豊かな人びとであった。彼らの政治的権力と社会的影響力は、彼らが動員することができた人間の数によっていた。すなわち奴隷たち、貴族の保護を受ける代わりに彼らに仕えていた被保護平民《クリエンテス》、さらには日本の侍と同じように、死ぬまで主人に従っていた戦士たちなどである。

一般人民を構成していた自由人たちは、耕作と牧畜と狩猟を組み合わせた経済活動によって生計を維持していた。すべての成年男子は必要な場合には武器を手にとり、貴族の擁する騎馬戦士と並んで戦いに参加していた。

こうしたガリア人社会のいくつかは、中世のフランス社会にも見いだされている。聖職者はドルイド司祭と同じような特権に浴していた。弱者は強者の保護の下に身を置き、その見返りに奉仕と貢納を提供していた。

生活と慣習

住居は円形の掘っ立て小屋で、木材と木々の枝と粘土とからなり、屋根は藁《わら》あるいは葦《あし》で覆われ、頂《いただき》には室内中央の炉からの煙を排出するため排気口が開けられていた。町は、ローマ人によってオッピダ（単数はオッピドゥム＝高城集落）と呼ばれ、しばしばかなりの規模の広がりに達していたが、いかなる点においてもギリシャやローマの都市とは似ておらず、たんに周囲をかこまれた空間という以外のなにものでもなかった。それでも、ここに近隣の住民たちは危険の際の避難所を見いだすことができたのである。周囲の壁は自然石と木の幹からなる素朴な作りであり、それゆえこうした防塁の跡は今日なにも残されていない。

ガリア人はゆるい上っ張りを身につけ、腰まわりをベルトで締め、長いズボン（古仏語でブライエス braies、ラテン語のブラカ braca に由来）をはいていた。上には一種のショールあるいはポンチョを意味するセイヨン sayon（古仏語でサイエ saie、ラテン語のサガ saga に由来）を羽織《はお》っていた。粗い羊毛の布地は鮮やかな色に染められ、しばしば縞模様やスコットランドのプラッドのような格子模様が施されていた。男たちは好んで重たい首飾りをさげ、細工された貴金属製の腕輪をしていた。墳墓から発見されるこうした品々は、武器や貨幣と同様、ガリア人の職人の技量の程度に関してわれわれに多くのことを伝えている。

当時のローマの作家たちがガリア人の国民的性格について残している素描はかなり辛辣である。勇敢で、才気煥発で、言葉の使用に長け、社交的であるが、その反面、軽率で、うぬぼれが強く、気まぐれで、喧嘩早く、またどのような規律にも完全に拒絶反応を示す。こうした指摘のなかに、いつの時代であれ外国の世論がフランス人のものであると考える特徴のいくつかを見てとることは、決してむずかしいことではない。

宗教

ガリア人の信仰に関して、われわれにわかっていることはほとんどなにもない。というのも、ドルイドたちは彼らの信仰を書き記すことを厳重に禁じていたからである。また、ローマ化される以前、ガリア人は彼らの神々に形象をもたらそうとは決してしなかった。神々とはもっぱら神格化された自然の力であり、光、雲、嵐、木々、水などであった。

泉に存在していると信じられていたボルボ神の名前は、今日、ブルボン・ランシイ、ブルボンヌ、ブルブールといった湯治場の名前のなかに見いだされる。そしてまたブルボンという地名となったことから、フランス最後の王家〔ブルボン家〕の名前のなかにも見られるようになった。

森林信仰に結びついていたものにヤドリギの収穫の儀式がある。これはドルイド司祭により、ある定められた日に黄金の刃の鎌を用いておこなわれていた。この原始宗教に見られるきわめて醜悪な習俗のひとつに人身御供《ひとみごくう》がある。生贄は柳の枝で作られた人形のなかに入れられ、しばしば生きたまま焼かれていた。十七世紀の初頭になってからも、冬至と夏至のころ、依然としてこうした燔祭《はんさい》がおこなわれていたが、ただ捧げられていたのは人間ではなく動物である。こうしたことは民間伝承のなかにまぎれて存続していたケルト文明の多くの事象のなかのほんの一例にすぎない。伝説的聖人の墳墓、奇跡の泉、巡礼地、季節の祝祭などは、初期のキリスト教伝道師たちによって、ほぼそのままの形でキリスト教に取り入れられている。

3　ローマ属州ガリア

征　服

ローマ人がガリアの征服に乗り出したのは、紀元前一二〇年くらいのことである。彼らは、近隣のガリアの部族に脅かされていたマッシリア（マルセイユ）の住民から援軍を要請されていた。その後ほどなくして地中海の沿岸地帯はローマ人の支配するところとなった。共和政ローマの領土に加えら

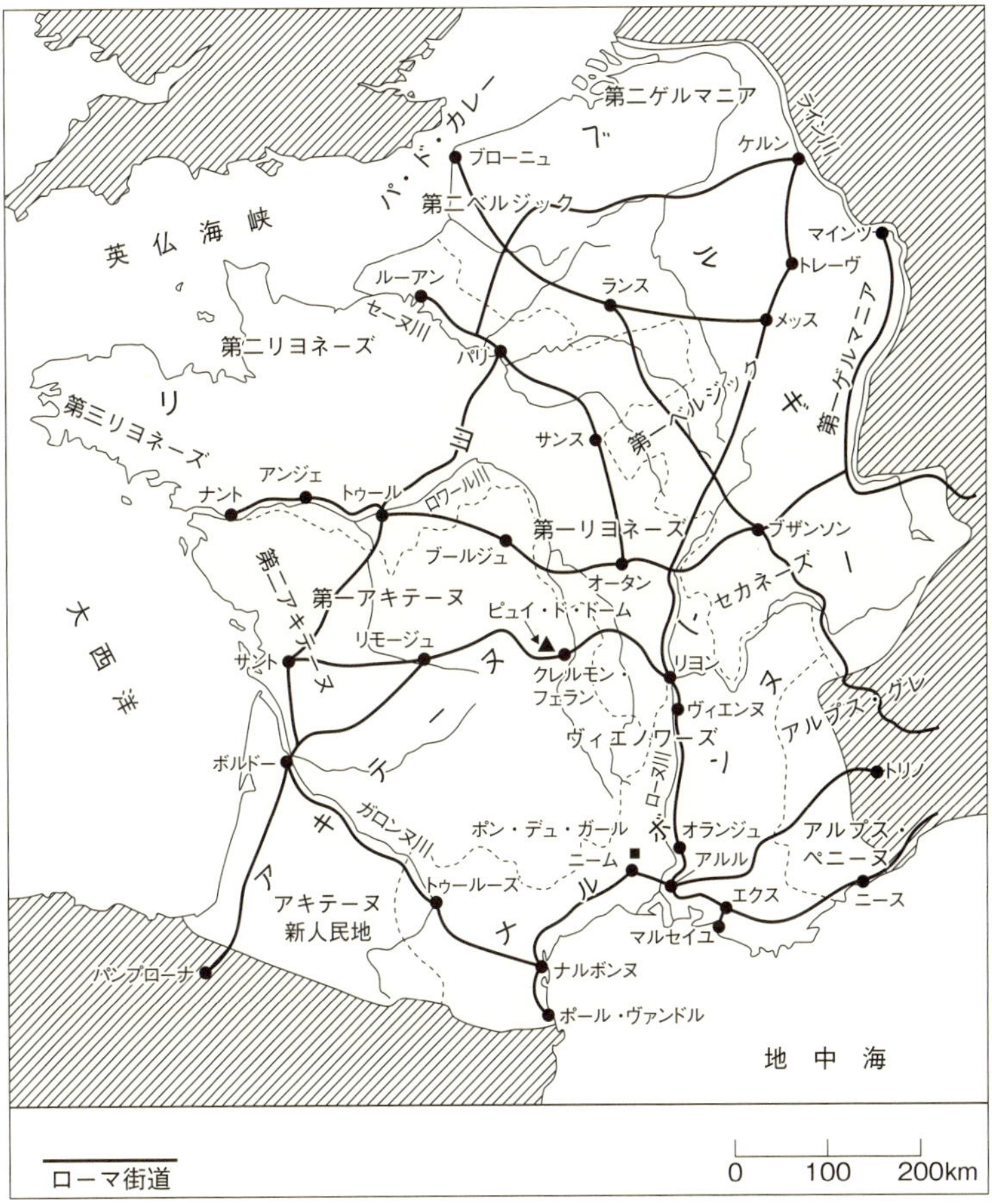

ローマ属州のガリア
(J.SECHER, Cours d'Histoire. Classe de 5e, De Gigord, 1937.)

れたこの新たな地は、プローウィンキア、すなわち「属州」と命名され、そこから現在のプロヴァンスという地名が誕生している。多くの景観的また言語上の特徴からも明らかなように、この地方はフランスの他のいずれの地域にもましてローマ文明の影響を色濃く残す結果となった。

紀元前五八年から前五〇年にかけて、ユリウス・カエサルはガリアの他のすべての地域の征服に乗り出している。彼はこの任務を比較的容易に成し遂げることができた。統制のとれていなかったガリア戦士の軍勢は、はるかに高度に武装され訓練されていたローマの軍団に立ち向かうことはできなかった。とはいえそれ以上に有効だったのは、異なる部族間とそれぞれの指導者のあいだに見られた敵対関係を利用したカエサルの戦略の巧みさである。それでも過酷な戦闘がくりひろげられたことに変わりはない。一時は、アルウェルニー族の若き勇敢な指導者ウェルキンゲトリクスは、大部分の部族の同盟を実現し、カエサルの軍隊に多大な損害をもたらすことに成功している。しかしけっきょくのところ、彼は軍とともに、アレシア（今日の、上ブルゴーニュのアリーズ・サント・レーヌ）の要塞のなかに封じこめられ、包囲され、降伏を余儀なくされた。ウェルキンゲトリクスの英雄的な人物像は、外国からの侵略に対する国民的な抵抗運動のシンボルとして、十九世紀にその栄光を讃えられることになる。

ローマの支配は敗者によってかなり容易に受け入れられた。征服者たちは賢明にも各地の慣習と制度を尊重した。支配階級であった貴族には公的な称号と任務が与えられ、戦士には軍隊への徴用の道が開かれ、やがてローマ帝国の優れた将軍と行政官のかなりの数が、ガリアの出身者で占められるようになった。ガリア人の同化のプロセスがほぼ完全に完了したと考えられるのは、二一五年ころ、カラカラ帝がすべてのガリア人にローマ市民の資格を認めたときである。

こうしたローマの支配はほぼ五世紀間にわたり、フランス文明のあらゆる面に深く永続的な影響をもたらしている。

物質的発展

ローマ人はガリアの地に地中海地域原産の植物と果樹をもたらし、また栽培と牧畜の技術を導入した。こうした新たな文物の獲得のなかでも、もっとも注目に値するのはブドウの栽培である。その後ブドウの栽培が北フランスにまで拡がり、かろうじて収穫可能な気候の地にまで広まった理由については、教会がミサのためにブドウ酒を必要としたということも考えられるだろう。あらゆる産業がローマの技術の恩恵にあずかり、そのことはとりわけ繊維生産と武器の製造において顕著であった。とはいえもっとも顕著な成果が、大規模な道路網の実現であったことにまちがいはない。主要な五つの道路——これはまさにローマの石積み工事技術の結実にほかならない——がルグドヌム（リヨン）を基点に放射状に広がり、さらにその先の街道へと枝わかれしていった。幹線道路は堅固な石の橋で川をわたり、われわれはそれらの橋の痕跡のいくつかを今日なお目にすることができる。

都市生活が発展するにつれ、ガリアの町はギリシャ・ローマの都市のあらゆる面を模倣するようになった。広場、寺院、劇場、闘技場、凱旋門、給水所、公衆浴場などが作られ、水は水道によって供給されていた。

こうして、現存するローマ建築のなかでももっとも興味深い記念建造物のいくつかがフランスに見られることになった。ニームとアルルの闘技場、ニームにある「メゾン・カレ（四角い家）」の名で知られている神殿、オランジュの野外劇場、ポン・デュ・ガールの水道橋、パリのユリアヌスの浴場などである。

知的遺産

ラテン語はそれまでの各地のケルト方言に少しずつ入れ替わっていった。ただブルターニュにおいてのみケルト語は使われ続けている。こうした言語の置き換えはきわめて自然に進行し、どのような強制もあったわけではない。ラテン語が最初に取り入れられたのは、ローマの行政に参加することを望んでいた上流階級によってである。ついでラテン語は、兵士、商人、入植者らを介して、民衆のなかへと広まっていった。それでも、貴族が古典ラテン語を完全に彼らのものとしていた――それもラテン文学の著名な作家たちの幾人かが、たとえばペトロニウス、アウソニウスといったガリア出身者で占められるほど美事に――のとは対照的に、一般民衆が身につけたのは崩れたラテン語であった。こうした俗ラテン語から現代フランス語の母体となったロマンス語が誕生している。

政治組織

未開のガリア諸国はおおむね従来の境界線とそれぞれの統治機関を維持している。ガリア諸国のそれぞれはローマ帝国のキウィタス（civitas）になったが、ただそこには以下のような相違点がある。すなわちギリシャ・ローマの例において、ポリスあるいはキウィタスという言葉が意味していたのはなによりもまず中核としての都市であり、周辺の村落はその延長線上に含意されていたにすぎなかったのに反して、ガロ・ロマンの制度においてキウィタスはもっぱら一国民の領土であり、そこに中心地としての都市がいくつかあろうが、あるいはまったくなかったとしても、いっこうに問題にはならなかった。キウィタスのなかでももっとも大きなもののいくつかは、さらに村（pagi、単数形は pagus）に分割されていた。pay という村を意味する語は pagi の単数形 pagus から派生している。現在、フランスの地理学的な用法においては地方（province）よりも小さな地域を指しており、一方、フランス語の地方（province）はしばしばガロ・ロマンのキウィタスの範囲をを継承している。

ガロ・ロマンのキウィタスの行政は少しずつローマのお手本にしたがうようになり、元老院あるいは評議会（クリア）が設置された。これは民衆集会で選出され、また官吏は年ごとに任命されていた。

統一の象徴となったのは皇帝とローマによせる崇拝である。

ローマの行政の中心地であったリヨンにはローマとアウグストスに捧げられた巨大な祭壇が設けられた。その足下には毎年すべてのキウィタスの代表者たちが集結し、忠誠の誓いを新たにし、おごそかに供物を捧げていた。こうした集会はまた彼らにとって、共通の利害にかかわる問題を検討する機会でもあった。つまりそれは一種の諮問会議のようなものであり、場合によっては皇帝に直訴することも可能であった。

キリスト教

他の地域においてと同様、ローマ人はそれぞれの土地の神々を取りこむことに努め、そうした神々をギリシャ・ローマのパンテオン（万神殿）の神々と同一視しようとした。

キリスト教は一世紀の終わりころから、主要な都市のいくつかに広められた。なかでもリヨンはイレナエウス司教と若き殉教者、聖女ブランディーヌの存在によって脚光を浴びている。

村（pagi）の住民、すなわち pagani（= païens 異教徒たち）をキリスト教に改宗させるための努力が払われるようになったのは、三世紀末以降である。皇帝コンスタンティヌスがキリスト教を公認したとき（三一三年）、教会は当然のことながらローマの行政の枠のなかで組織されることになり、それぞれのキウィタスは司教区となって、司教の支配するところとなった。

やがて司教は共同体のなかでももっとも重要な人物を自任するようになった。司教はキリスト教徒民衆の全員によって選出され、永続的な任務を授かっていた。この点が他の被選出高官たちとの違いであり、そのことが司教の尊厳の宗教的性格に重みを加え、司教にはさらに上位の精神的権威が認められるようになった。歴代の皇帝は率先して司教の特権を拡大し、司教ならびにすべての聖職者に対して納税と兵役の義務を免除し、また彼らが世俗の裁判所の管轄には属さないことを承認した。すなわち司教は彼の配下の者と、また多少なりとも宗教にかかわる問題に関して、裁判官の役割を果たしていたのである。さらには、度重なる寄進ならびに遺贈、また民衆から徴収した租税により、司教は莫大な財産の所有者となっていったが、こうした土地を主体とする財産の管理も司教の仕事となり、これによって司教は教会が引き受けた慈善活動と教育活動を維持していったのである。

ローマの行政が蛮族の侵入の衝撃のもとで崩壊し、帝国の官吏たちが軍事的・経済的手段をもたずに無能であることが明らかとなり、各地の高官たちが逃亡してしまったとき、司教はしばしば民衆がすがることのできる唯一の存在であった。都市の防衛を組織し、侵略者たちとの交渉にあたることによって、司教はローマ文明の恩恵のいくつかをガリアの地で守り抜くことに貢献したのである。

このように、史的状況ゆえに聖職者には政治的な役割が与えられることになったが、こうした役割を聖職者はフランス史の全体を通じて行使することとなり、ときにはそのことが彼らの精神的な使命を損なう結果にもなっている。

第二章

Histoire de France

メロヴィング朝

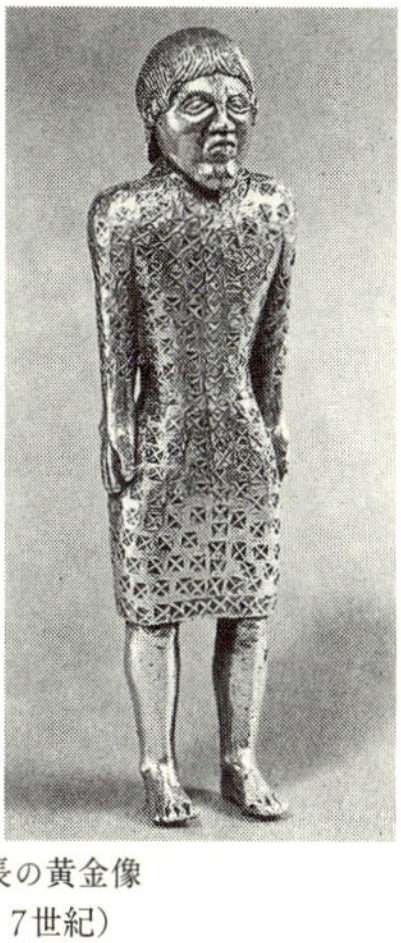

フランク人の首長の黄金像
（ル・マン地方。7世紀）

五世紀を通じてローマ領ガリアの政治機構はローマ帝国へのゲルマン民族の侵入によって破壊されていった。ゲルマン民族の指導者たちが程度の差こそあれ短命な王国を築いていた一方で、社会の崩壊が度重なり、あらゆる地域で不安定な状態が続いていたために、文明は後退していった。それでも新たな支配者はガロ・ロマンの住民との接触を通じて彼らの習慣を変えていった。国の基本的な統一という観念が少しずつあらわれ、それとともにローマ帝国という、より大きな全体への帰属意識が生まれてくる。最終的にかつてのガリアの大部分は、フランク族の王朝であるメロヴィング朝の支配下に収まることになった。この王朝の支配はさらに二世紀以上（六世紀と七世紀）続き、やがてその中からは、ゲルマン民族からもたらされたものと、キリスト教と、ローマ的秩序の遺産との融合の結果として、新たな文明が誕生することになる。

1 侵略

蛮族とローマ人

ローマ人にとって帝国の国境の外に住んでいた民族はすべて蛮族であった。北西部の国境の向こう、ライン川のかなたにいたのは基本的にゲルマン人の部族である。ゲルマン人は半定住民族で、ローマによって征服されたころのガリア人よりも文化的に遅れており、戦争を成人男子にふさわしいただひとつの仕事であると考えていた。選出された指導者の指揮のもとで、彼らは部隊を結成し、彼ら自身のため、あるいは他者に仕えるかたちで、戦闘に赴いていった。

ゲルマン人の侵入から身を守るために、ローマ人は国境沿いに塹壕《ざんごう》で囲まれた野営地、要塞都市、戦略ルートなどを含む重層的な防衛体制を築いていた。四世紀末、かつては南ドイツを横切っていたこうした境界線《リーメス》は、すでにライン川沿いにまで拡張されていた。大規模な軍隊がパリ盆地に駐屯し、脅威にさらされた地点へとすみやかに移動することが可能であった。ローマ帝国の中央の権力が弱まるにつれ、こうした軍隊の歴代の指揮官は、自分たちの権威が増大していくのを自覚するようになり、やがて幾人かは独立した君主を自任するようになる。

リーメスはしかしながら、侵入を許さない国境ではなかった。すでに三世紀後半、蛮族襲来の第一波はローマ領ガリアの地に押し寄せ、各地に非土着住民の集団を残している。さらにローマ当局は状況が改善されてからも、いわば一種の平和的な侵入に対しては好意的な態度を示し、みずからに仕えさせる目的で蛮族の戦士を採用するようになった。それも最初のうちは補助的な戦闘員としてであったが、しだいに軍団《レギオン》の兵士として編入するようになっている。蛮族のリーダーは軍隊内での高い階級と民間人としての要職を授けられた。民間の労働力が不足したとき、蛮族は都市部では召使い、大規模農園では耕作者として雇われた。入植者たちの共同体――レーテス――が、空いていた土地に作られている。現在の地名のいくつかはこうしたかつてのゲルマン人定住地の存在を想起させる。たとえば、アルマーニュ Allemagne、アルマンシュ Allemanche（ともにアラマンニ人 Allamans）、グー Gueux（ゴート人 Goths）、マルマーニュ Marmagne（マルコマン人 Marcomans）、セルメーズ Sermaize、サルメーズ Salmaise（サルマト人 Sarmates）、ガンダルー Gandalou（ヴァンダル人 Vandales）、など。

それゆえ、ゲルマン民族の侵入はすでに確実に始まっていたといえるが、しかし五世紀初頭、そこには突如として破局的な展開が生じることになった。

西ゴート

ゲルマン民族の大規模な移動が発生したのは、とりわけ恐るべきアジアの侵略者フン族（三八ページ参照）が東側の辺境地帯に姿をあらわした結果である。最初に衝撃を受けたのは、南ロシアに定住していた西ゴート族と東ゴート族であった。彼らはまずローマ帝国のバルカン地方に逃れ（三七八年）、四〇五年にはアラリック王の指揮のもとでイタリアに移動し、そこに甚大な被害を与えている。ローマまで占領し、略奪した（四一〇年）。そこから西ゴート族は南ガリアに侵入したが、当初の目的はスペインを経由してアフリカへ渡ることであった。しかしローマ皇帝ホノリウスはアラリックと交渉し、西ゴート族が侵入したすべての州、ボルドーからトゥールーズにいたるアキテーヌの全域において、《軍駐屯制《ホスピタリタース》》と呼ばれた制度にしたがって彼らが永住することを承認した。西ゴート族の兵士たちは地元住民の家に宿営し、住民たちは彼らをもてなす義務を負い、西ゴート族の王はローマ皇帝の名のもとであらゆる軍事的権力を行使した。民事行政は、無能で無力であったとはいえ、基本的には帝国の役人たちの手に残されていた。ローマ帝国内に誕生したこの蛮族の最初の大きな国家は、さらに国王エウリックの時代、大西洋とロワール川とローヌ川のあいだの南ガリア全域、さらにはピレネー山脈を越えて、スペインのかなりの部分にまで領土を拡大している。

アラマンニ、ブルグント、ブルトン

ゴート族をローマ帝国のなかへ追いやったフン族の衝撃は、四〇六年の終わりごろ、ライン川右岸のゲルマン部族に襲いかかった。そのためゲルマン部族は、難を逃れるため、ローマの駐屯部隊がイタリアに呼び戻されて手薄になっていたリーメスの防衛施設をいっせいに突破していった。いくつかの部族は奔流のごとくにガリアのあらゆる地域を通過していった。アラン族、スエビ族、ヴァンダル族は二年間にわたってガリアの属州を荒らしまわり、その後スペインへ略奪に向かい、そこに定住している。

他の部族は、それほど大きな動きは示さなかったが、それでも各地に定住するようになった。アラマンニ族はアルザス平野とスイスの一部の地域に定住した。彼らはローマ文化に対してきわめて拒絶的だったので、これらの地域には言語上の境界線が生じ、それは今日にいたっている。ブルグント族ははじめライン川の中流・下流地域（ラインラント）に住んでいたが、その後ジュネーヴをふくむ今日のスイスのフランス語圏へ移動し、そこからローヌ川とソーヌ川の流域地帯へと勢力範囲を拡大していった。六世紀初頭、ブルグント族の王グンドバルトは、東はジュラ山脈とアルプス山脈、西はロワール川上流、北はラングル高原、南はデュランス川にいたる広大な国家の支配者となる。この王国は五三六年フランク族によって滅ぼされるが、それでも後世に大きな足跡を残し、定期的に復活を遂げ、その名前をフランスの一地方、ブルゴーニュに伝えている。

それと同じようなかたちで、ブルターニュという名称はローマの属州アルモリカにもたらされることになった。五世紀末、ケルト人の一派であるブルトン人はサクソン人の侵入によってグレート・ブリテン島を追われ、難を逃れて次々とこの地へやってきた。彼らはこの地のガリア人が他のガリア人以上にケルト文明の特徴をよりよく保存していたので、それだけ容易にアルモリカの現地人と融合することができたのである。

フランク族

フランク族はライン川下流地域に早くから定住し、三世紀末にはすでにローマの政府当局と兵役の協定を結んでいる。その見返りに彼らにはライン川の左岸、現在のベルギーに土地が譲渡されていた。四〇六年末のリーメスの崩壊に引きつづいて発生した混乱に乗じて、彼らは南方へと緩慢な移動を開始した。リプアリ・フランク族と呼ばれた一団は、モーゼル川とムーズ川の下流地域を占拠している。通称サリ支族と呼ばれているフランク族のもうひとつの集団は、トゥルネとカンブレを手中に収めたのち、さらにソンムにまで進出していた。この集団に属する部族のひとつ、シカンブリ族の王であったメロヴィウスは、フランク族の大きな王国というかたちでガリアの再統一を果たすことになる指導者の家系の創始者である。

フン族

中央アジアのステップからやってきたこのモンゴロイドの遊牧民族は、ゲルマン民族のローマ侵入という大きな動きを引き起こした。彼らが怖れられたのは、なによりもおぞましく異様な外貌《がいぼう》、騎馬戦士の大群による襲撃の電撃的なすばやさ、誰ひとり容赦しようとはしなかった獰猛《どうもう》さのゆえにである。五世紀のなかごろ、フン族の王アッチラはすでに広大な帝国を手中に収めており、ローマも貢納金を支払っていた。四五一年、アッチラは遊牧民の部隊を引き連れてライン川を渡り、ベルギーを完全に荒廃させ、パリ盆地に入っていった。すべてのものが彼の前から逃げていった。パリの住民も彼ら自身の都市を見捨てようとしていた。それを人びとに思いとどまらせたのは預言者として敬われていたひとりの女性、聖ジュヌヴィエーヴの強い説得である。実際、アッチラはパリ攻撃をあきらめ、オルレアンの包囲に向かっている。

オルレアンはエニャン司教の指揮のもとで抵抗を続けたので、ローマの将軍アエティウスは、ガリアでの彼の指揮権のもとにあったローマの軍団とともに、ガリアに定住していた蛮族——西ゴート族、ブルグント族、フランク族など——の派遣部隊をふくむ軍勢を結集することができた。この軍勢がオルレアンに到着したので、アッチラはシャンパーニュへと退却した。シャンパーニュ地方の平野は彼の騎馬戦士の作戦行動に好都合であると考えたのである。サンスとトロワのあいだのカタラウヌムの野で決戦がくりひろげられた（四五一年）。フン族は敗北はしたが、壊滅は免れ、ライン川のかなたへと戦利品をもって退却した。それからほどなくして（四五三年）、アッチラは死亡し、彼の帝国は解体した。こうしたできごとから明らかに見てとることができるのは、ガロ・ローマン世界の人びとと、すでに定住を開始していたゲルマン民族の侵略者たちとの協力関係であり、両者の融合の始まりである。

2　フランク王国――クロヴィス

クロヴィス

メロヴィウスの孫で、またアエティウスの最良の副官のひとり、キルデリク（一世）の息子であったクロヴィスは、四八一年シカンブリ族の王になった。そのころ、アエティウスの後継者であったローマの将軍シャグリウスは、西ローマ帝国最後の皇帝ロムルス・アウグストゥルスがローマで廃位された（四七六年）のに乗じて、みずから王を名乗っていた。クロヴィスは、コンスタンティノープルで東ローマ帝国皇帝が依然として代表していたローマ帝国の権威の復讐者を自任し、シャグリウスを攻撃してこれを打ち負かした（四八六年）。残されていたローマ軍もクロヴィスの指揮下に入り、都市部の行政機関もすんなりと彼の味方についた。パリは門戸を開き、クロヴィスはパリでユリアヌス帝のかつての宮殿に主要な住居を構え、これにより小さな同盟蛮族の王という立場から、帝国の権威の代表者の立場へと移行したことを明らかにした。

こうした資格において、四九六年、アラマンニ族の侵攻の試みに対する国家防衛の任務がクロヴィスに委ねられた。このときケルン近くのトルビアックでアラマンニ族に対してクロヴィスが収めた勝利は、彼の威信を強固なものにした。

それからほどなく、彼はみずからの王朝と国の将来にとって決定的に重要なものとなる政治行動に出ている。ガリアに定住していた他の二つの蛮族、西ゴート族とブルグント族は以前からキリスト教を取り入れていたが、それはアリウス派という、コンスタンティノープルの歴代皇帝の支持を得ていた異端であった。一方、ガリアの司教と住民たちはローマの正統派〔アタナシウス派〕にあくまでも忠実であり、こうした宗教上の隔たりは依然としてガロ・ロマンの住民と蛮族の支配者とのあいだに溝を残していた。フランク族は当時なお古くからのゲルマン宗教を信奉していた。言葉をかえるならば、彼らは依然として異教徒だったので、アリウス派と正統派のあいだの争いに巻きこまれていなかった。四九六年、クロヴィスはブルグント王の姪でカトリック教徒であった王女クロティルドと結婚した。彼女の影響で彼はローマのキリスト教を選ぶことを決定し、三千名の戦士とともにランスで大司教レミギウスによりカトリックの洗礼を受けた。このとき以降、フランク族の戦士とガロ・ロマンの大土地所有者ならびに高級官僚からなる指導者層のなかでは、結婚を通じての融合が可能となった。ガリア全土で正統派の司教たちはクロヴィスを擁護者とみなすことになる。

五〇〇年、クロヴィスはブルグント王を攻撃して勝利したが、それでも貢納品を強要しただけであった。次の攻撃対象は西ゴート族である。五〇七年、西ゴート族に対し一種の宗教的十字軍のかたちでしかけられた戦争の帰趨は、ポワチエ近くのヴイエの地で、西ゴート族の王アラリック二世の敗北と死という結末によって決せられた。その結果、ロワールとピレネーのあいだの全地域がクロヴィスの権威を認めることになる。

その後すぐに、東ローマ帝国の皇帝はクロヴィスに貴族《パトリキ》と執政官《コンスル》の称号（insignes）を贈り、こうして民事的にも軍事的にも、帝国の代理人としての彼の役割は確立された。他方、こうした数年間を通じてクロヴィスは暗殺と策略によって他のフランク族の王たちを排除し、それぞれの住民たちの全

員に対し、みずからの権威を認めさせることに成功している。五一一年に死を迎えたとき、クロヴィ

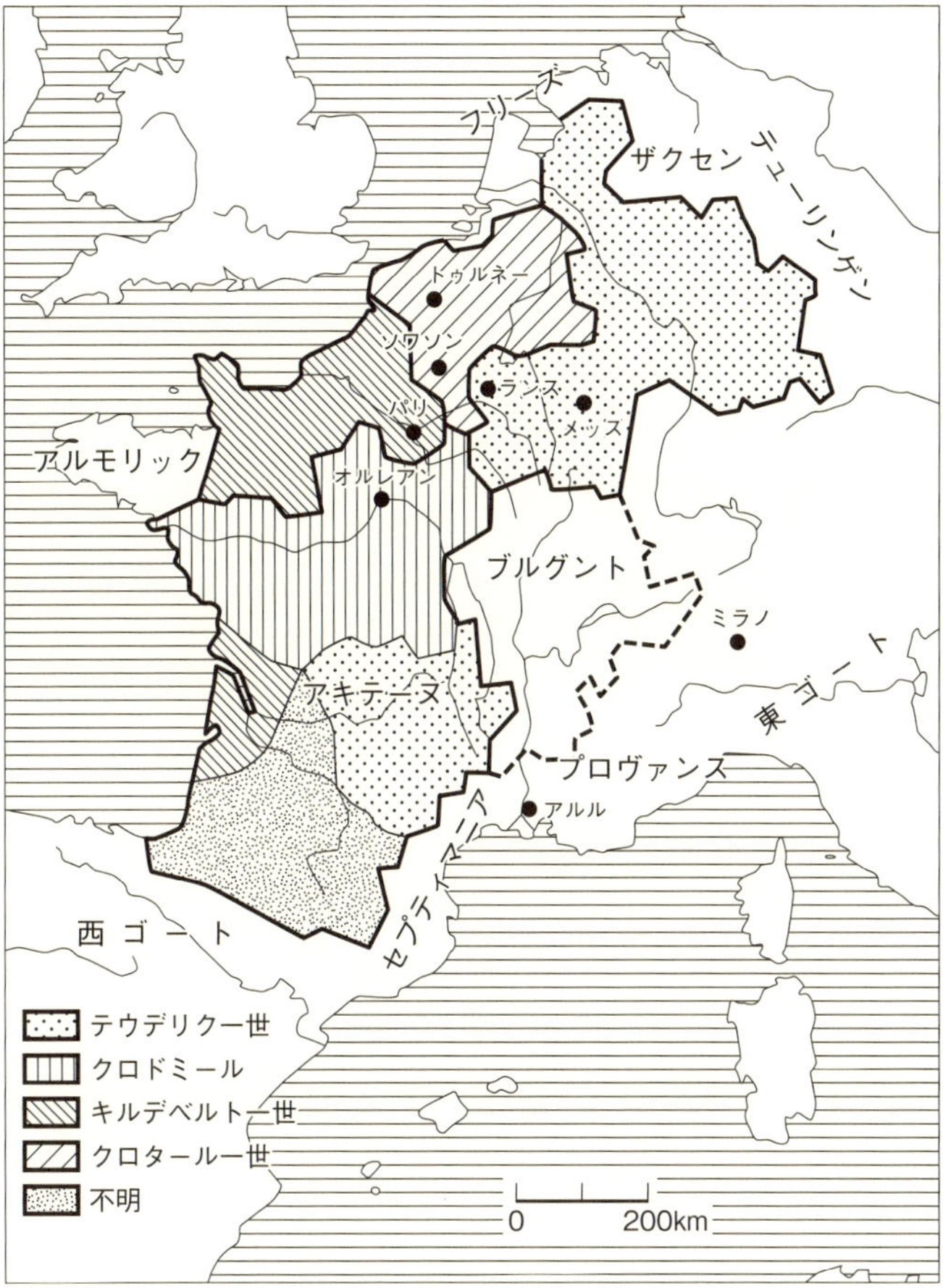

クロヴィス没時のフランス（511年）（G.FOURNIER, L'Occident de la fin du IVe à la fin du IXe siècle, Armand Colin.）

スの王国はピレネーからライン川のはるかかなたにまで広がっていた。

メロヴィング朝初期の王たち

クロヴィスの四人の息子――テウデリク〔一世〕、クロドミール、キルデベルト〔一世〕、クロタール一世――はフランク族の伝統にしたがって父親の領土を分割し、以後、世代ごとに同様の分割がくりかえされることになった。その結果、メロヴィング朝の歴史において、同時期に、あるいは相前後して王の称号を有した人間の総数は三十名を超えている。王朝の歴史は混乱をきわめ、血にまみれ、継承闘争、政略結婚、暗殺、王位の簒奪《さんだつ》、兄弟間の戦争がくりひろげられた。

このような分割がくりかえされ、しかもその正統性がたえず疑問視されていたにもかかわらず、フランク王国の領土的統一という観念はこの期間を通じて存続していた。クロヴィスの後継者たちの分王国は、ガリアの諸地域間で配分が調整されていた相続領から成っていた。すなわち以前に独立して存在していた、アキテーヌ、ブルゴーニュ、プロヴァンスなどの諸地方も、多くの場合、分立主義的な傾向を無視して再配分されていたのである。クロヴィスの四人の息子が首都に選んだ都市――ランス、オルレアン、パリ、ソワソン――はすべてパリ盆地にあり、クロヴィスの台頭とともにフランク王国の求心力の要となった土地に位置していた。いつしかパリは王たちの共同の所有地とさえみなされるようになっていた。王国の全域が何回か、すなわちクロタール一世（在位五五八～五六一年）、クロタール二世（在位六一三～六二九年）、その息子のダゴベルト一世（在位六二九～六三九年）といった、ただひとりの王の支配のもとで再統合されたときにも、統治機関の所在地となったのはやはりパリだったのである。

ダゴベルト一世

ダゴベルト一世はメロヴィング朝の王のなかでも後世によい思い出を残したただひとりの王であるが、それはおそらく彼が多大な恩恵をもたらした聖職者団体からの感謝によるものであろう。とりわけ彼の功績に帰せられているのはサン・ドニ修道院の建設であり、彼はここに葬られることになった。彼の取り巻きであった教会の助言者たち——なかでもエロワ司教とウアン司教——は、ダゴベルトの統治に、秩序、正義、道徳性への配慮をもたらしているが、これらはメロヴィング朝の他の王にあってはほとんど見られなかったものである。

フランク王国の拡大

メロヴィング朝の初期の王たちは力をあわせて、あるいは個人的な利益を求めて、国境を拡大しようと試みている。五三六年のブルグント王国〔現在のブルゴーニュ地方を領域とする〕の征服と分割は、かつてのガリアの地になお存続していた最後のゲルマン王国を消滅させた。プロヴァンス地方の併合はイタリアの東ゴート王国に譲歩を強い、地中海への進出を可能にして経済的に大きな利益をもたらした。反対に、セプティマニア〔現在のバ・ラングドックとルシヨン〕を取り上げようとしてくりかえされた二度の試みは功を奏さず、セプティマニアはスペインの西ゴートの手に残された。

またメロヴィング朝の王たちは彼らの支配を、あるときにはテューリンゲン王国の場合のように、完全な併合というかたちで、またあるときにはバヴィエール〔バイエルン〕の場合のように、一種の保護領化というかたちで、南ドイツのもっとも広大な部分へと拡大していった。こうした領土拡大の活動は六世紀の終わり以降、もはや続けられることはない。とりわけダゴベルトの死ののち、フランク族はドイツの征服地の一部を失い、他の国境においても隣国の民族の侵入を押し返すのに苦慮するようになっていた。

王権の弱体化

メロヴィング朝の王権を支えていたのは、なによりもまず宮廷の任務の担い手であった高位の廷臣たち、書簡や王令を発していた大法官府、レウデス（leudes）あるいはアントルスティオンス（antrustions）と呼ばれた相当数の忠実な戦士たち（従士団）といった、国王との直接的なつながりを有する側近たちである。こうした未発達な宮廷のなかでは、当然のことながらマヨール・ドムス、すなわち宮宰の支配的な力が抜きんでる結果となった。宮宰は国王の収入の大部分の源であった広大な領土の管理運営にあたっていたからである。

王国のなかで、ガロ・ロマン期のかつての行政区画であったキウィタスとパグスを統治していたのは伯（comites）である。国王の全権を執行していた彼らは、司教の監視のもとにあり、しばしば司教によって地位を奪われていた。ところによっては最高軍事指導者であった公（dux）が、一地方の伯全員の上位に置かれていた。

王にはこうした権力の代理執行人全員の忠誠を確保するためのじゅうぶんな経済力がなかったため、彼らには納税の免責特権と土地が与えられていた。当初は一時的に認められていたこれらの土地あるいは特典は、六世紀末以降、終身のものとなり、最終的には相続が認められるようになった。それゆえメロヴィング王政はもはや与えるものが何もなくなってしまったとき、威信を失う結果となり、権力は伯と司教の職務ならびに地位を独占していた大土地所有者の貴族の手のなかへと落ちていった。なかでももっとも強力であった者は宮宰に任命され、王権そのものを騙取《へんしゅ》するようになる。

七世紀における解体

王国の統一という概念は、分立主義的な傾向と、六世紀の領土分割による分王国の成立以上に安定的なものとなった再分割によって、弱体化していった。

ブルトン人は彼らの自治をつねに守りつづけていた。アキテーヌはダゴベルトの時代、公国の所在地となり、指導者たちは実質的な主権者も同然であった。その後、同じような事態がブルゴーニュとプロヴァンスでも生じている。とりわけフランク族の権力の中枢であった王国の北部は、二つの大きな独立した政治組織に分裂していた。マルヌ川とライン川のあいだを占めていた東側のアウストラシアと、ソンム川とロワール川のあいだのパリ盆地の大部分を占めていたネウストリアである。アウストラシアはドイツとの接触を通じてよりゲルマン的な性格をとどめていた。ネウストリアは海洋に面していたことにより国外からの影響を受けやすく、またとりわけロワール川以南のローマ化された住民たちと直接的に接触していたので、よりローマ的な性格を有するようになっていた。

ダゴベルトの死以降、フランク王国時代のガリアの歴史はアウストラシアとネウストリアの対立に強く影響されるようになったが、そもそもこの対立の主役はもはや無能な国王に成り下がっていたメロヴィング朝の君主たちではなく、宮宰たちであった。当初、優勢を占めたように見えたのはネウストリアである。しかしサン・カンタン近くのテルトリィでの決戦（六八七年）で、アウストラシアの宮宰、ヘルシュタルのピピン二世が勝利を収め、メロヴィング朝の無能な子孫であった名ばかりの王たちを戴きながら、フランク王国の統一を確立した。それでもネウストリアは独立した行政を維持し、ひとりの宮宰をいただいたが、それはほかでもないピピン二世の息子グリモアルドであった。

新たな王朝の台頭

ダゴベルトの時代、アウストラシアでは婚姻関係と庇護者らとの関係に支えられ、ムーズ川とモーゼル川の流域地帯に位置する広大な領地を背景とする強力な一族が頭角をあらわしつつあった。一族の長であった大ピピン（＝ランデンのピピン）はアウストラシアの宮宰に任命されていた。彼の息子で後継者のグリモアルド一世は、アウストラシアのメロヴィング朝の王を退位させ、自分の後継者を王位につけている。しかし、これは時期尚早な試みであった。ネウストリアの宮宰エブロインは断固としてこれに異を唱え、正統王朝の代表者をふたたび王位につけさせた。次の世代で中ピピン（＝ヘルシュタルのピピン二世）がこの恨みを晴らし、たとえ正当な権利によるものではなかったとしても、実際にフランク王国のただひとりの支配者になりおおせたことはすでに見たとおりである。

カール・マルテル

中ピピンが手に入れた成果は、彼が七一四年に死を迎えたときに失われてしまうように思われた。彼には後継者として六歳の孫しかいなかったからである。ネウストリアとアキテーヌはこの機会をとらえて叛旗をひるがえした。ザクセン人とフリーセン人は王国への侵略を試みている。そこでアウストラシアの大貴族たちは中ピピンの非嫡出子、カール・マルテルを指導者に選んだ。彼らの選択は正しかった。カールはもちまえの活動力を発揮して驚くほどすばやく軍事介入を行い、すぐにネウストリアと北部国境地帯の情勢を安定させた。南フランスに介入する機会がもたらされたのは七三二年のことである。ガスコーニュに進出していたスペインのイスラム教徒がガロンヌ川とドルドーニュ川を渡り、恐怖と荒廃をもたらしていた。アキテーヌ公はこのときまではカールの敵であったが、援助を要請した。ポワチエの近くでフランク族とイスラム教徒は激しい戦闘をくりひろげた。カール・マルテルが収めた勝利からは、アキテーヌ公の感謝にみちた服従と、キリスト教世界全域における比類のない威光がもたらされた。またそこには西ヨーロッパの将来にとって決定的な事実のひとつを見てとることができる。この戦いはこのときまで抵抗することのできなかったイスラム教世界の拡大に歯止めをかけたからである。

さらにその後の数年間、プロヴァンスの大貴族と共謀してアルルとアヴィニヨンを占拠していたイスラム教徒を相手に、カールは戦いを継続している。彼はプロヴァンスを服属させ、ローヌ川の流域地帯からイスラム教徒を追い払ったが、それでもナルボンヌとルシヨンから彼らを立ち退かせることはできなかった。

カール・マルテルはキリスト教世界に貢献したことを理由に、多くの教会財産を自由に処分し、これを忠実な家臣と兵士たちに分配している。こうして彼はライバルたちよりもはるかに多くの被保護平民《クリエンテス》を集めることができた。しかも不幸なメロヴィング朝の王たちとは対照的に、みずからは何ひとつ失うことなしに、である。七三七年カール・マルテルは、《フランク族の指導者《ドゥクス》にして第一人者《プリンケプス》Duc et Prince des Francs》の称号を有し、じゅうぶんに強大な力を有していたので、死去したばかりのメロヴィング朝の王、テウデリク四世に取って代わることなど考える必要がないほどであった。それでも彼は依然としてみずから王を名乗ろうとはしていない。伝統の力にはまだまだ強いものがあったのである。この最後の一歩を踏み出し、権利を事実に一致させ、新しい王朝を創始するのは彼の息子の仕事であった。

3　メロヴィング朝の文化

都市とヴィラ

時代を遡ってメロヴィング朝の時代、ローマ帝国の末期にすでに始まっていた現象はさらに加速する。すなわち都市生活の衰退である。都市は、しばしば公共建造物の残骸を集めてにわか作りされた城壁で囲まれた中心地区だけになり、行政上ならびに商業上の機能さえ失ってしまっていた。かつての有力者たちは彼らの広大な領土に引きこもり、そこで軍人、被保護平民《クリエンテス》、奴隷、またあらゆる類の労働者に囲まれて生活していた。蛮族の侵入者たちもこうした生活様式に適応し、ローマ期のウィラに相当する領土の主人となった。こうした変化は、とりわけフランスの北部で、ゲルマン人の名前にラテン語の接尾辞である、囲われた場所 court (curtis) あるいは都市を意味する ville につけ加えられて地名となっていることに特徴的にあらわれている。たとえば、アザンクール Azincourt ボードリクール Beaudricourt アンジェヴィル Angerville シャルルヴィル Charleville など。

キリスト教

ゲルマン民族大移動のころ、キリスト教が根を下ろしていたのはまだ都市部とその周辺にかぎられていた。ゲルマン民族の侵入により、キリスト教はフランスの北部で後退を余儀なくされた。その後、フランス南部で農村部の再キリスト教化が進んだが、それはトゥールのマルティヌス司教の記憶と結びついている。彼の名前はキリスト教聖地の地図にきわめて数多く見いだされる。

キリスト教の普及は修道院が多く作られた事実からはっきりと見てとることができる。聖ホノラトゥスがレラン島と南仏の他のいくつかの地に導入した東方の修道院制度は、聖コルンバヌスとともにアイルランドから来た修道院制度によって、しだいに影が薄くなっていった。コルンバヌスの最初の修道院はブルゴーニュのリュクスイユに作られ（五九〇年）、その後、他におよそ十二の修道院が誕生している。七世紀末、聖ブノワの戒律がガリアにもたらされ、その後、聖コルンバヌスの戒律に取って代わることになった。国王と貴族たちによって広く土地を供与されていたこれらの修道院は、完全に自律的な経済生活の活動単位となり、大領主と経済力を競うほどになっていた。しかしそれだけではなく、筆記室と書庫を備えていた修道院は、古代世界の文化遺産の一部の保存に貢献していた。

美術と文学

メロヴィング朝の時代はフランスの建築的・芸術的な遺産を豊かにすることにほとんど貢献していない。反対にこの時代には、新たな要塞や教会の建築に資材を提供するために、多くのローマ時代の建造物が荒らされるか、あるいは破壊されて姿を消してしまった。しかも当時の教会に関して今日まで残されているのはいくつかの遺跡のみである。技術は幼稚で、規模も小さなものばかりであった。この時代の芸術の多くは墳墓に関連している。石棺は古代世界から伝えられた彫刻モチーフで飾られていた。とりわけ宝石装飾品は、類まれな輝きを放ち、ローマ時代の技術を凌駕《りょうが》しているといわれ、様式化された動物の形を示しているが、そこには東ヨーロッパの遠方民族の芸術の影響が見られる。

文学はほとんど存在せず、注目すべきものはわずか一点を数えるにすぎないが、しかしその重要性には計り知れないものがある。グレゴワール・ド・トゥール（五三九～五九四年）がラテン語で記した『フランク王の歴史（Historia Regum Francorum）』である。フランク時代のガリアに関するわれわれの知識の多くがもたらされているのはこの書からである。

フランス国家の形成

総合的に判断して、フランス文明に対するメロヴィング朝時代の寄与貢献はきわめて貧困で、場合によっては否定的にさえ考えられるかもしれない。それでもわれわれは、この時代に古代ローマ文明の遺産と新たにゲルマン民族によってもたらされたものとが融合を果たしたという重要な事実を見逃すわけにはいかない。この融合はフランク族のキリスト教への改宗によっておおいに促進されたのである。当初、ガロ・ロマン人とゲルマン人は、法律上、分け隔てられていたが、それはゲルマン人によって征服されたガリアでは属人法の原則が適用されていたからである。すなわち、それぞれの民族の個人は、それぞれに固有の法体系を守っていた。とりわけフランク族に対してはクロヴィスの時代に成文化されたサリカ法が適用されていた。しかし少しずつ習慣の相互浸透が進み、同時に異民族間の結婚は、支配層であった貴族階級をはじめとして、民族的差異を解消する方向へと向かっていった。それでもこうした同化作用には地域による大きな違いが見られる。ゲルマン的要素はフランス北部でより鮮明であり、ガロ・ロマンの遺産は南フランスでよりよく保存されていた。

ローマ帝国の他の部分の運命を考えてみるならば、フランク王国期のガリアの地で実現された独特な統合形態は、中世西ヨーロッパ文明の母細胞のごときものであったと考えられる。

第三章

Histoire de France

カロリング朝

シャルルマーニュのプラチーヌ礼拝堂立面
（エクス・ラ・シャペル。796〜805年建築）

カロリング朝の最初の三人の君主は王国の統一を回復し、またみずから征服に乗り出すことによって、王国の領土を大幅に拡大している。こうした活動は、西ローマ帝国が再建され、シャルルマーニュ〔カール大帝〕が皇帝に即位したことにより完成されるにいたった。規律正しく恵み豊かなものであったシャルルマーニュの施政は、教会の強力な支援にも支えられ、文明の最初の目覚めのごときものを生み出している。

しかしこうした成果はもろさをも露呈した。帝国はまず三つに分割され、それから互いに独立し覇を競い合う多くの公国へと分裂し、その間、蛮族の新たな侵入により領土は荒廃していった。ローマ帝国から受け継がれた国家と王政の概念はほぼ完全に消滅し、そのあとには封建制という新しい秩序が誕生することになる。

1　シャルルマーニュの帝国

小ピピン──七一四〜七六八年

カール・マルテルは死を迎えたとき、すでにフランク族の真の王のごとくに王国を所有し、この国を二人の息子、カールマンと、身体が小さかったので小ピピンと呼ばれているピピン三世に分け与えた。二人の兄弟はまずアキテーヌ、バイエルン、アレマニエン、ザクセンといった遠隔の属領で相続を機に発生した反乱を鎮めなければならなかった。敵対関係にあった大貴族たちの陰謀から口実をすべて奪うために、二人はメロヴィング朝の最後の王、キルデリク三世を王位につけているが、実権を放棄しようとしたわけではいささかもない。七四七年、カールマンは退き、イタリアのモンテ・カシーノ修道院の修道士となり、小ピピンはただひとり王国の支配者となった。

国内の秩序と平和を回復した後、小ピピンは以下のごとき書簡を教皇ザカリアスに送っている。「なんの不安もなく、危険を冒すこともなく、みずからの住居にとどまっている者と、王国全体の重荷を担っている者との、いずれが王たるに値するでしょうか?」。返答は当然のことながら、この問いにこめられていた意にかなっていたので、小ピピンはソワソンに呼び集められた大貴族と司教たちの集会によって王に選出された(七五一年)。さらに旧約聖書にもとづく儀式を執りおこなうことにより、小ピピンは司教ボニファティウスの手から秘跡の塗油を受けている。三年後、新たに教皇となったステファヌス二世は、小ピピンの救援を懇請しにフランスを訪れ、サン・ドニ大聖堂でふたたびこの成聖式を執りおこなっているが、このときは王の二人の息子も儀式に参加していた。こうした儀

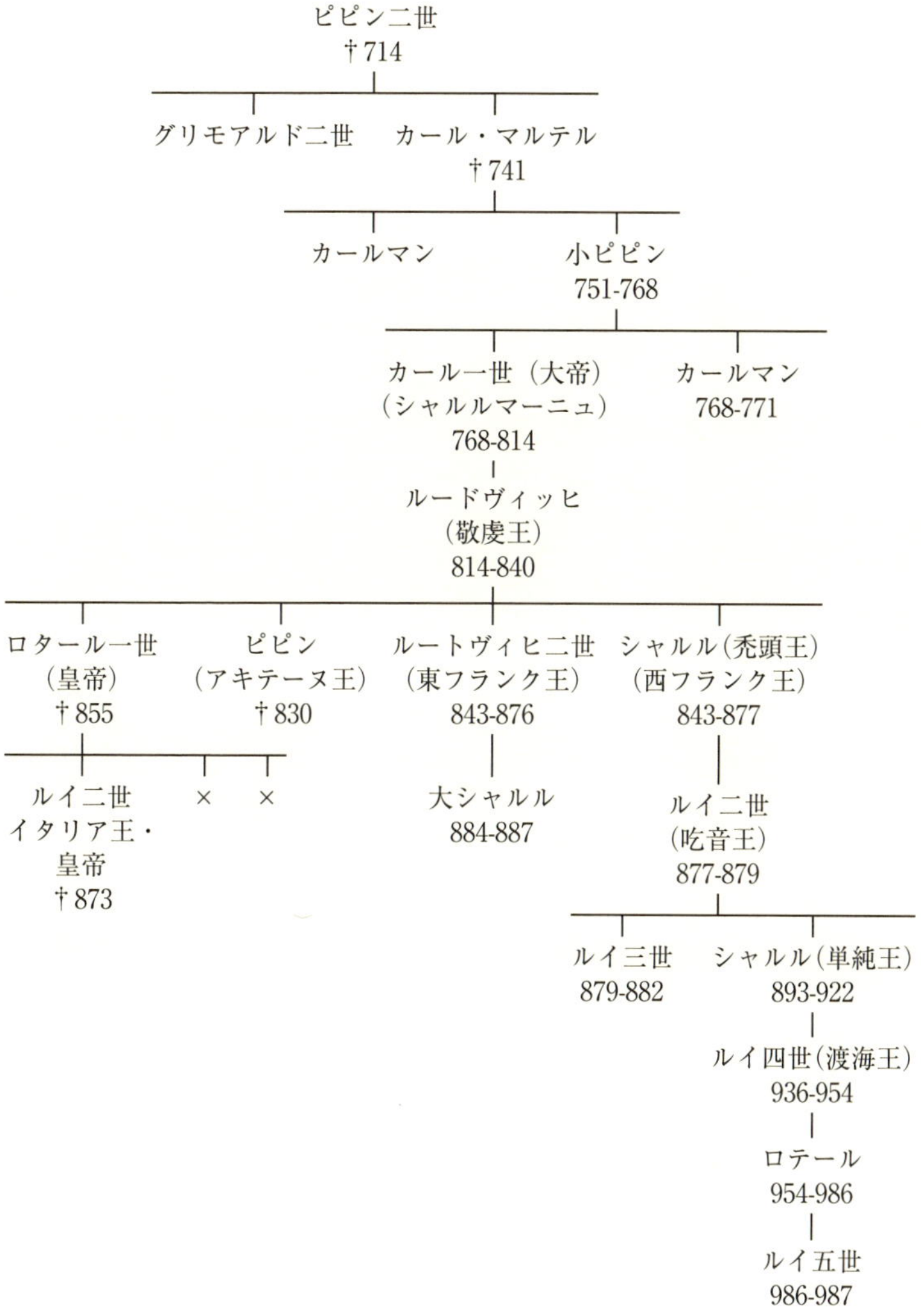

カロリング家系図（†つき西暦は没年、他は在位期間）

式により、カロリング朝にはメロヴィング朝の権威を凌駕する、本質的に宗教的な権威がもたらされた。選挙によって生まれ、血によって受け継がれてきたゲルマン的権利に、神権がつけ加えられたのである。フランス王国が十九世紀に消滅するまで、神権はフランス王国の本質的特性のひとつとなっている。

新たに王となったピピン三世は教皇の恩義に報いるためにイタリアに向かい、教皇の敵であったランゴバルド人と戦った。彼らを二度にわたって撃破した後、ピピン三世はかつての東ローマ帝国の地方であったラヴェンナ太守領（地方総督領）をランゴバルド人から取り上げ、これを教皇庁に寄進している。その結果、教皇は他の国王たちと同じように領地と臣下を有する世俗的な君主となったこうした状況は一八七〇年まで続くことになる。このようにして教皇庁とカロリング王朝とのあいだには特別な同盟関係が生まれたのである。

その一方で、ピピン三世はイスラム教徒からセプティマニア、すなわちローヌ川とピレネー山脈のあいだの地中海沿岸の平野地帯を取り戻し、また数回にわたる軍事遠征により、アキテーヌ全域において権力を確立している。

シャルルマーニュの即位

ピピン三世がこの世を去ったとき（七六八年）、王国はまたしても二人の息子、カールとカールマンのあいだで分割された。そしてこのときも王国の統一が回復されたのは、カールマンが七七一年に死去し、相続人がひとりだけになったという偶発的なできごとの結果である。こうしてカールはただひとりの君主になった。このとき彼は二十九歳であったが、彼はその後なお四十三年間を生きつづけ

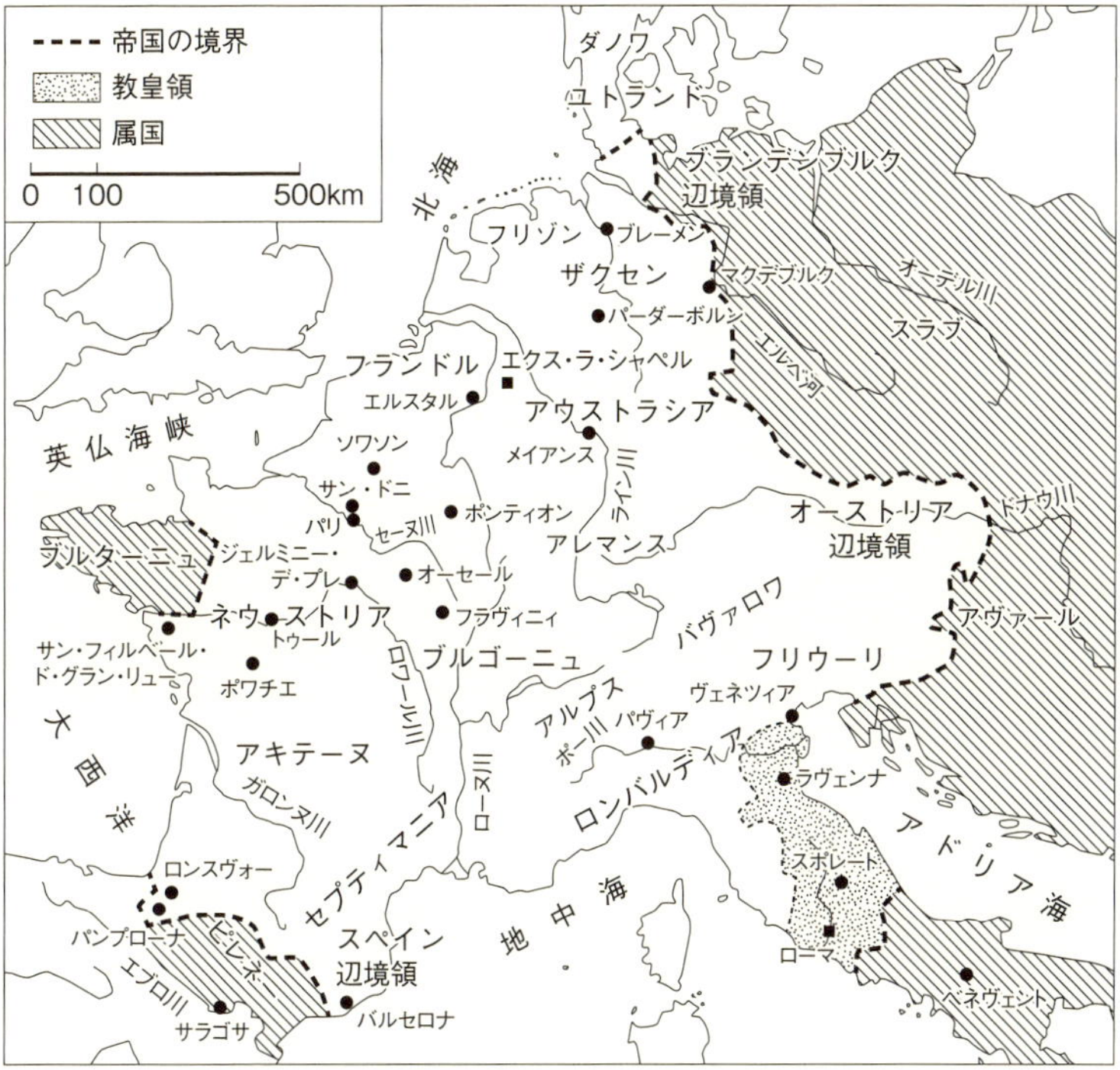

シャルルマーニュの帝国（J.SECHER, Cours d'Histoire. Class de 5e, De Gigord.）

ることになる。当時としては例外的であったこの長寿は、おそらく彼の偉大な業績の大きな要因のひとつであったといえるだろう。また彼の長寿からは、同時代人によって、背が高く、がっしりとした体格の持主で、美食と女たちを愛し、水泳と狩猟が好きであったと伝えられているひとりの男の、たくましい生命力がうかがわれる。しかもカールはそれまでのフランク族の王たちとは異なり、すぐれた教育を受けていた。彼は当時最高の知識人とみなされていたサクソン人の修道士アルクインを宮廷に招いている。カールはフランク族の言葉と同じくらい容易にラテン語を読み、話し、またギリシャ語を理解することができ、数学と天文学の基礎的な知識を有していた。食事のあいだ、彼は歴史に関する書物、あるいは聖書を読み聞かせてもらうことを好んでいた。

シャルルマーニュの征服

毎年シャルルマーニュは、遠近の差こそあれ、いずれかの地へと軍隊を導き、その結果は新たな領土の併合、あるいはシャルルマーニュの至上の権力に服する王国の樹立といったかたちになってあらわれた。なんらかの一貫した意図がこれらの遠征にあったわけではない。彼を遠征へと向かわせたのは、不穏な隣国からの侵略に対して自国民の安全を保障しようとする配慮であり、あるいはあらゆる土地にキリスト教の秩序を打ち立てようとする熱い思いであった。彼は自分がキリスト教的秩序を守る最高の番人であると考えていたのである。

イタリアでシャルルマーニュはランゴバルド王国を征服し、みずからこの国の王になった。教皇領をさらに拡大し、自分の権力をなんらかのかたちでイタリア半島のかなりの部分に及ぼしている。その結果、東ローマ帝国の支配下に残されたのは、カラブリアの先端部分とシチリアだけであった。

スペインではピレネー山脈を越えて七回の遠征をおこない、山岳地域の南側にバルセロナを中心都市とする国境地方、あるいは《スペイン辺境領》を樹立した。王の甥ロラン伯指揮下のフランク軍の後衛部隊がバスコン（バスク）の山岳住民の襲撃を受け、ロンスヴォーの峡谷で全滅したのは、一回目の遠征からの帰途においてのことである。この事件は中世文学の最初の偉大な叙事詩『ロランの歌』によって後世に伝えられることになった。

シャルルマーニュがフランク王国に最大の領土的拡大をもたらしたのはドイツにおいてであり、彼はそれまで独立を維持していたすべてのゲルマン民族を事実上併合してしまった。もっとも執拗に抵抗したのはサクソン族である。彼らを服従させるためには十八回にも及ぶ遠征、大量の国外追放、また戦略ルート網と塹壕陣地の建設が必要であった。事業の仕上げとなったのはサクソン族のキリスト教への改宗である。けっきょく、フランク族によるゲルマニアの征服は、ローマ人によるガリアの征服と似たような重要性をもつことになった。ここから現代ドイツが誕生してきたのである。

これらの征服を通じて、フランク王国は他の蛮族と接触することになった。北方ではスカンジナヴィア人、東側ではスラブ人、そしてドナウ川流域の平原地帯では、フン族の末裔のアヴァール族である。彼らに対して三回にわたる遠征がおこなわれ、最終的にこれらの民族の首領たちはキリスト教に改宗し、シャルルマーニュに臣従の誓いを立てている。

帝国の復興

八〇〇年ごろ、シャルルマーニュはかつてのローマ帝国の一部であった西ヨーロッパのほとんどの国を彼の権力のもとに統一していた。シャルルマーニュを皇帝にしローマ帝国の権威を復活させることは、自然なことのように思われた。それも当時女帝エイレーネーの治下にあった東ローマ帝国が、ローマ教皇庁に対する東方の司教たちの敵対的な態度を支持していただけになおさらであった。

八〇〇年末、シャルルマーニュはローマを訪れ、教皇レオ三世の身の安全を脅かしていた貴族の反乱分子を鎮圧する。レオ三世はこの機会をとらえて、西側のすべての司教が願い、そしておそらくはシャルルマーニュ自身も願っていた行為を成し遂げた。クリスマスの夜、サン・ピエトロ大聖堂で、教皇はシャルルマーニュの頭上に黄金の冠を授け、列席していた人々は歓呼の声を上げて、シャルルマーニュを皇帝として承認したのである。このとき以降、公文書における彼の称号は、《シャルル・アウグストゥス、神により王位を授けられ、ローマ帝国を支配する、偉大にして平和を愛する皇帝、ならびに神の恩寵により、フランク族とランゴバルド族の王》ということになった。東ローマ帝国皇帝は、当初《皇帝位の簒奪》に抗議したが、けっきょくはシャルルマーニュを《兄弟》として承認している。スペインとイギリスの王は、独立を維持しながらも、シャルルマーニュに臣従の誓いを立てている。名声はキリスト教世界を超えて広がっていった。絶大な権力を誇っていたバグダッドのカリフ、ハルン・アッラシードは使者を遣わし、シャルルマーニュをイェルサレムのキリスト教聖域の保護者として承認している。

統治

征服した土地であれ、相続した国々であれ、シャルルマーニュは同じように規律正しく、画一的で、キリスト教の原理を尊重する行政を実現しようと努めている。この制度のなかで皇帝＝王は地上世界の人間の統治を神により委ねられた存在であり、皇帝＝王にしたがうことは宗教的な義務にほかならなかった。このことは、たとえどれほどわずかにであれ権力を有する者は誰もがシャルルマーニュに忠誠の誓いを立てなければならなかったということからも明らかである。

軍事行動に出ている場合を除き、王は《宮廷》を形成していた幾人かの側近たちを引き連れて、広大な領地の各所に交互に滞在していた。統治の終わりごろ、シャルルマーニュは初めてエクス・ラ・シャペル（アーヘン）に身を落ち着け、この地に礼拝堂を建立させている。これは今日に伝わる最も典型的なカロリング朝時代の建造物である。

　毎年、《五月集会》なる軍隊の大集会に先立って、王は議会、あるいは《貴族会議 plaid》を招集していたが、これは大貴族と司教たちからなる集まりであった。王は彼らに王国の問題に関する意見を求め、王の決定はその後《王令《カピチュレール》》と呼ばれた文書となって公にされていた。

　帝国のすべての行政区画において王令を実行に移すのは、伯（グラフィオ grafio）と司教の仕事であり、彼らは多くの場合アウストラシアのフランク族の貴族の成員のなかから選ばれ、王によって任命されていた。敵国からの脅威にとくに直面していたいくつかの地域においては、軍事最高指揮官である地方長官（duc）が数名の伯の上に置かれていた。さらに外側に位置する防衛地帯は《辺境領 marches》と呼ばれ、指揮官には辺境領管轄官（marquis）が任命されていた。

　シャルルマーニュによるもっとも独創的な制度は、《国王巡察使 missi dominici》の制度である。これは俗人と司教の二名からなる使者がすべての地方に定期的な視察に派遣され、伯と司教たちの行動を監督し、王令を実行させるというものであった。

　すべての自由人には兵役の義務があったが、しかし毎年動員されていたのは、選択された作戦地域にもっとも近い地方で徴集された、必要と認められた実動人員数にかぎられていた。騎馬部隊がますます重要になり、それとともに装備の費用が誰にとっても大きな負担になっていたので、シャルルマーニュは騎兵として軍務につく者には土地を譲渡するという慣行をさらに推し進め、大貴族にも同じような措置を講じることを勧告していた。これが封建制の起源のひとつである（六八ページ参照）。

教会

シャルルマーニュはまたみずからを教会内の秩序を守る責任者であると考えていた。彼は何回かにわたって公会議あるいは司教区会議を招集し、聖職者の教育と規律に関する規則を司教たちに採択させている。こうしてすべての小教区教会は司祭の物質的生活を保障するために土地の交付を受けることが原則として定められた。都市部の多くの聖職者は司教を中心に共同の生活を送るべきものとされた。これが司教座聖堂参事会（canonici）の始まりである。また修道院の生活にはより厳格な指導が求められるようになり、アニアーヌの聖ベネディクトゥスによって刷新されたベネディクト会の戒律がすべての修道院で課せられるようになった。

カロリング・ルネサンス

《カロリング・ルネサンス》と、やや不正確な名称で呼ばれてきた文化現象を推進することになった次の二つの事業において、シャルルマーニュの心を捉えていたのは、やはり聖職者の教育についての配慮である。

――すべての修道院と司教座聖堂に学校が設立された。王宮に所属する模範校には、貴族の子弟とともに、身分の低い階層の子どもたちも受け入れられている。

――聖俗の区別なく、文書の選別と筆写のための大規模な計画が実施された。今日知られている古代のテキストの多くは、修道院の書写室（scriptoria）で筆写されたカロリング朝時代のすばらしい写本によって、われわれに伝えられているのである。

2　帝国の解体

ルイ敬虔帝

シャルルマーニュが死去したとき（八一四年一月二十八日）、すべての遺産は子どもたちのなかでただひとり生き残っていた息子のルイ敬虔帝〔ルードヴィヒ敬虔王、ルイ一世〕によって継承された。彼が敬虔帝と呼ばれているのは、教会の内部規律を強化し、俗界に対する聖職者の影響力を増大させるために傾けられた情熱のゆえである。彼はまた性格の弱さゆえに、ルイ善良王とも呼ばれるようになった。

教会の助言者たちの影響のもとで、ルイ敬虔帝はまず帝国の観念を高め、これを強固にしようとした。彼はフランク族とランゴバルド族の王という称号を棄て、教皇により皇帝として聖別された。八一七年、すでに彼は帝国の統一の存続を保障するための手段を講じている。すなわち長男のロタールは共同皇帝であると宣言され、他の二人の息子には帝国の周辺部に王国が与えられたが――のちにドイツ人王と称されたルートヴィヒにはバイエルンが、のちのピピン一世にはアキテーヌが――、二人ははっきりと長兄に服属させられ、また同じようなかたちでイタリア王国が甥のベルナールに譲渡された。ベルナールは反乱を起こしたが、敗北して処刑された。その結果、イタリアは共同皇帝ロタールの直接的な支配のもとに移行している。

息子たちの反乱

こうした均衡は、ルイ敬虔帝の二度目の結婚から、のちに禿頭王と呼ばれる四番目の息子シャルルが誕生したとき、もろくも崩れ去ってしまった。シャルルの野心的な母親ユーディットは、彼女の幼子にも兄たちと同じように王国の譲渡が保証されるような新たな領土の分割を皇帝に迫った。兄たちは父親に対立して同盟を結んでいる。ルイ敬虔帝は聖職者たちの強力な集団からも見放されていた。聖職者たちは帝国の統一が危うくなってしまったことに不満を抱いていたのである。八三二年、ルイ敬虔帝は権力を剝奪され、妻と息子のシャルルからも隔てられ、修道院に幽閉された。長兄ロタールはただひとりの皇帝であると宣言された。さらにルイは公の場での悔悛を強いられ、大貴族と司教たちを前にソワソンのサン゠メダール教会で膝を屈している（八三三年）。

こうした過度な屈辱は人びとの考えかたに変化をもたらし、ルイに有利な状況が生まれてきた。ドイツ人王ルートヴィヒとアキテーヌのピピンは、父を排除しようとするロタールの主張に不満を抱き、父親に味方した。二人はロタールをイタリアに追放したのち、父親の権力をすべて回復している（八三五年）。領土の新たな分割が図られ、若きシャルルにはムーズ川とロワール川のあいだの王国が与えられ、さらに少し後にピピンが死去すると、そこにはアキテーヌも加えられた。

ヴェルダン条約

ルイ敬虔帝は八四〇年、バイエルンのルートヴィヒの制圧に向かって軍を進めている最中に死去した。ルートヴィヒはシャルルに有利な最終的な調整に依然として抵抗していたのである。

ロタールは皇帝の称号を盾にとり、二人の弟に服属的な立場に甘んじるよう主張したので、二人の

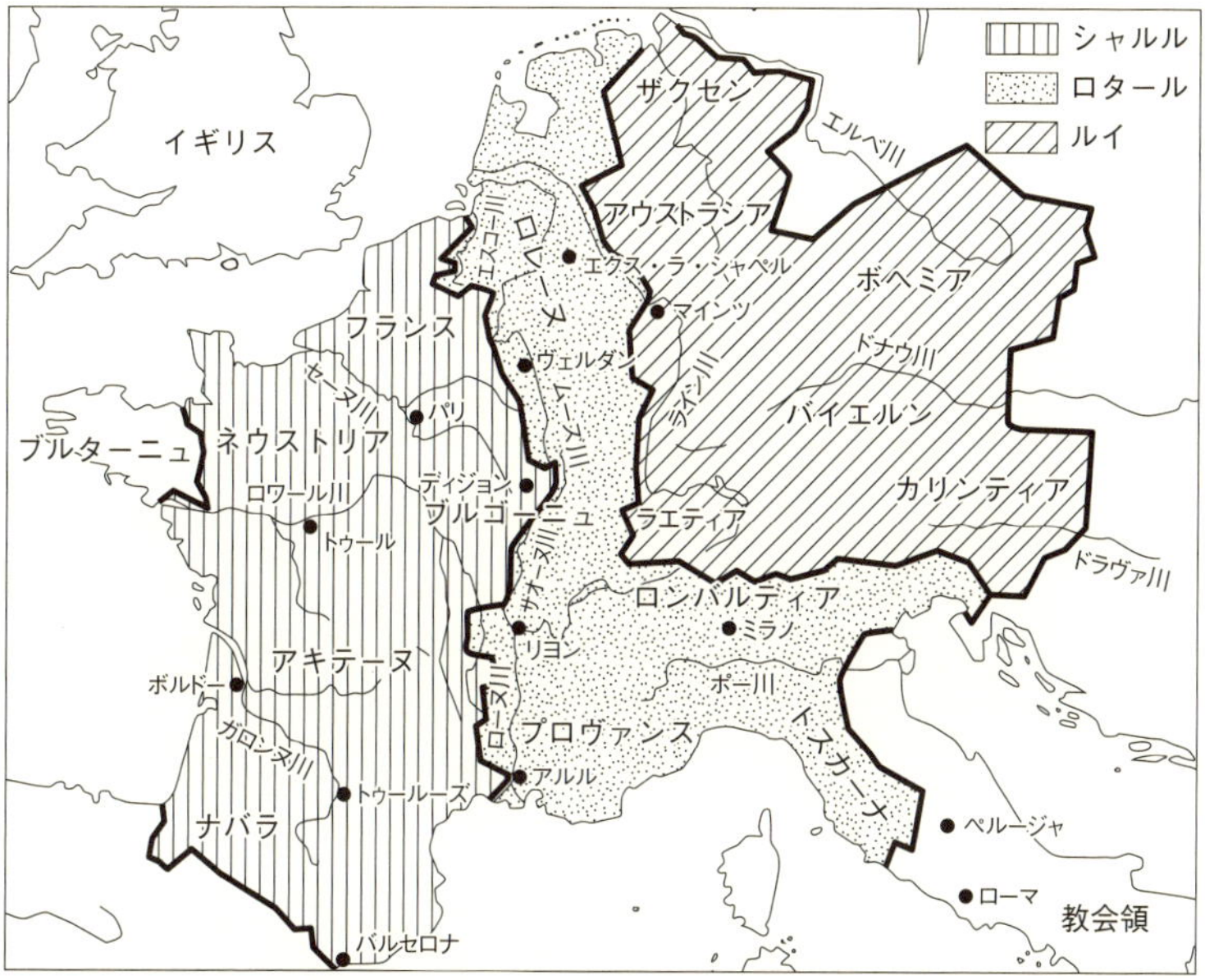

シャルルマーニュの帝国の分割（843）（Histoire Universelle, La pléiade, t.II, Gallimard.）

支配する王国内では反発の機運が高まった。ルートヴィヒとシャルルは軍事力を結集して皇帝軍に対抗し、決定的な戦闘がオーセール近くのフォントノワでくりひろげられた。兄弟同士の命をかけた凄惨な戦いが執拗に続けられ、ある年代記作者によれば、戦死者は八万名を数えたという（八四一年六月二十五日）。ロタールは敗れてイタリアに逃走した。ルートヴィヒとシャルルは同盟関係を強固にするために、双方の軍を前にしてストラスブールで厳かな誓約を交わしている（八四二年二月十四日）。ロマンス語とゲルマン語の両方で記されたこの文書は、現代フランス語と現代ドイツ語のもとになった言語の、現存する初めての使用例である。

ロタールは最終的に三者間による分

割という原則を受け入れ、交渉が開始され、その結果はヴェルダン条約となってあらわれた（八四三年八月）。西側ではフランス王国が、東側ではゲルマン王国が、それぞれおおよそ均質な国土を形成していたのに反して、そのあいだを占めていたロタールの王国ではじつにさまざまな地域が北から南へと数珠状に連なり――ほかに適当な名称もなかったので――ロタリンギア（ロートリンゲン）と呼ばれるようになった。この名称からは、今日のロレーヌという地名が想起されるだろう。

カロリング朝最後の王たち

ロタールが死ぬと（八五五年）すぐに、人為的に作りあげられていた彼の王国は、イタリア、プロヴァンス、それから北海とローヌ川上流のあいだの地方に縮小されていたロタリンギアの三つに分裂し、それらは三人の息子のそれぞれに与えられた。これらの国々、とりわけロタリンギアは、二つの大きな隣国のあいだにあってその激しい争いの的になった。この間の歴史は錯綜し、束の間の同盟と愚かしくも熾烈な争いが叔父と甥たちのあいだでくりかえされた。最終的にシャルル禿頭王はロタリンギアの大部分を手に入れ、さらにロタールの息子たちのなかでも最後まで生き残っていたルイ二世が死んでからは、イタリアの獲得にも成功している。それと同じ機会にシャルルはローマで、ルイ二世が父親の死とともに継承していた皇帝の位も手に入れている。

しかし、これも束の間の勝利にすぎなかった。シャルル二世禿頭王はイタリアからの帰国の途中にこの世を去る（八七七年）。弱い後継者たち――ルイ二世吃音王、ルイ三世、シャルル三世単純王――には、西フランク王国の統一と防衛を強固にする力はなかった。支配権は一時的にドイツ人王ルートヴィヒの後継者たちの手に移っている。彼らのなかのひとり、カール肥満王は皇帝の位につき、ついで八八四年、フランス王国の大貴族たちの手により、シャルル単純王の代わりに王位を認められた。

これ以降、カロリング朝最後の王たちはもはや操り人形も同然となり、王国の大貴族たちの意のままに舞台に載せられるか、あるいは舞台裏に押しこめられている存在にすぎなくなった。カール肥満王は無能ぶりを露呈し、シャルル単純王はあまりにも若かったので、大貴族たちは自分たちのなかのひとり、パリ伯ウードを王に選出した（八八八年）。ウードの死後（八九八年）、シャルル単純王はふたたび王位に返り咲いて、二十五年間の統治を続けることができた。しかし九二三年、彼は反逆者一派の手によって王位を簒奪された。このとき代わりに王に選ばれたのは、姻戚関係によってウードの甥になっていたブルゴーニュ公ラウールである。シャルル単純王の息子ルイ四世渡海王は、九三六年フランスに呼び戻されたものの、ウードのもうひとりの甥であるユーグ・ル・グランの威圧的な後見から逃れることはできなかった。ユーグ・ル・グランは、フランス大公、ブルゴーニュ公、アキテーヌ公であり、王国の摂政だったのである。ルイ四世渡海王が不慮の死を迎えた後、息子のロテール（在位九五四〜九八六年）と孫のルイ五世（在位九八六〜九八七年）は、もはや飾り物の王にすぎず、実際に権力を行使していたのはユーグ・ル・グランの後継者、パリ伯ユーグ・カペーであった。けっきょく、ユーグ・カペーは九八七年に王に選出され、こうしてカペー家の新たな王朝が創始されたのである。

ノルマン人

王と領主たちのあいだの絶え間ない争いにもまして、九世紀と十世紀の住民たちに苦しみをもたらしていたのは、異民族の新たな、そして最後の侵略である。もっとも、内紛と侵略という二つの不幸は多かれ少なかれ密接な関係にあった。侵略者はろくに防衛もできない無政府状態につけこむことができたし、一方侵略者と闘わねばならないという口実は、権力の簒奪を正当化することに一度ならず役立っていたからであり、あるいは異民族との戦いゆえに、紛争当事者のいずれかは身動きが取れなかったからである。

南フランスの地中海沿岸地域を荒らしていたのはサラセン人もしくはモール人であった。彼らは北アフリカからやってきたイスラム教徒の海賊である。東部に出現していたのは、一世紀前からドナウ川流域の平原地帯に定住していた騎馬民族のハンガリー人だった。彼らは何回にもわたり、とりわけ九二六年と九三七年、ブルゴーニュを通過しアキテーヌにまで襲撃の矛先を拡げ、かつてのフン族と同じように、通り過ぎる先々で略奪と殺戮をくりかえしている。

しかし頻度と範囲の大きさからいってもっとも激しい荒廃をもたらしたのは、スカンジナヴィアからやってきたノルマン人（北の人間 hommes du Nord）の侵寇であった。彼らの小船団は、それぞれが六十人ほどの兵士を運ぶことができる甲板のない細長い船からなり、すでにシャルルマーニュの治世の終わりごろからフランスの沿岸地帯に姿をあらわしていた。はじめのうち彼らの侵寇は、不意に上陸しては海岸近くの村落や修道院にすばやく奇襲をかけるという程度であったが、その後、侵略はより奥地へと拡がり、襲撃した土地で手に入れた馬で騎馬部隊を編成しておこなわれるようになった。そのうち彼らは主要河川を大胆にさかのぼるようになり、河川は文字どおりの侵略ルートになってしまった。ナント、オルレアン、ルーアン、パリ、トゥールーズ、またその他多くの土地が襲撃され、略奪されている。それにとどまることなく、ノルマン人はさらにスペインを迂回して地中海沿岸にも姿をあらわすようになった。ローヌ川をさかのぼり、ニーム、アルル、ヴァランスにも被害をもたらしている。また当初は毎年略奪の時期が過ぎると自分たちの国に帰っていたものであったが、そのうち常駐可能な要塞基地のようなものを河口近くに建設するようになった。

シャルル禿頭王は被害を最小限にとどめようと努め、膨大な貢物を提供することにより幾度となく彼らに撤退を求めている。さらに彼はロワール川とセーヌ川のあいだの地方の防衛をひとりのすぐれた指揮官、ロベール・ル・フォール（強者ロベール）に委ねている。ロベールは手柄を立て、名声と権力を手に入れた。これは彼にとって後に子孫をフランスの玉座に導くことになる幸運の始まりであった。すでに見てきたとおり、その子孫の最初の例は、八八五年、ノルマン人に包囲されていたパリの防衛に成功した息子のウード伯の場合である。

それでもスカンジナヴィアからの侵略者たちはしだいに定住生活の快適さを好むようになり、セーヌ川下流地帯に隣接するすべての地域を少しずつ占領するようになっていった。シャルル単純王は彼らの指導者ロロに、キリスト教に改宗しフランス王を君主として認めるならば、占領された土地のすべてを割譲し、公の称号を授けると提案した。取引は成立し、サン＝クレール＝シュル＝エプト条約（九一一年）が結ばれ、侵略には終止符が打たれた。こうして以後ノルマンディと呼ばれるようになったこのフランスの一部には、ヴァイキングから受け継がれた遠征への嗜好を大きな特徴とする、きわめて特異な人間的要素がもたらされることになったのである。フランスから旅立っていったノルマン人は、その後イギリス、シチリア、イタリア南部を征服している。

3　封建制の誕生

　侵略と内乱はフランク王国の解体を早める結果となった。国内の争いのなかで支持者をつなぎとめておくためであれ、あるいはノルマン人に対する防衛の必要のためであれ、カロリング朝の王たちは彼らの領地と国王大権のますます多くを大貴族たちの手に譲り渡すようになっていった。このようにして生じてきた王政解体の過程においては、実質的に独立している大きな領邦が形成されるという純粋に政治的あるいは領土的な側面のほか、主権および国家といった概念そのものの弱体化を招くような社会的もしくは法的な側面も見ることができた。

領土の細分化

　こうした領土の度重なる再編の挙句に、かつてのローマあるいはフランク族の領土であったガリアの地域のいくつかは最終的にガリアから切り離されていった。ライン川とムーズ川のあいだの低地ならびに高地の両ロレーヌ公領、ブルゴーニュ伯領〔別名フランシュ＝コンテ・ド・ブルゴーニュ。後にブルゴーニュ公国の一部となる〕、プロヴァンス地方などである。これらの地方はその後、それも数世紀にわたって、神聖ローマ帝国の支配するところとなった。

　西フランク王国の内部でも事実上独立している十二ばかりの領邦が誕生している（次章地図参照）。そのうちのいくつかは民族的ならびに文化的な特殊性の上に立脚していた。ノルマンディ、ブルターニュ、ガスコーニュの各公領、またトゥールーズ伯領などである。また他のいくつかの領邦は、国王による大幅な地域防衛指揮権の授与の結果として、あるいはまったく単純に、より大胆で幸運な者たちによる王権侵害の結果として誕生している。フランドル伯、ヴェルマンドワ伯、シャンパーニュ伯などの場合である。

封建制秩序

君主政国家という概念が衰退し、その代わりに封建制と呼ばれる社会的・政治的関係の新たな体制が登場してきたのは、数世紀にわたる必然的なプロセスの結果である。

その変化の過程を要約してみるならば、それは以下のようになるだろう。

①異民族の侵入と無政府状態の結果、社会は不安定となり、そこから生じた二つの制度が結びつくようになった。

（A）『託　身《パトロナージュ》』あるいは『封建的臣従儀礼《コメンダティオ》』。この制度はメロヴィング朝時代から存在していた。弱者は自分を財産とともに強者の保護のもとにおき、その代わりになんらかの奉仕義務を負うというものである。このようにして弱者は領主の封臣となり、領主に臣従の誓いを立てることになった。

（B）『恩貸地制度《ベネフィキウム》』。この制度はカール・マルテルと彼の後継者たちによって組織的に発展させられたものである。王あるいは大貴族は領土を移譲することにより、戦士、騎士、あるいは各地の有力者たちを彼らの直属の配下としていた。こうした移譲を確立する宣誓は、『託身』による絆と同じような封建制の絆を生み出している。ただし、『恩貸地制度』の場合、封地と呼ばれる土地は上位者から下位者に与えられるものであり、下位者から上位者にもたらされるものではないという違いがある。
②封地と封臣制の因果関係の逆転現象が生じてきた。はじめのうち、保護と奉仕の関係があることが封地の存在理由であったが、そのうち人々は封地を手に入れるためだけに、封臣の身分を求めるようになった。
③貴族社会がこうした関係の枠組みのなかへと大幅に移行していった。ひとつの領土とひとつの城塞の主人であるような地方の弱い領主たちは、自分たちのことを封主と呼ばれる上位の領主の封臣として認めるようになった。その結果、所有と統治権の概念の一種の分割現象が発生する。封地は封主の所有物である（上級所有権）とともに封臣の所有物でもあった（下級所有権）からである。領主は封臣に対して、かつては王だけのものであった権利を行使するようになり、また封臣たちは、彼らが臣従礼ともいわれている忠誠の誓いを立てた領主以外の権威をもはや認めようとはしなくなっていった。

このような経路を経ることにより、完全に農耕的であった文明の具体的現実に、政治的・社会的諸関係が当てはめられるようになっていった。いまだ耕作されたこともなく、道もないような広い空間によって互いに隔てられていた領土のなかで、人びとは国家とか王政とかといった抽象概念を理解することはできず、物理的に目の前にいる指導者の風貌による以外に、権威というものを理解することはほとんど不可能であった。

ローマ帝国の幻影を手本として作られたカロリング朝は、おそらくあまりにも野心的な産物でありすぎ、長期にわたって存続することはできなかった。カロリング朝の消滅からは、底辺でゆっくりと形成されてきた基本的で自然な人間関係の相互義務の土壌が浮かびあがっていた。そこからは新たな政治秩序が少しずつ姿をあらわしてきたのである。

第四章

Histoire de France

カペー朝

聖遺物である聖王ルイの胸像
（パリのノートルダム寺院の宝物）

カペー朝の変遷とカペー朝に先行する二つの王朝の変遷とのあいだには明らかな対比が見られる。メロヴィング朝とカロリング朝は、はじめは強力であったが、しだいに勢力を弱め、最後はみじめな終わりを迎えた。これに反してカペー朝は、はじめは弱体であったが、しだいに勢力を強め、ついにはみずからを西欧キリスト教世界の主要な大国へと成長させた。幸運が果たした役割に大きなものがあったことに間違いはない。カペー朝の歴代の王たちは、幸いにも十世代にわたって、どのような継承闘争からも無縁であった。しかし同時に彼らの粘り強さ、現実主義、そして慎重な行動が大きな役割を果たしていたことに変わりはない。彼らはあらゆる機会をとらえては領土を少しずつ膨らませ、大貴族の封地を次々と没収し、また封建的特権を最大限に活用しては、王国の行政的統一を整備していった。

1　王朝の台頭

低迷の一世紀

ユーグ・カペーと初期の後継者たちが真の意味で支配者でありえたのは、王領と呼ばれていた土地と城と都市のなかに限られていた。封臣たちは直接国王に臣従の誓いを立て、他の封主を介在させることはなかったが（次ページ地図参照）、国王に抵抗できるほど力のある城主たちも依然として存在していた。しかしこの王領は、王国内に存在していた他の大部分の領邦《プランシポーテ》の領土よりも小さかったとしても、豊かな平野を有し、またパリとオルレアンという二つの重要な商業的・戦略的な地点をおさえていた。また国王は戴冠式の塗油の儀式により神によって選ばれた存在となっており、ほとんど聖職者に等しい権威の受託者になっていた。王国中の司教と修道院は国王を当然の保護者とみなし、また他の領邦の大貴族の家系に属する人びとでさえ、国王を最終的な審判者とみなしていたのである。

もっともこれらの優位な立場も、ユーグ・カペーの後に続いた直近の継承者たち、ロベール二世敬虔王（在位九九六～一〇三一年）、アンリ一世（在位一〇三一～六〇年）、フィリップ一世（在位一〇六〇～一一〇八年）らによって、それほど有効に活用されることにはならなかった。彼らの唯一の功績は、王領の細分化をあくまでも食い止め、生前から長子を共同王として戴冠させることにより、異議を許さない王位の継承を世代ごとに保障したということくらいである。

フィリップ一世の時代、王国の将来にとってきわめて大きな意味をもつ二つの事件が発生している。もっとも王自身はそれに少しでも関与していたわけではない。

——ノルマンディ公ギヨーム（ウィリアム征服王）によるイギリスの征服（一〇六六年）。その結果、弱小なフランス王は、自分よりもはるかに強く、しかも国王の肩書を有する封臣と対峙することになった。

——第一回十字軍。これはオーヴェルニュのクレルモンで開かれた公会議のおりに、教皇ウルバヌス二世によって提唱されたものである（一〇九六年）（一一八ページ参照）。

ルイ六世肥満王

凡庸な王朝として一世紀以上の低迷を続けたのち、カペー朝はルイ六世肥満王（在位一一〇八～三七年）の時代に覚醒のときを迎えた。王は疲れを知らない戦士であったが、サン・ドニの大修道院長シュジェを友人とし、顧問官にもつという幸運にも恵まれている。シュジェは徳性においても英知においてもまことにすぐれた人物であった。王は王領内の領主たちの不正行為を取り締まり、封建制の枠組みの上に基本的な行政組織を重ねあわせてこれを整備し、国内に秩序をもたらしている。地方行政官（プレヴォ）が置かれ、彼らはそれぞれの小さな行政区域において、税を徴収し、兵士を徴用し、裁判においては第一審を担当することを任務としていた。

ルイ六世は王国のあらゆる地域で国王の特権を行使し、王の威信を高めていった。大領主間の争いに武力介入し、調停役を務め、司教選挙に対しては監視権を確立し、都市の自治組織と修道院に対しては免責特権勅許状を授与している。

さらにルイ六世肥満王は、そのころ教皇庁と対立していたドイツ皇帝に敵対し、イタリアを追われ

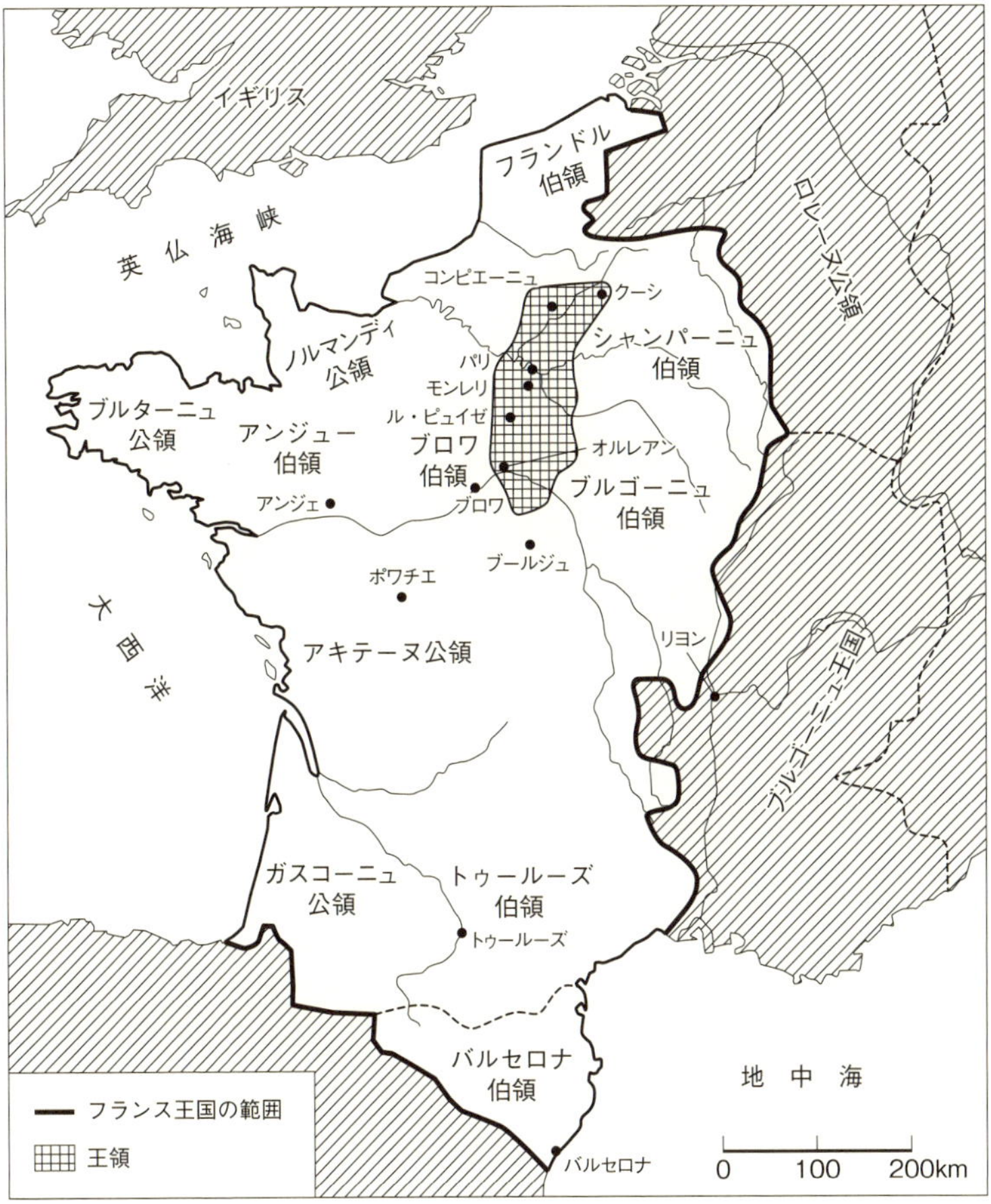

11世紀初頭のフランス（Ch. BRAND, Cours d'Histoire. Le Moyen Age 987-1492, De Gigord.）

た二人の教皇を保護している。一一二四年、皇帝ハインリヒ五世がフランスに侵攻しようとしたとき、王はこれに対して王国の全域から徴集兵を動員し、大軍勢を対峙させることができた。そのような大軍勢が動員されたというだけで、侵略者は退却を余儀なくされたのである。

生涯の事業の総仕上げとして、ルイ六世は死の年に、息子のルイとアキテーヌ公国公女アリエノール・ダキテーヌとの結婚を成立させている。花嫁はギュイエンヌ（アキテーヌ）公国とガスコーニュ公国、ならびにフランス中央部の多くの封地の相続人なのであった。

ルイ七世

ルイ七世（在位一一三七〜八〇年）はたいへんに信心深く、誠実な人間であったが、性格的に弱いところがあり、せっかくの幸運を台なしにしてしまうことになる。一一四六年、彼は聖ベルナールが提唱した第二回十字軍に参加することを願い、シュジェに王国の摂政職を委託した。ところが一一五二年、十字軍から帰国すると同時に、アリエノールとの結婚を解消してしまった。結婚生活のあいだ、王妃は王に男子の世継ぎを恵むことはなかった。また十字軍遠征のあいだの王妃の不品行は悪評の的であった。二ヵ月後、アリエノールは、アンジュー伯で一一五〇年以降はノルマンディ公でもあったプランタジュネ（プランタジネット）家のアンリと結婚する。アンリはアリエノールによってもたらされたアキテーヌの領土を手中に収め、ピカルディからピレネーにまで広がる広大な国家の支配者となり、またその後にはブルターニュ公国も彼に恭順の意を示すようになった。さらに一一五四年、アンリにはイギリスの王位まで転がりこんできた。おそろしく野心的でまた行動的であったこの新たな君主は、ヘンリー二世を名乗り、みずからの支配国家に強力な行政機構をつくりあげ、それとともにすべてのブリテン諸島とヨーロッパ大陸での支配地域をさらに拡大しようと試みた。カペー王朝の目の前には、国土と経済力の両面で十倍から十五倍の大きさを誇る侵略的な大強国が出現したのであり、対決は不可避となった。一世紀近くものあいだ、フランス史はカペー朝とプランタジネット朝の争い――第一次百年戦争――の舞台となるのである。

実際、戦闘は一一五三年にすでに始まっていた。その後、戦いはルイ七世の死まで間をおいてくりかえされている。多くの場合、フランス王は軍事的には敗北を重ねていたが、それでも最終的には領土を少しも損なうことなく守り抜くことができた。フランス王には二つの切り札を利用することが可能であった。ひとつはヘンリー二世の息子たちの野心であり、父親に対する彼らの陰謀と反抗をルイは後押ししたのである。もうひとつは、そしてとりわけこのほうが重要であったが、当時神聖ローマ帝国皇帝および英国王と対立していたカトリック教会ならびにローマ教皇庁とのあいだに、フランスが同盟関係を維持していたことである。たとえば一一七七年、教皇の使節は、ヘンリー二世が大陸に有するすべての国において、聖務停止命令を発するという威嚇を加えることにより、ヘンリー二世に講和を強いている。

2　フィリップ尊厳王

フィリップ二世（在位一一八〇～一二二三年）はルイ七世と三番目の妻アデール・ド・シャンパーニュとのあいだに生まれたひとり息子で、即位したのは十五歳のときだった。同時代人から与えられ、またその後の歴史においても用いられてきた尊厳王（Auguste）という綽名《あだな》からは、支配下の国々の領土を増大（augere）させようとして収めた彼の成功と、また四十三年間の統治における王権の実質的な成果の数々が明らかである。

この偉大な王の人間性についてのことは多くが知られているわけではない。それでも彼の行動からは、彼が現実主義的な政治家で、良心の呵責《かしやく》とは無縁であり、忍耐強く、執念深く、あらゆる機会をとらえることに巧みであり、しかも好機を作りだすことにも長けていたことがうかがわれる。戦闘においては勇敢であったが、どちらかといえば策略と駆け引きを重視する人間であった。みずからの権威に強い執着を抱き、王の諸権利に対する教会からのいかなる侵害も認めようとはせず、教皇にしたがうといっても、それは彼の利益になる場合にかぎられていた。

プランタジネット朝との戦い

①はじめのうち若き王（フィリップ）はヘンリー二世に迎合していた。彼はヘンリー二世を利用し、母親とその実家であるシャンパーニュ伯領の伯父たちの後見から逃れ、ついで大封建領主たちの連合勢力を切り崩していった。

しかるのちにフィリップはプランタジネット朝と対立した。ヘンリー二世の息子リチャード獅子心王はアキテーヌの直接的な所有を認められることを望んでいたが、父親はこれを許していなかった。フィリップは彼に反抗をうながし、親友として彼を受け入れ、ともにヘンリー二世との戦いに出陣している。ヘンリー二世は近親者に裏切られ、敗北し、それからほどなくしてこの世を去り、アンジューのフォントヴロー大修道院付属教会に埋葬された（一一八九年）。

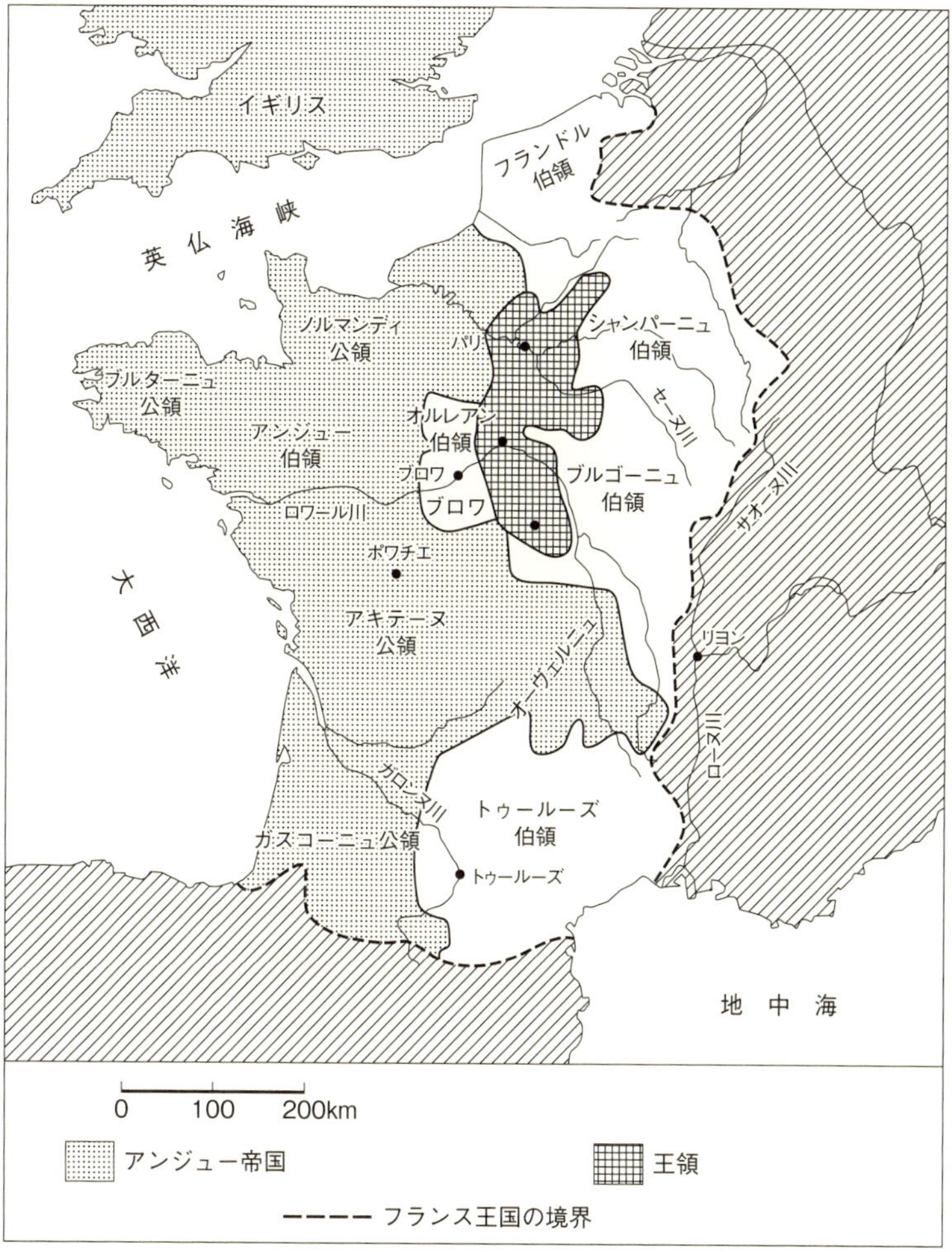

プランタジネット家の帝国

②英国王となったリチャードは、いまやフィリップの打倒すべきライバルとなった。戦いは不可避であったが、それでも先送りされている。二人の《友》は、ともに第三回十字軍に参加することを誓っていたからである。しかし聖地で数ヵ月を過ごしたのち、フィリップは病気を理由にひとり帰国することを決定した。彼はリチャードに「自分の都パリを守るのと同じような配慮を払って」リチャードの領土を守ることを約束している。しかしフランスに戻るとすぐに（一一九一年十二月）、彼はリチャードの弟ジョン欠地王と密かに意を交わし、ジョンが英国王位を手に入れるための支持を約束し、そのかわりに上ノルマンディとトゥーレーヌの割譲を求めた。事情を知ったリチャード獅子心王は帰国を決意する。しかし帰国の途中、オーストリア公レオポルト五世に捕らえられ、敵であった神聖ローマ帝国皇帝ハインリヒ六世に引き渡されてしまった。フィリップ尊厳王は干渉を試み、リチャード獅子心王の虜囚期間を長引かせようとしている。

ようやく解放されたリチャードは（一一九四年二月）、フィリップの背信行為に復讐を決意した。宣戦が布告され、熾烈な戦いが五年間にわたって続けられた。フィリップは敗北を重ね、追い詰められ、休戦にこぎつけるためにローマ教皇の介入を懇請しなければならなかった（一一九九年一月）。リチャードは休戦期間を利用して、リムーザンの封臣のひとりに報復しようとし、シャリュスを前にして負傷し、命を落とした。

③ジョン欠地王がリチャードのあとを継いで英国王になった。プランタジネット朝が有する大陸の領土については、甥のブルターニュ公アーサーによって異議が唱えられた。フィリップははじめブルターニュ公を支持していたが、最終的にはジョンがフランス王の封臣であることを認めるという条件で、フランスにあるすべてのジョンの封土の保全を受け入れている。

しかしその直後、フィリップ尊厳王はジョンがフランス王の封臣であることを口実に、英国王と彼のアキテーヌの封臣のひとりを対立させていた争いの調停に乗り出した。ジョンはフランス王の法廷に召喚されたが、出頭を拒否した。そのためジョンは封建制の掟にしたがって《逆臣》と宣告され、すべての封土の没収を宣言された。この判決を実行に移すべく、フィリップ尊厳王はノルマンディを占領、ついでアンジュー、トゥーレーヌ、メーヌ、ポワトゥーを支配した。征服は容易であったが、それはジョン欠地王がこれらの地方の都市と領主たちの支持をすでに失っていたからである。ただひとつ頑強に抵抗しつづけたのは、先王のリチャード獅子心王がセーヌ川流域地帯の突出部のひとつに建設していたシャトー・ガイヤールの強固な要塞である。この要塞が陥落したのは、六ヵ月間にもわたる攻囲戦の後だった。

ブーヴィーヌ

英国王ジョンははじめ既成事実を受け入れているようであったが、一二一三年、神聖ローマ帝国皇帝オットー四世とフランドル伯、ブルゴーニュ伯をふくめたその他多くの小領主たちを巻きこんだ大連合を結成し、これをフランスに敵対させることに成功した。これら北部連合軍は一二一四年の夏に攻撃を開始し、一方、英国王のジョンはラ・ロシェルに上陸、ロワール川をさかのぼって攻勢をかけてきた。フィリップ尊厳王の息子、皇太子ルイは、ラ・ロッシュ・オ・モワーヌでイギリス軍を潰走させている（七月二日）。その三週間後の七月二十七日、王はみずからフランドル軍と皇帝軍をリール近郊のブーヴィーヌで撃破した。この華々しい勝利において、都市民兵隊は騎士団に負けない活躍を見せ、フランス中は歓喜の渦に包まれた。王の威光は増大し、実質的に王領の四倍にも広がっていた征服地を、王はなんの不安もなく領有することができた。勝利の影響は国外にも広がっていった。ドイツでは皇帝オットー四世がフリードリヒ二世に位を譲り、イギリスではジョン王が上流貴族の反抗に直面し、大憲章《マグナ・カルタ》を認めざるをえなくなる。これは英国式議会制誕生へ向けての第一歩となっている。

国内の統治

戦勝ほどの華々しさはなかったとしても、王国の将来にとって同じように重要であったのは、国王があらゆる地域で権威を拡大し確立するために遂行した粘り強い活動である。王の直轄領の領主たちの経済的・軍事的義務は拡大され、明文化された。領主たちばかりか王国地方行政官たちに対しても、同様に国王代官（バイイ）の監視の目が向けられるようになった。これはフィリップ尊厳王が創設した新たな役職であったが、彼らの主な任務は税徴収の中央集権化と国王裁判の施行である。

他方、王は封建的権利として認められていたさまざまな規定を徹底的に利用し、有力な封臣たちの所領をいわば内部から突き崩していった。結婚、相続、主君が未成年であること、さまざまな争いなど、あらゆるものが介入の口実となっている。ついで国王は介入の代償として所領あるいは領主権の一部の譲渡を要求し、こうした譲渡を通じて封臣の権利を制限することもできるようになっていった。同じような結果をもたらしたものに、司教区と修道院に対する国王の後援と保護の行使があり、国王の勅許状によって自治権を認められた都市コミューンの設立がある。強大な領邦も王権に直接従属する飛び地が領内にいくつも発生してしまったことにより、もはや王と覇を競うことなどできなくなっていた。

意味深い事実がある。フィリップ尊厳王は、カペー朝の歴代の王のなかでも、生前から後継者を選んで戴冠させておく必要を感じることのなかった初めての王であった。

ルイ八世

三十六歳で即位したルイ八世（在位一二二三〜二六年）は父親の仕事を精力的に継続している。ジョン欠地王の息子ヘンリー三世英国王は、軽はずみにもルイ八世に宣戦を布告したので、ルイ八世はたちまち彼からオニス、サントンジュ、リムーザン、ペリゴールを奪い取ってしまった。しかしルイ八世はボルドーを前にして苦杯を嘗めている。

ルイ八世の努力が主に傾けられたのは、南フランスのラングドック地方であった。この地方の住民に昔から顕著であった地方主義の精神は、カタリ派、あるいはアルビ派という奇妙な異端のなかに宗教的な表現を見いだしていた。トゥールーズ伯レモン六世は、ひそかにこの異端を支援していた。一二〇九年教皇インノケンティウス三世はレモン六世に対する十字軍の結成を呼びかけている。フィリップ尊厳王は参加を拒否したが、それでも封臣たちが軍勢に加わることには容喙《ようかい》せず、また一二一五年に自分の息子が個人的な資格で十字軍に加わることを止めようとはしなかった。イル゠ド゠フランスの小貴族シモン・ド・モンフォールの指揮下で、北フランスの騎士軍団は南フランスに侵入し、異端者たちを情け容赦なく虐殺した。シモン・ド・モンフォールはレモン六世の所領を授かり、みずからフランス王の封臣であることを認めている。しかし彼の死後（一二一八年）、息子のアモーリはラングドックの反逆者たちに対抗することができず、一二二五年、この地域の支配権をルイ八世に売り渡した。王はすぐに強力な遠征軍を組織し、軍はほとんど戦いを交えることなくこの地方全域を支配下に収めた。トゥールーズ伯レモン七世は、それでも所領の一部を維持することができたが、ただしそれには、ただひとりの相続人であった彼の娘がルイ八世の次男アルフォンスと結婚するという条件がつけられていた。このようにしてラングドック全域はいずれカペー朝のものとなることになった。

ルイ八世が赤痢に感染して早すぎる死を迎えたのはこの遠征の帰途においてであった。彼の統治は、たとえどれほど短かったとしても、王領を地中海沿岸地域にまで拡大したという大きな成果を挙げている。

3　聖王ルイ九世――一二二六〜七〇年

未成年期

聖王ルイ九世は父親が亡くなったとき、わずか十二歳であった。摂政となったのは母親のブランシュ・ド・カスティーユである。彼女は知的であるとともに精力的な女性で、息子が成年に達してからもなお数年間権力を行使し、また一二四九年から一二五四年にかけて、ルイ九世が十字軍に出征していたときにも、摂政としてふたたび政治に携わっている。母后摂政は、「女がフランス王国というこれほど大きなものの統治にあたるべきではない」と考えた大領主たちによる、度重なる反乱に対処しなければならなかった。これらの反乱の試みはすべて打ち砕かれた。また彼女は英国王ヘンリー三世がプランタジネット朝のかつての領土の回復を目指して、一二二九年サン゠マロに上陸したときも攻勢を退けた。

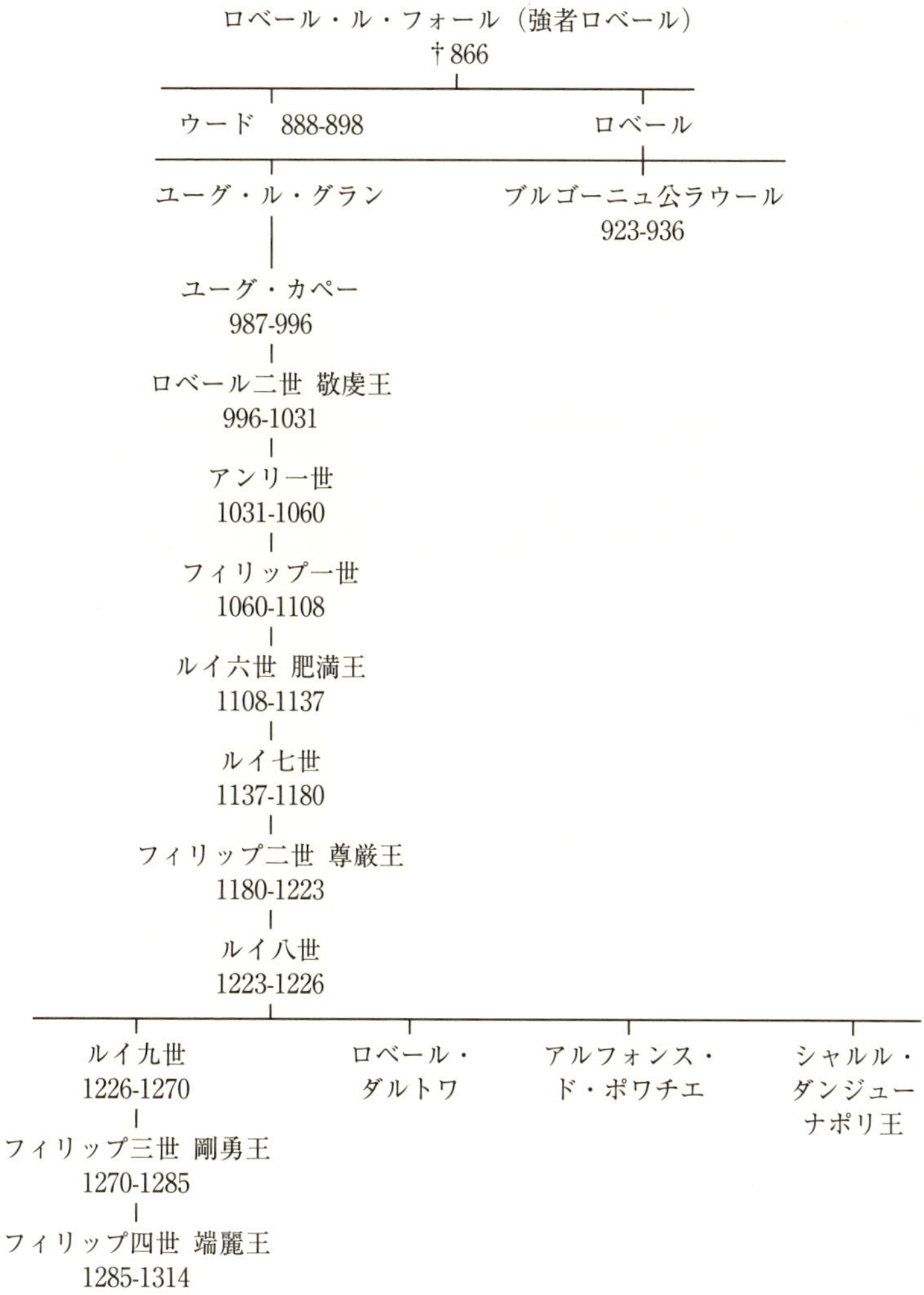
ロベール・ル・フォール（強者ロベール）
†866
ウード　888-898
ロベール
ユーグ・ル・グラン
ブルゴーニュ公ラウール
923-936
ユーグ・カペー
987-996
ロベール二世 敬虔王
996-1031
アンリ一世
1031-1060
フィリップ一世
1060-1108
ルイ六世 肥満王
1108-1137
ルイ七世
1137-1180
フィリップ二世 尊厳王
1180-1223
ルイ八世
1223-1226
ルイ九世
1226-1270
ロベール・ダルトワ
アルフォンス・ド・ポワチエ
シャルル・ダンジュー
ナポリ王
フィリップ三世 剛勇王
1270-1285
フィリップ四世 端麗王
1285-1314

カペー家系図

ルイ九世

中世のすべてのフランスの君主のなかでも、ルイ九世はその人間性がもっともよく知られている君主であるが、それは彼の列聖調査のおりに証言をおこなった人びとの語り、なかでも比類なく貴重なジョワンヴィル卿の回想録のおかげである。

王は、とジョワンヴィル卿は記している。平均を上回る体格の持主で、髪はブロンド、《天使の顔をした》美男子で、人あたりは柔らかく、威厳があり、戦闘では向こう見ずなほど勇敢であった。王として、善良さと強さを併せもち、忠告には耳を傾けていたが、しかし決断はひとりで下し、必要な場合には厳しい態度に徹していた。

とりわけ王は私生活においても、公務においても、母后ブランシュ・ド・カスティーユによって叩きこまれていたキリスト教の戒律にしたがって生きようと努めていた。中世の例にもれず、王の宗教はほとんど修道士のごとき深い信仰、肉体的な苦行、不幸な人びとのための慈善活動となってあらわれている。キャンズ・ヴァン盲人院は三百人の貧しい視覚障碍者を受け入れるために建設され、サント＝シャペルはキリストの受難の聖遺物を収めるための宝石箱（宝物殿）として建立され、ともに聖王の宗教についての証言をわれわれに伝えている。

第七回十字軍

聖王ルイがキリストに対して抱いていた神秘的な愛は、聖地を異教徒の手から取り戻すという、政治的にはとうてい容認することのできない計画を王に抱かせた。王は、最良の手段はイスラム教徒（サラセン人）を彼らの力の中枢部であるエジプトにおいて叩くことであると考えた。フランスとジェノヴァの連合艦隊が王と彼の軍隊をダミエッタ（ディムヤート）まで運び、ここは簡単に攻略することができた（一二四九年五月）。しかしこの最初の成功ののち、カイロに向けて進軍する前に、王の軍隊は数ヵ月を無駄に過ごしてしまった。十字軍はマンスーラの要塞を前にして大敗北を喫し、王もイスラム軍の捕虜になった。王は鄭重《ていちょう》な扱いを受けて解放されたが、その代償として巨額の身代金の支払いとダミエッタの放棄を余儀なくされた。その後、王はパレスチナへ行き、聖地を訪れ、キリスト教徒の城塞を強化することに努めている。フランス本国で摂政を務めていた母の死により、王はようやく帰国を決意するにいたった（一二五四年四月）。王の不在は五年間に及んでいる。

内政

ルイ九世は平和と正義とキリスト教的秩序の恩恵を国民にもたらすことに力を尽くした。王はすべての領主たちに、武力に訴えることと、封臣に不当な苦しみを強いることを禁じている。またバイイ、セネシャル、プレヴォといった王自身の役人たちに対しても、王はしばしば王令を発し、したがうべき倫理規範を課している。場合によっては司教たちにも、彼らの義務にしたがい、王権を尊重することを厳格に求めている。民間伝承的なイメージのなかで、王はみずからヴァンセーヌの樫の木の根元で屋外の即席裁判をおこない、貧しい人びとに味方する裁きを下している。しかし法制度史上注目すべきなのは、むしろ王国の裁判機構のなかに特別な一分科が設置され、これが宮廷内に置かれたことである。これが高等法院の起源となった。王国の役人たちの財政運営を管理するためのもうひとつの特任官職が設置され、これは会計検査院の前身となっている。商取引の誠実な履行を保証するために、聖王ルイは王国内の全域で通用する欽定硬貨の鋳造を命じ、すでに流通していた硬貨は欽定硬貨との一定の安定的な率にしたがって換算されることになった。

和平仲裁者

聖王ルイ九世の外交政策はすべて、キリスト教徒君主間の平和を保障し、征服欲を排除しようとする配慮に基づいていた。

王は、カペー朝とプランタジネット朝のあいだの積年の争いに終止符を打つために、率先して手本を示している。一二四二年、英国王ヘンリー三世はまたしても、アキテーヌの何名かの大貴族の反乱——これはルイ九世治下で発生したただ一回の反乱であった——に乗じ、ロワイヤンに軍を上陸させた。聖王ルイはこれに立ち向かい、タイユブールでヘンリー三世を打ち負かした。それに続いた長い休戦期間、ヘンリー三世の要求はそのままに放置されていた。聖王ルイは東方から帰国したのち、交渉のイニシアティブをとり、その結果パリ条約が締結されることになった（一二五九年）。ルイ九世は父親のルイ八世が比較的近年になって獲得した領土を英国王に返還し、ヘンリー三世はその代償として、フィリップ尊厳王が征服したはるかに豊かで広大な領土に対する要求を取り下げている。また英国王は大陸に有するすべての領地について、カペー朝の王に臣従の誓いを立てることになった。

その前年に、聖王ルイは同じような協定をアラゴン王ハイメ一世とのあいだで結んでいる（コルベイユ条約）。内容はアラゴン王がトゥールーズ伯領に対する主張を取り下げ、一方フランス王はルシヨンとカタロニアに対する封主権を放棄するというものであった。

聖王ルイの威光はこのように絶大となり、また彼の公正の精神が人びとに抱かせた信頼の念はきわめて大きくなっていたので、多くの国々で人びとはドイツ皇帝あるいはローマ教皇による裁定以上に、フランス王聖王ルイによる裁定を求めるようになっていった。なかでも一二六四年、国王ヘンリー三世と争いを続けていたイギリスの封建領主たちのケースはその好例である。そのころ教皇庁と神聖ローマ帝国を対立させていた熾烈な争いにおいて、聖王ルイはいずれの陣営にも与《くみ》することなく、一貫して争いにかかわることを拒否し、たんに和平を実現し、教皇庁の独立を保障しようと努めたのみであった。すでにプロヴァンス王となっていた弟のシャルル・ダンジューが、一二六三年、ナポリ王国の王位を授かることを承諾したのは、聖王ルイの意に反してのことである。シャルル・ダンジューは教皇庁の援助を受け、無慈悲な行動力に物を言わせて、この地にいわゆるアンジュー王朝なるものを樹立したが、その支配は十五世紀中葉にまで及ぶことになった。

最後の十字軍

シャルル・ダンジューの大きな夢は、まさに巨大な地中海帝国を建設しようという以外のなにものでもなかったが、これは聖王ルイの最後の試みに見られた不吉な方針と無縁だったわけではない。聖王ルイは彼の最初の十字軍の失敗に甘んじたことなど一度もなかった。慎重さを求めるあらゆる忠告を無視し、ルイは一二六七年、新たな試みに挑戦することを決定する。シチリアの支配者となったのちにチュニジアに足場を築くことを願っていた弟のシャルル・ダンジューは、チュニジアの太守にはキリスト教に改宗する意思があり、相当数の騎兵の援助を提供する準備があるとルイに思いこませた。さらに無分別なことに、三年間にわたって入念に準備された遠征隊が一二七〇年カルタゴの地に上陸したのは、考えられるかぎり最悪の七月という夏の盛りのことであった。野営の準備も物資の補給もじゅうぶんではなかったフランス軍は、ペストと赤痢に苦しめられ、真夏の暑さの下で文字どおりに溶解してしまったのである。乗船の段階ですでに病に冒されていた聖王は、一二七〇年八月二十五日、衰弱してこの世を去った。

この死はルイに殉教者の栄光をもたらし、彼の聖性をいわば完成させるものとなった。歴史に刻まれた聖王ルイのイメージは、キリスト教徒の国王としての完璧な模範となり、フランス王国とカペー朝を宗教的な威光で飾り立てることに多大な貢献を果たしている。このようにして、物理的な力によるのと同じように、フランス王権とカペー朝には、ヨーロッパの王家のなかでもきわめて特権的な地位が保証されることになったのである。

4 フィリップ端麗王――一二八五〜一三一四年

フィリップ三世剛勇王

フィリップ三世剛勇王（在位一二七〇〜八五年）の治世の十五年間には、記憶に値するようなできごとがあったとは思われない。叔父のシャルル・ダンジューは王に支配的な影響力を及ぼし、ライバルのアラゴン王（ペドロ三世）との対決を求めて、ピレネー山脈を越える遠征へと王を導いていった。この不幸な遠征は、一二八五年十月、ペルピニャンでの王の死という結末を迎える。

レジスト（法曹官僚）

フィリップ四世端麗王の登場とともに、王権は侵略的で暴力的でシニカルな性格を帯びるようになった。しかしながら、こうした変化が王自身に起因するものであるのか、あるいは当時圧倒的な影響力を行使するようになっていた周囲の助言者たちによるものであるのか、それを明らかにするのは困難である。彼らはレジスト（法曹官僚）と呼ばれていたが、それは彼らが、司法職の任務が確立されるにつれて王宮での地位を高めていった法律の専門家たちの閉鎖的特権階級を出身母体としていたからである。これらレジストの狙いは、君主の意志こそが法源である《王が望むがごとく、法は望むSi veut le roi, si veut la loi.》という、彼らが古代ローマ法のなかに見いだした原理をもう一度甦らせることであった。かくして封建制の掟とは裏腹に、王権にはもはやどのような限界もありえないことになったのである。

教皇との争い

フィリップ四世の主張は、同じように常軌を逸していたローマ教皇ボニファティウス八世の主張と真っ向から対立することになった。自身も法律家であった教皇は、すべてのキリスト教君主に対するローマ教皇庁の優越を認めさせようとしたのである。争いの引き金となったのは、一三〇一年、教皇がフランス王の同意なしに、パミエにフランスの新たな司教区を作ることを決定したことであった。王はボニファティウス八世が任命した司教を拘束してしまった。教皇はフランスの司教たちをローマに召喚してフィリップ四世の行動を審査すると通告した。王の有力な側近であったギヨーム・ド・ノガレは、良心の咎めというものが完全に欠落した男で、教皇の手紙をフランス国民の自尊心を傷つけるように醜く書きかえて発表した。ボニファティウス八世は怒り狂い、フィリップ四世を破門し、王の臣下を忠誠の誓いから解いてしまった。ノガレは教皇に対する起訴状によってこれに反撃したが、その起訴状には教皇の廃位を正当化するために思いつかれたあらゆる類の犯罪が詰めこまれていた。しかるのちにノガレはすみやかにイタリアに向かった。ノガレは、ボニファティウス八世の個人的な敵を加えて膨れあがった外国人傭兵団とともに、教皇を夏の居住地アナーニで襲撃した。六十八歳の老人であった教皇は、ノガレと彼の手の者によって退位を迫られ、罵詈雑言《ばりぞうごん》を浴びせかけられながら、それでも頑として脅しに屈しようとはしなかった。二日後、アナーニの住民は教皇の救出に立ち上がり、ノガレは逃亡するほかはなかった。

その後ほどなくして、ボニファティウス八世は試練に打ちのめされてこの世を去った。はじめに後継者となったベネディクトゥス十一世は、フランス王の破門は解いたが、ノガレを許すことは拒否した。ノガレはベネディクトゥスを毒殺した。こうしてフィリップ四世は、自分が選んだ人物であるボルドーの大司教ベルトラン・ド・ゴートをベネディクトゥスの後継者に選出させることに成功した。新たな教皇はクレメンス五世を名乗ったが、当然のことながらローマ教皇庁の人びとの敵意を怖れ、教皇庁をアヴィニョンに移し(一三〇九年)、フランス王の保護のもとに身を置いた。彼の後継者たちも同様にフランス人であり、教皇庁の所在地は以降一世紀近くものあいだ、アヴィニョンに固定されることになったのである。

この争いとその結末は、フランスとヨーロッパとキリスト教世界全体にきわめて大きな影響を与えている。

――君主たちと諸国家の完全な独立が確立され、歴代の教皇が抱きつづけてきたキリスト教世界統一の夢は打ち砕かれた。

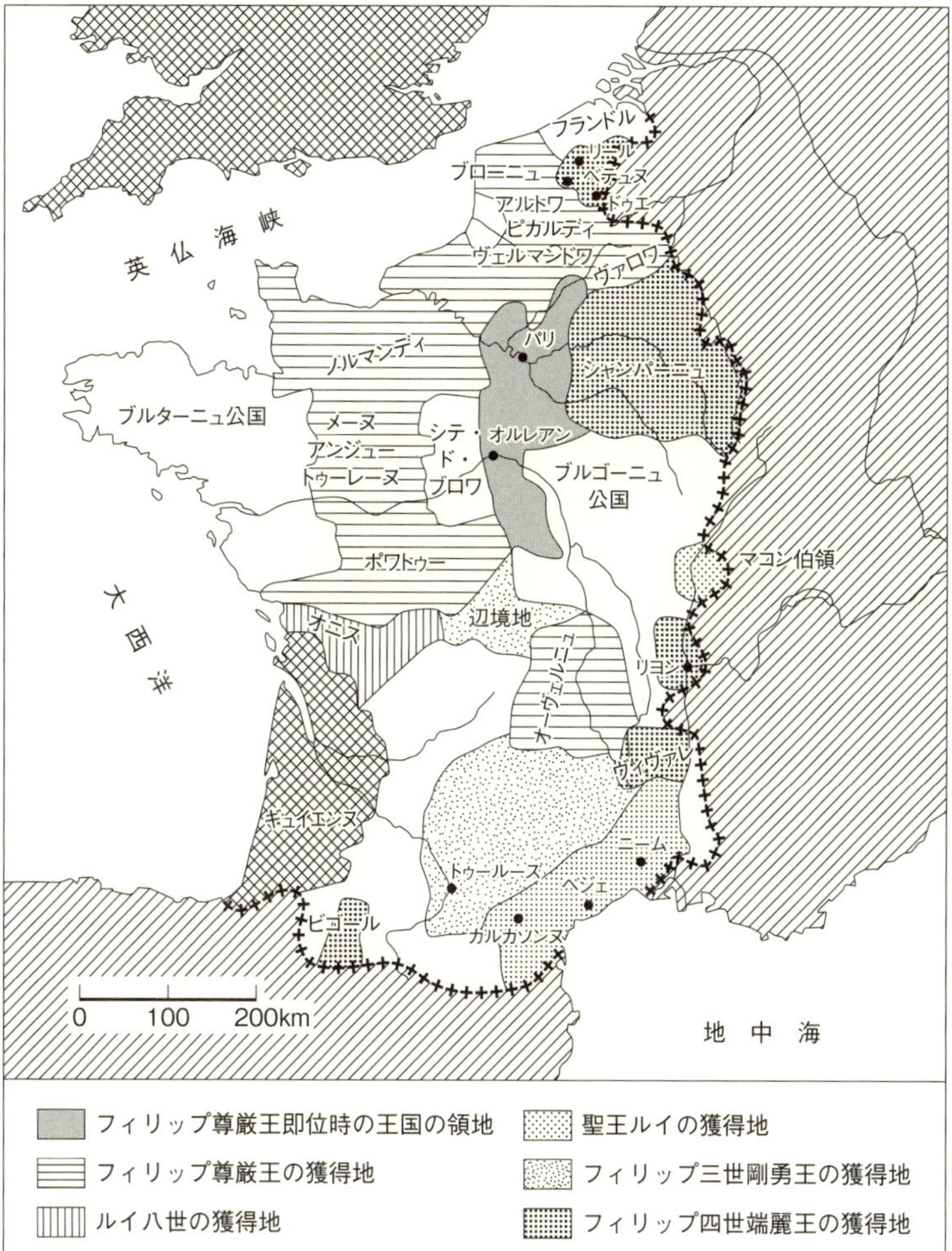

カペー家支配の王国領土の拡大（Ch. BRAND, Cours d'Histoire. Le Moyen Age, De Gigord.）

——一時的にフランス王の傀儡となってしまったことにより、教皇庁の権威は低下し、キリスト教世界は各国の暴力と野心に歯止めをかけることのできる調停役を兼ねた審判者を失ってしまった。
——教皇のアヴィニョン滞在は十四世紀末の教会大分裂の引き金となり、その結果、聖職者の腐敗とキリスト教文明の崩壊にはさらに拍車がかかることになった。

王国の統治

フィリップ端麗王は王国の二つの封土を王領に併合しようとしたが、あまりうまくいかなかった。南部ではギュイエンヌを二度征服したものの、二度とも英国王に返還することになり、しかもそのときに交わされた調停案は、その後の歴史においてきわめて大きな災いのもとになった。フィリップ端麗王の娘イザベルと英国王エドワード二世の結婚が取り決められ、これが英仏百年戦争の遠因のひとつになったからである。

北部でフィリップ端麗王はフランドル伯の所領を手に入れようと試みた。フランドル伯は英国王と同盟するという誤りを犯ししたとみなしたのである。しかしフランドル地方の強力な自治組織は、国王の役人にしたがおうとはしなかった。恭順をうながすためにフィリップ四世が派遣した軍隊はクルトレ（コルトライク）の戦い、いわゆる「黄金の拍車の戦い」でフランドルの民兵軍に屈辱的な敗北を喫している（一三〇二年七月十一日）。王は二年後にモン゠サン゠ピュエルで報復を果たし、この勝利によってリールとドゥエとヴァランシエンヌを最終的に手元に残すことができた。それ以外の土地はフランドル伯の所有に戻されたが、それでもフランドル伯はフランス王にあらためて封臣の誓いを立てることを受け入れている。

王のこうした試みには多大な出費が必要であった。フィリップ四世端麗王はあらゆる手段を尽くして資金の調達に努めている。封建時代の軍事奉仕の義務が《経済的援助による軍役義務の履行 aide de l'Ost》という名目の税金を設けるための口実となり、この税は国王の役人の手により王国全域で徴収されることになった。これは大貴族の封地においても王領と同じように課せられることになる王国税と中央集権行政の始まりを告げるものであった。王はまた貨幣の流通と硬貨の純分（貴金属の含有率）を不正に操作するという手段にも訴えている。強制的な借り入れもおこなわれ、これはとりわけロンバルディアとユダヤ人の商人に打撃を与えるものであった。さらにはたんなる暴力的な財産の没収という手段さえ用いられた。

テンプル騎士団事件

こうした資金調達の最後の手段に関して、テンプル騎士団に対してなされたやりかた以上に破廉恥なシニシズムの例はほかにない。一二世紀前に聖地に創設されたこの軍事的宗教団体は、経済的にも領土的にも真の強権団体に成長し、キリスト教君主たちのための銀行の役割を果たし、《修道騎士の所領《コマンドリ》》と呼ばれた多くの領地を所有していた。彼らのパリの城塞であった騎士団本拠地は王国財務府の国庫保管所になっていた。一三〇七年十月、フィリップ四世はテンプル騎士団員全員の逮捕と彼らの財産の差し押さえを命じている。口実となったのは騎士団を堕落させているとされた反道徳性と異端の容疑であった。裁判がおこなわれ、ノガレが指揮にあたった。拷問によって引き出された自白にもとづいて教皇クレメンス五世に騎士団を強引に解散させることが可能になった。結局のところ、騎士団の大団長であったジャック・ド・モレーと五十八名の騎士たちは自白を撤回し、火あぶりの刑に処せられている。

これらはフィリップ端麗王の治世を不気味に彩った残虐行為のすべてというわけではない。他の多くの例のなかから、ここでは王子の妻たちと不倫の関係をもったとして訴えられた二人の騎士の例を挙げておくことにしよう。二人は去勢され、生皮はぎの刑に処せられ、四つ裂きにされている。敬うべき聖王ルイのキリスト教的正義など、もはや郷愁を誘うだけの遠い思い出にすぎなかった。

第五章

Histoire de France

カペー朝時代のフランスの諸相

カペー朝によって達成された政治的成果の背景には、フランス国家の物心両面にわたる大きな変貌があった。すなわち、人口の飛躍的な増大、農業の進歩、通商関係の再生、都市生活の発展、宗教のよりいっそうの純化ならびにそれにともなう宗教的影響力の増大、文芸と技芸の開花などである。

《布商人》（13世紀のモラリゼ聖書の細密画。フランス国立図書館）

1　経済と社会

農業の進歩

異民族の侵寇はもはや見られなかった。王権は強化され、教会は平和を求める活動（一一七ページ参照）を通じて影響力を増し、住民には相対的な安全が保障されるようになった。これらのことはいずれにせよ農業の発展におおいに貢献したものと考えられる。それとともに伝統的な農耕器具にはますます多く鉄が使用されるようになっていた。しかし中世には、さらにいくつもの注目すべき技術革新が達成されている。

——馬のための頸輪と蹄鉄の発明。これにより農作業と農作物の運搬に馬をつないで使うことができるようになった。馬の利用は、牛あるいはたんなる人力による以上にはるかに効率的であった。

——撥土板《はつどばん》と導輪のついた犂《すき》の発明。これにより土地はさらに深く、また頻繁に耕されるようになり、しかも木の根や石が非常に多い土地においても耕作が可能になった。

——水車の使用。これはたんに穀物を挽くだけではなく、産業用の物資（タンニン採取用樹皮、粘土、塗料）を砕いたり、器具を研いだり、木材を切断するために利用されている。

——輪作の実施。これにより休閑地の面積が減少した。

こうして収穫量は増大したが、そればかりでなく耕作面積も飛躍的な広がりを示し、荒地、沼地、森林の周辺部分は大幅に減少していった。これらの開墾の跡は《エサール essarts》《サール sarts》また南フランスでは《アルティーグ artigue》という語根をもつ開墾区域の地名に示されている。ブドウ畑も丘陵地に急速に広がり、大きな商品価値のある産物を供給することができるようになり、農業はたんなる主食依存型経済という自給自足の枠組みから脱することが可能になった。

人口の急増

農業のこうした飛躍的な発展が可能となり、また同時に発展が必要とされたというのも、それは驚くべき人口の増加という背景があったからである。人口増加の原因とその多様な側面を解明することは必ずしも容易ではない。しかしその結果として生じてきたさまざまな現象は、明らかに見てとることができる。開発された農地は細分化され、小教区が増加している（このころまで「大きな所領」を意味していたウィラ villa という言葉が、「村 village」という現代的な意味をもつようになった）。同様に土地の有効利用に熱心な世俗領主および土地を所有する聖職者たちは、まったく新たな農村共同体を作るようになり、その数は増加していった。それらは《新しい村 villes neuves》《自治村 franchises》《自由村 sauvetés》《新集落 bourgs》などと呼ばれている。こうした農村共同体に農民が引き寄せられていったのは、そこでは土地の払い下げが認められていたからであり、他の場所では耕作者に強いられていたさまざまな義務を農民たちが免れることができたからである。さらに都市の人口増加と発展（一〇〇ページ参照）、修道会の急速な増加などを挙げることができるだろう。最後に、過剰となったフランス人兵士を定期的にスペイン、南イタリア、東方へと送り出していた移民の動きも見逃すわけにはいかない。
ある信頼できる推定によると、一三二八年当時の国王の直轄地の人口はおよそ千二百万人と見積もられているが、それは一〇八六年には四百万人にすぎなかった。つまり人口は二世紀半で三倍になったのである。これはフランス史上、例のない増加率であった。同じ一三二八年に、フランス王国全体——大封地も含めて——の人口はおよそ千六百万から千七百万と推定されている。

商業と産業の覚醒

農業生産物の過剰は、他の活動分野にも急速な発展をうながすという効果を生みだした。こうした発展の恩恵にもっぱら浴していた領主たちと土地所有者たちは、収入の増加によって生活を改善する手段を手に入れ、よい暮らしを望むようになった。貴族たちにとって生活を改善するとは、城塞の建設に木材ではなく良質な石材を使うことであり、防御と攻撃のための装備を改良することであり、衣装と食事をさらに洗練させるということであった。聖職者たちにとって、新たに獲得された富はますます大きな教会と修道院を建設し、それらをよりいっそう美しく飾り立てるための手段となった。

こうした消費財は多くの場合かなり遠方の地から運んでこなければならなかった。その結果、交換に適した製品を産する地域同士で交易の流れが生まれ、それはフランス国内だけではなく、国境の外にまで広がっていった。というのも、当時フランスの北部と南部ではいくつもの港が数珠状に誕生していたからである。北方では、ヴァイキングがキリスト教世界に加わるようになって以来、バルチック海と北海に面して、また南方では、そしてとりわけこちらのほうが重要であったが、地中海に面して、港は次々と開かれていった。アラブ人の征服により三世紀間にわたってキリスト教世界の交易を締め出していたこの巨大な内海は、十字軍の活躍とともにふたたび進出が可能になっていた。ヴェネツィア、ジェノヴァ、ピサ、バルセロナ、マルセイユは、東洋の産物を取り扱う貿易港となり、香辛料、香料、香《こう》、高価な織物、絨毯、武器、宝飾品類などの一大集散地となっていった。

これらの商品を運搬し販売する商人たちは、輸送の途中で遭遇する盗賊団から身を守るために、また同様に、彼らが通過する土地の支配者が課する不当な徴収に対抗するために、団結の必要に迫られるようになった。《ギルド guildes》《商人組合 hanses》《友愛組合 fraternités》《兄弟団 fratries》などと呼ばれたこれらの商人組合は、しばしば都市共同体誕生のきっかけになっている。たとえばパリの河川商人の組合の場合、彼らの役割の重要性は、今日のパリ市の紋章に帆船が描かれていることからもじゅうぶんに推察されるだろう。

定期市

商品の選択においても、商品の確実な入手のためにも、新たな仕入れをもっとも好ましい状態で容易におこなえるようにするために、ときには非常に遠方の地からやってきていた卸売商と小売商は、多くの場合、大都市に隣接した場所に日を定めて集合するようになっていった。こうした定期市は数週間にわたって続いている。創意に富んだ簿記法のおかげで、通貨供給量が許す取引量を圧倒的に上回る量の取引が、相互補償型交易によって可能になっていた。十三世紀、西ヨーロッパのもっとも重要な定期市は、シャンパーニュ地方のトロワとプロヴァンで開かれている。この地域では、ムーズ川とエスコー川を通って北から、セーヌ川とマルヌ川を通って西の大西洋側から、またローヌ川とソーヌ川を通って地中海からやってきた交易の流れが接触することが可能であった。

都市

商業活動の目覚めは都市生活の活性化を促した。城壁のなかに狭苦しく閉じこめられていたかつての中心地区のそばに《市外区《フォブール》》が誕生し、ここに商人と職人たちが住みつくようになった。職人たちも同業組合を結成するようになり、組合員の数は近郊の農村地帯から流れこんできた過剰な労働人口を吸収して膨れあがっていった。毎日の生活に欠かすことのできない職業――肉屋、製粉業者、パン屋、樽職人、靴屋など――はどこにでも見られたが、都市がほんとうに重要性を増していったのは、輸出用の織物産業が栄えたところである。それはとりわけ、ソンム川とエスコー川のあいだの地域で発展を遂げていた紡毛織物産業の諸都市であった。

ときにはまったく新しい人口集中地域も誕生している。街道の主要な分岐点、河川の渡河点と合流点、水車の建設に適した水路、海港といった、交易と産業に適した場所に生まれてきた新集落がそれである。市外区も新集落も、重要性を増すとすぐに城壁で取り囲まれるようになっていった。

なによりも農業開発が優先され、完全に封建的な諸関係の上に立脚していた社会のなかに、こうした都市住民の人口集中地域が誕生してきたということは、それまでとは異質で、従来の社会に溶けこむことのできない要素が生まれてきたということを意味していた。それゆえ商人と職人の同業組合の指導者たちは、じゅうぶんな力を蓄えると、すぐに《都市自治組織《コミューン》》を結成するようになった。彼らは誓い（盟約）を交わし、団結を強め、彼らの活動により適した制度を作りだすための特許状を、領主の手から勝ち取ろうと努めたのである。領主に支払うべき税金の制限とその明確な定義、出身の如何にかかわらず（かつての農奴、自由人、外国人は、そのころまで異なった法制度と役所の支配下にあった）コミューンのメンバー全員に認められる同一の法的立場、コミューンを対象とする特別法廷の設立、通行税の免除と、所領の他の地域では徴収されていた不当な課税の撤廃、防衛のための民兵組織結成の許可。これらが特許状に記載されていた一般的な条項である。特許状はときには暴力的な蜂起によって手に入れられる場合もあったが、多くの場合は金銭を支払うことによって獲得されていた。ひとたび封建制度から解放されると、コミューンは裕福な都市住民階層によって選出された自治政府を成立させている。北フランスで自治政府の行政官はエシュヴァン（参審員 échevins）と呼ばれ、南フランスではローマ帝国の制度に倣ってコンシュル（市参事会員 consuls）と呼ばれていた。

パリはすでに国内のすべての都市のなかでも圧倒的に重要な役割を果たしていた。それはパリが商業と手工業の中心地という通常の機能に加えて、王国行政府の所在地ならびに西欧でももっとも威信のある大学の所在地としての機能を担っていたからである。聖王ルイの時代にパリの人口は五万人に達していた。シテ島の最初の中核地域の外側、セーヌ川の両岸に発展していた広大な市外区は、フィリップ尊厳王によって一周およそ四千八百メートルの城壁で囲まれ、その痕跡をわれわれは今日なお目にすることができる。

騎士階級と貴族階級

新たに誕生した都市社会とその支えとなっていた貨幣経済は、中世初期の封建制度を母体とする社会秩序に対して、いつしかそれを解体することになる溶剤としての効果を発揮するようになっていった。《ある者は祈り、ある者は戦い、それ以外の者は働く》、これが一〇三一年、ランの司教アダルベロンが当時の社会秩序に対して抱いていたイメージである。このイメージはその後長く生きつづけたとはいえ、いつしかもはや現実を反映しないものになっていった。

戦士（milites）階層にはさまざまな人びとが属していた。まず大領主である君主、次に王族と城主、さらに小領主らがいたが、小領主たちは城の勢力圏内の小さな領土で生活し、封主からの要請にいつでも応えられる態勢を整え、封主のためのいわば予備役のようなものを形成していた。さらに城に住みついていた戦士たちがいたが、彼らは土地をもっていなかったので、城塞のなかで城主との緊密な関係を維持して生活していた。

これらの人びとはすべて、彼らの存在理由である戦う人間としての共通の使命によって結ばれていた。誰もがみずからを《騎士》と称していたが、それは騎馬の所有が彼らに遠征への参加を可能にしていたからである。《騎士叙任式》なる儀式によって騎士身分への参入を許されることにより、戦士は特権階級の一員となることができた。すなわち彼らの生活は、彼らが——原則的に——保護する任務を負っていた、非特権階級の人びとの労働のおかげで成り立つことになったのである。

しかしながら、王と聖職者たちの努力によって社会に秩序がもたらされ、戦争の機会が減少するにしたがい、また富が戦争によって暴力的に獲得される以上に、定期的に支払われる封建賦課租によって得られるようになるにしたがい、さらには傭兵という、無法者集団からなる軍隊がますます多くなるにしたがって、貴族身分の定義においては《血統》というひとつの別の概念が、騎士の概念を完全に圧倒するようになっていった。一族の力と名声の源となった遺産を残してくれた先祖の子孫たちの集団は、利益をともにする共同体であるという思いを強め、結びつきを深めていった。つねに男系の長子が継承していた家長の権威は、封臣制の絆にもとづく権威を凌ぐようになっていった。こうした変化を示すしるしのひとつとしては、領地、城、都市の名を冠した父称による異名が普及したという事実を挙げることができるだろう。

農村世界

農村世界の変化はきわめて緩慢で、そもそも地域によってかなり多様ではあったが、農民たちの法的身分は平準化の方向へと向かっていった。このことは土地に関しても、また人間に関しても同様である。

①九世紀ごろ、封地として領主によって直接的に支配されていた領地以外に、土地は一般にサンス地代農地（censives）と自由地（alleux）の二種類に区別されていた。サンス地代農地は領主が利用者に使用を認めていた土地であり、利用者は、サンス地代（cens）と呼ばれていた賦課租を現金あるいは現物で支払う義務を負っていた。自由地とは所有者が相続によって代々受け継いでいた自由な土地である。こうした自由地は数世紀のあいだに少しずつ消滅していった。そのうちの多くのものはたんなるサンス地代農地となり、またその他のより価値の高い土地のいくつかは封地になっていった。封地になった土地もそれ自体開発の必要のため、マンス（manses）あるいはクチュール（coutures）に細分化され、その耕作は農奴あるいは自由農民に委ねられていった。こうした過程を経た後、すべての土地は最終的に小規模な家族経営小作地の連続地帯といった様相を呈するようになり、それぞれの小作地は戸（feux）と呼ばれ、通常は小教区に再編され、土地の罰令権を有するとされていた領主にさまざまな賦課租を支払っていた。

②同じような変化を経ることにより、農民の身分も平準化されていった。かつての奴隷は、彼らに認可された農場開発に従事する農奴になった。彼らの社会的地位は少しずつ自由人あるいは小作人（コロン colons）の社会的地位に近づいていった。というのも、自由人あるいは小作人は、彼らに開発が認められたマンスあるいはクチュールにおいて、領主のサンス農民になっていたからである。また

同様に、かつての奴隷たちの社会的地位は、新たな開墾が計画された土地へと引き寄せられていった入植農民（hôtes）の社会的地位に近いものとなっていった。こうして出自の異なる農民たちは、都市のコミューンを模範としてしばしば団結し、彼らの義務を明確にするとともに、その上限を設定するための特許状の獲得をめざすこともあったし、あるいは領主たちの金銭的必要に乗じて、いくつかの高額な権利の購入を試みることもあった。

こうした農民の平準化と変容の末に、領主と騎士たちからなる貴族階級と、土地労働就業者からなる階級は、カロリング朝時代よりもさらに明確に区別されるようになり、土地労働にたずさわる者は、貴族から蔑視されたのと同じように、都市住民からも同じような軽蔑の視線で見られるようになっていった。その結果、はじめはたんに具体的な意味を有していたにすぎない言葉が、いつのまにか多かれ少なかれ侮蔑的な意味あいをもつようになっていった。「醜い vilain」という語は、元来「大規模所有地（荘園 villa）で働いている耕作者」を意味し、「無骨者 manant」という語はマンス（ラテン語の「とどまる manere」に由来）で働いている人間を指し、「田舎者、粗野な男（rustre あるいは rustaud)」は、元来「田舎の人間（ラテン語の「田舎 rus」に由来)」を指し、「庶民 roturier」は、開墾のために使用を認められた土地に定住している耕作者（ラテン語の ruptura に由来）を意味していただけだったのである。

2 教 会

本質的役割

国王から最下層の《領民》にいたるまで、フランス人は誰でも、政治的所属や社会的地位がどのようなものであれ、自分のことをまずキリスト教徒であると考え、教会という広大な社会の一員であると考えていた。天国での幸福という、きわめて大切な目的に達するための助けと教えが求められていたのは教会である。教会の儀式と秘跡は、誕生から死後の世界にいたるまで、あらゆる人びとの人生を規定していた。教会の階層化された支配機構は、巨大な網のように、あらゆる階級において社会を捕捉していた。この網は、実際に教会を代表していた人びとが一般に精神的・知的エリートであっただけに、いっそう有効なものであった。当時、「聖職者 clerc」であるということは、当然のことながら、教育のある人間であるということだったのである。他方、この聖職者集団は独身の規則にしたがっていたので、社会のすべての階層から新規の成員を募る以外に、組織を存続させることは不可能であり、そのため他と隔絶した特権階級を構成することはできず、反対に彼らの生活は、一般のキリスト教信徒である民衆の生活と密接に交じりあっていた。

しかし、このように教会が人間社会のなかに強く組みこまれていたために、教会は人間社会の弱さと悪徳の感染をこうむり、教会制度そのものも多くの面において、世俗社会が時代ごとに発展させてきた制度を反映するようになっていた。

最後に強調しておかなければならないのは、十二世紀と十三世紀のキリスト教世界の飛躍的な発展に尽くしたフランス独自の貢献の圧倒的に重要な役割である。ドイツ皇帝と対立した教皇たちが一度ならず難を逃れてやってきたのはフランスの地であった。フランスで彼らは公会議を開くことができた。また十字軍派遣の構想が情熱的な高まりを見せたのも、ヨーロッパ全域に広がっていった数々の大修道会が誕生したのも、パリ大学という他に比類なき知的活動の中心が大きな発展を遂げたのも、さらには西ヨーロッパに新たな建築と画像の表現様式をもたらしたのも、フランスであった。

在俗聖職者

司教や司祭が在俗聖職者（clergé séculier）と呼ばれていたのは、《俗界に dans le siècle》生き、キリスト教徒の民衆と同じ世界で生きていたからである。それゆえ彼らはまた現実社会からの汚染にいっそう染まりやすい聖職者たちでもあった。司教職が獲得していた膨大な富と、聖職者のすべての任務から生まれていた収入は、俗人たちの激しい欲望の的であった。十世紀に、王族、領主、城主たちは、教会の高い位や職務を、忠実な家臣あるいは家族の一員に与えることのできる相続財産と同じように、気ままに処分するようになり、さらにはもっとも高い価格を申し出た人に売却するようにさえなっていた。ローマ教皇の位でさえ、イタリアの領主たちとドイツ皇帝のあいだで争奪の的になってはいなかっただろうか。

こうした状態で任命された司教たちの多くは、あくまでも在俗の領主としての生活を送り、戦争を起こし、狩猟を楽しみ、妾を囲っていた。一方、小教区の司祭たちは所帯をもち、もはや一般信者たちとほとんど違いのない生活を送るようになっていた。

十一世紀以降、とりわけ二つの要因が、こうした悲しむべき状態から教会を救い出すことに貢献している。

①キリストの死から千年が経過したのを機に生じてきた一種の精神的覚醒。聖書の誤った解釈により、人びとは世界の終わりが近づき、最後の審判がいまにも下されるものと信じるようになってい

た。当時、キリスト教世界にふりかかっていたさまざまな災厄——ペスト、飢饉、戦争、邪教——は、黙示録が世界の終わりの前兆として告げていた災いであると考えられた。不安は人びとの意識を目覚めさせ、その結果人びとは悔い改め、おこないを正して、神の怒りを鎮めようとした。おそらくこうした思いゆえに、紀元一〇〇〇年の大きな恐怖が鎮まってからでさえ、新たに建設された教会の正面扉上部の半円形の壁面《タンパン》には、いつまでも最後の審判の主題が示されるようになったのである。

②叙任権闘争。教皇グレゴリウス七世はフランスのクリュニー修道会で教育を受けたベネディクト派の修道士であったが、ドイツ皇帝に対して歴史的な戦いをくりひろげ、もはや世俗の国王、王族、領主たちには教会の位と職務を授ける権限はないとする原則を確立することに成功した。以後、司教は教会参事会員と一般信徒によって選出されることになり、彼らの宗教的権限は大司教を介して教皇から与えられることになった。君主あるいは領主に残されていたのは、せいぜい任務に付随する一時的な財産を、指名された人物に授けるということでしかなかった。

こうしたグレゴリウス七世の改革は、フランスに導入され、ルイ七世と聖王ルイという敬虔な国王によって取り入れられたことにより、きわめて質の高い司教団の誕生をうながさずにはおかなかった。また司教たちも国王にならって、小教区の聖職者の威信を回復させることに力を尽くし、とりわけ聖職者の内縁関係の一掃に努めている。それでも聖職者の養成はまだまだ不十分だったので、農村部の聖職者たちが信奉しつづけていた宗教は、依然として異教信仰とその実践の色あいの濃いものであった。

都市の再生は司教と都市小教区の聖職者にとって有益なことであった。各都市の同業者組合（職業ギルド）と自治組織（コミューン）は、自分たちの都市の優越を他に誇ろうとしたので、フランス全土には次々と新しく教会が建立されるようになったからである。これはすでに十一世紀の初頭、修道士で年代記作者であったラウル・グラベルが《新しい教会の白い服》として称えていたことであった。中世建築の変遷を語ることは美術史の仕事であるとはいえ、筆者はここで、そのもっとも独創的な結実であるいくつかの大司教座聖堂のゴチック建築様式が誕生したのはフランスの地においてであり、より正確に言うならば、フランスの王領においてであったということを、あらためて指摘しておかずにはいられない。この新しい技術のもっとも完璧なモデルが、シュジェによって一一三二年から一一四四年にかけて再建されたサン・ドニの王立大修道院の大聖堂においてもたらされた。これを模倣した全キリスト教ヨーロッパ世界にとって、ゴチック建築様式とは《フランス国民の作品》だったのである。

修道院

修道院も、その管轄下にあった所領の重要性ゆえに、しばしば世俗領主たちの欲望の餌食になってきた。ここでもグレゴリウス七世の改革が導入されたことにより、修道士たちは彼らの本来の任務によりいっそう身を捧げることができるようになった。彼らは生者と死者のための贖罪と許しを祈願する、絶えざる祈りを天に捧げていたのである。封建社会の風習の暴力性と不道徳性に眉をひそめていた善男善女に、修道院は安らぎとなる避難所を提供していた。周辺の農民たちには兵士から逃れるための神聖な隠れ家を、貧しい人びとには食糧の割り当てを、貴族の子弟と将来の聖職者には学校を提供していた。

大修道院は、そこに住む人びとの数が増えすぎたり、あるいはたんに他の所領を手に入れたりした場合、支部を作ることがあった。こうした支部は、もとの修道院に所属している場合、修道分院と呼ばれていた。

教皇庁は各国の君主に対する独立が確立されるとともに、教会の最高指導者としての教皇が修道院から手に入れることのできるあらゆる利益に着目するようになった。こうして教皇は、司教の裁治権から修道院を解放する免属を適用することにより、修道院を直接教皇庁の管轄下に置くようになった。大修道院長は、修道士たちによって選ばれた後、彼らの宗教的権限を直接教皇から受けとることになった。国王の同意はなお必要であったが、それは大修道院長が管理者となるか、あるいは封建的な意味での領主となった領地からもたらされる膨大な富ゆえのことである。

クリュニー

修道院の改革と繁栄において着目すべき三番目の要素は、ただひとつの指令にしたがい、すべてが同一の規則を遵守する多くの修道院からなる巨大な修道会が誕生したことである。その模範がもたらされたのはクリュニーからであったが、この地のベネディクト派の大修道院は、九一〇年の創立とともにすでに免属の特権に浴していた。院長のオディロンは一〇〇〇年ころ、すべての支部も本院と同じように司教の権限を免れ、それぞれの支部の指導者である大修道院長あるいは小修道院長が、本部修道院の指導者である総院長に従属するものであるとする原則を確立している。そうすれば総院長はすべての支部に同一の規律を課すことができるであろう。クリュニー修道会の発展がひときわ目覚ましかったのは、能力の点でも指導期間の長さの点でも例外的であった二人の人物の指導のもとにおいてであった。最初は九九四年から一〇四九年にかけてのオディロン、次は一〇四九年から一一〇九年にかけての大ユーグ（クリュニーのユーグ）である。大ユーグがこの世を去ったとき、修道会は千百八十四の分院を有する真の帝国のごときものを形成し、総院長はほとんど教皇に匹敵するほどの権力を享受していた。三百名以上の修道士が、数百名の在俗《献身者》あるいは召使いとともに生活していた、まさにこのクリュニーの地に、大ユーグはキリスト教世界最大の大聖堂を建立している。最長部分は百八十七メートル、幅は七十三メートルで五つの身廊からなり、高さは中央身廊のもとで三十メートルに達していた。

シトー会

しかし十二世紀に入ると、クリュニー会修道士の生活はもっぱら壮麗な典礼を執りおこなうことにのみ集中し、また広大な領地を所有し管理していたために、あまりにも世俗的、あるいは物質的に安易なものとなってしまい、福音の完徳（福音の教えを完全に実践すること）を願っていた人びとをもはや満足させるものではなくなってしまっていた。そして、いくつかの他の宗教団体があとに続くことになる。聖ブルーノによって設立されたカルトゥジオ修道会は、ほとんど人間が近づくことのできない山奥に作られ、完全に世間から孤立した生活に捧げられていた。さらにカルトゥジオ会以上に世間から隔絶していたのは、ロベール・ド・モレームがシトーに設立した修道会である（一〇九八年）。

シトー会の修道士たちは聖ベネディクトゥスの戒律の、原初の清純の精神に戻ることを主張し、祭式と建造物のよけいな装飾をすべて排除してしまった。彼らは禁欲に徹し、沈黙を尊び、素朴な白い修道服を身にまとい、祈りと手仕事にのみ時を費やしている。俗世間からいっそう隔絶するために、僧院は荒地や森のなかに建てられたが、修道士たちはこうした土地を開墾し耕作するのに助修士の助けしか借りようとはしなかった。彼らは召使いも従者ももつことを望まなかったからである。最高権力は、クリュニー会の場合のように君主政のごときかたちで行使されるのではなく、毎年シトーで開かれる集会、すなわち修道院総修士会に属していた。

シトー会の発展はもっぱら大修道院長ベルナール・ド・クレルヴォー（一〇九一〜一一五三年）の威信によるところが大きい。説教師、改革者、信仰と神学の書の著者であるとともに、国王と教皇たちの助言者でもあった聖ベルナールは、聖王ルイとともに、中世の魂のもっとも完全な体現者のひとりである。彼がこの世を去ったとき、シトー会はすでに三百四十三の修道院を有し、その数は一三〇〇年ごろ、ほとんど七百に達していた。

托鉢修道士

福音の完徳を完全な貧困のなかに求めようとする思いからは、十三世紀初頭、宗教生活のまったく新たな形態が生み出されるようになった。イタリア人のアッシジのフランチェスコ、またアルビジョワ派の異端と戦うためにラングドックの地を訪れていたスペイン人のオスマのドミニコは、ほぼ同じころ（一二一〇年と一二一五年）、もはや土地も家ももたず施しによってのみ生計をたてる托鉢修道会設立への賛同をローマ教皇から得ている。カルトゥジオ会とシトー会が俗世間からの完全な隔離のなかに救済を求めようとしていたのとは対照的に、フランチェスコ会とドミニコ会の修道士たちは民衆と一体となり、彼らに範を垂れ、言葉を語りかけることによって福音を広めることを意図し、その結果、彼らはとりわけ大都市で生活するようになっていった。二つの修道会はともに外国からのものであったとはいえ、瞬く間にフランス中に広まっていった。十一世紀がクリュニー会の世紀であり、十二世紀がシトー会の世紀であったのと同じように、十三世紀は托鉢修道会の世紀であると考えられるようになった。
何名かの托鉢修道士たちは、よりよい教えを垂れるために研鑽を重ね、また大胆な考えかたをする人間が後を絶たなかった時代の逸脱から教義を守るために、教義を深く究める必要があった。そこからは、やがてパリ大学の神学者たちのなかでもひときわ高い地位を占める者があらわれてくる。なかでも代表格は、フランチェスコ会修道士の聖ボナベントゥーラと、ドミニコ会修道士の聖トマス・アクイナスである。

大学

原則的にすべての司教座聖堂には、聖職者を養成するための学校が設けられることになっていた。パリのノートルダム大聖堂に設立された学校は、当然のことながらもっとも大きな名声を博するようになっていった。ここにはフランス国内のあらゆる地方からだけではなく、外国からも大勢の人びとが集まってきた。司教によって正式に任命され、免状と学位を交付する権限を独占的に認められていた教員たちの周辺に、少しずつ非正規の教員の集団が形成されるようになっていた。最初はたんなる復習教師にすぎなかった、これら正式の資格をもたない教員たちは、やがて司教座聖堂付属学校の教員たちを凌ぐ実力を有するようになっていった。学生たちの支持を受けて、彼らは都市の他の職業の場合と同じように、団体を結成する権利を要求するようになった。司教と国王代官らを相手に英雄的な戦いをくりひろげたことにより、また歴代教皇の介入もあって、彼らは要求を貫徹することができた。一二一五年と一二三一年の二つの教皇証書は国王によって承認され、こうして《教師と学生からなる特権団体 Universitas magistrorum et scolarum》が、司教の権限から全面的に独立し、治外裁判権を認められた自治組織として形成されるにいたったのである。

特別に授業用の建物があったわけではなく、また学生たちは、ローマ時代のかつての都市のうえに発展していた、サント・ジュヌヴィエーヴ山とセーヌ川のあいだの地区に自由に寝泊まりし、そのあたりはカルチエ・ラタン《ラテン区》と呼ばれるようになった。

もっとも恵まれていたのは、奨学生として《学寮《コレージュ》》に受け入れられた学生たちである。《学寮》とは現代の大学都市と似たようなもので、ここで学生たちはしばしば同郷の出身者たちに囲まれて生活していた。なかでももっとも有名だったのは、聖王ルイの礼拝堂付司祭であったロベール・ド・ソルボンによって創立された学寮であり、ここに受け入れられたのは神学生だけであった。《ソルボンヌ学寮《ラ・ソルボンヌ》》の教員たちはキリスト教世界でもっとも尊敬される神学の権威となった。同時代人のひとりの言葉によれば、パリ大学とは《世界中のために知性のパンを焼く竈《かまど》》だったのである。

巡礼

修道院の飛躍的な発展と同じように、中世フランスのキリスト教世界ならびにその物質的・美術的装飾に大きな特徴を与えているのは、巡礼の習慣である。旅に気分転換を求める自然の欲求が昇華されたものであるにせよ、あるいは原始時代の魔術的な慣習がキリスト教化されて生きながらえたものであるにせよ、いずれにしても巡礼者を動かしていたのは、ひとつには聖人の遺骸やキリストの受難の形見に接触するか、あるいは接近することによって得られる、超自然的な効能への信仰であった。もうひとつは、いずれかの場所において——とりわけキリストが地上で通りすぎたことによって聖化されたところでは――罪の浄化をもたらす許しの恩寵、さらには肉体的な治癒さえもが、よりいっそうたやすく得られるだろうという思いである。また疲労と危険をともなう長い旅路を辿ることによってのみもたらされる、苦行による贖罪の効果も期待されていたことだろう。

大修道院は多くの巡礼者が押し寄せることによって獲得される利益に着目するようになり、特別の聖遺物を真贋にかかわらず手に入れることに努め、また修道院が遺物を保存している聖人たちの功徳と奇跡の力を讃美してやまなかった。集められた施し物は、金、宝石、七宝によって光り輝く聖遺物箱を作るのに使われ、ますます贅を凝らした内陣を完成させるのに役立っていた。どれほど遠い旅路であれ、あらゆる階層の巡礼者たちの集団をためらわせることはなく、人びとはイェルサレムのキリストの聖墓、ローマの使徒ペテロとパウロの墓へと向かっていった。とはいえ、墓は近いところにも数多く存在していた。なかでも人びとがもっとも頻繁に訪れていたのは、おそらくトゥールの聖マルタンの墓、フルーリ゠シュール゠ロワールの聖ベネディクトゥスの墓、そしてとりわけサンチアゴ゠デ゠コンポステラの使徒聖ヤコブの墓であろう。サンチアゴ゠デ゠コンポステラに向かう街道に沿って、クリュニー修道院の修道士たちは一種の中継網を整備し、宿泊設備のある修道院を建設していた。こうしてブルゴーニュ地方で開花した建築術は、スペインにまで広まっていったのである。

教会と平和

十世紀と十一世紀に封建社会の争いが激しさを増し、王権がこうした状況を前にしてどうすることもできなくなってしまったとき、教会――すなわち公会議に集結した司教たち、あるいはそれぞれの決断によって集まってきた司教たち――は、彼らの意思による一連の行動に出るようになり、災厄を最小限に押しとどめ、強者の暴力に対抗して弱者の保護に乗り出すようになった。

——自由村。十字架によって境界を確定された地域のなかでは、教会、農民、またその他の働く人びとの財産が保護されるようになり、これに違反する者には破門が宣告されるようになった。

——平和の誓い。これは封臣の誓いに倣ってなされた誓いである。戦士は聖職者と防御手段をもたない人びとの身体と財産には危害を加えないことを誓約した。

——平和の協会。協会員は混乱を引き起こす者を相手に、ともに戦うことを誓約した。

——神の休戦。週のいずれかの日、および待降節、四旬節、クリスマスと復活祭の時期といった、なんらかの典礼期間における戦闘の禁止が定められた。


また教会は、若者に騎士の地位への参入を認める《騎士叙任式》の儀式を利用することにも成功している。武具が祝福され、宣誓がなされるとともに、キリスト教徒の騎士は、聖職者、女性、孤児たちを守る、生来の保護者であるとされた。忠誠と慈愛と誠実の美徳が、肉体的な勇気と武具の使用とともに、理想的なかたちにおいて騎士にもたらされた。

こうして最終的に戦士たちに許される戦いとは、神と神のみ子たちの敵に対する戦いだけということになったのである。

十字軍

このようにして神の平和を求める運動は、その当然の結果として十字軍という聖戦の動きへと向かうことになった。そこには巡礼のためという理由もあったが、それというのも第一回の十字軍が派遣されたのは、キリストの聖墓への自由な参拝をキリスト教徒に保障するためだったからである。

ここでは、十一世紀から十三世紀にかけてキリスト教世界のあらゆる地域から徴集された軍隊を東方へと導いていった、前後八回にわたる十字軍の歴史を詳述する必要があるとは思われない。それでも筆者は、第一回十字軍の派遣が一〇九五年に教皇ウルバヌス二世によって提唱されたのがフランスのクレルモンにおいてであり、また同様に第二回十字軍も、一一四六年、聖ベルナールによってヴェズレの地で提唱されたということを、想起させずにはいられない。またもっとも多くの兵士たち、それも圧倒的に多くの十字軍兵士を送り出したのはフランスだったのであり、そのなかには三人の王、ルイ七世、尊厳王フィリップ二世、聖王ルイの姿も見られたのである。

それゆえ、まったく当然のことながら、ヨーロッパ社会に対する十字軍の影響がもっとも顕著にあらわれたのは、やはりフランスなのであった。

①十字軍は東方の地で西欧以上に洗練された物質文明の魅力を発見し、その奢侈を愛する精神をもち帰っている。彼らの心を満足させるために、地中海を行きかう通商の流れが発展し、最初は港から始まった通商の流れはしだいに内陸の諸都市へと広がっていった。こうしてすでに見てきたように（一〇〇ページ参照）、商人階級の繁栄が見られるようになったのである。またおそらくそれ以外にも、十字軍の功績としては、幾種類かの有用な木々と植物をフランスの地に順化させたこと、いくつもの手工業技術をフランスに普及させたことなどが挙げられるだろう。

②十字軍はフランス国内の秩序と平和を実現する要因となった。戦争の混乱と戦士階級の戦闘の

欲求を国外へ振り向けたからである。

③十字軍は領主階級の弱体化を招くことになった。多くの領主たちが十字軍で命を落とし、また生き残った者たちも遠征の費用を手に入れるために借り入れた負債ゆえに貧困に陥ってしまった。国王はこの機に乗じてみずからの権力を強化し、相続人のいなくなった多くの領土を併合している。また都市と農村の共同体もこの機会を利用し、金銭を支払うことによって解放特許状を手に入れている。

④東地中海のすべての沿岸諸国に、フランス十字軍はフランス語の使用をもたらし、戦士らの軍功と軍事施設などの恐ろしい思い出、あるいは栄光に輝く記憶を残していった。このようなかたちで東方世界に残された影響要因を、フランス政府は十九世紀にいたるまで活用せずにはおかなかった。

第六章

Histoire de France

百年戦争

十三世紀のカペー朝の発展とフランス文明のみごとな開花は、一世紀半にわたる不幸によって危機に直面した。いつはてるとも知れない過酷な戦争により国土は荒廃し、ペスト、飢饉といった自然の災厄はさらに深刻なものとなり、多くの人口が失われていった。国王の権威が揺らぎはじめる。それでも最終的に王権はさらに強固になり、フランス王国の領土的・精神的統一も強化される。

火刑に処されるジャンヌ・ダルク
(『シャルル7世の晩禱』の細密画)

1　ヴァロワ家のフィリップ六世と戦争の発端

ヴァロワ家の台頭

フィリップ（四世）端麗王の三人の息子のうち、長男が一三一四年に王位を継承したときには、なんの問題も生じなかった。しかし、このルイ十世喧嘩王（強情王）は、二年の治世の後に急逝する。王には娘がひとりいただけであったが、王妃は妊娠していた。亡き王の弟、のちのフィリップ五世長軀王がとりあえず摂政になった。王妃は男子の後継者を無事出産し、赤ん坊は王位を継承してジャン一世を名乗っている。しかし、子どもはほとんど出生直後に死んでしまった。封建時代の慣習にしたがうならば、当時八歳であった姉のジャンヌが跡を継ぐところであった。しかし摂政フィリップは、家族と王国の大貴族たちの同意を得て、みずからを国王として承認させた。

このようにしてひとつの前例が確立され、この前例はその後フィリップ五世長軀王自身、ついで弟のシャルル四世美麗王が、いずれも男子相続人なしに亡くなってしまったとき、不思議と似たような条件のもとで踏襲される結果となった。死んだ三人の国王の従兄弟のなかでも最年長者であったヴァロワ家のフィリップが、はじめは摂政として、ついで国王として承認されたのである（一三二八年）。高位聖職者と高級貴族たちの集会によってなされたこの決定に対しては、フィリップ四世の孫で、二人のフランス国王フィリップ五世とシャルル四世の姉イザベルの息子であった英国王エドワード三世によって異議が唱えられた。しかし人びとはイギリスの君主を国王に迎える気にはどうしてもなれなかった。エドワード三世を王位継承者から排除することは、最近になって確立された前例だけでは正

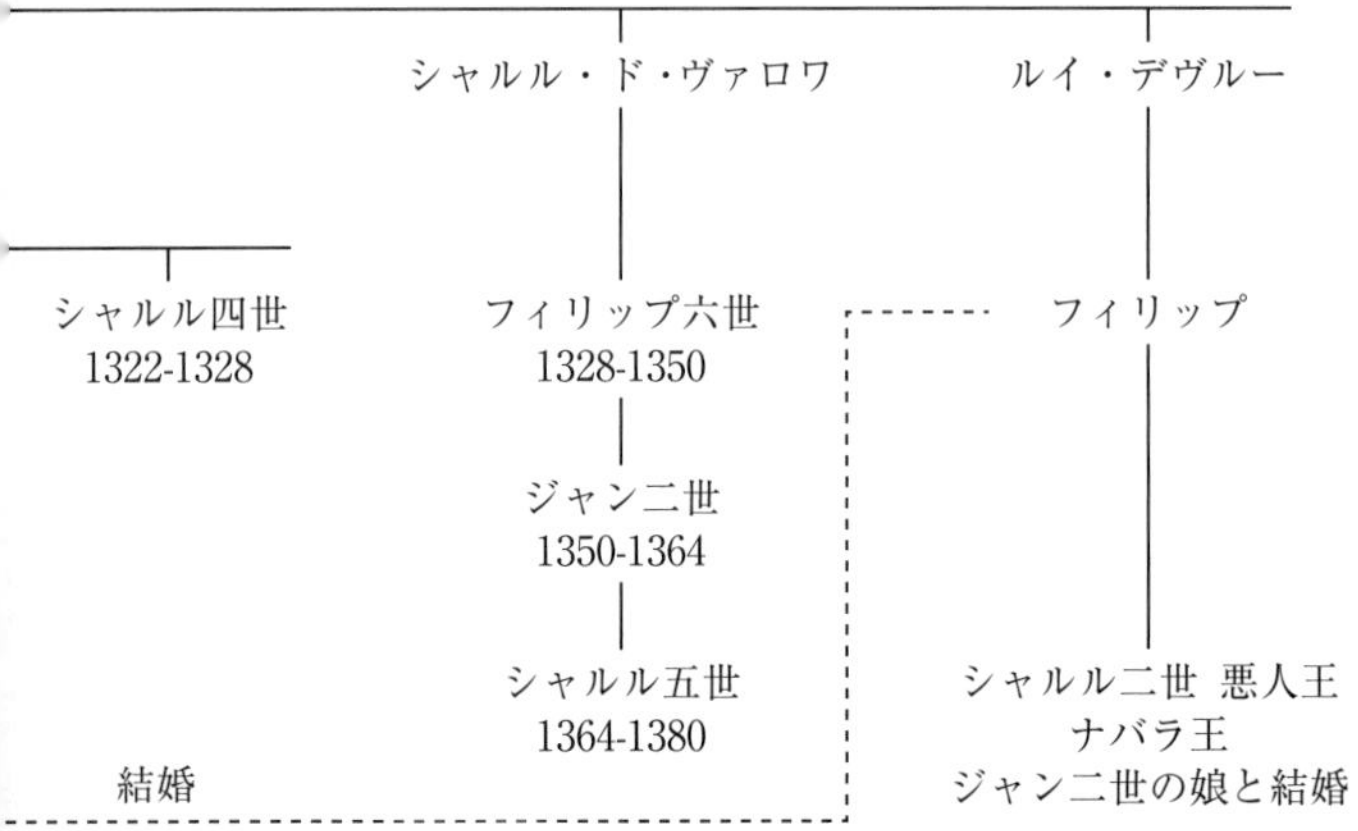

当化することができなかったので、人びとははるかに古いフランク族のサリ支族の慣習法をもち出してきた。それによれば、いかなる女性も王位に就くことはできず、それゆえ女性はもともともっていなかった権利を息子に伝えることはできないというのである。このようにして再びもち出されてきたものであるにせよ、あるいは状況に応じて思いつかれたものであるにせよ、このいわゆる《サリカ法典》なるものは、他のいかなる西欧諸国の王室も採用しなかったとはいえ、このとき以降フランス王室の王位継承規則となったのである。こうしてフランス王室は、他国においては若い女王の即位に伴ってしばしば生せずにはすまなかった、結婚相手の選定というやっかいな問題を避けることができたのだった。

とはいえ、当面この疑わしい王位継承は、フランス国家にフランス史上もっとも長期間にわたる最悪の戦争を招く結果となった。

災厄の時代

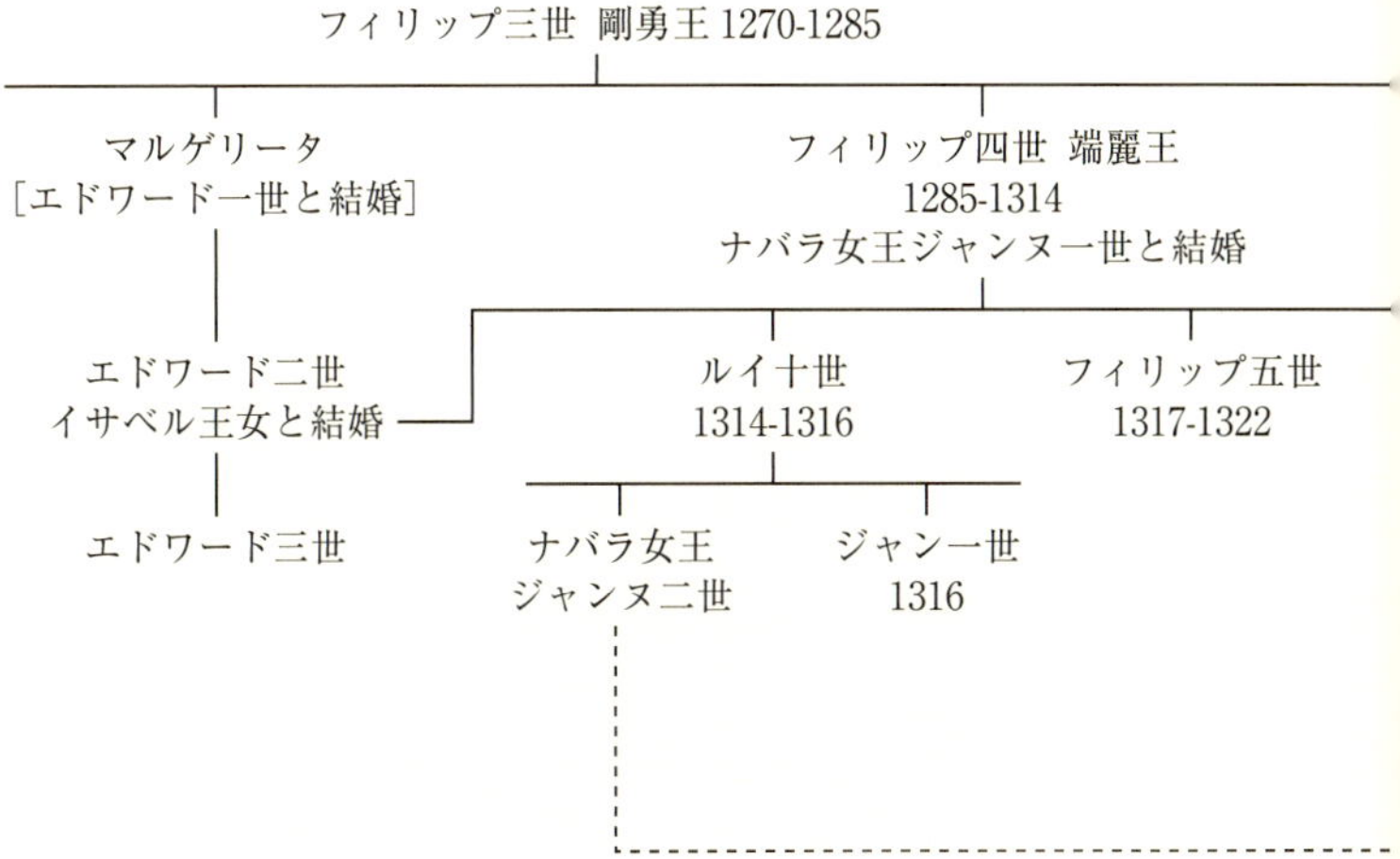

初期ヴァロワ家系図

戦争の被害は度重なるさまざまな性質の災厄のなかのひとつの要素にすぎなかった。すでに十四世紀の初頭、それまでカペー朝期フランスの発展をみごとに支えてきた好ましい経済状況にはすでに翳りが見えはじめていた。開墾による耕地の拡大はその当然の限界に達しているようだった。収益自体、低温で雨の多い夏がふたたび訪れるようになったために怪しくなっていた。このころの冷夏はおそらく気候が寒冷期を迎えようとしていたことのあらわれであったと考えられる。飢饉、悪天候は、ところによって過剰になりすぎていた人口を大幅に減少させ、出生率を低下させた。商業自体、農業収入の悪化の影響をこうむり、また貴金属類の品不足とそれにともなう通貨操作による打撃を免れなかった。シャンパーニュ地方の定期市は急速に衰退していった。イタリアとフランドル地方とのあいだの交易は、ますます海路を利用しておこなわれるようになっていった。

一三四七年末、横痃性《おうげん》〔横根《よこね》〕で肺疾患性の《ペスト》が、黒海で交易をおこなっていたイタリアの船により、中央アジアからもたらされ、マルセイユとアヴィニョンを通ってフランスに入ってきた。この災いは一三四八年、恐るべき早さと激しさをともなって蔓延していった。地域により人口の八分の一から三分の一が失われ、いくつかの都市では半数以上の住民が命を落としている。あらゆる活動が中断され、戦争さえその例外ではなかった。このおよそ一世紀に及ぶ初めての全国的な大惨事の後、疫病はいわば慢性的にフランスに居座り、ときどき、より局地的に爆発的な流行を見せるようになった。一四六一年にもペストはなおフランス全土に拡がっている。

飢饉、ペスト、戦争状態（一二六ページ参照）の継続により、いまや農村の人口は大幅に減少し、そのため十四世紀末には多くの村が完全に打ち捨てられ、多くの土地が開墾以前の姿に戻ってしまった。残されていた農業労働力には、それまで以上に高額の報酬が支払われるようになった。その結果、領主と土地を所有する都市住民たちは賦課租を徴収することがさらに困難となり、彼らの収入は低下する一方であった。それゆえ彼らは国王からの御用金の要請にいっそう強く抵抗するようになっていたが、国王は国王で戦費の調達に追いまくられて貧困に陥っていた。また貴族と都市住民たちの集会も頻繁に開かれるようになり、人びとは国王の統治に彼らの管理を及ぼそうとしてやむことがなかった。

こうしたすべての不幸に加えて、内戦にまで発展していった政治闘争、また経済危機によって階級間の対立がますます鮮明になっていった社会の混乱を挙げておかなければならない。

フィリップ六世の初期の治世

ヴァロワ朝のフィリップ六世の治世は滑り出しは順調であった。英国王エドワード三世はスコットランド戦争を開始し、フランス王位継承権の主張を放棄しているように思われた。というのも彼は大陸における領土を維持するために、フランス王に臣従の誓いを立てていたからである。フランドルはまたしても反乱に立ち上がっていたが、カセルの戦いでフィリップ六世の軍に敗北を喫し、過酷な抑圧のもとに甘んじていた。フィリップ六世の政策はドーフィネ*原注1とブルゴーニュの併合を巧みに推し進めていた。また王は十字軍の計画に非常に真剣に取り組んでいた。

エドワード三世との決裂

一三三七年、フィリップ六世は高等法院を通じて、エドワード三世がフランスに所有していた封土を没収すると発表した。これは王の不倶戴天の敵であったロベール・ダルトワをエドワード三世が保護したので、それを罰するための処置としてのことである。英国王はこれに反発し、フランスの王位を公式に要求した。英国王はどうしてこのとき、フィリップ六世にあえて挑戦状をたたきつけたのだろうか。それはおそらく、英国王をフランス王の封臣としていた長年の異常な状態に決定的に終止符を打つのにこの機会が絶好であると考えたからであり、スコットランドに勝利して、いまでは行動の自由が利くようになっていたからである。またシャルル四世美麗王によって奪われていたとはいえ、英国が依然としてワインその他の消費物資の調達を頼っていたアキテーヌの土地を取り戻したいと願ったからであり、さらにはドイツと、またとりわけフランドル地方に、大陸における同盟軍を見いだ

＊原注1　このとき以降、王位継承者はドーファン（王太子、dauphin）の称号を有するようになった。

していたからである。フランドルでエドワード三世はこの地方の諸都市の機織工にとって欠かすことのできないものであったイギリスの羊毛を一時的な輸出禁止にするという経済的な脅しをかけていた。英国王の期待に違わず、フランドル地方の諸都市は戦争が始まるとヘント（ガン）の人ヤコブ・ヴァン・アルテベルデの指揮のもとでフランス王に反旗をひるがえし、通商の再開を見返りにエドワード三世をフランス王として承認している。

戦争の諸相

一三三七年に始まった戦いは、一四五三年になってようやく終結を迎えることになった。とはいえこの百十六年間は、多くの休戦期間、あるいは見かけ上の平和の時期によって分断されている。そうした期間は合計で六十年間に及んでいるが、もっともその間も局地的な戦闘が続けられていたことに変わりはない。またそれとは逆に、たとえ戦争状態にあったとしても、いくつかの地域は戦火を免れていた。英国王が動員することのできた軍隊は数の上ではフランス軍にはるかに劣っていたが、それでも均質で統制がとれていた。それは英国軍がもはや封建時代の軍隊ではなく、職業軍人の軍隊だったからであり、志願兵役と強制兵役によって徴集された兵士たちによって構成されていたからである。しかもこの軍隊はスコットランドとウェールズに対する戦いにおいて戦闘に熟練していた。イギリス軍はできるかぎり正面衝突を回避し、消耗戦に頼っている。あるときには騎兵部隊が、通過するすべての地域を荒らしまわり、またあるときには、征服した要塞に陣取っていた守備隊から小刻みな攻撃がくりだされていた。

こうした戦術を前にして、フランス王の有する封建時代の軍隊は、多くの場合、なす術を知らなかった。フランス軍は戦いの準備に手間取り、規律というものを知らない騎士たちのまとまりのない集団にすぎなかったのである。そのためフランス王は、《部隊 compagnies》《団体 bandes》あるいは《集団 routes》といったかたちでグループを形成していた傭兵部隊を、ますます多く雇わざるをえなくなっていった。彼らが徴集されていたのは、没落した小貴族、村や町を追われた農民や職人、外国からやってきた志願兵、なかでもジェノヴァの弩《おおゆみ》の射手などの集団からである。

時間的な流れにおいて、百年戦争は大きく二つの時期に分けられるが、そのそれぞれにおいてフランスは壊滅的な打撃をこうむったにもかかわらず、その後は完全な立ちなおりを見せている。

2　第一期、フィリップ六世からシャルル五世まで

初期の敗北

当初フィリップ六世は、イギリス本土に攻勢をかけることができるほど立派な艦隊を保有していたが、しかしこの艦隊は一三四〇年六月、フランドル沿岸のエクリューズ（スロイス）で襲撃を受けて壊滅してしまった。このとき以降英国王エドワード三世は、彼みずからは少しも侵略を怖れることなく、好きなように大陸に上陸することができるようになった。

彼はまずブルターニュに向かっている。そこではフランスに支持されていたシャルル・ド・ブロワと、イギリスの支援を受けていたジャン・ド・モンフォールという二人の公位後継候補者が対立していた。この最初の遠征は休戦によって中断されたが、遠征の結果として、英国支持派がこの地方に地

歩を固め、中央の戦争と並行して小さな争い（ブルターニュ継承戦争）が続けられることになった。この《二人のジャンヌの戦い》と呼ばれた戦争（一方のジャンヌ・ド・パンティエーヴルは英国の捕虜となったシャルル・ド・ブロワの妻であり、もう一方のジャンヌ・ド・モンフォールは、親英派の後継候補者ジャン・ド・モンフォールの未亡人である）は、プロエルメルでの有名な『三十人決闘』と、ベルトラン・デュ・ゲクランの初期の武勲によって広く世に知られるようになった。

一三四六年、エドワード三世は、コタンタン半島に上陸し、騎行部隊を率いてノルマンディを駆け抜け、この地を荒らしまわった挙句に、パリ市の城門にまでやってきた。それから退却してノール県へ向かったので、フィリップ六世の軍勢はこれを追尾した。数のうえでは敵をはるかに上まわっていたフランス軍は、クレシーでようやく英国軍に追いつき、戦闘を余儀なくさせた（一三四六年八月二十六日）。しかしフランス騎士団の統制のなさと、イギリス軍射手隊の熟練ぶりにより、戦闘はフランス王にとって大敗北という結果に終わってしまった。

エドワード三世は、そこで安心して、カレーの攻囲戦に向かうことができた。カレーは降伏するまで、七ヵ月にわたる抵抗を示している。英国王は苛立ち、住民全員を殺害しようとした。六名の市民がみずから犠牲となることを申し出た。最終的に住民は全滅を免れたが、それでもこの地を離れて、市を英国に明け渡さなければならなかった。

戦争は教皇の介入によって中断されたが、一三五五年に再開されている。その間に、ジャン二世善良王（すなわち勇敢王）が父王のあとを継いでいた（一三五〇年）。彼は勇敢な騎士ではあったが、しかし年代記作者フロワサールの言葉によれば、《軽々しく情報を鵜呑みにし、また一度なにかを決断すると、容易なことでは考えを変えさせることのできない》人間であった。このとき英国軍は南フラ

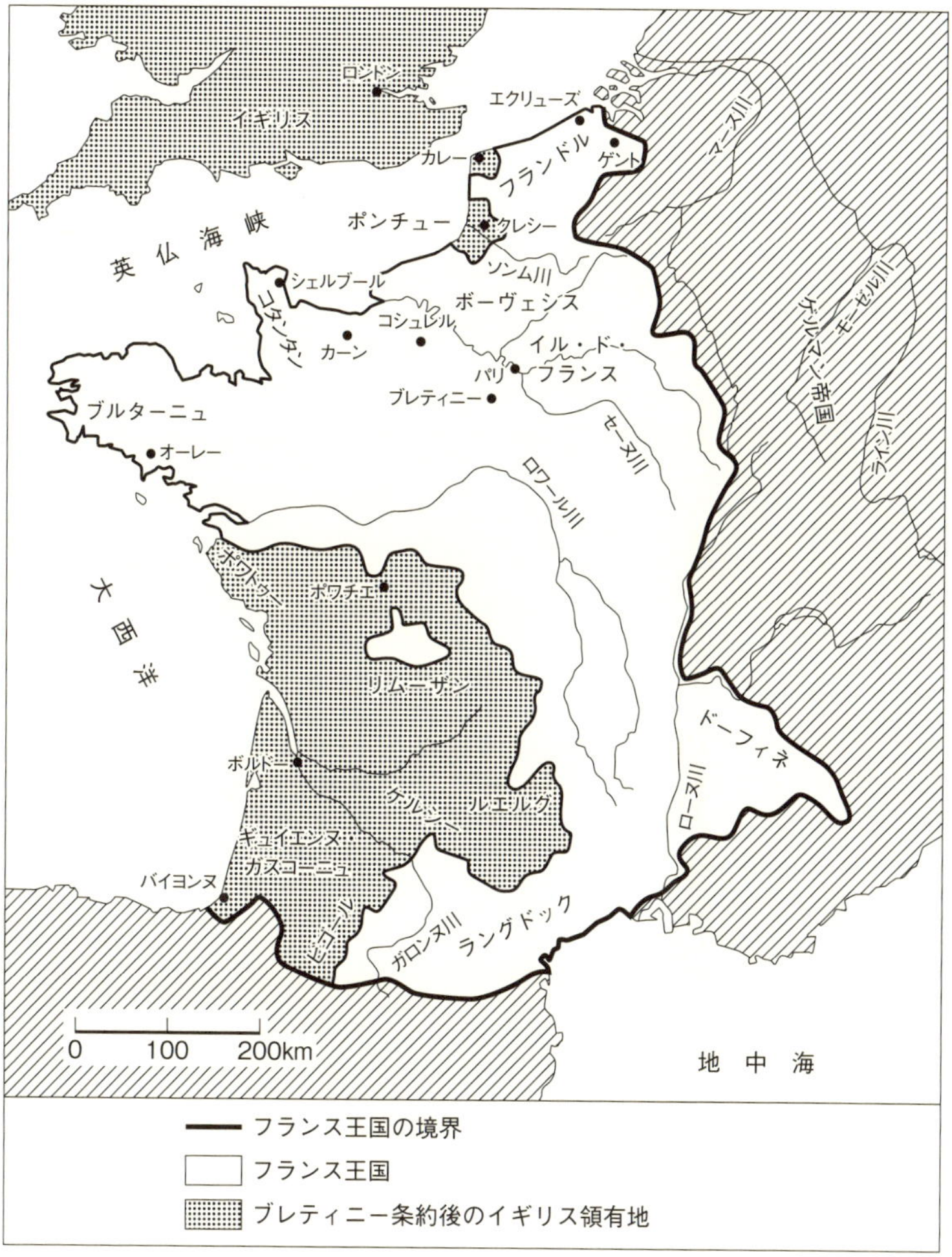

ブレティニー条約後のフランス

ンスを攻撃しているが、軍の指揮にあたっていたのはエドワード三世の長男、黒太子《こくたいし》と綽名されたエドワード王太子である。ラングドックを荒らしまわったあげくに、英国軍はトゥーレーヌにまで兵を進めていた。ジャン二世は急遽、敵軍の退路を断ちに駆けつけてきた。しかしポワチエ近郊でくりひろげられたモーペルチュイの戦いは、フランスにとってまたしても大敗北という結果に終わり、ジャン二世も捕虜になってしまった（一三五六年九月十九日）。

政治的危機

フランスは大混乱に陥った。指揮官を失った《傭兵くずれ routiers》の部隊は農村を荒らしまわっていた。パリ北方の地域では、《ジャック》と呼ばれた農民たちの暴動〔ジャックリーの乱。一三五八年に起こった大規模な農民反乱〕が勢いを増し、領主たちが殺され、城に火が放たれた。

パリで、シャルル王太子は十八歳のまだひ弱な若者であったが、軍隊も資金もなく、信頼に値しない側近たちに取り囲まれていた。野心家にとっては絶好の機会である。なかでも代表格は、女系を通じてフィリップ四世端麗王の曾孫にあたっていた従兄弟のシャルル二世悪人王（邪悪伯／ナバラ王カルロス二世）、またパリ商人頭《プレヴォ・デ・マルシャン》で富裕なラシャ販売業者であったエチエンヌ・マルセルである。

二人は互いの影響力を結びあわせて、オイル語圏（フランス王国の北部）三部会のパリ集会を利用し、王太子に《大王令》の承認を要求した。これはイギリスの《マグナ・カルタ》にならって一種の議会制の実現を求めたものである。王太子が狡猾に立ちまわろうとしたので、エチエンヌ・マルセルは王太子の目の前で顧問官の二人を殺害してしまった。王太子はなんとか首都を離れ、地方三部会に支援を求めに行く。エチエンヌ・マルセルは公然と反旗をひるがえし、反乱農民と接触し、シャルル悪人王が買収した英国軍をパリ市内に導き入れた。さすがにこれは、大多数のパリ市民にとって、あまりにもやりすぎであると思われた。一三五八年七月三十一日、エチエンヌ・マルセルは王太子支持派によって襲撃され暗殺された。王太子は首都に戻り、すべての権力を回復している。

ブレティニー条約

ジャン二世善良王は依然として囚われの身であったが、この父王の承諾のもとで、シャルル王太子は和平交渉を推し進めた。ブレティニー条約（一三六〇年五月）が結ばれ、エドワード三世はアキテーヌ公領を完全に支配下に収めるとともに、公領を大幅に拡大し、また英仏海峡の沿岸地域ではポンチューとカレーを手に入れている。その代わりに彼は、フランス王位に対する要求を取り下げ、先祖たちのものであった他の封地を放棄した。ジャン二世は三百万エキュの身代金が支払われないまま、二人の息子を人質に置いて解放された。数ヵ月後、息子のひとりが逃亡し、そのためジャン二世は騎士の言葉の信義を重んじて、ふたたびロンドンに戻ってみずから捕虜となり、一三六四年四月八日、同地で帰らぬ人となった。

シャルル五世

新たに国王となったシャルル五世賢明王は、それまでの二人の国王とは肉体的にも精神的にも完全に対照的であった。肉体的な美しさに欠け、病気がちであったが、しかし鋭く冷静な判断力に恵まれ、活発な知的好奇心の持主であった。彼は千冊ほどの稀覯写本を揃えている。信仰の深さには、模範としていた聖王ルイを思わせるものがあった。

シャルル五世賢明王は政策として王の権威を立てなおすことに力を注ぎ、王権に威厳のある外貌を与えるために、ルーヴル、ヴァンセーヌ、パリのサン・ポールの各宮殿などを改装、あるいは新築している。予算が不足するようなことにはならなかった。慎重に選ばれた役人たちの助けにより、王国の行政は再編され、直接税（かまど税）と間接税（飲料消費税、塩税）が徴収されるようになった。これらの財源により、王は要塞を再建し、防御を固め、大砲、軍船を製造し、定期的に報酬を支払うことによって傭兵軍団の規律を保つことができた。

軍事面において、シャルル五世はベルトラン・デュ・ゲクランというすばらしい人材を発見している。このブルターニュの小貴族の息子は、軍の最高司令官に任命され、それまでは最高位の大貴族にしか与えられることのなかった大元帥の称号を授けられた。

領土の奪還

デュ・ゲクランはコシュレルの戦いでシャルル二世悪人王の軍に決定的な敗北を与え（一三六四年五月）、悪人王の要求に終止符を打った。次いで盗賊となって各地を荒らしまわっていた傭兵部隊をスペインへ連れていき、カスティーリャ王国の王位をめぐって二人の王位請求者が対立していた内戦に参加している。こうして彼は傭兵崩れの盗賊たちの被害から国内を守ることができた。カスティーリャでは、トラスタマラ家のエンリケがフランスの支持を受け、ペドロ一世残虐王はイギリスの黒太子と同盟を結んでいた。エンリケは最終的に勝者となってエンリケ二世を名乗り、感謝のしるしとしてシャルル五世に艦隊による援助を提供している。これは一三六八年末シャルル五世とエドワード三世のあいだで再開された戦争において、非常に有効な援助であった。

デュ・ゲクランはシャルル五世も同意の上で、新しい戦術を採用している。正面衝突を避け、防御を固めた要塞に閉じこもり、敵の前には姿を見せず、同時に敵の後衛部隊と側面に不意打ちを加え、敵を苛立たせて疲弊させる。たとえばカレーを発ったイギリスの三つの大《騎馬部隊》は、次々と戦闘力を失い、いくつか運の悪い村を荒らしまわっては火を放つといった程度の戦果しか挙げることはできなかった。その一方でデュ・ゲクランは、孤立していたイギリス軍の要塞に次々と攻撃を集中し、それらを一つひとつ奪回していった。デュ・ゲクランがシャトーヌフ＝ド＝ランドンの攻囲戦で戦死し（一三八〇年七月十四日）、その数週間後にシャルル五世もこの世を去ったとき（九月十六日）、フランスは二人の思慮深い行動のおかげで、ブレティニー条約で失われていたほとんどすべての領土を回復していた。イギリスがいまだフランスに保有していたのは、もはやカレー、シェルブール、ブレスト、ボルドー、バイヨンヌの周辺沿岸地域の狭い飛び地ぐらいでしかなかった。正式の和平が実現されないまま、実際にはこのような状態が三十二年間続いて事実上の休戦状態となっていたのである。イギリスはそのころ、一三七七年に死去したエドワード三世の後継をめぐる貴族の派閥間の争いに忙殺されていたのだった。

3　第二期、シャルル六世とシャルル七世

シャルル六世の治世の初期

王位継承者は十二歳の子どもだった。その結果、聖王ルイみずからがつくりだした親王采地《アパナージュ》制度の欠陥のすべてが明らかになった。この制度により、王の弟たちには王領のいくつかの部分が与えられ、そこで彼らは事実上の君主としてのあらゆる権利――とりわけ収入を手にする権利――を、王に忠誠と援助を誓うという条件のもとで行使していたのである。このようにして、シャルル五世の三人の弟、アンジュー公、ベリー公、ブルゴーニュ公と、さらに義理の兄のブルボン公〔ブルゴーニュ公の孫娘アニェスの夫がブルボン公シャルル一世〕は、悠々と豪勢な生活を送っていた。若きシャルル六世のこれらの叔父たちは、中央の権力と国庫を私物化することに執着し、またそれぞれの親王采地においては真の君主のごとくにふるまっていた。

シャルル六世は二十歳になると、勇を鼓して叔父たちの後見から身を振りほどこうとした。王は叔父たちを解任し、代わりにかつての父親の顧問官たちを周囲に呼び集めている。遠ざけられた大貴族たちは王の顧問官たちを侮蔑的に《薪台の怪人像《マルムゼ》》と呼んでいた。《マルムゼ》たちの賢明な行政が実を結びはじめようとしていた矢先の一三九二年八月、シャルル六世はル・マン近郊で、騎行の途中に最初の狂気の発作に襲われた。それからも発作は続き、正気と狂気がくりかえされるようになった。哀れな王はやがて周囲の王族たちの手になる操り人形でしかなくなってしまい、王族たちは王権の物質的利益の奪いあいに熱中するようになっていった。

アルマニャック派とブルゴーニュ派

争いは最終的に二つの党派の対立に集約されていった。一方にはブルゴーニュ公でフランドル伯のフィリップ豪胆公《ル・アルディ》の一派があり、一四〇四年に豪胆公が没した後は息子のジャン無畏公《サン・プール》が跡を継いでいた。もう一方には、シャルル六世の弟ルイ・ドルレアンの一派があり、彼は王妃イザボー・ド・バヴィエールと手を結んでいたが、王妃はかなり奔放な女性だった［おそらくルイ・ドルレアンの愛人であったと考えられている］。

両派の対立は、一四〇七年ジャン無畏公がパリの路上でルイ・ドルレアンを暗殺したとき、もはや取り返しのつかないものになってしまった。王の叔父たちと王妃は暗殺者に対抗して手を結び、殺害されたルイ・ドルレアンの息子、若きシャルル・ドルレアンはベルナール・ダルマニャック伯の娘と結婚したので、これにより彼らにはアルマニャック伯という恐るべき戦闘指揮官と、その配下のガスコーニュ傭兵隊という支援がもたらされることになった。そのようなわけで、オルレアン派あるいは王族派は、アルマニャック派という通称で知られるようになったのである。

ブルゴーニュ派とアルマニャック派はとりわけパリの争奪をめぐって争いを続けていたが、そのパリでジャン無畏公は王権を制限する改革案を示し、市民と同業組合に迎合する煽動政治家としての人気を博していた。両派はそれぞれ首都の奪いあいをくりかえし、争いはそのたびに恐ろしい虐殺をともなうことになった。両派はけっきょくイギリスに援助を求めるようになった。

戦争の再開

ランカスター朝のヘンリー五世は不安定な統治を続けていたが、この機会をとらえれば、不穏な動きを見せている国内の貴族たちを結集させることができると考えた。一四一五年九月、彼はアルフルールを占領し、その後わずかな軍勢を引き連れてカレーへ向かっている。侵略者と戦うのは、このときパリを押さえ、王国の統治に当たっていたアルマニャック派の仕事であった。その結果アルマニャック派は、アザンクールの戦い（一四一五年十月二十五日）に敗れ、致命的な痛手をこうむることになったのである。イギリス弓兵隊の攻撃が、統率のとれていないフランス騎士団の猛勇を打ち砕いたのは、これが三度目のことであった。ヘンリー五世は捕虜を引き連れて意気揚々とロンドンに凱旋しているが、捕虜のなかにはシャルル・ドルレアンの姿もあった。

トロワ条約

その後の数年間もヘンリー五世は大陸に戻り、着々と《自分のものである》ノルマンディ公国の征服に乗り出している。目の前には、二つのフランスの統治機構が存在し、互いに勢力を競いあっていた。ジャン無畏公の一派は、アルマニャック派の壊滅的な敗北に乗じてパリに戻り、シャルル六世の身柄を確保していた。もう一方のアルマニャック派の王太子シャルルは、二十歳にもならない若者で、気が弱く、決断力に欠け、ブールジュに難を避けていた。トロワに住んでいた王妃イザボーは両派のあいだで調停に乗り出した。

ジャン無畏公と王太子シャルルは最終的に顔を合わせることを承諾した。モントローの橋の上でおこなわれた会見は悲劇的な結末を迎えた。ジャン無畏公は王太子の手のものによって暗殺されてしまったのである。

新たにブルゴーニュ公となったフィリップ善良公《ル・ボン》は復讐に燃え、英国王と手を結ぶことを決断した。トロワ条約（一四二〇年五月）が締結され、ヘンリー五世はシャルル六世の娘カトリーヌ・ド・フランスと結婚し、義父シャルル六世の後見人となって王国の統治に当たり、義父の死後にはフランス王国を正式に相続することが取り決められ、《自称王太子》シャルルは当然のことながら相続権を完全に剝奪されることになった。

フランスの分裂

二年後（一四二二年八月）、ヘンリー五世はパリ郊外のヴァンセンヌで病死し、その後すぐに不幸なシャルル六世もこの世を去った（十月）。カトリーヌ・ド・フランスとヘンリー五世の結婚から誕生していた生後十ヵ月の赤ん坊が、ただちにフランスとイギリスの王であると宣言され、こうして若き国王ヘンリー六世が誕生し、叔父のベドフォード公が摂政を務めることになった。その一方で、王太子シャルルはみずから王を名乗り、シャルル七世と称した。

かくして、このとき以降、二つのフランス、というよりは、むしろ三つのフランスが存在することになった（地図参照）。というのも、ブルゴーニュ公の政治的立場はかなり曖昧なままで、公は彼の支配地域であるブルゴーニュとフランドルに英国軍が存在することを認めていなかったからである。ブルゴーニュ公の所領は行政も充実し、戦争と略奪の被害からも守られ、公にはライバルとなる二人の王を上回る富が保障されていた。

ブールジュの王と敵から呼ばれていたシャルル六世は、イギリスが頑強に支配しつづけていたギュイエンヌを除いて、ロワール川以南のすべての地方によって王であると承認されていた。また基本的にイギリスの支配下にあったフランスの北部でも、外国に対する国民の本質的な敵意ゆえに、シャルル七世を支持する忠実な兵士たちの部隊と城塞は依然として存在していた。それでもシャルル七世には戦闘の資金も手段も不足し、また肝心の彼の意志も、情けない寵臣たちの争いに巻きこまれて揺れ動いているようだった。ベドフォード公はこうしたシャルルの無気力なようすに意を強くし、思いきった作戦に出ることを決断する。一四二八年十月、彼はオルレアンの攻囲戦を開始した。オルレアンを押さえれば、ロワール地方一帯を征服することが可能となるであろう。六ヵ月に及ぶ攻囲戦ののち、一四二九年春、オルレアンの状況は絶望的であるように思われた。ジャンヌ・ダルクが奇跡的な登場を遂げたのはこのときのことである。

ジャンヌ・ダルク

全フランス史を通じて、国民的な抵抗運動の魂となったこのロレーヌの若き農家の娘ほど、感動的な人物は他にいない。また同様に、彼女の驚くべき生涯の一部始終を知らないフランス人もそうはいないだろう。それゆえここでは彼女の生涯のいくつかの局面を簡潔に記すにとどめることにしよう。

一四二九年二〜三月　ジャンヌはヴォークルールを後にし、シノンでシャルル七世に面会する。彼女はシャルルに、オルレアンを解放しイギリス軍をフランスから追い払うという自分の使命を伝える。

三〜四月　長いためらいの後、人びとは目の前にもたらされたチャンスを試してみることにし、ジャンヌに数千名の兵士を与える。

四月二十九日　ジャンヌは数名の男たちとともに船でロワール川を渡り、オルレアンに入る。彼女

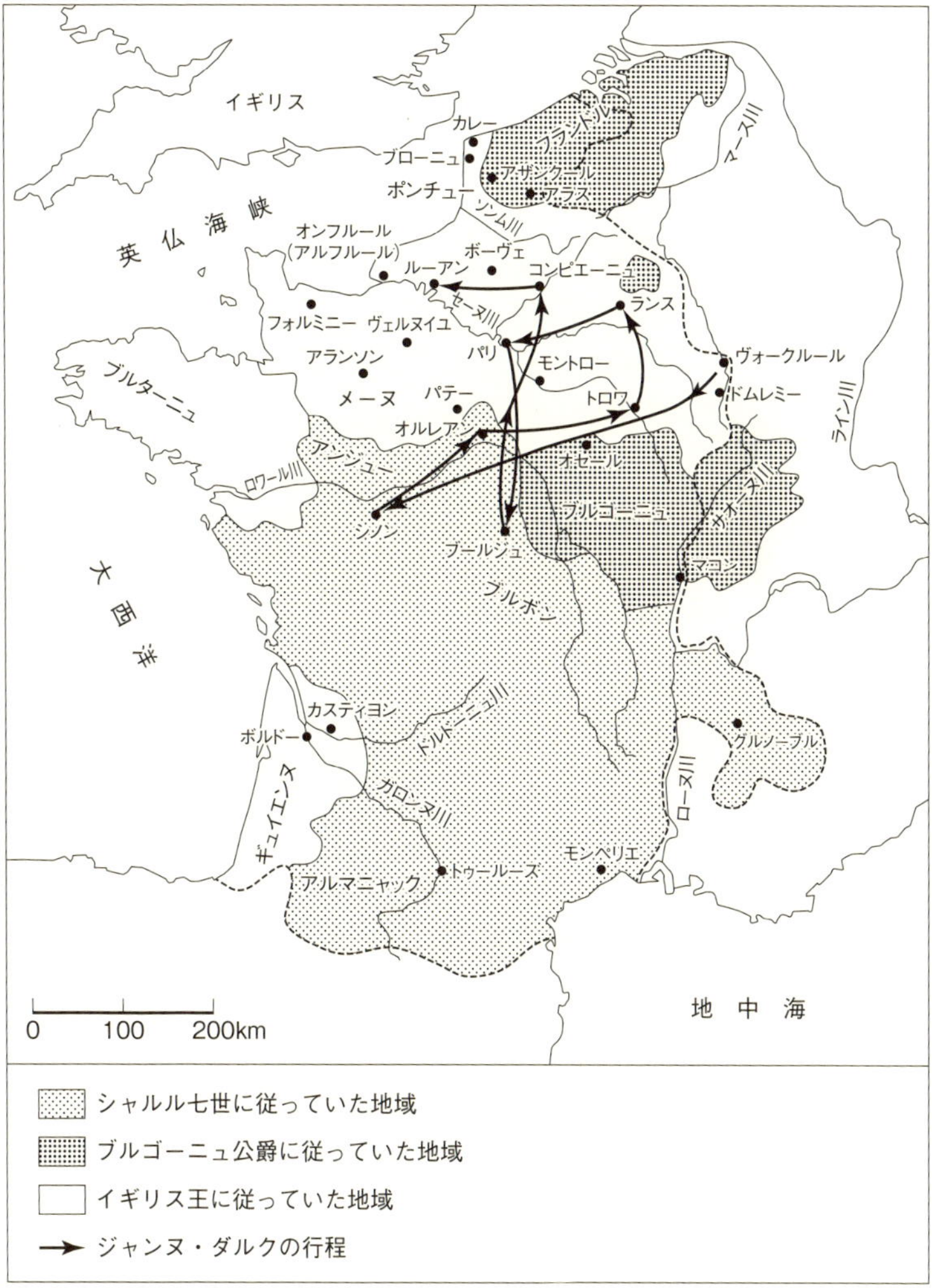

ジャンヌ・ダルク時代のフランス（Ch. BRAND, Cours d'Histoire. Le Moyen Age(classe de 4e), De Gigord.）

の到着とともに、包囲されていた兵士たちの士気は一気に盛り上がる。

五月四〜八日　命を賭して戦うジャンヌの姿に励まされ、フランス軍は、攻囲軍がオルレアンに通じる街道に建設していた十三の《城塞》つまり方形堡を、次々と陥落させていく。イギリス軍は戦意を失い、退却する。

六月　ファストルフ〔シェイクスピア描くフォルスタッフのモデル〕とタルボットが指揮するイギリス軍がパテーで大敗を喫する。

七月　ジャンヌの強い要請を受けてシャルル七世は、概してイギリス軍の支配下にあった土地を通過し、ランスへと急ぐ。戴冠式がおこなわれ（一四二九年七月十八日）、シャルルはすべてのフランス人の目に、神によって選ばれたただひとりの王となる。シャンパーニュとピカルディでシャルル七世への支持が相次ぐ。

九月　ジャンヌはパリ攻撃のさなかに負傷する。シャルル七世はさらに攻撃を継続することをあきらめ、ロワールに退却する。冬の数ヵ月間、乙女は——当時、彼女はこう呼ばれていた——活動の停止を余儀なくされる。

一四三〇年五月　ジャンヌはみずからの意志で、ブルゴーニュ派によって包囲されていたコンピエーニュの救援に向かう。二十三日、彼女は捕らえられる。

十一月　イギリスは多額の金銭と引き換えにジャンヌの身柄の引き渡しを受け、彼女をルーアンに連行する。

一四三一年一〜五月　ジャンヌ・ダルクの裁判がおこなわれる。

イギリスの目的は、ジャンヌの使命が悪魔によるペテンであるということを証明し、外国の支配に対してフランス人の戦意を高揚させていた、宗教的かつ愛国的な信頼感の巨大なうねりに水を差すということであった。作戦の手先となったのはボーヴェの司教で、裁判長を務めたコーションである。彼はイギリス＝ブルゴーニュ側に完全に忠実な男であった。不公平で、些事をあげつらう偽善的な裁判が進められた結果、ジャンヌはまず異端として終身刑を言い渡される。しかしけっきょく、策略によって異端聖絶の宣言がジャンヌから引き出され、しかもそれがすぐに撤回されたことにより、イギリス側はジャンヌを《二度にわたって異端に陥った者》であると宣言し、火あぶりの刑に処することができるようになった（一四三一年五月三十一日）。

シャルル七世とジャック・クール

シャルル七世はジャンヌを救うためにはなにもしなかったが、ジャンヌの死後、性格が一変したように思われる。彼は民間人と軍人からなるすぐれた顧問団を周囲に結集することができた。人びとは王を《部下に恵まれたシャルル》と評することができたのである。なかでも筆頭に挙げられるのは、大元帥のリシュモンであり、そしてとりわけジャック・クールである。

このブールジュの、それほど裕福でもなかった商人の息子は、戦争が巨万の富を築きあげる絶好の機会となった活動的な男たちの、もっとも典型的な一例である。彼はブールジュの宮廷人たちの愛顧を受け、東洋の産物の一大供給元となり、商業用船団と海外支店を建設することによって、イタリア商人に依存しない通商を可能にし、フランスと周辺の国々のほとんどの大都市に販売網を拡大していった。彼はまたイタリアに絹織物の工房をいくつも所有し、ボージョレとリヨネでは銀鉛鉱石の鉱山を確保している。シャルル七世もジャックから多額の資金を借り入れており、彼にさまざまな重要な職務を授けていた。貨幣局長官、大蔵卿〔財務長官、財務総監〕、塩税総監査官〔塩税徴収官、租税総監督官〕など、これらの職務はそのどれもが、彼がさらに多くの富を蓄え、さらに多くの領地を手に入れるための好機となっている。彼がブールジュに建てた邸宅、というよりも宮殿は、彼の豪華な暮らしぶりを今日に伝えている。

再建の始まり

ブルゴーニュ公フィリップ善良公はイギリスの主張はすでに破綻しているものと考え、早々に手を引くことを決断した。アラスの和約（一四三五年九月）が締結され、シャルル七世は彼が征服したソンム川沿いのすべての都市をブルゴーニュ公に譲り、さらに大きな譲歩としてブルゴーニュ公にあらゆる臣従礼を免除することを承認している。こうしてフィリップ善良公は独立した君主になった。

それからすぐにパリはシャルル七世に門戸を開いている。しかし、王自身は王国行政の中央機関をあらためてパリに設立することが可能になったにもかかわらず、依然としてトゥーレーヌ地方のいくつもの居城に住むことを好んでいた。

散発的な戦闘がさらに続き、その間にも《プラグリ》と呼ばれた不満を抱えた貴族たちの反乱が発生し、これを鎮圧するのは王にとっても大きな負担であった。こうしたすべての混乱に乗じて、戦士たちの集団が数多く誕生しているが、人びとが彼らに与えた《追剝団《エコルシュール》》という名称からも、彼らのおそるべき武勲の実態は明らかであろう。

軍隊の再編

一四四四年五月には休戦協定が締結され、シャルル七世とリシュモンは軍隊を再編する時間的猶予を手に入れることができた。人びとは《追剝団》を厄介払いすることができたが、それはフランスがオーストリアの味方となってスイスと戦うことになり、その戦闘に《追剝団》の兵士を連れていく任務が王太子のルイに与えられたからである。なかでもすぐれた兵士たちを集めて、それぞれ六百名からなる十五の王令正規軍が結成された。多くが貴族であったこれらの騎士たちは、王国の費用によって定期的に給料を支払われ、住居を提供され、厳格な規律に服していた。このような常設の戦闘部隊が封建制の軍役義務によるかつての騎馬部隊に入れ替わっていった。他方、戸（家）は五十戸ごとにまとめられて、ひとりの弓兵あるいは弩の射手を用意しておくことが義務づけられ、王からの出兵要請にいつでも応えることができなければならなかった。さらに、ガスパールとジャンのビュロー兄弟は、戦場で活躍することのできるじゅうぶんに機動性を備えた砲兵隊を組織している。

戦争の終結

一四四九年の春に戦争が再開されたとき、シャルル七世は装いを新たにしたフランス軍のおかげで国土の回復をすみやかに完了することができた。ノルマンディ地方の征服は数週間で達成されている。イギリスから駆けつけてきた救援部隊はフォルミニの戦いで撃破された（一四五〇年四月十五日）。翌年にはギュイエンヌ地方が戦いの舞台となった。老タルボット（将軍）が救援にやってきたが、彼もカスチヨンの戦いで敗北し、戦死している（一四五三年七月十二日）。大陸におけるイギリスの支配は終わりを告げ、残されたのはわずかにカレーのみであった。

戦争の総決算

正式な条約が結ばれることなく、西欧の二大君主国家間の一世紀以上にわたる戦いはこうして終結を迎えた。イギリスは敗北したとはいえ、これを機に大陸の領土に対するこだわりから自由になり、島国としてのイギリスの使命を取り戻すことができるようになった。

一方フランスは、国土は恐ろしいほどに荒廃し、人口も減少したとはいえ、アリエノール・ダキテーヌとプランタジネット朝ヘンリーとの忌々しい結婚以来、国土全体の上に垂れこめていた暗雲をついに取り払うことができたのである。

王権は最終的に強固な基盤の上に立つことができるようになったが、それは戦争という状況ゆえに、全国的に安定的な課税制度を受け入れさせることが可能になったからであり、また王権が少しずつ職業軍人からなる常備軍を整備するようになっていたからである。

最後にフランス国民はこの試練のなかに、なによりも国民としての統一の意識を見いだすようになっていた。その中心に位置していたのは、封建制の足枷《あしかせ》からようやく解放されるにいたった君主政だったのである。

第七章

Histoire de France

近世の夜明け
――一四六一～一五一五年

シャルル8世と妻アンヌ・ド・ブルターニュ
（木製二連板［ディプティック］。ランジェ城）

ルイ十一世の即位とフランソワ一世の即位のあいだに横たわる半世紀間はひとつの移行期間であったように思われる。百年戦争後の王国の再建が進む過程において、いまだ残されていた中世的秩序のなかに新しい制度の輪郭が姿をあらわし、思考と行動の新たな形態が浮かび上がってくる。ルイ十一世という人間と彼が成し遂げた成果のなかには、古いものと新しいものとのこのような混在を見てとることができる。

方向性の変化は外交においてとりわけ顕著であった。そのころまでフランス国王の視野は――十字軍のケースを例外として――王国の国境内にかぎられていた。それがいまや彼らは、国内で他のいかなる勢力の異議をも許さない権力を有し、軍事的にも経済的にも強大な力を手に入れ、ヨーロッパで積極的な役割を演じたいと願うことが可能になっていった。こうした変化の明らかな例証こそが、イタリア戦争という名の破天荒な試みである。

1　ルイ十一世――一四六一～八三年

異様な人物

三十八歳で国王となったルイ十一世は、外貌の醜い男だった。身体は小さく、痩せていながら同時に太鼓腹で、膝は内側に曲がり、頭は禿げ、大きな鼻が薄い唇の上に垂れさがり、たえず神経質に身体を揺り動かしていた。服装はどれほど貧しい貴族の服装よりもさらに粗末だった。灰色の粗いラシャ製の服を着、フェルトの帽子には鉛製のメダルをつけていた。彼は儀式と宴会が嫌いだった。五、六人の親しい仲間以外には誰のお供もなく、国内を動きまわることが好きで、突然どこかの都市を訪れては、誰か裕福なブルジョワの家に遠慮なく押しかけていった。彼の性格は、おぞましい特徴――冷酷な心、横暴、ずる賢さ、シニシズム、妄信――と、王としての適性――すべてに開かれている知性、表現の才、ユーモアのセンス、仕事への情熱、王国の利益への完全な献身――との奇妙な混淆を示している。王は戦場で敵と対決する以上に交渉による解決を重んじていた。敵を味方につけることができない場合、裏であやしげな策を弄し、敵を身動きできない状態に陥れることに全力を傾け、欺瞞と買収に頼っている。ひそかな陰謀の網の目がヨーロッパ中に張りめぐらされ、シャルル突進公《ル・テメレール》の言うように、王は《どこにでもいる大蜘蛛》と評されるようになった。

内　政

まだ王太子だったころから、ルイは父親のシャルル七世に対して陰謀を企て、そのためドーフィネ

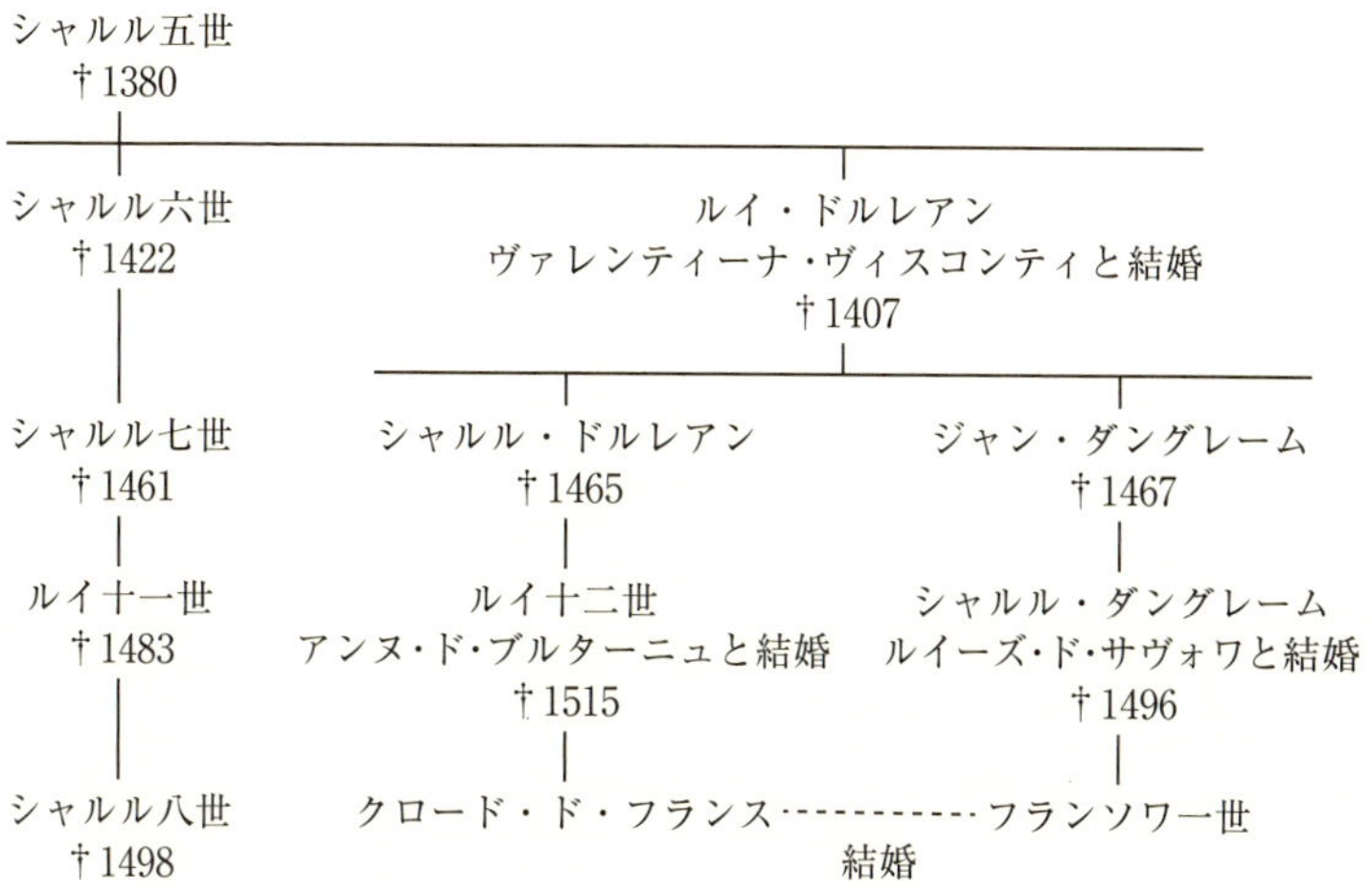

シャルル五世からフランソワ一世まで

の地に追いやられていた。そこでも彼はシャルル七世への挑戦を続け、父王の意に反してサヴォワ公の娘と結婚している。親子対立は深刻さの度合いを増し、シャルル七世はドーフィネへ軍の侵攻を命じることになった。ルイはブルゴーニュのフィリップ善良公のもとへ難を逃れ、善良公はルイを温かく迎え入れている。シャルル七世は一四六一年に死去するが、そのとき王は息子に毒を盛られたものと信じていた。ルイ十一世は《優しいおじさん》ブルゴーニュ公にともなわれてパリに入城する。

彼はすぐにシャルル七世の顧問官たちを全員追い払ってしまったが、怨恨の最初の衝動が満たされると、もっとも優秀な顧問官たちをあらためて周囲に呼び戻している。とはいえ彼がただひとりの支配者であろうと欲していたことに変わりはない。王は大貴族に不信の念を募らせ、彼らを苛酷に扱い、裏切り者には情け容赦がなかった。大元帥サン・ポルの首を刎ね、バリュ枢機卿を鉄の檻に閉じこめている。王が信頼していたのは少数の側近のみであったが、その幾人かは身分の低い人びとであった。主治医のコワチエ、理髪師のオリヴィエ・ル・ダン、またトリスタン・レルミットなどである。レルミットは特別裁判所の長官を務めていたが、この裁判所の任務は王の敵たちを略式裁判にかけることであった。

ルイ十一世は彼自身と宮廷のためにはほとんど金をかけなかったが、あらゆる地域に情報提供者と陰の協力者を確保し、また仲間を増やすとともに敵を懐柔するために、巨額の金銭を必要としていた。そこで彼は国民税負担を大幅に増大させている。課税可能な富を増やすために、王は多くの手段を講じ、商業と産業の振興に力を尽くしていた。たとえばイギリス商人に対してはボルドーに戻ってくるように働きかけ、マルセイユにはレヴァント〔東地中海沿岸〕地域との貿易を保障し、外国へは通商使節団を派遣し、市を開き、リヨンとトゥールには絹織物産業を導入している。また最初の簡単な王立の郵便事業が開始されたのも彼の功績であり、度量衡の統一も計画されていた。業績のこうした面から見て、ルイ十一世は経済的現実に敏感であった初めての近代的君主であったと考えられる。

大貴族ならびにブルゴーニュ家との戦い

統治の最初の十年間、ルイ十一世は、権力から遠ざけられたことに不満を抱いていた国内の大貴族たちと戦わなければならなかった。こうした反対勢力がとりわけ危険であったのは、王の近親者のなか——弟のシャルル——にまで支持者が存在していたからであり、また国外では英国王、ブルターニュ公、ブルゴーニュ公も反対勢力に支援を惜しまなかったからである。

とりわけブルゴーニュ公は多くの敵勢力のなかでもひときわ危険な存在であった。ジャン二世善良王が末子のフィリップ豪胆公に親王采地としてブルゴーニュ公領を与えて以来、このヴァロワ家の分家は驚くほど大きな領土的拡大を実現していたからである。フィリップ豪胆公は結婚によって神聖ローマ帝国の領土であったフランシュ＝コンテを手に入れ、また当時フランス王権の支配下にあったフランドルとアルトワ、さらにはヌヴェール伯領をも獲得していた。また豪胆公の孫のフィリップ善良公は、エノー、ブラバン、ネーデルランドを相続し、ルクセンブルク大公国を買い取り、またアラスの和約によって、シャルル七世からピカルディを譲渡されていた。

強大な力を誇っていたブルゴーニュ公にとって、西欧の他の大君主国家に負けない国家を完成させるためには、それぞれが神聖ローマ帝国とフランス王国の国境にまたがって存在していた二つの切離された領土をひとつにまとめることができれば十分であった。フランス王国にとってこうした将来の展望は、かつてイギリスとアキテーヌが一体となって成立したプランタジネット王国の脅威に少しも劣ることのない恐るべきものであった。そのため明敏なルイ十一世はこうした計画を挫折させることに執拗な情熱を傾けたのである。戦いは避けがたいものであったが、フィリップ善良公の慎重さと、ルイ十一世が公に寄せていた感謝の念によって先送りにされていた。しかし一四六五年、善良公の息子で衝動的で野心的な人物であったシャルル突進公が跡を継ぐと、争いはすぐに開始された。

公益同盟

シャルル突進公は三回にわたってフランス大貴族の反乱に同調している。大貴族らは彼らの利己的な目的を《公益同盟》という聞こえのいい名称のもとに隠蔽していた。

最初は一四六五年、ルイ十一世はモンレリでみずから連合軍を相手に戦わなければならなかった。

このとき王は真の勇気を示している。その後、王は譲歩を重ね、連合軍の懐柔に努めることになった。一四六八年、封建領主たちの二回目の同盟が結成されたとき、ルイ十一世は彼自身の策に溺れる羽目に陥っている。彼はペロンヌにおもむき、シャルル突進公と直接協定の交渉に当たろうとした。彼がこのブルゴーニュの要塞に到着すると、すぐにシャルル突進公の領地であるリエージュで反乱が発生し、フランス王の手のものが公然と参加しているという報告がもたらされた。シャルル突進公は怒りくるい、ルイ十一世を拘束してしまったのである。王が窮地を脱することができたのは、多額の金銭を支払うことによって突進公の側近を買収し、公の要求をすべて無条件に受け入れたからであった。なかでももっとも屈辱的な要求は、反逆者たちに対する懲罰に王自身が参加を求められたことである。ルイ十一世は、リエージュが完全な略奪にさらされ、王の保護を懇願していた住民たちが次々と殺されていくのを冷然と見つめていなければならなかった。解放された後、王は束縛のもとで強制された誓約のほとんどすべてを否認している。

三回目の戦いにおいて、シャルル突進公はボーヴェを前にして敗北を強いられた。この町の防衛には、ジャンヌ・アシェット（斧を手にしたジャンヌ）と綽名された若い娘がヒロインとして登場している。突進公が退却したあと、ルイ十一世は貴族たちの反乱を一つひとつ制圧していった。不満な貴族たちの希望の星であり、彼らの陰謀の中心的存在であった王弟のシャルル親王が死去したのはその直前であった。それ以降、ルイ十一世の権威にあえて異議を申し立てようとするものはあらわれなかった。

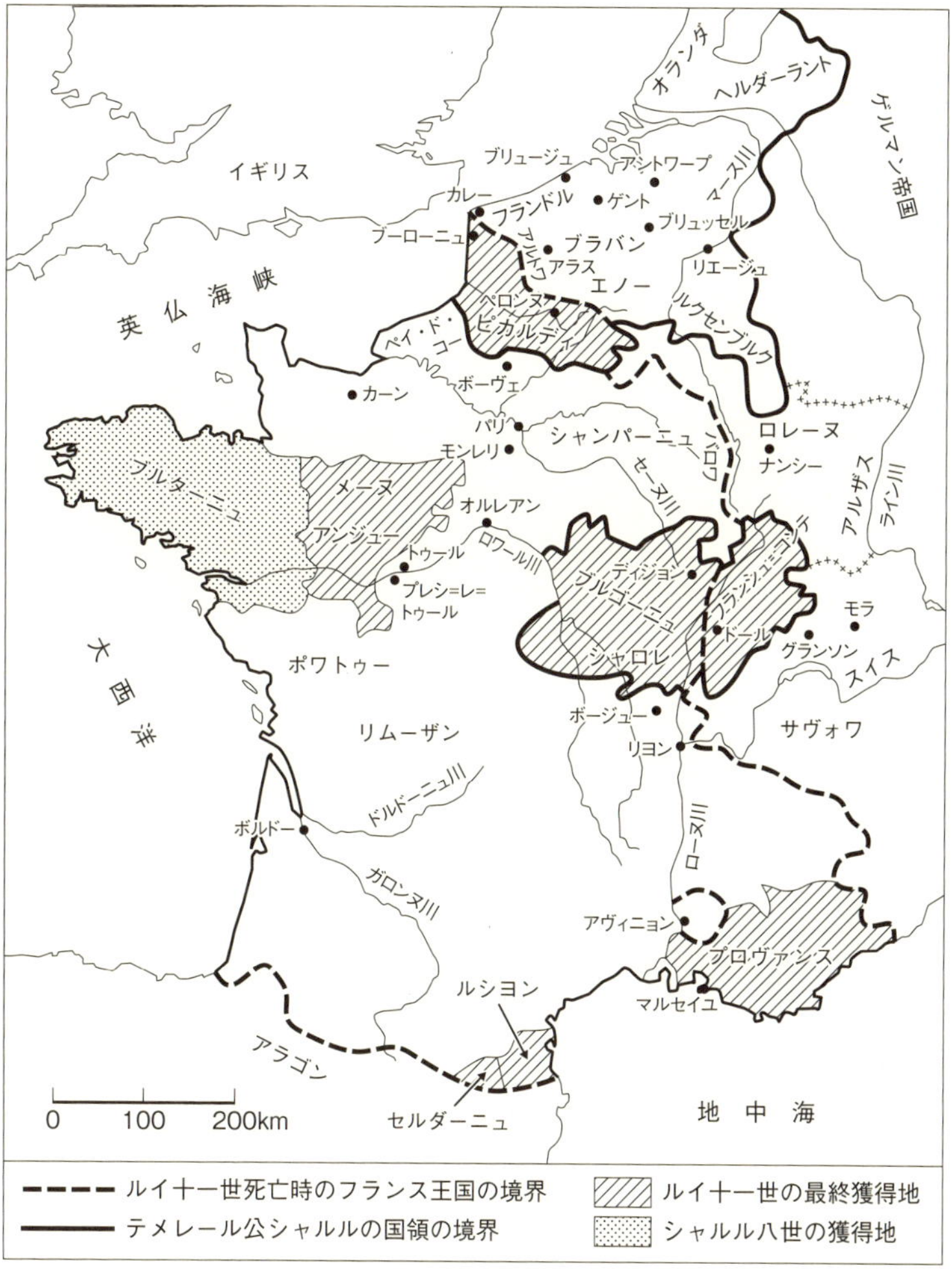

ルイ十一世が没した時のフランス（Ch. BRAND, Cours d'Histoire. Le Moyen Age(classe de 4e), De Gigord.）

ブルゴーニュ公国の夢の崩壊

シャルル突進公は、フランス国内に協力者を見いだすことはできなかったので、努力の矛先を神聖ローマ帝国の各地に向けるようになった。彼はオランダの北方のゲルドル（ヘルダーラント州）を占領し、オーストリア公から上アルザスに対する権利を買い取り、若きロレーヌ公に保護領制を強制している。このようにして、かねてからの念願であった領土結合の手はずが整えられていった。

一四七三年、突進公はトレーヴでハプスブルク家の皇帝フリードリヒ三世と会見し、ドイツの封地を王国に昇格させることを願い出ている。皇帝ははじめこの要求を認めるように思われたが、しかし突然に返答を回避してしまった。この突然の変化は、ルイ十一世の秘密外交の成果であった。王は多額の出費を惜しまなかったのである。

買収という同様の手段を用いることにより、王は上アルザス諸都市の反乱を助け、それら諸都市間の連盟とスイス諸州とロレーヌ公とのあいだの同盟関係の成立を推し進めていった。一方、シャルル突進公は義理の兄弟で同盟者であった英国王の介入を取りつけた。エドワード四世は一万三千の兵を引き連れて上陸している。しかしルイ十一世はすぐに、あまりにも危険な賭けを断念するように英国王を説得し、フランスの王位に対する要求を七万五千エキュと年金五万リーヴルを引き換えに放棄するように申し出た。英国王にとってこれはきわめて高い評価に値する気前のよさであった。なんといっても英国王の予算は、そのときごとの議会の気紛れに左右されていたからである（ピキニー条約、一四七五年八月）。

その間にもシャルル突進公は、公に歯向かうという大胆な行動に出た「牛飼いの国」スイスと決着をつけることを決断していた。しかし、はじめはグランソンで、次にはモラで（一四七六年三月二日と六月二十二日)、スイスの歩兵部隊はシャルルに二回にわたって屈辱的な敗北を与えている。突進公は北方の領地に戻る途中、ロレーヌ公からナンシーを奪回しようと試みた。スイス軍とアルザス軍が到着して公を攻撃し、ブルゴーニュ軍はまたしても壊滅的な敗北を喫することになった(一四七七年一月五日)。二日後、沼地の氷になかば覆われた突進公の遺体が発見された。

ブルゴーニュ公国の継承問題

当時十三歳のひとり娘マリのものとなった突進公の遺産をめぐって、大きな政治闘争が開始された。ルイ十一世は封主でもあり、当然の後見人でもあったので、有利な立場にあったが、ことを急ぎすぎてこうした優位性を生かすことができなかった。王ははじめ、マリが王の息子で一四七〇年生まれの王太子シャルルと結婚することを想定していたのである。しかしこの結婚は、当然のことながらすぐに実現可能というわけではなかったので、ルイはそれを待つことなく、ブルゴーニュ公国の二つの領地ピカルディとアルトワを王領地に併合した。そのため同じような運命をたどることを怖れたオランダの臣下たちの懇請を受けて、マリはドイツ皇帝の息子、ハプスブルク家のマクシミリアンとの結婚を承諾してしまったのである。勝敗の帰趨の見えない戦闘がエノーとフランドルで始まったが、マリの思いがけない死により(一四八二年三月二十七日)、両軍は妥協の道を探ることになった。ルイ十一世はピカルディとブルゴーニュ公領を維持し、またフランシュ＝コンテとアルトワも、いずれはフランスのものとなる可能性が残された。これら二つの領土はマリとマクシミリアンの娘マルグリット王女の嫁資になるものとされ、そして王女はシャルル王太子と結婚することが約束されたからである。遺産の他の部分は、マリとマクシミリアンの息子フィリップ(のちのカスティーリャ王フェリペ一世美麗王）のものとなることになった。

その他の王領の拡大

ルイ十一世はアンジュー家との関係においてはより幸運であった。親王采地を与えられていたこの強大な王族の最後の生き残りであった《ルネ善良王》（王位を追われたナポリ王）は、アンジュー、メーヌ、さらにはフランス王の封建的支配の外にあったプロヴァンスをも含めて、すべての領土をルイに譲渡したからである。さらにナポリ王国の王位に対する請求権も譲渡されたが、しかしながらこれはフランスの将来にとって荷厄介な権利となる。

その一方でルイ十一世は、外交的にも軍事的にもとうてい容認しがたい手段によって、ルシヨンの併合に成功している。

一四八二年以降、ルイ十一世は死と陰謀に対する病的な恐怖の虜となり、プレシ＝レ＝トゥールの小さな城に閉じこもり、周囲には鉄格子と濠と罠を張りめぐらしていた。占星術師と占い師たちに囲まれ、あるときは聖遺物に触れることに、またあるときはいかがわしげな医者たちの治療に安堵を求めるようになっていった。それでも一四八三年八月三十日、王は心安らかにあの世へと旅立っている。

2　シャルル八世とルイ十二世

ボージュー夫妻の摂政政治

シャルル王太子はまだ十三歳でしかなかったので、姉のアンヌと彼女の夫のピエール・ド・ボージューが摂政を務めることになった。ルイ十一世の長女アンヌは、父親から政治の才と冷酷な決断力を受け継いでいる。ボージュー夫妻の統治はあらゆる面から見て申し分のないものであった。

二人は、先王ルイ十一世の専制的な支配のあとで不可避的に発生してきた反動を、巧みに制圧することができた。一四八四年に開かれた全国三部会は、鬱積していた不満のはけ口の場になった。あるときには譲歩が重ねられ、あるときには約束が与えられ、また多少の改革なども実現され、社会はしだいに秩序を回復していった。

一四九一年、ブルターニュ公フランソワ二世の死去にともない、ブルゴーニュ継承問題と同じような問題が発生した。ブルターニュ公には相続人として十三歳の娘アンヌしか残されていなかったからである。公女アンヌ・ド・ブルターニュははじめ、ハプスブルク家のマクシミリアンと結婚するならば、ブルターニュの独立を守ることができるだろうと考えていた。マクシミリアンはフランスに敵対する潜在的な勢力のなかでももっとも強力な存在だったからである。しかしマクシミリアンはあまりにも遠い国の人間であった。マクシミリアンとは対照的にボージュー夫妻はすみやかにブルターニュに軍を侵攻させている。公女アンヌはブルターニュ公領の自治だけは守ろうと、シャルル八世との結婚を承諾した。しかも、寡婦となった場合でも、フランスの王位継承者と再婚するという約束まで取り交わした。このことはのちに現実のものとなったのである。

シャルル八世

シャルル八世のみずからによる統治（一四九一～九八年）の総決算は、フランスにとって全面的な損失であった。若き王のすべての関心と王国の資産は、イタリアに向けられた破天荒な企てに捧げられてしまったのである（一五九ページ参照）。王はみずからの夢を実現するために、ルイ十一世が獲得した利益のいくつかを無造作に犠牲にしてしまった。オーストリアのマクシミリアンの中立を確保するために、アルトワとフランシュ゠コンテとシャロレを返還し、またアラゴン王にはルシヨンとセルダーニュを返還している。さらにはブーローニュを攻囲していた英国王ヘンリー七世に撤退を求めるために、金貨七十四万五千エキュを支払っている。

シャルル八世がアンボワーズで不慮の死を遂げたことにより（一四九八年四月八日）、幸いにも王の高価な幻想にも終止符が打たれることになった。

ルイ十二世

シャルル八世の後継者で従弟であったルイ十二世は、同じようにイタリアの幻影の虜になったが、少なくとも国内の統治においては功績が認められないわけではない。

まだルイ・ドルレアン公であったころ、彼はヴァロワ家の分家筋を代表していたので、王権に対する封建領主たちのあらゆる反乱と陰謀に加担していた。ルイ十一世は彼を厳しく罰し、この具合の悪い家系の断絶をいっそう確実にするために、破廉恥にもみずからの娘のジャンヌと結婚することを彼に強制していた。ジャンヌはかわいそうに背骨がひどく彎曲し、身体の不自由ゆえに母親となることはできなかったのである。

王位に就くと、ルイ十二世はこの不自然な結婚を急いで解消し、その後かねてからの取り決めどおり、アンヌ・ド・ブルターニュと結婚している。アンヌ王妃とのあいだにできたひとり娘クロードは、王位継承者であったアングレーム公（のちのフランソワ一世）と結婚することになった。こうしてブルターニュ公国は決定的に、また少しの波乱もなく、フランス王国へと併合されたのである。

他方、ルイ十二世という人間の個性は――彼は単純で、寛大で、善良な人間であった――、王の統治に人間的な温かさを漂わせている。治世にとって幸運だったのは、飛躍的な経済成長と時を同じくしたことであった。これは百年戦争による被害からの回復に努めた三世代にわたる労苦の産物であり、またおそらくは全国的に好調に転じていた経済情勢の結果でもあっただろう。それでも人びとはルイ十二世に感謝の念を捧げたのである。人口も国全体の豊かさも急速に増大していったので、ルイ十二世のイタリアでの試みゆえの経済的負担を、フランス国民はさほどの困難を覚えることなく耐えることができた。しかも間接税収入が増加したことにより、王は直接税タイユによる呪わしく重い負担をいくぶん軽減することが可能であった。当時の人びとと、また後世にとって、一五〇六年の全国三部会が国王に与えた《国民の父》なる称号に値する、善良な国王としてのイメージは、直接税タイユの減税によって確立されていたのである。

3　イタリア戦争

起　源

①イタリアには言うまでもなく、フランス人の心を捉えるすべてのものが揃っていたが、同時にまたイタリア以上にフランス人がよく知っている国も他にはなかった。教皇庁との関係から生まれてい

た恒常的な交流に加えて、十三世紀以降は多くの政治的な関係も生じていたが、それはフランスの王族たちがそれぞれ個人的な思惑に駆られてさまざまな行動に出ていた結果である。またイタリアの側から見ても、イタリア諸国家の国内闘争は敗北した党派の亡命者たちを大量にフランスに送り出し、これら亡命者たちはフランスという強力な隣国の支援を要請してやまなかった。さらに通商関係は時とともにますます活発となり、イタリアの銀行家と大商人たちの名家は早くからフランスに根を下ろしていた。

②ところでイタリアはまた簡単に手に入れることのできる獲物のような土地であると考えられていた。イタリアの主要な国々は他の国々を併合するには弱すぎ、かといって併合されるには強すぎたので、つねになんらかの同盟に加わることを考えていた。これらの国々は自国の軍隊をもっていなかったが、それは、結局のところ戦争請負人である傭兵隊長たちを自分たちの代わりに戦わせるほうが簡便だったからであり、彼らを買収したり、あるいは中立化させたりすることは、金銭を支払うことによっていつでも可能だったのである。

③すでに見てきたように、ルイ十一世はナポリ王国に対するアンジュー家の権利を継承していたが、しかし彼はきわめて用心深い人間だったので、このスズメバチの巣のなかにみずから飛びこんでいくような愚かな真似はしなかった。一方、シャルル八世は、騎士道小説によって人格が形成され、また百年戦争の恐ろしさを経験したことのない若者たちに周囲を取り囲まれていたので、トルコに対する十字軍の先頭に立ち、コンスタンティノープルで皇帝の王冠を頭上に戴き、イェルサレムを解放することを夢みるようになっていた。この栄光への道の第一歩こそは、ナポリ王国の新たな征服だったのである。

④ナポリ王国の国王フェルナンド一世は、アラゴン家の非嫡出子であったが、一四九四年に死去し、フランス人にとって待望の機会が到来することになった。しかもフランス王はまさにイタリアの地からさまざまな誘いを受けていた。政敵からの攻撃に直面していたボルジア家出身の教皇アレクサンデル六世から、またミラノ公ルドヴィーコ・スフォルツァから、またフィレンツェでサヴォナローラの改革を支持していた人びとから、あるいはアラゴン家の支配に不満を募らせていたナポリの貴族たちから、などである。

シャルル八世の遠征

こうした多方面からの誘いを受けていたこともあり、フランス軍のイタリア遠征は当初行進訓練のようなものであった。どの都市もあいついでシャルル八世を熱狂的に歓迎している。一四九五年二月二十二日、王は二輪馬車に乗り、四頭の白馬に引かれ、頭上に皇帝の冠を戴いてナポリに入城した。

しかしイタリア人は、みずから呼び寄せた外国人の要求や貪欲さを前にして、国民主義的な感情に目覚めるようになった。反フランス同盟がヴェネツィアを中心に結成され、アラゴン王フェルナンド二世と皇帝マクシミリアンがこれを支援した。シャルル八世は征服した土地に閉じこめられるのを怖れてフランスに帰ることを決断している。反フランス同盟軍はフォルノーヴォでフランス軍のアペニン山脈越えを阻止しようとしたが、フランス騎兵隊の激しい攻撃によって撃退された（一四九五年七月五日）。シャルル八世がナポリに残していった守備隊はみごとな抵抗を示したとはいえ、一四九六年二月には、降伏を余儀なくされている。

ルイ十二世とミラノ公国

ルイ十二世の即位とともに、フランスの挑戦はイタリアの地で新たな局面を迎えることになった。ルイ十二世はヴァレンティーナ・ヴィスコンティの孫だったので、みずからをミラノ公国の正統な相続人であるとみなしていたが、そのミラノでヴィスコンティ家は野心家の傭兵隊長フランチェスコ・スフォルツァの一門の者によって地位を奪われていた。ルイ十二世は攻撃に先立って大がかりな外交攻勢を展開し、ヴェネツィアおよびスイス諸州と同盟関係を確立、また皇帝マクシミリアンと教皇アレクサンデル六世の好意的な立場を取りつけている。ルドヴィーコ・スフォルツァ、通称イル・モーロ《ムーア人》は、ノヴァーラで敗北し（一四九九年四月）、みずからの軍の裏切りによって身柄をフランス軍に引き渡され、鉄の檻に入れられてルイ十二世のもとへ送られ、ロシュ城で惨めな囚人となって最期を迎えることになった。

皇帝マクシミリアンはルイ十二世をミラノ公国の君主として認め、ミラノで王の代理を務めた枢機卿ジョルジュ・ダンボワーズは、聡明な自由主義の精神にのっとった統治をおこない、みずからの権威を確立している。

二度目のナポリ征服

この作戦の成功により、ルイ十二世はナポリを取り戻そうと考えるようになった。

スペインの介入は警戒しなければならなかった。アラゴン家のフェルナンドは、すでにシチリア王の称号を得ていたが、一四九六年にナポリ王位を継承していた従兄弟のフェデリーコ三世を、当然ながら擁護する可能性が考えられたからである。ルイ十二世はフェルナンド二世に、ともに征服に乗り出し、利益を分けあうことを提案した。ことはそのとおり運び、一五〇〇年の夏、フランス軍とスペイン軍はナポリ王国を難なく征服し、フェデリーコは王の称号をルイ十二世に譲り渡している。しかしアラゴン王は、戦利品をフランス王と分けあうつもりなど、はじめからまったくなかった。彼は手はずを整えて対立を誘発すると、アラゴン軍は当時のもっともすぐれた軍人であったゴンサロ・デ・コルドバの卓越した指揮のもとで、フランス軍の一掃に乗り出した。フランス軍は《恐れを知らぬ完璧な騎士》バイヤールの伝説的な武勲にもかかわらず、けっきょくは勝負をあきらめるほかはなかった（一五〇四年）。ルイ十二世はそれでも面目を保つことができたが、それは王妃イサベル・デ・カスティーリャを亡くしたアラゴン家のフェルナンド二世が、フランス王の姪ジェルメーヌ・ド・フォワと結婚したからであり、ルイ十二世はナポリに対する権利を姪に譲ったものの、その見返りにスペインから九十万フローリンの補償金を受け取っているからである。

ユリウス二世とフランスの対立

こうしてフランス王はナポリを放棄し、イタリア戦争はこの段階で終了してもおかしくはなかった。それが再開されることになったのは、ローヴェレのユリウス二世が一五〇三年に教皇に選出されたためである。この教皇は宗教上の任務をまっとうするよりも世俗的な権力を強化することに関心のある人間であった。彼の夢はイタリア諸国家に対する教皇の政治的な優越を確立することであり、そのためには教皇領からラヴェンナを奪い取っていたヴェネツィアをひとまず屈服させなければならない。しかるのちに、人びとは外国人――ユリウス二世の言によれば《野蛮人》――の支配からイタリアを解放するであろう。

ヴェネツィアに敵対して《カンブレ同盟》が結成され、そこには教皇とフィレンツェだけではなく、三人の外国の君主、ルイ十二世、オーストリアの皇帝マクシミリアン、アラゴン王フェルナンド二世が加わっていた。フランス軍は最初に戦闘準備を整え、一国だけで戦争の負担を引き受け、アニャデーロでヴェネツィア軍を打ち破った（一五〇九年五月）。

ユリウス二世はこれに乗じてラヴェンナ返還の交渉を開始している。しかるのちに、彼の外交は同盟軍をフランスに敵対させる方向へと変更された。こうして結成された《神聖同盟》には、さらにスイスと若きイギリス王ヘンリー八世が加わることになった。

フランス、ミラノ公国を失う

戦闘は当初フランスに有利に展開した。

ルイ十二世はイタリアのフランス軍の指揮を甥のガストン・ド・フォワに託していた。この二十歳の若者は天才的な戦闘指揮官であることを証明している。軍をすばやく移動させ、戦場では大胆な作戦を展開し、敵軍の不意を衝いて、立てつづけに三回の敗北を敵軍に強いている。ところが不幸なことに、最後の戦いの夜、ラヴェンナを前にして彼はみずからの激しい戦意の犠牲となって戦死した（一五一二年四月十一日）。軍の指揮を受け継いだ元帥ド・ラ・パリスは、ミラノ公国から撤退せざるを得なかった。

翌年早々、フランスはイタリアでまたしても敗北を喫し、またあらゆる方面からの攻撃に同時にさらされることになった。ブルゴーニュではスイス軍、ピレネーではスペイン軍、北方ではイギリス軍と神聖ローマ帝国軍によってである。それでもユリウス二世の死とともに（一五一三年二月）、反フランス同盟からは主要な推進力が失われることになった。ルイ十二世は個々の敵とあいついで休戦交渉を開始することができた。

ルイ十二世は回復された平和を長い間享受することはできなかった。王妃アンヌ・ド・ブルターニュの死の後、王はイギリスとの和睦のしるしにヘンリー八世の妹と結婚していた。この若き王妃メアリーは、血の気の多い浮薄な女で、年老いた夫を宴会と快楽の渦に引きずりこみ、王の死を早める結果となった（一五一五年一月一日）。

フランソワ一世

新たな国王は血気盛んな若者で、戦場で名を馳せることを夢見ていた。すぐに彼は《自分のものである》ミラノ公国の征服に再度旅立つことを決定している。一五一五年八月はじめ、いまだかつてない総勢三万三千という輝かしい大軍勢の先頭に立ち、通行不能と思われていたラルシュ峠とアルジャンティエール峠を通ってアルプスを突破、モン・スニとモン・ジュネーヴルの通常のルートを守っていたスイス連邦軍の裏をかいた。さらにトリノに入り、ミラノに接近する。スイス軍は九月十三日、マリニャーノに野営していたフランス軍に襲いかかった。二日間にわたる激しい戦闘が続き、三百門の大砲を備えたフランス軍の砲兵部隊はこのとき初めてその真価を発揮している。最終的にフランス王の勝利が不動のものになったのは、ヴェネツィア軍の部隊が折よく到着してくれたからであった。フランソワ一世は勇猛な武者ぶりを発揮し、それまで不敗を誇っていたスイス歩兵部隊を打ち破るという輝かしい栄光に浴したのである。

しかる後に、交渉が開始された。フランソワ一世はボローニャで教皇レオ十世と会談し、この会談からは一五一六年のコンコルダート（政教協定）が生まれている。内容は二人の世俗的君主（フランス王と神聖ローマ皇帝）間の政治的関係とフランスにおける教会の地位の両方に及んでいた（一八二ページ参照）。スイスは巨額の金銭による相応の支払いと引き換えに《永久平和条約（フリブール条約）》に署名し、以後フランス王を敵として他国の傭兵となって戦うことはないと誓約した。最後に神聖ローマ皇帝とスペイン王はノワイヨン条約により、フランソワ一世にミラノ公国の領有を認め、その代わりにナポリに対するフランス王のすべての要求はあらためて取り下げられることになった。

結論

文字どおりの意味でのイタリア戦争はこの段階で終了したと考えるべきであろう。フランス軍はさらに数回にわたってアルプスを越えて戦火を交えているが、それらの軍事行動はヨーロッパの覇権をめぐるフランス王家とハプスブルク家の対決という、はるかに大きな戦いのなかの二次的な要素にすぎないからである。

ミラノ公国を短期間占有するために費やされた途方もない資金と労力、これこそ長いあいだ多くの人びとが無分別な浪費として非難してきたものであった。しかしながらフランスにとって最終的な決算は必ずしも完全に否定的であったというわけではない。かつての十字軍と同じように、イタリア戦争は国内の平和を脅かす恐れのあった不穏な動きと人びとの冒険心に捌け口を提供した。またなによりもこの戦争は、イタリア・ルネサンス芸術をフランスの地で開花させることに多大な貢献を果たしたのである。

第八章

Histoire de France

絶対王政の誕生——一五一五～五九年

戴冠するクレメンス7世
（織物。17世紀。ブザンソン）

フランソワ一世とアンリ二世の在位期間に相当する十六世紀の前半、フランスはハプスブルク家との戦いという大きな試練に直面しているが、これに屈することはなかった。王権は最終的に強化されている。フランス王国はフランソワ一世のもとで新たな統治機構の整備が進められ、基盤が強化された。王は身辺を奢侈に飾りたて、文芸と芸術を保護し、王権の威信は比類ないものとなっていった。さらに経済の発展により、さまざまな社会階級の状況に変化が生まれている。

1　ハプスブルク家の覇権との戦い

フランソワ一世

二十歳で即位したフランソワ一世はみごとな体軀の持主で、すぐにフランス国民の心を捉えている。背が高く、たくましく、スポーツ、馬上試合、猟を好み、戦闘において勇敢であり、また快活で、愛想がよく、寛大であった。しかも芸術と文学に強い関心を寄せ、彼自身、詩句とメロディーを作ることができ、会話の名手であり、魅力的な手紙の書き手であった。それでも王が生涯を通じて、甘やかされた子どものような人間であったことに変わりはない。王は母親のルイーズ・ド・サヴォワと姉のマルグリットによってかわいがられ、なんでも許されるという甘い環境のなかで成長していた。衝動的で、軽薄で、重要な国務を前にしてすぐに嫌気にとらわれていたが、それでも王の自己中心主義は王権の強化に役立っていた。王は自分の欲求を妨げるものをどうしても我慢することができなかったからである。

快楽と奢侈に対する好みから、王は王国財務府の資産を無頓着に浪費し、そのあげくにあまりにも大きな金銭の要求によって、臣下らを困らせてやむことがなかった。すぐに女に夢中になり、何人もの公認の愛人をもち――その最後の女性はエタンプ公爵夫人である――数えきれないほどのかりそめの恋に身をやつしていた……、そんな情事の疲れが、早すぎる体力の衰えと五十三歳（満五十二歳）という若さでの死を招いたのかもしれない。

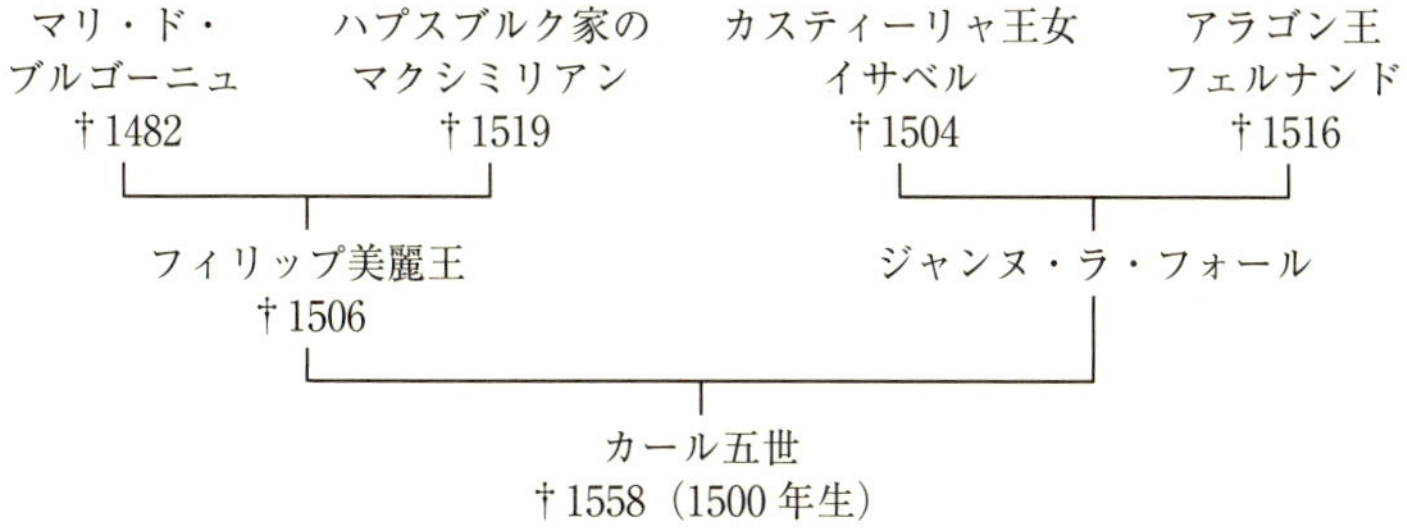

ハプスブルクのカール五世の先祖

アンリ二世

息子のアンリ二世は父親と同じようにたくましく、身体を鍛えることを好んでいたが、父親のような活発な才気も、文芸と芸術に対する趣味ももちあわせてはいなかった。彼はフランソワ一世に愛されず、遠ざけられて孤独に成長し、閉鎖的な性格の人間となった。宮廷からは距離を置いていたが、宮廷の放埒な空気はもともと彼の好むところではなかった。即位とともに、彼は父王の贅沢な暮らしぶりを改め、より厳格な生活習慣を取り入れようとしている。それでも彼が正妻のカトリーヌ・ド・メディシスに、ただひとりの愛人で二十歳年上の女性ディアーヌ・ド・ポワチエを交えた、一種の三角関係を強いていたことに変わりはない。外見は乱暴者で、頑固者のようではあったが、実際は意志が弱く、ある種のコンプレックスの犠牲者であるということは明らかであった。たとえば寵臣のひとり、アンヌ・ド・モンモランシー大元帥に盲目的な信頼を寄せていたことなどはそのあらわれと言えるだろう。大元帥は絶大な権力を享受していたが、視野の狭い、横柄で、権威主義的な老人であった。

カール五世

フランソワ一世とアンリ二世の統治時代の主要な政治課題は、はじめは神聖ローマ皇帝カール五世、次いで一五五六年以降はその息子のフェリペ二世によって代表されていた、ハプスブルク家の覇権に対する戦いである。

十六世紀の始まりとともに誕生したこの若き王太子〔カール五世〕の頭上には、遺産継承時の、驚嘆に値する偶然の働きにより、四つの君主国〔神聖ローマ帝国、ブルゴーニュ公国、カスティーリャ王国、アラゴン王国〕の領土的遺産が積み上げられることになった。

またここには、臣下たちがアメリカで征服した巨大な植民地帝国がつけ加えられることになった。カール五世は《日の沈むことのない領土》に君臨した初のスペイン王〔カルロス一世〕となったのである。

ヨーロッパの地において、カール五世の領有地はフランドルからピレネー山脈にかけてフランスを包囲していたので、よく言われてきたように、彼は《ひとり同盟》を結成していた。その狙いはみずからの力を行使してフランスに屈従を強い、かねてから不当にも横領されたものと考えていたブルゴーニュ公国の遺産をすべて取り戻すことであった。

宿命の対決は、地理的にも歴史的にも不可避なものであったが、そこにはさらに二人の君主間の個人的な反感が火に油を注いでいた。カール五世が、冷たく、執念深く、理詰めで、厳格な人間であったのと好対照に、フランソワ一世は、元気旺盛で、寛大で、軽薄で、気前のいい人間であった。

皇帝選挙

敵対する二人の野心は、一五一九年、神聖ローマ皇帝の地位をめぐってすでに火花を散らしていた。

神聖ローマ皇帝位の地位は、原則的に選挙によるものとされていたとはいえ、十五世紀の初頭以来、ハプスブルク家の人間以外の手に渡ったことはなかった。まだスペイン王カルロス一世だったカールは前皇帝マクシミリアンの孫であり、当然自分が跡を継ぐものと考えていた。しかるにフランソワ一世は、幾人かのドイツ諸侯の後押しを受けて、立候補に名乗りを上げたのである。ドイツ世論を味方につけるための誹謗文書による戦いが開始され、またフランソワ一世の工作員たちは《湯水のごとく》に金銭をばらまき、選帝侯と彼らの側近たちの買収に乗り出した。

最終的に、カールは銀行組合の支持を受けて勝利を収めた。しかしそのために、当時の金で純金千二百キログラムに相当する金銭の出費を余儀なくされたのである。この数字からだけでも、この帝位を狙うというとんでもない思いつきが、フランソワ一世にどれほど高くついたかということは容易に想像されるだろう。彼が手に入れることができたのは、選挙の結果皇帝カール五世となったライバルの、終生消えることのない恨みだけだったのである。

戦いの性格

戦いは一五二〇年に始まり、三十九年間続いている。戦争を開始した二人は、戦争の終結を目にすることはできなかった。ようやく戦いが終わりを告げたのは、二人の息子、スペインのフェリペ二世とフランスのアンリ二世の時代を迎えてからである。

正式に開戦が告げられた期間は前後六回に及んでいるが、その間にも休戦が実現して条約が締結されては、その後すぐに破棄されるという状態がくりかえされた。二人の戦争当事者はそれぞれ同盟国を求め、その結果いずれかの時点において、ほとんどすべてのヨーロッパ諸国は常に戦争に巻きこまれずにはすまされなかった。こうして外交は十六世紀に著しくその重要性を増し、軍事行動と並行してくりひろげられ、しばしば軍事行動以上に決定的な役割を果たすようになったのである。

フランスの同盟国

①フランソワ一世はまず英国王ヘンリー八世との同盟を求めている。二人が顔を合わせたのは一五二〇年六月、ブーローニュ（＝シュル＝メール）近郊のギーヌにおいてであった〔正確にはギーヌはヘンリー八世の宿営地。会見地はヴァル・ドール〕。《金襴《きんらん》の陣》と呼ばれたこの会見は、二人の王が互いに誇示し合った奢侈によって後世に名を残している。それでもフランソワ一世が、みずからの優越をあらゆる面で見せつけることによってなしえたのは、負けず劣らず虚栄心の強い男であったヘンリー八世の自尊心を傷つけるということでしかなかった。この会見の直後に、ヘンリー八世はカレーでカール五世と顔を合わせ秘密条約を締結している。英国王はそれからも数回にわたって味方となるべき陣営を変更することになるが、この時すでに二股政策なるものを実行に移していたのである。その目的は対立する二大君主のいずれもが、あまりにも強大になりすぎるのを避けるということであった。

②フランスにとってより有効であったのは、当時スレイマン一世壮麗王（スレイマン大帝、在位一五二〇～一五六六年）の治世のもとで最盛期を迎えていた、オスマン・トルコ帝国との同盟である。オスマン軍の艦隊は東地中海を支配し、また北アフリカの属領の支援を受けて、スペインとイタリアの沿岸地域で略奪をほしいままにしていた。陸上でもスルタンの軍隊は、バルカン半島のいくつものキリス

ト教公国を制圧し、その後ハンガリー平原に勢力を広げ、ブダペストを占領、ウィーンに迫る勢いであった。オスマン軍の攻勢を受けて、神聖ローマ皇帝はフランスに対する軍事的努力をしばしば控えざるを得なくなり、東側の危険に備えなければならなかった。

一五四三年、有名なハイレッディン提督、通称〝赤ひげ〟に率いられたトルコ艦隊は、フランス軍と力を合わせて帝国領だったニースを陥落させている。フランソワ一世はトルコ軍に、トゥーロンに地上基地を建設することを一時的に認めたほどであった。

しかしながら、この誰よりもキリスト教徒であるフランス王と異教徒との同盟関係は、キリスト教諸国の王侯たちの怒りを買い、教皇を遠ざけ、フランスに対する外交上の戦いにおいて、神聖ローマ皇帝に格好の攻撃材料を提供する結果となった。フランソワ一世はそのため、同盟関係の及ぶ範囲をできるかぎり限定しようとしたものの、結局はこれを放棄している。

それでも『外国人特権付与条約《カピチュレーション》』という名称のもとで、一五三五年に締結されたきわめて有益な通商条約は、効力を失ったわけではない。フランス商船だけがトルコ帝国の港に錨を下ろす権利を認められ、フランス王は聖地パレスチナの保護者であることが認定され、その結果、パレスチナの地でフランス王の代理を務めていた領事たちは、すべての外国人キリスト教徒に対する裁判権を独占していたのである。こうしてフランスが十九世紀にいたるまで、中近東で維持しつづけていた政治的ならびに商業的な優越的地位は、奇妙なことに、フランソワ一世とカール五世のあいだの対立・抗争の結果として確立されたのであった。

③フランス王とドイツ・プロテスタント諸侯との同盟関係も、ほとんど同じように多くの人びとの怒りを買わずにはすまされなかった。これらの諸侯は教皇庁とカトリック信仰の敵だったからであ

る。それでもフランソワ一世は神聖ローマ皇帝に敵対する人びとを、たとえ彼らがどのような立場にあるにせよ、支援せずにはいられなかった。シュマルカルデン同盟を結成して皇帝に対立していたドイツ・プロテスタント諸侯とフランス王のあいだで同盟が結ばれたのは、一五三二年のことである。フランス王はプロテスタント諸侯にたびたび金銭的な援助を与え、その見返りにドイツで傭兵を徴集することができるようになった。彼らは当時フランスで、レートル（reitres）あるいはランスクネ（lansquenets）と呼ばれていた（ドイツ語の reiter 騎兵と landsknecht 歩兵に由来）。

アンリ二世の時代を迎えて、両者の同盟関係はより緊密になり、より実り豊かなものとなった。ミュールベルクの戦いで手ひどい敗北を喫したプロテスタント諸侯は、フランス王が彼らに定期的な援助を保証する条約に署名し（一五五〇年）、その代わり条文には、以下のごとき文言が盛りこまれたのである。《ドイツ語が使用されているわけではないにもかかわらず、いつの時代にも神聖ローマ皇帝のものとされてきた諸都市、すなわちロレーヌのトゥール、メス、ヴェルダン……をフランス王が領有するのは、公正なことであると認められた》。これら諸都市の領有はただちに実行に移されている。こうした《三司教区》の獲得は、フランスと神聖ローマ帝国のあいだの長期にわたる戦いの、もっとも注目に値する結果となった。これにより、いわゆる《自然国境政策》なるものへ向けての第一歩が記されたからであり、その東側の目標と考えられていたのは、ライン川西岸の併合だったのである。

初期の敗北

フランソワ一世は一五二〇年、カール五世が直面していた困難な状況につけこまないという失敗を犯している。当時、カール五世はスペインで、自治都市の反乱により王位を否認されていたのだった。一五二一年三月、フランソワ一世が最終的に介入を決断し、彼の同盟者であり親族でもあったアンリ・ダルブレの味方となってナヴァールを攻撃したとき、すでに好機は過ぎ去り、戦争はこの地域で長期化のきざしを見せ、決定的な成果を得ることはできなかった。

フランス北部の国境沿いで、皇帝〔カール五世〕の軍隊はイギリスの支援を受け、あるときにはパリから四十キロメートルの地点にまで迫っている。一五二三年、皇帝にとって思いがけない幸運であったのは、フランスの大元帥ブルボン公（シャルル・ド・ブルボン）の裏切りであった。ブルボン公は、公と母后ルイーズ・ド・サヴォワが争っていた訴訟で不利な判決が下されたことを不満とし、フランス王の下を去ってカール五世に奉仕を申し出ていたのである。しかしブルボン公の期待とは裏腹に、公の封臣も公の保護下にあった戦士たちも、フランス王の陣営にとどまってしまった。逆臣となったブルボン公が神聖ローマ皇帝のもとに身を寄せると、皇帝は彼に大軍を託してプロヴァンス攻撃の任務を授けている。ブルボン公はプロヴァンスに攻め入り、マルセイユを攻囲した。マルセイユ市は長期間よく攻撃に耐え、やがてフランス軍は援軍に駆けつけたことで救われる。公は砲兵隊の大部分を失い、イタリアへと退却を余儀なくされた。

しかし主たる戦場となったのは北部イタリアである。フランソワ一世がなによりも重視していたミラノ公国は、三回にわたって争奪がくりかえされた。三回目のフランス軍の反撃は、破滅的な結末を迎えることになった。パヴィアを包囲していたフランソワ一世は、ブルボン公とベルギー人ラノワ将軍指揮下の皇帝軍の攻撃にさらされた。王の不注意は壊滅的な敗北を招き、フランスの最良の騎士八千名の命が失われてしまったのである。王みずからもラノワに降伏せざるをえなかった（一五二五年二月二十五日）。この壊滅的な敗北の日の夜、フランソワ一世は、以下のごとき文面で始まる有名な手紙を母后に書き送っている。《母上、私に残されているものの現状をご報告申し上げるとするならば、すべてのもののなかでなお私に残されているのは、名誉と、いまだ生きながらえている命だけということになりましょう》。この文面は一般には、以下のように要約されて伝えられている。《母上、私は名誉以外のすべてを失ってしまいました》。

マドリード条約とカンブレ条約

当初フランソワ一世は多額の身代金を支払えば、騎士道の掟にのっとって、すぐに解放されるものと信じていた。しかしカール五世はフランス王を政治的な質物扱いにし、マドリードに移送させ、ここでフランソワ一世は、六ヵ月以上を薄暗い塔に閉じこめられて、囚人としてすごさなければならなかった。彼は病気になり、忍耐力も尽き果て、けっきょくは自由を取り戻すために、あまりにも一方的な条約に署名せざるをえなかった。イタリアにおけるすべての要求を放棄し、また――もともと建前にすぎなかったとはいえ――フランドルとアルトワに対するフランスの封主権を放棄し、逆臣のブルボン公にすべての財産と地位を返却し、なによりもカール五世に、ブルゴーニュ公国とその属領を返還することになった。条約の履行の保証として、王は皇帝に二人の息子を引き渡している。

しかし、フランスに戻ると（一五二六年三月）、フランソワ一世はブルゴーニュを放棄することを拒否している。ブルゴーニュの代表者たちは、あくまでもフランス国民にとどまることを要求していた。さらに王を勇気づけたのは、神聖ローマ皇帝の支配を怖れて王の味方についた同盟者たちである。メディチ家出身の教皇クレメンス七世は英国とともにかの《コニャック同盟》に参加し（一五二六年五月）、そのため酷い目に遭わされることになった。神聖ローマ帝国の傭兵部隊がブルボン公の指揮のもとでローマを占領し、市は恐ろしい略奪にさらされたのである（一五二七年五月）。このときの被害から立ちなおるのに、ローマは十年以上を要したのだった。

戦争は大々的に再開された。戦場は主にイタリアであったが、二手に分かれたフランス軍はあいついで壊滅的な敗北を喫している。だが、カール五世はウィーンを包囲したトルコ軍とドイツ諸侯の反乱に脅かされ最終的には新たな和平交渉を開始することに同意し、条約はカンブレで締結された（一五二九年八月）。このときカール五世は、ブルゴーニュを取り戻すことを断念しているが、フランソワ一世はマドリード条約で取り決められたそれ以外の譲歩を承認している。ブルボン公のことはもはや問題にならなかったが、それは公がローマ攻撃の際に戦死していたからである。いまだマドリードで囚われの身となっていた子どもたちを取り戻すために、フランス王は二百万エキュという莫大な身代金を支払わなければならなかった。このときの長期にわたる過酷な虜囚生活ゆえに、のちのアンリ二世は神聖ローマ皇帝に対して終生消えることのない恨みを抱くようになったのである。

フランソワ一世の後期の戦争

その後、数年間続いた平和の時期を、王は報復の準備に利用している。王はトルコとドイツ・プロテスタント諸侯との同盟を求めていたが、それは同時にイタリアで、教皇ならびに強大な勢力を誇っていたメディチ家の支援を確保するのを妨げることにはならなかった。この同盟関係は、王の次男アンリと、クレメンス七世の姪にあたるカトリーヌ・ド・メディシスとの結婚によって強められた。クレメンス七世はこのときフランソワ一世との会見に、みずからマルセイユにまで足を運んでいる。

他方、王は軍事力の強化にも力を注ぎ、それぞれ六千名の志願兵からなる、七つの臨時徴募歩兵地方連隊の創設を命じている。たんなる兵士にも十分な報酬が支払われ、連隊長の位をも含めて、あらゆる階級に昇進することが可能となり、しかも連隊長になることができたならば、彼らには爵位が保証されていた。このようにして四万二千の槍兵と一万二千の銃撃兵からなる五万四千の規律のとれた歩兵軍団が、フランスの国軍として存在することになった。これが地方の名前を冠した連隊の起源であり、これらの連隊は王政崩壊の日にいたるまで、フランス軍の基本的な構成要素となったのである。

一五三六年、フランソワ一世は戦闘を再開し、まずサヴォワとピエモンテを征服している。皇帝は反撃に出てプロヴァンスに侵入したが、これに対してフランス側は焦土作戦に出た。皇帝軍は飢えに悩まされ、退却を余儀なくされた。それ以外に、ルシヨンとピカルディに向けられた皇帝軍の攻撃も成果を挙げることはできなかった。一五三八年、休戦協定が成立した。

戦争は一五四二年に再開され、いくつもの戦線で両軍は勝利と敗北をくりかえした。フランス側の唯一の輝かしい勝利は、ピエモンテのセリゾールの勝利である（一五四四年四月）。一方、カール五世もまた、イギリスの支援を受け、総力を挙げてフランス北部に侵入し、パリから二十里（約八十キロ）のエペルネとシャトー＝チエリにまで迫っている。両軍はともに戦力を消耗し、クレピ＝アン＝ラノワで、またしても形ばかりの和平協定が締結された（一五四四年九月）。

アンリ二世の戦い

フランソワ一世が一五四七年に崩御したあと、アンリ二世がロレーヌの三司教区（一七二ページ参照）を占領したことは、カール五世の目に許しがたい挑発であると思われた。六万の強力な軍勢がメス奪回の任務を担い、皇帝は病をおして、みずから出陣し、攻囲作戦の士気を鼓舞している（一五五二年十月～十二月）。城塞はフランソワ・ド・ギーズ公によってみごとに防衛され、あらゆる攻撃に耐えたのに対し、皇帝軍は病に悩まされ、食糧の補給も困難となり、戦力を消耗していった。一五五三年一月一日、撤退を余儀なくされたとき、皇帝軍は兵力の三分の二を失っていた。

この屈辱的な敗北の後、ほどなくしてカール五世は退位し、弟のフェルディナントに皇帝位および従来からのハプスブルク家統治下の国々を譲り、息子のフェリペ二世にはスペインと、さらにイタリアとオランダの領有地を譲渡している（一五五六年）。フェリペ二世はすでに英国女王メアリー・チューダーと結婚していたので、恐るべき力を行使することが可能になった。

そのことが誰の目にも明らかになったのは、一五五七年、フランスがイタリアで、無謀にも状況をわきまえずに介入に踏みきり、戦闘を再開させてしまったときのことである。フェリペ二世の軍隊は、サヴォワの公爵位を剝奪されていたすぐれた軍人エマヌエレ＝フィリベルトに率いられて、北フランスに侵入した。大元帥モンモランシーはサン＝カンタンで惨憺たる敗北を喫し、捕虜になってしまった。それでもスペイン軍はそれ以上優位を拡大することはできず、サン＝カンタンの攻囲に手間取り、同市はコリニー提督が果敢に防御するところとなった。フランソワ・ド・ギーズは、イタリアでたいした戦果もなく戦いを続けていたが、フランスに呼び戻され、全権を委任されて戦況の回復に当たることになった。巧妙な奇襲作戦を敢行することにより、彼はイギリス軍からカレーを奪回し（一五五八年一月）、その後ルクセンブルクを占領している。

カトー＝カンブレジの和約

けっきょく、両軍は戦いに倦《う》みはて戦費も底をついて、和平交渉を開始し、一五五九年四月三日、カトー＝カンブレジで条約が締結された。アンリ二世はイタリアに対する要求のすべてを取り下げ、さらに二十九年前からフランスが占拠していた領土をサヴォワ公に返還することになった。その代わりフランス王はトゥールとメスとヴェルダンの三司教区、さらにカレーを確保している。

和睦のしるしとして、メアリー・チューダーの死により寡夫となっていたフェリペ二世は、アンリ二世の娘エリザベトと結婚することになった。パリでの挙式のおり、盛大な祝宴が催された。アンリ二世はみずから馬上試合に参加することを希望した。相手を務めた親衛隊隊長モンゴメリの槍が折れて、その一部が眉庇《まひさし》を押し上げて王の目を貫いた。アンリ二世は十日後に死去した（一五五九年七月十日）。

結論

フランスはけっきょく、イタリアから撤収せざるをえなかったが、この損失はやがてフランスの統一にとってむしろ有益であることが明らかとなった。カレーと三司教区という、はるかに有益な地域を獲得することにより、損失は償われていたのである。また、なによりもフランスは、明らかにはるかに強大な敵からの攻撃によく耐え、これに屈することはなかったのだった。

しばしば支離滅裂であった政策と、また度重なる敗戦にもかかわらず負けなかった戦争という、いわば一種の否定的な成功をフランスは収めることができた。それはおそらくフランス国王が、カール五世とは異なり、君主の統治のもとにあって強く結束した国家を支えとすることができたからであり、また王が頼りとした国民が、強い国民意識を有し、みずからの独立を守るためならば、いかなる犠牲をも受け入れるだけの覚悟ができていたからである。

2　内　政

国の繁栄

フランソワ一世が戦争の遂行と宮廷の奢侈を支えるのに必要な金銭を調達することができたのは、フランスが十六世紀中葉まで、ルイ十二世の時代に経験したのと同じような、好調な経済状況に恵まれていたからである。

人口は増大し、一五六〇年ころには十三世紀前葉の数十年間のレベルにまで回復し、さらにはこれを追い抜いて、千五百万から千八百万にまで達していた。荒蕪地もふたたび開墾され、森林地帯は縮小され、かつて打ち捨てられていた村や集落にも人びとが住むようになっていた。ブドウ畑は大幅に拡張され、産業用植物の栽培も盛んにおこなわれるようになった。北フランスではアマとアサ、南フランスではクワとタイセイなどである。しかし、農業技術はほとんど進歩していなかったので、食糧生産は頭打ちとなり、一五六〇年以降はとりわけ人口過剰の兆候が見られるようになった（開拓地の極端な細分化、局地的な飢饉など）。しかも気候は当時、明らかな低温化に見舞われ、また宗教戦争が激化したため、外国の侵略を免れていた国内の地域までもが被害にあうようになっていた。

それに反して、産業は多くの技術革新の恩恵を受け、また有用で贅沢な製品を求める需要の急激な増大に支えられていた。たとえば印刷技術の飛躍的な発展からは、製紙業と活字鋳造業が誕生している。戦争による需要は冶金業を発展させ、サン・テチエンヌでは小銃工場が作られた。製鉄所——あるいは高炉——は急激に増加し、そのためフランソワ一世は、一五四三年の王令で、製鉄所の数を制限し、森林の保護を図っている。

国際取引と銀行業の一大中心地はパリではなく、リヨンであった。ここでは年四回の定期市が開かれ、イタリア、ドイツ、スイスの実業家たちが集結していた。十六世紀のフランスで設立が確認されている二百九の商業銀行会社のうち、百六十九社がリヨンに誕生している。

海港もまた注目すべき発展を遂げている。なかでもル・アーヴル港は、一から十までフランソワ一世の命令にしたがって建設された港で、砂に埋もれてしまったハルフルール港に取って代わることになった。ディエップの船主アンゴは、ブラジル沿岸を探検させ、ジョヴァンニ・デ・ヴェラザーノの冒険に資金を提供している。ヴェラザーノは極東へ向けて北方航路を求め、現在のニューヨークがある地域を発見した(一五二四年)。同じようにアジアへの新航路を求めて出発したサン＝マロの人ジャック・カルチエは、一五三四年から四三年にかけて、セント＝ローレンス湾を探検している。

社会の変貌

こうした経済発展には通貨膨張がともなった。ひとつには都市と農村部、また地方同士の交易活動が増大した結果であり、もうひとつには、はじめはドイツの鉱山から、次にドイツ以上にアメリカからもたらされた貴金属類の大量流入の結果である。

こうした通貨膨張は、たんに計算貨幣の価値の下落、言いかえれば購買力の急速な低下を招いただけではなく、生活費の実質的な高騰をもたらした。十六世紀全体を通じて、物価の高騰はおおよそ三〇〇パーセントから四〇〇パーセントに達するものと考えられている。こうした現象からは、社会の根本的な変化が不可避であった。

収入が貨幣単位で計算されていた人びとは、誰もが収入の実質的な価値の低下を実感していた。都市労働者と農村労働者の場合がこれにあたる。たとえばストラスブールで、一キンタル（百キログラム）の小麦の代金は、一五〇〇年ごろには六十時間の労働収入に相当していたが、それが一五七〇年には二百時間になっていた。そのため十六世紀の終わりごろには、下層階級の真の貧困化が発生し、農村人口の過剰はそれに輪をかける結果となった。こうして都市部では物乞いがあふれるようになったのである。

小貴族もまたサンス地代の購買力の低下に苦しめられていた。この定額小作料は、インフレ以前に計算貨幣で値が決定され、その後数値を変更することができなかったからである。小貴族たちは土地を売るか、あるいは国王に仕えるほかはなくなったのだった。

反対に富を蓄えていったのは、土地所有農民、長期賃貸借契約によって守られていた定額小作人、穀物・飼葉・木材等の卸売商人、国王や領主に代わって賦課租の現物受理ならびに間接税徴収の任に当たっていた徴税請負人などであり、都市部では職人の親方、卸売業者、金融業者などである。富を手に入れたこうしたすべての都市住民たちは、貴族が売りに出した所領を購入し、封土と所領の保有者となるか、あるいは国王が売りに出した司法官もしくは財務官の官職を手に入れるようになった。こうして彼らは貴族の仲間入りを果たすことができるようになったのである。

王権の強化

王の意志が唯一の法源であるとする理論は、このころすでに広く認められるようになっていた。フランソワ一世は王令の末尾で《かくのごとくすることが、余の喜びであるがゆえに》という決まり文句を使用しはじめている。国王みずからが過剰な称賛の対象となり、ほとんど偶像崇拝的な尊崇の的になっていた。どのような対立勢力の出現も許されなかった。一時、絶大な権力を誇っていた者が、翌日には投獄されてもおかしくはなかった。全国三部会は、一五〇六年を最後に一五六〇年まで開かれていない。高等法院は建言を呈するたびに、けんもほろろにあしらわれていた。

貴族は貧困に陥り、さらに国王に仕える役人たちの領域が広がるにしたがって、地方の役職から少しずつ締め出され、王の寛大な処置にすがるほかはなくなり、宮廷に群がるようになっていった。貴族たちを手なずけるために、王は聖職者たちの莫大な財産を活用している。実際、一五一六年の政教協定《コンコルダート》により（一六四ページ参照）、王は司教職と大修道院長職の任命を自由におこなう権利を手に入れており、教皇はもはや教会職の叙任を機械的におこなうほかはなくなっていた。こうして王は、権勢を誇っていた名門貴族をみずからに従属させ、同時に聖職者たちの服従を確実にしておくことができたのである。

さらに王権は、フランス王国の漸進的な統一という恩恵に浴していた。最後の大きな親王采地であったブルボン家の所領ブルボネ地方はブルボン公の逃亡により解体され、王領に併合された。王国の役人たちは、売官制による収入の確保という財政上の理由から、著しく数を増し、おのおのがおのおのの持場で権威を高めるとともに、王権の強化に力を尽くしていた。非常に意義深く、重要であったのは、ヴィレール゠コトレの王令であり（一五三九年）、これにより法律行為は以後《母国語であるフランス語によって言い渡され、記録され、公布され、それ以外であってはならない》ことになった。この王令はまた戸籍原簿の管理も義務づけている。

権力機構

王はみずからが選んだ少数の人びととともに王国の統治にあたり、これら少数の側近たちは秘密諮問会議、国務諮問会議あるいは少数諮問会議などと呼ばれた諮問会議を形成していた。多くの場合、これらの側近のひとりが重きをなし、第一顧問官なる名称のもとで事実上の首相の役割をはたしていた。決定事項を文書にまとめて交付するのは王国秘書団――およそ百二十名からなる――の仕事で、彼らの指揮にあたっていたのは大法官である。アンリ二世の時代、これらの官吏のうちの四名が四つの部署の長官に任命され、それぞれの部署はフランスの地理上の一定地域の行政を担当し、それとともに彼らの行政地域に隣接する国々との外交関係も担当するようになった。これが特別省の誕生の由来である。

係争中の問題は王室侍従部の訴願審査官により国王諮問会議に提出された。王はしばしば訴願審査官のうちのいずれかを指名して地方に派遣し、特任検査官なる資格のもとで、国王の決定が遵守されているかどうか監視にあたらせている。

財　政

あらゆる種類の収入――王領の生産物と封建的賦課租（いわゆる通常収益）、また国税ならびにタイユ（国王による直接税）、エード（飲料消費税）、ガベル（塩税）など（いわゆる特別収益）――は、一五二二年、中央財務局なるただひとつの国庫管理機関に集中され、財務総監の管轄のもとに置かれたが、この地位はちょうど財務大臣に相当するものであった。

地方では十六人の総徴税官がそれぞれの《総徴税区》で徴収された金銭を集め、そこから地域の出費を支払い、しかるのちに残された部分――《収益》――を中央財務局に送金していた。

とはいえ、つねに多額の出費が必要とされたために、たえず増税がくりかえされたにもかかわらず、国庫はつねに空っぽであった。たとえばタイユは三倍以上にはねあがっている。あらゆる方策が講じられたが、なかでも主要な役割を演じたのは、借款と売官であった。

国王借款

一五二二年、フランソワ一世は初めて臣下全員に借金の申しこみをしている。年利率は八パーセント、担保はパリで徴収される間接税収入であった。この《パリ市役所債》はこのとき以降、他の借財のモデルケースになっている。一五五九年、この公的負債（公債）はすでに四千三百万リーヴルに達していた。

売官制

国王に仕えるさまざまな職務からは、たんに収入が得られただけではなく、多くの特権がもたらされた。税が免除され、栄誉が称えられ、さらにきわめて高い官職の場合、叙爵も可能であった。それゆえ、官職を売りに出すことが決定されたとき、裕福な市民のなかにこれを求めるものは後を絶たなかった。以降、歴代の国王は、ときにはあまり意味のないものをも含めて、こうした官職の数を増やしつづけたが、それはとりわけ司法の分野で顕著であった。のちには軍事にかかわる官職までもが販売の対象とされている。

この《売官制》なる制度は、政治的にも社会的にも、きわめて重大な結果をもたらさずにはおかなかった。

①売官制の導入により、上流ブルジョワジーは、農業、工業、商業といった生産的な職業に背を向けるようになり、これらの職業は低く見られるようになった。根強い偏見が生まれ、こうした偏見は長期にわたってフランス社会の大きな特徴となっている。

②高等法院の司法官たちは彼らの官職の所有者となり、そのため地位を失う怖れなく、国王に反抗することができるようになった。彼らの抵抗は、ついには王政の崩壊に一役買うことになる。

③多額の金銭の支払いによって獲得された官職は、相続による譲渡が可能な遺産の一部となり、一部の官職に関しては、貴族の身分も継承されるようになった。こうして売官制度からは、ブルジョワ出身の新たな貴族が誕生することになり、彼らは《法服貴族》と呼ばれ、封建制度下の軍事上の起源に由来する古くからの貴族である《帯剣貴族》と区別されている。

文芸と芸術の保護者としてのフランソワ一世

人文主義者《ユマニスト》と文芸の士は、フランソワ一世の時代、変わることのない恩恵に浴することができた。

印刷術は一四七〇年ごろパリに伝わり、飛躍的な発展を遂げている。十六世紀にパリの印刷所によって発行された書籍の数は、およそ二万五千と考えられている。なかでも重要な役割を担っていたのはエティエンヌ家の印刷所であるが、この一門の人びとは高名な人文主義者であるとともに印刷術の棟梁であった。一方、リヨンの印刷工房からはおよそ一万三千の書籍が出版されたものと考えられている。

王立図書館は、偉大なる碩学ギヨーム・ビュデの指揮のもとで、蔵書を大幅に増やしていくことができたが、それはすべての出版物から、そのうちの一冊を王立図書館に提出することが、印刷業者に義務づけられていたからである。

一五三〇年、フランソワ一世は王立教授団を創設し、そこではソルボンヌ大学の小うるさい監視の目を受けずに、ヘブライ語、ギリシャ語、ラテン語文献学、諸科学など、さまざまな新たな科目の授業が可能であった。これが現在のコレージュ・ド・フランスの前身である。

さらにフランソワ一世は、イタリア・ルネサンス芸術のフランスへの伝播に決定的な影響を及ぼしている。彼がみずからの楽しみのために建設させるか、あるいは改築させた城――ブロワ、シャンボール、サン゠ジェルマン゠アン゠レ、フォンテーヌブローなど――は、貴族たちが建てる多くの城の手本となった。宮廷で働いていた画家、彫刻家、金銀細工師、家具師、室内装飾業者らは、王が好むイタリア様式を取り入れるようになった。フランソワ一世は、レオナルド・ダ・ヴィンチ、ベンヴェヌート・チェッリーニ、フランチェスコ・プリマティッチョ、ロッソ・フィオレンティーノといった偉大な芸術家たちをイタリアから呼び寄せている。そのうちプリマティッチョとロッソはフォンテーヌブロー城の装飾を手がけ、ここにフォンテーヌブロー派という文字どおりの流派を誕生させているが、この流派の表現様式は、すべてのフランス絵画に抗しがたい影響を及ぼすことになった。

第九章 宗教戦争

Histoire de France

プロテスタンティズムの改革運動がフランスに広まったことにより、フランスでは史上最悪の内戦が発生している。改革派は初期の成功と彼らの熱狂的な情熱にもかかわらず、他の国々のように、彼らの存在を確立することはできなかった。それは王政があくまでもカトリック教会に忠実だったからであり、フランス国民の大部分が宗教上の改革を激しく拒否したからである。三十年以上に及ぶ戦いの末に、プロテスタントとカトリックはいずれも勝利を収めることはできず、共存を受け入れるほかはなかった。

パリにおける聖バルテルミの虐殺
（版画。フランス国立図書館）

1　初期のフランス宗教改革

モーの人びと

聖職者の腐敗、また人びとの魂の不安に答えようとしない教会の怠惰な姿勢が、人びとの心に改革への願望を抱かせるようになったのは、なにもドイツにかぎった話ではない。ルターの教義がフランスで知られるようになる以前から、聖書の精神に立ち返り、より個人的な信仰に戻るべきであるとする考えは、すでにジャック・ルフェーヴル・デタープルの説くところであった。この温和な碩学は新約聖書のフランス語訳を完成させている（一五二三年）。ルフェーヴル・デタープルの友人でモーの司教だったブリソネは彼をモーに呼び寄せ、二人で弟子たちの小さなサークルを結成している。フランソワ一世の姉マルグリット・ダングレーム〔後にナヴァール王と再婚しマルグリット・ド・ナヴァール〕は、彼らを〔カトリックの牙城である〕ソルボンヌの批判から守らなければならなかった。

ルター主義の浸透

ルターの著作がフランスに広まるようになったのは、一五二〇年以降のことである。最初のフランス語訳は早くも一五二六年、ルイ・ド・ベルカンの手によってなされている。普及していったのは主に都市部であり、そこでルターの著作は法律家、医者、教育者、都市に住むようになった貴族、さまざまな職業のブルジョワなど、書籍文化に触れることのできる人びとの心をとらえていった。しかしながら、フランスにおけるルター主義的プロテスタンティズムの浸透の度合いを正確に測定することはきわめて困難である。当時は公的に組織化された集団があったわけではなく、またこれらの初期のプロテスタントたちは、多くの場合、カトリックの教会に通いつづけていたからである。信仰を深め、自国語による聖書の研究に励み、盲信的な宗教行事を批判し、在俗信徒の地位の向上に努めれば救いがもたらされるとするルターの教説が、たとえ人々の心をとらえたとしても、ルター主義のもつドイツ的で国家主義的な側面、またドイツ宗教改革に見られた数々の異様な行きすぎを目の前にして、多くのフランス人は明確な態度を示すことができなかったのである。

カルヴァン

こうしたフランス人の精神性に、より適したプロテスタンティズムをもたらす役割を担うことになったのは、ひとりのフランス人であった。一五〇九年ノワイヨンに生まれたジャン・カルヴァンは、オルレアン、ブールジュ、パリで、法律と古典語・古典文学を学んでいる。カルヴァンの改宗は一五三二年ごろと考えられているが、その後、彼はフランソワ一世によるルター派に対する最初の弾圧を受け、はじめはストラスブール、ついでバーゼルに難を逃れている。一五三六年、彼が代表作を発表したのはこの地においてであった。『キリスト教綱要 Christianae religionis Institutio』は、はじめラテン語で書かれ、ついで一五四一年にフランス語版（Institution de la religion chrétienne）が出版され、これにより誰もがこの書を読むことができるようになった。明晰な言葉で記されたこの書は大きな成功を収めている。それは改革派の宗教に、聖書に強く依拠した厳密な論理構造という、強固な支えをもたらしていたからである。

カルヴァンの改革の成功

カルヴァンはまたフランスの改革派に、制度的な枠組みを提供することになった。彼は最終的にジュネーヴに身を落ちつけ、その後この都市を一種の神政共和国に作り変えることに成功し、みずからはそこで絶対的な権力を有する預言者となった。彼はジュネーヴに神学校を設立し、聖職者、すなわちプロテスタントの牧師の養成に当たっているが、これら牧師の任務はフランスに正しい神の言葉をもたらし、新たな共同体、つまりはジュネーヴの模範にのっとって作られた教会を創設するということであった。そこで求められていたのは、新しい儀式にしたがって聖餐式を執りおこなうための集会所、内部の規律によって選出された牧師とともに在俗信徒の責任者たちで構成される宗務局、さまざまな共同体間の信仰の統一を図るための教会会議、などである。このようにして一五六一年末、フランスには六百七十の《訓練された》カルヴァン派教会が存在し、それ以外にも、さほど組織化されてはいなかったとしても、かなりの数の改革派小グループが存在していたものと考えられている。全国教会会議は一五五九年五月、パリで非合法に開催されていたが、そこではカルヴァンの教義を法典化した四十ヵ条からなる《信仰宣言》が採択されていた。カルヴァン派はジュネーヴと強いつながりを有していたので、ユグノー(同盟者)と呼ばれるようになった(ドイツ語の「Eidgenosse=confédérés スイス他州民」に由来)。

そうこうするあいだにも、フランスのプロテスタンティズムの社会的構成には、重大な変化が生じることになった。貴族たちが大挙してプロテスタンティズムに同調したのである。そこに名を連ねていたのは、二人の親王、ナヴァール王のアントワーヌ・ド・ブルボンと彼の弟のコンデ公、また権勢を誇っていたモンモランシー大元帥の三人の高位の甥たち、すなわちオデ・ド・シャティヨン枢機卿

（オデ・ド・コリニー）、歩兵連隊司令官のダンドロ（フランソワ・ド・コリニー）、そしてガスパール・ド・コリニー提督などである。おそらくこうした動きのなかには、貴族たちが犠牲を強いられていた経済的・政治的な閉塞状況に対する抗議の表現を見るべきであろう。また、南仏の異端的な気質、より一般的に言うならば、君主政による国家統一の流れに逆らって立ち上がった地方自治主義の精神の新たな噴出を見るべきかもしれない。いずれにせよ、貴族たちがこのように大挙してプロテスタンティズムに同調し、しかもそれが平和の訪れとともに、彼らが戦士としての本能の捌け口を失ってしまったときに生じたことにより、新たに形成された改革派教会にはきわめて活動的な不安要因がもたらされる結果となった。改革派教会は政治的な党派、さらには文字どおりの国家内国家へと変貌していったのである。

初期の迫害

フランソワ一世は寛容な精神の持主であったが、ソルボンヌ大学とパリ高等法院は王とは対照的であり、また異端に対する憎悪においてパリ民衆の強い支持を受けていた。すでに一五二三年には、ルター派の最初の殉教者が火刑に処され、一五二九年には、ルターの著作の翻訳者であったベルカンが同様の運命をたどっている。しかし、それらはまだ個別的なケースにすぎなかった。ところがその後、幾名かの狂信的な新教徒の向こう見ずなふるまいが、初めての大々的な迫害を引き起こす結果となった。一五三四年十月、彼らはカトリックのミサを激しく攻撃し侮辱する宣言文を印刷し、これをパリや地方、のみならずアンボワーズ城の王の寝室の扉にまで貼りつけたのである（檄文事件）。そのためフランソワ一世は、異端の宣伝者たち、および彼らに援助の手を差し伸べていた人びとを捕らえることを命じたのだった。パリだけでも、数ヵ月間で四十人ほどの人びとが処刑されている。もっともその後は恩赦の王令が出され、迫害は中断された。またさらにその後の数年間、フランソワ一世の治世が終わるまで、抑圧は散発的であった。フランス王とドイツ・プロテスタント諸侯との同盟関係が、こうしたある程度の寛容政策の背景にあったことは言うまでもない。

これに反してアンリ二世は、モンモランシー大元帥の勧告にしたがい、改革派に対する情け容赦のない戦いを宣言した。改革派の組織と彼らの大胆な行動は、王の権威を脅かす重大な脅威であると考えられたのである。パリ高等法院のなかに《火刑裁判所》が設置され（一五四七年）、異端者の追及に当たることになった。異端者に対してはただひとつの刑罰、死刑あるのみとされた（コンピエーニュの王令、一五五七年）。さらに一五五九年、反抗的あるいは逃亡中のすべてのプロテスタントは、裁判なしで殺害することが命じられた［エクーアン王令］。王がカトー＝カンブレジ和平条約に調印することを決意したのは、かなりの部分、異端撲滅にさらに身を捧げることができるようにするためだったのである。

2　戦いの序曲

アンリ二世の死後、王権はあいついで三人の息子たちの手にわたっている。これら若き王子たちは虚弱体質であるか、あるいは変質的な人間であった。母后カトリーヌ・ド・メディシスは、公的には一五六〇年から六三年まで摂政を務めているが、実際は死ぬまで王国の政治に支配的な影響力を及ぼしつづけている。彼女は宗教上の問題には無関心であったが、その一方で占い師と占星術師の言葉に耳を傾け、驚くべき知性と教養の持主であるとともに、現実主義的で、良心のためらいとはおよそ無縁の人間であった。同郷のマキャヴェッリの教えどおり、国家理由以外のどのような道徳律ももたず、王権を守り抜くことだけがただひとつの情熱の対象であった。彼女の政治の遠まわしなやりかた、計算された不誠実な手法ゆえに、彼女は《蛇太后》と綽名されるようになる。

こうした状況のなかで王権は、程度の差こそあれ玉座近くにいた貴族たちが形成する大きな党派間の対立の争点となった。これらの党派は宗教的な情熱を掲げつつも、政治的党派の結束を強めていた。このように政治的な対立と宗教的な対立がひとつに重ね合わされ、またそこに個人的な、さらには社会的・地域的な対立までもがもちこまれたために、フランスは長期にわたる悲劇的な内戦の惨禍に見舞われることになったのである。

アンボワーズ陰謀事件

まず優位に立ったのはギーズ家であった。ギーズ家兄弟の姪にあたるスコットランド女王メアリー・スチュアートは、若き国王フランソワ二世と結婚したばかりで、しかも王は虚弱で病気がちだったため、十六歳でみずから国の統治に当たることは不可能であった。そこで王妃メアリーは簡単に国王を説きふせ、全権を彼女の伯父たちの手に委ねさせてしまったのである。ひとりは、英国からカレーを奪い返した英雄として人気のあったフランソワ・ド・ギーズ公、もうひとりは冷酷で野心的な人物、シャルル・ド・ロレーヌ枢機卿である。

二人はカトリシズムの旗手を自任し、プロテスタントに対する迫害を継続し、ますますこれを強め

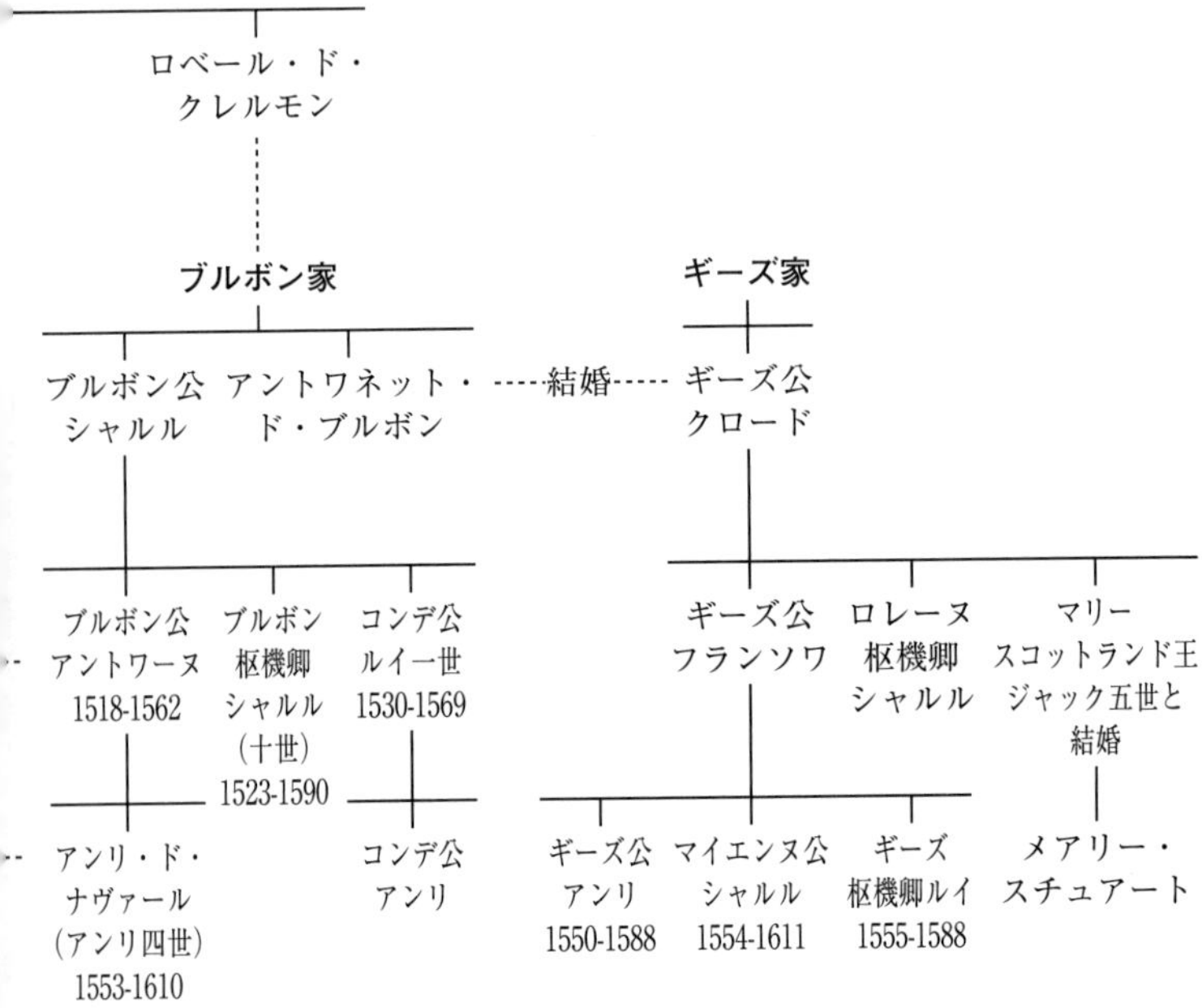

ロベール・ド・クレルモン
ブルボン家
ギーズ家
ブルボン公シャルル
アントワネット・ド・ブルボン
結婚
ギーズ公クロード
ブルボン公アントワーヌ 1518-1562
ブルボン枢機卿シャルル(十世) 1523-1590
コンデ公ルイ一世 1530-1569
ギーズ公フランソワ
ロレーヌ枢機卿シャルル
マリー スコットランド王ジャック五世と結婚
アンリ・ド・ナヴァール(アンリ四世) 1553-1610
コンデ公アンリ
ギーズ公アンリ 1550-1588
マイエンヌ公シャルル 1554-1611
ギーズ枢機卿ルイ 1555-1588
メアリー・スチュアート

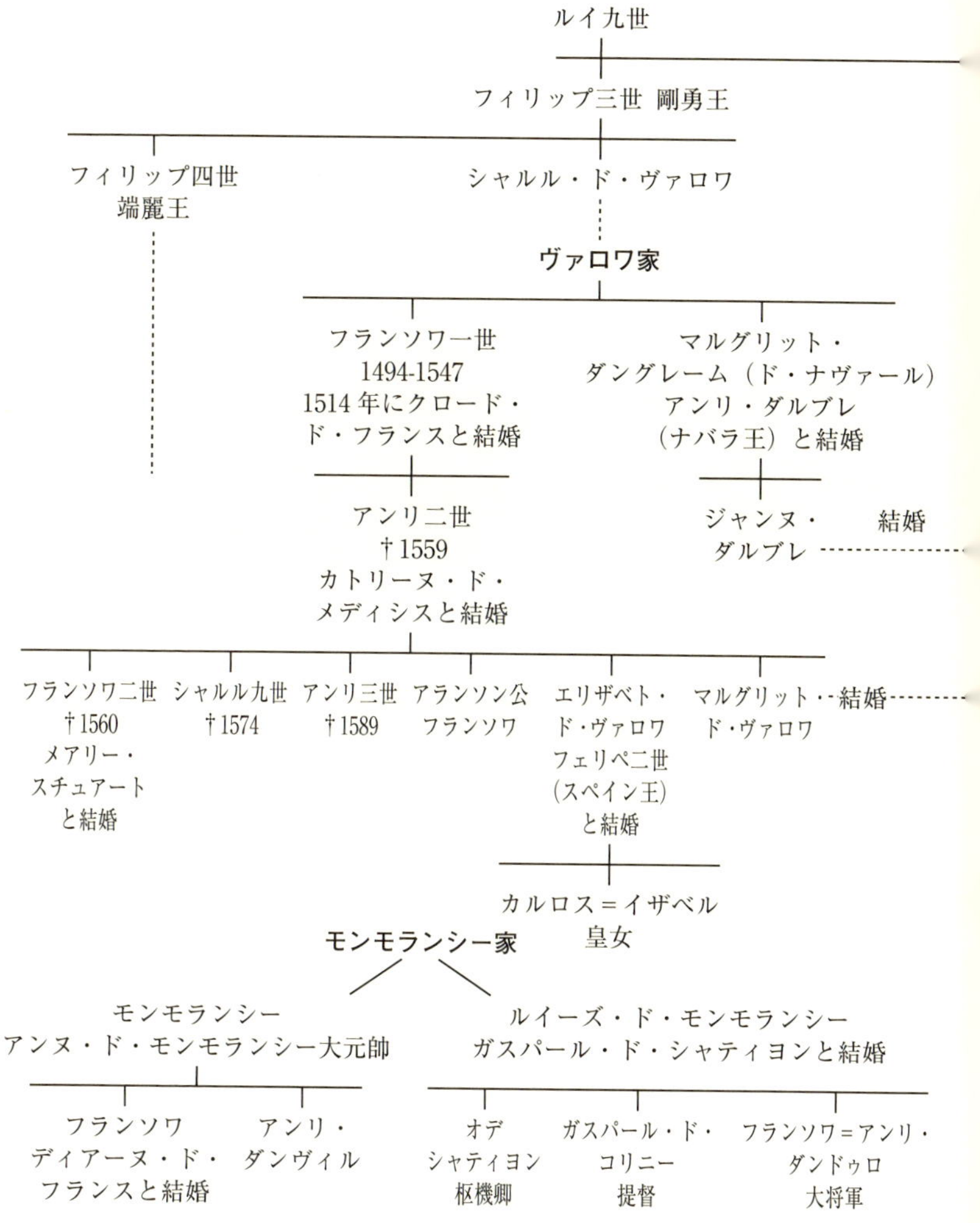

ヴァロワ家の終焉、ブルボン家とモンモランシー（16世紀）

ていった。二人の強権的な政治手法に多くの人びとは眉をひそめていた。そんななかカルヴァン派の貴族の幾名かは、ラ・ルノーディと呼ばれた男の提案を受け入れ、王一家を連れ去る計画を立てた。国王一家を有害な後見から解放し、プロテスタントの親王家であるブルボン家の指導のもとに置く、というのが彼らの言い分だったのである。陰謀に加担した人びとの数は数百名にのぼり、彼らは宮廷の一団が通過すると考えられたブロワとトゥールのあいだの地点に集結していた。フランソワ・ド・ギーズは陰謀を事前に察知し、王をアンボワーズ城内に留めておいた。かくてカルヴァン派のグループは、それぞれ個別に不意を襲われて壊滅した。その場で殺されなかった人びとも、その後ただちに略式の判決を下されて処刑された。絞首刑台の数が足りなかったために、囚人たちはアンボワーズ城の銃眼壁の凹部から吊り下げられたのである。

コンデ公はこの陰謀の首謀者と目されて逮捕された。ギーズ家一派は彼に死刑の判決を下していた。コンデ公が救われたのは、フランソワ二世の早すぎる死のおかげであった(一五六〇年十二月五日)。

寛容の試み

フランソワ二世の弟で、王位を継承したシャルル九世は、まだ十歳でしかなかった。母后カトリーヌ・ド・メディシスは摂政となったが、これは筆頭親王のアントワーヌ・ド・ブルボンが、弟のコンデ公に対する恩赦と引き換えに、摂政職を辞退したからである。

カトリーヌ・ド・メディシスの宗教政策は、カトリックとプロテスタントの両党派のなかでももっとも穏健な人びとに訴えかけ、両者の平和的な共存状態を実現することであった。ギーズ家は遠ざけられ、ブルボンとコリニーが国務諮問会議に参加している。摂政となった母后の政策の雄弁な弁護人となったのは、新たに大法官に就任したミシェル・ド・ロピタルであった。彼はオルレアンで招集された全国三部会で、寛容への訴えを呼びかけている。「剣は精神に対して、ほとんど力をもたない……。優しさは、厳しさ以上の利益をもたらす。これらの呪わしい言葉の数々、いわくルター派、ユグノー派、教皇制礼賛者、こうした党派、分派、分離派の名称を捨て去ろうではないか。キリスト教徒という言葉を、他の言葉で言い換えるのはやめにしようではないか」。

次に母后摂政は、両陣営の神学者たちの会談をポワシーで開催し、双方が互いに合意可能な地点を見いだすことができるように、彼らを導くことに期待をかけた。しかし、この《ポワシー会談》はなんらの成果も挙げることなく、いつまでも些末な議論に明け暮れたにすぎなかった（一五六一年九月〜十月）。そこでカトリーヌは、寛容政策を強引に推し進める決意を固めた。一月のサン＝ジェルマン王令（一五六二年一月十七日）は、プロテスタントが都市の城壁外で公然と礼拝をおこなうことを許可し、また教会会議を開くことを承認している。

ヴァシーの虐殺

プロテスタントは公然と姿をあらわすことができるようになると、彼らが優勢な地域ですぐに、認められていた権利以上の行為に及ぶようになった。たとえばモンペリエでは大聖堂を封鎖し、司祭たちを追い出している。カトリック側はこれに暴力をもって応酬した。さらに深刻な事件が勃発し、内戦の火蓋が切られることになった。

ある日曜日にヴァシーを通りかかったギーズ公とお供の者たちは、改革派が一月の王令に違反して、修道院の穀物倉のなかで礼拝をおこなっているのを発見した。戦闘が始まり、ギーズ公の家来たちは二十三名のプロテスタントを殺害、百名ほどを負傷させた（一五六二年三月一日）。

パリでコンデ公はプロテスタントたちに身を守るために団結し、武装するように呼びかけた。そのころフォンテーヌブローに滞在していた摂政カトリーヌは、取るべき態度を決めかねていた。彼女は、三頭政治（triumvirat de défense）を形成していたカトリック派の指導者、ギーズ公、モンモランシー大元帥、サン＝タンドレ元帥らによって、事実上、監禁されているも同然だったのである。

そこでコンデ公は、パリを離れ、わずかな軍勢をしたがえて、オルレアンおよびロワールの他のいくつかの都市をすばやく奪取した。あらゆる地域で、プロテスタントとカトリックが激しく衝突した。内戦が始まり、その流れを押しとどめることはもはや不可能であった。

3　ヴァロワ朝末期の宗教戦争

一般的性格

一般に歴史家はあいついで八回の戦いが発生したものとしているが、それは戦闘行為が八回の休戦あるいは条約によって中断されるか、あるいは緩和されていたからである。とはいえ、これらの休戦や条約はすぐに破られており、戦闘は事実上、三十年以上にわたって継続されている。

対立は、当初は基本的に宗教的なものであったが、最終的にはより政治的な性格のものとなり、王位の継承が争点となっていった。またそれぞれの陣営が国外に求めた同盟国の介入により、争いはヨーロッパ全域を巻きこむものとなっている。スペイン王、サヴォワ公、教皇はカトリックを支持し、一方プロテスタントを支持したのは、共通の宗教を標榜していたドイツとオランダ、またイギリスであった。

いずれの陣営も、あらゆる国々の傭兵と志願兵に戦闘への参加を呼びかけている。プロテスタントの兵士がカトリック軍に参加している姿も見られたほどであった。

これら無国籍で軍紀の乱れた兵士たちが大挙して戦闘に加わり、フランス人戦闘員の宗教的な熱狂と重ね合わされたことにより、戦闘は残酷さの度合いを増し、被害は拡大する一方であった。攻撃を受けた土地では無差別の略奪が横行し、捕虜と負傷者は虐殺され、おぞましい残虐行為と政治的暗殺が平然と遂行され、言うまでもなく、多くの教会と芸術作品が破壊されている。

双方の陣営は、国王が彼らの味方であると主張し、国王を《悪しき側近》の手から奪い返さなければならないと主張していた。実際にはこうした策動は、王権の威信、さらにはフランス王国の統一と独立までをも、重大な危機に陥れる結果となった。カルヴァン派は、民主主義的な理論を主張するようになり、カルヴァン同盟の名のもとで、独自の軍隊と要塞と影の政府のごときものを有する、一種の国家内国家を形成するようになっていった。これに対して、カトリック陣営は旧教同盟《リーグ》を結成している。パリと他の諸都市は、最終的な局面において、それぞれの地域の統治機構をもつようになり、これは王権を否定する性質のものであった。

シャルル九世の治世――一五六〇～七二年

はじめの三回の戦闘期間からは、それぞれの陣営にとって、決定的な結果は何も生まれていない。

とはいえ、この間には幾名かの主要な人物が姿を消している。アントワーヌ・ド・ブルボンはルーアンの攻囲戦で負傷し、命を落とした（一五六二年十月）。フランソワ・ド・ギーズはオルレアンの攻囲戦の指揮のおりに、ピストルで撃たれて死亡した（一五六三年二月）。アンヌ・ド・モンモランシー大元帥は、パリ城門でのユグノーとの戦闘において命を落としている（一五六七年十一月）。コンデ親王は、ジャルナックで敗北した日の夜、降伏し捕虜となったにもかかわらず、無慈悲にも殺害されてしまった（一五六九年五月）。

摂政カトリーヌは、これら有力者たちの死に乗じて、国政に対する支配権を回復し、両陣営間で二股政策を実行しようとした。三男のアンジュー公〔のちのアンリ三世〕は一五六九年、王軍司令官に任命されている。彼が収めたいくつかの成功（ジャルナックとモンコントゥールの勝利など）は、王家の威信を取り戻すのに役立っていた。

一五七〇年八月、母后カトリーヌは自己の力を確信し、あらためて共存体制の強要に乗り出している。《サン゠ジェルマンの和約》は、プロテスタントに王国全域における信教の自由を認め、直近の戦闘以前に礼拝式がおこなわれていたすべての場所、またいずれにせよ上級裁判権を有する領主の住居における礼拝式の実践を認めている。新教徒にはまた、四つの《安全保障地》、ラ・ロシェル、モントーバン、ラ・シャリテ、コニャックを維持することが認められた。

聖バルテルミの虐殺

和解のしるしとして、コリニーは国務諮問会議に呼び戻された。彼はそこでシャルル九世の信頼を得、王は二十歳になってにわかに母親の後見からの独立への願望を表明するようになった。コリニーは若き王に栄光ある計画を提案した。オランダのプロテスタント反乱分子と力を合わせ、スペインを敵にまわして、ベルギーを攻撃しようというのである。カトリーヌはあくまでも平和を重視し、国務諮問会議に働きかけてコリニーの計画を却下させた。しかしながら、コリニーは志願兵からなる軍隊の徴集を公然と続行した。そのためカトリーヌは、王国の安全にとっても、また彼女自身の影響力にとっても同じように危険な人物を、なんとしてでも排除しなければならないと考えるようになったのである。

その好機が訪れたのは、シャルル九世の妹マルグリット・ド・ヴァロワと、若きナヴァール王アンリ・ド・ブルボンの結婚――これはカトリーヌの政治手腕の大成果であったのだが――を祝うために、パリで祝宴が催されたときのことである。ギーズ公に雇われた刺客がコリニー暗殺を命じられた（一五七二年八月十八日）。しかし小銃の弾は的をはずれ、コリニーの左腕を負傷させただけだった。シャルル九世は怒り狂い、コリニーのもとに駆けつけ、罪人の処罰を約束した。しかし罪人とは、いったい誰だったのだろうか。あらゆる証拠から浮かび上がってきたのは、母后カトリーヌと王弟アンジュー公であった。王家の結婚のために大挙してパリを訪れていたプロテスタントの貴族たちは、誰もが復讐を口にした。カトリーヌは不安に駆られ、気も動顛し、王家は危機に瀕しており、王家が生き延びるために残されている手段はひとつしかないと、息子を説得することについに成功した。すなわち、首都に集結していたすべてのプロテスタントの指導者たちを、一網打尽に始末するほかはないというのである。シャルル九世はけっきょく、母后の提案を了承し、アンリ・ド・ギーズは計画実行の任を受け、一五六三年の父親フランソワ・ド・ギーズ暗殺の下手人であると考えられていたコリニー提督殺害の指揮に、みずから当たることになった。ユグノーの他の著名な指導者たちも、ほぼ全員が同じように不意を襲われ、殺害された。興奮したパリの民衆が兵士らの列に加わり、プロテスタントであると考えられたすべての人びとが、男女を問わず、老若の区別もなく、まる三日間にわたって虐殺された(一五七二年八月二十四日〜二十七日)。

同じような大量殺戮がいくつもの地方都市でも発生しており、犠牲者の数はおよそ八千と考えられている。かなりの数のプロテスタントが、死の威嚇のもとでプロテスタント信仰の放棄を誓っているが、そのなかにはアンリ・ド・ナヴァールの姿もあった。聖バルテルミの日の夜、彼は国王の前に連行され、その場で喉をかき切ると脅され、異端断絶の書類に署名している。

聖バルテルミの虐殺は生き残った人びとのエネルギーに火をつける結果となった。フランス西部の海港都市ラ・ロシェルが、彼らの主要な結集の地となり、王弟アンジュー公の指揮による攻囲戦を八ヵ月にわたってもちこたえた。やむなく休戦協定が結ばれ、すべての改革派に信仰の自由が認められたが、しかし礼拝の自由が認められたのは、ラ・ロシェル、モントーバン、ニームの三都市だけであった(ブーローニュの王令、一五七三年七月)。

それからまもなくシャルル九世は悔恨に責め苛まれ、また結核に身体を蝕まれてこの世を去った(一五七四年五月三十日)。玉座は弟のアンジュー公のものとなった。彼はポーランド王に選出されたばかりでクラクフにいたが、一瞬の時間も無駄にすることなく、新たな臣下たちを見捨ててフランスに帰ってきた。

アンリ三世

カトリーヌ・ド・メディシスの三男は、彼女のお気に入りの息子であった。威厳があり、知性にあふれ、会話と文筆の才に恵まれ、芸術と文芸を愛し、戦闘において勇敢であった。こうした多くの長所は二人の兄に欠けていたものである。それでもアンリ三世は、常軌を逸したふるまい、とりわけ同性愛的な傾向、周囲の《寵臣たち《ミニョン》》に惜しげもなく与えられたスキャンダラスな寵愛によって、評判を落としている。

アンリ三世の治世の最初の数年間には、両陣営の党派が新たな指導者と新たな形態のもとで再編されている。カルヴァン同盟が誕生したのもこのときのことであるが、これは文字どおりに非合法政権というに等しいものであった。同盟の期待を担っていたのは、若きアンリ・ド・ナヴァール王である。彼は王宮から脱出した後、ふたたびプロテスタンティズムへの忠誠を明らかにしていた。またアンリ二世の末子、アランソン公フランソワの支援も、断続的に受けることができた。もっとも、アンリ三世の即位にともなってアンジュー公となっていたフランソワは、野心的であまり当てにならない人間であった。

アンジュー公フランソワの態度に意を強くしたプロテスタントの指導者たちは、ドイツ諸侯の介入を画策している。二万の軍隊がフランスに侵攻し、国内の反乱軍と合流し、アンリ三世の不意を衝いた。王はやむなく、《王弟殿下の和平》と称された《ボーリューの王令》に署名しているが（一五七六年五月）、これは改革派にきわめて有利な王令であった。パリをのぞくすべての地域での完全な礼拝の自由、聖バルテルミの犠牲者の名誉回復、八つの安全保障地などが認められている。

一方、カトリック側は王に見捨てられたものと考え、金瘡公の異名をもつアンリ・ド・ギーズ公の指導のもとで、旧教同盟《リーグ》を結成した。王は攻撃の矛先をかわそうとして、みずから旧教同盟の盟主であることを宣言した。このことが旧教同盟の解体を早める結果となっている。

それでも戦争はあらゆる地域で、ふたたび自然発生的に始まっていた。アンリ三世は弟のフランソワを厄介払いしようとし、弟がオランダ征服というむなしい試みに乗り出すのを制止しようとはしなかった。当時、英国のエリザベス女王の花婿候補に名乗りを上げていたフランソワは、女王の援助を当てにしていたのである。

三人のアンリの戦い

アンジュー公フランソワの死により（一五八四年六月十日）、この一件には終止符が打たれたが、同時に国内の平和にとってはよりいっそう危険な状況が新たに生み出された。

王位の当然の継承者はこのときアンリ・ド・ナヴァールとなったからである。アンリ三世はそれを認めようとしていたが、カトリック陣営は、二度までも異端に陥った人間を国王に迎えることなどとうてい認めることはできなかった。教皇はみずから、アンリ・ド・ナヴァールには統治の資格はないと宣言している。ギーズ家の人びとと彼らの保護のもとにあった貴族たちは、老ブルボン枢機卿を国王に推挙していた。彼らはふたたび旧教同盟の結束を強め、スペイン王フェリペ二世の支持を取りつけているが、フェリペ二世の狙いは、アンリ三世の妹エリザベートとの結婚によってできた自分の娘を、フランスの王位につけることであった。アンリ三世には経済力も軍事力もなく、そのため最初は旧教同盟の要求どおりに、アンリ・ド・ナヴァールの王位継承権の喪失を宣言し、この時点までにプロテスタントに対して認められていたすべての譲歩を撤回している（ヌムール協定、一五八五年七月）。すぐに戦争が大規模に再開された。アンリ・ド・ナヴァールはすぐれた戦闘指揮官であることを示し、アンリ三世の寵臣のひとり、ジョワイユーズ公の率いるカトリック軍をクートラで撃ち破っている。その一方で、アンリ・ド・ギーズはシャンパーニュでドイツ・プロテスタント諸侯の軍を撃退していた。

この戦勝により、ギーズ公の人気はうなぎのぼりであった。彼はアンリ三世の防衛をものともせず、パリに入城し、旧教同盟の大歓迎を受けている。国王は面目を失い、孤立し、ギーズ公を国王総代官に任命せざるをえなかった。その数ヵ月後にブロワで開かれた全国三部会では国王が完全に信頼を失っていることがまたしても明らかとなった。国王からの金銭的要求はすべて屈辱的に拒絶され、その一方で、人びとはギーズ公にへつらってやまなかった。アンリ三世を廃し、代わりにギーズ公を国王にしようと語る者さえあらわれた。カロリング朝にまでさかのぼるギーズ公の先祖たちの話さえ、まことしやかに囁かれた。

アンリ三世は最後の勝負に打って出た。慎重に罠を準備してライバルをおびき寄せ、近衛兵の手によってギーズ公を暗殺した。金瘡公の弟、ギーズ枢機卿も捕えられ、同様に殺害された（一五八八年十二月二十三日）。「よくぞ裁《た》った、わが子よ、――と、死の間際にあった母后カトリーヌは言ったと伝えられている――しかしいまは、もういちど縫い合わさなければならない」。

アンリ三世の死

パリ市は事件の報に接して反乱政権を樹立し、国王の廃位を宣言した。ブルボン枢機卿は、囚われの身であったが、シャルル十世の名のもとに王位を認められ、また国王総代官にはギーズ家の三人の兄弟のうち、最後の生き残りであったマイエンヌ公が任命された。

アンリ三世はアンリ・ド・ナヴァールと協定を結び、彼をみずからの後継者に認定している。二人は力を合わせてパリの攻囲戦に向かった。アンリ三世が、若き狂信者、ドミニコ会修道士のジャック・クレマンによって暗殺されたのはこのときのことである（一五八九年八月二日）。ヴァロワ朝最後の王は死ぬ前になって、従弟のアンリにカトリックになるように要請している。アンリ・ド・ナヴァールは軍隊によって王位を認められ、アンリ四世を名乗った。

4　アンリ四世と内戦の終結

四年間の戦い

新たに国王となったアンリ四世は、すぐに危機的な状況に直面した。多くのカトリック教徒が国王の軍隊から離脱し、また同様に、国王のもとを離れていったプロテスタントの数も少なくはなかったのである。彼らは、アンリ四世がカトリック陣営に向かってたびたび申し出ていた和解の提案に、すっかり嫌気がさしていたのだった。王はそこでパリの包囲を解き、ディエップに向かって撤退を開始する。そこからはイギリスの援軍が来ることが期待されていたのだった。旧教同盟軍はマイエンヌ公に率いられて攻撃に打って出たが、アルクの戦いで手ひどい敗北を喫している（一五八九年九月）。

王はトゥールで冬をすごした後、攻撃を再開し、ノルマンディを制圧した。それからパリに向かい、エヴルー近郊のイヴリで、味方に二倍する軍勢を擁していた旧教同盟軍をふたたび撃破している（一五九〇年三月十四日）。奇襲作戦に失敗した後、アンリ四世はパリを兵糧攻めにしようとした。しかし四ヵ月に及ぶ包囲戦の後、パリ市はスペイン軍の到来によって解放された。スペイン軍を指揮していたのは、オランダ総督アレクサンドル・ファルネーズである。彼はアンリ四世に劣らないすぐれた将軍であった。一五九二年の一年間、両軍はノルマンディを舞台に作戦を展開しているが、いずれも決定的な戦果を挙げることはできなかった。

アンリ四世の異端放棄宣言

名ばかりの王であったブルボン枢機卿の死とともに（一五九〇年五月）、旧教同盟には危機が訪れた。枢機卿に代わって何名かの候補者が名乗り出ているが、なかでももっとも深刻な状況を生み出していたのは、スペイン王フェリペ二世の娘、王女イザベルの存在である。スペイン軍はすでに多くの要塞を占領していた。パリで開かれた全国三部会はスペインの提案を激しく拒絶し、パリ高等法院は、フランスの玉座に外国人の王を迎えることを禁止する公式の裁決をしている。

こうした論争の間にも、アンリ四世はすでに戦闘行為を終了させ、もちまえの雄々しさと優しさで、敵方の戦意を少しずつ喪失させていった。多くの人びとは戦いに疲れ、争いに終止符が打たれることを望んでいた。とりわけパリ市民は、一五八九年に権力を掌握していた十六区総代会〔当時のパリは十六区から成っており、その代表委員会〕の狂信的な圧政に倦みはてていた。アンリ四世はついに、多くのフランス人が望んでいた行為に踏みきる決意を固め、一五九三年七月二十三日、サン＝ドニ大聖堂で正式にカトリシズムへの改宗を表明した。失望したカルヴァン派は腹いせに、「パリが一回のミサで手に入るなら」という有名なセリフを、王が口にしたと言いふらしている。実際、この時点で、アンリ四世の勝利は揺るぎがたいものとなった。一五九四年二月二十七日、シャルトル大聖堂でおこなわれた戴冠式で、王は教皇から聖別を受け、以後国王への賛同の動きは加速する一方であった。

三月二十二日、パリ総督はアンリ四世に市を明け渡した。地方の旧教同盟の指導者たちが帰順に応じたのは、多額の金銭が支払われた結果である。しかしアンリ四世は、もはや流血を望まず、すべてを忘れ、すべてを許すつもりであった。報復らしい報復もおこなわれず、わずかに数名の者たちが一時的に追放されただけである。

スペイン王との戦い

スペイン王フェリペ二世は、旧教同盟の支持者たちから見放されてからも、なお独自の戦いを継続した。戦闘は帰趨の定まらないまま、もっぱらピカルディとブルゴーニュの要塞の争奪をめぐって展開されている。注目すべきエピソードをひとつだけ挙げておこう。フォンテーヌ゠フランセーズの戦闘（一五九五年六月）で、敵に不意を襲われたアンリ四世は、向こう見ずなまでの勇気を示し、味方の五倍の数にのぼる敵騎兵隊に猛攻を加えて窮地を脱したのだった。両軍はともに戦いに疲れ、けっきょく、和睦の道を探ることになった。こうして締結されたヴェルヴァン条約（一五九八年五月二日）は、一五五九年のカトー゠カンブレジ条約の焼きなおし以外のなにものでもない。

ナントの勅令

ほぼ同じころ、アンリ四世は、依然として抵抗を続けていたプロテスタントを安心させ、彼らの戦意を鎮めることを目的とする政治的行為を決断し、国内の平和を強固にしていた。ナントの勅令（一五九八年四月十三日）に見られる譲歩は、三十年以上に及んだ内戦のさまざまな時期に約束された、いくつもの措置の一種の要約のごときものである。

一、フランス国内全域における信仰の自由
一、以前に礼拝の自由が認められていたところ、またあらゆる地域における貴族の邸宅内、さらに少なくともバイイ裁判所を有する二つの都市における礼拝の自由
一、地方および全国教会会議の開催許可
一、すべての公職および顕職への就任の機会均等
一、カトリックとプロテスタントの判事がそれぞれ同数参加する連合裁判所――これは王令〔同数〕法廷と呼ばれるようになった――を、すべての高等法院内に設置し、改革派に公平な裁判を保証すること
一、およそ百の安全保障地の八年間にわたる認可

カトリックの無言の抵抗を代弁していたパリおよび地方の高等法院に、ナントの勅令を登録させることは、国王にとってきわめて困難な大仕事であった。

結論

ナントの勅令によって作りあげられた社会体制は、状況の産物というほかはなく、そこには国家内に一種の異質な団体を作りあげ、その存在を保障するという欠陥があった。しかもこの異質な団体に認められた特権は、プロテスタント以外の国民の目に、あまりにも法外なものと映らざるを得なかっ

た。こうした異常な状態を人びとが耐えることができなくなるのは、時間の問題であった。

反面、宗教的服従義務と政治的服従義務を分離することにより、フランスは宗教的寛容という概念のお手本を、初めて世に知らしめたのである。これは、プロテスタントであれカトリックであれ、他のあらゆる国々でまだ知られていないものであった。

第十章

Histoire de France

国家の再建
――アンリ四世とルイ十三世

リシュリュー
（1630年頃。フランス国立図書館）

アンリ四世の善政のもとで、フランスは内戦による痛手からの復興に着手することができた。しかし王の悲劇的な死とともに、権力は無能な人びと、あるいは資質に欠けた人びとの手中に落ち、貴族による無政府状態が再現される。ルイ十三世はリシュリュー枢機卿という、状況の回復を図ることのできる有能な大臣を見いだした。リシュリュー卿の非情で明晰な政治エネルギーは、あらゆる抵抗を打ち破り、絶対王政の基盤を確立する。その一方で、彼はハプスブルク家に対する戦いを再開し、これに成功している。

1　アンリ四世の治世

良王アンリ

ヴェルヴァン条約とナントの勅令により、フランスでは対外的にも国内的にも平和が確立され、アンリ四世は国の修復と王権の回復のために必要な事業に取りかかることができた。

一五五三年十二月にポーで生まれたアンリ四世は、このとき四十四歳。活力にあふれ、党派の指導者としての波乱の人生を経たのち、たくましい男に成長していた。これまでに直面しなければならなかった多くの危険と困難な状況は、王の性格を鍛え上げ、政治的判断力を研ぎ澄ましていた。王はフランス国内をくまなくめぐり、どれほど身分の低い国民の生活にも触れるように努めている。こうして王は、貧しい人びとの精神性に対する理解と、彼らの要望に対する共感を有するようになった。これはおよそ国王たる人物にとって、きわめて例外的な資質というべきであろう。快活さ、上機嫌、親しみのある物腰、機知にとんだ発言、人を許す寛大さ、命令を下すときにも友人としての願い事をするような趣で語りかける彼のやりかたなどによって、王は人びとの心をとらえていた。それでもアンリ四世が国王の権威をなによりも重視していたことに変わりはなく、彼は自分がただひとりの支配者であることを周囲に理解させる術をじゅうぶんに心得ていた。ブルゴーニュの地方総督であったビロン元帥は、若いころから王の友で、戦友でもあったが、野心に駆られて、はじめはサヴォワ公、二度目はスペイン王と手を組んで陰謀を企てた。アンリ四世は最初の裏切りを許し、二度目の裏切りも許すつもりでいたが、ただビロンがみずからのあやまちを認めることを要求した。ビロンがそれを拒んだので、犯罪者は裁かれ、斬首された。

アンリ四世の大きな弱点は、抑制しがたい恋愛への熱い思いであった。みずからの情熱を満足させるために、《ヴェール・ガラン（アンリ四世の綽名。「女たらし」の意）》が愚かしいふるまいに及んだのは、一度や二度の話ではない。たとえば一五九九年、彼は寵愛の的であった愛人ガブリエル・デストレと結婚しようとした。彼女とのあいだには、すでに二人の非嫡出子が誕生していた。王朝の将来に由々しき事態を招きかねなかったこの計画の実現を妨げたのは、若き愛人の不慮の死だけだったのである。

王の結婚

最初の妻マルグリット・ド・ヴァロワ――《王妃マルゴ》――は、王に子供を恵むことなく、一五八五年以降は王と別居していた。正統な後継者を残さずにこの世を去ったならば、当然生じてもおかしくはなかったはずの混乱の再来を、王が回避しようと考えたとしても当然だろう。彼は教皇から最初の結婚の無効宣言を手に入れ、トスカーナ大公の姪マリ・ド・メディシスに結婚を申しこんだ。彼女が選ばれた理由のひとつは莫大な持参金であるが――金貨で六十万エキュ――、これにより王国の借金の一部は解消されることになった。しかも《銀行家の娘》――そう彼女は宮廷で呼ばれていた――は、二人の息子をもうけて王の願いをかなえている。

シュリー公と財政問題

アンリ四世の協力者のなかでももっとも有能で献身的だったのは、シュリー公マクシミリアン・

ド・ベチューヌである。彼はフランドル出身の小貴族で、宗教的にはカルヴァン派であり――彼は死ぬまでカルヴァン派であった――、王の波乱に満ちた人生のはじめから行動をともにしていた。アンリ四世はこの友人が国務に関する現実的な感覚の持主であることを見抜いていたが、これは貴族においては相当にまれな感覚であるというべきだろう。王は一五九八年、彼を財務卿に任命している。シュリー公はまた王国道路管理長官、建築物要塞監督長官、砲兵隊統合長の職務も兼任している。

シュリー公は財務管理において、厳格な節約と秩序を確立している。公金横領によって富を蓄えていた徴税人や出入り業者から不当な利益を吐き出させ、国王直轄財産でありながら借金の担保として個人に与えられていた数々の権利を取り戻している。同時に思いきった手段を駆使して公的債務を減少させている。債務の一部をまったく無条件に破棄し、他の部分の返済はわずかな金額ですませ、残されていた国債の利子は半分にした。

社会の混乱に乗じて直接税のタイユを免除されていた四万人の人びとが納税義務者のリストに戻された。反対にシュリー公は、もっとも貧しい人びとに対して彼らの税の未払い分を帳消しにしてやり、ついでタイユの税率を軽減している。シュリー公が新たに設けた唯一の税は、一度手に入れた王国の司法官職と財務官職を手放したがらない、フランス人の度はずれた執着心につけこむものだった。みずからの官職を相続人に伝えることを願う官職所有者は、毎年権利金を支払わなければならなくなったのである。こうした権利金の徴収は、当時の習慣にしたがって、一個人の請け負うところとなったが、彼はポーレという名前だったので、この税はポーレット税と呼ばれるようになった。この税が歴史的に重要な意味をもつのは、これによって官職の世襲制が確立される方向へと向かっていったからである。

こうしたすべての手段により、シュリー公は国家予算に収支の均衡をもたらしただけではなく、さらには千三百万リーヴルの予備費を蓄えることができた。

経　済

アンリ四世は農民の運命に関心を寄せていた。彼の言葉によれば、農民が誰でも日曜日に、《鍋にニワトリを入れる〔チキン・ポトフを作る〕》ことができるようになるというのが、願いであった。シュリー公は税収上の理由から、農民への関心を王と共有していた。「牧畜と農業は、――と彼は記している――フランスを養う二つの乳房であり、まさにペルーの鉱山や財宝のようなものである」。領主たちは三月以降、播種のすんだ農地とブドウ園で猟をすることを禁じられた。兵士らによる略奪は厳しく罰せられた。とりわけ徴税人は、税を払うことのできない農民の、家畜と農具を差し押さえることを禁じられている。しかしこれらの政策以上にはるかに有効だったのは、農村部にもたらされた十二年間〔王の在位期間〕に及ぶ平和であった。これにより田園地域の住民たちの仕事は、フランス国家を実質的によみがえらせることができたのである。

フランソワ一世のもとで栄えた奢侈品産業は、内戦によって多大な損害をこうむっていた。アンリ四世は商務総監のラフマに尽力を要請し、奢侈品産業に多少なりとも活力を回復させようと努めている。シュリー公はイタリアからの贅沢品の輸入を禁止して――もっとも、たいして効果はなかったのだが――、間接的に奢侈品産業を支援している。

シュリー公は道路管理長官として、道路の修復に当たり、橋を再建している。パリではポン＝ヌフが完成し、ロワイヤル広場（現在のヴォージュ広場）とドーフィヌ広場の建設が開始された。セーヌ川とロワール川をつなぐためのブリヤール運河の掘削が始まっている。通商条約がイギリスおよびトルコとのあいだで調印された。アンリ四世はまた、サミュエル・シャンプランが推し進めていた事業に強い関心を示していた。サミュエル・シャンプランは、ジャック・カルチエが切り開いたルートを再度たどりなおし、セント＝ローレンス川の岸辺にケベック市を建設していたのである（一六〇八年）。

外　交

ヴェルヴァン条約によって回復された外国との平和は、一六〇〇年、サヴォワ公に対する小規模な戦争によって中断された。短期間の戦闘によってシャンベリを占領した後、アンリ四世はサヴォワ公に譲歩を強い、ローヌ川対岸のすべての領地、すなわちブレス、ビュジェ、ジェクス地方を割譲させている。

その後、多くの場合、王は活発な外交交渉によって、支配権を主張するにとどめていた。

それでも一六〇九年、ハプスブルク家に対する昔からの戦いが再開される状況が発生した。ラインラントのクレーフェ公国とユーリヒ公国の公爵位が空位になったのを受けて、神聖ローマ皇帝ルドルフ二世はここにカトリックの君主を置こうとしたのである。アンリ四世はルドルフ二世に対抗し、プロテスタント諸侯の主張を支持することを決定、大規模な戦闘準備にとりかかった。

王の死

フランスがふたたび戦争に突入し、しかもそれがプロテスタントを支援するためであると考えることは、大多数のフランス人にとってきわめて不愉快なことであった。まだくすぶりつづけていた旧教同盟の情熱が再燃し、狂信者フランソワ・ラヴァイヤックの行動を誘発した。アンリ四世はシュリー公との協議のために砲兵工廠へと向かう途中天蓋の外されていた四輪馬車のなかで刺殺された（一六一〇年五月十四日）。

この悲劇的な最期はアンリ四世の死後の栄光にとって幸いであった。王は、それまでに成し遂げてきた業績を台なしにしてしまったかもしれない危険な試みを、それ以上追求することができなかったからである。フランス人は茫然とし、大混乱に陥り、かつてのものであれ、最近のものであれ、彼らの不平不満を忘れてしまったのだった。その結果、後に続いた国王たちとは対照的に、《良王アンリ》の伝説的なイメージはますます大きくなり、揺るぎないものになっていった。王はいつまでも勇敢な兵士、陽気なベアルヌ人、貧しい人びとの友、王国の統一と平和の復興者となったのである。

2　ルイ十三世とリシュリュー

摂政時代

新たに国王となったルイ十三世はまだ九歳にもなっていなかったので、母后マリ・ド・メディシスはパリ高等法院の声明により、摂政職を認められた。彼女は身体が大きく、外見は俗悪で、頭が悪く、子どもっぽい性格の持主で、頑固で、怒りっぽい女だった。ともにフィレンツェからフランスにきていた乳姉妹のレオノーラ・ガリガイの完全に言いなりであった。レオノーラの夫は、以前は剣客で、コンチーニという名前であったが、たちまちアンクル侯爵になり、元帥になった。実質的にフランスの統治にあたったのはこの男である。

名門貴族の指導者たちは王族筆頭のコンデ公を先頭に、権力の利益の分配にあずかれるよう要求した。コンチーニは彼らの怒りを宥《なだ》めることに努め、彼らに巨額の年金をふるまっている。シュリー公が蓄えた国庫はそのために完全に使い果たされてしまった。

それでも混乱は続き、すべての階級を巻きこんでいったために、このときも全国三部会の招集という、人びとの不満をかわすための常套手段が提案された。三部会は一六一四年十月にパリで開催されている。集結した人びとの思いは王政を彼らの監督下に置くことであったが、そのような要求をもち出すことはすぐに後まわしにされてしまった。というのも、第三身分と貴族、すなわち王国の官職保有者となった大ブルジョワジーの代表者たちと貴族とのあいだで、激しい口論が生じたからである。貴族たちはこれら《卑しい成り上がり者たち》に軽蔑の言葉を浴びせかけ、ポーレット法の廃止、つまりは官職の世襲制の廃止を要求した。第三身分はこれに反撃し、貴族に支払われている年金が法外な額に達していることを母后に告発した。「その額はとどまるところを知りません。閣下が忠誠の見返りとして臣下に支払われている年金の額は、なんといくつもの強大な国家の歳入を上回っているほどなのであります」。多くの言葉が飛び交い、議論が交わされたあげくに、代議士たちは曖昧な約束以外にはなにも得ることなく、解散を命じられた（一六一五年二月）。その後三部会は、一七八九年の大革命の前夜まで、もはや開かれることはなかったのである。

コンチーニの暗殺

　ルイ十三世が十四歳に達し、成年であることが宣せられてからも、母后とコンチーニはそれまでと同じような統治を続け、反対勢力を金の力で宥めすかしていた。それでもコンデ公は非常に危険な人物となっていたので、母后は彼をあえてバスティーユに投獄している。コンチーニはこうして、誰も異を唱えることのできない権力者としてふるまうことができるようになった。

　若き王は、幼い子ども扱いされていることに深い恨みを抱き、主鷹官《しゅようかん》シャルル・ダルベールおよび親衛隊隊長ヴィトリによる陰謀を後押しした。ルーヴル宮殿で不意を襲ってコンチーニを逮捕する命令を受けていたヴィトリは、コンチーニをピストルで殺害した（一六一七年八月二十四日）。

リュイーヌ公の統治

　母后マリ・ド・メディシスはブロワに遠ざけられ、リュイーヌ公となったシャルル・ダルベールがコンチーニに代わって寵臣の地位に納まり、全権を掌握することになった。「居酒屋はもとのままで、変わったのは看板だけだ」と人びとは口にしたものである。リュイーヌ公は多くの地位と寵遇を彼と彼の一族のために独占しようとしたので、貴族たちは一六二〇年、母后の支持を得て新たな反乱に立ち上がった。もっともこの反乱は、ルイ十三世がみずから指揮にあたった国王軍の激しい反撃によって鎮圧されている（一六二〇年）。

　貴族の反乱以上に危険だったのは、ほぼ同じころに南フランスのプロテスタントたちが起こした反乱である。プロテスタントは、かつて独立王国であったベアルヌで、ルイ十三世の命によりカトリックの礼拝が再開されたことに激しい憤りを覚えていた。リュイーヌ公は大元帥に昇進し、反乱の鎮圧を命じられたが、驚くべき無能ぶりを露呈し、モントーバンで敗北を喫したのち、ほどなくして感染性の熱によって死亡した（一六二一年十二月）。

リシュリューの台頭

マリ・ド・メディシスは宮廷に戻り、息子に対する影響力をある程度回復している。一六二四年四月、彼女は腹心の部下リシュリューを国務会議に参加させることに成功した。三ヵ月後、リシュリューは国務会議議長、すなわち宰相に就任している。

この野心的な人物は、かなり以前から権力の周辺を渡り歩いていた。一五八五年、ポワトゥーの小貴族の家に生まれたアルマン＝デュ＝プレシ・ド・リシュリューは、若いころは軍職に就く予定だった。聖職者になったのは、兄が修道院の生活に惹かれて放棄したリュソンの司教職を、一家にとどめておく必要があったからという、ただそれだけの理由にすぎない。一六一四年の全国三部会で、彼は聖職者の代表として頭角をあらわした。マリ・ド・メディシスはリシュリューを宮廷司祭として近くに置き、コンチーニは彼に一時、外交の指揮を委ねたこともある。母后の不興を買うと、彼はひたすら平身低頭し、術策を駆使し、母后と王を和解させることに成功した。その功績により、リシュリューは枢機卿に任命され（一六二二年）、ふたたび国事における地歩を回復することができた。

ルイ十三世

王はみずからの権威に強い執着を寄せていたので、万事をリシュリューに任せることには大きなためらいがあった。またリシュリューは、国王からの愛を完全に勝ち得ることに成功したことは一度もない。それでもルイ十三世は、リシュリューだけが国政を遂行することのできるただひとりの人間であると考えるようになり、あらゆる反対を押し切って、リシュリューへの支持を貫くようになった。こうした自己の放棄と、臣下に向かって示された変わることのない信頼には、なによりもまず信心深く誠実な人間であった国王の性格がよくあらわれている。彼は虚弱な体質の人間で、またみずから進んで認めていたように、いくつもの欠点のある人間であった。それでも《ルイ公正王 Louis le Juste》は、賞賛すべき責任感と勇気を発揮してみずからの任務を遂行している。病的で憂鬱な気質の人間であったので、軍隊のなかでしか思うようなふるまいに出ることはできなかったが、その軍隊を彼は必要とあらば巧みに指揮することができた。彼のただひとつの楽しみは狩猟だった。この楽しみのために、王はヴェルサイユに小さな城館を造らせている。この城館はその後、彼の息子が造らせた巨大な宮殿の中核をなすことになった。最後に女性に関して、ルイ十三世は父親とは対照的に、女性に対してはつねに極端に控えめであった。そのため――証拠はなにもないが――同性愛の傾向を疑われたこともある。

ルイ十三世は一六一五年、スペイン王フェリペ三世の長女アンヌ・ドートリシュと結婚していた。しかし、この結婚生活からは長いあいだ子供ができず、夫婦は不仲であった。ところが一六三七年十二月、ある偶然のできごと〔狩りに出た際の嵐〕が二人を近づけ、その結果王太子が誕生し（一六三八年九月五日）、その後、次男も誕生している。この思いがけないできごとに、国中は喜びに湧きかえった。王妃は王妃で、神に感謝の念を捧げ、ヴァル゠ド゠グラースにみごとな教会を建立させている。

3　リシュリューの内政

基本プログラム

《ユグノー一派を滅ぼし、大貴族の高慢を抑えつけ、すべての臣民を彼らの義務に縛りつけ、外国では国王の名をしかるべき高みにまで押し上げること》。これが新たに宰相となったリシュリューが、就任の当初から国王に向かって提案していた目標である。こうしたプログラムを、リシュリューは不屈の意志に支えられ、また豊かな想像力と現実主義的な感覚を併せもった知性を武器として、ひとつずつ確実に実現していった。リシュリューには友人らしい友人はいなかったが、それでも腹心の部下として、カプチン会修道士、ジョゼフ・デュ・トランブレ神父の名を挙げることができるだろう。《陰の枢機卿》と称されたこの人物は、外交交渉におけるリシュリューの右腕であった。

プロテスタントとの戦い

プロテスタントは、一六二七年十月南フランスで、武器を手にし、イギリスに支援を呼びかけて戦闘行為に突入するという無謀な行動に出ていた。リシュリューはこの反乱を、敵勢力の拠点ラ・ロシェルを攻撃することによって鎮圧する意志を固めた。彼はルイ十三世とともに、みずから攻囲戦の指揮にあたっている。イギリスからのプロテスタント支援に対して、錨泊地への侵入を妨げるために、長さ千五百メートルに及ぶ石の防船堤防〔瓦礫を積み込んだ老朽船を連ねて沈めそこに堤防を築いたようである〕を建設させ砲台を設置した。攻囲戦は一年近くにおよび、ラ・ロシェルの住民は飢えに苦しめられ、けっきょくは無条件降伏を余儀なくされている（一六二八年十月二十九日）。

次いでルイ十三世は、セヴェンヌ山岳地帯のプロテスタントの諸都市へと軍を進め、なかでももっとも強力な二つの要塞都市、プリヴァとアレスを占領した。和平交渉の申し出に対して、リシュリューは、国王には反徒と交渉する意思はなく、彼らにはただ国王によしと思われる恩赦が与えられるのみであると答えている。こうしてアレスの和約が締結され、これは恩赦の和約と呼ばれるようになった（一六二九年六月二十八日）。プロテスタントは、安全保障地、全国教会会議開催の権利など、アンリ四世によって認められていたすべての政治的特権を失った。その代わり、彼らには礼拝の自由が保障され、カトリックと平等の待遇が約束されている。

大貴族との戦い

大貴族たちの反乱がいっかな後を絶たず、しかも容易なことでは沈静することがなかったのは、不満を募らせて陰謀を企てていた人びとが、多くの場合、王弟ガストン・ドルレアンを共犯者に仕立てていたからである。国王に王太子が誕生するまでの長い期間、ガストン・ドルレアンは王位継承者であった。しかも貴族たちの反乱には、母后マリ・ド・メディシスと王妃アンヌ・ドートリシュも加担していたのである。

後世に語り継がれるようになったある有名な日のこと、母后と王妃はルイ十三世から宰相の失脚を確約されたものと信じ、またそれゆえ枢機卿を敵視していた人びとは喜びの色を隠そうとしなかった。しかしその同じ日の夜、彼らは期待を裏切られたのである。ルイ十三世は冷静さを取り戻し、態度をひるがえしてリシュリューに国王の信頼を再度明言したのだった。これが《欺かれた者たちの日》(一六三〇年十一月十日)の顚末である。このできごとののち、母后は追放された。

陰謀も反乱も、情け容赦なく鎮圧された。非常に高い地位にあった犯罪者たちは、見せしめのために斬首されている。「欺かれた者たちの日」の陰謀に加担した人びとのひとり、マリヤック元帥、またラングドックの総督で、この地方を反乱に立ち上がらせようとしたモンモランシー公、さらに主馬《しゅめの》頭《かみ》で王の寵臣であったが、スペインと内通して陰謀を企んだとして有罪とされたサン＝マールなどである。また他の者たちはバスティーユに投獄され、《臨時委員会》に引きずり出されていたが、この委員会は枢機卿の息のかかった者たちの手による特別法廷にほかならなかった。秘密情報員たちのネットワークが張りめぐらされ、専制的な抑圧の機構は完全なものとなっていた。地方でリシュリューは、国王軍が占領することのできなかった城塞を徹底的に破壊している。地方総督たちは有無を言わせず更迭され、罷免され、また独裁的な権限を与えられて頻繁に派遣されてくる地方監察官《アンタンダン》(国務評定官《コンセイユ・デタ》あるいは訴願審査官《メートル・デ・ルケート》)の監視下に置かれ、ことあるごとに彼らによって、自由な施政を妨げられるようになった。

貴族がこのような隷属状態を強いられたことはかつてなく、それゆえ貴族の記憶のなかでリシュリューの思い出はいつまでも憎悪の対象となり、リシュリューは貴族の没落を招いた最初の張本人であるとみなされるようになった。しかし枢機卿が貴族のために講じた数多くの措置からは、彼が貴族の消滅を望んでいたわけではないということは明らかである。枢機卿の狙いは、単に貴族を封建制度の精神構造から脱却させ、彼らを近代的な君主政国家に仕えさせるということであった。

民衆の反乱

農民もまたリシュリューの過酷な統治の犠牲者となった。「もしも国民があまりにも快適な生活を送るならば、彼らを義務に縛りつけておくことはできないだろう」と彼は記している。リシュリューの外交政策には巨額の金銭が必要であり、それゆえひとたび戦争が始まってしまうと、多くの地方はたちまち全域が恐ろしい荒廃に陥ることになった。地域によってはペストも新たに流行している。税金の厳しい取り立てと税負担の増大は民衆の蜂起を引き起こした。ペリゴールと南フランスの一部では「クロカン〔粗野な農民〕の乱」（一六三四〜四七年）、ノルマンディでは「裸足同盟《バ・ニュ・ピエ》の乱」（一六三九年）が発生している。これらの反乱は軍隊によって鎮圧され、多くの人びとが絞首刑にされた。

海軍と貿易

　リシュリューは、イギリスとオランダが強力な海軍の力によって享受していた国力を強く意識していた。彼は《航海商業長官》の職務を新設し、その肩書をみずからのものとしている。ブレストとトゥーロンには要塞化された大規模な海軍造船所が建設された。建造もしくは購入された艦船は、二つの艦隊を構成していた。ひとつは東方海域艦隊、すなわち地中海艦隊で、主にガレー船からなり、もうひとつは西方海域艦隊、すなわち大西洋艦隊で、これは一六四二年、およそ四十隻の外洋大型帆船を保有していた。

　リシュリューはまた、植民地経営と海洋貿易の利益をフランスにもたらすことを考えていた。彼はオランダとイギリスに富を恵んでいた貿易会社と同じような、大きな特権貿易会社の設立を奨励している。王令により、貴族は貴族の身分を失うことなく、海洋貿易に乗り出すことができるようになった。「百人会社」〔別名ヌーヴェルフランス会社〕と呼ばれた特別な会社が、カナダのヌーヴェル・フランスの大規模な植民地化にあらためて取り組み、また「アメリカ諸島会社」は、アンティル諸島の植民地化に着手している。

人心の操作

ローマ教会の枢機卿として、リシュリューは当然のことながら聖職者を保護する立場にあった。しかし、それは聖職者たちの影響力を国家に役立てるためであり、聖職者たちのどのようなあやまちもけっして許そうとはしなかった（二五一ページ参照）。

リシュリューは、自分の政策をパンフレットや匿名の小冊子を利用して擁護するために、一種の出版部のようなものを整備している。パリの医者であったテオフラスト・ルノドーが、一六三一年、フランスで最初の新聞《ガゼット・ド・フランス》の発行を開始すると、リシュリューはこれを政府の公式の機関紙とした。同様に彼は、定期的な会合を続けていた文学者グループの自発的な活動を、国家の目的のために利用することを思いつき、その制度化を図っている。こうして《アカデミー・フランセーズ》が誕生し（一六三四年）、リシュリューはその最高責任者であるとともに保護者であることが宣せられた。

神学に関する最高権威の牙城であったソルボンヌ学寮は、リシュリューを総長に選出しないわけにはいかないと判断した。枢機卿はみずからの出費で学寮の建物を再建し、その一部に美しい教会を建立している。彼はそこに葬られることを望んでいた。

4　外交政策

三十年戦争

リシュリューが権力を掌握したころ、中央ヨーロッパは三十年戦争と呼ばれる広範囲にわたる宗教的・政治的な争いの渦中にあった。ハプスブルク家のフェルディナント二世はドイツ領邦国家におけるカトリシズムの回復を図り、それとともに皇帝位の権威を強化し、これを従来の選挙制から世襲制によるものに変更しようとしたのである。当初、彼の思惑はうまくいくように思われた。戦争の発端となった反乱を起こしたチェコ（ボヘミア）、カルヴァン派福音同盟の指導者プファルツ選帝侯フリードリヒ五世、さらにはプロテスタントが援助を要請したデンマーク王クリスティアン四世を、皇帝軍はつぎつぎと打ち破っていったからである。

それまで細分化され、無力であった神聖ローマ帝国は、これからはフランスやイギリスと同じように、中央集権化された君主政国家へと生まれ変わるのだろうか。もしもそうなったならば、恐るべき巨大な一国家が、ひとりのハプスブルク家の君主の支配下に収まることになるだろう。しかもその君主は、それぞれスペインとミラノとオランダを支配していた他のハプスブルク家の君主たちと、密接な同盟関係で結ばれていたのである。カール五世とフランソワ一世の時代と同じように、周囲をハプスブルク家の包囲網で取り囲まれることになるフランスは、手をこまねいているわけにはいかなかった。

間接的介入

リシュリューは国内に困難な問題を抱えていたので、はじめは公然と介入することはできなかった。そもそも彼の外交政策は当初から、しかもその後も変わることなく、本質的な矛盾に妨げられる運命にあった。つまり、枢機卿という地位にあり、しかもカトリック教会の擁護者を自任しているフランス国王の宰相である彼が、行きがかり上、ドイツとオランダのプロテスタントを支援し、カトリックの君主たちを敵にまわすことになったのである。このことが多くのフランス人の怒りを買い、国内で企てられる反リシュリュー陰謀の変わることのない大義名分になっていた。

それゆえ最初の数年間、リシュリューは外交に頼り、また短期間の一時的な介入をくりかえすことによって、ハプスブルク家の行動を妨げるといった程度のことで満足しなければならなかった。たとえば、ヴァルテッリーナ回廊地帯（ヴァルテリン回廊地帯）の占拠などがその一例である。このアルプスの峡谷は戦略上の要衝であり、ミラノ公国のスペイン軍はここを通ってドイツへ移動することが可能であった。リシュリューはこの峡谷を制圧し、同盟国スイスの監視下に置いたのである（一六二五年）。

神聖ローマ皇帝はデンマーク王を打ち破った後、一六三〇年、レーゲンスブルグ（ラチスボンヌ）で議会を招集し、自分の息子を皇帝位継承者に指名させようとした。これはドイツに対する、ハプスブルク家の君主政支配の第一歩となるべきものであった。リシュリューは彼の最良の代理人、ジョゼフ・デュ・トランブレ神父を派遣し、フェルディナント二世の目論見を打ち砕いている。「あのカプチン会修道士は、ロザリオの力で私を無力にした。あの男の頭巾は小さかったが、あの男はそのなかに、六人の選帝侯の縁なし帽を取りこむ術を心得ていた」と、皇帝は苦々しい思いを込めて述懐したという。

最後になによりも、この同じ一六三〇年、リシュリューは神聖ローマ皇帝に対して、スウェーデン王グスタフ＝アドルフという新たな恐るべき敵を出現させている。天才的な軍人であったスウェーデン王は、武器を一新するとともに戦術に革命的な変化をもたらしていた。ドイツ征服というスウェーデン王の野心的な計画の実現を助けるために、フランスは同盟関係実現の手はずを整え、年百万リーヴルの援助を約束している。

鍛え上げられていたスウェーデン軍は、連戦連勝を重ね、しまいにはリシュリューを当惑させたほどであった。というのも、グスタフ＝アドルフは熱烈なプロテスタントだったので、フランスの同盟国、あるいは友好的な通商相手国であった南ドイツのカトリック諸公国を、ことごとく壊滅させかねない勢いだったからである。しかし一六三二年十一月、スウェーデン王はリュッツェンの会戦で戦死した。その二年後、スウェーデン軍と、スウェーデンのドイツ同盟国軍は、ネルトリンゲンの戦いで完全な敗北を喫している。フェルディナント二世はふたたび情勢を支配下に置き、ドイツ諸侯は、カトリックもプロテスタントも、皇帝に恭順の意を表するようになっていった。もしもこのときフランスが、まだ戦闘を続けていた最後の二つの同盟国――スウェーデンとオランダ連合州――を、それぞれ独力で戦わせたならば、両国もまた神聖ローマ皇帝との交渉を求める恐れがあっただろうか。そうなるとフランスはただ一国で、ハプスブルク家の脅威に直面することになる。

宣戦布告

かくしてリシュリューは、いまや公然と行動に踏みきるべきときであると判断し、一六三五年、スペイン王と神聖ローマ皇帝に対して正式に宣戦を布告した。

この戦いにルイ十三世は膨大な数の兵士を投入したが――およそ十万人が、五つの部隊を構成していた――、戦況は当初、フランスにとって好ましいものではなかった。ブルゴーニュとピカルディが侵略され、スペイン軍はパリから百二十キロのコルビを占領し、先遣隊（斥候隊）はポントワーズにまで接近していた。パリは最初、大混乱に陥った。リシュリューは士気を高めるために、市街をめぐり、恐れを知らない毅然とした態度を人びとに示している。愛国心と防衛本能が一挙に高まり、パリ市民はたちまち四万人の軍を新たに結成した。スペイン軍は退却していった。

それからの数年間、フランス軍はすべての戦線で優位を回復することができた。アルトワでは、フランドルへの進撃を妨げていたスペインの主要な要塞を攻略している。東部では、アルザスがフランス軍の手中に落ちたが、これはスウェーデン軍を指揮して神聖ローマ帝国軍と戦っていた勇猛なドイツの部隊指揮官、ベルンハルト・フォン・ザクセン＝ヴァイマルが、独自の行動によって征服していたところだった。さらにピレネーの国境沿いでは、スペイン王に対するカタロニア住民の反乱が発生し、それに乗じてフランス軍は、ルシヨンの征服に取り組むことができた。ルイ十三世はみずから戦場に姿をあらわし、ルシヨン征服の総仕上げにペルピニャンを攻略している（一六四二年九月）。

この時点で、新たに神聖ローマ皇帝に就任していたフェルディナント三世は、ドイツでの敗北に戦意を喪失し、原則的に交渉に応じる旨を表明していた。それゆえ、リシュリューは死期に臨んで（一六四二年十二月）、彼の目標が達成も間近であると信じることができたのである。

第十一章

Histoire de France

アンヌ・ドートリシュとマザラン

母后アンヌ・ドートリシュの摂政時代の大きな特徴は、リシュリューの抑圧的な体制に対する反動である。長期にわたる混乱——フロンドの乱——を経て、王権はこれまでになく強固なものになった。マザラン枢機卿は母后の信頼に支えられ、若きルイ十四世の名において統治し、ハプスブルク家との戦いに終止符を打つ。このころフランスでは、刷新されたカトリシズムが活発な活動を展開している。

摂政アンヌ・ドートリシュによりパレロワイヤルで捕らえられたコンデ親王ら（フランス国立図書館）

1　摂政時代とフロンドの乱

摂政時代

ルイ十三世は宰相リシュリューの死後、五ヵ月しか生きることはできなかった。王の死後（一六四三年五月十四日）、王位は四歳と八ヵ月の子供のものとなった。亡き王は生前、リシュリューの政治にいかなる変更も加えようとはせず、逆にその連続性を確かなものとするために摂政会議を設置していた。この会議では、いずれも同じように王の不信の対象であった王妃アンヌ・ドートリシュと王弟ガストン・ドルレアン公の権限が、リシュリューのかつての協力者たちによって制限されることが期待されていたのである。しかしアンヌ・ドートリシュは高等法院に異議を申し立て、一方、なんであれ王の法律行為を無効にすることがうれしくてたまらなかった高等法院は、ただちに母后が全権を有する摂政であると宣言した。

母后はほんとうに美しい女性というわけではなかったにせよ、このとき四十一歳を迎え、周囲の人びとに好感を与えようとする思いから、スペインの大貴婦人としての外見と物腰には柔和な趣が加わっていた。国務についての理解も実際的な知識もなかった代わりに、良識の持ち主であった。生まれつき誇り高く、またたいへんに信仰心の篤い女性だったので、そのことがみずからに与えられた役割を果たすうえで大きな助けになっていた。息子のルイ十四世は、母親に終生変わることのない尊崇の念を示している。

マザラン

彼女がとった最初の政治行動は、国務会議主席（chef du Conseil）にマザラン枢機卿を指名したことである。これには誰もが啞然とし、多くのものが失望を味わった。それでもこの選択はきわめて適切なものであった。マザランはリシュリューの晩年の腹心の部下で、当時進行中だった重要な外交交渉の糸を裏から操ることのできるただひとりの側近だったのである。他方、外国人であったので、貴族や高等法院内の派閥とはどのようなつながりもなく、母后の寵愛にすがる以外に栄達の道はなかったので、母后に全面的に忠誠を誓っていた。恋愛感情も——また触れることになるが——マザランの献身に一役買っている。

このようにして権力の座に就いた男のキャリアとは、フランス史上もっとも驚くべきもののひとつであるというほかはない。マザラン（イタリア名でジュリオ・マザリーニ）の父親は、ローマの名門コロンナ家に実務家として仕えていたシチリア人であった。青年マザランは最初教皇軍の将校となり、その後、外交官に転身している。下級聖職位を得るとともに、聖職者の衣装と性格をみずからのものにしたのもこのときのことであるが、ただし司祭職には就かなかった。またたくまに昇進し、一六三四年、パリへノンス——すなわち教皇の大使——として派遣されている。リシュリューはマザランの手腕を高く評価し、マザラン自身もイタリアよりもフランスにいるほうが得るものが多いと判断した。こうして彼はルイ十三世に仕えることになった。リシュリューはジョゼフ神父の死後、マザランを外交問題におけるいちばんの右腕として重用し、マザランが枢機卿の位を手に入れることができるように取り計らっている（一六四二年）。

マザランはかねてからアンヌの寵愛を得ることに心を砕いていた。彼は母后とほぼ同い年で、美男子で魅力的な人物であった。夫から愛情を与えられていなかったアンヌ・ドートリシュは、マザランから与えられた、快く細やかな心づかいに惹かれるようになっていった。彼女は最後にはマザランにほとんど夫婦に近い愛情を覚えるようになっている。彼女がルーヴル宮殿を離れ、パレロワイヤル――リシュリューがルイ十三世に遺贈したかつてのリシュリューの邸宅――に居を移したとき、マザランは王妃のアパルトマン〔居室〕のそばに自分のアパルトマンを手に入れることができた。「かくして、歴史を動かす二つの大きな力、愛と偶然の戯れにより――と人は記している――フランス王国は、スペイン女とナポリ男の手中に落ちたのであった」。それゆえマザランはリシュリューと異なり、失脚を怖れることもなく、また自分の意見を君主に認めさせるために、懸命に力を尽くす必要もなかった。マザランは周囲の人びとに対して、かつてリシュリューが、横柄で、居丈高で、冷酷であったのと同程度に、控えめで、思いやりにあふれ、温和であった。彼の武器は術策と辛抱強さと説得力だった。「枢機卿のそばに近づくとき――とひとりの同時代人は語っている――私はいつもこの世でもっとも狡猾な人物に話をしに行くのだと思っていた。しかるに枢機卿のもとを離れるときに、私はいつも彼の魅力の虜になっていた」。

反対勢力

リシュリューによって抑えつけられていたすべての人びとが勢いを取り戻し、まず王族と大貴族たちが《要人派》を結成している。一六一〇年のときと同じように、政府は彼らを金の力で懐柔しようとした。しかしこのとき国庫には余裕がなかった。ないどころか、税収はすでに四年分が前倒しで費消されていたのである。にもかかわらず、戦争は続いており、軍隊を維持しなければならず、同盟国には軍資金を援助しなければならなかった。

マザランが招聘したイタリア人の財務卿パルティチェッリ・デムリ〔デムリ自身はリヨンの生まれ〕は、さまざまに工夫を凝らし、なんとかして納税義務者たちから税金を搾り取り、また新たな税を設定し、金利生活者、納入業者、役人たちへの支払いを遅らせようと試みている。こうした政策によってとりわけ損害をこうむったのはパリの住民たちであった。彼らのなかに怒りが高まっていった。

高等法院の要求

一六四八年、マザランとパルティチェッリは万策尽き果て、ポーレット法によって認められた官職の世襲制度を新たに九年間にわたって延長する代わりに、国王の名において、最高諸院（会計法院、租税法院、大評定院）の官職保有官僚に対する俸給の支払いを四年間停止すると発表した。用心のため、こうした対策は、高等法院の司法官たちにまで広げることは避けられていた。それでも司法官たちはこの機会をとらえ、高等法院こそは国民の当然の代表機関であり、三部会にとってのいわば常設委員会のような存在であると強く主張した。彼らが拠りどころとしたのは、チャールズ一世と激しく対立していたイギリス議会が、当時彼らに示していたお手本だったのである。もっともそれは彼らが、ロンドン議会（Parlement de Londres）とパリ高等法院（Parlement de Paris）のあいだには、名称上の類似しかないということを忘れていただけのことであった。すなわち、ロンドン議会がすべての上層階級の真の代表機関であったのに反して、パリ高等法院は司法官の団体にすぎず、彼らの権力はすべて国王からの委任に由来していたのである。

高等法院は最高諸院との連帯を表明し、王国の改革に関してともに議論に加わるようにと呼びかけた。摂政アンヌ・ドートリシュは集会を禁止した。それでも集会は開かれ、《サン＝ルイの間の宣言》と呼ばれた宣言が採択された。これはイギリスのマグナ・カルタを模範とする、二十七ヵ条からなる真の国民の権利宣言であった（一六四八年六月）。

摂政は表向き宣言を受け入れる態度を示している。しかしその二ヵ月後、スペイン軍に対するランスの勝利によって湧き起こった民衆の歓喜に便乗することができると考え、彼女は高等法院内の反対勢力の首謀者たちの逮捕に踏みきった。たちまち百近くのバリケードが築かれ、軍隊の移動はすべて不可能となり、パレロワイヤルは孤立した。アンヌ・ドートリシュは、またしても屈服を余儀なくされた（一六四八年八月二十八日）。

高等法院のフロンド

それからほどなくして、ヴェストファーレン（ウェストファリア）条約により和平が成立し、摂政アンヌは、若くて人気のあるコンデ親王の指揮する軍隊を、パリに呼び寄せることができた。軍隊が接近すると、彼女はすぐに若き王とマザランを伴って夜間に姿を晦《くら》まし、サン＝ジェルマン城に避難した（一六四九年一月六日）。

高等法院は反乱を宣言したが、もっとも相手は国王ではなく、マザランであった。パリ民衆は熱狂して武器を手にした。彼らを煽り立てていたのは、パリの司教補佐で野心的な人物であったポール・ド・ゴンディ〔レ枢機卿〕である。王族と、王族の保護下で手持ち無沙汰な日々を送っていた貴族たちも、なかば面白半分に、なかばロマネスクな気分に浮かれて、反乱に参加した。彼らの優雅な貴夫人や恋人たちも、絶好の機会とばかりに陰謀に参画し、これ見よがしに着飾って表を出歩いている。

そんなわけで、この小さな戦闘騒ぎはあまり真剣には受け止められず、人びとからフロンドの乱と呼ばれるようになった。フロンドとは、石を飛ばすパチンコに似た子どものおもちゃであるが、それでも危険であったことに変わりはない。

コンデはパリを封鎖した。抵抗は急速に弱体化し、内部分裂を起こして崩壊していった。貴族は、高等法院の《角帽》たちが合法性の枠にとらわれて、反乱を麻痺させていると言って彼らを非難した。高等法院の司法官たちは、貴族たちの空威張りと、外国に支援を要請しようと言い出した彼らの無分別に腹を立てていた。また両者はともに民衆の暴力行為を怖れていた。まっとうなブルジョワたちは、耐乏生活にうんざりし、郊外の彼らの邸宅が軍隊の略奪にさらされていることを知って嘆き悲しんでいた。

さらにロンドンからは、チャールズ一世処刑（一六四九年二月九日）の報が伝わり、人びとはこうした反乱がどのような結末に至りかねないものであるかということを考えるようになった。最高法院の院長マチュー・モレはみずから交渉の任に当たり、リュエイユの和睦が実現した（一六四九年三月十一日）。高等法院は職務に戻ることを約束した。一方、王族たちは、それぞれ個人的に交渉を試み、服従の見返りに、少しでも多くの金銭を獲得しようと試みている。

王族たちのフロンド

コンデは自分が王国の救世主であると考えるようになった。彼の過大な要求と傲慢な態度はアンヌ・ドートリシュを怒らせた。いずれコンデは、愛するマザランの追放さえ求めるのではないだろうか。一六五〇年一月十八日、摂政はパレロワイヤルでコンデの不意を襲い、彼を逮捕するとともに、弟のコンティ親王、また義理の兄のロングヴィル公を逮捕した。

囚人となった人びとの妻と友人たちはパリを離れ、いくつかの地方で大規模な武装蜂起を起こしている。さいわい、軍は王に忠実であった。軍を完全に掌握していたのは、戦闘に慣れ、国王に強く忠誠を誓っていた指揮官たちであった。地方の反乱はすみやかに鎮圧された。

二つのフロンドの結託

こうした《王族たちのフロンド》が完全に敗北したように思われたとき、パリ市民と高等法院のフロンドがふたたび活動を活発化させるという、思いがけない援軍がもたらされた。これはとりわけ、野心家のポール・ド・ゴンディの策動によるものであり、また背後からそれを支えていたのは、ルイ十四世の叔父ガストン・ドルレアンと彼の保護下にいた人びと（clientèle）である。高等法院はふたたびマザランの罷免を要求した。老獪なマザランは、最善の策は一時的に身を潜めることであると判断した。そうすれば、異質な人びとの集合体にすぎない敵陣営は、いずれ分裂をきたさずにはおかないだろう。マザランはコンデを解放し、自身はドイツに亡命して、外国からアンヌ・ドートリシュの行動にひそかに指示を与えつづけた。

それからの数ヵ月間、パリは騒々しいだけの馬鹿げた事件の連続であった。コンデは予想どおり、パリ市民にとって我慢のならない男になっていった。彼はパリを離れ、ギュイエンヌの地方総督管区に戻り、そこで多くの貴族たちの結集を図ることにした。ボルドーで最高権力者としての地位を固めると、彼はスペインとのあいだで、あえて不名誉な同盟関係まで結んでいる。母后とルイ十四世はポワチエに難を逃れ、王に忠誠を誓った軍の保護下にあったが、王軍の指揮を任されていたチュレンヌは、コンデに対抗できるただひとりの将軍であった。一六五二年春、コンデはじゅうぶんに力を蓄えたものと考え、ロワール川以北に戻り、支持勢力の指揮を執りはじめた。チュレンヌは一連の作戦を巧みに展開し、フォーブール・サン゠タントワーヌでコンデをパリの城門に追い詰めている。敗北しかかったコンデが捕らわれずにすんだのは、このときまでコンデ軍に城門を閉ざしていたパリ市が城門を開いてくれたので、市内に逃れることができたからである。しかしコンデはこのときも市民と高等法院の離反を招く結果となった。人びとは最後には、コンデ軍の兵士に食糧を提供することを拒否している。コンデはやむなく、スペインの同盟軍を頼ってオランダへと逃れていった。数日後、若き王と母后は、彼らの《善良な都市》へ戻ってくるように、謙虚な要請を受けている。パリの住民は、フロンドの乱の混乱と、この騒ぎを引き起こした者たちの愚かしさに辟易していたので、王と母后を熱狂的に歓迎した（一六五二年十月二十一日）。いつもながら用心深い人間であったマザランは、人びとの興奮が静まるのを待ち、翌年の二月上旬になって、ようやくパリに戻ってきた。

フロンドの乱の結果

フロンドの乱は、必ずしも国に荒廃をもたらし、国民に無益な苦しみを強いただけの事件というわけではない。乱の結果、世論はかつてなかったほど絶対王政支持へと傾いていった。国王の専制を、それなりに正当な理由から制限しようとした二つの政治勢力――貴族と高等法院――は、彼らの計画をあまりにも愚かしいやりかたで推し進めてしまったため、その後、長期間にわたって世論の信頼を失い、みずからも改革勢力としての気概を失ってしまったのである。その一方で、国民は秩序と安全を渇望し、強力な権力を喜んで受け入れるようになっていた。

マザランの最期

こうした人びとの精神状態の恩恵に真っ先に浴したのはマザランである。彼は死を迎えるまで（一六六一年三月八日）、誰からも異議を申し立てられることのない強大な権力を維持することができた。ルイ十四世は成年に達してからも、統治に関するすべての配慮をマザランに委ねている。一方、枢機卿も国王に対しては父親のような愛情を示し、王の務めを立派に果たすことができるように、国王を優しく導いていた。マザランはまた、注目に値する忠誠の証を国王に示している。若き王は枢機卿の姪マリ・マンシーニ（マリーヤ・マンチーニ）に恋心を抱き、彼女との結婚を願うようになった。マザランは国王の願いを断固として退け、若い二人の悲しみにもかかわらず、マリを遠ざけてしまった。もっともその一方で、自分の一族の財産を豊かにし、どこまでも膨らませることが、主要な関心のひとつであったことに変わりはない。また彼自身についても、マザランはあらゆる不正な手段を駆使し、みずからの利益のために力を尽くしている。相続人たちに残された財産は、一九一四年までの金フラン表示で二億フランと見積もられており、しかもそれ以外にも、膨大な量の芸術作品が残されていた。また、おそらくリシュリューの向こうを張って、マザランはコレージュ・ド・カトル・ナシオン（ピレネー条約によって併合された四つの地方出身者のための学寮）設立のために、二百万フランを遺贈している。死後に作られた荘厳な建物には、今日、フランス学士院が入っている。

2　マザランの対ヨーロッパ政策

ロクロワの勝利

オランダのスペイン軍は、リシュリューとルイ十三世の死によってフランスに生じた混乱につけ入ろうとした。強力な軍隊が北東部の国境に襲いかかってきた。ピカルディのフランス軍は、数的には劣勢であったが、スペイン軍に包囲されていたロクロワの要塞の救援にすみやかに向かっていった。フランス軍を指揮していたのは、二十二歳の将軍アンガン公——のちのコンデ親王である。一六四三年五月十九日、アンガン公が収めた輝かしい勝利は、彼の軍事的天才ぶりを世に知らしめた。有名なスペインの歩兵部隊（テルシオス・ヴィエホス〔戦闘隊形〕）は、戦闘力を失い、不敗の神話も打ち砕かれ、もはやかつての栄光を取り戻すことはできなかった。

ドイツでの攻勢

それからの数年間、フランスの軍事的努力は、もっぱら東側の皇帝軍に向けられている。この方面では、もうひとりの偉大なフランスの軍人、チュレンヌ元帥の評価が確立されることになった。アンガン公の率いる部隊が救援に来てくれたことにより、チュレンヌはドイツに攻勢をしかけることができた。彼はフリブール（一六四四年）とネルトリンゲン（一六四五年）で敵を撃破している。しかしマザランがさらなる軍事費の支出に難色を示したため、決定的な優位を確立するにはいたらなかった。一六四八年の春、チュレンヌはようやくヴランゲル将軍指揮下のスウェーデン軍と、バイエルンで合流することができた。両軍は力を合わせて、ツスマルシャウゼンで皇帝軍を撃ち破っている（一六四八年五月十七日）。首都を脅かされた皇帝は、講和条約に調印する決心を固めるにいたった。

ヴェストファーレン（ウェストファリア）条約

和平交渉はすでに一六四四年から始められていたが、その後ミュンスターとオスナブリュクの両都市で並行して進められていた。交渉に参加していたのは、戦争当事者――神聖ローマ皇帝、フランス王、スペイン王、デンマーク王、スウェーデン王、プロテスタントのオランダ王――の代表だけではなく、すべてのドイツ諸侯と、また調停勢力としての教皇とヴェネツィアの代表も姿を見せていた。つまりこれは、この種のものとしては史上初めての、文字どおりの欧州国際会議だったのである。またフランス語が外交折衝における作業言語としての地位を確立したのもこのときのことであった。

ヴェストファーレン（ウェストファリア）条約は一六四八年十月二十四日に調印された。取り上げられていたのは、もっぱらドイツ問題である。

一　諸侯は「領主の宗教がその地におこなわれる Cujus regio ejus religio」の原則にしたがって、みずからの宗教を臣民に強制する権利を有する。離反信徒に認められるのは亡命権のみである。

二　皇帝位はあくまでも選挙によるものとする。諸侯は主君としてのすべての権利を維持し、それには外国と同盟を締結する権利も含まれる。ただしその同盟は、皇帝に敵対するものであってはならない。

三　ドイツの地位に関する条約の条項については、すべての調印参加国がその保証の責任を負うものとする。

四　承認された多くの領土上の変更において、フランスは、ストラスブールとミュルーズを除いて、アルザスの獲得を認められる。

郵便はがき

料金受取人払郵便

小石川局承認

1796

差出有効期間
平成31年7月
9日まで
（切手不要）

112-8731

東京都文京区音羽二丁目
十二番二十一号

講談社
学芸部 学術図書編集 行

ご購読ありがとうございました。今後の出版企画の参考にさせていただきますので、ご意見、ご感想をお聞かせください。

■ご購入いただいた本
シリーズ（いずれかに丸をつけてください） 学術文庫 選書メチエ 単行本
書名

■お住まいの地域 〒□□□－□□□□
都 道 府 県

■性別 1 男性 2 女性 ■年齢 歳
■ご職業 会社員 公務員 教職員 研究職 自由業 サービス業 主婦 大学生 短大生 各種専門学校生 高校生 中学生 経営者 無職 その他（ ）

TY 000045-1704

1．本書についてのご意見、ご感想をお聞かせください。

2．今後、出版を希望されるテーマ、著者、ジャンルなどがありましたらお教えください。

3．最近お読みになった本で、面白かったものをお教えください。

小社発行の以下のものをご希望の方は、お名前・ご住所をご記入ください。

・月刊ＰＲ誌「本」の定期購読（年間購読料 1000 円）　希望する・しない

・学術文庫出版目録　　希望する・しない

・選書メチエ出版目録　　希望する・しない

〈ご住所〉

〈お名前〉

ご記入いただいた個人情報は上記目的以外には使用せず、適切に取り扱いいたします。

しかもそれだけではなく、ドイツ国家の新たな基本的形態は、間接的に大きな政治的優位をフランスに保証するものであった。ドイツの細分化が決定され、むなしい象徴にすぎなくなった皇帝位の無力が明らかになったからである。この条約によってフランスは、自国の安全についての保障を見いだしただけではなく、《ドイツの自由》を守るという名目のもとで、いつでもドイツ帝国の国内問題に干渉することができる手段を手に入れたのだった。それゆえ十八世紀末にいたるまで、フランス政治の主要な関心が、フランス外交の最高傑作とみなされていたヴェストファーレン条約を守りつづけることであったとしても、少しも驚くには当たらないのである。

対スペイン戦争

スペインの代表団はオランダ連合州と個別に条約を締結し、オランダの独立を承認した後、会議から離脱していた。それゆえ、戦争はフランスとスペインの間だけで続けられ、両国は一対一で対峙することになった。

ロクロワの勝利者アンガン公は、すでにコンデ親王を名乗っていたが、フランドルですみやかに攻勢に出ると、ダンケルクを攻略し、ランスで輝かしい勝利を収めている（一六四八年八月二十日）。しかしこれらの戦勝は長期的な優位を確立することにはならなかった。というのも、フロンドの乱の混乱により、フランスは麻痺状態に陥り、スペインは勢いを取り戻して戦争を継続することができたからである。

一六五七年、マザランは世論を無視し、英国王を処刑した独裁者クロムウェルとの交渉を開始した。イギリスに同盟関係を要請する見返りとして、マザランはダンケルクを譲渡している。チュレンヌ指揮下の仏英軍はダンケルクの戦いでスペイン軍を打ち破り（一六五八年六月十四日）、フランドルの要塞の制圧に乗り出した。スペイン王もついには交渉を決断するほかはなかった。

ピレネー条約

マザランはみずから協議の場に臨み、講和の条件について議論を戦わせている。協議がおこなわれたのは、両国間の国境を流れるビダソア川の小さい島であった。《ピレネーの講和》と呼ばれたこの条約により、フランスは制圧してまだまもなかった土地の領有を承認させることができた。南部ではルシヨンとセルダーニュ、北部ではアルトワ、さらにフランドルとルクセンブルクのいくつかの要塞、なかでも重要なのはティオンヴィル要塞である。

その代わり、ルイ十四世は、スペインと同盟を結んだコンデ公を許し、しかも、スペイン王フェリペ四世の長女マリ＝テレーズと結婚することになった。結婚式はサン＝ジャン＝ド＝リューズで盛大に挙行されている。結婚それ自体は、フランスの将来的な野心に実現の可能性を開くものであった。というのも、スペイン王室は先天性の体質異常によって退化し、いずれ家系が断絶するのではないかと考えられていたからである。スペイン使節団は、スペイン王位がフランスに奪われる危険を回避しようと努めていた。王女マリ＝テレーズは結婚に際して、すべての相続権の放棄を宣言していたのである。ただしそこには、約束された持参金、金貨五十万エキュが全額支払われたならば、という条件が付けられていた。マザランによって巧みに付け加えられたこの付帯条件は、充たされない可能性が十分にあり、実際、充たされることはなかったのである。

ヴェストファーレン条約とピレネー条約は、ハプスブルク家の二つの家系に対するフランスの勝利を画するものであり、フランスはヨーロッパにおける覇権国家としての地位を手に入れたのだった。

3　カトリックの再生

精神的覚醒

フランスでカトリックの再生運動が最盛期を迎えたのも、やはり十七世紀の中葉である。人々の心に深甚な影響を及ぼしたこの多彩な改革運動は、十七世紀のフランス社会に特有の性格を与えるものであった。おそらくこの運動は、カトリック教会が半世紀前にトリエント宗教会議で開始していた、反宗教改革運動の流れに連なるものであると考えていいだろう。しかし教会組織の上層部で推し進められた改革の動きは、フランスでは十六世紀末まで、宗教戦争によって流れを妨げられていた。それとは逆に、宗教戦争は多くのキリスト教徒の心に宗教心の目覚めを引き起こし、それゆえにこそ、人びとは自らの誓いをよりよく理解し、よりよく生きようという思いに駆られるようになっていたのである。またおそらく印刷術の進歩は、信仰についての数多くの思索、何冊もの敬神の書の普及に貢献したものと思われる。いくつもの翻訳が出版され、当時のフランスのカトリック教徒たちは、新旧の宗教作家たちの作品を読むことができるようになった。なかでもよく読まれていたのは、十六世紀スペインの偉大な神秘家たち、ルイス・デ・グラナダ、聖フアン・デ・ラ・クルス、アヴィラの聖テレサなどの著作である。

とりわけ二人のフランス人の著作家が、当時のカトリック教徒の信仰心を高めるのに多大な貢献をはたしている。聖フランソワ・ド・サル司教（一五六七〜一六二二年）とピエール・ド・ベリュル枢機卿（一五七五〜一六二九年）である。フランソワ・ド・サルの『信仰生活への導き』（一六〇八年）は、それまでは俗世間を離れた修道士や修道女たちのものであるとしか考えられていなかった完全な信仰実践の道を、一般信徒にも開くものであった。またピエール・ド・ベリュルの影響は、彼の著作によるという以上に、おそらく彼の個人的な感化によるところが大であったと考えられる。崇高な神秘主義思想に貫かれていた彼の著作は、理解するのが困難であった。その一方で、彼は同時代を生きていた司祭や修道士たちに対して、また彼の出身母体であった高等法院の人びとのあいだで、個人的に大きな影響力を及ぼしている。彼はまた、リシュリュー政治のいくつかの点を敵視するカトリック陣営の精神的指導者であった。リシュリューの宗教政策は、宗教と聖職者を国家のために利用しようとするものであり、また彼の外交政策は、けっきょくのところ、ドイツ・プロテスタンティズムを利する結果となっていたからである。

修道会

修道会が数多く誕生したというのも、カトリックの再生運動に見られたもっとも顕著な側面のひとつである。パリだけでも、半世紀間に、およそ百の新たな修道院が設立されている。こうした点でも、ベリュルのかかわりは小さなものではなかった。彼はスペインの観想修道会、カルメル会をフランスに導入している。ついで一六一一年、彼はオラトリオ会を設立した。これは在俗司祭の団体であり、さまざまな活動に当たっていたが、主たる活動は若者の教育であった。一六二九年、《オラトリオ会修道士》は、フランス各地にすでにおよそ六十の修道院を有していた。その後まもなく、オラトリオ会以外にも同じような団体がいくつも誕生している。ヴァンサン・ド・ポール（二四九ページ参照）は宣教師の団体であるサン・ラザール会を、ジャン・ウードはイエズス・マリア会（通称ウーディスト会）を、ジャン＝ジャック・オリエはサン＝シュルピス会を設立している。そのうち、サン＝シュルピス会の活動は神学校における司祭の養成にかぎられていたが、他の二つの修道会はそれ以外にも、農村部と都市部で、布教と黙想の実践を説いてまわっていた。

　イエズス会は一五九四年、高等法院の決定により、フランスを追われていたが、その後十年が経過して、フランスに戻ることが許されていた。イエズス会の学寮《コレージュ》は一六四〇年に七十を数え、貴族およびブルジョワ上流階級の子弟の教育にあたっている。一方、イタリアで誕生したウルスラ修道会、および聖フランソワ・ド・サルと聖ジャンヌ・ド・シャンタルの設立による聖母訪問会は、女子教育を担っていた。カプチン会、フランシスコ会、ミニム会、静修修道士会といった托鉢修道会の会士たちは、さらに市外区や貧民街の住民たちを相手に活動を続けていた。さらには、古くからの大修道会である、アウグスティヌス会、ベネディクト会、シトー会なども、この時代の改革派修道院長たちの尽力により、活動の停止あるいは弛緩からの再生をはたしていた。修道女たちについても同じように、いくつもの新たな宗教団体が誕生している。

在俗聖職者

　一五一六年の政教協定（コンコルダート）の結果、司教の任命権は国王のものになっていたので、高位聖職者の質は、国王がみずからの務めをどのように理解しているか、その程度いかんということになってしまった。アンリ四世は、十六世紀に数多く見られた最悪の権力の乱用をさらに踏襲し、たとえば、なんとわずか六歳の自分の非嫡出子のひとりを、メスの司教に任命している。ルイ十三世の時代、これほどのスキャンダルはもはや見られなかったが、それでもリシュリューが司教の座に据えた男たちは、徳性という以上に、政治的な才覚ゆえに推薦に値するような人物ばかりであった。大修道院およびその他の教会の聖職禄は、すでになされた奉仕もしくは今後期待されている奉仕に対して、国家が自由に支払うことができる報酬のように考えられていた。《修道院外聖職者大修道院長》――これはしばしば在俗信徒であったが――は、報酬を受け取るという以外にすることはなにもなかった。修道院では《修道院内副修道院長》が聖務を遂行していたのである。その後、ルイ十四世の母后アンヌ・ドートリシュは《聖職禄書類》を聖ヴァンサン・ド・ポールに託しているが、このときの人選はきわめて妥当なものであった。

一方、小教区の下位聖職者たちは、ほとんど誰からも顧みられることのない状態に放置されていた。すでに指摘したように、彼らによりよい教育を保証しようとする努力は払われていたものの、そうした努力が実を結ぶのはまだまだ先のことであった。

一般信徒

上流階級の男女がこの時代ほど多くの割合で、神学に関心を寄せ、聖務に励み、慈善事業に身を投じたというのは、かつてなかったことである。

なかでももっとも活動的な人びとは、ある時期、秘密の宗教団体「聖体会」に結集していた。この会は一六三〇年ごろ、大貴族のヴァンタドゥール公によって設立され、病人と貧民の救済、社会の教化、異端者の改宗などを目標に掲げる、すべての宗教活動の結束の場となることがその目的であった。この《篤信家陰謀団》の秘められた力、当時の風俗に対して行使された一種の無遠慮な検閲は、いつしか人びとに不安を与えるようになり、マザランは「聖体会」に解散を命じている。「聖体会」が続けていた事業のなかでも、もっとも長期的な影響を有するものとなったのは、農村部で進められていた布教活動であった。それにより、社会の混乱に乗じて農村部に根を下ろしていた宗教的な無知、粗暴で異教的な風習は、少しずつ影をひそめるようになっている。

ヴァンサン・ド・ポール

宗教再生運動に見られた社会的・慈善的側面をみごとに体現していたのは、聖ヴァンサン・ド・ポール（一五八一～一六六〇年）である。この貧しい農民の息子は、農村部小教区の極端な貧困を経験した後、ガレー船団の指揮官であった大貴族フィリップ・ド・ゴンディの家で聴罪司祭として働くようになった。彼は自分の立場を生かして、漕役刑を科せられた徒刑囚の悲惨な状況を改善しようと努めている。彼の人脈は、少しずつ上流社会のなかに広がるようになり、ついには母后アンヌ・ドートリシュの信頼を勝ち得るまでになった。聖ヴァンサン・ド・ポールは母后にとって、宗教問題に関するひとりの側近、《愛徳大臣《カリタス》》となったのである。

彼はルイーズ・ド・マリヤックと力を合わせ、病人や貧しい人びとを救済するために、「愛徳修道女会」を設立した（一六三三年）。この修道女会は今日世界中に広まっている。それ以外にも彼が創設し、長期にわたって活動を続けている団体のひとつに、貧しい人びとあるいは未婚の母によって路上に捨てられた赤ん坊を保護するための「棄児院《アンファン・トゥルヴェ》」がある。

ジャンセニスム

宗教刷新の努力は、一部の人びとを極端な活動へと走らせ、カトリシズムのなかには不和の種がもたらされるた。《ジャンセニスム》と呼ばれた分離派の活動は、その名称をオランダ・イープルの司祭ヤンセン、あるいはヤンセニウスに負っている。

ヤンセニウスはその著書『アウグスティヌス』のなかで、神の恩寵の力と人間の自由に関する聖アウグスティヌスの教義について、救霊予定説に関するカルヴァンの理論に近い解釈を下していた。ジャンセニスムをフランスで広めたのは、ジャン・デュヴェルジエ・ド・オランヌ、通称サン＝シラン神父である。彼はベリュルの弟子のひとりであった。彼は自分の弟子たちに、極端に厳格な道徳律を課し、社交界の誘惑とのあらゆる妥協を排し、秘跡を受けるにはほとんど非人間的な条件を満たすように命じている。

パリにおけるジャンセニスムの本拠地はポール＝ロワイヤル修道院であった。若き修道院長アンジェリック・アルノーは、修道院の改革を積極的に推し進めた後、サン＝シラン神父の指導を仰ぐようになった。アルノー家は司法官職保有者を主体とするパリの上層ブルジョワジーのなかに大きな影響力を有していたので、ジャンセニスムは高等法院のメンバーのあいだに広く浸透していった。これらの人びとのうち何名かは、俗世間から身を引く決意を固め、人里離れたポール＝ロワイヤル＝デ＝シャンの地で信仰生活を送るようになった。彼らは、彼らの著作と彼らが自ら示した模範により、当時の社会に深い影響を及ぼしている。

初期の論争

リシュリューはサン＝シランが、ベリュルと同じように、宰相の外交政策を鋭く批判し、また一般的に聖職者の領域に介入しようとする国家のあらゆる干渉を激しく非難していることに不安を募らせた。「あの男は、六つの軍団よりも危険である」と彼は言っている。リシュリューはサン＝シランをヴァンセンヌに投獄した。

マザランの時代に、イエズス会とジャンセニストのあいだで激しい争いが始まり、この争いはその後十八世紀末まで続いている。ジャンセニストは、イエズス会が権力と妥協し、またイエズス会の説く道徳がご都合主義的で、時代の風俗に迎合しすぎているとしてイエズス会を非難した。一方、イエズス会側からの反撃は教義に関するものであった。一六五三年、イエズス会は、ソルボンヌ大学神学部によって要約されたヤンセニウスの教義の五つの命題あるいは主題に対する弾劾を教皇から手に入れている。これに対してジャンセニストは、異端の宣告を受けることだけはなんとしてでも避けたいと考えていたので、五つの命題が断罪すべきものであるという点は認めたものの、それは実際にはヤンセニウスの『アウグスティヌス』のなかに見られるものではないと主張した。こうした議論をめぐって、論争は白熱の度を増していった。ジャンセニスムの主張には、ブレーズ・パスカルという天才的な擁護者が出現している。彼の『プロヴァンシアル（田舎人への手紙）』は、十七世紀文学の傑作のひとつであり、イエズス会の評判に深甚な打撃を加えるものであった。マザランはこうした混乱に不安を覚え、『プロヴァンシアル』を禁書とし、ポール＝ロワイヤルの修道士たちに解散を命じている。

このような迫害にもかかわらず、またおそらく部分的にはこうした迫害ゆえに、ジャンセニスムは十七世紀フランスのカトリシズムに深い影響を及ぼすようになり、そこに、イタリア、ドイツ、ハプスブルク家支配下の国々のゆるやかなカトリシズムとは対照的な、重々しさ、緊張感、道徳的な厳格主義をもたらしている。

第十二章　ルイ十四世の内政

Histoire de France

聖王ルイが中世の西ヨーロッパにとって、キリスト教徒国王の理想像となりえていたのと同じように、ルイ十四世はこの時代、さらには西洋史全体に対しても、絶対君主の原型を示している。半世紀以上にわたる粘り強い努力により、王は国内のあらゆる階層の人びとをみずからの権威にしたがわせ、効率的で中央集権化された行政機構を作りだすことに成功した。たとえプロテスタントに対する迫害が不幸な誤りであったと考えられるにしても、当時フランスがヨーロッパで真の知的・芸術的優越を獲得したという事実は、この時代の治世の功績であったと考えることができる。

ヴェルサイユ宮殿と馬車の行列
（彩色版画）

1　王とその統治

権力の掌握

マザランが死んだとき、ルイ十四世は二十二歳と六ヵ月であった。若き王は、マザラン枢機卿後継者は置かず、今後はみずからが宰相の任務を遂行するつもりであると言明してすべての人びとを驚かせた。そして実際、死を迎えるまでの五十四年間、ルイ十四世は日々、王という、みずから《偉大で、高貴で、快い》職業と呼んでいた任務を完璧に果たしつづけ、側近たちと定期的に国務の研究に励み、会議を主催し、儀式を執りおこない、報告書に目を通してこれを理解することに長い時間を費やしていた。さらにわれわれは、国家の頂点で示されたこうした勤勉で規則的な任務遂行の見本は、統治機構の隅々にまでまれに見る効率の良さを伝えずにはおかなかったとつけ加えることができる。

太陽王

「王の全身は周囲を威圧することこのうえない尊厳に満ち、しかもそれがきわめて自然であったので、王のどのように小さな動きにも、またどれほどありふれた行為にも、同じような尊厳が感じられた。傲慢なようすはいささかもなく、それでいて王の姿にはただ重みが感じられ……完璧な作法を身につけ、かつてどのような人にも見られたことのない、厳かな表情と荘重な気配を漂わせていた……。どれほどの疲労も、どのような天候の不順も、王を挫けさせることはなかった……雨が降っても、雪になっても、寒くても、汗にまみれても、埃に覆われても、同じことであった……。声の響きもこうしたすべての王のようすとみごとに調和するものであった。巧みに話し、丁重に耳を傾ける術を心得ていた……慎み深く……つねに礼儀正しく、それも荘重に、威厳を失うことなく、相手の年齢や身分や性別に応じて……」（サン＝シモン）

ルイ十四世が、たとえどれほどありふれた知性の持主でしかなかったとしても、王には堅固な良識という強みがあった。「王は、真実、公正、秩序、理性を重んじていた。それらに関してならば、言い負かされることさえ王の喜ぶところであった」（サン＝シモン）。慎重で用心深い人間であったので、よく考え、情報を手に入れたあとでなければ決定を下そうとはしなかった。「追って沙汰する」というのが、あらゆる請願に対する最初の答えであった。またどのような逆境にあっても、王の精神は挫けることなく、その気概は敵にさえ敬意を強いるものであった。

真の王侯にふさわしいこれらの美質とは対照的に、ルイ十四世は絶対的な権力を享受するすべての人間に固有の欠陥をあらわにするようになった。みずからが地上における神の代理人であるという強い信念にとらわれていたので、国民の財産、自由、また生命さえ、君主として自由に利用してかまわないと信じていた。とはいえ、摂理の命じるところによりみずから守護者を任じていた神と自然の掟を、王が尊重していたことに変わりはない。こうした信念の虜となり、また本当に幼い子どもだったころから周囲から褒めそやされて育っていたので、心のなかでは誇りとエゴイズムが膨れあがっていた。そのシンボルとなったのは、みずから紋章として用いるようになった太陽である。栄光への愛は人生の大きな原動力となり、国民の幸福はあまりにも頻繁に、その犠牲とされずにはすまされなかった。

私生活

　王のキリスト教信仰はさほど見識あるものとは言えなかったにせよ、本物であったことに疑いの余地はない。それでも王は、しばしば強い官能の衝動に屈している。政略結婚の結果として与えられたさほど魅力的でない正妻――あまりぱっとしない小柄な王妃マリ゠テレーズ――に対して、王は敬意を払いながら、それでも何人かの愛人たちを手に入れている。ルイーズ・ド・ラ・ヴァリエール、マリ゠アンジェリック・ド・フォンタンジュ、そしてとりわけ驕慢《きょうまん》で才気煥発なモンテスパン公爵夫人である。彼女は十年以上の長きにわたり宮廷の祝祭を取り仕切ることになった。王は彼女とのあいだにできた非嫡出子を認知し、フランス王家の王子や王女たちと結婚させている。しかし王妃の死後（一六八三年）、フランソワーズ・ドービニェ、のちのマントノン侯爵夫人と密かに結婚し、王の私生活はより国王にふさわしい趣を呈するようになった。彼女はかなり低い身分の出であったが、すぐれた知性の持主で、王とモンテスパン公爵夫人のあいだにできた非嫡出子たちの養育係を務めていた。この結婚以降、宮廷のようすは変わりはじめ、治世の始めのころ、陽気で放埒な空間であった宮廷は、やがて信仰心を重んじる厳粛な場となっていった。

宮　廷

　ルイ十四世の時代に見られた宮廷生活の異常なまでの発展、また王個人を中心としてくりひろげられた崇拝の儀式の数々は、政治的な意図に応えるものであった。暇をもて余し、血気にはやる貴族たちが引き起こすあらゆる危険を、少しでも取り除いておく必要があったのである。貴族たちは一日一日が祝祭日のように光り輝く生活の魅力によって宮廷に縛りつけられ、どれほどわずかな寵愛であれ、あるいは地位であれ、それらを手に入れるために宮廷に姿を見せることを余儀なくされた。また宮廷で羽振りのよさを誇示するために経済的な苦境に陥るように仕向けられ、ますます王権に強く依存せざるをえなくなっていった。

このように貴族を一ヵ所に集めるための表向きの理由として、不必要な職務、あるいはたんなる名誉職が数多く設置された。それらはひとつにまとめられて宮内府文官部門を構成し、数百名の人びとが、六つの業務を分担するようになっていた。王妃および王家の王子や王女たちにも、それぞれの《宮内府》が与えられている。さらにヴェルサイユに集結していた人びとのなかには、まだどのような職務も与えられてはいないが、祭典に少しでも参加したいという希望を抱いている人びとも加わっていた。他方、宮内府武官部門の儀仗兵部隊は、文官部門と同じように多くの名誉職、あるいは実際に報酬の支払われる地位を青年貴族たちに提供していた。宮廷には全体で四千から六千の人びとが集まっていたと考えられる。

宮廷生活は典礼の命ずる細かな慣例を遵守することによって成り立っていた。起床から就寝にいたるまで、国王の生活上のすべての行為はそれぞれが公式行事となり、役割や席次までもが細かく規定されていた。王みずからが定められた時間割に厳格にしたがっていた。「暦と時計があれば、たとえ三百里離れていても、王がいまなにをしているのか、正確に言いあてることができた」とサン゠シモンは記している。

ヴェルサイユ宮殿

太陽王を崇拝するためには、祭式執行者と信者たちの全員を収容することができるじゅうぶんに大きな神殿が必要であった。それがヴェルサイユ宮殿であり、これは絶対君主政の最高の表現だったのである。しかしまたこの宮殿は、一時代の芸術のもっとも輝かしい成果であり、建築、彫刻、絵画、家具、さらには造園家の技、水道業者の技術をも含めて、あらゆる要素がここには統合されていた。

ルイ十四世が住居をパリの外に定めることを決断したことについては、フロンドの乱の思い出の影響が考えられるだろう。場所がヴェルサイユに求められたのは、狩猟鳥獣の多く棲む森のそばにルイ十三世が建てさせた小さな城館があったからかもしれない。父親と同様、ルイ十四世は野外の生活と狩猟の大の愛好家であった。ヴェルサイユ宮殿の建設は、事実上生涯にわたって王の心を占めつづけている。改築、拡張、美化といった作業が毎年のようにくりかえされ、庭園を整備するための大規模な土地の造成と植林がおこなわれ、地形までもが大幅に作りかえられた。ヴェルサイユ庭園の多くの噴水に水を供給するために、マルリにはセーヌ川の水を水道の高さまで汲み上げることができる驚くべき装置が作られていた。広大な庭園を完成させたルノートルの名は、《フランス式》と称される庭園のスタイル、その幾何学的な構成に結びつけられて後世に伝えられ、同様に建築家ルヴォーとマンサールの名は宮殿そのものの建設によって、画家シャルル・ルブランの名は室内装飾の制作によって、不朽のものとなった。

巨大な王宮は過剰なまでに人びとのあふれかえる場となり、ルイ十四世はより快適で私的な住居を欲するようになった。こうしてできあがったのが、中央宮殿のすぐそばに建設されたトリアノンであり、またすこし離れたマルリに作られた、緑に囲まれ豊かな水の流れによって涼しさを味わうことのできる、夏の住居である。

ルイ十四世は建築物に対し異常なまでの愛好を示し、そのために年間国家予算の三パーセントから五パーセントを費やしたとして、しばしば非難されてきた。そもそも王自身、死の床にあって、そのことで自責の念に駆られている。それでも今日、われわれは王に対してもう少し寛大になることができるだろう。こうした建築物の政治的側面（王と王政の威光を示すための有効な手段としての）は別としても、このようにさまざまな建築が企画されたことにより、芸術は飛躍的な発展を遂げ、何千何万という労働者と職人には仕事がもたらされ、わが国の芸術遺産に後世にまで伝わる数々の豊かさが加えられたということを、われわれは考えてみてもよい。

芸術と文芸の保護者

ヴェルサイユ宮殿であれ、あるいは当時建設された他の建築物——ルーヴル宮殿の大列柱、廃兵院《アンヴァリッド》、あるいはサルペトリエール病院など——であれ、すべての造形芸術において、また音楽においても、そこに見てとることができるのは、当時のイタリア芸術によせる王の嗜好である。もっともそこには、簡潔さ、規則性、多少杓子定規な荘厳さ、いくぶん冷ややかな壮大さ、といったニュアンスの違いを、明らかに見てとることもできる。一六六六年、ローマにフランス・アカデミーが設立され、フランスの若い芸術家たちは古代とルネサンスの模範を現地で学ぶことができるようになった。一方パリでは絵画・彫刻アカデミーがシャルル・ルブランの指導のもとで、《よき趣味》すなわち王の趣味の規則が守られるよう監視する任務にあたっていた。他のいかなる君主にもましてルイ十四世は、同世代のあらゆるジャンルの芸術家たちに課された様式の真の創造者であったように思われる。

同様に当時の文学においてももっとも重視されていたのは、完成度の高さという、国王みずからが重んじていた価値基準であった。古代作家を模倣し、構成においては明快さと単純さを心がけ、言葉の使用においては節度と品位を尊ぶことが求められた。こうした規律を課していたのは、アカデミー・フランセーズであるとともに、それ以上に国王の見解だったのである。ルイ十四世はモリエールやラシーヌといった作家たちの才能を見抜き、じゅうぶんな年金を支給し、さらに彼らに尊敬の念を表すことによって、創作活動を奨励することができた。こうした王の態度は、また作家たちの社会的地位の向上にもつながっている。

科学もまたおおいに発展がうながされていたが、とりわけその原動力となっていたのは、科学アカデミーの創設（一六六六年）、パリ天文台の設立、初めての科学定期刊行物『ジュルナル・デ・サヴァン』の刊行などである。

統治

「大切だったのは——とルイ十四世は記している——私には自分の権威を他者と共有するつもりなどまったくないということを、私が登用した側近たちの社会的地位を通じて人びとが知るということであり、また私に登用されていた側近たちが、自分たちの置かれている立場を理解することによって、私が彼らに与えようとしている以上に高い希望をはじめから抱くことがないようにしておく、ということであった」。こうした理由から王は国家の統治において、ブルジョワ出身者しか登用しようとはしなかった。貴族に許されていたのは、陸軍、海軍、あるいは宮廷の職務において、昇進を図るということだけだったのである。もっともこのように抜擢されたブルジョワたちは、かなり早い時期から貴族の称号を手に入れており、また彼らの子孫たちが姻戚関係を通じて旧貴族の仲間入りをするのにたいして時間はかからなかった。

それ以外の面で、ルイ十四世は、フランソワ一世以来少しずつ確立されてきた中央行政の統治機構を、それぞれの役割を明確にしながら、ほぼそのままの形で踏襲している。大法官が司法の頂点に立ち、財務総監が財政を統括し、それ以外の四人の国務卿が、それぞれ国土の一定部分の行政管理に当たるとともに、特別の職務（宮内卿、外務卿、陸軍卿、海軍卿）を司っていた。国務会議は原則的にひとつだけであったが、実際の作業はいくつかの特別部門を通じておこなわれており、これらの部門もまた《国務会議》と呼ばれていた。すなわち最高国務会議、内務国務会議、財務国務会議、司法国務会議などである。地方で進められた主な改革は、地方長官を常駐させ、その地位を固定化したことであった。これまで地方長官は、むしろシャルルマーニュの巡察使《ミッシ・ドミニキ》のような役割をはたしていた。つまり視察官であり、地方を巡回する検査官だったのである。それがこのとき以降、地方長官はあらゆる権限を与えられ、地方における王の目となり、腕となったのだった。

絶大な権力を有するこうした行政機構を前にして、それ以外の王国保有官僚の諸団体は、黙って服従するほかはなかった。市町村の行政は地方長官の厳しい監督下にあった。パリでの治安維持活動はパリ警視総監の仕事であった。地方三部会の開催はまれにしか許されていない。高等法院の建白権は事実上消滅していた。地方貴族の横暴や不正は、ますます告発と処罰の対象になっていた。

2　コルベールの業績

コルベールとフーケ

王国の強力な行政機構を完成させるに当たって、中心的な役割を果たしたのはジャン＝バチスト・コルベールである。このランスの毛織物業者の息子は、はじめマザラン枢機卿の腹心の部下であり、主人の莫大な財産の管理にすぐれた手腕を発揮していた。枢機卿は死に臨んで、王にコルベールを強く推薦している。コルベールが最初にルイ十四世の信頼を得ることができたのは、財務卿ニコラ・フーケが不正な蓄財によって国庫に損害を与えていると、国王に信じさせることができたからであった。このフーケに対する告発に関して、近年のある歴史家は真剣にその真偽を疑問視している。とはいえフーケが誇示した――とりわけ豪勢なヴォー＝ル＝ヴィコント城の建設によって――不遜なばかりの奢侈が、王に不快な思いをさせたことはまちがいない。ルイ十四世は一六六一年九月、突然フーケの逮捕に踏みきった。フーケは人びとに好感をもたれていたので、審理では彼の不正が明らかにされたとはいえ、裁判は彼にたんなる追放刑を言い渡しただけで終了した。しかし王は、みずからの権限で、判決を終身禁錮刑に変更してしまったのである。その後ほどなくして、コルベールは財務総監に任命された。一六六九年、コルベールは財務総監以外に、宮内卿と海軍卿という二つの国務卿を兼任している。つまりコルベールは十年以上にわたって、陸軍卿と外務卿の管轄領域以外の王国のすべての行政を支配下に置いたのだった。彼の死後（一六八三年）、これほどまでの権力の一極集中はもはや見られることはない。

コルベールはみずからの膨大な任務を遂行するにあたり、仕事に対する真の情熱を発揮し、明晰にして首尾一貫した精神にしたがい、また偉大な国王と国家に対する絶対的な献身を貫いているが、それでも自分の利益と一門の利益を図ることを忘れていたわけではない。コルベール家は半世紀の間にルイ十四世の臣下を少なくとも五名輩出している。コルベールは冷徹な人間で、当たりがきつく、役人や請願者たちに恐れられていた。

財　政

コルベールは会計に厳密な方法を導入し、収入と支出の状況を毎月確認して年間の予算を決定することができるようにした。特別裁判所が設置され、フーケのように不正に富を蓄えたフィナンシエ（財務官僚、金融業者、徴税請負人など）を追及している。これにより一億一千万リーヴルが国庫に返還されたが、これは通常の歳入を上回る額であった。またいくつかの種類の国王借款の高すぎる金利が引き下げられている。

税負担の公正を図るために、コルベールは、タイユ税を免除されていた偽貴族を徹底的に追及している。またタイユ税による収入を一六パーセント減少させているが、それはこの直接税が特権をもたない一般の平民だけの負担になっていたからであり、反対に国民全員を対象とする間接税収入は四倍に引き上げられている。それには飲料を対象とするエード、交易税（国内関税）、ガベル（塩の販売税）などがあった。こうした税収入源以外にも、コルベールは、印紙税、金銀製品証印税、トランプ税、タバコ独占販売税などを導入している。これらの間接税はすべて、このとき以降フランスの税制に取り入れられて今日に及んでいる。

一六七二年までに、コルベールは収支の均衡を実現しているが、赤字はその後ふたたび発生するようになった。宮廷費、建築費、それにとりわけ軍事費が、王国の通常収入を超過していたからである。またしても国家は国王借款と売官制に頼らなければならなかった。

法制度の整備

《いくつもの無意味な猶予期間と証書を廃止することにより、業務の遂行をより円滑にするため》に、コルベールは民事王令(一六六七年)、刑事王令(一六七〇年)、商事王令(一六七三年)の三つの大きな王令を公布している。それらの条項の多くはナポレオン法典においてもふたたび取り入れられることになった。河川・森林王令(一六六九年)はフランスの森林遺産を保護し、その開発を規制したものである。海事王令(一六八一年)と植民地王令(一六八五年)の二つは、非常にすぐれた法典であり、その条項の大部分は英国においても採用されることになった。

コルベール主義

コルベールの経済政策の背景にあったのは、いくつかのきわめて単純な発想である。王は強くなるためには豊かでなければならない。富とは金であり銀である。金銀がフランスで産出されない以上、フランスはこれを外国との通商によって手に入れなければならない。それゆえ、できるだけ少なく購入し、できるだけ多く売る必要がある。

産　業

こうした考えかたの要に位置していたのは産業である。フランスの産業は、これまで国民が外国から購入していたものを彼らに供給し、また外国人に対しては彼らの心をとらえるような製品を提供できるようにしなければならない。先導役を務めたのは《王室工場》と呼ばれていた国営企業であった。なかでももっとも重要なパリのゴブラン工場は、その名声を高めたタピストリー以外にも、あらゆる種類の家具や工芸品を生産している。一方《王国工場》と呼ばれた民営企業は、助成金、税の免除、独占の認可などによって、生産活動を優遇されていた。コルベールは外国から専門の職人を招いている。たとえばヴェネツィアからはガラス職人が招かれ、彼らは最初はパリで、次にはサン＝ゴバンでガラス工場の建設に力を貸している。製品の質は工場検査官の団体および数々の細かな規則によって保証されていた。一方、工場以外の場所で働いていた職人たちは、同業組合に参加することが義務づけられ、そこでは宣誓した組合の代表者たちが労働の管理にあたっていた。

商　業

産業が製品を生み出したならば、次に金銀の流入を図るのは商業の役割である。一方でコルベールは、事実上の輸入禁止処置に等しい極端な高関税率を設定して、外国からの輸入を大幅に制限し、他方でイギリスやオランダと張り合うことのできる海運力の増強を図っている。フランスの船主たちは船舶の建造あるいは購入に必要な助成金を支給されていた。

コルベールは五つの大きな株式会社の設立に尽力している。それぞれは東インド、西インド（アメリカ）、東地中海、北海、セネガルの方面に向けてフランスの交易を拡大させる権限を、国王特権によって認められていた。そのうち東地中海、北海、セネガル方面に進出した会社は経営不振に陥り、コルベールの生前に解散してしまっていた。他の二つの株式会社も、途切れることのない戦争によって大きな困難を強いられていた。それでもルイ十四世の治世の最後の数年間、一度はずみを与えられた交易の勢いは個人船主と私企業に受け継がれ、サン＝マロ、ナント、マルセイユをはじめとして、いくつかのフランスの港は大いなる繁栄を謳歌している。

国内の商取引は、交通の安全が確保され、税関区域境界線が減らされ、道路、橋、航行可能な水路などが整備されたことによって、非常に活況を呈するようになった。大西洋と地中海を結ぶ運河は、ピエール＝ポール・リケの計画にしたがい、彼の監督のもとで、十五年間かけて建設され（一六六六～八一年）、ガロンヌ川沿いのトゥールーズと地中海沿岸のセットが結びつけられた。総延長は二百八十八キロにおよび、百八十メートルの高低差を乗りきるのに必要な百九十の水門を有するこの運河は、近代のもっとも偉大な工事として人びとの称賛を集めている。ただ残念なことに、その利用は人びとの期待に完全に応えるほどのものではなかった。

植民地

フランスを外国との交易に依存することのない国にしようとする同一の意図のもとで、コルベールは植民地での事業を奨励している。セネガルの海岸で買われた黒人奴隷はカリブ海のアンティル諸島に送られ、サトウキビ農園の拡大のために働かされていた。カナダのヌーヴェル・フランスはフランス西部のいくつもの地方から多くの農民たちを受け入れている。ここにはフランス王国の行政機構が導入され、地方総督、地方長官、司教が任命されていた。ケベックの商人ルイ・ジョリエとイエズス会宣教師マルケット神父は、ミシガン湖から出発し、彼らがコルベール川と呼んだミシシッピ川の上流に達している。その後、カヴリエ・ド・ラ・サルは、ミシシッピ川を下り、メキシコ湾に到達した。このようにして発見された土地を、彼は国王の栄誉を讃えてルイジアナと命名している。

東インドではポンディシェリとシャンデルナゴルにフランス商館が設立されている。

海軍

交易と植民地を守るためには艦隊が必要である。マザランはリシュリューが作り上げた艦隊が老朽化するのをそのまま放置していた。一六六一年にルイ十四世が有していた航海可能な船舶は、もはや八隻の大型軍艦と六隻のガレー船のみであった。コルベールはまずイタリア、オランダ、デンマークから船舶を購入している。同時に彼はトゥーロン、ロシュフォール、ブレスト、ダンケルクの海軍工廠を大幅に拡張し、森林資源と国内産業の整備を大々的に推し進めた。一六七〇年、彼はすでに国王に誇らしげに報告することができた。「船舶の建造に必要なものは、いまではすべてが国内に整備されておりますので、国王陛下は艦船のためにもはや外国を必要としてはおりません」。一六八一年、フランス艦隊は百七十六隻を数え、そのうち百二十隻は遠洋航路船、三十隻がガレー船であった。

乗組員を確保するためにコルベールは海員登録制度を考案しているが、この制度はその後も原則的に効力を失っていない。沿岸地域に居住し、農耕に携わっていないすべての男子は、労働時間三年のうちの一年、あるいは扶養家族の負担に応じて四年から五年のうちの一年を、海員として働く義務を負うことになった。その代償として彼らには、とりわけ老齢年金をはじめとするいくつかの特典を受ける権利が認められている。

コルベール以後の財政

コルベールの生前から、予算はすでにふたたび歳出超過に陥っていた。膨大な軍事費の支出により、赤字は増加する一方であった。新たに二種類の直接税が導入された。

①カピタシオン（人頭税）。一六九五年以降、王国のすべての臣民は社会的地位に応じて二十二の階級に分類され、それぞれの序列ごとに定められた税額を支払うことになった。第一階級は二千リーヴル、職人と日雇い農民からなる第二十二階級は一リーヴルである。

②ディジエーム（十分の一税）。この税は一七一〇年に制定され、あらゆる種類の収入を対象とするものであった。

しかし、適当な行政機構が存在せず、また貴族と聖職者の執拗な抵抗に直面して、これらの新たな税の負担は、とりわけすでにタイユ税を支払っている人びとの上に降りかかることになった。

同時に、あらゆる種類の方策が講じられている。

——国王借款。利子はかならずしも定期的に支払われていたわけではない。

——宝くじ。

——新たな官職の売買。ますます多くの無用で滑稽な官職が作られた。たとえば、《かつら宣誓管理官》、《バター・チーズ試食係》など。

——通貨の改鋳（＝通貨操作）。計算貨幣《リーヴル》と流通硬貨の関係は、恣意的な操作の対象となった。リーヴルの価値は、一六四一年から一六八九年まで、純銀八・三三グラムに固定されていたが、それが一七一五年には、もはや五・五三グラムの価値しかなかった。貨幣を鋳造するために、ルイ十四世は個人的に所有していた銀製品およびヴェルサイユ宮殿の貴重な装飾品のかなりの部分をこれに充当している。

こうしたあらゆる方策にもかかわらず、赤字と公的債務は増えつづける一方であった。治世の終わりごろ、人びとはすでに国家財政の破綻が避けがたいものであると考えるようになっていた。

3　宗教問題

ルイ十四世はカトリック君主の権利と義務について抱いていた彼自身の考え方に従い、一方ではみずからの権力をローマの正統教義のために役立てようと努め、他方では、フランス教会に対するローマ教皇の干渉をすべて排除しようとしたのである。

教皇との争い

いずれかの司教座が空位になったとき、国王は新しい司教が着座するまで、たんに当該司教区の徴税権だけではなく、聖職禄の授与をも自由に行使できるということが習慣的に認められていた。これが国王特権と呼ばれていたものである。しかしながら、この権利はそのころまで、南フランスのおよそ六十の司教区においては適用されていなかった。一六七三年、ルイ十四世はこうした国王特権の免除に終止符を打つことを決定する。二人の司教だけがこれに抗議し、ローマ教皇庁に訴えた。新教皇インノケンティウス十一世はあらためて国王の行動を非難した。

ルイ十四世は国内の役人と官職保有官僚たちからなる広い世論の支持を受け、フランスの聖職者に、《教皇権至上主義《ユルトラモンタニスム》》に反対し、フランス教会の自由を主張するように呼びかけた。聖職身分臨時会議が——一種の国内公会議といったかたちで——、一六八一年から八二年にかけて開かれ、四つの条項からなる公式の宣言を採択して国王の期待に応えている。

①世俗世界の問題に関して、国王と君主はいかなる教会権力にも服するものではない。

②宗教的な問題において、教皇に属するすべての権威といえどもコンスタンツ公会議に認められたすべての権威を廃することはできない。

③フランス教会の習慣と規則はあくまでも守られなければならない。

④信仰の問題における教皇の判断は、教皇みずからの意志によって改めることができないわけではない。

この《四ヵ条宣言》に歴史的な重要性が認められているのは、その後十九世紀にいたるまで、この宣言が《フランス教会自立主義《ガリカニスム》》と呼ばれてきた主張の、もっとも真正の表現として引き合いに出されてきたからである。

この宣言は当初、国王と教皇の対立を激化させずにはおかなかった。ルイ十四世はすべての聖職者に宣言を公式に承認するように要求した。一方インノケンティウス十一世は、国王によって任命され、宣言に同意した司教に教会職への叙任を認めること――すなわち、宗教上の権限を与えること――を拒否している。そのためインノケンティウス十一世が死去したとき（一六八九年）、フランスの三十五の司教区は、有資格者としての司教が不在になってしまったのだった。

その後ルイ十四世は、外交政策でさまざまな困難に直面したために、最終的には譲歩を決断せざるをえなくなった。一六九三年、四ヵ条の宣言はもはや神学校で教えられることはないとの声明を発表し、王が任命した司教たちが宣言の撤回に署名することによって、教皇から叙任されることを承諾している。その一方でインノケンティウス十二世は、空位司教区における国王の徴税権がフランス全土に広げられることを承認している。

ジャンセニスム

ジャンセニストたちの集団はルイ十四世の嫌悪の的であった。彼らの抵抗と煩瑣な言説は、彼らの多くが属していた高等法院の評定官たちの抵抗と言説を国王に思い出させずにはおかなかった。ジャンセニスト集団は表向きは服従の姿勢を見せていたが、フランス教会自立主義の主張が彼らに支持を与えていたこともあり、信奉者は依然としてあとを絶たなかった。ルイ十四世の統治の終わりごろ、ジャンセニスムは体制に対する抗議の叫びをいわば象徴するような存在にさえなっていたのである。

ルイ十四世の苛立ちは募る一方であった。一七〇九年から翌年にかけて、王はセクトの牙城であったポール＝ロワイヤル＝デ＝シャン修道院の修道女たちに突然の解散を命じている。その後、建物自体も破壊されてしまった。一七一三年、王は教皇からジャンセニスムの教義に対する新たな公式の断罪を手に入れている。この文書――ウニゲニトゥスの大勅書――の承認を拒否した者は、追放あるいは投獄の危険にさらされることになった。

ナントの勅令の廃止

当時のすべての人びとと同様、ルイ十四世は、王の宗教と異なる宗教を信奉している国民が存在するということは、国家にとって異常であり、危険なことであると考えていた。さらに王の政策が王と教皇の対立を激化させればさせるほど、カトリシズムの擁護者としての姿勢を示すことが王にはますます求められるようになっていた。人生の晩年において、マントノン夫人の影響もあり、王はカトリシズムの擁護者となることがみずからの良心の務めであるとさえ考えるようになっていた。しかもプロテスタント貴族の家系の多くは、王の寵愛を失うことを恐れてすでにカトリックに改宗しており、それだけに新教徒《ユグノー》に配慮する必要は、王にはますます感じられなくなっていた。

実際、ルイ十四世は、カトリシズムからの離反者に対してすでにどのような個人的な厚遇も与えないという主義に徹していた。またかなり早い時期からプロテスタントに対して、ナントの勅令に明確な言葉で保証されていないすべての事柄を禁止するようになっていた。たとえば葬儀に関して特別な規定はなにもなかったので、プロテスタントの死者の埋葬は午前六時から午後六時まで完全に禁じられてしまっていた。一六七六年には金銭的な報酬によって異端放棄の宣誓をうながすための改宗基金が創設されている。もっともこの卑劣なやりかたはほとんど成果を挙げることはできなかった。

一六八〇年以降、迫害は激しさをまし、ナントの勅令の文言に明白に違反するような方策までもが幅広く利用されるようになった。「いわゆる改革派宗教（RPR）」の信徒は、すべての公職ならびに医師、弁護士、印刷業者といった自由業から排除されてしまった。さらにポワトゥーの地方長官は、税金をあくまでも納めようとしない納税義務者に対してしばしば用いられてきた強硬手段を、プロテスタントを相手に用いることを思いついた。すなわちプロテスタントの家に駐屯員、つまりは兵士たちを滞在させ、彼らに兵士たちを扶養する義務を課したのである。この《ドラゴナード（竜騎兵による新教徒迫害）》は、実際一見したところ非常に多くの改宗を実現したように思われたので、陸軍大臣ルーヴォワはみずからの権限でこのやりかたを他の地域でも実施するように指示している。こうした作戦の実態をなにも知らされていなかったルイ十四世は、大量の改宗の動きがあらわれてきたように見えたことに感銘を覚えずにはいられなかった。少数の頑固者以外にプロテスタントはもはや存在せず、そのような少数者のために特別の体制を維持するのはもはや不要であると、王は真面目にそう信じてしまったように思われる。一六八五年十月十八日、王はナントの勅令の廃止に署名した。公の礼拝は禁止され、プロテスタントの教会はすべて破壊されることになり、牧師はフランスから追放された。反対に一般の信徒はフランスを出ることができなくなり、これに違反して逮捕された場合は漕役刑を科せられることになった。

不幸な結末

ナントの勅令の廃止は大多数のフランス人によって熱狂的に歓迎されている。しかしながら実際のところ、この決定はこのうえなく不幸な結果を生み出さずにはおかなかった。

①厳しい刑罰が科せられる恐れがあったにもかかわらず、二十万から三十万人のプロテスタント

がすべてを棄て、フランスを離れていった。多くのすぐれた職人たち、知識人、経験豊かな軍人および船員たちを含むエリート層の集団的出国は、フランスを弱体化させずにはおかなかった。いくつかの地方で繊維産業は衰退してしまった。反対に彼らは、亡命先を提供してくれた国々の国力と繁栄の一因となっている。とりわけ二万人以上のフランス人プロテスタントが定住したプロイセンはその好例であった。

②迫害はヨーロッパのすべてのプロテスタント諸国で人びとの怒りを買い、ルイ十四世が一六八八年以降相手にしなければならなかった国々の同盟〔アウグスブルク同盟〕をうながすとともに、それを継続させる結果となった。

③一七〇二年、セヴェンヌ地方でカルヴァン派の農民が蜂起した。彼らはカミザールと呼ばれているが、それは彼らが夜間の襲撃のときに互いを認めることができるように白いシャツ《カミーズ》を着ていたからである。この内戦はゲリラ戦の様相を呈し、三年間にわたって続き（一七〇二〜〇五年）、鎮圧には精鋭部隊の兵士数千名が動員された。ヴィラール元帥がなんとか首謀者を降伏させることができたのは、彼らに赦免といくつもの寛大な処置を約束したからである。それでも混乱はなお一七一〇年まで続き、完全に収まるにはいたらなかった。

こうしたあらゆる迫害もプロテスタンティズムをフランスの地で消滅させることはできなかった。それどころかプロテスタンティズムはけっきょくのところ新たな活力を取り戻している。ルイ十四世の死の数日前、ニームの近郊では南フランスのユグノーによる非合法の教会会議の開催が可能になるほどであった。

第十三章

Histoire de France

ルイ十四世の外交政策

ルイ十四世の政治目標は国益にかなっており、またじゅうぶん理にもかなっていたといえる。しかし王は目標を追求する過程において、あまりにも個人的な栄光にこだわり、あまりにも傲慢な態度に徹していたため、最終的に他の国々はすべてフランスに敵対するようになってしまった。四回の戦争は起きるたびにますます長期化し、困難なものとなり――およそ三十年間に及んでいる――、フランスはあまりにも過酷な労苦を強いられ、疲弊のきわみに達してしまったのである。それでもフランスが国土の有益な拡大を実現していたことに変わりはない。

ナイメーヘンでの講和条約締結（シャルル・ル・ブランの寓意画。ブダペスト美術館）

1 目標と手段

目標

ルイ十四世の外交政策は、発想においてもスタイルにおいても、王その人の主要な性格の忠実な反映であった。王はあくまでも自己の優越を求める傲慢な意志の所有者であり、栄光への情熱の虜であった。なかでも王が強く求めていたのは、アレクサンドロス大王とカエサルの偉業を忘れることができなかった歴史と世論が、軍事的功績と征服の大きさゆえに国王や最高指導者たちに認めていた栄光だったのである。しかしその一方で、われわれは王の外交政策のなかに、王の行動の大きな特徴でもあった粘り強さ、また多くの状況において、王の用心深さを認めることができる。そもそも王が追求していた具体的な目標とは、もともとリシュリューとマザランによって示されていた国益追求の方針の延長線上に位置しているものであった。要は、ハプスブルク家の覇権を突き崩し、その危険を取り除くこと、王国の領土を拡大し、より安全な国境をフランスにもたらすことだったのである。当時のヨーロッパ情勢のしからしめるところにより、ルイ十四世はとりわけスペイン王国に犠牲を強いることによって、こうした利益を追求することになった。

ルーヴォワと新しい軍隊

軍隊は外交政策の主要な手段であり、王のあらゆる配慮の対象となっている。ルイ十四世の統治下で、軍隊には大幅な改革が加えられた。

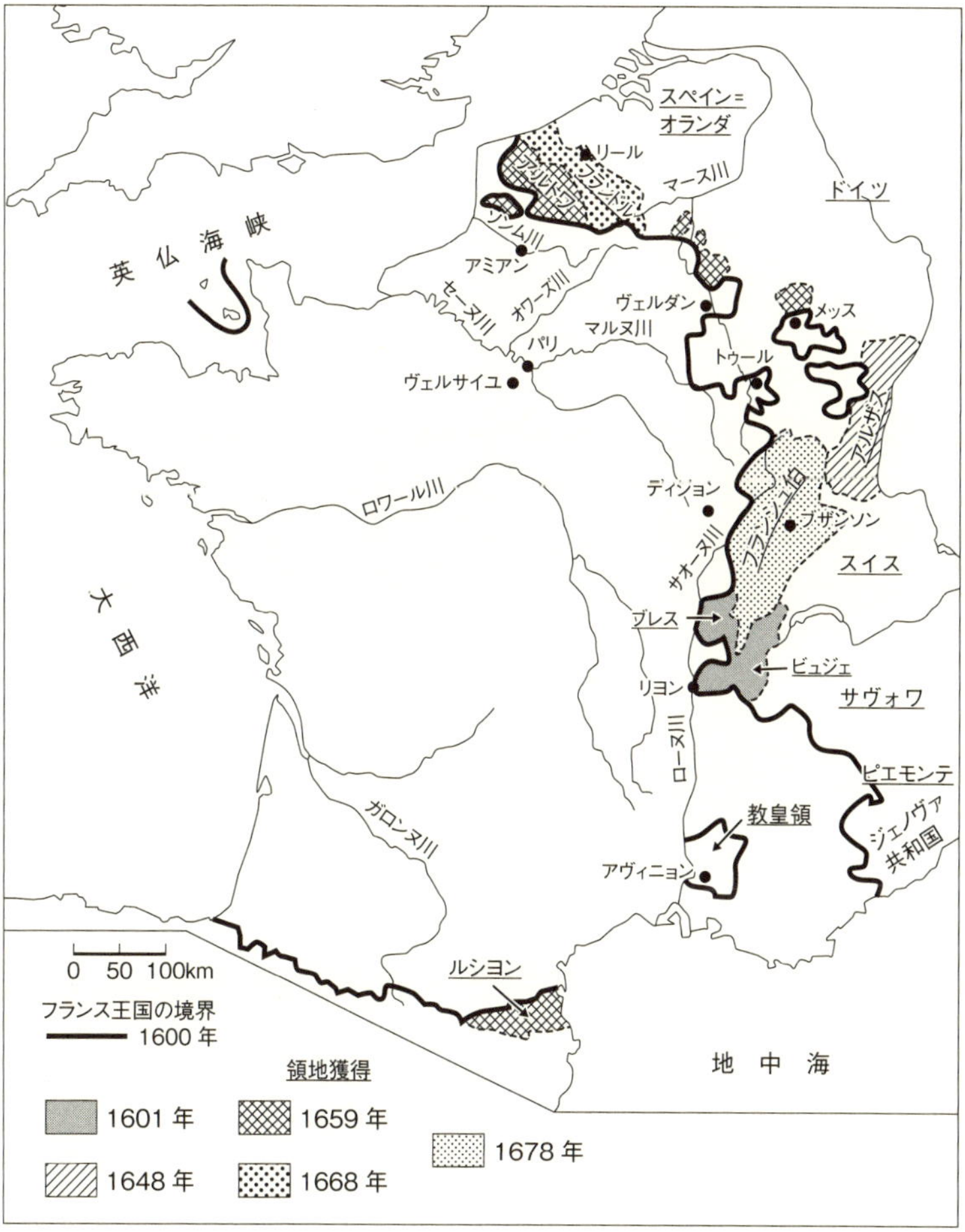
スペイン＝
オランダ
リール
フランドル
アルトワ
マース川
ドイツ
ソンム川
英仏海峡
アミアン
セーヌ川
オワーズ川
ヴェルダン
メッス
マルヌ川
パリ
トゥール
ヴェルサイユ
アルザス
ディジョン
ロワール川
フランシュ＝コンテ
ブザンソン
サオーヌ川
スイス
大西洋
ブレス
ビュジェ
リヨン
サヴォワ
ローヌ川
ピエモンテ
教皇領
ジェノヴァ
共和国
ガロンヌ川
アヴィニョン
0 50 100km
ルシヨン
フランス王国の境界
1600 年
領地獲得
地中海
1601 年
1659 年
1678 年
1648 年
1668 年

17世紀の王国の拡大

継続性を重んじるルイ十四世の気質が驚くほど顕著にあらわれたのは軍事行政においてである。ミシェル・ル・テリエはマザランのもとですでに陸軍卿であったが、彼はこの職務に三十年以上とどまることになった。彼が一六七七年に大法官になったとき、あとを継いだのは息子のルーヴォワであり、また一六九一年にそのあとを継いだのは、孫のバルブズューである。

ルーヴォワは一六六二年すでに父親とともに職務に就いていたが、コルベールの死後、ルイ十四世の側近のなかでももっとも有力な政治家になった。最高国務会議に名を連ね、国家のあらゆる重要問題に発言権を有していた。また王は彼に、一六八三年以降、艦隊の指揮も委ねている。ルーヴォワは王の寵愛をつなぎとめるため、あまりにも頻繁に王の情熱におもねり、そのためナントの勅令の廃止をはじめとして、いくつかのきわめて不幸な決定を下すよう王をうながす結果になった。他のすべての人びとに対して、ルーヴォワは横柄で粗暴であった。それでも彼は行政官としてすぐれた手腕を発揮し、熱心に仕事に取り組み、フランスに近世最強の軍隊をもたらしている。

軍隊の改革

①兵力の増強。一六六一年に四万人以下だった常備軍の兵員数は、平時編成において、段階的に歩兵十二万五千名、騎兵四万七千名にまで引き上げられた。戦時編成において、ルイ十四世は三十万の兵士を動員している。志願兵を徴募するだけではかならずしもじゅうぶんではなかったので、ルーヴォワは一六八八年以降、一種の強制的な徴兵制を実施するようになった。すべての小教区は二十歳から四十歳の独身男子のなかから抽籤《ちゅうせん》で選ばれた一定数の「国王民兵制の兵士 miliciens」を提供する義務を負うことになった。

②連隊長《コロネル》〔大佐に相当〕と中隊長《キャピテーヌ》〔太尉に相当〕の職務は司法官職や財務官職と同じように売官制による購入の対象とされていたので、軍の《規律》はかならずしも良好であるとはいえなかった。ルーヴォワはマジョール〔大隊長に相当。現在は用いられていない〕とリュトゥナン＝コロネル〔連隊長補佐、現在の中佐に相当〕という新たな階級を設け、これによりたとえ貧しくても能力のある士官は、旅団長、少将、王国総司令官といった上位の階級に昇進することが可能になった。すべての兵士が総監察官と文民会計監査官の管理のもとに置かれていた。とりわけ彼らのひとりジャン・マルチネはそのきわめて厳格な監督管理ゆえに人びとから恐れられ、彼の名前は普通名詞のように使われ、フランス語では「鞭《マルチネ》」、英語では「しごき屋、やかまし屋《マルチネ》」としてその名を残している。ルーヴォワはまた貴族士官学校を創設しているが、ここでは未来の将校たちが養成されていた。

部隊においては、作戦行動と戦闘隊形の一本化が図られることになった。兵士は全員、それぞれの連隊ごとに定められた制服を着用することとされた。兵士の略奪行為にどのような口実も与えないために、彼らには定期的に給料が支払われた。兵士たちへの物資の補給は、糧秣《りょうまつ》貯蔵施設網と兵站《へいたん》の拡充によって野戦場でも確実におこなわれるようになった。

経済力をもたない老兵および傷病兵に対しては、廃兵院《アンヴァリッド》もしくは廃兵施療院が、元兵士の名に恥じないじゅうぶんに快適な住居（年金）を提供することが定められた。

③部隊の専門化。このころまで大砲を操作していたのは、歩兵連隊と騎兵連隊から無作為に選ばれた兵士たちであった。ルーヴォワは砲手と砲兵の中隊を作り、これが砲撃を専門とする部隊の中核を形成することになった。それぞれの歩兵連隊には、選抜擲弾兵《てきだんへい》の中隊が設けられた。それ以外の改革としては軽騎兵隊の創設がある。これは馬で移動し地上で戦うための装備を備え、そのための訓練を

受けた兵士たちの部隊であった。宮内府は独自に少数の精鋭軍を擁し、ここにはスイスとフランスの歩兵連隊および騎兵隊が所属していたが、――近衛騎兵隊、近衛隊、近衛軽騎兵隊、近衛竜騎兵隊など――それらはほぼ完全に貴族たちによって構成されていた。

④装備。マスケット銃は旧式火縄銃がもとになっている重い火器であったため、燧石銃《すいせきじゅう》に置きかえられた。さらに燧石銃には銃剣が装備され、それにより歩兵部隊のなかでは銃兵部隊と槍兵部隊の区別が廃止された。こうして戦術も完全に一新されることになった。いくつかの騎兵隊にはさらに銃身の短い騎兵銃《カラビニエ》が支給されている。また砲兵隊にはより軽く、同一口径長の大砲が支給されるようになった。

ヴォーバン

当時の戦闘は主に要塞の攻略と防御をめぐって展開されていた。それゆえ、ルーヴォワの創設による工兵部隊はきわめて重要な存在であったが、その指揮に当たっていたのは、近代のもっとも偉大な技術将校であったヴォーバン侯爵である。ヴォーバンは新たな攻撃方法を考案し（跳弾射撃、接近平行壕）、みずから五十以上の包囲戦の指揮に当たっている。とりわけ彼はみずからの考案による稜堡式城郭の構想にしたがって、三百近くの要塞を建設しているが、この構想はその後ヨーロッパ全域で模倣されるようになった。きわめて強力でみごとに連携が図られていた城塞群は、フランス北部の国境沿いで、天然の要害の欠如を補っていた。

2　おおいなる成果――一六六一〜七九年

国威の発揚

若き王が外交関係の分野で示した最初の行動からは、あらゆる国々で優越的な地位を占めようとした王の要求が明らかである。王はすべての国でフランスの使節団がスペイン王の使節団よりも上席に着くことを要求し、この要求を実現させている。また同様にイギリスに対して、王はイギリスの艦船がフランスの艦船に対して最初に礼を表することを要求している。ローマでフランス大使の随行員と教皇のコルシカ親衛隊の兵士たちが乱闘騒ぎを起こしたとき、ルイ十四世はヴナスク伯爵領を占領し、法王に屈辱的な謝罪の言葉を公式に表明することを強制している。

神聖ローマ帝国がトルコ軍の攻撃を受けたとき、ルイ十四世はレオポルト一世が招集した軍隊に六千の援軍を派遣している。サン・ゴタール・シュール・ラープ〔セントゴットハールドの戦い〕での決定的な戦闘において、フランス軍の援軍はめざましい働きを示し（一六六四年八月一日）、王はこれを記念してメダルを鋳造しているが、そこには「ドイツは救われた」という銘が誇らしげに記されていた。

遺産帰属戦争（フランドル戦争）

スペイン王フェリペ四世の死（一六六五年九月）は、ルイ十四世に最初の征服戦争の機会を提供した。多くのスペイン領を相続していたのは、まだ四歳の虚弱な子どものカルロス二世であったが、彼が生まれたのはフェリペ四世の二度目の結婚からであった。一方、フランス王妃となっていたマリ＝テレーズは最初の結婚から誕生しており、また依然として相続を主張することが可能であった。というのも、ピレネー条約（一六五九年）に記されていた相続の放棄は、その見返りとして約束されていた持参金が支払われていなかったので（二四四ページ参照）、いまだに効力を発揮するにはいたっていなかったからである。ルイ十四世は、表向き節度ある鷹揚な態度を示し、《たんに》フランドル地方のみを要求した。根拠とされたのは《遺産帰属権》であるが、これはオランダで古くからおこなわれていた慣習法によるもので、最初の結婚からできた子どもに遺産を優先的に分与するというものだったのである。

スペインが戦わずして譲歩することはありえないというのは、最初からわかっていることであった。そこですぐれた外務卿であったユーグ・ド・リオンヌは、多くのドイツ諸侯、またスペイン支配地域以外のオランダ諸州、さらにはイギリス王チャールズ二世を、フランス王の味方とする同盟関係を作りあげ、スペインの孤立を図っている。チャールズ二世は五百万リーヴルと引き換えにフランスにダンケルクを返還していた。

一六六七年春、チュレンヌの率いるフランス軍は、南フランドルの主要なスペイン要塞を奪取した。しかしスペインは既成事実となった状況を受け入れることを拒否したので、ふたたび新たなフランス軍勢がコンデ公の指揮のもとで、スペイン領だったフランシュ＝コンテに侵入している。

しかしながらオランダとイギリスは、両国の商業上の優越に対してフランスが異議を唱えることができるような地域にまで、フランスの力が広がっていくことに不安を覚えるようになった。両国はスウェーデンを交えてハーグ三国同盟を結成し、フランス・スペイン間の調停に乗り出した。ルイ十四世は、それまで同盟関係にあった国々と全面的な戦争に突入することを危惧し、苛立ちをこらえて交渉に応じている。それでもアーヘンで締結された講和条約（一六六八年五月）により、王はリールとドゥエーをはじめフランドルで占領した十一の地域を手に入れることができた。スペインはフランシュ＝コンテを取り戻している。

オランダ戦争

フランスがベルギーに進出しようとすれば、オランダの反対に遭うということは経験的に明らかであった。ルイ十四世は、向こう見ずにもフランス王に抵抗しつづけていた生意気な商人の国を叩く決意を固めた。重商主義者のコルベールはこのときにかぎって、王の好戦的な気質に迎合している。対オランダ戦争は、オランダ連合州の商業的な優位を突き崩すことにもつながっていたからである。

大規模な軍事的手段が着々と整えられていく一方で、このときも外交キャンペーンが展開され、オランダの同盟国となる恐れのある国々の中立を確保するために、莫大な金銭が支払われた。

戦闘は一六七二年六月に始まり、トルカーメルの浅瀬を利用してライン川を突破するという巧妙な作戦が展開された。オランダの防衛軍は背後から攻撃を受けて崩壊した。オランダはアムステルダムとハーグを守るために、低地農村地域を海水と河川から守っていた堤防を破壊するという思いきった決断を下している。洪水によってフランス軍の進撃は阻止された。

オランダ連合州政府――オランダ全国三部会（スターテン・ヘネラール）とオランダ共和国の指導者ヤン・デ・ウィット――は交渉を求めた。ルイ十四世はみずからの怨念と高慢にしか耳を傾けようとはせず、あまりにも屈辱的で高額な負担をともなう過酷な条件を押しつけるという軽率なふるまいに出た。オランダ人の国民感情に火がつき、革命が勃発し、ブルジョワ共和国政府はすべての不幸の責任を問われることになった。こうして徹底抗戦支持派の指導者、若きオランニェ公ウィレム三世が、総督《スタットハウデル》と総司令官の称号を得て権力を掌握した。

フランス軍による残虐行為が度重なり、大きな被害も生じていたので、オランダ国内では抵抗運動が激しさを増していった。それと並行してオランニェ公ウィレムは、フランスに対抗してスペイン、神聖ローマ皇帝、大部分のドイツ諸侯を含む一大同盟を結成することに成功した。

一六七三年末、ルイ十四世は、洪水のため動きを封じられていた軍をオランダから引き揚げ、ふたたびフランシュ＝コンテの征服へと向かわせている。しかしながら一六七四年、王はフランドルの北部国境で守勢を余儀なくされた。コンデ公はスネッフ〔現ベルギー領〕で強力な連合軍を撃破した。東部では神聖ローマ帝国軍がアルザスに侵入していた。チュレンヌは戦史に名を残した輝かしい冬季の戦闘によって敵軍をアルザスから撃退した。その六ヵ月後、チュレンヌはみずからライン川右岸に攻勢に打って出たが、大砲の弾に当たって命を落とした（一六七五年七月二十七日）。このかけがえのない指揮官の死の後、作戦はこの方面で長期化し、決定的な成果を得るにはいたらなかった。

これとは逆にフランドルで、フランス軍はふたたび優勢に立った。ヴォーバンはみずからの戦法にしたがって整然と包囲戦を指揮し、スペイン軍の要塞をつぎつぎと陥落させていった。他方、地中海で、アブラアム・デュケーヌの率いるフランスの新艦隊は、当時もっとも有名な提督であったオランダ人ロイテルの指揮するスペイン・オランダ連合艦隊を打ち破り、艦隊建造に傾けられたコルベールの努力の成果に不滅の栄光をもたらしている。

ゲントが占領されたことにより（一六七八年三月）、オランダでは講和を支持する勢力が力を増していた。これらの商人たちはアントワープがゲントと同じような目に遭うことを恐れていたのである。そうなればアムステルダムの繁栄もおしまいだろう。ルイ十四世はこの機会を利用して、長期化の恐れのあった金のかかる戦争を終わらせることにした。ナイメーヘンで締結された最初の講和条約により（一六七八年八月）、王はオランダに非常に有利な条件を認め、なかでもコルベールがオランダに対して設定した高関税率の撤廃に同意している。その後、他の連合国は、程度の差こそあれ、フランス王の意向にしたがわざるをえなかった。とりわけスペインは最終的にフランシュ＝コンテと、新たに十二のフランドルの要塞を放棄することになった。これらの要塞はヴォーバンによって強化され、《鉄の国境》と称された一大防衛システムの一翼を担うことになった（二八〇頁参照）。

3　力の限界

統合政策

ルイ十四世はヨーロッパと対決したことを誇りとし、みずからの思うがままに行動することが可能であると考えるようになった。ヴェストファーレンとナイメーヘンの両講和条約には、フランスに譲渡された領土と都市は、その属領をも含めて譲渡されたものとすると記されていた。王はこの条項を、たとえどれほど遠い昔のことであれ、属領というかたちで結ばれたことのあるすべての地域を含むものであると解釈した。判決を求められたフランスの特別統合法廷は、当然のことながら王の言い分を認めないはずはなかった。こうしてルイ十四世は念願の領土の占領に着手したのである。なかでも大きな意味があったのは、モンベリアール伯領、ザール地方、ルクセンブルクの一部であった。

ストラスブールの占領に際しては、法的な根拠を取り繕うことさえしなかった。神聖ローマ帝国の支配下にあったこの自由都市は、ライン川を渡ることができる橋のひとつを有していた。ところで前回のオランダ戦争のとき、神聖ローマ皇帝軍は三回にわたってこの橋を利用してアルザスに侵入していた。それもこの小さな共和政体都市が、表向きは中立を標榜していたにもかかわらず、である。一六八一年九月、ルーヴォワによる奇襲攻撃は市郊外の防御陣地の不意を衝いた。ストラスブールの元老院はどのような抵抗も無駄であると考え、市の特権とプロテスタントの礼拝の自由が尊重されることを条件に、フランス王国に併合されることを承諾した。ルイ十四世は豪華な行列をしたがえ、みずからこの地の領有に乗りこんでいる。このとき鋳造されたメダルには、「フランスはドイツ人を放逐したGallia Germanis clausa」と誇らしげな銘が刻まれている。

アウクスブルク同盟

この《侵食し、侵略する平和》による不当な侵害によって被害を受けた各国君主たちも、最初は抗議の声を上げただけであった。一六八二年、神聖ローマ皇帝とスペイン王はフランスに対して同盟を結んでいるが、皇帝はウィーンの市門近くにまで押し寄せてきたトルコ軍の恐るべき侵略によって、突然身動きが取れなくなってしまった。その結果スペインはフランス王の怒りを一国で受けとめることになり、ベルギーに存在していたスペインの諸都市はまたしてもフランス王の攻撃の的になってしまったのである。レーゲンスブルグで締結された休戦条約（一六八四年八月）により、既成事実は承認され、太陽王の支配権も揺るぎがたく確立されたように思われた。

しかしながらその数年後、さまざまな要因が結びついた結果、力の均衡には変化が生まれてくる。

①ナントの勅令の廃止はプロテスタントの怒りを買い、すべてのプロテスタント諸国、とりわけオランダとイギリスで、フランス王はそれまでの支持者を失う結果となった。

②トルコに勝利した神聖ローマ皇帝は、西側でより積極的な外交を展開することが可能になった。有力なドイツ諸侯、スウェーデン王、スペイン王らとともに、皇帝は幅広い同盟――原則として純粋に防衛のためのものであったが――アウクスブルク同盟を結成する（一六八六年）。

③ルイ十四世はさらに二回にわたって傲慢な行為をくりかえし、軽率にも戦闘開始のきっかけを皇帝に与えることになった。ひとつはケルン選帝侯領を占領し、教皇と皇帝の立てた候補者に対抗して、みずからの候補者を即位させようとしたことであり、もうひとつは、死去したプファルツ（パラチナ）選帝侯の妹であったオルレアン公妃のかなり疑わしい継承権を支持するという名目で、プファルツに侵攻したことである〔プファルツ戦争、一六八八年〕。

④ルイ十四世はイギリスとオランダは戦闘に参加しないだろうと考えていた。そのころ両国は、スチュアート朝ジェームズ二世の長女メアリの夫であるオランニェ公ウィレムが支持するプロテスタントの多数派と、カトリックによって擁護されていた国王ジェームズ二世その人とのあいだの争いの渦中にあったからである。しかし事態はあまりにも急速に展開し、ルイ十四世の期待は完全に裏切られるかたちとなった。一六八八年の名誉革命によってオランニェ公ウィレムは英国王に即位し、時を移さずイギリスとオランダの援助をアウクスブルク同盟軍にもたらしたのである。

プファルツ戦争――一進一退の攻防

フランス軍はすべての戦線で同盟軍の度重なる攻勢に対抗することができた。リュクサンブール公〔モンモランシー元帥〕がベルギーで収めた数々の勝利（フルーリュスの戦い、ステーンケルケの戦い、ネールヴィンデンの戦い）からは、元帥に《ノートルダムのタピストリー業者《タピシエ・ド・ノートルダム》》なる異名が与えられている。敵軍から奪い取った数多くの軍旗は、当時の習慣にしたがって、ノートルダム大聖堂の円天井にぶら下げられ、まるでタピストリーのようだったからである。アルプス国境地帯ではカティナ元帥が勇名をとどろかせていた。彼はブルジョワの出身であったが、チュレンヌを思わせる軍事的才能の持主で、大胆さと思慮深さを併せもち、軍人として最高の地位にまで上りつめている。さらにフランス艦隊は、数で圧倒的に上回るイギリス・オランダ連合艦隊を相手に、トゥルヴィルの指揮のもとで輝かしい勝利を収めていた。同様に私掠船船長、サン＝マロのデュゲ＝トルーアン、ダンケルクのジャン・バールらは、敵の交易に甚大な損害を与え、九年間でおよそ四千隻の船を襲撃している。

しかしその一方で、ルイ十四世は苦杯も嘗めている。とりわけジェームズ二世をイギリス王に復帰させようとした試みは、有名なボイン川の戦い（一六九〇年）で失敗に終わった。

ライスワイクの講和条約

プファルツ戦争開始以来の九年間に及ぶ無益な努力に、同盟軍側の戦意もついには失われ、やむなくルイ十四世からの講和の提案に耳を傾けることになった。それはまたフランス王の提案が、驚くほど控えめだったからである。ライスワイクで締結された一連の条約により、フランス王はナイメーヘンの和約以降に併合した領土のほぼすべてを放棄し、フランスに残されたのはストラスブールとザールルイだけであった。ルイ十四世はオレンジ公ウィリアム（オランニェ公ウィレム）のイギリス王位を承認し、王位を奪われたスチュアート王朝の立場はもはや支持しないと約束している。

4　スペイン継承戦争

王がこれほど協調的な態度を示したのは、三十年以上前から待ちつづけていた瞬間が間近に迫っていたからである。カルロス二世が世継ぎを残すことなくこの世を去ったならば、スペイン王位の継承という大問題が発生するであろう。ところでこの問題に関して、フランス王家の権利とウィーンのハプスブルク家の権利はほぼ拮抗していた。

交　渉

ルイ十四世はこの問題に備えて、きわめて慎重に行動している。王の狙いは、新たな戦争の負担に苦しむことなく、フランスのために望みうるすべての利益を手に入れるということであった。

神聖ローマ皇帝レオポルト一世は、スペイン領の分割相続を受け入れていたので、この分割を平和裡に実現する最良の方法は、もっとも恐るべき敵となる可能性のあった二つの国、すなわちイギリスとオランダの同意をあらかじめ取りつけ、両国の保証を手に入れておくことだった。それが確保されたのは、一七〇〇年三月にロンドンで調印された条約によってである。この条約において、スペインの遺産のもっとも重要な部分――スペイン、オランダ、植民地帝国――は、皇帝レオポルト一世の第二子、カール大公のものになるとされた。一方、フランス王の取り分は、スペインがイタリアに有していた領土〔ミラノ公国、ナポリ王国、シチリア王国など〕にかぎられていた。それもそれらの領土をいつまでも領有するのが目的だったのではなく、フランスの国境地帯を有効に拡大するための交換材料としてだったのである。すなわち、ミラノ公国はロレーヌと、ナポリとシチリアはサヴォワと交換されるはずであった。もっともレオポルト一世は、ミラノ公国を手放すことはあくまでも拒否していた。

カルロス二世の遺言

このすばらしい計画が実を結ぶにいたらなかったのは、スペイン側の誇りがにわかに高まってしまった結果である。カルロス二世の側近たちは、なんとしてでも王国の統一を守り抜くことが、スペイン国王にとっての名誉と良心にかかわる義務であるとしたのだった。

スペイン王が死(一七〇〇年十一月一日)のちょうど一ヵ月前に署名した遺言には、次のように定められていた。唯一の相続人は、ルイ十四世の二人目の孫、アンジュー公である。ただし、スペインとフランスの王位はけっしてひとつにされてはならない。この条件が守られないならば、遺産はすべてハプスブルク家のカール大公のものとなるであろう。

ルイ十四世はたいへんなジレンマに直面することになった。スペインの提案を受け入れることはロンドン条約を破棄することになり、困難な戦争が避けられなくなるのは火を見るよりも明らかだろう。とはいえロンドン条約にしたがうことも、同じように危険な選択ではないだろうか。こんどは、スペインおよび神聖ローマ皇帝との戦いが不可避となるからである。皇帝はロンドンで合意されてい

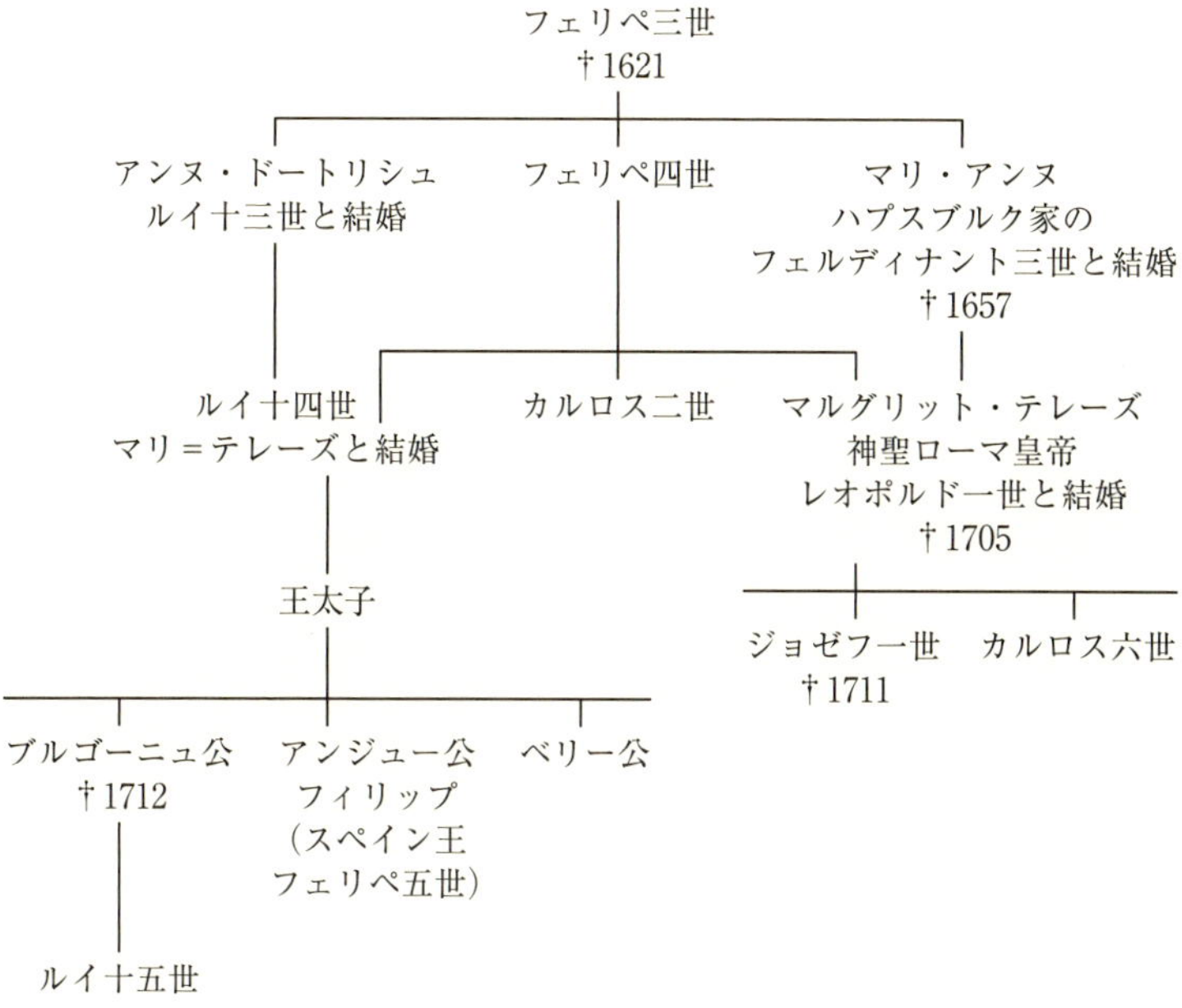

ブルボン家・ハプスブルク家とスペイン王位

た遺産分割を承認していなかったのである。しかもこの戦いにあまりにも完璧な成果を収めてしまったなら、フランスはまたしてもイギリスとオランダを敵にまわしてしまう恐れがある。いずれにせよ戦争が避けられないならば——とルイ十四世と側近たちは考えた——、戦争はスペインの敵となるよりも、スペインの味方となって戦うほうがいい。わずかな相続分を手に入れるために戦うよりは、すべてを相続するために戦うほうがましではないだろうか。一七〇〇年十一月十六日、ルイ十四世は事の重大さにふさわしい演出を怠ることなく、遺言を受諾する旨を大々的に世に知らしめた。スペインは新たに国王となったフェリペ五世［アンジュー公］を熱狂的に歓迎し、こうして《もはやピレネーは存在しない》という有名な言葉が生まれることになった。ヴォルテールはこれをルイ十四世のものであるとしているが、それは彼の思いちがいである。

他の列強諸国に送られた外交文書のなかで、コルベール・ド・トルシは、ルイ十四世はフランス王国のためにはあらゆる領土拡大を放棄しており、節度ある態度を示していると指摘している。これはけっしておかしな言い分だったわけではない。イギリスとオランダはこうしたフランス側の見解を受け入れているように思われた。両国はフェリペ五世をスペイン王として承認し、また他のすべての君主たちもそれに追随していたのである。ところが、神聖ローマ皇帝だけは、どうしても首を縦に振ろうとはしなかった。

一七〇一年の大同盟

じつを言うとオレンジ公ウィリアムは、英国の支配層の平和主義の圧力に屈していただけであり、この支配層をもう一度ルイ十四世に敵対させるのは容易なことではなかったのである。しかしルイ十四世はいくつかの軽率な行動に出ることにより、オレンジ公の負担を軽減してしまったのだった。たとえばパリ高等法院に、フェリペ五世は場合によってはフランス王位を継承する権利を有していると表明させ、また軍隊には、オランダにあるスペインの要塞を占拠させている。イギリスとオランダの商人たちは、フランスの交易がスペインの植民地のなかに参入してくるのを目にして強い不安にとらわれていた。最後にイギリスの怒りは、フランスに亡命していたかつての英国王、スチュアート朝のジェームズ二世の死去にともない、彼の息子のジェームズ三世に、ルイ十四世が王の称号を認めたときに頂点に達した。

一七〇一年九月ハーグで、イギリスとオランダと神聖ローマ帝国とのあいだの大同盟が結成され、ここにはさらにデンマーク、ポルトガル、サヴォワ公国、大部分のドイツ諸侯が加わることになった。

戦争

スペイン継承戦争は十三年間続いている。その間フランスは自国の国境だけではなく、スペイン王国の広大な領土も守らなければならなかった。スペインはみずからの国力だけでは戦争を遂行することはできなかったからである。

同盟国側は戦争遂行能力において優位に立っていただけではなく、さらに二人の偉大な軍人の才能に恵まれていた。ひとりはイギリスのアン女王の寵臣、マールバラ公で、彼はオレンジ公ウィリアムの死後は事実上の政治的指導者でもあった。もうひとりはサヴォワ家のオイゲン公〔ウージェーヌ公〕である。彼はフランスの生まれではあったが、連隊の指揮を国王に拒否されたことを不満として、オーストリア側についていたのである。

当初、フランス軍はドイツとイタリアで攻勢をかけ、何回か勝利を収めている。しかし一七〇四年八月、ドイツ方面のフランス軍主力部隊は、マールバラ公とオイゲン公の連合軍により、ブレンハイムの戦いで事実上壊滅させられてしまった。さらに一七〇六年五月、マールバラ公は無能なヴィルロワ元帥指揮下の北部フランス軍に致命的な敗北をもたらしている。フランスはスペイン領オランダを放棄せざるをえなかった。敵軍はフランスに侵入し、リールを包囲し、一七〇八年十月、リールは敵軍の手にわたってしまった。その間にも、オーストリア側のスペイン王推薦候補者であったカール大公は、ポルトガルに上陸し、イギリスの援助のもとでスペインの征服に着手していた。彼は一時、マドリッド入城を果たし、スペイン王カルロス三世を名乗っている。

戦争の試練に加えてフランスを苦しめたのは、一七〇九年の恐るべき冬の寒さと全国的な飢饉であった。ルイ十四世はやむなく講和を要請することにした。彼はカール大公をスペイン王として承認し、リールとストラスブールを放棄してもいいとさえ考えていた。しかし同盟国側は、ルイ十四世みずからがフェリペ五世の王位の剝奪に力を尽くすことを要求した。この侮辱的な要求を王は拒否した。「いずれにせよ戦争が避けられないならば、子どもたちと戦うよりは敵と戦うほうがましである」(一七一〇年七月)。

あらゆる階層のスペイン人とフランス人が、愛国心の発作に駆られ、国王を支持する称賛の念を表明し、二人の王は戦争を継続する手段を手にすることができた。いくつもの戦闘地域で、運命はフランス・スペイン連合軍に微笑みかけるようになった。

戦争の終結

すでにイギリス世論は、なんら実を結ぶことのない過大な労苦に倦みはてていた。それが決定的に平和主義へ傾いていったのは、カール大公が兄のヨーゼフ一世の突然の死により(一七一一年)、神聖ローマ帝国皇帝になるという報が伝わってきたときである。かつてのカール五世の大帝国のようなものがまたしても誕生するのではないかという不安は、ルイ十四世に対する憎しみを上回り、フランスとイギリスの外交官のあいだで二国間交渉が開始された。両国は最初の予備的な協定を結んでいる。

オランダと神聖ローマ皇帝はイギリスの戦線離脱を不満とし、すでに絶望的な状態にあると思われていたフランスにとどめを刺すことを決断した。オイゲン公の指揮のもとで、十三万の兵士からなる強力な軍隊がフランスに侵入し、防衛ラインをことごとく突破していった。これに対し、ルイ十四世にはもはや七万の兵士しか残されていなかった。それでもヴィラール元帥はこの七万の兵士を率いて大胆な作戦を敢行し、ドゥナンでオイゲン公の不意を襲い、敵軍を打ち破ることに成功した（一七一二年七月二十四日）。オランダとその同盟軍はすべて、ユトレヒト条約（一七一三年四月）の締結に同意したが、神聖ローマ皇帝だけはあくまでもこれに同意しようとしなかった。皇帝カール六世の強情ぶりを打破するには、あらためてドイツでのヴィラールの戦勝が必要であった。その戦勝の結果、ラシュタットで条約が締結され（一七一四年三月）、フランスとヨーロッパはようやく平和を取りもどすことができた。

フェリペ五世はスペインとその植民地を保持したが、フランス王位に対するすべての権利を放棄した。皇帝カール六世はスペイン領ネーデルランド、およびスペインがイタリアに領有していた地域を確保している。ただしシチリアは別で、これはサヴォワ公のものになった。イギリスはすでに占領していたジブラルタルとメノルカ島の領有を継続し、フランスからニューファンドランドとアカディアの譲渡を受け、カナダのヌーヴェル・フランスへの進出の足場を固めることができた。

これら遠方の領土および北部国境の四つの都市（トゥルネー、イープル、フュルム、ムナン）を別にすれば、ルイ十四世は占領した地域をすべて確保し、フランスの国境は戦略的に著しく改善されている。

こうした成果に加えて、スペイン王国が最終的にハプスブルク家の支配から脱しフランスの影響圏に入ったという事実を考えあわせるならば、ルイ十四世の外交政策は、その明らかな誤りと失敗にもかかわらず、けっきょくは完全に否定的な結果に終わっただけではないと考えることができる。

5 治世の晩年

王国の貧窮

これらの成果とは対照的に、フランス王国の財政は困窮のきわみに達し、あらゆる種類の税負担は過酷なまでに増大し（二六八ページ参照）、奢侈産業と輸出産業は国家の支援が打ち切られたことにより衰退の一途をたどり、庶民階級の貧窮は悪化する一方であった。こうした不幸の責任のすべてが王政にのみ求められるというわけではない。当時は西ヨーロッパ全体が景気後退の時期に突入し、しかもフランスは天候不順による深刻な食糧危機の影響にくりかえし見舞われていた。とりわけ一七〇九年の食糧危機は深刻であった。その原因となった冬の寒さはことのほか厳しく、セーヌ川はパリから河口まで凍結したほどである。こうしてまたしても飢饉と疫病が猛威を振るい、都市部では貧しい人びとの暴動が発生するようになった。

体制批判

このようにさまざまな不幸が積み重なったことにより、人びとの心のなかでは批判的な精神が目覚めるようになった。王の取り巻きのなかにさえ、絶対王政および王の政治の正当性にあえて異議を申し立てようとする者があらわれるようになった。王位継承者ブルゴーニュ公の教育係であったフェヌロンは代議制を主張し、ヴォーバンは税負担の公平を主張している。君主政の支柱であったカトリックの教義も、《自由思想家《リベルタン》》と呼ばれた何名かの著述家たちの攻撃の対象になった。彼らは、哲学者のデカルトが流行らせた懐疑と自由検証の精神を、宗教にも適用していたのである。

悲しい晩年

敗戦の屈辱を強いられ、大計画挫折の苦渋を味わい、自分の犯した誤りを悔やみ、国中から湧き起こってきた不平不満の嵐にさらされていたルイ十四世の晩年は、さらに身内の不幸が続いたことにより、いっそう暗いものになった。わずか数ヵ月のあいだ（一七一一〜一二年）に天然痘の流行により、ただひとり残されていた嫡出子の王太子ルイ、二人の孫であるブルゴーニュ公ルイとベリー公シャルルがあいついでこの世を去り、さらには最年長の曾孫ブルターニュ公ルイの命までもが失われた。このように多くの王位継承者が命を失っていったなかで、ただひとり生き残っていたのは、ブルゴーニュ公の末子で病弱な一七一〇年生まれの幼いアンジュー公であった。

ルイ十四世の死

それでも王はみごとなまでの克己心を発揮し、いささかも尊厳を失うことなく、こうした数々の試練を耐え抜いていた。どのような状況にあっても、王は時間を厳守して日々の業務にあたり、表向きはなんら変わることのない朗らかな態度に徹し、あらゆる人びとに対してそれまでと変わることのない慇懃さを示している。死の六日前になっても、依然として王は公開の宮中正餐会を、バイオリンの調べにあわせて開いていた。すでに老齢による壊疽が足にあらわれて、治療は不可能であった。王は完璧なまでに冷静に、みずからの葬儀と後継に関するあらゆる点にまで細かな指示を与え、一人ひとりに別れを告げ、臨終の秘跡を受けている。一七一五年九月一日の朝、王は息を引き取った。彼は最期の最期まで、国王の尊厳について抱いていたみずからの思いに忠実であった。

第十四章

Histoire de France

ルイ十五世の治世 ――一七一五〜七四年

ポンパドゥール婦人
（18世紀の細密画）

ルイ十五世の治世は極端に相反する評価の対象にされてきた。非難の的となったのは、権威の低下、上からの悪しき手本によってさらに助長された風俗の堕落、宮廷における国庫の濫費、不当な特権の維持、場当たり的な外交政策とその屈辱的な失敗、植民地の喪失などであり、いずれも正当な非難と言わざるをえない。その一方で、この時代には経済の発展と物質生活の向上が見られ、戦争の惨禍は遠ざけられ、政府は見かけ上専制的であったにすぎず、実質的には自由主義的で温和な統治がおこなわれ、行政は的確かつ有効に機能し、思想と芸術は旺盛な活力に溢れていた、とされている。これもまた正当な評価と言うほかはない。

1　摂政時代──一七一五～二三年

オルレアン公フィリップ

偉大な王のあとを継いだのは、まだ幼い五歳の孤児、ルイ十五世であった。当然のことながら王国の摂政職は、ルイ十四世の甥で男子王族筆頭であったオルレアン公フィリップに委ねられた。彼は一七一五年に四十一歳の中年男で、生まれつき温和で寛容、また善良で、雄弁で、教養のある人間であった。しかし不幸なことに、こうした彼の資質は怠惰な生活習慣と道徳感覚の完全な欠如によって損なわれていた。夜ごとの宴会はこのうえなく放埒な快楽に捧げられ、放蕩仲間の集いの場となっていたが、そんな仲間たちを彼は《ルーエ》と呼んでいた。つまりは車裂き《ルー》の刑という不名誉な拷問に値する連中、というほどの意味合いである。

宮廷はヴェルサイユからパリに戻され、こうしたお手本に追随するようになった。フランス史における摂政時代の大きな特徴とは、上流社会がそれまでの統治の束縛から突然に解放され、それまでのストレスの解消を求めて、止めどもなくあらゆる快楽に身を委ねた、そんな時代であったと言えるだろう。衣服と家具にまで、より軽く、より気まぐれな《摂政様式》が誕生し、ヴァトーの絵画はその忠実な反映である。

内　政

ルイ十四世によって中央から遠ざけられていた大貴族たちは、ふたたび権力を手にする機会が到来したものと考えた。摂政はサン＝シモン公の意見を取り入れ、まず王の重臣たちであった財務総監や国務卿を廃止し、その代わりに上流貴族のメンバーで構成される六つの評議会を設置している。しかしそれらの無能ぶりと効率の悪さには目にあまるものがあり、《多元会議制《ポリシノディ》》と呼ばれたこの体制の評判は、すぐに地に堕ちてしまった。一七一八年九月、摂政はふたたび《かくも適切で、かくも完璧なものであった、亡き王の統治のやりかた》に舞い戻っている。

同様に、一七一五年に回復された建白権の行使を主張して政府の行動を妨げようとしたパリ高等法院は、国王臨席裁判によりボンドワーズへ追放され強引に服従を強いられている。

ローのシステム

ルイ十四世が残していった王国の財政は破局的な状況にあった。通常歳入はもはや、二十億リーヴル以上にのぼる公的債務に利子を支払うことさえできなかった。

摂政は万策尽きて、スコットランドの金融家ジョン・ローの大胆な意見に心を動かされた。ローはまず個人銀行の設立を許可されている（一七一六年）。資本金となる株式は、四分の一は正貨の金属貨幣で、残りは国債証書で支払うことが可能であった。

この個人銀行は次いで発券銀行である《一般銀行《バンク・ジェネラル》》に改組され、そこでは個人の金が預金として集められ、手形の割引がおこなわれた。画期的だったのは、支払いが一覧払い手形でなされていたことである。大衆はすぐにこうしたやりかたに慣れ、摂政ははやくも一七一七年、銀行券が国庫の収入と支出に使用されることを承認させることができた。その後すぐにローの銀行は《王立銀行《バンク・ロワイヤル》》となり、大量の紙幣を発行しはじめている。ロー自身も一七二〇年初、復活された財務総監の職に就任した。

ローの構想において、集められた資金は信用貸しを利用して大手商企業の活動を促進することになっていた。ローが最初に設立した西方会社、別名ミシシッピ会社は、ルイジアナ開発の独占権を手に入れている。その後ローは、すでに存在していた他の国策会社をあいついで買収し、それらをインド会社というただひとつの大きな企業に統合していった。このインド会社はさらに貨幣鋳造、塩と煙草の販売、さらにはさまざまな間接税徴収の独占権を手に入れている。

人びとは夢のような儲け話に誘いこまれ、頭に血がのぼり、あいつぐ株式の発行に刺激され、瞬く間に大金持ちになれることを夢見て、われさきに蓄えをもち寄り、ときには借金にさえ頼るようになっていった。投機売買も絡み、株式相場はうなぎのぼりとなり、人びとは連日、銀行とその関連施設のあった狭いカンカンポワ通りに押しかけていた。

こうした過剰な投機はシステム全体の崩壊を招く結果となった。投資家たちのなかでもきわめて用心深い人びとは値の上がりすぎた保有株式の売却を開始し、こうしてひとたび相場が下がりはじめると、その下落ぶりはそれまでの上昇と同じように急激であった。信用の失墜は銀行券にまで及んでいった。誰もが自分の保有していた紙幣の、金銀による払い戻しを求めるようになった。しかるに紙幣の流通量は、当時フランスが所有していた正貨の総量の五倍から六倍に膨れあがっていた。銀行窓口の混雑とパニックは暴動に変わり、摂政はやむなく銀行の閉鎖を命じるほかはなかった。システムの破綻は決定的となり、ローはオランダに逃亡した(一七二〇年十月~十二月)。

この事件は深い傷跡を残さずにはおかなかった。近代経済の主要な原動力である信用制度と紙幣の使用に対して、フランス国民は長期間にわたって拒絶反応を示すようになってしまったのである。多くの家々の破産は、幾人かの幸運な投機家たちの突然の幸運と際立った対照をなし、社会状態は混乱し、シニシズムが蔓延し、道徳心は低下していった。王権に対する尊崇の念も損なわずにはすまされなかった。それでも少なくとも二つの肯定的な結果が残されている。ひとつは公的債務の著しい減少であり、もうひとつは海外貿易の飛躍的な発展である。インド会社が設立され、ブルターニュではロリアンに港がつくられ、ルイジアナではニューオーリンズが誕生している。

対外政策

対外政策の面で、摂政オルレアン公の主要な相談相手となり片腕ともなったのは、かつての師、デュボワ神父である。同時代人の証言によれば、若かったころのデュボワは良心のためらいを知らず、信仰心のない放蕩者であったという。それでもそのようなことも、摂政が彼をカンブレの大司教に任命し、枢機卿の位を授けることの妨げにはならなかった。

デュボワはイギリス、オランダと交渉し、三国同盟を締結している。その目的は、スペインのフェリペ五世が依然として受け入れを拒否していたユトレヒト条約の履行を保証することにあった。フェリペ五世は、二番目の妻エリザベッタ・ファルネーゼとイタリア人の宰相ジュリオ・アルベローニの要望にしたがい、スペインがかつてイタリアに所有していた領土をふたたび征服することを望んでいたのである。同時に彼はフランスの王位継承権をあらためて主張し、パリのスペイン大使はオルレアン公に対する反対勢力の醸成に努めていた。戦闘が公然と開始されたのは、一七一八年七月、スペイン軍がシチリアに上陸したことによってである。イギリスとフランスはフェリペ五世に宣戦布告し、神聖ローマ皇帝カール六世もこれに同調した。スペインはすべての戦線で敗北を強いられ、フェリペ五世はアルベローニを解任し、講和を要請しなければならなかった。デュボワ外交がフェリペ五世に提示した講和の条件は評価に値する。フェリペ五世はフランス王位に対する要求を最終的に放棄し、ユトレヒト条約を受け入れるほかはなかった。その代わり、まだ幼かった息子のドン・カルロスにはパルマとトスカーナ両公爵領の領有が保証された。フランスとスペインの和解を表明するために、ルイ十五世とドン・カルロスの妹、王女マリアナ（アンヌ＝マリ）との結婚が取り決められた。

2　ルイ十五世の内政

王の結婚

ルイ十五世は十三歳に達して成年を宣言されたが（一七二三年二月二十二日）、オルレアン公は宰相の資格で統治を続けていた。公の突然の死（一七二三年十二月二日）とともに、権力はもうひとりの王族、ブルボン公〔ブルボン＝コンデ家のルイ＝アンリ〕の手に受け継がれた。

ブルボン公による統治時代の唯一注目に値するできごとは、若き王の結婚に関するものである。これはかなり不幸な話であった。王妃に予定され、フランス宮廷に招かれていた幼い王女マリアナは、一七二五年、まだ七歳にすぎなかった。ブルボン公は、王女が年ごろを迎えてルイ十五世が世継ぎをもてるようになるまで待つのは賢明ではないと判断した。ブルボン公は王女をスペインに送り返し、フェリペ五世を激怒させてしまったのである。公が王の花嫁に選んだのは、廃位されたポーランド王の娘、マリア・レシチンスカ（マリ・レグザンスカ）であった（一七二五年八月）。この比較的小さな家柄出身の女性がフランス王妃になることができたのはブルボン公のおかげだったので、公は彼女に対する影響力をあてにして自分の権限を強化することができるものと考えていた。

フルリー卿

しかしそれからまもなくして、ブルボン公は突然に解任されてしまった（一七二六年六月）。それは公が、若き王の全幅の信頼を得ていたフレジュスの司教で教育係のフルリーを遠ざけることを要求したからである。

この善良ではあるが、なかなか策略にも長けていた健康な老人と若い国王とのあいだには、祖父と孫のあいだに見られるような不思議な愛情の絆が存在していた。ルイ十五世はフルリーにたんなる国務大臣の資格で統治を委ねていたが、この国務大臣にはすぐに枢機卿の称号が与えられている。フルリーは権力の座についたとき、すでに七十三歳であったとはいえ、一七四三年に死を迎えるまで権力を維持しつづけた。この長期にわたる大臣在職期間中に、フランスにもっとも必要とされていたものがもたらされた。国内的には社会の安定と財政の健全化であり、対外的には慎重でおおむね平和的な外交政策である。

国内で大きな問題を起こしていたのは、反抗的なジャンセニストたちの存在であった。彼らの熱狂的な精神状態がとりわけ注目を集めるようになったのは、サン＝メダール墓地の執事パリスなる人物の墓の周囲で発生した集団ヒステリーによってである。もっともこうした《痙攣を起こす狂信的ジャンセニストたち》の過激な行動以上に問題だったのは、ジャンセニストたちがパリ高等法院の司法官たちのなかに見いだしていた支援であった。高等法院の司法官たちはジャンセニスト迫害のためのあらゆる強硬手段に反対していたからである。

オリの業績

財政の健全化が図られたのは、財務総監フィリベール・オリ（在任一七三〇〜四五年）のすぐれた財政運営の賜物であった。一七三九年、人びとは均衡予算の実現という、コルベール以来誰も目にしたことのない奇跡を目のあたりにした。もっともこうした財政再建が可能になったというのも、その背景にはフランス経済の飛躍的な発展という追い風があったからである（三一八ページ参照）。こうした繁栄を実現するために政府がとった政策のなかでも、とりわけ強調しておかねばならないのは、信頼可能で安定的な通貨政策への復帰である。すでに一七二六年の決定により、硬貨と計算貨幣の関係は固定され、エキュ銀貨は五リーヴル、ルイ金貨は二十リーヴルに定められ、この二種の硬貨はまた、それぞれ同一の重さ、同一の金銀含有率を維持すべきものとされていた。これらの重さと含有率は一七九〇年まで変更されることはなかったのである。他方でオリは、大規模な道路整備事業にも着手している。

ルイ十五世

「それでは、これからは私が宰相を務めることにしよう」

フルリー老枢機卿の死を知らされたとき、ルイ十五世はそう語ったと伝えられている。実際、王は三十三歳で、国王の務めを完全に果たすのにふさわしい年齢を迎えていた。王にはそのための知力も良識も欠けてはいなかった。必要なときには勇敢な態度を示し、非常に人間的で、友人たちに対しても誠実であった。しかしながら、王が受けた教育はかなり異常なものだったので、王のなかでは性格上の重大な欠陥が膨れあがっていた。利己主義、欺瞞、怠惰、自信の欠如、などである。こうした欠陥ゆえに、王は親しい取り巻きや大臣たちの相反する勧告に振りまわされるようになっていった。いやいやながら国務に取り組み、退屈をまぎらわすために週に何度も狩猟に夢中になり、それ以外にも建築物の造営、宴会、巡幸といった、あらゆる類の費用のかかる気晴らしを求めてやまなかった。

ポンパドゥール夫人

王のもうひとつの大きな情熱の対象となったのは女性たちである。善良な王妃マリはあいつぐ十回の出産に疲れはて、年齢も夫より七歳年上だったので、もはや夫の情熱を満足させることはできなかった。王は宮廷の貴婦人たちからの誘いに逆らおうとはしなかった。女性たちは王の容姿に惹かれるとともに、寵姫の立場によってもたらされる利益に心惹かれて王に近づいていったのである。幾人もの身分の高い女性たちを愛人にした後、王の情熱は金融ブルジョワジー出身の若い女性、ジャンヌ・ポワソンに集中的に注がれるようになった。ルイ十五世は彼女をポンパドゥール侯爵夫人〔正しくは女侯爵〕とし、ヴェルサイユの王自身の住居の階下に住まわせている。美貌と才気の持主であったポンパドゥール夫人は、文芸と芸術を愛し、作家たちを励まし、芸術家と職人たちに仕事を与えていた。彼女の後援のもとで、宮廷生活は華々しい輝きを放つようになった。二十年間にわたり（一七四五〜六四年）、彼女は王の遊興担当相であっただけではなく、政治上の主要な助言者でもあり、大臣や将軍や大使たちの任命や罷免をも左右することのできる権力者であった。

ポンパドゥール夫人は肺結核に身体を蝕まれ、一七六四年、まだ若くしてこの世を去った。死を間近に控えた数年間、夫人は王が、彼女の誇りを傷つけることのない身分の低い女性たちとの関係に溺れるように仕向けていた。夫人の死後、ルイ十五世はそのような関係をさらに容易に求めることができるようになった。こうして最終的に王の愛情は、下層階級出身の娘ジャンヌ・ベキュに注がれるようになった。ことの都合上、王は彼女をデュ＝バリー伯爵夫人とし、自分のすぐ近くに住まわせ、宮廷はたいへんなスキャンダルの嵐に包まれた。

財政改革の失敗

オリはポンパドゥール夫人の不興を買って罷免され、代わりに財務総監に就任したのはマショー・ダルヌーヴィルである。彼が一七四九年に提案した二十分の一税は、すべての収入を対象に無差別に課せられることになっており、より公正な課税制度へ向けての重要な第一歩となるべきものであった。しかし特権階級を代表するすべての団体、高等法院、地方三部会、聖職者会議などは、激しい抗議の声を上げた。けっきょく、マショーは王の支持も満足に得ることはできず、妥協を余儀なくされ、特権階級が税負担の大部分を免れることを受け入れざるをえなくなった。こうしてとどのつまり、新税の負担はまたしても第三身分にふりかかってくることになってしまったのである。有効であったはずのこうした改革の失敗は、一七八九年のフランス革命の遠因のひとつに数え上げられるべきものであろう。

高等法院の反対

さらに財政以外の分野でも、なにかにつけ政府の行動は高等法院の反対によって妨げられていた。それもいまやパリ高等法院の反対によるだけではなく、地方の十二の高等法院も、パリ高等法院とともにただひとつの団体を形成していると主張し、王権を監視する権利を有するものであると主張してやまなかった。こうした反対が激しさを増していったのは、一七五二年から五七年にかけて、宗教問題をめぐってのことである。高等法院の評定官たちはジャンセニストの聖職者たちを支持し、パリ大司教と国王に対立したからである。こうした愚かしい対立によって住民の間には不穏な空気が漂い、それがひとりの精神異常者の行動を誘発する結果となった。ダミアンなる男が王を刺殺しようとしたのである。この事件は重大な政治的結果を招いた。高等法院は慌てふためき、しばらくは攻撃的な態度を控えるようになった。他方、財務総監マショー・ダルヌーヴィルは地位を失うことになったが、それは彼がこのときの混乱に乗じて、ポンパドゥール夫人を遠ざけようとしたからである。

ショワズール

マショーが地位を追われた後、十二年間（一七五八〜七〇年）にわたって政府内で支配的な影響力を手にしたのは、ポンパドゥール夫人の庇護を受けていたショワズール公である。彼は外務卿以外にも、陸軍卿と海軍卿の職務を兼任するようになった。外交面ではたいした成果を挙げることはできなかったとはいえ（三一八ページ参照）、少なくともフランス軍の立てなおしを図り、コルシカ島のフランスへの併合（一七六八年）を実現したというのは、彼の功績である。

ショワズールはまた、自由主義的で反抗的な精神が支配的であったパリの知識人たちの世論を味方につけようと努めている。彼らの歓心を買い、同時に高等法院のジャンセニストの司法官たちを喜ばせることができるひとつの機会が訪れた。イエズス会は、会員のひとりがある係争事件に巻きこまれたとき、迂闊にもパリ高等法院に訴え出るという挙に及んだのである。高等法院はイエズス会の基本憲章（constitutions）を入手し、それがフランスの法律に違反するものであると宣言して、フランス・

イエズス会の解散を命じたのだった（一七六二年）。ショワズールは高等法院の決定に沿った王令を国王から引き出している。さらには彼の外交的努力も一役買うことにより、同様の処置はスペイン、ナポリ、パルマでも採られ、最終的に教皇クレメンス十四世はイエズス会の解散を決定している。

三頭政治と司法改革

こうした勝利により高等法院はさらに大胆になり、国王の役人たちを困らせるような戦いをいっそう激しく続けるようになった。ルイ十五世もついには強い態度に出る決意を固めた。高等法院に対して迎合的であったショワズールを解任し（一七七〇年十二月）、問題解決の指揮を、あくまでも高等法院の主張に敵対していた三人の人物に委ねたのである。大法官にはモプー、財務総監にはテレー神父、外務卿にはエギュイヨン公が任命された。この《三頭政治》は、ルイ十五世の死まで統治を続けている。

モプーは、パリ高等法院が一七七一年の初頭に新たなストライキに入ったのに乗じて、司法制度の抜本的な再編に着手した。パリ高等法院は廃止され、代わりに六つの上級評定院が設置された。評定院の司法官たちは官職の保有者となるわけではなく、王によって任命され、給与を支払われることになった。そうすれば判決は無償で下されることになるだろう。というのも、これまで裁判官は負担金（謝礼）という名目で、彼らの官職の購入費の払い戻しを受けていたからであり、その負担は裁判を受ける者に求められていたからである。これらの改革はすぐに地方の高等法院にまで広げられた。旧高等法院のメンバーで新たな制度のもとで働くことを拒否した司法官たちは遠ざけられ、官職を剥奪された。

こうした目に遭わされた旧司法官たちは、王国の専制政治の犠牲者を気取るようになり、また世論の多くは、モプーの改革の真の有効性と先進性を理解することができなかった。

同じころ、テレー神父も同様に人気を失っていたが、それにはもっともな理由があった。国債の強制的な借り換え、年金利率の引き下げ、新たな間接税の導入など、国庫の破綻を避けるために彼がとった財政処置はかなり乱暴なものだったのである。しかもこうした財政処置が講じられる一方で、国王をはじめ、王の新たな寵姫におさまったデュ＝バリー夫人、また多くの強欲で無為な宮廷人たちの恥知らずな浪費が目のあたりにされていたために、国民に求められた痛みはますます受け入れられないものになっていった。

一七七四年五月十日、ルイ十五世は天然痘にかかって死去した。死ぬ前に王は、私生活のスキャンダルについて、遅まきながらしかるべき許しを求めている。それでも世論はそのころ、王に対して怒り心頭に発していたので、王の遺体のサン＝ドニ大聖堂への移送は、憎しみに満ちた示威活動を恐れて、夜間に、しかもパリを通らずにおこなわれている。

3　対外政策

ポーランド継承戦争

フルリー枢機卿の主要な目的はフランスとヨーロッパに平和を確立することであった。デュボワによって結ばれたイギリスとの同盟を維持しつつ、フルリー卿は同盟関係の釣り合いを保つことを心がけ、ブルボン公によって王女が送り返されてしまったことに（三〇四ページ参照）怒り狂っていたスペイン王との親密な関係を築きなおすことに尽力している。しかしオーストリアとの関係を正常化しようとした彼の努力は、宮廷および政府内の強力な反対派によって妨げられてしまった。この派の領袖、外務卿ショーヴランは、ポーランドの継承問題に乗じて、ハプスブルク家を敵視するフランスの伝統的な対外政策を復活させてしまったのである。一七三三年、ルイ十五世の義父スタニスワフ・レシチンスキはふたたびポーランド王に選出された。彼の不幸な政敵となったザクセン選帝侯アウグスト三世は皇帝カール六世に助けを求め、その結果派遣されたオーストリアとロシアの連合軍は、スタニスワフを追放してしまったのだった。ルイ十五世は名誉にかけて、こうした状況を黙認することができなかった。かくしてオーストリアに宣戦が布告され、スペイン王もこれに同調したのである。しかしフルリーは慎重にふるまい、軍事作戦をイタリア国内に限定し、すみやかに妥協による講和交渉を開始している。ショーヴランは枢機卿の目を盗んで戦争を始めてしまったが、枢機卿はショーヴランの目を盗んで和平を実現してしまったと、人びとは語りあったものであった。ウィーン条約（一七三八年）によって定められた調停の結果は、いわばヨーロッパというチェス盤の上で、キングの配置換えがおこなわれたようなものである。神聖ローマ皇帝はナポリとシチリアを放棄し、これらは「両シチリア王」の称号とともに、スペイン王の息子ドン・カルロスのものになった。ところでドン・カルロスは、一七三一年以来パルマ公国とトスカーナ公国の君主であったが、この二つの公国は、オーストリア皇帝カール六世の娘婿で、皇帝位の次期後継者と目されていたフランソワ＝エティエンヌ・ド・ロレーヌ公のものになった。最後にロレーヌ公は、相続によって領有していた二つの国、ロレーヌ（ロートリンゲン）公国とバール伯領をスタニスワフ・レシチンスキに譲ることになったが、この両地域はスタニスワフの死とともにフランス王のものになることが認められていた。こうしてこの重要な地域のフランスへの併合が確実になったのである。さらには南欧にブルボン家の君主政国家が新たに誕生したということは、フランスにとってそれなりに有利な状況の発生であった。十八世紀末まで、ブルボン家の支配する三つの王国間の連帯――《家族協定》――は、ヨーロッパ政治に大きな影響を及ぼしている。

オーストリア継承戦争

カール六世が妥協的な態度を示したのは、ひとり娘のマリア・テレジアがいずれ遭遇せずにはすまされないであろう数々の困難を予想していたからである。彼はみずからの統治下にあるすべての国々を娘に継承させるつもりであった。ところがそれらの国々の多くにおいて、女性は伝統的に王位から遠ざけられていた。カール六世は一七一三年に発したかの《国事詔書《プラグマーテイシエ・ザンクツイオン》》なる勅令によって、こうした伝統の廃絶を主張したのである。それ以降、彼の主要な関心はこの勅令をみずからの臣下および各国の元首に正式に承認させることであった。

ところがすべては徒労であった。カール六世が死去するやいなや（一七四〇年十月二十六日）、誓約はすべて無視されてしまったのである。真っ先にプロイセン王フリードリヒ二世がシュレージエンに襲いかかった。フランスに直接的な利害関係はなく、中立を守ることが適切であると考えられた。それもスペインに宣戦布告したばかりのイギリスを相手に（一七三九年十月）〔ジェンキンズの耳の戦争〕、早晩スペインを援助しなければならなくなることが予想されていたのでなおさらであった。ルイ十五世とフルリー卿はこうした考えかたにおいて意見の一致を見ていた。しかし二人はこのときも強力な反オーストリア陣営によって引きずられてしまったのである。当時、強硬派の指導的立場に立っていたのは、すぐれた軍人であったベル＝イル元帥だった。フランス軍は宣戦布告なしにドイツへと向かい、皇帝位を要求していたバイエルン選帝侯カール・アルブレヒトを支持した。ベル＝イル元帥はプラハを占領し、カール・アルブレヒトは神聖ローマ皇帝に即位し、カール七世を名乗ることができた（一七四二年一月）。

マリア・テレジアは当初悲嘆に暮れたが、勇気を振り絞って困難に立ち向かった。状況はふたたび彼女に有利な展開を示すようになった。彼女はイギリスの支持を取りつけ、もっとも危険な敵であったフリードリヒ二世にシュレージエンを譲ることにより、プロイセンを戦線から離脱させたのである。フランス＝バイエルン連合軍はボヘミアから一掃されてしまった。カール七世が短い在位ののちに具合よく死んでくれたので、マリア・テレジアはかつてのロートリンゲン公でいまは夫であるフランツ・シュテファン（フランソワ＝エティエンヌ）を、フランツ一世として戴冠させることができた（一七四五年）。しかし戦闘は、イタリアおよびオランダ内のオーストリア領をめぐって続けられた。フランス軍はアルプス以南の戦いでは敗れたものの、ベルギーでは優位に立っている。モーリス・ド・サクス元帥は、フォントノワ（一七四五年）、ロクー、ローフェルドで三回の勝利を収めた。なかでもフォントノワの戦いは、強力な英蘭連合軍を相手にルイ十五世も出陣して戦われ、そもそも勝利の思い出にほとんど縁のなかったルイ十五世の統治時代を飾るもっとも輝かしいできごととして、フランス軍事史上にその名をとどめている。

これらの勝利により、ルイ十五世はベルギーを領有することができたとはいえ、いつ終わるとも知れない戦いに王は倦みはてていた。アーヘンの和約〔エクス＝ラ＝シャペル条約〕（一七四八年十月）により、王はベルギーだけではなく、サヴォワとニースをも含めて、すべての占領地域を放棄し、念願の平和を手に入れている。しかしフランスの損失は、もうひとりのスペイン・ブルボン家の人間でルイ十五世の娘との結婚が予定されていたドン・フェリペにパルマ公国の領有が認められたくらいでは、とうてい埋め合わせのつくものではなかった。もっとも利益を得たのは、シュレージエンの領有を承認されたプロイセンのフリードリヒ二世である。フランスは《プロイセン王のために働いた》、と評されたのだった。

七年戦争

ルイ十五世が治世で三番目の、しかも最悪の結果に終わった戦争に巻きこまれたのも、同様に彼の意に反してのことであった。王にこの戦争を無理強いしたのは、最初はイギリスであり、次にオーストリア政府の巧みな外交である。

イギリスは商業と植民地に関する自国の地位のすべてが、フランスの商船団と植民地の急速な拡大によって脅かされるのを目のあたりにしていた。東洋で、フランス東インド会社〔一七三一よりインド会社からこの名に戻る〕の総督デュプレクスの大胆な行動は、ライバルのイギリス東インド会社がそれまでに保持していた地域よりもはるかに広大な、文字どおりの帝国の基礎を築きはじめていた。デュプレクスの野望はフランス東インド会社の幹部たちにも不安を与え、彼は一七五四年、すでにフランスに呼び戻されていた。英仏の立場はとりわけ北アメリカで鋭く対立し、衝突は避けられなかった。イギリスはニューファンドランド、アカディア、ハドソン湾を支配し、カナダを包囲していた。しかしミシシッピ川とオハイオ川の流域地帯に広がるフランスの植民地により、イギリスは内陸部へ向けての発展をことごとく妨げられていた。一七五四年に戦闘の火ぶたが切られたのはこの地においてである。行動を起こしたのはヴァージニアのイギリス人入植者たちで、彼らを指揮していたのはジョージ・ワシントンであった。彼らからの圧力で、ロンドン金融街の商人たちは支持を表し、イギリス政府は戦闘を決断するが、それは海賊行為にも等しいきわめて悪辣な攻撃に訴えることによってであった。一七五五年六月、イギリスは宣戦布告なしにフランスの三隻の軍艦と三百隻の商船を拿捕《だほ》し、フランスは海上通商手段の多くを失ってしまったのである。

しかしながら、同盟国スペインの軍事力と自国の力のすべてを結集するならば、フランスは依然として戦いを勝利に導くことが可能であった。ただ不幸なことにルイ十五世は、オーストリアによって引きずりこまれたヨーロッパ大陸での戦争に、国力の多くを浪費してしまったのである。女帝マリア・テレジアはプロイセン王に対する復讐の決意を心に強く固めており、そのためフランスの援助をどうしても必要としていたのだった。当初マリア・テレジアからの申し入れは退けられていたが、フリードリヒ二世がフランスから多くの恩恵をこうむっていたにもかかわらず、イギリスと同盟関係を結んだという事実がヴェルサイユで知られるようになると、最終的にオーストリアとの同盟は受け入れられることになった（一七五六年一月）。ルイ十五世はこうして、オーストリアがフリードリヒ二世を相手に結成したヨーロッパ連合に加わることになったのである。この同盟関係の大転換、フランスの伝統的な外交政策の放棄は、この時代の外交のもっとも衝撃的なできごとであると考えられている。しかしルイ十五世がここに見いだすことができたただひとつの利益は、英国王ジョージ二世の個人的な所領であったハノーファーを占領することにより、イギリスに間接的に被害をもたらすことが可能になるというくらいのことでしかなかった。

実際ハノーファーは一七五七年、早々とリシュリュー公率いるフランス軍によって占領されている。しかしこの最初の成功の後、ルイ十五世の軍隊は次々と敗北を重ね、なかでももっとも屈辱的であったのは、ロスバハの敗北であった（一七五七年十一月五日）。フランス・ドイツ連合軍は、数の上では圧倒的に優勢であったにもかかわらず、フリードリヒ二世を相手に壊滅的な敗北を喫してしまったのである。ハノーファーも翌年には失われ、その後フランス軍は指揮も乱れ、ライン川とヴェザー川のあいだの地域で、たいして意味のない作戦行動をくりかえしては戦力を消耗させるのみであった。一方、決定的な戦闘はその東側で、プロイセン、オーストリア、ロシアの大軍のあいだで展開されていたのである。

その間イギリスは海上での優位に存分にものをいわせ、本国からわずかな援助しか送られてこなかったフランスの海外拠点を次々と制圧していった。フランス領カナダは、モンカルムとレヴィによる必死の防衛にもかかわらず、一七六〇年九月ついに陥落した。インドでデュプレクスが築き上げていた優位は、無能な後継者たちによってすべて失われてしまった。最後の後継者となったラリ・トランダルは、最終的にポンディシェリに追い詰められ、もはや七百名の兵士しか残されていない状態で、十四隻からなる艦隊の支援を受けていた二万二千の英軍を相手にしなければならなかった。ポンディシェリが陥落したことにより（一七六一年一月）、フランスの広大なインド帝国は、ついにイギリスの支配するところとなってしまったのである。

パリ条約

こうした度重なる敗北に、フランスの世論は無関心であった。《氷に覆われたカナダのわずかばかりの土地をめぐって》、どうしてわれわれは戦わねばならないのだろう、とヴォルテールは言っている。一方ドイツでの戦争について、無責任な知識人グループは《哲人王》フリードリヒ二世の成功を褒めたたえ、オーストリアに呪いの声をあげていた。彼らにとってオーストリアとは、フランスが提供した金銭的かつ人的な援助をむなしく吸いこんだ、肥大化した蛭《ひる》も同然だったのである。

一七六二年末、ルイ十五世とショワズールはやむなく戦争の終結を求めてイギリスとの直接交渉に乗り出した。パリ条約の結果（一七六三年二月十日）、フランスはアンティル諸島とセネガルでイギリス軍に征服された植民地の一部を放棄している。東洋でフランス東インド会社は五つの商館を取り戻すことができたが、それには商館の完全な非武装化が条件とされていた。最後にとりわけ重大であったのは、数世代にわたるフランス人の努力と犠牲によって北アメリカで獲得されてきたすべてのものを、ルイ十五世がいともあっさりと放棄してしまったことである。カナダの全域とミシシッピ川の東側に広がる中央平原地帯の広大な領土は、イギリスの統治下に収まってしまった。他方、ミシシッピ川の西側で唯一ルイジアナの名を残していた植民地はスペインに譲渡されているが、これはスペインがフランスに味方して参戦したためにこうむった、フロリダの喪失の埋めあわせとしてである。

4　社会と文明

繁栄国家

とりわけ前世期の社会状態と比較してみるとき、ルイ十五世の時代のフランスは全体的に見て繁栄を謳歌する国家であったということができる。その否定しがたい証拠は、規則的で急激な人口の増加である。

一七〇〇年　二千百五十万人
一七四〇年　二千四百六十万人
一七七〇年　二千六百六十万人
一七九〇年　二千八百十万人

そのころまで人口の大幅な減少を定期的に招いていた災禍はすでに過去のものとなっていた。大規模な疫病の流行はもはや見られなかった。ペストが最後にあらわれたのはマルセイユで一七二〇年のことである。全国的な規模の飢饉ももはや起きていない。一七四〇〜四二年の飢饉、また一七七〇年以降に生じた飢饉も、いくつかの地方に限定されたものであった。さらに戦争は多くの場合、フランスの国外で戦われていた。一七二〇年から八九年までのあいだに、農業収入は六〇パーセント、対外貿易額は四〇〇パーセント増加したと考えられている。

開明的な官僚行政

このような繁栄については、一般的に誠実で開明的であった行政も大きな役割をはたしていたと考えられる。コルベール以来追求されてきた中央集権化の努力と、たとえばラングドックおよびブルターニュで身分制議会が擁護していた多くの地方の特権ならびに慣習とのあいだの対立は、行政によって柔軟に調整が図られていた。

三十三の総徴税区の地方長官たちは、多くの場合かなり長期間赴任先に滞在しており、それゆえ彼らの管轄地域を知悉し、農業、都市計画、公共事業、治安、税の徴収、交通などの分野において、さまざまな改良を推し進めることが可能であった。全国的な規模において、財務監督官ダニエル＝シャルル・トリュデーヌと彼の跡を継いだ息子のジャン＝シャルル・トリュデーヌは、一七三三年から七七年にかけて、新たに設置された土木局の指揮にあたり、王国内にすばらしい道路網を完成させている。これは外国人旅行者たちの賞賛の的となっていた。

社会

商業の繁栄と行政機関の強化は、当然のことながら市民階級に利益をもたらし、彼らは数においても、豊かさにおいても、影響力においても、著しい成長を遂げている。しかもとりわけ幸運に恵まれた者たちは、市民階級を離脱し、金銭による文字どおりの貴族階級を形成するようになり、昔からの帯剣貴族や法服貴族の列に加わるようになっていった。なかでも豊かさの点でひときわ抜きんでていたのは、『総括徴税請負人』である。その四十名の非正規財務官僚たちは、間接税の見込収入を国に前払いし、しかるのちに国に代わって間接税を徴収するという業務を請け負っていた。そこに彼らの利益が含まれていたのは当然である。フランス革命の少し前、彼らはパリを切れ目のない城壁で取り囲む許可を国王から得ているが、それは課税対象消費物資のパリ市への流入を徹底的に管理するためであった。それでも彼らはそこに実用性だけではなく、美の実現をも求めて、関税徴収所の入り口を記念碑的な円形ドーム建築で飾り立てることを、前衛建築家クロード＝ニコラ・ルドゥーに依頼している。

サロン

おそらくポンパドゥール夫人による《統治》の華やかな数年間を除くならば、社交界の集合場所となり、趣味と才気の中央制御室の役割をはたしていたのは、もはやヴェルサイユの宮廷ではなく、首都のパリであった。上流社会を構成していたすべての人びと——貴族、大ブルジョワ、文士、芸術家など——は、パリでジョフラン夫人、デファン侯爵夫人、エルヴェシウス夫人など、才気あふれる女性たちの主催するいくつものサロンに集合していた。こうした集まりの場では、過去に類例のないみごとな会話術が生み出され確立されていた。「会話は、——とルソーは言っている——知的でありながら衒学的ではなく、陽気でありながら騒がしくなく、品位を保ちながら無味乾燥になることがない」。同様に礼儀作法やマナーも磨き抜かれ、人びとのふるまいは自然な優雅さと計算された気配りにあふれていた。

さらに自由な会話が交わされていたのは、もっとも有名なプロコープをはじめとして摂政時代に普及したカフェである。また多くの地方都市にも《アカデミー》あるいは《思想協会 sociétés de pensée》が誕生している。さらには十八世紀初頭にイギリスから伝わってきたフリーメイスンの活動とともに、ロッジでは人びとの出会いの機会が増していた。

新思想

こうしたすべての集まりの場で交わされていた会話は、もはやたんに文学的あるいは社交的な次元にとどまることなく、当時の言葉を用いるならば《哲学的》なものになっていった。すなわち、従来危険で退屈なものと考えられていた主題、つまりは政治、社会、経済、科学に関する諸問題が、自由に取り上げられるようになっていたのである。そして当然のことながら、人びとは理性の名において、あらゆる既成の信仰、あらゆる既成の制度に異議を唱えるようになった。「哲学するとは」と十八世紀の最初のサロンのひとつの主宰者で、助言者として人びとに大きな影響を及ぼしていたランベール夫人は説明している。「それは理性にそのすべての尊厳を認め、そのすべての権利を取り戻させることです。つまり世論と権威の束縛を打破することなのです」。

一七一五年以降、こうした批判的な傾向が最初にその糧を見いだしたのは、イギリスとの関係を通じてであった。イギリスでは二回の革命により、絶対君主制とカトリックの支配に終止符が打たれ、またジョン・ロックをはじめとする大胆な著述家たちの手により、民主主義的で非宗教的な統治理論に明快な表現が与えられていた。一七五〇年以降、《哲学者たち《フィロソーフ》》の攻撃は、政府が権威を失って弱体ぶりを露呈していたこともあり、ますます大胆になり、ますます大きな広がりを有するようになっていった。このころ、ディドロによる百科全書の第一巻も刊行され（一七五一年）、それはこうした《啓蒙哲学》を社会に広めるもっとも効果的な媒体となり、伝達の手段となったのである。

宗教に関して、哲学者たちは教会が無知と不寛容の権化であるとしてこれを激しく攻撃している。彼らは伝統的なキリスト教信仰の代わりに、ある場合にはヴォルテールのように、一種の合理主義的な理神論を、またある場合にはルソーのように、感傷的で博愛主義的な福音主義を、またある場合にはディドロやエルヴェシウスのように、まったくの無神論的唯物論を主張している。政治・社会問題に関して、もっぱら攻撃の対象とされたのは絶対王政であり、不平等を存続させているあらゆる特権であった。ルソーやマブリとともに、純粋に民主主義的な理論（主権在民）が登場し、さらには多少なりとも社会主義的な理論（所有権の制限）さえ、すでに姿をあらわしている。最後に経済問題に関して、《重農主義者》と呼ばれた人びと（ケネー、グルネー、チュルゴら）は、コルベール体制（産業の徹底管理、自由競争からの保護育成）を批判し、その代わりに商業と産業の自由主義的な制度《自由放任、自由通商》を主張していた。

これらのすべての主義主張からは、知識階級のなかに改革主義的な精神状態――現状に対する不満、実現可能な望ましい進歩への思い――が生み出された。かくしてアンシャン・レジームの崩壊が準備されたのである。

芸術

十七世紀の芸術家たちはルイ十四世の意向を受けて、多少冷ややかではあるが、荘厳な形式的統一の図られた作品を生み出していた。彼らの後を継いだ十八世紀の芸術家たちは、時代の趣味や生活習慣を反映し、軽快な優雅さ、奔放な奇抜さ、多様性の表現において、すぐれた手腕を発揮している。こうした特性がとりわけ顕著にあらわれたのは日常生活の装飾においてであった。当時ほど民間の建築物が堅固な優雅さとみごとな調和を見せたことはかつてなく、またそれは家具の装飾においても同様であった。美的感性においてきわめて明瞭な変化があらわれてきたのは、ルイ十五世治世の末期においてである。十八世紀の前半、人びとの嗜好は曲がりくねった線、また日常的なものであれ、珍奇なものであれ、風変わりな装飾の過剰へと向けられ、それらはロココ様式とよばれていた。しかし、一七六〇年以降、文学的な影響と考古学上の発見は、古代芸術に見られるようなより簡素な形態への回帰をうながしている。パリにおいてその好例は、スフロのパンテオン、またジャック＝ドニ・アントワーヌの造幣局などである。この《新古典主義》は家具にも適用され、《ルイ十六世様式》なるものを生み出しているが、しかしこの呼称はあまり適切であるとは言えない。この様式はルイ十五世の治世の末期にすでに誕生していたからである。

フランスとヨーロッパ

十八世紀はおそらく、フランス文明が西ヨーロッパにもっとも大きな影響を及ぼした時代であったといえよう。文学、哲学理論、美術、装飾芸術、そしてなによりもヴェルサイユ宮殿とパリのサロンで開花した生活様式は、他の国々の上流階級の人びとの心を魅了してやまなかった。フランスの芸術家たちはあらゆる国々から招聘を受け、また多くの外国人たちは、パリを訪れては社交界の生活を楽しみ、フランス風の趣味を身につけるようになった。フランス語は貴族階級と知識人たちの国際共通語としての地位を確立していた。プロイセンのフリードリヒ二世、ロシアのエカチェリーナ二世といった外国の元首たちは、自国の言葉以上にフランス語を好んで使用し、ヴォルテールやディドロといった偉大な作家たちと緊密な関係を維持していた。

第十五章

Histoire de France

ルイ十六世とアンシャン・レジームの危機

王に報告するネッケル

ルイ十六世の即位は当初、国民とフランス王国にとって喜ばしい再生のときを告げるものと思われた。しかし王の性格的な弱さ、周囲の人間たちの策謀、特権階級の反対は、フランス革命を避けることができたかもしれない抜本的な改革の芽を、ことごとく摘み取ってしまった。外交面でルイ十六世はもう少しましな結果を残している。イギリスを窮地に追いこみ、大陸では平和を維持し、フランスの威信を取り戻すことに成功している。

1　ルイ十六世、治世の初期

ルイ十六世

ルイ十五世のただひとりの嫡出子であった王太子ルイは、一七六五年、すでに死去していた。この非常に立派な人物が若くして死を迎えてしまっていたため、王位はその息子〔三男〕である二十歳の若者に引き継がれた。この若者もまた立派で善良な人物であることに変わりはなかったが、彼には経験と自信が欠けていた。ルイ十六世は母親のマリ＝ジョゼフ・ド・サックスから、肥満した体格とぼってりとした目鼻立ちを受け継いでおり、その印象はぎこちない動作によってさらに強められていた。ルイ十四世、ルイ十五世の国王としての威厳に満ちあふれた姿とは、痛々しいほど対照的であった。彼は非常に敬虔な人物であった。すぐれた教育を受けていた。自分の手を使って仕事をし、地図を描いたり、錠前を作ったりすることもできた。王としての務めにも、国民の幸福を真剣に考えて取り組んでいた。それでもお人好しで、細かなことを気にする良心的な人間であったので、ただでさえ弱かった彼の意志は、ますます優柔不断となり、いつでも周囲の意見に押し流される一方であった。

マリー・アントワネット

若き王妃マリー・アントワネットはオーストリアの女帝マリア＝テレジアの娘で、王とは対照的に、活発で、エレガントで、優雅な女性であった。のちに困難な状況に陥ったとき、彼女は性格的な強さを示している。しかし夫の治世の初期において、彼女が周囲に与えていたのは、軽薄で、気まぐれで、浪費家で、自分の楽しみのことしか念頭にない、若い女性のイメージでしかなかった。彼女は楽しげに王室の礼儀作法を無視し、自分の評判を悪くする危険など少しも顧みようとはしなかった。

高等法院の復活

ルイ十六世はみずからの経験不足を補うために、かつての海軍大臣で、ポンパドゥール夫人によって一七四九年に遠ざけられていたモールパ伯爵をそばに呼び寄せた。この愛すべき老人は無任所国務大臣に任命されている。しかしこのとき彼はもはや多くの人びとに喜ばれることしかしようとはしなかった。彼は王にモプーと、またルイ十五世に仕えていた人気のない大臣たちを解任することを勧め、さらに高等法院を復活させることを勧告している。高等法院復活の措置は民衆を喜ばせ、各地では大々的に歓喜の示威運動がくりひろげられた。しかし先見の明のある幾人かの人びとが予見していたように、この措置により体制変革のあらゆる試みは、あらかじめ失敗を運命づけられているも同然であった。

チュルゴ

それでも少なくともモールパには、前パリ市長の息子でジャック・チュルゴという、すぐれた能力と高貴な性格の持主を財務総監に任命するという功績が認められる。重農主義者のグループのなかでもきわめて活動的であったチュルゴは、ケネーやグルネーの経済思想を、地方長官を務めていたリモージュの総徴税区で実施に移してみる機会があり、それなりの成果を挙げていた。

国家財政についてのチュルゴのプログラムとはどのようなものだったのだろうか。第一に重視されたのは倹約であり、それも真っ先に槍玉に挙げられたのは、宮廷の経費をはじめとするもっとも無意味な出費である。次に求められたのは税収の増加であるが、そのためには税負担の公平を実現し、また『自由放任、自由通商』という重農主義の処方箋にしたがって、国全体の富を増大させることが肝要であった。

第一の点――倹約――において、チュルゴはすぐに王妃の反発に直面し、また国費の無駄遣いにより不当な利益を上げていたすべての人びとの反対に遭遇することになった。一方、間接税収入を増大させるために採られた数々の対策は、利益を削減されてしまった総括徴税請負人たちからの危険な恨みをチュルゴに向けさせることになった。穀物取引の完全な自由化は、一七七四年九月に早々と布告されていたが、その翌年の春、不作のためにパンの値段が著しく高騰するのを避けることができず、穀物輸送車とパン屋に対する民衆の襲撃が頻発するようになった。自由放任政策が実際に適用されることになったのは、同業組合の廃止を命じる王令によってである。最後にチュルゴは、税負担の公平という最重要課題に挑戦している。彼の最終的な目標は、それまでのすべての直接税を、土地所有にもとづく単一の《土地上納金〔地租〕》に置きかえることであった。その手始めとして、チュルゴは、国王賦役の廃止を命ずる王令を発布した。国王賦役とは、道路の建設と維持のために農民に課せられた労働力の提供であったが、この新たな王令により、国王賦役はすべての土地所有者を対象に無差別に徴収される税に置きかえられることになった。そのためこの王令は特権階級の怒りを買い、高等法院はチュルゴに正式な建白書を提出している。

一七七六年五月、王妃をはじめ不満を募らせていたすべての人びとは一致団結し、ルイ十六世からチュルゴの解任を勝ち取り、同様に同業組合と国王賦役の復活を実現している。

ネッケル

それからまもなくして（一七七六年十月）、ルイ十六世は財務行政を大銀行家のジャック・ネッケルに託すことになった。このジュネーヴ出身でプロテスタントの銀行家は、パリで第一級の金融業者としての地位を手に入れるとともに、ネッケル夫人のサロンに引き寄せられていた影響力ある知識人《哲学者たち》の集団からも好意的なまなざしで見られていた。彼はチュルゴの重農主義理論には断固として反対しており、そもそもそれを失敗させることに協力していた人間のひとりである。

ネッケルは当初、巧みな技術官僚としての評価に恥じることのない仕事ぶりを発揮し、間接税の徴収方法をより経済的にすませることができるように再編し、またとりわけアメリカ独立戦争介入の戦費（三三三ページ）を、借り入れを重ねることによって調達することに成功している。彼は新税の導入を避けることができたので、人びとから感謝されていたが、しかしその結果公的債務の重みが破局的に増大してしまっていたことに、やがて人びとは気づかずにはすまされなかった。

他方、ネッケルは《哲学者》を兼ねた政治家という自己のイメージを裏切ることのないように、いくつかの効果的な人道主義的改革を推進している。施療院や刑務所の改善、司法による拷問の禁止、王領に残されていた農奴制の一掃、などである。行政の自由主義的な地方分権化にも着手し、ベリーとギュイエンヌでは実験的に州議会を創設している。これらの議会では、貴族、聖職者、ブルジョワが平等に代表を送り、税、救貧活動、公共事業の負担配分に関して、地方長官の権限のいくつかが引き受けられることになっていた。

ネッケルの大胆な改革は、けっきょくはチュルゴと同じように、多くの敵を作ることになった。自分に向けられた中傷文に対抗して、ネッケルは『国王への財政報告書』を発表している（一七八一年二月)。国家の収支決算が公にされたのは、このときが初めてのことであった。そこで暴露された国費の濫費によって不当な利益を上げていた者たちは、ますます敵意を募らせていった。ネッケルはモールパとルイ十六世の庇護も失い、辞表を提出している(一七八一年五月)。彼の辞任からは、若き王の即位が人びとに抱かせた期待と改革の情熱の、最終的な行き詰まりが明らかであった。

2 外交

ヴェルジェンヌ

ルイ十六世は幸運にも、フランスのために力を尽くしたもっともすぐれた外務大臣のひとりを見いだし、しかも賢明なことに、その人物を一七八七年までその地位にとどめていた。ヴェルジェンヌ伯爵が職務の遂行に取り入れた規律とスタイルは、その後十九世紀にいたるまで踏襲されている。彼はオーストリアとの同盟関係——王妃はこれを守り抜くことに情熱を傾けていた——を否定することなく、この同盟関係がフランスを新たな紛争に巻きこむことがないように努めていた。王妃マリー・アントワネットの兄、皇帝ヨーゼフ二世がみずからヴェルサイユを訪れ、フランスにベルギーの割譲さえ申し出ても無駄であった。ヴェルジェンヌは、ドイツおよび東方地域におけるヨーゼフ二世の征服計画を支持することを拒んだのである。彼の外交は勢力の均衡と平和を重視するものであり、また彼はあらゆる領土拡大を徹底的に放棄していたので、オーストリアとプロイセンの野望に脅かされていた小さな国々から大きな信頼を寄せられていた。

ことができた。

アメリカ独立戦争

ヨーロッパ大陸で平和を維持することができたので、フランスはイギリスに対する報復に乗り出すことができた。

北米におけるイギリス植民地の反乱と独立宣言（一七七六年七月四日）は、フランス世論に熱狂的に歓迎された。ラファイエット侯爵をはじめとして、上流貴族の何名もの若い将校たちは自発的にアメリカに渡り、《反乱者たち》に援助を提供している。その一方で、大陸会議側はもっともすぐれたメンバーのひとり、ベンジャミン・フランクリンをフランスに送りこんだ。フランクリンの計算された善良さと巧みなふるまいはヴェルサイユの宮廷とパリのサロンですばらしい効果を発揮している。

それでもヴェルジェンヌの対応は慎重であった。はじめのうちフランスは反乱軍に資金援助と、国王の兵器庫からの武器の提供をおこなっていただけである。その後ワシントンがサラトガで収めた初めての軍事的勝利（一七七七年九月）の報が伝わるとともに、フランス政府もついに公然と介入する決意を固め、フランクリンと通商同盟条約を締結することになった（一七七八年二月六日）。イギリスに宣戦が布告されたのはそれからすぐのことである。

フランスの軍事力は七年戦争の敗北から完全に立ちなおっていた。ショワズールは軍の再建に尽力し、その後彼の努力は、一七七五年から七七年にかけて陸軍大臣を務めたサン゠ジェルマン伯爵によって受け継がれた。伯爵は軍の規律を立てなおし、将校の採用と教育を改善している。伯爵のもとで軍事技師グリボーヴァルは、砲兵隊に新たな武器を配備することができた。グリボーヴァルの考案した製法と標準化による新型大砲はきわめてすぐれた性能を発揮し、革命期と帝政期のすべての戦争においてもそのまま使用されている。海軍の再建は、ショワズールによってもすでに始められていたが、その後を受け継いだのはパリ警視総監を務めたことがあり、行政官としてのすぐれた手腕も発揮したサルティーヌである。一七七八年のはじめ、フランスはすでにすぐれた装備を誇る七十八隻の主力戦艦と、百八十六隻の小型戦闘艦を保有していた。

スペインが難色を示しながらも、フランス側に立って参戦に踏みきると(一七七九年六月)、両国は力を合わせてイギリスに上陸するための準備を大々的に開始している。しかし英仏海峡の制海権を掌握することができなかったため、この計画はあわれにも頓挫するほかはなかった。同様に、ジブラルタル海峡の要塞を攻略するための努力もすべて水泡に帰した。地中海におけるただひとつの成果は、メノルカ島の重要なマオン海軍要塞を攻略したことくらいである。

しかしながらアンティル諸島、および東洋の海域において、イギリス艦隊とフランス艦隊は互角の戦いを続けていた。なかでもフランス人の海軍提督ラ・モット゠ピケ、シュフレーヌ、デスタンらは目覚ましい活躍を示している。

勝敗の帰趨が決定されたのはアメリカ大陸においてであった。ワシントンの軍は、ロシャンボー指揮下の小さなフランス遠征部隊、およびド・グラス海軍提督指揮下のアンティル諸島のフランス艦隊の支援を受け、イギリスの主力部隊をヴァージニアのヨークタウン要塞に追い詰め、コーンウォリス将軍に降伏を強いている(一七八一年十月十九日)。

イギリスは戦意を喪失し、交渉を求めた。アメリカはフランスとのあいだで交わされていた誓約にもかかわらず、単独でイギリスと講和予備条約を締結した(一七八二年十一月)。ヴェルジェンヌが準備した参戦国全体による最終的な条約が締結されたのは、ようやくその九ヵ月後、ヴェルサイユにおいてである(一七八三年九月三日)。イギリスは合衆国の独立を承認し、ミシシッピ川までのすべての内陸地域を放棄した。スペインには、イギリスが二十年前に征服したメノルカ島とフロリダが譲渡された。一方フランスは、七年戦争のあいだに海外で膨大な領土を失っていたにもかかわらず、取り戻すことができたのはニューファンドランド沖のサン゠ピエール島とミクロン島など、一七六三年のパリ条約で奪われていたいくつかの小さな地点のみであった。これらのあまり実質的でない成果以上に大きな意味があったのは、イギリスの世界制覇の野望に致命的な打撃を加え、フランスの政治的・軍事的な威信を回復することができたという満足感だったのである。

とはいえアメリカ独立戦争はフランスにも深甚な影響を及ぼさずにはおかなかった。ひとつには、民主主義の原理に則って建設された共和国の誕生は、伝統的な君主政を批判していた人びとにとって大きな刺激であり、したがうべき模範でもあったからである。もうひとつには、戦費は十五億リーヴル以上にも上り、財政は完全に破綻し、もはや最後の救済の手段を三部会に頼らざるをえなくなっていたからである。こうしたことから、アメリカ革命はフランス革命の生みの親であったと考えることができる。

3　貴族の革命

カロンヌ

ネッケルの後任者のうち最初の二人は、膨らむ一方の国庫の赤字を削減することはできなかった。ルイ十六世は一七八三年十一月、エノーの前地方長官で、行政官としての手腕と人柄のよさが高く評価されていたシャルル＝アレクサンドル・カロンヌに対策を依頼した。

新たに財務総監に就任したカロンヌが真っ先に取り組んだのは、支出を緩和することによって国家の威信に対する信頼を回復し、経済を活性化させることであった。支出を緩和することについては、それまで前任者たちの失敗の原因にもなっていた宮廷からの反発をやわらげるという効果も考えられた。カロンヌは彼の個人的な権威がじゅうぶんに認められるようになったと考えたとき、一七八六年八月、チュルゴの考えかたを踏襲した税制と行政に関する全面的な改革案を国王に提出している。

名士会

税負担のある程度の公平性を実現しようとしたこれまでの試みは、ことごとく高等法院の妨害に遭っていたので、カロンヌは彼の計画を名士会によって受け入れさせることを考えた。一七八七年二月、名士会は王の指名による百四十四名の人士を集めてヴェルサイユで開かれた。しかしこれら特権階級の代表者たちは、カロンヌの提案に対して妥協の余地のない敵意をあらわにした。ルイ十六世はカロンヌの代わりに、反対派の指導者のひとりとして頭角をあらわしていたトゥールーズの大司教、ロメニ・ド・ブリエンヌを後任に指名した。しかしブリエンヌもまた事態を解決することはできず、王は名士会を解散させるほかはなかった（一七八七年五月二十五日）。

高等法院の反発

そこでブリエンヌはしかたなく、高等法院による王令の登録という昔ながらのやりかたに頼るほかはなかった。高等法院は一度存在を無視されていただけに、いっそう頑なな態度を崩そうとはしなかった。ブリエンヌは高等法院の抵抗を打破するため、パリ高等法院の司法官たちをトロワに追放した。しかし地方の高等法院はパリ高等法院との連帯を表明し、世論は《専制の犠牲者たち》に味方しているように思われた。ブリエンヌは妥協を余儀なくされた。高等法院はパリに呼び戻され、その代わりにいわゆる二十分の一税の税率の引き上げを承認している。

高等法院は国民に人気があることに自信を深め、政治の領域にまで進出を図り、君主政に対する国民の一種の権利宣言を発表した（一七八八年五月三日の裁決）。事ここにいたり、ルイ十六世も、治世の初期にモプーの抜本的な司法改革を断念したことの誤りを悟らないわけにはいかなかった（三二七ページ参照）。尚書局長ラモワニョンが改革再開の重責を担うことになった。しかしこのとき、状況はさらに悪化していた。王令はすべて、反対と抗議の嵐によって迎えられた。なかでも激しい抵抗を示したのは、ドーフィネ地方である。一七八八年七月、三身分の代表たちはヴィジーユの城に集まり、国王が三部会を招集しないかぎり税の支払いを拒否するようにすべての地方に呼びかけた。ルイ十六世は要求に屈し、一七八八年八月八日、翌年の五月一日に三部会が招集されることになった。その数日後、ロメニ・ド・ブリエンヌは解任され、代わりにネッケルが財務総監に返り咲いた。

選挙

選挙のやりかたと三部会の開催形態に関してすぐに開始された議論からは、反対勢力としての高等法院の真の姿が明らかであった。改革派は――彼らは《愛国派》という聞こえのいい名称をみずからに与えていたが――第三身分が貴族と聖職者という他の特権二身分のそれぞれの二倍の議員数を有することを要求し、議決が三身分合同の審議と全議員の頭数による投票によってなされることを要求していた。しかるに高等法院は、三身分がそれぞれ個別の議場で討議し、それぞれの身分が一票を有するという従来のやりかたに賛成の立場を正式に表明したのである。そうすれば、特権二身分はあらゆる改革を阻止することができるであろう。その結果、高等法院の司法官たちはたちまち《貴族的》であるという烙印を押され、人気を完全に失ってしまったのだった。ルイ十六世とネッケルは《第三身分の議員数の倍増》に賛成の立場を表明し（一七八八年十二月二十七日）、この決定は《愛国派》のあいだに熱狂的な喜びを引き起こした。王が特権二身分と立場を異にする以上、改革への道は開かれているものと考えられたのである。

選挙はそれゆえこうした議員数の割合にもとづき、それでも多少の混乱をともなっておこなわれた。千百三十九名の当選議員のうち、聖職者は二百九十一名を数え、そのうちの少なくとも二百名の司祭の半数以上は新思想の同調者であった。貴族のなかにも、二百七十名の議員のうち、ラファイエットを筆頭に何名かの改革支持者たちの姿が見られた。五百七十八名の第三身分の議員たちも全体的に見て改革支持者が大多数を占めていたことは言うまでもない。彼らのうちの多くは法律家であり、弁護士であった。

陳情書（カイエ・ド・ドレアンス）

選挙集会は、間接選挙のおのおのの段階において、これまでの習慣どおりに陳情書を作成し、臣民の請願を国王に提出していた。これらの陳情書は全体的に見て、当時の国民世論の趨勢をうかがわせる貴重な調査資料となりえている。各身分間の対立のもとになっていた利害の相違を通して、それでもわれわれは三つの大きな国民感情を認めることができる。

――政府の独断を憲法によって制限することが可能となるような国政改革への期待。
――税負担、および公的職務参入のためのより大きな公平性実現の要求。
――王政とカトリック信仰に寄せる根強い支持。

経済的・社会的危機

不幸なことに、三部会が開かれようとしていたのは、たんに論争の激化だけではなく、深刻な経済的危機に起因する国民の不満の高まりによっても、国中が騒然とした雰囲気に包まれていたときであった。

すでに数年前から、農業の主要分野であるブドウ栽培は生産過剰に陥り、販売価格の下落という状況に陥っていた。一七八八年、極端な天候不順により、穀物の収穫は壊滅的な打撃を受け、小麦とパンの価格は一七八九年の最初の数ヵ月で五〇パーセント上昇し、さらに《品薄期》には危機的な高値を記録していたが、それはまさに三部会の開催時期のことであった。

このような不幸な事態が度重なったことにより、もともと慢性的であった社会不安はますます深刻になる一方であった。というのも農村部ではすでに人口増加のために（三一九ページ参照）土地と小作料が値上がりし、若い夫婦が新たに定住することはますます困難となり、多くの農民たちは都市部への流入を余儀なくされ、下働きの農業単純労働者となるか、あるいは物乞いになるといった悲惨な状況に陥っていたからである。

一方、工業は一七八六年以降、英国のマニュファクチュアとの競争に苦しんでいた。八六年に締結された通商条約により、英国製品が大量にフランス国内に出まわるようになっていたからである。農業危機の結果、購買力は急激に落ちこみ、こうして文字どおりの破局が発生していたのだった。多くの工場が操業の停止あるいは生産の縮小、労働者の解雇、賃金の削減を余儀なくされていた。パリでは、一七八九年四月二十七日から翌日にかけて、民衆街区フォーブール・サン・タントワーヌの労働者たちの大規模な暴動を鎮めるために、警察隊が介入しなければならなかった。多くの死者と数百名の負傷者が出ている。

経済は全国的に危機的な状況に陥り、税金、債務、賦課租、またあらゆるたぐいの不平等が、すべての人びとにとってますます耐えがたいものとなっていた。底辺の民衆は貧困に苛立ち、飢餓の恐怖に脅えていた。ブルジョワ革命がたちまち血まみれの大事件となり、吹き荒れる暴力の巷《ちまた》と化していったというのも、その大きな理由はこうした点にある。

第十六章

Histoire de France

革命
――王政の崩壊

ヴァレンヌでの王族の逮捕劇
（彩色版画。フランス国立図書館）

財政危機を解決するために招集された三部会は憲法制定議会へと形を変え、それまでのフランスの政治・社会機構は根底から覆されることになった。国家の刷新という、必要にして有益なものとなるはずであった作業は、民衆の暴力と、国王および特権階級の不手際な反動の試みという不幸な連鎖に巻きこまれ、最終的には王政の崩壊を招くにいたる。

1　憲法制定議会――一七八九年五月～九一年九月

議会の誕生

ヴェルサイユで厳かに開会が宣言された三部会は（一七八九年五月五日）、まず手続き上の基本的な対立によって身動きが取れなくなった。討議は合同でおこなわれるのだろうか？　あるいは三つの議場に分かれておこなわれるのだろうか？　第三身分の代表たちは合同の討議を主張し、それが認められないならば、議員資格審査という予備手続きに入ることをも拒否するという態度に出た。貴族と聖職者たちは伝統的な方式にとどまることを主張し、王は態度を明確にすることをためらいながらも、後者の主張を支持する方向に傾いていた。

六月十七日、ついに第三身分の代表たちは、自分たちが国民の九六パーセントを代表していることを理由に、国民議会を名乗ることを宣言した。六月二十日、従来の議場が閉鎖されてしまったために、彼らは球戯場室（ジュ・ド・ポーム）を臨時の議場として集結し、そこでフランスに憲法を制定するまでは解散しないという誓いを立てた。

その後の数日間、事態は急展開し、聖職者と貴族の代表の一部は第三身分に合流した。六月二十七日、ルイ十六世は既成事実を承認する。七月九日ついに、三身分の代表者たちは身分の区別なく座席につき、国民議会はみずからを《憲法制定国民議会》と称することを宣言した。

絶対王政はそれゆえこの段階ですでに存在を停止し、貴族と法律家たちによる政治革命は、一滴の血も流すことなく成し遂げられたと考えることができる。しかしまさにその瞬間に、パリと農村部の

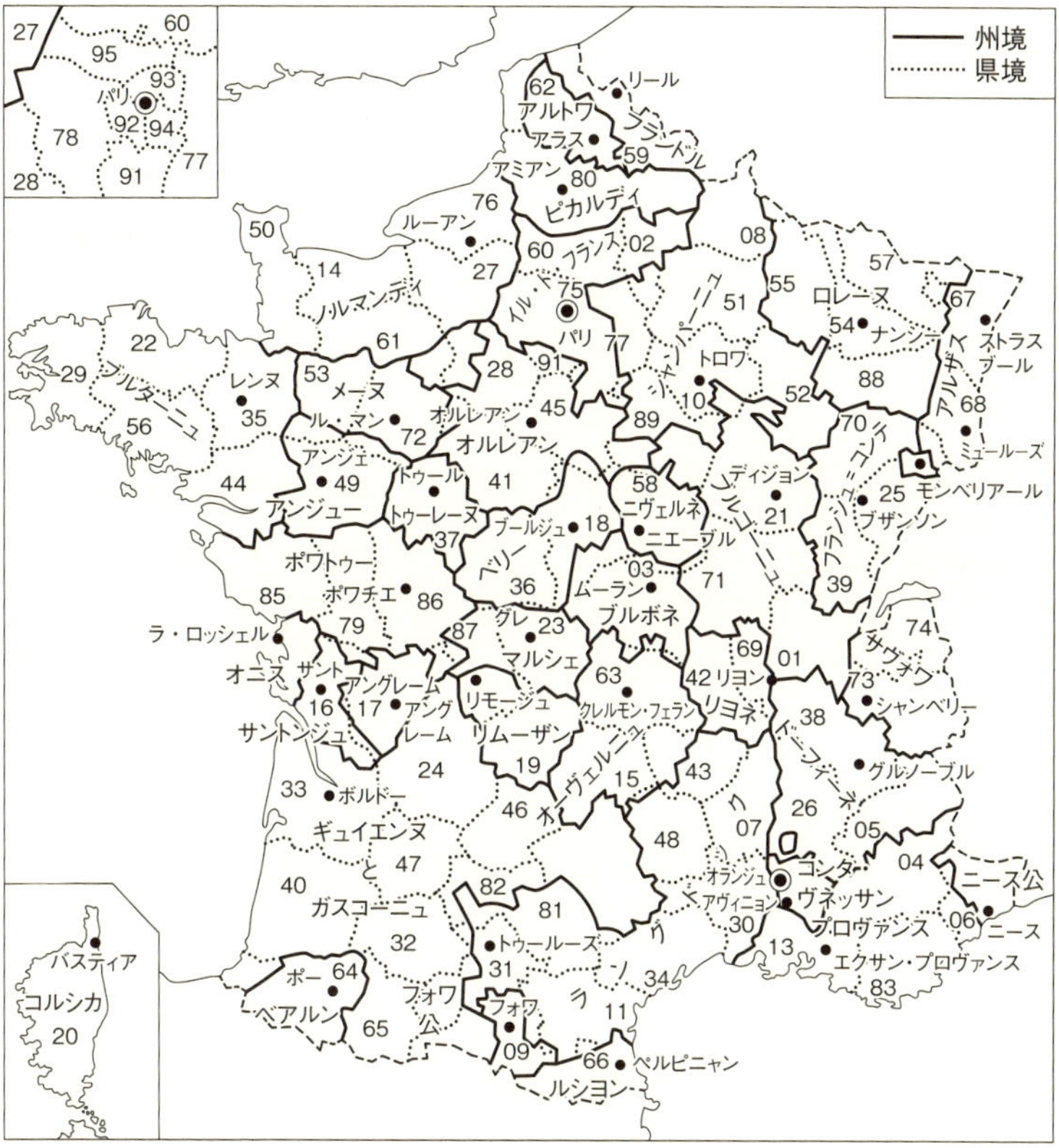

1789年のフランス（Albert Mirot, Manuel de géographie historique de la France, 1950.）

下層民が行動を起こし、暴力の時代が始まったのだった。

バスティーユ襲撃

ルイ十六世は譲歩した直後に、態勢の立てなおしを図ったように思われる。軍隊がパリとヴェルサイユの周辺に集められ、七月十一日ネッケルが罷免され、代わりに反動的な政府が誕生した。パリの民衆は、おそらく野心家オルレアン公の手の者による扇動も手伝って興奮状態に陥った。パリの選挙人たちは新たな市政府「常設委員会」を設置し、略奪の阻止を任務とする市民軍——国民衛兵——の創設を決定した。指揮官には国民に人気のあるラファイエットが任命されている。

七月十四日の朝、市民と無法者たちの入り混じった群衆がバスティーユ監獄——シャルル五世の時代にさかのぼるかつての要塞——に押しかけ、武器弾薬を要求した。ド・ローネー侯爵の指揮下で百名ほどの傷痍軍人が守備に当たっていたバスティーユ監獄は、数時間の包囲戦ののちに陥落した。ド・ローネーは部下のうち六名の者とともに虐殺された。そのすぐ後に、パリのかつての商人頭——すなわちパリ市長——のフレッセル、財務監督官のフーロン、彼の女婿でパリ総徴税区長官であったベルチエ・ド・ソーヴィニらも、同じ運命をたどっている。

バスティーユの陥落は、それ自体としてはそれほど重要なできごとではなかったとはいえ、その後、象徴的な意味合いを有するようになった。バスティーユは《封印状》によって、すなわち裁判なしに下された王の命令によって、投獄された臣下を収容する牢獄として使用されていたからである。

事件の当面の結果として、王はネッケルを——またしても！——呼び戻し、パリ市庁舎を訪れ、新たに誕生したパリ市政府を承認している。和解の印として三色帽章が登場したのはこのときである。

王家の色である白が、パリ市の色である赤と青のあいだに入れられていた。

王弟のアルトワ伯（のちのシャルル十世）をはじめ、国民の動きを力でおさえつけることを主張していた人びとは生命の危険を感じてフランスを離れ、こうして貴族の亡命の動きが始まった。

農民の革命

パリの報が伝えられたことにより、大部分の都会で同じような動きが発生している。王国の行政官たちは、恐怖と部下の不服従によって行動の術を失い、その一方で新たな地方行政機関が市民軍の力を背景にして形成された。

農村部では積年の恨みが一挙に噴出し、土地の囲いは破壊され、森林は荒らされ、賦課租は支払いを拒絶された。いたるところで農民の集団が城館や修道院を襲撃し、憎むべき隷従の身分が記録されていた文書に火を放った。

いくつもの地方で《大恐怖《グラン・プール》》が発生している。これは奇妙な集団ヒステリー現象であった。村から村へと、正体不明の盗賊団が襲撃に来るという噂が広まり、農民たちは急いで武器を手に取り、女や子どもたちは逃げていった。

八月四日の夜

中央を震源とする衝撃は農民集団を行動へと駆り立て、このようにして開始された民衆革命は、その反作用として中央の政治革命に新たな一歩を踏み出させることになった。

八月四日の夜、二人の自由主義者の貴族が、領主権を自発的に放棄することによって農民の怒りを鎮めることを議会で提案した。すべての特権団体――聖職者、貴族、行政司法官、地方、都市、同業組合――の代表者たちは、互いに高邁な精神を競いあうかのように、次々とそれぞれの権利を放棄することを表明した。朝の三時まで続けられたこの日の会議が、感涙まじりの熱狂的な雰囲気のうちに終了したとき、特権と不平等の上に成立していたかつてのフランス社会の骨組みは跡形もなく消滅していた。

このように下準備が完了していたので、議会は『人権宣言』を採択することが可能となった。これは将来の憲法の前文となるものであり、主権在民、市民の平等、個人の自由、思想と表現の自由、私的所有の不可侵など、十八世紀の哲学者たちの基本的な思想を法典化した、いわば一種の公教要理のごときものである。

十月の事件

新たな危機が九月に発生した。王は八月四日の夜の決定を裁可することをためらい、また議会においても保守的な陣営が形成されつつあった。その一方で、パリでは食料の供給が困難になり、民衆の不穏な動きが慢性化していた。

十月五日、女たちの一団が、ペチコートをはいて女装した男たちの武装集団に率いられ、パンの要求を表向きの理由として、ヴェルサイユに向かって行進を開始した。乱入を許した議会は混乱のうちにすべての要求を採択している。ルイ十六世は女性たちの代表と接見し、八月のすべての法令を裁可し、食料を供給することを約束した。群衆は疲れはて、興奮状態も収まり、その場で眠りについた。しかし翌六日、夜明けとともに、数名の暴徒が不意を衝いて宮殿の入り口を突破し、何名かの衛兵を殺害し、きわどく難を逃れた王妃の間にまでなだれこんだ。ラファイエットがようやく国民衛兵を引き連れて到着し、暴徒たちを宮殿から追い出すことができた。しかし中庭に集まった群衆は、こんどは大声で国王がパリに来ることを要求した。ルイ十六世は王妃およびラファイエットとともにバルコニーに姿をあらわし、要求に応じる旨を告げている。その日の夜、下層階級の民衆の列に加わり、王一家は実質的に囚人となってヴェルサイユを離れ、チュイルリー宮殿に居を移した。議会はその数日後、会議場に改装された宮殿敷地内の屋内馬術調教場で開かれることになった。

政治クラブ

こうして合法的な権力はパリを拠点とする民衆扇動家たちの圧力のもとに置かれることになった。小商店主と職人たちからなる彼らのグループは、セクション（あるいは地区）の民衆組織の指揮下にあり、これらの組織に指令を下していたのは、マラー、ダントン、エベールなど過激な弁士たちの活動の拠点であったコルドリエ・クラブである。

一方、ジャコバン・クラブはよりブルジョワ的な集団であった。ここに集結していたのは議会の改革派陣営に属する代議士たちのかなりの部分である。このクラブの勢力が革命期を通じて増大していったのは、多くの都市に支部が結成され、これら数多くの支部がパリからの指令およびプロパガンダの方針にしたがっていたからである。

一七九一年憲法

多くの手なおしを経たのち、一七九一年九月にようやく採択された憲法からは、民衆に対するブルジョワの警戒心が明らかであった。

選挙制度は複雑で、数段階にわかれ、《人権宣言》の精神とは明らかに矛盾していた。財産にもとづく新たな不平等が確立されていたからである。貧しくて税金を支払うことができない《受動市民《シトワイヤン・パスイフ》》に選挙権はなく、また《能動市民《シトワイヤン・アクテイフ》》のあいだにも、財産状況による序列が設けられ、被選挙権は四万人から五万人にすぎない少数の裕福な不動産所有者にかぎられていた。

立法権は七百四十五名の議員からなる一院制の立法議会に与えられ、議会の任期は二年で、解散は認められていなかった。

行政権は国王のものとされたが、王はフランス国民の王とみなされ、国家の第一の僕《しもべ》であるとされた。王は議会の決定に対する裁可を拒否することができたが、この《拒否》はたんなる停止権にすぎなかった。王による文書にはすべて大臣の副署が必要とされ、大臣は文書の責任を負うものとされた。

こうした権力の分立――モンテスキューの政治思想の重要な一部分をなし、アメリカ合衆国において採用された原理――を完全なものとするために、裁判官はすべての審級において選挙で選ばれることになった。

合理的で画一的な新たな行政組織が樹立され、範囲が錯綜し不均一な権限が認められていた旧来の管轄区画からなる行政組織に取って代わることになった。国土は八十三の県に分けられ、県はさらに郡、市町村に分割された。これらすべての行政単位は、それぞれが公選制による議会と行政官によって統治されることになった。

経済改革

《自由放任、自由流通》の原則が適用され、すべての国内関税、入市税、通行税などは廃止された。同様に同業組合も、またいくつかのマニュファクチュアが有していた生産と供給の独占権も廃止されている。以後、雇用者に対して各自孤立した存在となった労働者に対しては、団体を結成してストライキをおこなうことは厳重に禁止された（ル・シャプリエ法、一七九一年六月十四日）。

きわめて有益な改革として挙げることができるものに、度量衡の統一的な体系としてのメートル法の考案がある。パリ科学アカデミーによって完成されたメートル法は、その後世界中で採用されるようになった。

国有財産とアシニャ紙幣

財政の混乱は、一七八九年五月以降、さらに悪化の一途をたどっていた。財政の破綻を回避するため、人びとはカトリック聖職者たちが幾世紀も前から蓄積してきた膨大な財産を《国有化》する——すなわち没収する——ことを決定した。教会のものであった耕作可能地、森林、不動産などは、およそ国土の六パーセントから一〇パーセントを占めていたと考えられる。その代償として、国家は礼拝の費用、聖職者たちの物質的生活の保障、そのころまで教会が引き受けていた救貧事業と教育活動などを、みずからが負担することになった。

しかしこうしたすべての《国有財産》は、どうしたら現金にすることができるのだろうか。財務局はこれらの財産を担保に「アシニャ」と呼ばれる銀行券を発行し、それに紙幣の役割を担わせることにした。当然のことながら、その後の数年間、歴代の政府はアシニャの発行を際限もなくくりかえすことによって財源を確保することができるという安易さに引きずられる一方であった。

こうして発生した通貨膨張は物価の高騰を招き、庶民階層の貧困は悪化の一途をたどっていった。アシニャの価値は金貨と銀貨に比してみるみると下落し、そのため支払いにアシニャを受け取った人びとは、国有財産を購入して一刻も早く紙幣を手放そうとした。それとともに、このようにして土地を手に入れることができた人びとは、誰もが革命の大義を支持するようになっていったのである。他方、投機家たちは莫大な富を手に入れ、国家に不利益をもたらすことになった。国は多くの優良物件を売り払いながら、代金として受け取っていたアシニャの価値は目減りしていく一方だったからである。

聖職者民事基本法（聖職者市民法）

国は聖職者の生活費を負担していたので、議会はフランスの教会制度を他のすべての公共サービスと同じように再編してもかまわないと考えるようになった。手はじめに、修道誓願は人間の基本的自由に反するものとして廃止が決定された（一七九〇年二月）。司教区の聖職者に関しては、一般的な行政再編にのっとって《民事的構成》と称された新たな組織化が推し進められた。県ごとにひとつの司教区、市町村ごとにひとつの小教区が設定され、司教と司祭は他の地方公務員と同じように公選制で選ばれることになった。ガリカニスム（フランス教会自立主義）の精神にのっとり、選任された司教は同僚のひとり――いわゆる首都大司教区司教――から宗教上の叙任を受けるものとされ、もはや一五一六年の政教協定で定められていたようにローマ教皇から叙任されるものではないということが決定された。教皇庁は選挙結果を《知らされる》だけとなった。

宗教的分裂

教皇はこうした変更を激しく非難しないわけにはいかなかった。フランスにもイギリスと同じように、ローマから分離し、世俗の権力に従属する国教会のごときものが誕生しようとしていたのである。教会財産の国有化に対してはさほど抵抗することなくこれを受け入れていたフランスの聖職者たちも、このときばかりははるかに頑強な抵抗を示したのだった。彼らに服従を強いるために、給与の支払いを受ける聖職者はすべて聖職者民事基本法に忠誠を誓うことが決定され、宣誓を拒否するものは地位を奪われることになった。求められて宣誓に応じたのは司教が七名のみで、司祭はおよそ半数である。フランス教会は真っ二つに分裂してしまったのだった。

ただでさえ混乱のきわみに達していたフランス社会に、このようにさらなる混乱と分裂の種が播かれたことは、立憲議会の活動にとって致命的であった。またそれにもまして不幸であったのは、カトリック教会が一世紀以上もの長期間にわたって、革命を敵視する勢力と立場を同じくしてしまったことである。

国王の逃亡

ルイ十六世は議会のそれまでの一連の政策に、宗教上の良心を深く傷つけられていた。また国民の一部には反動と倦怠の動きも少しずつ見られるようになり、さらには亡命貴族と外国元首らからの呼びかけもあって、王は一七九一年の春、失地回復を試みようと考えるようになった。そのためにはまずパリの民衆から逃れなければならない。逃亡の試みは周到に準備され、一七九一年六月二十日の夜から二十一日にかけて決行された。重たいベルリン馬車〔箱型の大型馬車〕が王と王一家を乗せてパリを出発し、忠実な軍隊の待つロレーヌへと向かっていった。しかし馬車がパリから二百キロのサント＝ムヌーへ到着したとき、王は宿駅長のドルーエによって正体を見破られてしまった。ドルーエは少し先のヴァレンヌで王が逮捕されるように手はずを整え、ルイ十六世と彼の家族はパリに連れ戻された。

この事件は重大な結果をもたらした。ルイ十六世が受けた屈辱は王党派の士官たちを怒らせ、彼らは大挙して国を出ていった。このときまで国王に忠実だった愛国者たちは国王に対する信頼を失ってしまった。議会は一時的に王権を停止し、フランスは事実上共和政による統治を経験することになった。外国の君主たちは当初、フランスの弱体化を招く多くの混乱をそれほど憂慮することなく眺めていた。しかしこの直近のできごとは、たんにフランス王室だけではなく、さらに一般的に君主政の原理そのものを脅かそうとする危険が迫っていることに、彼らの目を開かせる結果となった。オーストリア皇帝で王妃マリー・アントワネットの兄のレオポルド二世は、ザクセンのピルニッツ宮殿でプロイセン王フリードリヒ・ヴィルヘルム二世と会見し、両者は共同で威嚇的な宣言を発表している（一七九一年八月二十七日）。

立憲議会の終了

この事件は議会およびジャコバン・クラブのなかにも分裂を生じさせる結果となった。ロベスピエールをはじめ幾人もの人びとは、この機会を利用して君主政を廃止しようと考え、逆にラファイエットと彼の仲間たちは、あくまでもルイ十六世を救おうと試みた。コルドリエ・クラブが王の廃位を要求してシャン＝ド＝マルスで開いた集会は、ラファイエットの指揮する国民衛兵の銃撃を受けて追い散らされた（七月十七日）。ルイ十六世は貴族によって《誘拐》されたとする虚構が承認され、それによって国王は権限を回復されたのである（九月十四日）。

その二週間後（一七九一年九月三十日）、立憲議会は解散した。旧議会の議員は、次の立法議会の議員になることはできないということが定められていた。いさぎよい決定であったとはいえ、不幸な決定であったと言うほかはない。経験豊かで思慮深い人びとが舞台を離れ、それとともに権力は無能で傲慢な新参者たちの手に委ねられたのである。

2　立法議会――一七九一年十月〜九二年九月

好戦論の台頭

新たな議会は、早くも一七九一年十月一日に開かれている。この立法議会を主導したのは一部の左翼の精力的な活動家であった。彼らは数の上ではそれほど多くなかったが――七百四十五名の議員中百三十六名――ここには行動的な指導者ブリソ、有名な理論家コンドルセ、また多くの優秀な演説家たちが集まっていた。そのうちの幾人かはボルドーの出身者だったので、彼らはジロンド派〔ボルドーを県庁所在地とするジロンド県の出身者からなる党派〕と呼ばれるようになった。この党派にはサロンも立派に備わっていた。ひとりの代議士の妻で、ルソーの民主主義理論に心酔し、革命的情熱の虜となっていた若い女性、ロラン夫人のサロンである。

ブリソ派〔ジロンド派〕は、ルイ十六世が選んだ穏健派の大臣をたえず告発し、反動を扇動しているとされた亡命貴族と宣誓拒否司祭に対する厳しい措置を求めて止まなかった。彼らの考えによれば、裏切り者の仮面を剥ぎ、革命の情熱を奮い立たせるための最良の手段は、各国の君主に対する各国国民の蜂起をうながす全面戦争であった。ルイ十六世は戦争を歓迎した。というのも王の最良の助言者たちは、戦争は軍隊の規律を回復し、国王に少しでも威信を取り戻させるよい機会になるだろうと考えていたからである。これはとりわけデュムーリエの考えであった。彼は策士であるとはいえ有能な将軍で、一七九二年三月、ブリソ派の数名の代議士とともに政府の一員になっていた。

一七九二年四月二十日、議会は満場一致で宣戦布告を決議した。とはいえ神聖ローマ皇帝に対してではなく、《ボヘミアとハンガリーの王》に対してである。その意味するところは、敵はドイツ諸国民ではなく、《専制君主》のみであるというのであった。

六月二十日事件

フランス軍は貴族の亡命と規律の乱れによって混乱状態にあり、ベルギーに対する最初の攻撃は不名誉な惨敗に終わった。

ブリソ派〔ジロンド派〕は敗北の原因は裏切りにあると考え、宣誓拒否司祭の追放、王の近衛兵の解散、各県から二万名の国民衛兵をパリに集結させることなど、いくつもの政令を決議し、王に決断を迫っている。王はこれに対して拒否権を行使したので、人びとは王を威嚇することになった。六月二十日、コルドリエ・クラブなど民衆クラブによって動員された二万名の群衆がチュイルリー宮殿に押し入り、窓際に追い詰められたルイ十六世の目の前を練り歩いている。それでも王の冷静さと毅然とした態度に示威運動の参加者たちは士気をくじかれ、けっきょくなにも得ることなく引き揚げていった。

王権の崩壊（一七九二年八月十日）

ジャコバン・クラブとコルドリエ・クラブは、国王と決着をつけることにした。議会では《祖国は危機にあり》とする宣言が採択され、対外的な危機の重大さがことさらに強調された。パリ下層民の熱狂は、「ブラウンシュヴァイク公の宣言」によって具合よく最高潮に高められた。これはオーストリア・プロイセン連合軍司令官の声明とされるもので、もしも王と王の家族に侮辱が加えられたならば、パリは《軍事力の行使を受け、完全に破壊される》であろうと威嚇するものであった。パリは地方からの志願兵たちであふれかえった。マルセイユからパリに到着した連盟兵は《ライン方面軍の歌》の勇壮な歌声を轟かせ、サン＝タントワーヌ街の熱狂をかきたてている。ルージェ・ド・リールの作詞作曲によるこの歌は、以後「ラ・マルセイエーズ」と呼ばれるようになった。

蜂起は公然と準備され、八月十日の朝、行動が開始された。各セクションの男たちが警鐘と太鼓の音にあわせて集合し、それとともに市庁舎では合法的なパリ市政府が解体され、蜂起コミューンに取って代わられた。

チュイルリー宮殿を守っていた雑多な部隊の総司令官、マンダ・ド・グランセはおびき出されて殺害された。ルイ十六世は家族とともに議会会場に難を逃れた。セクションの民衆は宮殿に襲いかかった。宮殿の防衛にあたっていたのは、数百名のスイス兵と貴族の志願兵たちである。一進一退の血まみれの攻防が終了したのは、武器を置くようにという王の命令が守備隊に届いたときであった。守備隊の兵士たちは大勢が虐殺され、宮殿は荒らされるがままになった。

こうして立法議会は王権を停止するほかはなくなり、国民が財産の区別なく国民《公会》の議員を選出し、この国民公会が新たな憲法を制定することが決定された。当面は六名からなる臨時行政評議会が政権を担当することになった。

最初の恐怖

パリで発生した動乱に対して、地方ではそれに明らかに呼応するような動きはあまり見られなかった。それでもパリの革命自治政府《コミューン》は独裁的な措置を次々と講じていった。国王一家はタンプル塔に幽閉され、牢獄は反革命容疑者であふれかえった。それと並行して、議会では亡命貴族の財産の没収と売却、宣誓拒否司祭の国外追放、戸籍の非宗教化などが決定されていった。

ダントンは臨時行政評議会の法務大臣であったが、こうした一連の処置に深くかかわっていたわけではない。侵略してくる外国軍に対して、彼は防衛軍の士気を高めることに忙殺されていた。

マラーをはじめ多くの扇動家たちは、人びとは前線に向かう前に反革命容疑者を一掃し、国内に潜む裏切り者たちからの安全を確保しておかなければならないとくりかえし主張していた。九月二日から五日にかけて、いくつもの殺人者集団が牢獄を襲い、反革命容疑者とみられた囚人たちは次々と殺されていった。犠牲者の正確な数はわかっていないが、およそ千百から千四百名と考えられている。虐殺は地方にも波及していった。マラーはパリの模範にならうことを、愛国派と呼ばれていた各地の革命支持者たちに勧告していたのである。

ヴァルミの戦い

強力なプロイセン軍の一部隊が、コンデ公によって招集されたフランス亡命貴族の部隊と合流し、八月十九日にフランスに侵入していた。ブラウンシュヴァイク公指揮のもとで、プロイセン軍はロンウィとヴェルダンを攻略し、パリに向かうルート上の最後の自然の要害、アルゴンヌの森林丘陵地帯の一線を突破しようとしていた。防衛軍の二人の将軍、デュムーリエとケレルマンは、巧妙な移動作戦を展開し、プロイセン軍に後退を余儀なくさせ、ヴァルミの近くで合流した両将軍の軍勢と対峙させている。ブラウンシュヴァイク公は、フランス兵の揺るがしがたい戦意と砲兵隊のすぐれた射撃能力に恐れをなし、戦闘の開始を断念した（九月二十日）。プロイセン軍は食料の欠乏と病気により戦力の低下を招き、士気も衰えて、退却するほかはなかった。

文字どおりの戦闘があったわけではなく、砲撃が長時間にわたって交わされたにすぎなかったとはいえ、このヴァルミの《勝利》は、フランスとヨーロッパの人びとの目に象徴的な意味あいをもつようになった。革命国家フランスが、敵対する君主政国家連合軍の攻撃を押し返したのである。「ここから、そしてこの日から、世界史の新たな時代が始まる」と、このときヴァルミにいたゲーテは記している。

第十七章

Histoire de France

フランス革命と第一共和政

国民公会は共和政による統治の確立を任務とし、三年間にわたって専制的な統治をおこなった。議会で権力をほしいままにしたのは急進的な党派の山岳派（モンタニャール）である。国内外の危機が血まみれの恐怖政治を正当化するのに役立った。それでも山岳派は、革命を敵視して同盟を結んだヨーロッパ諸国に対抗することができた。国民公会独裁のあとを受けた総裁政府体制は、その無能さと腐敗によって共和政の理想を打ち砕いてしまった。その一方で、戦争の長期化とともに、勝利の栄光に包まれていたひとりの将軍の前には、秩序と安定を求める国民の願いを有利に活用する道が開かれていた。

欧州同盟軍との戦いに
従軍を誓わされる少年ら

1　国民公会　内政（一七九二年九月〜九五年十月）

諸党派

革命的な少数の選挙人によって選出された新たな議会は、一回目の会合から王政を廃止し、共和政を樹立することを決定した（一七九二年九月二十一日）。前議会で急進派であった人びと――ブリソ派あるいはジロンド派――は、いまでは穏健派の立場に回っていた。法律家でありブルジョワであった彼らは、九月の上旬に発生した犯罪を強く非難していた。また地方選出の議員であった彼らは、パリのコミューン（革命自治政府）が国と地方に対して独裁権を行使することに批判的であった。彼らはまた経済的自由の原理をあくまでも守り抜こうとしていた。一方、山岳派《モンタニャール》（彼らがこのように呼ばれたのは議場の最上段席を占めていたからである）は、多くがパリ出身の代議士であった。彼らは民衆セクションの過激派――《サン・キュロット》――とたえず接触し、政治的危機と経済的困難を打開するためならば、独裁的な手法と暴力に訴えることも辞さない覚悟を固めていた。

これら両極の間で揺れ動いていたのは「沼沢派《マレ》（または平原派《プレーヌ》）」と呼ばれた多くの代議員たちである。彼らには革命を――同時に彼らの命を――守るという以外に明確な目的があったわけではなく、彼らの立場は状況しだいでかなり流動的であった。その後の二年間を通じて国民公会が激しい変化をくりかえしたというのも、その大きな原因はこうした流動性にある。

ルイ十六世の処刑

当初はジロンド派が優位を占めているように思われた。彼らの活動のもとで、国民公会は社会の鎮静化を図るためのいくつもの政策を打ち出している。ロベスピエール〔ジャコバン・クラブに所属していた〕率いる山岳派は、優位を取り戻すための手段を見いだした。ルイ十六世が反革命の策動および亡命貴族と敵国君主との共謀の罪に問われて、裁判にかけられることになったのである。裁判は国民公会の議場でおこなわれた。数回の劇的な投票の結果、ルイ十六世はわずかな差で死刑を宣告された（三八七票対三三四票）。一七九三年一月二十一日、王は革命広場、今日のコンコルド広場でギロチンにかけられている。

国王が処刑されたことにより、山岳派の思惑どおり、国民公会はもはやどのような後戻りもできなくなり、革命を支持する人びとと革命を敵視する人びととのあいだでは、命がけの戦いがくりひろげられることになった。こうしてどれほど独裁的な政策でさえ、正当化されることが可能となったのである。

ジロンド派の敗北

国王の処刑は、ただちにイギリスとスペインの参戦を招く結果となった。革命軍の軍事的な敗北に加えて、春にはフランス西部のいくつかの地域で反乱が発生している（三六五ページ参照）。

パリの民衆は貧困に苛立ち、アンラジェと呼ばれていた過激派の言葉に耳を傾けるようになった。この過激派集団は、食料品の価格統制、穀物の徴用、富裕者の財産の没収などといった措置を要求していた。彼らは国民公会を解散に追いこまないともかぎらなかった。

山岳派はこうした民衆運動を利用してジロンド派を打倒しようとした。山岳派の同意のもとで、パリ市会（コミューン）は国民公会を数千名のセクション住民で包囲し、ジロンド派議員の逮捕を要求した。議会はやむなく二十九名の議員の追放を決定し（六月二日）、他のジロンド派議員たちも、逮捕を恐れてみずから議会を立ち去っていった。

いくつかの地方都市――とりわけカーンとボルドー――では、こうした暴力的な政治行動に対する抗議の声が上がり、パリの独裁に反対する地方政府のようなものが形成された。こうした動きは『連邦主義』と呼ばれていたが、国民公会からの派遣議員によってすみやかに鎮圧されている。南東部では蜂起した王党派がトゥーロンを英国に引き渡した。リヨンは王党派によって要塞都市化され、ここで王党派は八月九日から十月九日まで、国民公会から派遣された軍隊による攻囲戦をもちこたえている。市の陥落の後、派遣議員のフーシェとコロ・デルボワは、反逆者に対する恐るべき大量処刑を断行した。

革命政権の成立

連邦主義の動きに対抗するかたちで、山岳派はきわめて民主的な「革命暦一年の憲法」の採択を急いでいる。しかしそれとともに憲法の施行は平和が確立されるまで延期されることが決定され、政権はさしあたり《革命的》に対応していくことになった。すなわち国民公会は状況の求めに応じて、あらゆる措置を講じることが可能になったのである。

実際問題として、議会に残されていたのは、二十一の特別委員会が準備した政令を採択するという役割でしかなかった。なかでもとりわけ権力を集中的に掌握していたのは二つの委員会である。ひとつは《公安委員会》で、これは政治全般を担当し、もうひとつは《保安委員会》で、革命警察と革命裁判の指揮にあたっていた。革命裁判を遂行していたのは《革命裁判所》で、これを指揮していたのは死神として恐れられた検察官フーキエ＝タンヴィルである。判決は迅速に下され、控訴は認められず、刑はただちに執行された。地方では、従来からの行政機関は公式に廃止されることのないまま、中央当局の指名による《国家代理官》によって権限を奪われることになった。彼らを補助するとともに彼らを監視下に置いていたのは、各地の革命委員会とパリ・ジャコバン・クラブの支部である。さらにいくつかの県に対して、国民公会は軍隊に対するのと同じように、独裁的な権限を与えられた《派遣議員》を送りこんでいた。

恐怖政治

恐怖政治が政治制度として確立されたことにより、強い決意を固めた一握りの男たちは、あくまでも抵抗を試みようとする集団に対して、彼らの意志を強制することが可能となった。反革命容疑者法（一七九三年九月十七日）が制定され、革命の敵であるとみなされた者は誰でも逮捕することが可能になった。パリおよび地方の革命裁判所は、膨大な数の死刑判決を下している。ギロチンは体制のシンボルとなった。革命時代の恐怖政治による犠牲者の数は、処刑されたものが三万五千から四万、投獄されたものは三十万人以上にのぼっている。

非キリスト教化

国民公会はキリスト教の排除に努めた。教会暦の代わりに革命暦〔共和暦〕が導入され、一七九二年九月二十二日が新しい時代の初年度の初日であるとされた。一年の十二ヵ月には、響きのよい詩的な名称が与えられている。秋は、ヴァンデミエール（葡萄月）、ブリュメール（霧月）、フリメール（霜月）、冬は、ニヴォーズ（雪月）、プリュヴィオーズ（雨月）、ヴァントーズ（風月）、春は、ジェルミナル（芽月）、フロレアル（花月）、プレリアル（草月）、夏は、メシドール（収穫月）、テルミドール（熱月）、フリュクティドール（実月）に分けられた。各月は十日ごとに区切られ、旬日と呼ばれて、これが週の代わりに使用されることになった。パリの市会《コミューン》、またパリの例にならった地方の多くの市会は、《理性崇拝》の制度化に乗り出している。パリのノートルダム聖堂では、オペラ座の踊り子が自由を象徴して、堂々と祭壇に居座っていた。宣誓聖職者たちには、聖務を放棄して結婚することが求められた。フランスにとどまっていた宣誓拒否聖職者たちは捕らえられ、処刑された。

社会対策

パリ民衆の圧力のもとで、また国防上の必要からも、山岳派は消費物資と給料の最高価格を固定するための価格表を設定せざるをえなくなった。一七九四年のヴァントーズ法（風月法、二〜三月）は、反革命容疑者から没収した財産を貧しい愛国者に分配することを規定している。

ロベスピエールの独裁

巧みな駆け引き、揺るぎない信念、ルソーの影響のもとで増幅された弁舌の才、また私生活の質実さなどによって、《清廉の士》マクシミリアン・ロベスピエールは、国民公会、公安委員会、ジャコバン・クラブで、また下層大衆のサン・キュロットに対しても、少しずつ第一人者としての権威を獲得するようになっていた。一七九四年春、彼はみずからに批判的であった分派をあいついで排除している。はじめはアンラジェと呼ばれていたエベール派、次はダントンの率いる寛容派であった。それぞれの指導者、エベールとダントンはギロチンにかけられている。

当時、ロベスピエールは四ヵ月間にわたって、真の独裁者であった。彼は『最高存在』の崇拝を公的な制度とし、その一回目の祭典はパリで六月八日、公民精神にのっとって盛大に挙行されている。しかしそれとともに、彼の統治は恐怖政治の恐ろしさを増大させる一方であった。六月十日から七月二十六日にかけて、パリだけでも千三百七十六人が処刑されたのである。

テルミドール九日の反動

こうした血まみれの狂乱状態に、世論は激しい嫌悪を抱くようになった。同じころ、フランス軍は勝利を重ね、恐怖政治を正当化していた外国からの脅威は遠ざけられていただけになおさらであった。こうした世論の変化を巧みにとらえたのは、革命家たちのなかでもなんらかの理由で処刑台を怖れなければならなかった人びとである。七月上旬、ロベスピエールに敵対するすべての人びとのあいだで同盟が結成された。テルミドール九日（七月二十七日）、ついに国民公会は劇的な展開を示し、騒然とした空気に包まれたなかで、《新たなクロムウェル》とその協力者たちに対する告訴が決定された。ロベスピエールはそれでも蜂起に立ち上がったパリ市会によって牢獄から救出された。その日の夜、国民公会の軍隊が市庁舎を襲撃し、自殺しようとしたロベスピエールはあらためて逮捕された。その翌日、彼は仲間たちとともに断頭台に送られている。

テルミドールの反動

権力は、大量に処刑された山岳派の手から、中道派の人びとの手に移っていった。より自由主義的な体制の実現を願っていた彼らの思いは、過酷な独裁体制を拒絶していた多くの国民の思いと一致していた。革命政権の中枢機関はすみやかに解体され、政治犯は釈放されるか、あるいは大赦が与えられ、その一方で、きわめて残酷なテロリストたちの多くは処刑台に送られていった。国家は宣誓聖職者に対する金銭の支給を打ち切り、信教の自由と平等を承認している。

ふたたび経済活動に完全な自由が認められたことにより、生活費は上昇する一方となった。パリの下層民はますます貧困に陥っていった。山岳派とアンラジェの残存勢力は、こうした状況を利用し、国民公会に対するセクション活動家と労働者の蜂起を二度にわたって企てている（一七九五年四月一日および五月二十日）。国民公会は軍隊の出動を要請し、パリ民衆区のサン・キュロットを徹底的に弾圧した。

王党派の試み

王党派はふたたび大胆な活動を示すようになった。ローヌ川流域地帯では武装した部隊――いわゆる《エヒウの従士たち》――が、ジャコバン派に対する凄惨な報復に乗り出している。イギリスの軍事的支援を受けた亡命貴族の一部隊がキブロン半島に上陸した（一七九五年六月）。しかし、フランス西部の反徒たちと合流することができず、彼らは捕らえられて虐殺された。

国民公会の議員らは恐れをなし、上層ブルジョワジーによる権力の維持を確実にするために、巧妙に仕組まれた憲法を大急ぎで成立させた。かりに自由選挙が実施されたならば、共和派議員は一掃されてしまうだろうということが、彼らにはよくわかっていたのである。そこで新議員の三分の二は、前議会の議員のなかから選ばれるということがあらかじめ定められていた。

こうした姑息な手段は、パリの王党派を激怒させた。王党派であるブルジョワ・セクションの国民衛兵は反乱を起こし、国民公会に向けて進軍を開始した（ヴァンデミエール十三日＝一七九五年十月五日）。国民公会議員のバラスは、固く忠誠を誓っていた駐屯部隊の指揮を執り、若き将軍ナポレオン・ボナパルトの助けを借りて、王党派の攻撃を粉砕した。

2　欧州同盟軍との戦い

初期の勝利

フランス軍は対仏同盟軍の侵入を退けた後、一七九二年の最後の数ヵ月間に、ニースとサヴォワ、ライン川左岸のドイツ領を占領し、さらにデュムーリエによるジェマップの輝かしい勝利（十一月六日）を受けて、ベルギーも占領している。これらの地方は県に分割され、《自然国境》の理論にしたがって、フランスに併合された。

第一次対仏大同盟

イギリスはベルギーの占領を容認することはできなかった。ルイ十六世の処刑が参戦の口実となり、さらにイギリスは他の大部分のヨーロッパ諸国の協力を求め、革命国家フランスに対する大同盟を結成した。

フランス西部地域の反乱

同じころ（一七九三年三月）、フランスの国防体制は国内の反乱のために混乱状態に陥っていた。もっとも深刻な内乱が発生したのは、ロワール川以南、ポワトゥー低地地域に広がるアンジュー周辺の田園地帯で、国民公会が兵士の徴募を決定したときである。《ヴァンデアン（ヴァンデ地方の反乱の参加者）》――と彼らは呼ばれていたが、しかしこの呼称はあまり適切であるとはいえない――は、いくつかの重要な都市を支配下に置いている。しかし彼らはナントで敗北し、奪取できればイギリスからの援軍が期待されていたグランヴィルの攻略にも失敗して勢力を弱めていった。さらにル・マンとサヴネの敗北（一七九三年十二月）により、《カトリックと王党派の軍隊》による大作戦には終止符が打たれた。これらの地域に徹底的な荒廃がもたらされ、また一般住民の大量虐殺が相次いだが、これらの野蛮な抑圧にもかかわらず、反乱はフランス西部の数県にまたがって、ゲリラ戦――《シュアヌリ（ふくろう党の蜂起）》――のかたちで続けられていた。

戦況の悪化

対仏同盟軍の主力部隊はコブール公の指揮下でオランダでの作戦を展開し、デュムーリエはネールヴィンデンで敗北を喫した（一七九三年三月十八日）。逮捕を恐れたデュムーリエは、いったんは自軍を引き連れて国民公会の政府と戦おうとしたが、けっきょくは参謀数人を引き連れて敵側に寝返っている。この裏切りにより、北部のフランス軍は完全に混乱状態に陥り、敗走を重ねてベルギーから撤退した。他の戦線――ライン川、アルプス、ピレネー――においても、対仏同盟軍は一七九二年末に失った領域を取り戻し、フランス領に侵入してきた。一七九三年夏、フランス共和国は絶体絶命の窮地に追いこまれているように思われた。

カルノの活躍

それでも公安委員会は多くの国民の熱烈な祖国愛に支えられ、勇猛なエネルギーを発揮することによって、戦況を回復することができた。なかでもひとりの人物、ラザール・カルノは、《勝利の組織者》として称讃されるに値する活躍を見せている。工兵将校であった彼は、国民公会の議員でもあり、公安委員会のメンバーでもあった。一七九三年八月二十三日には国民総動員令が布告され、十八歳から二十五歳の独身男性はすべて動員されることになった。これによりフランスは、傭兵から成る敵軍を兵員数において上回る真の国民軍を戦線に投入することができるようになったのである。カルノは旧王国正規軍の軍人たちと若き志願兵および新兵たちとの混成部隊の結成を推し進め、国民軍の団結を強めていった。規律はすべての階級において保たれるようになった。兵卒上がりの若い将軍たちは大胆な攻撃戦法を駆使し、彼らと競いあった老練な軍事専門家たちを驚かせている。

国土の解放

フランス共和国が窮地を脱することができたのは、かなりの部分、計画や行動を一致させることができなかった同盟軍の内部分裂のおかげである。一七九四年、プロイセンとオーストリアはポーランドで発生した最後の反乱を鎮圧し、この不幸な国の分割を最終的に完了させるために、フランス戦線から軍隊の一部を引き揚げてしまった。
一七九三年後半の数ヵ月間、フランス軍は反撃に転じ、ダンケルクとモブージュを解放し――オントスコートの戦い（九月八日）、ワティニの戦い（十月十六日）――東部、アルプス、ピレネーの国境で敵を押し返している。また長期間の包囲戦の末にトゥーロンをイギリスから奪回しているが、このときの戦いで頭角をあらわしたのが、若き砲兵隊指揮官ナポレオン・ボナパルトであった（一七九三年十二月）。

新たな征服

翌年の夏、ジュルダン指揮下のサンブル゠エ゠ムーズのフランス軍は、コブール公の率いるオーストリア軍をフルリュスの戦いにおいて撃破した（一七九四年六月二十六日）。ベルギーとラインラントはふたたびフランス軍の支配するところとなり、さらにフランス軍はライン川をも突破している。ピシュグリュ将軍は、河川と運河を凍結させた冬の寒さに乗じて、すみやかにオランダを占領した。その間、フランス軍はイタリア北部とカタルーニャをも脅かす勢いであった。

一七九五年の諸条約

ポーランドをめぐってロシアと対立していたプロイセン王フリードリヒ・ヴィルヘルム二世は、フランスと単独講和条約を結ぶことを決定した。バーゼル条約（一七九五年四月五日）により、プロイセン王はフランスにライン川左岸の領有権を認めている。
オランダはフランスの圧力のもとで、統一された民主主義的な共和国（バターフ共和国）となっていたが、ハーグ条約（一七九五年五月十六日）によりライン川以南の地方をフランスに割譲することになった。

さらにスペインはアンティル諸島に対するイギリスの侵攻に不安を覚え、ふたたびバーゼルで締結された二回目の平和条約（一七九五年七月二十二日）により、対仏同盟軍から離脱した。

戦争は終わっていたわけではない。それでも君主政ヨーロッパ大同盟軍と対決したフランス共和国は、自信をもって将来を考えることができるようになっていた。

3　総裁政府（一七九五年十月〜九九年十一月）

共和暦三年の憲法（一七九五年八月二十二日）

ひとりの人間あるいは単一の政党の独裁を避けるために、新しい憲法は念入りに構想されていた。すでに選挙制度は富裕なブルジョワ上流階級の権力を保障するように定められ、二段階制であった。予備選挙の段階から、投票権が認められていたのは二十五歳以上で、一定額の税金を支払っている市民にかぎられ、彼らが選出するいわゆる選挙人の数は、一定以上の財産の所有を公的に証明することのできる三万名にかぎられていた。これらの選挙人たちが立法府の議員と地方行政官たちを選出することになっていたのである。

立法府は五百人会議と元老会議の二院から構成され、両院の議員は毎年三分の一が改選されることになっていた。五百人会議は決議を採択し、元老会議は採択された決議の法制化に当たっていた。元老会議は二百五十名から成り、議員に選出されるためには四十歳以上でなければならず、一方、五百人会議の議員になるために必要な年齢は三十歳であった。

行政権は五人の総裁から成る総裁政府に委ねられ、総裁は、五百人会議によって示された候補者リストのなかから元老会議によって指名されていた。五人の総裁のうち、ひとりは毎年改選されることになっていた。

総裁政府には両院を解散させる権限はなく、また両院はみずからの意思を総裁政府に強制する手段をもたなかったので、両者が対立した場合、最終的な解決の道はクーデタ以外にありえなかった。

内政

総裁政府の内政の方向性を決定していたのは、旧国民公会議員、および革命によって利益を得ていた彼らの支持者たちの、権力を維持しつづけようとする飽くなき執念である。というのも彼らは、一方では君主政の復活を、他方では民衆の熱い支持を得ていたジャコバン主義への回帰を、なんとしてでも避けなければならなかったからである。いずれの場合にせよ、彼らは断頭台に送られるか、あるいは革命によって手にすることができた財産を失うほかはなかったであろう。

旧国民公会議員の三分の二が新議会に残ることが定められていた法令（三六三ページ参照）のもとで、不公平な選挙が初めて実施され、それにより彼らは両院で過半数を確保することができた。総裁政府には、国王の処刑に賛成した五人の総裁が指名されている。五人のなかのひとり、ジャン＝ポール・バラスだけがこの体制の最後まで総裁の座にとどまり、総裁政府を体現する存在となった。このプロヴァンス出身の貴族は、知的で勇敢な人物であったが、革命家となったのは私利私欲に駆られてのことであり、シニカルで腐敗した享楽家という印象を周囲に与えている。

一七九七年春の選挙は、王党派に議会の過半数の議席をもたらした。総裁政府はオジュロー将軍指揮下のパリ駐屯部隊に出動を命じ、反対派議員の逮捕・追放に踏みきることによって王党派を粉砕している（フリュクティドール十七・十八日のクーデタ）。その翌年、ふたたび同じような武力による鎮圧の犠牲になったのは、こんどはジャコバン派であった（フロレアル二十二日のクーデタ）。王党派に対するクーデタが敢行されて以来、体制は自由主義的な装いをかなぐり捨て、ふたたび追放・投獄がくりかえされるようになった。カトリック聖職者たちは新たな迫害の犠牲者となっている。

経済的・社会的状況

国家は財政状態の窮乏によりつねに麻痺状態にあった。十分な俸給を受け取ることができなかった公務員たちは受託収賄あるいは公的物資の売却などによって損失を補っていた。《罐焚《かまた》き》と呼ばれた盗賊団（彼らは足の裏をあぶるという拷問によって金のありかを吐かせていた）が農村を荒らしまわり、駅馬車を襲撃していた。

風俗の乱れが、とりわけパリを中心に新たな富裕層の間に広がっていた。人々は狂ったように快楽を追い求め、《洒落女《メルヴエイユーズ》》、《伊達男《ミユスカダン》》と呼ばれた若者たちが奇抜なモードを競いあっていた。

こうした破廉恥な贅沢の広がりは下層民の貧困と著しい対照をなしていた。パリでは民衆の不満が高まり、人々は不満のはけ口を、平等者協会の創設者グラキュス・バブーフに求めるようになった。彼は共産主義が歴史に登場する以前から、真の共産主義を説き、武装蜂起を準備していたのである。総裁政府は陰謀の存在を事前に察知し、バブーフと共謀者たちを逮捕し処刑している（一七九七年五月)。

対オーストリア戦争

対仏大同盟の弱体化とともに、フランスは攻勢に転じることができた。自然国境のラインを越えて軍隊を推し進めた総裁政府の当初の目的は、敵に新たな国境の承認を強要するための保証を手に入れることであり、また賠償金を手に入れることであった。しかし総裁政府は、すぐに文字どおりの帝国主義的試みの誘惑にかられるようになった。

もっとも強硬な敵国であったイギリスは海峡のかなたにあり、攻撃することは不可能だった。そこで主要な軍事的努力は、カルノの指揮下で、オーストリアに向けられることになった。一七九六年春、モローとジュルダンの軍隊が南ドイツを経由し、ウィーンでの合流をめざして進んでいった。しかしオーストリアのカール大公は、両軍を個別に撃破し、ライン川の西側へ押し戻している。

決定的な戦果がもたらされたのは、当初は牽制攻撃のみを任務としていたイタリア方面軍からである。二十七歳の若き将軍ナポレオン・ボナパルトは、三万の兵士とともに驚くべき迅速な作戦行動を展開し、オーストリア軍をピエモンテの同盟軍から切り離し、孤立したピエモンテ軍に休戦協定の調印を強いている(四月二十八日)。次いでローディの戦いに勝利したことにより、ナポレオンはポー川を渡ってミラノに入城することができた。彼は敗走した敵軍をマントヴァに追い詰め、北方から四回にわたって救援にやって来たオーストリア軍に対して、カスティリオーネ(八月五日)、バッサーノ(九月八日)、アルコレ(十一月十七日)、リヴォリ(一七九七年一月十七日)の戦いで次々と勝利している。マントヴァ要塞の降伏とともに(二月二日)、ナポレオンはついに北イタリア全域を支配するにいたった。

総裁政府からの指令を無視し、ナポレオンはみずからの意思でアルプスの峠を越えて軍を進め、ウィーンから百キロメートルの地点にまで接近した。オーストリア側は慌てふためき、休戦を求め、レオーベンで講和予備条約が締結された（一七九七年四月十八日）。

カンポフォルミオ講和条約

最終的な講和条約が締結されたのはカンポフォルミオにおいてである（一七九七年十月十八日）。オーストリア側はフランスにベルギーの領有を認めるとともに、ライン川を国境とすることを承認した。その後ラシュタットで会議が開かれ、フランスに味方したドイツ側諸公に与えられるべき補償の調整が図られることになった。オーストリア側はイタリアにおいて、ナポレオンが見え透いた口実の下に乱暴に解体してしまった由緒正しいヴェネツィア共和国の領土の大半を手に入れている。これは、ナポレオンが北イタリアでおこなった大規模な国家的再編を承認させるために、オーストリア側に支払われた対価であった。北イタリアでは、チザルピーナ共和国（ミラノ）とリグーリア共和国（ジェノヴァ）が成立している。両国はともに体制上の類似と同盟条約によって、フランスの衛星国家も同然であった。

エジプト遠征

フランスに戻ったナポレオンは英雄として大歓迎された。総裁政府は彼の人気に不安を覚えるようになった。政府はナポレオンを遠ざけるために、ナポレオン自身が栄光を維持するために思いついたエジプト遠征という途方もない計画に、政府は資金を提供することを承認した。

一七九八年五月十九日、トゥーロンの錨泊地からは、五十五隻の軍艦と二百八十隻の輸送船からなる大艦隊が、およそ三万八千名のえり抜きの兵士たち、さらに数百名の行政官、学者、芸術家、著述家など、およそ近代国家を樹立するために必要なすべての人員を乗せて出港していった。

遠征隊は途中でマルタ島を占領し、七月一日、さしたる困難もなくアレクサンドリアの近くに上陸している。カイロ近郊で発生した『ピラミッドの戦い』（七月二十一日）と呼ばれるただ一度の戦闘に勝利したことにより、ナポレオンはエジプトの事実上の支配者であったマムルークの軍事支配体制を打破することができた。しかしその数日後、フランス艦隊はアブキールの錨泊地でネルソン率いる英国艦隊の急襲を受け、ほぼ全滅してしまった（八月一日）。フランス軍は征服地に閉じこめられたかたちとなり、そこでナポレオンはいつまで続くかわからない占領に備えるかのように、エジプト国家の再編に着手することになった。

しかしながらエジプトの名目上の支配者であったスルタンはフランスに宣戦を布告し、シリアに軍勢を集結させていた。ナポレオンはオスマン軍を打ち破る決意を固め、進軍を開始しているが、おそらくアレクサンドロス大王の伝説的な武勲に肩を並べ、コンスタンティノープルを経由してフランスに戻るつもりだったのであろう。しかし、シナイ半島の砂漠を横切り、パレスチナでトルコ軍を打ち破った後、彼はアッコ（サン＝ジャン＝ダクル）の要塞に行く手を阻まれた。ナポレオンは多くの兵士を失い、エジプトに戻るほかはなかった。

それからほどなくして、本国からは政情不安の報が伝わり、ナポレオンはエジプトを脱出する決意を固め、遠征に引き連れてきた人びとを後に残して、一七九九年八月二十二日、ひそかに乗船した。

代わりに指揮を任されたクレベールは勇敢な将軍であったが、シリア人の青年によって暗殺されてしまった（一八〇〇年六月十四日）。遠征隊に残されていた人びとは屈辱的な降伏を受け入れることにより、イギリスの艦船によってフランスに送還されている。

このエジプト遠征という破天荒な冒険は、とりあえず悲惨な結果に終わったとはいえ、必ずしも完全に不毛な試みにすぎなかったというわけではない。結果的にフランス文化はエジプトに深く浸透し、その影響は二十世紀の初頭まで続いたのである。

第二次対仏大同盟

アブキールでのフランス艦隊壊滅の報が伝えられたことにより、イギリスはふたたび大陸に同盟国を見いだすことができるようになった。それも総裁政府がカンポフォルミオ条約締結後も、《姉妹共和国》を設立するという名目のもとで、帝国主義的な外交政策を取りつづけていただけになおさらである。すなわち《姉妹共和国》として、ナポリにはパルテノピア共和国、スイスにはヘルヴェティア共和国、教皇領にはローマ共和国が建設されていた。ローマ教皇ピウス六世は捕囚の身となり、フランスへ連れ去られ、一七九九年八月二十九日、ヴァランスで死去している。

この第二次対仏大同盟において、オーストリアはロシア皇帝パーヴェル一世の積極的な支援を受けることができた。大胆な戦略家で偉大な軍事指導者であったスヴォーロフ元帥指揮下の軍隊がイタリアにまで派遣され、フランス軍は壊滅状態に陥り、イタリア全土を失ってしまった。それでもマセナはチューリヒの戦い（一七九九年九月二十五～二十六日）でロシア軍の勢いを押しとどめ、これを撃破することに成功している。その後すぐに、ブリュヌ将軍はオランダに上陸した英露連合軍に降伏を強いている（十月六日）。

総裁政府の最期

ナポレオンが英国巡航艦隊の目を奇蹟的に逃れて、一七九九年十月九日フレジュスに上陸したとき、フランスが置かれていた軍事的状況は、もはや彼の政治的な介入を正当化できるほど悲惨なものではなかった。それでもナポレオンは、総裁政府体制に対する世論の全国的な不満の高まりを味方につけることができる、最高のタイミングで帰国したのである。内部の対立によって弱体化し、右からは王党派の新たな反乱に脅かされ、左からはジャコバン主義の再生に脅かされていた総裁政府体制は、いつ無政府状態に陥ってもおかしくない状態であった。かつてテルミドール派であった二人の総裁、シエイエスとデュコは、新たな憲法を制定することによって行政権を強化する以外に、彼らの共和国を救済する道はないと考えていた。

十月十四日、ナポレオンの帰国がパリ民衆の熱狂的な歓迎を受けたために、改憲派の人びとは彼らの計画を実現するにはナポレオンを利用するほかはないと考えるようになった。クーデタに合法性の外観を与えるために、あらゆる手段が講じられた。ブリュメール十八日（十一月九日）、予定されていた筋書きどおりに三人の総裁が辞表を提出し、両院はありもしない陰謀を口実にサン＝クルーに移ることが決定され、ナポレオンはパリ駐屯軍司令官に任命された。しかしその翌日、五百人会議のジャコバン派議員はこれに激しく反発し、ナポレオンを法の保護の埒外に置くべきであると主張した。ナポレオンはみずから説得に乗り出そうとして議場を訪れたが、逆に反対派議員からの糾弾にさらされている。けっきょくのところ代議員たちは、五百人会議の議長を務めていたリュシアン・ボナパルト

〔ナポレオンの弟〕の命により、立法府の衛兵によって議場から締め出された。その後、改めて集められたナポレオン支持派の少数の議員たちにより、修正憲法が成立するまでのあいだ、権力を三人の臨時統領、ナポレオン、シエイエス、デュコの手に委ねることが急いで決定された。

改憲派はブルジョワ共和国の強化を求めながら、その実ひとりの男の独裁に道を切り拓いていたのである。

第十八章

Histoire de France

ナポレオン

ジョセフィーヌの戴冠
（ダヴィッドの工房によるグアッシュ画）

フランス革命は旧社会の枠組みを破壊したが、自由と平等を確立するにはいたらず、また革命後にあいついで成立した共和政体は、いずれも秩序と平和をもたらすことはできなかった。その避けがたい不幸な反動の結果として、驚嘆すべき人物が権力の座に到達する。ナポレオン・ボナパルトの登場である。彼による新たな専制的君主政体の誕生とともに、革命の社会的成果はそれなりに定着したとはいえ、その政治的成果はとりあえず失われてしまった。皇帝となったナポレオンの法外な野心は、最終的には全面的な崩壊へと至り、フランスは革命戦争によって獲得した領土をも失い、弱体化と威信の失墜を免れることはできなかった。

1 統領制の発足

ナポレオンの台頭

フランス革命という巨大な社会的変動だけが、ナポレオン・ボナパルトの運命という、驚嘆すべき運命に幸運をもたらすことが可能であった。彼は一七六九年八月十五日、フランス領になったばかり（一七六八年）のコルシカ島のアジャクシオで、貴族とはいえ貧しい家庭の次男として誕生している（系図参照）。国王の給費生としてブリエンヌ士官学校に入学を認められ、十六歳で砲兵少尉になった。革命の勃発とともに、コルシカで政治的役割を演じることを願うようになったが、パオリの率いる独立派は、ナポレオンが属していたジャコバン派を打倒し、彼の一家は全員フランス本土に亡命せざるをえなかった。ナポレオンはトゥーロン攻囲戦でめざましい活躍を示し（三六七ページ参照）、旅団長に昇進するとともに、派遣議員であったバラスの信頼を得ることができた（一七九三年十二月）。ロベスピエール失脚の後、ナポレオンがパリで活動の場を失い、なかば不遇の状態に陥っていたとき、バラスはヴァンデミエール（葡萄月）十三日（一七九五年十月五日）の王党派の反乱を鎮圧するために、彼に出動を要請している。またナポレオンがイタリア遠征軍の指揮を委ねられ、その成功によって一躍他に抜きんでた存在になることができたというのも、それは五人の総裁のひとりに納まっていた（三六九ページ参照）バラスのおかげである。さらに植民地生まれの魅惑的な女性、ボーアルネ将軍の未亡人で、バラスのかつての愛人でもあったジョゼフィーヌ・タシェ＝ド＝ラ＝パジュリと結婚することができたというのも、これまたバラスのおかげであった。

共和暦八年の憲法

新たな憲法は、実質的にナポレオンの意向に沿って起草されたものであり、一七九九年十二月二十五日には早くも施行に移されている。その後、国民投票が実施され、すでに既成事実化されていた支配体制に承認が求められたのは、翌年の二月になってからであった。それでも七百万人の選挙人のうち、賛成票を投じたのは三百万人にとどまり、他の人びとは反対棄権を選択している。

とはいえ、一度このようなかたちで主権の原理が承認されてしまうと、選挙を通じての国民の政治への参加は、市町村、県、および国単位での名望家のリストを、多段式選別にしたがって作りあげるということでしかなくなってしまった。

体制の要に位置していたのは第一統領である。彼には十年間にわたってすべての行政権と、さらには立法権の一部までもが認められていた。法案を提出し、発布する権限は第一統領のものだったからである。他の二人の統領は飾りのようなものにすぎなかった。

第一統領にほぼ匹敵する役割を担っていたのは元老院である。元老院は終身任期制で八十名の議員からなり、人選は当初からナポレオンとシエイエスによるものであった。元老院は憲法の番人であるとともに、実質的に真の有権者団体でもあった。というのも元老院は全国的な名望家のリストにもとづいて、三人の統領および他の二つの立法府の議員の指名にあたっていたからである。立法府のひとつは護民院（議員数百名）で、ここでは法案の審議がおこなわれるが評決はなされず、もうひとつは立法院（議員数三百名）で、ここでは護民院から送られてきた法案の受理もしくは廃棄が決定されていたが、法案を審議する権限は認められていなかった。

参事院は旧体制下の国務院の後を受けるかたちで設置されたものであり、第一統領に仕えるブレー

1764年にレティツィア・ラモリノ（1750-1836）と結婚

ルイ
(1778-1846)
オランダ王
(1806-1810)、
1812年に
オルタンス・ド・
ボーアルネ
（ジョゼフィーヌ
の娘）と結婚

ポリーヌ
(1780-1825)、
1797年に
ルクレール
将軍と結婚、
1803年に
カミーユ・
ボルゲーゼ王子
と再婚

カロリーヌ
(1782-1839)、
1800年に
両シチリア王
(1808-1815)
ジョアキム・ムラ
(1771-1815)と結婚

ジェローム
(1784-1860)
ヴェストファーレン王
(1807-1813)、
1803年に
エリザベス・
パターソンと結婚、
1807年に
ヴルテンベルクの
カトリーヌと再婚

ルイ＝ナポレオン
ナポレオン三世
(1808-1873)
皇帝
妻ウジェニー・
ド・モンティホ
(1826-1920)

ナポレオン（ルイ）
(1856-1879)
帝国の王子

マチルド
(1820-1904)、
1840年に
ドゥミドフと結婚

ナポレオン
（ジェローム）
(1822-1891)、
1859年に
ヴィットリオ・
エマヌエーレ二世の
娘サヴォイアの
クロチルドと結婚

ヴィクトール
(1862-1926)、
1910年に
ベルギーの
クレマンティーヌ
（レオポルド二世の
娘）と結婚

ルイ＝ナポレオン
1914年に
ボナパルト家当主

シャルル・ボナパルト（1746-1785）、

ジョゼフ
（1768-1844）
ナポリ王
（1806-1808）
スペイン王
（1803-1813）

ナポレオン
（1769-1821）、
1810年に
ハプスブルク家の
マリ＝ルイーズ
（1791-1847）と結婚

ナポレオン・
フランソワ、
シャルル＝ジョゼフ
（1811-1832）
ローマ王

リュシアン
（1775-1840）
カニーノ王子

多数の子孫

マリ＝アンヌ・
エリーザ
トスカーナ大公女、
1797年に
フェリックス・
バッチオキと結婚

ナポレオン＝ルイ
（1804-1831）

ボナパルト家の系図（簡略版）

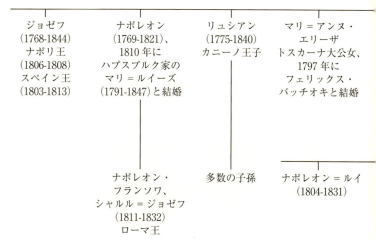

ントラスト（政策立案顧問団）のごとき存在であったが、法案および行政命令の作成に当たるとともに、あらゆる行政訴訟を管轄する裁判所としての機能をもはたしていた。

秩序の回復

共和暦八年（一八〇〇年）のプリュヴィオーズ（雨月）二十八日（二月十七日）の法律により、中央政府による全国的な支配体制が確立され、民主主義の修業の場となり得たかもしれない地方行政において、民主主義は以後長きにわたって実現を見送られてしまった。県、郡（アロンディスマン、かつての郡《ディストリクト》）、市町村といった、それぞれの行政区画において、権力は当該地域の選出議員によって行使されるわけではなく、中央から指名された県知事、郡長、市町村長といった公務員の手に委ねられることになった。

ナポレオンの強い意志は、革命以前からフランスで施行されていたさまざまな法典の統一という一大事業を完成に導いている。一八〇四年三月二十一日に公布された民法典は、革命の原理をヨーロッパ全域に広めるための最良の伝達媒介になった。

公債に対する信用が回復され、税の徴収において秩序と厳格さが確立されたことにより、公共財政はほとんど奇蹟的に再建されるにいたった。パリの主要な銀行は統合され、単一のフランス銀行となり、国庫を運営するためのさまざまな業務を担当するとともに、紙幣発行の特権を認められることになった（一八〇〇年二月）。

国民的和解

新旧両社会の有能な人材をともに国家のために活用することに、ナポレオンは明確な意志を示している。その結果として穏健共和派と穏健王党派からなる行政機構が作りあげられた。政治犯は釈放され、亡命貴族には帰国が認められ、フランス西部地方の反乱分子に対しては、譲歩と強硬策の双方による懐柔が図られている。

融和政策がもっとも重要な表現を見いだしたのは、一八〇一年七月十六日、パリでコンサルヴィ枢機卿により、教皇ピウス七世の名において調印された政教協約《コンコルダート》においてである。これにより、カトリック教会と革命国家フランスの和解が実現された。教皇は教会財産の国有化を承認し、司教区は県単位の枠組みにしたがって再編され、新たな司教団は王政時代の手続きにしたがって設立されることになった（国家元首が司教を指名し、教皇は司教に宗教的権限を与える）。その見返りとして、国家体制と教会の憲法上の乖離は解消され、カトリックの聖職者は俸給支払いの対象とされ、礼拝は国家による保護を受けることになった。

このような和解案はたんに議会だけではなく、政府の内部においても激しい反対に遭遇した。反対派を宥めるために、ナポレオンはかつてのガリカニスムの精神にしたがい、教会を国家に密接に従属させるための《国家組織に関する条例》を、独断で政教協約に盛りこんでいる。しかもナポレオンの宗教政策はそれにとどまるものではなかった。彼は聖職者団体を、国民の服従を確実なものにするための一種の精神的憲兵隊のごときものとみなしていたからである。

対外的平和

一七九九年夏のフランス軍の敗北の結果、北イタリアは事実上オーストリア軍の支配下にあった。

一八〇〇年春、依然として抵抗を続けていたのは、マセナが防衛にあたっていたジェノヴァの要塞のみである。攻囲軍を指揮していたのはオーストリアの将軍メラスであった。ナポレオンは敵の意表をつき、通行不能と考えられていたグラン゠サン゠ベルナール峠を越え（五月十四〜二十三日）、オーストリア軍の背後に不意に姿をあらわし、難なくミラノに入城した。メラスは包囲されることを恐れ、急遽東方へ退却を開始し、六月十四日、マレンゴの平原でナポレオン軍と衝突した。メラスは敗北し、休戦協定に調印した。

しかしこうして開始された和平交渉は成立にいたらず、一八〇〇年十一月末には戦闘が再開されている。バイエルンのホーエンリンデンの戦いで、モロー将軍は輝かしい勝利を収め（十二月三日）、オーストリア側もついにはナポレオンから強要された条件にしたがうほかはなかった。リュネヴィル条約（一八〇一年二月九日）が締結され、ライン川左岸はふたたびフランスのものとなり、しかもオーストリアはイタリアをも放棄せざるをえなかった。これはナポレオンのおおいに喜びとするところとなり、彼はすぐにみずからの思惑にしたがって、イタリア半島におけるすべての国境と統治組織の大々的な改編に着手している。

オーストリアと同様にロシアも対仏大同盟から離脱してしまったため、イギリスは孤立し、深刻な経済危機に直面することになった。自由主義者で平和主義者のアディントンが、フランスの不倶戴天の敵ピットに代わって首相に就任した（一八〇一年三月十四日）。戦闘は休戦予備交渉によって十月一日に停止され、その後最終的な条約はアミアンで調印されているが（一八〇二年三月二十五日）、しかしこの条約によって実現されたのは、不確定な要素の多い束の間の平和にすぎなかった。

それでも英仏両国民は平和の訪れを歓迎し、おおいなる喜びを表明したのである。

終身統領制

平和が回復されたことにより、第一統領の威信はいやがうえにも高まる一方であった。ナポレオンはこの機会を利用して個人的な権力の強化に乗り出している。最初の段階において、ナポレオンは終身統領であると宣言され（一八〇二年八月二日）、同時に憲法が修正されて、立法府の役割が縮小されるとともに、第一統領と元老院の役割が強化された。以後、元老院はもはや国民投票に訴えることなく、たんに《元老院決議》のみによって、憲法を修正することが可能となった。

王党派の陰謀

王党派は当初、ナポレオンが最終的にはブルボン王朝を復興させてくれるのではないかという期待を抱いていた。しかしナポレオンは王位を求めたプロヴァンス伯（のちのルイ十八世）からの提案を歯牙にもかけなかった。そこで過激王党派は暴力的な手段に訴えるようになった。最初の襲撃は一八〇〇年十二月二十四日に失敗に終わっている（火薬と散弾の入った樽を第一統領が通過する地点で爆発させたものである）。一八〇三年八月、ブルターニュ地方のふくろう党の反乱の首謀者のひとりであったジョルジュ・カドゥーダルは、ひそかにパリに潜入し、ナポレオンの殺害を計画し、独裁的な政治体制を敵視していた数名の人びとと接触した。陰謀は露見し、カドゥーダルは戒厳令下に置かれたパリ市内で包囲され、逮捕されて（一八〇四年三月九日）、のちに七名の共謀者とともにギロチンにかけられている。

ナポレオンの《復讐《ヴェンデッタ》》の矛先は、ブルボン家に向けられた。彼はフランス国境近くのバーデン大公領に住んでいたアンガン公（コンデ親王の嫡子）の拉致を命じたのである。若きアンガン公はヴァンセンヌに連行され、そこでかたちばかりの裁判にかけられて銃殺された（一八〇四年三月二十一日）。外国の領土を侵犯してまでおこなわれたこの殺害は、各国宮廷とフランス王党派の人びとの激しい憤りの的となった。

皇帝ナポレオンの誕生

しかしその一方でナポレオンの行為は、かつてルイ十六世の処刑に賛成したことのある元老院議員たちをおおいに安堵させ、彼らは統領制独裁体制を新たな君主政体に作りかえることに喜んで協力する結果となった。一八〇四年五月十八日の元老院決議――これは共和暦十二年の憲法とも呼ばれている――では、ナポレオンがナポレオン一世の名のもとに皇帝であることが宣言され、さらに帝位の継承が世襲によるものであることが明記されていた。

ナポレオンはみずからの皇帝位を二重のやりかたで確立することを企図している。ひとつは国民投票によって――これは一八〇〇年のときよりもさらに五十万票多くの支持を獲得するという、申し分のない結果をもたらした――、もうひとつは、宗教的権威に彩られた戴冠式を挙行することによってである。これはフランスにおける歴代フランス国王の戴冠式を凌駕するものでなければならなかった。新たなシャルルマーニュを自負したナポレオンにとって、教皇による聖別は不可欠であったが、そのための儀式は、みずからの首都であるパリでおこなわれなければならない。教皇ピウス七世はこの前代未聞の要求を受け入れ、戴冠式は一八〇四年十二月二日、パリのノートルダム大聖堂で、過剰なばかりの演劇的効果を求めて挙行された。

2　帝政期のフランス

専制主義体制

ひとりの人間の手中に、これほどまでに絶対的な権力が集中されたことは、フランス史上かつてなかったことであった。迅速で透徹した注意深い知力と、超人的な活動力を兼ね備えていたナポレオンは、どれほど小さな細部にも目を光らせずにはいなかった。彼の意志は臣下のなかにどのような反論も抵抗も許そうとはしなかった。大臣であれ将軍であれ、彼らは伝達と実行をつかさどるたんなる手足のような存在にすぎなかった。そんな臣下たちのなかで、二人の人物だけが個人的な政治方針を貫く力を有していた。外交におけるタレーランと、警察組織におけるフーシェである。

フーシェは、近代史上初めての警察国家の監視網をフランス中に張りめぐらせている。公的な資格を有するとともに、身分を秘して行動する情報提供者たちのネットワークが作られ、《キャビネ・ノワール（郵便物検査室）》は私的な郵便物をチェックし、検閲はすべての印刷物、新聞を対象として強化され、新聞はパリで四つに制限された。検閲は演劇の上演にも及んでいる。皇帝の命令、あるいは警察大臣の命令、さらには知事の命令だけでも、いずれかの人物を逮捕、もしくは指定した住居内に監禁することが可能であった。一八一四年初め、判決なしに国家刑務所に収容されていた囚人の数は二千五百名である。もっともこの数字は、実際には革命期の恐怖政治下の囚人の数、またその後の多くの国々において知られている囚人の数に比べて、きわめて低い水準にとどまっている。ナポレオンは賢明にも——あるいは彼が人間的な統治者であったがゆえに——、抑圧を限定することによって、世論の離反を招くことなく、恐怖政治と同等の効果を得ることができることを理解していたといえる。

新たな貴族制度

すでに統領政府時代から、ナポレオンは功績による新たな貴族制度、レジオン・ドヌール（名誉軍団）の創出を試みていたが、これは実際には、たんに勲章が授与されるにすぎなかった。

帝政の成立とともに、ナポレオンは王政時代の宮廷を模倣して新たな宮廷を作りあげ、側近、侍従、侍女、小姓、近習など、かつての宮廷の住民たちをすべて復活させている。それとともに彼は、序列化された貴族制度の再構築を意図し、その頂点に立ったナポレオン家の人びとは、フランス大公となって巨額の歳費を支給されることになった。次に三十の世襲大封地が、多くイタリアに設定され、その所有者には大公あるいは公の称号が与えられることになった（たとえばタレーランはベネヴェント大公となり、かつて国王の処刑に賛成したことのあるフーシェは、オトラント公になっている）。その一方で貴族の称号――伯爵、男爵など――は、軍事上または民事上の主要な役職に結びつけられることになった。このようにして革命によって廃棄された社会的不平等がふたたび制度化されたのである。

社会

それでもナポレオン体制は、ブルジョワ階級の発展に多大な貢献をはたしている。政治制度上、ブルジョワジーには政治世界に参入する権利が認められ、また実質的に行政職への参加が可能となり、同様に新たに発足したリセ（高等学校）において、中等教育への参加も可能となった。リセの教育は〔宗教色を排した〕帝国教員団の独占するところとなったからである。さらにブルジョワ階級の発展に寄与した要因としては、銀行家、商人、実業家たちの活動が奨励され、また社会全体が繁栄に向かっていたことなどを挙げることができる。

農村住民は国有財産を継続的に完全に彼らのものとし、また民法典によって相続における平等が保障されていたので、小規模自営農の数が増えていった。

労働者の法的状況はまったく改善されず、むしろ悪化していた。ル・シャプリエ法（三四七ページ参照）による規制に加えて、《リヴレ（労働者手帳）》の所持が義務づけられ、これなしに労働者は住居を移すことも、職を求めることもできなくなった。もっとも、彼らの物質的状況は改善されており、給料の上昇は生活費の上昇を上回っている。

経済的繁栄

一八一一二年の深刻な食糧危機を別にすれば、フランス経済はナポレオンの統治下で繁栄の時期を迎えている。それにはさまざまな要因が考えられる。

――全体的に見て、物価は一八パーセントという明らかな上昇を示し、生産者は労働意欲をかきたてられた。

――メートル法の施行とともに、国内市場が統一された。

――フランの安定。新たな通貨単位は、五グラムの銀の値を有するものと定められた（共和暦九年ジェルミナル［芽月］十七日〔太陽暦三月二十八日〕の法律）。

——征服した国々から、徴収した富がフランス国内に流入してきた。

——大陸封鎖により（三九五ページ参照）、フランス国内で外国製品との競合が排除され、それとともにフランス市場がヨーロッパ全体に拡大されるという、二重の効果が生まれていた。

——軍隊、および帝政下で復活した宮廷、また新富裕層からの注文により、産業が活気づけられた。

——大規模な公共事業の増加。これはひとつには戦略的な要請に応えるものであり（道路、軍港、要塞など）、もうひとつには国家の威信を誇示するためのものであった。実際ナポレオンは、壮麗な記念建造物の数々においても（凱旋門、円柱形記念碑、彫像など）、近代的な都市環境の面においても（水道、穀物貯蔵所、食肉処理場など）、パリを古代ローマに負けない大都会にすることを夢見ていた。

反対勢力

それでもナポレオン体制はけっして、あらゆる階層に広がっていた反対勢力を抑えることはできなかった。

ブルジョワは、表現の自由を抑圧していた軍と警察による弾圧に、ますます我慢がならなくなっていた。下層民はとりわけ間接税（消費税）と軍籍登録に激しい嫌悪を抱いていた。政府の上層部においても、いつまでも戦争と征服を追い求めつづける外交方針に、多くの人びとが批判を募らせていた。

さらに教皇に対するナポレオンの横暴なふるまいは、一八〇一年の政教協約ゆえにナポレオンに感謝の念を捧げていた聖職者と多くのカトリック信者たちを、彼から離反させる結果となった。一八〇九年五月、ナポレオンは大陸封鎖を遵守させることを口実として、ローマと教皇領の併合を独断で決定したのである。ピウス七世はこれに対抗してナポレオンを破門した。一八〇九年七月五日から六日にかけての夜、ピウス七世はフランス軍部隊の手により宮殿から拉致され、サヴォーナに監禁された。その後、一八一二年五月、ナポレオンはピウス七世をフォンテーヌブローに移送し、独房に幽閉している。ピウス七世が自由を回復したのは、ようやく一八一四年初頭を迎えてからであった。その間、教皇はナポレオンの二回目の結婚（三九九ページ参照）の正当性に疑念を表明し、またそれ以上にナポレオンが任命した司教に対する叙任を拒否することによって、ナポレオンに多くの困難を強いていた。ナポレオンはこれらの困難の回避を企図し、フランス国内の司教たちによる公会議の招集を決定している（一八一一年）。しかし、フランスの司教たちは教皇庁との連帯を表明し、しかも彼らのなかには、ナポレオンの実の叔父でリヨンの大司教であったフェシュ枢機卿の姿も見られたのだった。

3　ナポレオン戦争

対イギリス戦争

イギリスの商人たちはアミアンの和約をすぐに悔やむようになった。フランス商人がふたたび彼らと競争することができるようになったからである。イギリスの指導者たちは、熱に浮かされたようなナポレオンの行動に不安を抱いていた。ナポレオンは地中海、インド、またとりわけアンティル諸島をはじめとする世界中の多くの地域で作戦行動を展開するようになっていたからである。サン＝ドマング島の再植民地化をめざして大アンティル諸島に大艦隊を派遣し、またその一方で、スペイン王族のひとりをトスカーナ大公に任命することと引き換えに、かつてのフランス領ルイジアナの返還をスペインから取りつけていた（アランフエス条約、一八〇一年三月二十一日）。

マルタ島をめぐる対立――イギリスはアミアンの和約に違反して同島の放棄を拒否していた――は、二国間の関係断絶の口実となったが、これは両国がともに望んでいた事態の発生であった。

ナポレオンはふたたび英国侵攻計画に着手した。十五万人の兵士がブーローニュに集められ、千二百隻の兵員輸送用舟艇が準備された。しかしフランスとスペインの艦隊は、相互の伝達が困難であったために軍事行動の連携を図ることができず、英仏海峡の制海権を必要な時間にわたって確保することができなかった。一八〇五年八月中旬、ナポレオンはフランス艦隊の最後の作戦行動が失敗に帰したことを知り、同時に第三次対仏大同盟成立の報を受けている。彼はイギリス侵攻計画を断念し、ブーローニュに集結していた軍隊を大陸の敵国に差し向けることを決定した。

イギリス艦隊の大作戦がエピローグを飾ったのは、トラファルガー岬沖の海戦においてである（一八〇五年十月二十一日）。ネルソン提督の率いるイギリス艦隊は三十三隻からなるフランス・スペイン連合艦隊を撃滅したのだった。その後ナポレオンは、たとえ大陸で勝者となっても、もはやイギリス本土侵攻を想定することはできなかった。

第三次対仏大同盟

その一方で大陸の列強諸国は、ナポレオンが大胆にも近隣諸国の体制の変革に着手し、フランスの支配権を確立しようとした強引な行動に不安を覚えていた。一八〇三年、ナポレオンはみずからを《調停者》と称してスイス連邦の改変に取りかかっていた。かつての神聖ローマ帝国の構成はレーゲンスブルグの《旧帝国代表者会議主要決議》（一八〇三年二月）によって完全に作りかえられ、独立国家の数は三百六十から八十二に変更されていた。チザルピーナ共和国は、すでにイタリア共和国と名を変えて大幅に拡大されていたが（一八〇二年一月）、その後一八〇五年には王国になり、ナポレオンはみずからこの国の王となって、そこにジェノヴァ領をも併合していた。

ロシア皇帝アレクサンドル一世はイギリスに同調し、フランス国境を以前の状態に戻すことを目的とする条約を締結した（一八〇五年四月）。オーストリアは同年八月九日に同盟に加わり、その後スウェーデンとナポリがこれに同調している。

この報を受けて、ナポレオンは英仏海峡沿岸に集結していた彼の「大陸軍《グラン・ダルメ》」を、すみやかにバイエルンへと向かわせた。そこで彼はマック将軍の率いるオーストリア軍を包囲し、ウルムの戦いで降伏を強いている（一八〇五年十月二十日）。その後、フランス軍は怒濤のごとくドナウ川流域地帯を南下し、ウィーンを占領し（十一月十五日）、さらにモラヴィアで合流していたロシア・オーストリア連合軍との決戦を求めて進軍を続けた。アウステルリッツの輝かしい勝利（十二月二日）は、ナポレオンが収めた勝利のモデルケースとして軍事史上に不滅の名をとどめている。ロシア軍の敗残兵は東方へと退却し、オーストリア皇帝はプレスブルク講和条約の締結を余儀なくされ、イタリアと南ドイツに有していたすべての領土を放棄する結果となった。

第四次対仏大同盟

プロイセンは第三次対仏大同盟に参加していなかった。プロイセンが中立を守ることの見返りとして、ナポレオンはプロイセンに、一八〇三年にすでに英国王から奪い取っていたハノーファーの譲渡を約束していた。それでもベルリンの宮廷にはフランスを敵視する強力な党派が存在していた。ナポレオンはドイツの政治地図を無造作に書き換え、彼を敵視していた人びとに強力な論拠を提供していた。神聖ローマ帝国は消滅し、その代わりにライン連邦が誕生し、そこに結集されていた南部と西部の国々は、外交政策の指揮と軍隊の統率をつかさどる《保護者》の最高権力のもとに置かれていた。《保護者》とはもちろんナポレオンのことである。このライン連邦の一部として、ライン川の右岸に新たな国家、ベルク大公国が設立され、これはナポレオンの義弟ミュラのものになっていた。同時にナポレオンの一族の他の人びとにも王位が与えられた。長兄のジョゼフはナポリ王、弟のルイはオランダ王、義理の息子のウジェーヌ・ド・ボーアルネはイタリアの副王（総督）になるとともに、バイエルン王の女婿に収まっていた。

一八〇六年の夏、プロイセン王フリードリヒ・ヴィルヘルム三世はひそかにロシアと交渉した。十月一日、彼はナポレオンにライン川までドイツから退去することを強く要求した。ナポレオンはバンベルク滞在中の十月七日に、この最後通牒を受け取っている。十月十四日、プロイセン軍はイエナとアウエルシュテットの二回の戦いで早くも壊滅状態に陥り、ナポレオンはベルリンに入城した（十月二十七日）。

残されていたのはロシアである。ナポレオンは十二月にポーランドの一部を占領していた。冬のさなかに、ロシア軍は攻囲されていたダンツィヒ（グダニスク）の解放を試みた。ナポレオンはすみやかに兵力を結集し、アイラウ〔現バグラティオノフスク〕でロシア軍と遭遇し（一八〇七年二月八日）、激しい雪嵐のなかで、一進一退の血まみれの攻防がくりひろげられた。

ナポレオンはワルシャワに戻って軍を立てなおし、同年春、みずから攻勢に転じている。このとき彼はフリートラントの戦い（一八〇七年六月十四日）で、ロシア軍に決定的な敗北をもたらすことができた。ロシア皇帝アレクサンドル一世は屈服し、ネマン川に浮かぶ筏の上で劇的な出会いが演出され、二人の皇帝は和解し、ついで両者の和解はティルジット講和条約によって確立された（一八〇七年七月八日）。

プロイセンは代償を支払うことになった。東部ではポーランド分割によって手に入れていたすべての領土を失い、これらの地方はワルシャワ大公国となってザクセン王の有するところとなった。エルベ川以西の領土は、他の領土と合わせてヴェストファーレン王国となり、ナポレオンの末弟ジェローム・ボナパルトに与えられている。その一方で、ロシア皇帝はイギリスに宣戦布告することを約束したのみであった。

大陸封鎖

イギリスはこのときもけっして妥協しようとはしない、懐柔不能な唯一の国家であった。ナポレオンはイギリスを経済封鎖によって屈服させようとした。ベルリン勅令（一八〇六年十一月二十一日）とミラノ勅令（一八〇七年十二月十七日）により、たとえ中立国の船舶であっても、イギリスの商品を輸送しているか、あるいはたんにイギリスの港に寄港した恐れのある、すべての船舶の拿捕が命じられた。

この《大陸封鎖》は、イギリス国民に多少の物資の欠乏を強いたとはいえ、けっしてイギリスに深刻な危機をもたらすことにはならなかった。ある程度はフランス産業に有利に作用したといえるかもしれない。それでもマルセイユ、ボルドー、ナントをはじめ、フランスの大港湾都市が強いられた活動の停滞は深刻であった。さらにより深刻な結果をもたらすことになったのは、封鎖をさらに効果的にしたいと考えたナポレオンが、北海沿岸とイタリアにおいて新たな併合に着手したことであり、さらにスペイン戦争という致命的な冒険に乗り出したことである。

スペイン戦争

ポルトガルはイギリスと国交を断絶することを拒否していた。ナポレオンはスペイン政府と共謀し、ポルトガルの占領と分割をスペイン側に提案した。ジュノー指揮下のフランス軍がリスボンに入城し、ポルトガル王家一族はブラジルに亡命した（一八〇七年十一月）。ナポレオンはこの機会をとらえて、老齢のスペイン王、ブルボン家のカルロス四世の統治のもとで弱体化し、腐敗していたスペイン政府を排除する決心を固めた。実質的にスペイン政府を牛耳っていたのは、王妃の寵臣ゴドイであった。カルロス四世と息子フェルナンドとのあいだで生じていた争いを調停するという口実のもとで、ナポレオンは二人をバイヨンヌに招き、二人からそれぞれの退位を引き出した（一八〇八年五月五日）。その後すぐに、ジョゼフ・ボナパルトがスペイン王となり、一方、すでにマドリッドを占領していたナポレオンの義弟ミュラは、イタリアにおもむいてナポリ王となる命令を受理した。

このようなスペイン王家に対する犯罪的なふるまいに、スペイン国民の愛国的な蜂起が勃発し、国民評議会がセビリアで結成され、フェルナンド七世を擁立して抵抗運動が組織された。初戦に大勝利

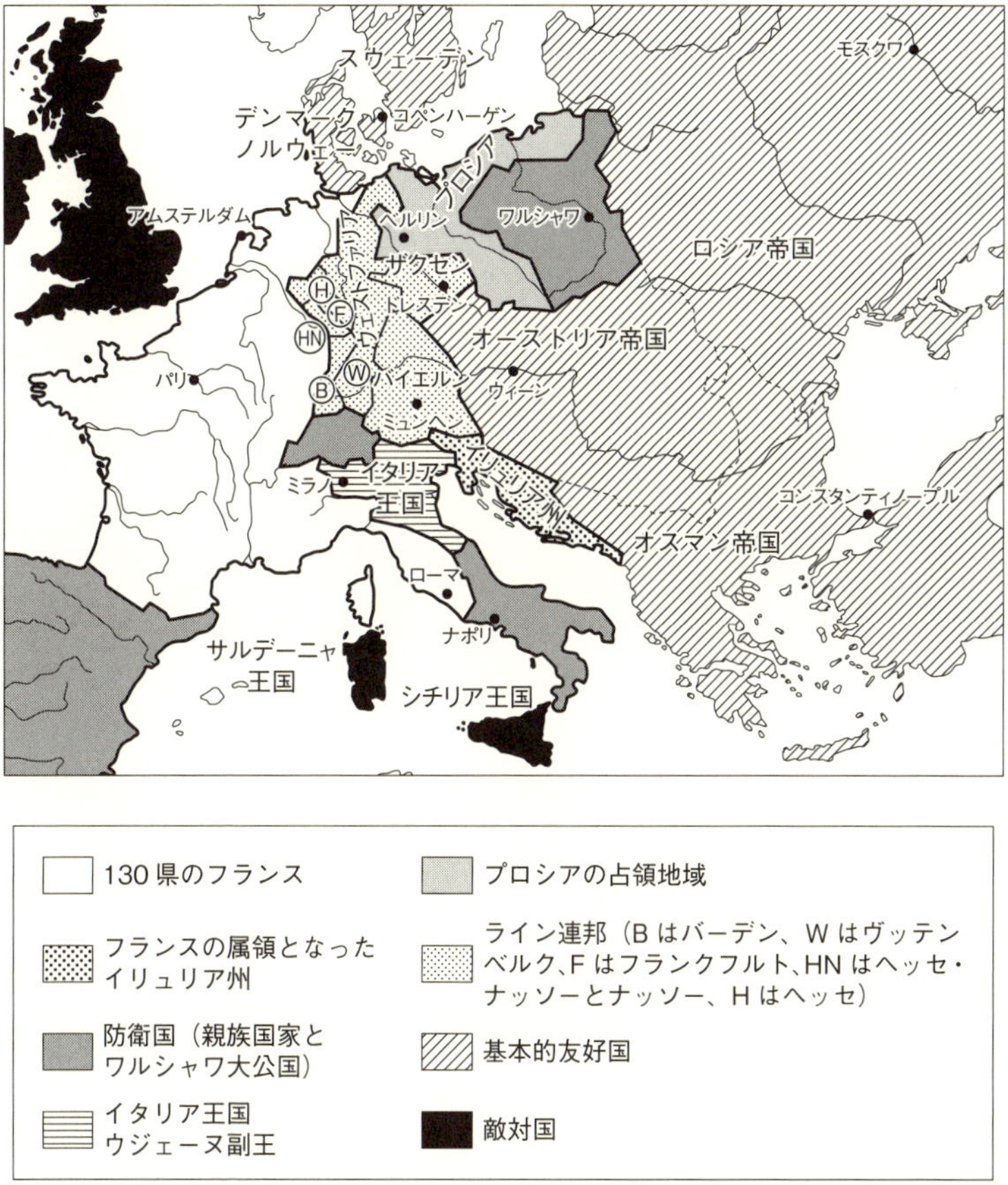

ナポレオン帝国の最大版図（Lucien GENET, Révolution-Empire. Cours d'Histoire, Hatier.）

を収めた抵抗運動の士気は盛りあがる一方となった。バイレンの砂漠地帯の隘路で包囲されたフランス軍部隊は、屈辱的な降伏を余儀なくされたのである（七月二十二日）。次いでポルトガルでも反乱が発生し、その活動はすぐにウェリントン指揮下のイギリス軍の支援を受けるようになった。シントラでの降伏により、ジュノーはポルトガルから撤退するほかはなかった（一八〇八年八月三十日）。

ナポレオンはみずから介入に乗り出す決意を固めた。そのためにはドイツ方面軍のかなりの部分を引き揚げねばならず、ロシア皇帝アレクサンドル一世の中立を取りつけておく必要がある。ナポレオンはエアフルトでロシア皇帝と会見した（九月二十七日）。マドリッド占領は大した困難もなく完了した（十二月四日）。ナポレオンはマドリッドでスペイン王国の改変を企図し、矢継ぎ早に大量の勅令を発している。その後一八〇九年一月中旬、ナポレオンは急遽スペインを離れ、スペイン国内鎮圧の任務を元帥たちの手に委ねることになった。

しかるにその任務は不可能でもあり、また多大の犠牲を要するものであることが明らかとなった。フランスの正規軍は、スペイン民衆のゲリラ部隊に勝利することはできなかったのである。さらにイギリス軍が抵抗運動の支援に駆けつけてきた。一八一一年、ナポレオンはイギリス軍をポルトガルから排除することをマセナ元帥に命じている。しかしウェリントンは、たんにフランス軍を追い返しただけではなく、逆に攻勢に転じ、国王ジョゼフ（ホセ一世）をマドリッドから放逐し、ビトリアでフランス軍に決定的な敗北を強い（一八一三年六月）、一八一三年末にはフランスに侵入し、一八一四年初頭の対仏大同盟軍の最終的な勝利に大いに貢献することになった。

軍事的な面で、イベリア半島で不用意に開始された戦争は、最良のフランス軍部隊から三十万名の兵士を失わせ、イギリスに大陸での作戦行動のための基地を提供する結果となった。政治的な面で、スペインの例は、征服された諸国民のなかに抵抗の精神を奮い立たせ、またナポレオンの失敗は彼の勢威を翳らせる結果となった。

第五次対仏大同盟

一八〇九年一月、ナポレオンが急遽フランスに舞い戻ったのは、ドイツで国民主義的な不満が急速に高まり、それが引き金となってオーストリアが反フランス統一戦線の先頭に立とうとしていたからである。

オーストリアはイギリスからの財政援助を受け、ふたたび強力な軍隊を作りあげることが可能になっていた。四月中旬、カール大公は突如バイエルンで攻撃を開始している。ナポレオンは急遽戦場に駆けつけ、五日間の戦闘と作戦行動のあいだに軍隊を再編し、オーストリア軍を撃退した（エクミュールの戦い、四月二十二日）。ふたたびウィーンは占領された（五月十一日）。ドナウ川を渡ろうとしたナポレオンの最初の試みは失敗に終わっている（エスリンクの戦い、五月二十一～二十二日）。二度目の試みでナポレオンはドナウ川を突破し、ワグラムの平原でカール大公に対し凄絶な戦いを挑むことができた（七月五～六日）。オーストリア軍は敗北を喫したが、それでも全滅は免れ、休戦を求めている。

ウィーンで講和条約が締結され（十月十四日）、オーストリアはさらにいくつかの領土を失ったが、それでも皇帝フランツ一世が長女マリア゠ルイーズを犠牲に供したことにより、最悪の事態を避けることができた。世継ぎを望んだナポレオンは、皇妃ジョゼフィーヌに離縁を言い渡し、オーストリア皇女と結婚することによって、ヨーロッパ諸国の王族たちから構成される一大ファミリーの一員となる道を選んだのである。実際、彼の願いは息子の誕生によってかなえられ（一八一一年三月二十日）、生まれたばかりの子どもにはローマ王の称号が与えられた。

ロシア遠征

フランスとの同盟は、ロシア皇帝アレクサンドル一世にとって少なからぬ失望の種であった。とりわけ大陸経済封鎖は、ロシアの大農場所有者と商人たちに甚大な損害をもたらしていた。彼らからの圧力を受けて、アレクサンドル一世は中立国との交易に港を開放し、フランスからの輸入品に高率の関税を課している。

ナポレオンは、フランスと覇権を争うことが依然として可能であった大陸で唯一の大国と決着をつける覚悟を固めた。断絶の口実には事欠かなかった。七十万という膨大な数の兵士が集められたが、その半数はフランスの属国と化していた国々の国民であった。

この《二十ヵ国の国民からなる軍隊》は、一八一二年六月二十四日にネマン川を渡っている。ロシア軍は後退を続け、侵略者との正面衝突をひたすら避けつづけた。二ヵ月にわたる困難な行軍の末に、ナポレオンはモスクワに接近している。しかしロシアの世論は、一戦も交えることなく《聖なる都》を明け渡してしまうことに、理解を示すことなどありえなかっただろう。それゆえ老元帥クトゥーゾフは、モスクワ川に近いボロジノで慎重に戦場を選び、土塁を構築して防御を固めたうえで、戦いの火ぶたを切った。趨勢の定まらない未曾有の大激戦が延々と続き、五万のロシア兵と三万のフランス軍兵士の命が失われた（九月七日）。その数日後（一八一二年九月十四日）、ナポレオンはモスクワに入城している。しかしそこで手に入れることができるはずであった糧食は、入城直後に起こった大火によって失われてしまった。ナポレオンはモスクワにさらに一月以上滞在し、ロシア側からの和平の提案を待ちつづけたが無駄であった。

ナポレオンが最終的に撤退を決意したとき（十月十九日）、季節はすでに極寒期を迎えようとしていた。コサック兵とパルチザンに悩まされながらも、軍隊はなんとかベレジナ川を突破している（十一月二十八～二十九日）。しかしその後ますます過酷なものとなった寒さと飢えに苦しめられ、おびただしい数の兵士が命を落としていった。最終的にドイツに帰ることができたのは、およそ十万名にすぎない。ヴィルノ（現在のリトアニア首都ビリニュス）に到着すると（十二月五日）、ナポレオンはすぐに軍隊の指揮を義弟でナポリ王のミュラに託し、この壊滅的な敗北によって動揺した祖国をふたたび掌握するために急いでパリに戻っている。

ドイツ戦線、一八一三年

ロシア軍の到来とともに、プロイセン王は対ナポレオン戦争を再開する気力を取り戻した。フランス軍はエルベ川まで退却するほかはなかった。

一八一三年春、ナポレオンはリュッツェンとバウツェンで二回の勝利を収め（五月二日、二十日）、とりあえず敵軍をオーデル川のかなたにまで押し返している。しかしこの年の初めに急遽結成されたフランス軍は戦闘経験に乏しく、また極度に疲弊していたので、ナポレオンはオーストリアから示された調停案を受け入れ、休戦条約に署名するほかはなかった（六月四日）。和平交渉はオーストリアのメッテルニヒの主導のもとに進められているが、交渉当事国双方の不誠実な対応により、暗礁に乗りあげた。八月十日、オーストリアはロシアとプロイセンの味方となり、さらにこれにスウェーデンも加わって《大同盟》が結成された。ナポレオンはドレスデンでふたたびオーストリア軍を撃破しているが（八月二十六〜二十七日）、一連の小規模な戦闘で副官たちがこうむった敗北は、ナポレオンの勝利を相殺する結果となった。最終的に同盟軍は、動員可能なすべての戦力——三十二万人——をライプチヒに結集することができた。一方、ナポレオン軍は十六万人にすぎなかったが、それは彼がドイツのいくつかの要塞に、ほぼ同数の兵力を残しておくことに固執したからである。大規模で凄絶な戦いとなった《諸国民戦争》は、三日間続き（十月十六〜十八日）、ナポレオンの完全な敗北となって終結した。ナポレオン軍はわずか四万名ばかりを残すのみとなり、敗残兵たちはライン川まで後退した。彼らの背後でライン連邦の君主たちは、臣下たちからの圧力を受け、次々とヨーロッパ同盟軍に加わっていった。

フランス戦線、一八一四年

同盟軍はフランスで決定的な戦闘を開始するにあたり、敵はフランス国民ではなく、ナポレオンひとりであると宣言した。ナポレオンはあくまでも和平を求めるフランス世論を満足させるため、戦闘を継続しながらも交渉に応じる決意を固めている。しかしシャティヨンで開かれた名ばかりの《会議》（一八一四年二月四日〜三月十九日）は、いずれの陣営においても、外交官たちの演じる茶番劇以外のなにものでもなかった。

同盟軍——二十五万人以上——は、一八一四年初めにフランスに侵入した。これに対するに、ナポレオンは七万の兵を擁するのみであった。それでも彼の軍事的才能は絶望的な状況を一時的に立てなおすことができたように思われる。プロイセンのブリュッヒャーとオーストリアのシュヴァルツェンベルク指揮下の同盟軍の二つの主要部隊は、別行動を取ってパリに向かっていた。ナポレオンは迅速に行動し、それぞれを個別に攻撃して、東方に退けている。

プロイセン軍とオーストリア軍は、当初混乱に陥ったものの、ふたたびイギリスとの同盟関係を強化し、単独講和にはけっして応じることなく、それぞれ十五万の兵士を同盟軍に提供することを誓いあった（ショーモン協定、一八一四年三月一日）。

攻撃は三月初旬に再開された。このときナポレオンは敵の兵力に圧倒され、数回にわたって敗戦を重ねている。彼はそこでロレーヌにおもむき、包囲されていたフランス軍守備隊と合流し、侵略軍を彼らの軍事拠点から分断するという大胆な作戦を思いついた。しかしアレクサンドル一世は、パリが厭戦気分に陥り、敗戦を受け入れようとしていることを知り、同盟軍をパリに向かわせることを決定した。パリの防衛にあたっていたのは、四万の雑多な兵士の集合にすぎなかった。市門付近でのわずか一日の戦闘の後、モンセとマルモンの両元帥は名誉ある降伏文書に署名し（三月三十日）、摂政会議議長のジョゼフ・ボナパルトは、皇妃マリ＝ルイーズと皇太子の幼いローマ王、および主要な重臣をともなってブロワへ逃亡した。三月三十一日、正午ごろ、アレクサンドル一世とプロイセン王はパリに入城した。

摂政がパリを離れてしまったことにより、タレーランは自由に策を弄することができるようになった。彼は、ブルボン王家による支配だけがフランス国民全体の承認を得ることが可能であると、アレクサンドル一世を説得することに成功している。しかも既成事実化していた状況は、ブルボン王家に有利に働いていた。イギリス軍はすでにボルドーを占拠し、王党派はボルドー市内でフランス王家の白い旗を掲揚することが可能となっていたのである（三月十二日）。同盟軍の宣言は、すでに三十一日の夜、もはやナポレオンを交渉相手にはしないと表明していた。翌四月一日、パリにとどまっていた元老院議員たちはタレーランを首班とする臨時政府を任命し、パリ市参事会は皇帝の廃位を要求する宣言を公にした。実際、元老院は四月三日に皇帝の廃位を布告したのである。

帝政の最期

しかしながら、ナポレオンは強行軍でパリに向かっていた。三月三十一日、彼はパリが降伏したことを知って愕然となった。彼はフォンテーヌブローに立てこもり、反撃に転じるために、残されていた軍勢の再編に取りかかっている。しかし元帥たちは、パリが戦場となるおそれのある戦いを始めることを拒否した。四月四日、ナポレオンは退位し、帝位を息子に譲ることに同意した。ロシア皇帝は一時、こうした解決策に好意的であったように思われる。しかし人びとの耳に、マルモン元帥がナポレオンを見捨て、軍隊を臨時政府の命令にしたがわせる意向であることが伝えられると、アレクサンドル一世とフランスの元帥たちは、無条件の退位を要求した。ナポレオンはけっきょくこの要求にしたがうほかはなかった(四月六日)。

同盟側の各国君主は寛大な態度を示している。いわゆるフォンテーヌブロー条約により、ナポレオンは皇帝の称号を維持し、エルバ島の統治権と二百万フランの年金が認められることになった。四月二十日、追放の地へと旅立つにあたり、彼はフォンテーヌブロー宮殿の中庭に集結したかつての近衛兵たちに感動的な別れの言葉を告げている。それとは対照的に、ローヌ川流域を通過するとき、ナポレオンは彼をリンチにかけようとした住民たちからの侮辱の言葉を耐えなければならなかった。

第十九章 立憲王政

Histoire de France

政治的主張を載せる数多くの新聞が発行された（1820年。フランス国立図書館）

ブルボン王朝による王政復古は一八一四年、かつての君主政原理と一七八九年の革命原理とのあいだの妥協の産物として誕生した。ルイ十八世は慎重に行動し、この曖昧な政治体制の基盤を固めるとともに、百日天下によって生じた国家の不幸を修復することに成功している。一方、シャルル十世の頑なな政治姿勢からは、国王の特権と国民の代表の権利とを両立させることのむずかしさが明らかであった。しかもブルジョワジーには、貴族と聖職者がかつての特権を取り戻そうとしているように思われてならなかった。

一八三〇年の七月革命は、《神授権》の代わりに国民主権の原理を、貴族による支配の代わりに大実業家ブルジョワジーの支配を確立するものであった。それでも七月王政の体制的基盤は狭隘で脆弱であった。体制の原理とは裏腹に、政治世界は少数の特権的な富裕層の独占するところとなっていたからである。

1　第一次王政復古と百日天下

国王の帰還

ナポレオンが最終的に退位したまさにその日（四月六日）に、元老院はルイ十六世の弟プロヴァンス伯を玉座に招聘していた。プロヴァンス伯は一七九一年六月にフランスを離れ、その後亡命者となって数ヵ国を渡り歩いた後、最終的にはイギリス政府の庇護のもとにあった。巨大な体軀と伝説的な食欲ゆえに、兄のルイ十六世を容易に連想させる人物であったが、それでも兄よりも頭がよく、教養もあり、自由思想に理解があると考えられていた。もっとも彼自身は、たとえいかなる類のものであれ国民からの委任によって王位を手にするつもりなどは毛頭なかった。自分が神授権による王であり、つまりは王朝継承の権利にもとづく王であると考えていたからである。それゆえ一七九五年六月に甥のルイ十七世が死去したときから、彼はただちにルイ十八世を名乗っていた。

四月二十四日カレーに上陸したルイ十八世は、人びとの喜びと忠誠の歓声に迎えられて、ゆっくりとパリに向かっていった。その間、彼の立場はさらに強固なものとなり、それゆえ彼は、元老院が急遽起草し、王権を国民の代表の権限——このときはとりわけ元老院の権限——に従属させるはずであった憲法を退けることができた。その代わりにルイ十八世は、既成事実となっていた革命後の社会状況を全面的に尊重することを保証する、自由主義的な憲法をみずからの手で公布することを約したのみであった（サントゥアンの宣言、一八一四年五月二日）。

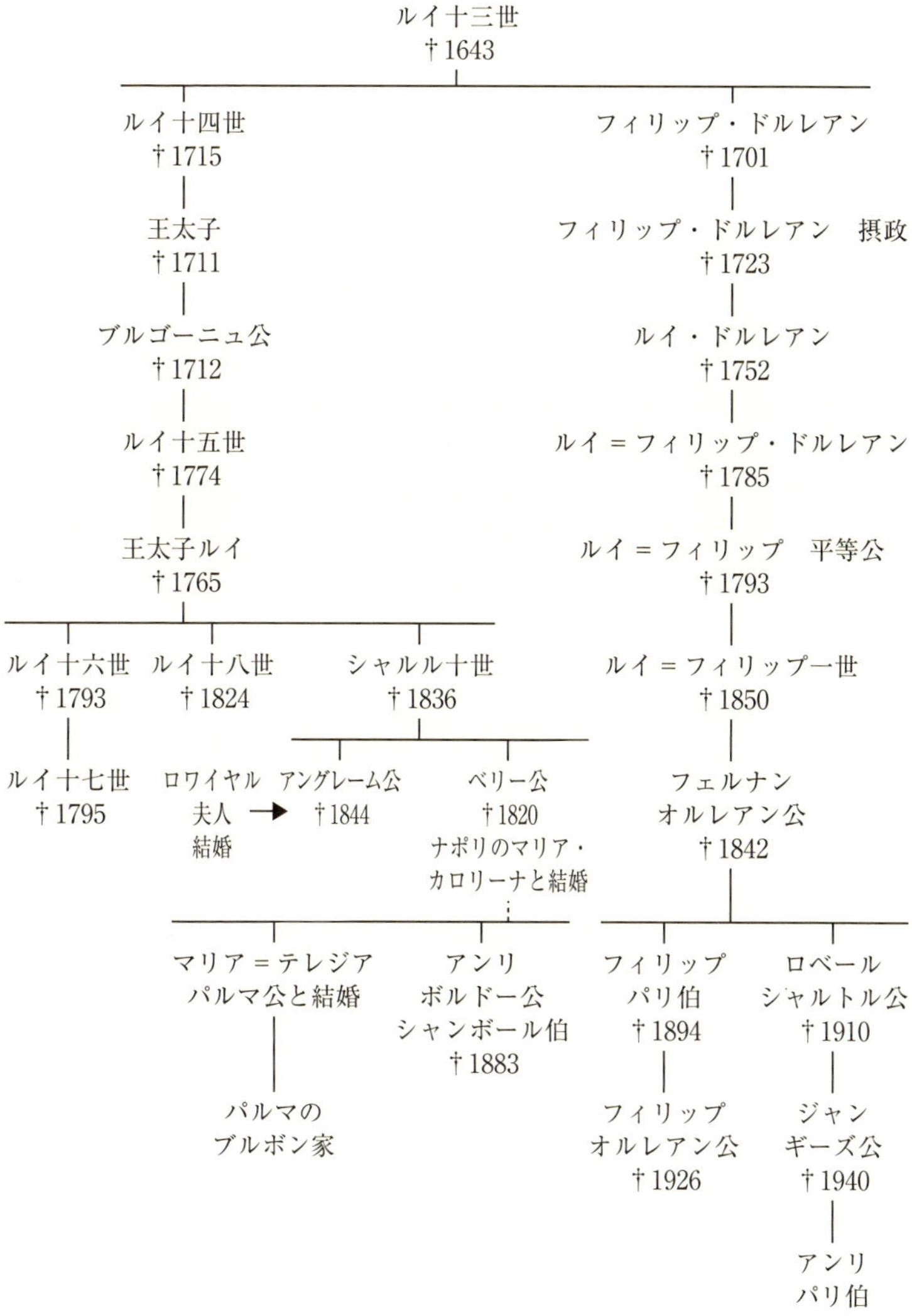

ブルボン家系図とオルレアン家系図

実際、『立憲憲章』の名のもとに六月四日に早々と公布されたこの法令において、君主政の原理はどこまでも維持されており、王に求められていた譲歩は王の自由な意思によるものであるとされ、王はあくまでも権力のただひとりの受託者であるとされていた。とはいえ、そのうえで、国民の義務を前にしてのすべての国民の平等、課税を承認し代議士を通じて法律の作成に参加する国民の権利、また個人の自由、思想と表現の自由、信仰の自由など、フランス革命の主要な政治的・社会的成果は確実に継承されていた。ただ宗教に関してはそれまでと異なり、カトリックが国教であると宣言されていた。

王は行政権を完全に掌握し、また王のみが法案の発議権を有していた。憲章の第十四条は、《法の執行と国家の安全のために必要な規則と命令》を作成することをも王に認めている。王は自由に大臣を選ぶことができ、大臣は王にのみ責任を負うものとされていた。それゆえこの体制は議会制というわけではまったくない。議会での票決はそれだけでは大臣に辞任を強制することはできなかったからである。

代議制は二院によって構成されていた。ひとつは貴族院で、メンバーは国王により任命され、身分は世襲制であった。もうひとつは代議員議院で、国王による解散の場合を除き、五年ごとに改選されるものとされていた。両院は対等の立場で法案の作成にあたっていた。ただし予算はまず代議員議院で可決される必要があった。

いわゆる《選挙権取得税にもとづく》ものとされた選挙制度の結果、政治活動は少数の特権的な富裕層の独占するところとなった。選挙権が認められていたのは三十歳以上で三百フラン以上の直接税納税者のみであり、被選挙権は四十歳以上で千フラン以上の直接税納税者のみであった。その結果、選挙権を有するフランス人は九万人以下であり、議員となる資格を有するフランス人は一万人に満たなかった。

パリ条約

すでに四月二十三日の段階で、タレーランはフランスからの外国軍の撤退を保証する休戦協定に署名していた。パリで最終的な講和条約が締結されたのは五月三十日である。フランスは事実上、革命期と帝政期に獲得したすべての領土を失い、一七九二年一月の国境に戻ることになった。それでもサヴォワ地方の三分の一と、北東部国境沿いのいくつかの小さな領土が加えられていた。一方、同盟側は戦争賠償金も占領も要求しなかった。

ウィーン会議

フランスはまた、将来におけるヨーロッパの領土上の取り決めを受け入れることを約束していた。その調整が図られたのは、一八一四年十月から翌年六月にかけて、ウィーンで開かれた会議の席上においてである。

タレーランはルイ十八世の名において会議に臨み、巧みな外交術と個人的な威信によって強い存在感を発揮していた。彼は戦勝国間の利害の対立に乗じて、イギリス、オーストリア、フランス三国間の秘密条約を締結する機会をも彼は逃していない（一八一五年一月三日）。もっとも最終的な国家の配置は、将来フランスが企てる恐れのある新たな試みから自国を守ろうとする同盟側の配慮を反映するものとなり、フランスは強力な緩衝国家群に包囲されることになった。ベルギーと旧オランダ共和国からなるオランダ王国、列強諸国によって中立が保証されていたスイス連邦（ヘルヴェティア連邦）、アルプスの国境地帯を守ることになったサルデーニャ゠ピエモンテ王国、などである。またとりわけプロイセンはライン川の左岸にまで支配地域を拡大し、フランスが北東部でふたたび《自然国境》を実現する道は永久に閉ざされたのだった。

世論の不満

フランス国内では講和条約それ自体に対する幻滅以外にも、多くの不満要因が生まれていた。大陸経済封鎖の終了とともに、大量のイギリス製品が国内になだれこみ、多くの企業が倒産し、失業者が増大していた。また失業問題は公共事業の停止によってもさらに深刻なものとなっていた。これまでの体制に仕えてきた人びとは、王族とともに帰国してきた亡命者たちが独占的に優遇されることに衝撃を覚え、国有財産を取得していた人びとは、かつての所有者が彼らの権利を主張し、聖職者たちが自分たちを非難することに不安を募らせるようになった。要するに人びとはアンシャン・レジームへの逆行を目のあたりにしていたのである。

とりわけ軍隊は極端に縮小されていた。一万二千名の将校がすでに不要となり、待命状態に置かれ、給料は半減されていた。一方、それとともに、国王の警護に当たる特権的な近衛隊がふたたび結成され、そこには亡命していたか、あるいはヴァンデの反乱に参加したことのあるかつての将校たちが採用されていた。

ナポレオンの帰還

ナポレオンはエルバ島という小さな王国のなかですぐに息苦しさを覚えるようになった。フランスで世論が苛立ちを募らせる一方であることを知り、彼は最後の賭けに出る覚悟を固めた。

イギリス軍の監視の目を逃れて、彼は一八一五年三月一日、七百名の親衛隊兵士を引き連れ、カンヌとアンチーブのあいだのジュアン湾に上陸している。山岳地帯を通過してグルノーブルに向かい、ラフレーの隘路で、彼を迎え撃つために送られてきた最初の部隊と遭遇しているが、彼はこの部隊を味方につけることができた。その後パリに向かうにつれて、味方となる人びとの数は、彼をとらえるために送られてきた兵士たちを加えて増大していった。グルノーブルでも、リヨンでも、彼は熱烈に歓迎されている。ナポレオンを鉄の檻に入れて連れてくるとルイ十八世に豪語したネー元帥でさえ、状況の大きな流れにのみこまれて、部隊をナポレオンに提供する始末であった。

パリでは人びとが自信を失い、パニックに陥り、落胆が広がっていた。ルイ十八世は三月十九日から二十日にかけての夜、逃れるようにチュイルリー宮殿を後にし、数名の忠実な家臣とともにゲントに亡命している。二十日夜、ナポレオンは一発の銃弾も発することなく、フランスの支配者に返り咲いた。

国内の困難

勝利の後すぐに、ナポレオンは以前の独裁的な政治体制を無条件に復元することは不可能であるということに気がついた。彼は自由主義的ブルジョワジーとの和解の道を探り、多かれ少なかれルイ十八世の憲章を下敷きにした憲法の起草を命じている。しかし、この《帝国憲法追加措置法》と称された法案が国民投票にかけられたとき、有権者の四分の三は棄権し、また新たな国会のための代議員選挙が実施されたときにも、事態は同様であった。見識あるフランス人の多くが、ナポレオンの試みが八方塞がりであることを見抜いていたのは明らかであった。

王党派は気力を取り戻し、西部地方で反乱を起こすことに成功している。

ワーテルロー

ナポレオン帰還の報に接するとともに、ウィーンに集まっていた同盟諸国の代表たちは、ただちにナポレオンを法の保護の外に置くことを宣言し、ショーモン協定を再確認し、ヨーロッパから災いの種を取り除くまで戦争を継続する決意を表明した。

ナポレオンはただちに行動に移らなければならなかった。ベルギーに集結していたイギリスとプロイセンの同盟軍に、ロシア軍とオーストリア軍が合流する前に、戦いの火ぶたを切る必要があったからである。彼は十二万五千の兵力のみで、六月十五日には早くも戦闘を開始している。ナポレオンの作戦は、ブリュッヒャー指揮下のプロイセン軍とウェリントン指揮下のイギリス・オランダ連合軍を分断し、それぞれを個別に攻撃するというものであった。六月十六日、彼はブリュッヒャーをリニーで打ち破っている。しかしプロイセン軍は逃亡に成功し、そのためナポレオンは三万の兵をグルシー元帥の指揮に委ねて、その追撃に向かわせなければならなかった。

その間にウェリントンは、ブリュッセルの南のモン＝サン＝ジャンの台地に強力な防御陣地を構築し、そこにたてこもることができた。六月十八日、ナポレオン軍が到着し、攻撃が開始された。ウェリントン軍は、最初は数的に劣勢であったが、フランス軍の猛攻をしのぎきり、プロイセン軍の到着まで時間を稼ぐことができた。グルシーはプロイセン軍の動きを妨げることもできず、また援軍となってナポレオン軍に合流するのにも間に合わなかった。この歴史的な一日はフランス軍の敗北と壊走で幕を閉じている。ワーテルローの戦いと称されるこの戦いは、ヨーロッパ近代史上もっとも決定的な戦いのひとつであり、短期的にはナポレオンの運命を決定するとともに、長期的にはフランスとヨーロッパの運命を決定するものであった。

二度目の退位

ナポレオンはパリに戻ったが、議会内の自由主義的勢力からの敵意と警察大臣フーシェの陰謀によって、もはやどうすることもできなかった。六月二十二日、彼は退位し、帝位を息子に譲ろうとしている。フーシェは五名からなる臨時政府の首班となり、ルイ十八世にとって自分が必要な人間となるように策をめぐらせた。彼はルイ十八世による王政復古が不可避であると考えていたのである。ナポレオンを厄介払いするために、フーシェはナポレオンをロシュフォール港へ向かわせた。港ではフリゲート艦が待機し、ナポレオンをアメリカに渡らせる予定であった。

ダヴー元帥はパリで十万近くの兵を擁していたが、新たに戦いを始めることは無意味であると説き伏せられ、軍事協定を締結した。こうしてイギリス・プロイセン連合軍はパリを占領することが可能となり、フランス軍はロワール川以南へと退いていった。フランス軍が退却したことにより、フーシェは自由に行動することができるようになった。彼は急遽サン゠ドニに向かい、ウェリントンの後についてきていたルイ十八世とタレーランを相手に交渉を開始している。こうしてルイ十八世は、ルイ十六世の処刑に賛成した男を大臣に迎えることを承諾したのだった。その翌日、フーシェは啞然となった同僚たちに向かい、彼らの任務は終了したと言い渡した。王は七月八日、パリを離れてからおよそ百日後に、チュイルリー宮殿に戻ってきた。

一方ナポレオンは、最後はイギリス軍に投降し（七月十五日）、その後、南大西洋の孤島セント＝ヘレナ島へ送られ、一八二一年五月五日、この島で死を迎えている。

2　第二次王政復古（一八一五年七月～三〇年七月）

第二次パリ条約

このときばかりは同盟諸国も、性懲りもない国民に敗戦の重みを思い知らせる決意を強く固めていた。ヨーロッパのあらゆる地域から百万人以上の兵士が押し寄せ、フランス領内に満ちあふれた。

一八一五年十一月二十日に締結された条約は過酷なものであった。フランスは前年には認められていた領土上の成果を失うことになった。また七億フランの賠償金を科せられ、それ以外にもこれまでのフランス政府が外国と契約していたすべての対外債権の放棄を呑まされた。七億フランの賠償金と、すべての対外債権の放棄を呑まされ、その額は最終的に二億四千万フランに達していた。

これらの義務の履行は軍事的な占領によって保証されることになった。占領は国境沿いの地方を中心に、十五万の兵士によって三年から五年にわたって続けられ、その経費もまたフランスの負担であった。

同時に、同盟諸国は四国同盟を締結している。これはショーモン協定の焼きなおしであったが、フランスに対する一種の監督、もしくは監視をおこなうためのものであった。

リシュリュー

百日天下の騒動の結果、フランス国民のなかには由々しい分裂状態が生じていた。ナポレオンとかかわりをもったすべての人びとは、ひとくくりに和解不能な反対勢力とみなされ、王党派は裏切り者に対する懲罰を要求した。こうした点で国王の弱腰を非難していた人びとは、過激王党派《ユルトラ》と称されている。彼らは一八一五年八月の選挙で大勝利を収めた。この《またと見いだしがたい議会》と呼ばれた議会の圧力のもとで、ルイ十八世はタレーランとフーシェを解任し、ロシア皇帝アレクサンドル一世と親交の深かった亡命貴族リシュリュー公に政権を託している。

リシュリューは反動勢力の暴走に歯止めをかけることに努め、そのため百日天下による混乱の責任者を何名か罰している。なかでもネー元帥は、貴族院で判決を受けて銃殺された（一八一五年十二月七日）。一八一六年九月、ルイ十八世は同盟諸国の圧力に押され、《またと見いだしがたい議会》の解散に踏みきっている。新たな選挙の結果、《立憲派》と称された穏健派が多数を占めた。この《立憲派》とともに、リシュリューは敗戦の痛手からの国家を立ち直らせることに全力を尽くしている。彼の高潔な人柄はあらゆる人びとに信頼の念を抱かせ、またリシュリューはみずからが署名するという悲しい責任を引き受けた条約を誠実に履行したので、早くも一八一八年末にはフランスからの外国軍の完全な撤退を実現することができた。この撤退が同盟諸国によって決定されたアーヘン会議において、フランスは列強諸国の国際協調体制のなかで、完全に対等な一員であることが承認されたのである。

ドカーズ

リシュリューがこうした功績を残して引退した後、権力はエリ・ドカーズの手に委ねられた。彼はまだ若く——三十八歳だった——、低い身分の出であったが、魅力的で野心的な人物で、年老いた国王の愛情を一身に集めることに成功していた。しかし彼は、自由主義者あるいはボナパルト派といった君主政に敵対する人びととの和解の道を探っていたので、王党派からの憎しみを買うようになった。王党派は悲劇的な事件——王の甥、ベリー公の暗殺（一八二〇年二月十四日）——を政治的に利用し、ドカーズを辞職に追いこんだ。

ヴィレール

このときもリシュリューを首班として暫定政府が成立し、過激王党派《ユルトラ》はふたたび国家の行政機構を操作することができるようになった。ルイ十八世は慎重でまた怠惰な人間でもあったので、真の立憲君主としての統治に甘んじるようになり、一度閣僚を選任した以上は、彼らの責任は閣僚みずからに取らせるようになっていった。ヴィレール伯は一八二二年から二四年にかけて首相を務め、閣僚として国家の財政状態に模範的な秩序をもたらしたことによって高く評価されている。

外交においてヴィレールの同僚となり、また偉大な作家でもあったシャトーブリアンは、スペインの自由主義陣営に対する軍事介入にフランスを導いていった。スペインの自由主義者たちはフェルナンド七世に民主的な憲法の承認を迫っていたのである。遠征は上首尾に遂行され完全な成功を収めたので、ヨーロッパの人びとの目に、フランスの軍事的・政治的な回復を印象づけることができた。また国内的にも、ナポレオン軍の旧将校が多くを占めていた軍隊の忠誠を証明する結果となり、体制の強化につながっている。

　ルイ十八世が一八二四年九月に他界したとき、フランスは平穏と秩序とともに、真の経済的繁栄を取り戻していた。

シャルル十世の統治

　ルイ十八世の弟アルトワ伯の王位継承にはなんの問題も生じなかった。新しい王はまず、その立派な風貌、気取りのない善良さ、よきふるまいに徹して周囲に好感を与えようとする物腰によって、人びとの心を魅了した。しかし彼にはルイ十八世の頭のよさも政治的な機転も欠けていた。王の務めに対して抱いていた彼の意識そのものが、王位を危ういものとするほかはなかったのである。

　シャルル十世はとりあえずヴィレールを内閣の首班に留任させている。王の政策にはアンシャン・レジームへの回帰の印象があり、世論の一部に不安を与えずにはおかなかった。旧亡命貴族には革命期に没収された領地に対する賠償が図られた。貴族制度を強化する意図のもとに、相続において一種の長子相続権を復活させるための法案が準備された。教会も体制のあらゆる恩恵に浴するようになったが、そのことはまた逆に強力な反教権主義の流れを目覚めさせる結果となった。一八二七年末、ヴィレールは一部の王党派から攻撃されるとともに、大胆で自由主義的なマスコミからの鋭い批判にもさらされ、政権を手放さざるをえなかった。シャルル十世はやむなく、野党勢力に比較的受けのいい政治家たちを登用している。

　こうしてできあがった内閣は多少精彩に欠けていたとはいえ、ギリシャ独立戦争に介入してそれなりの成果を挙げることができたので、愛国主義的な感情にある程度の満足を与えることができた。フランス艦隊はイギリス軍およびロシア軍とともに、ナヴァリノ〔現在のピロス〕の錨泊地でトルコ・エジプト艦隊を撃破したのである。その少し後、シャルル十世が派遣した小規模な特別遠征部隊は、モレで反乱軍とトルコ軍のあいだの調停役を務めることになった。このように新たなギリシャ国家の誕生に一役買うことになった裏工作において、フランスはイギリス、ロシアと協調し、きわめて積極的な役割を果たしている。

思想と芸術

比較的自由主義的な体制のもとで平穏と秩序が回復されたことにより、フランス国民は物質的損失を回復し、産業の発展においてイギリスに対する遅れを取り戻すことができるようになった。こうした状況はまた、文芸と芸術の新たな発展を大いにうながしている。

フランスは、軍国主義的な帝国主義の精神の高まりによって失われていた知的・精神的な優位を、数年のあいだに取り戻している。パリはふたたび、ヨーロッパで精神的な活動の成果に関心を寄せるすべての人びとの出会いの場となった。物理科学の分野では、光学におけるフレネル、電気学におけるアンペール、熱力学におけるカルノー、また自然科学の分野では、ラマルク、ジョフロワ・サン＝チレール、キュヴィエらが革新的な業績を残している。医学の分野では、デュピュイトラン、ラエネクといったすぐれた教育者が出現し、アメリカの学生たちを惹きつけていた。政治社会思想においても、自由な表現が可能となり、その後十九世紀の人びとの心をとらえることになる主要な流派が誕生している。自由主義（バンジャマン・コンスタン）、伝統主義（ド・メストル、ボナルド）、実証主義（オーギュスト・コント）、折衷主義（ヴィクトル・クザン）、さらにはサン＝シモン、シャルル・フーリエとともに、社会主義も姿をあらわしていた。

文学はそのころ、ラマルチーヌおよびユゴーの詩とともに、ロマン主義の革命を迎えることになった。この文学上の革命は、さらに歴史研究の再生をうながし、また絵画においてはウジェーヌ・ドラクロワ、音楽においてはベルリオーズらの華々しい活躍を生み出している。もっとも建築は依然として十八世紀末の新古典主義の定型的な表現に忠実であった。

ポリニャック

一八二九年八月、シャルル十世は、きわめて反動的であると考えられていた数名の政治家たちを、突然に権力の座につけて世論を驚かせた。人びとは王が憲章を反故にしようとしているのではないかと考えるようになった。この新たな内閣の首班ジュール・ド・ポリニャック公は、愛国主義的な感情におもねるようななんらかの軍事的行動に出ることによって、不人気を挽回することができるものと考えた。彼はアルジェリア太守がフランス領事に加えた侮辱をきっかけとして遠征軍を組織しているが、表向きの理由はバルベリ海岸の海賊行為に終止符を打つというものであった。軍事行動は上首尾に完了し、フランス軍はアルジェを占領している（一八三〇年七月五日）。とはいえ逆説的なことに、この成功は内閣と玉座の崩壊を早める結果となった。というのも、この軍事的成功に意を強くしたシャルル十世は、野党勢力との戦いに敢然と乗り出すようになったからであり、しかるにこの遠征ゆえに、王の最良の軍隊はもっとも危機的な瞬間にパリを遠く離れていたからである。

一八三〇年の革命

一八三〇年春、議員たちは大臣の更迭を国王に恭しく願い出る請願を採択している。シャルル十世は憲章上の国王特権を守るべきであると考え、これに反撃して議会の解散に踏みきった。選挙の結果、ふたたび野党勢力が多数を占めたので、国王は憲章の十四条を盾に取り、一種のクーデタに打って出る決意を固めた。七月二十五日に発令された「四勅令」は、選挙制度を根本的に改め、出版報道の自由を厳しく制限するものであった。

ジャーナリストたちに煽動されて、パリの民衆は蜂起した。三日間にわたる市街戦――《栄光の三日間》――の結果、民衆はパリを制圧した。そのため共和政の成立をなによりも恐れていた野党議員たちは、国王の従弟のオルレアン公に出番を求め、彼を国王代理に任命した。シャルル十世はランブイエに難を逃れ、退位して王位を孫のボルドー公に譲り、従弟に摂政を務めてもらうことによって、王朝を救おうと試みた。しかしこの案は蜂起の指導者たちによって拒絶された。シャルル十世はそれ以上抵抗を続けることなく、フランスを離れ、オルレアン公の即位が宣言された（一八三〇年八月九日）。

3　七月王政（一八三〇年八月～四八年二月）

ルイ＝フィリップ

ルイ＝フィリップ一世の名のもとに、五十七歳で国王となったフィリップ・ドルレアンは、ルイ十六世の従弟で革命期に不名誉な評判にさらされたオルレアン公ルイ＝フィリップ[*原注1]の第一子であった。彼は父親同様、ジャコバン・クラブに所属し、軍隊に入ってヴァルミーおよびジェマップの戦いに参加している。上官のデュムーリエが国民公会にむなしく反旗をひるがえして亡命したとき、彼もまたデュムーリエと行動をともにした。亡命先では困難な年月をすごし、生きるために働かなければならなかった。その後、王政復古時には長子系ブルボン王家と和解し、ルイ十八世の手によって地位と財産を回復されている。しかしすでに一八一五年のころから、体制に敵対する人びとの期待の高まりとともに、彼は公然とかかわることは避けながらも、自由主義的な野党勢力に迎合するようになっていた。

　長身でたくましい体軀に恵まれ、多少ルイ十四世を思わせる容貌の持主であったルイ＝フィリップは、彼を権力の座に導いたブルジョワ階級の美徳をいくつかの面で体現していた。模範的な夫で、よき家庭の父親であり、吝嗇と呼べるほどに慎重な実業家であり、善良で、好意的で、危険を前にして勇敢であった。それでも政治において、彼は策略を好み、お人好しな外観を装いながら、その下には立憲制の約束事を無視して個人的な統治をおこなおうとする強い意志を秘めていた。

＊原注1　ルイ＝フィリップ・ドルレアン（一七四七〜九三年）は、野心と怨恨の念に駆られて、貴族および高等法院をはじめとする野党勢力の動きを陰で煽動していた。彼の配下の者たちの動きは、一七八九年の民衆の暴力的な行動と無縁ではない。フランスでもっとも豊かな資産家でありながら、彼はみずからを《シトワイヤン・エガリテ（平等市民）》（あるいはフィリップ＝エガリテ（平等公フィリップ））と称していた。国民公会議員となり、ルイ十六世の処刑に賛成するという悲しい勇気、あるいは卑劣さ、を示している。しかし一七九三年十一月、彼もまたギロチンにかけられる運命を避けることはできなかった。

体制の性格

七月革命は憲章の擁護を掲げて勃発した。それゆえ国家体制の構造に大きな変化が生じたわけではない。それでも世論を満足させるためのいくつかの変更点が認められる。

――選挙権年齢は三十歳から二十五歳に引き下げられ、選挙権に必要な納税額は三百フランから二百フランに引き下げられた。一方、被選挙権の場合、年齢は四十歳から三十歳に、納税額は千フランから五百フランに引き下げられている。

――カトリック教は国家宗教ではなくなり、ナポレオンによる政教協約におけるのと同様、ふたたび《大多数のフランス人》の宗教になった。

――両院は法案提出権を有することになった。

しかし体制の本質そのものには決定的な変化が生じていた。ルイ十八世があくまでも維持しようとした旧王政下の《神授権》、あるいは歴史的権利は廃され、その代わりに一七八九年と同様に、国民主権の原理が統治の原理としての地位を占めるようになった。その結果、新たに国王に即位したルイ＝フィリップ一世はフランス国民の王と称され、フランス国家を象徴するエンブレムはユリ模様のある白ではなく、三色旗になったのである。

ブルジョワジーの権力掌握

一八三〇年の革命は、旧特権階級の決定的な敗北を意味するものであった。シャルル十世に仕えていた貴族の大部分は、新たな国王に忠誠を宣誓することを拒否し、彼らの地位を失っていった。出生による貴族の代わりに、ブルジョワという名の金銭による貴族が台頭し、国家と行政のあらゆる機構を掌握するとともに、それらを自分たちの経済的利益のために利用するようになった。

国民衛兵はすべての都市で裕福な市民を兵士に加え、民衆を威嚇する存在となっていった。一方、民衆は一八三〇年の七月革命の勝利に幻滅して不満を募らせていた。

反対勢力

産業の飛躍的な発展とともに、労働者の数は増える一方であったが、彼らの生活状況は従来と同様に過酷であり、彼らのあいだには社会主義理論が広まっていった。社会的な不満は、一八三一年十一月、リヨンで爆発している。このとき絹織物工たち――彼らはカニュと呼ばれていた――は反乱を起こし、リヨンを制圧しているが、けっきょくは軍隊による恐るべき弾圧の対象になってしまった。

共和主義者たちは労働者に味方して、秘密結社に集合し、パリで何回か大規模な反体制暴動を起こしている。ルイ＝フィリップに対する憎しみからは、大量の中傷出版物、あるいは戯画が生み出されて市内に満ちあふれていた。また国王の生命そのものを標的とした襲撃もくりかえし発生している。

正統王党派――長子系ブルボン王家を支持する人びと――は、一八三二年春、ヴァンデ地方の住民を蜂起させようとしたが、これは失敗に終わっている。その後、彼らは合法的な野党勢力としての活動に専念し、危険というよりは扱いにくい集団となっていた。

ボナパルト主義者として権力の掌握をめざしていたルイ・ナポレオン〔ナポレオンの弟ルイの次男〕も、ストラスブール（一八三六年）とブローニュ（一八四〇年）で二度にわたり軍隊の蜂起を企てている。政府は一八四〇年、ナポレオン一世の遺体の本国への送還を祝う盛大な儀式を挙行し、ナポレオン伝説の信じがたいほどの高揚に不用心に手を貸していたのだった。

屈辱を強いられたカトリック陣営は、大作家ラムネーを筆頭にして、自由主義陣営との連携を模索するようになった。彼らは社会福祉事業に取り組み、庶民階級のなかにあらためて一定の共感を見いだしている。一八四〇年以降、全フランス教員団による中等教育の独占を廃止することを拒否した政府に対して、カトリック陣営はより明白に反政府勢力と同調するようになっていった。

国内の統治

一八三〇年七月の騒擾の結果、社会には革命の機運が高まり、それが近隣諸国——ベルギー、イタリアなど——にも飛び火したことによって、さらに深刻なものとなっていた。こうしてまず新しい体制の存在それ自体が問われることになった。ルイ゠フィリップは大実業家カジミール・ペリエに政権の運営を委ね、ペリエは精力的に活動し、秩序を回復することに成功している。

ペリエの死後(一八三二年五月)、王はよりいっそう自由に行動することができるようになった。彼は辛抱強く、主要な政治家同士の野心的な敵対関係を巧みに利用している。政治家たちは互いに足を引っ張りあい、八年間でなんと十もの短命な内閣が生まれては消えていった。最終的に王の心にかなう大臣として登場してきたのはフランソワ・ギゾーである。王はみずから責任を負うかたちをとりながらも、実際の政権運営はギゾーに委ねている。

こうしてギゾーは一八四〇年十月から一八四八年二月まで、高まる一方の世論の反発にもかかわらず、政権の運営にあたることになった。両院において彼は従順な多数派を確保することができたが、それは選挙人の数が少なく（およそ二十四万人）、彼らを操作することは比較的簡単だったからであり、またかなりの割合――三分の一以上――の代議士が公務員でもあり、それゆえ政府に買収されているも同然だったからである。参政権の範囲拡大を要求していた人びとに対して、ギゾーは「金持ちになりたまえ」と答えていた。つまりは選挙資格に必要な二百フランの税金を納めることができるようになれ、と言っていたのである。しかし、この言葉はさらに広い意味でとらえられるようになり、ひたすら大実業家ブルジョワジーにのみ奉仕しているとみなされていた体制の精神を端的に言いあらわすものとなった。

一八四六年末、野党は公務員が代議士に選ばれることの禁止、および選挙資格に必要な納税額の引き下げを実現するための改革を要求しはじめるようになった。国王とギゾーの頑なな拒否は、一八四八年二月の革命を招くことになった。

外　交

あくまでも平和主義に徹していたルイ゠フィリップの外交政策は、今日では彼の大いなる功績として評価されている。しかし、ナポレオン伝説の急速な高まりとともに、ロマン主義的な愛国心をたかぶらせていた当時の世論にとって、これは大いなる不満の種のひとつであった。

とりあえずルイ゠フィリップは、彼を王位簒奪者とみなしていた大陸諸国の国家元首たちと、七月革命の勝者のなかでももっとも過激な人びととのあいだに挟まれて、困難な外交政策の舵取りを強いられることになった。後者は三色旗をライン川にひるがえし、一八一五年の屈辱的な条約を破棄することを求めていたのである。彼らの怒りが爆発したのは、王が北イタリアとポーランドで勃発した革命を支持することを拒否したときであった。

一八三〇年のベルギー革命からは、ルイ＝フィリップの無私無欲が明らかであった。独立を達成したベルギー王国の王位が、第二子のヌムール公に提供されたとき、彼はこれを断ったのである。彼はイギリスの利益にかなうかたちの解決案を受け入れる姿勢を示している。《英仏協商》という言葉が語られるようになったのはこのころのことであった。ルイ＝フィリップは英仏間の協商関係をさらに真の同盟関係に格上げすることを願っていた。ただ、イギリスはあまり乗り気ではなかった。スペイン、遠い太平洋の海域、またとりわけ東地中海といったいくつかの地域で、イギリスの利益はフランスの利益と対立していたのである。なかでも東地中海では、一八四〇年、フランスが支持していたエジプトの太守ムハンマド・アリの要求をめぐって、鋭い対立が生じていた。イギリスの外相パーマストンは、ヨーロッパ同盟軍結成の威嚇をちらつかせて、フランスに退却を強いている。フランスの世論は激昂し、当時チエールが首相を務めていたフランス政府も開戦を覚悟していた。しかしルイ＝フィリップは人気を失うことも顧みずに好戦的なチエールを解任し、交渉による問題の解決を図ったのである。

アルジェリア征服

アルジェリアの征服は、軍事的栄光の夢をある程度満足させることに役立ち、また行動に飢えていた軍隊の欲求に捌け口を提供するものであった。ルイ＝フィリップは、シャルル十世の軍隊が手に入れたばかりのアルジェリアをあえて手放すことはできなかったのである。この征服は国民の自尊心にへつらう性質のものであった。それでも王は当初、占領地域を沿岸の四つの都市の近隣に限定するつもりであった。しかしアラブの諸部族は、すぐれた指導者であった首長アブド・アルカーディルの指揮のもとで、フランス側の施設に攻撃をくりかえしてやまなかった。そのため、最初に作られた植民地の安全を確保するために、占領地域は少しずつアルジェリアの領土全域に広げられるようになった。アブド・アルカーディルとの戦いは、アルジェリアの兵士に逃亡先を提供していたモロッコとの短期間の戦争を誘発する結果となった。ビュジョー将軍の率いるフランス軍はモロッコ領に侵攻し、イスリーの戦いでスルタンの軍勢を打ち破っている（一八四四年）。一八四七年末、アルジェリアには十一万人のヨーロッパ人が住み、そのうち四万人はフランス人であった。このようにして、フランスの新たな植民地帝国の第一歩が記されたのである。

第二十章

Histoire de France

第二共和政

第二共和政はロマン主義的な幸福感に包まれてスタートしている。一七九三年を覚えていた人びとは、追放も没収も戦争も拒否する共和政体というものに感嘆の声を上げた。人びとは積年の欲求不満から解放され、示威行進、演説がくりかえされ、多くの出版物が世にあふれ出ていった。期待が大きかっただけに、幻滅も大きかった。三年も経たないうちに国民の大多数は、ナポレオン一世の偉業の思い出を背景にして姿をあらわした《救世主》の手に、みずからの運命を託して安堵の溜息をついた。

リュクサンブール宮の労働者委員会

二月革命

ルイ＝フィリップとギゾーがどのような選挙制度改革をも、あくまでも拒否したので、野党は世論に支持を求め、宴会というかたちで開かれる大衆集会活動を展開するようになった。これはイギリスからもちこまれた手法で、政治集会を禁じる法の裏をかくものであった。

《改革宴会運動》はパリで一八四七年七月に始まり、その後ほとんどの地方都市に広まっている。このようにして高まりはじめた政治不安は、経済危機によってさらに深刻なものとなった。一八四六年以降、経済は危機的な状況に陥り、失業が広まり、給料は低下していた。またとりわけドイツとイタリアで広まっていた革命的機運の高揚も、フランスに少なからぬ影響を及ぼしていた。

一八四八年二月二十二日にパリで開かれる予定であった宴会が禁止され、このことが革命の口火を切る結果となった。主催者側は開催を断念するつもりでいたが、支持者のなかでももっとも過激な人びとは暴力的な示威活動に打って出た。ルイ＝フィリップは暴動を鎮めようとしてギゾーを解任している。しかしながら二十三日の夜、外務省の警護に当たっていた軍隊とデモ隊とのあいだで衝突が発生し、十六名のデモ参加者の命が失われた。デモ隊は遺体を運びながら街を練り歩き、市民に武装蜂起を呼びかけた。翌二十四日の朝、バリケードがパリの東部地区に築かれた。鎮圧を命じられたビュジョー元帥は、いつまでも政治的解決の道を探っていた王のためらいに妨げられて、身動きが取れなかった。軍隊はしだいに叛徒たちの側につくようになり、また国民衛兵の部隊の多くも彼らを支持するようになった。ルイ＝フィリップは意気阻喪し、退位して王位を孫のパリ伯[*原注1]に譲ることを決意し、

＊原注1　ルイ＝フィリップの長子オルレアン公は一八四二年に事故で命を失っていた。

変装して宮殿を逃れていった。

　オルレアン公妃は息子を連れて議会に向かい、息子のパリ伯を王として認めさせようと力を尽くしている。しかし暴徒の群れは議場のブルボン宮に侵入し、公妃と王党派の代議士たちは宮殿から逃げ出すほかはなかった。ラマルチーヌ、ルドリュ゠ロランをはじめとする共和派の代議士たちは、臨時政府の設立を全員の歓呼の叫びで決定し、政府はその後すぐに市庁舎で成立する運びとなった。

　かつて革命がこれほど避けがたかったことはなく、またこれほど思いがけなかったためしもない、と人びとは語りあったものである。権力は不意を衝かれて、ほとんど戦うこともなく崩壊し、またあらゆる階層の国民たちは、彼らの願いを理解することのできなかった権力の崩壊を前にして、ほぼ完全に無関心であった。

臨時政府

　状況の流れに押されて権力の座に導かれることになったのは、急遽駆り集められた十一名からなる不均一な集団であり、彼らの多くはジャーナリストであった。もっとも人びとに知られていたのは詩人のラマルチーヌである。ロマン主義的な彼の弁舌は、新たな体制の方向性を指し示す主調音となった。社会主義の理論家のひとりであったルイ・ブランは労働者の要求を代弁していた。

　すぐに共和政が宣言され、それに続く日々においては、毎日のようにくりかえされる示威運動の要求に押されて、新たな体制の理想主義的な性格を示す多くの政策が次々と打ち出された。政治犯に対する死刑の廃止、植民地における奴隷制の廃止、出版・報道、集会、結社の完全な自由、労働権などである。なかでも注目すべきは、憲法制定議会が普通選挙を通じて開催されることが決定されたことであろう。

最初の幻滅

新たな共和国は国民から歓迎され、人びとは心からの熱意と友愛の精神を表明してやまなかった。一八三〇年とは対照的に、聖職者たちも新たな体制に参加しており、宗教は名誉ある地位を占めていた。

しかし社会の混乱は、急激に経済危機のさらなる深刻化を招く結果となった。政府は信用紙幣制度を採用して不換紙幣の流通を強制し、また一フランあたり四十五サンチームの追加税の徴収を新たに決定している。資産家たちは不安を覚えるようになった。一方、失業率の増大とともに、扇動者たちは幻滅を味わったさまざまな労働者集団を利用することができるようになった。失業問題に対処するために《国立作業場》《アトリエ・ナショノー》が設立された。仕事を失った労働者たちは軍隊式に部隊に編成され、労働適性もほとんど考慮されることなく、多かれ少なかれ無意味な土木工事に一日二フランで雇われていった。

社会主義人民共和国の樹立を求めていた人びとは、大衆にはまず教育が必要であると主張し、選挙の延期を求めていた。四月二十三日と二十四日に実施された投票の結果は、彼らの不安を裏書きするものであった。フランス人の大多数は、とりわけ農村部を中心に既存の社会秩序への執着を明らかにしたのである。社会主義的共和派の議席は百に満たず、これに対して穏健共和派は五百議席、王党派は三百議席を獲得していた。

議会は五月四日に開かれ、五名からなる執行委員会が指名され、ラマルチーヌとルドリュ＝ロランも名前を連ねていた。急進派のクラブは選挙に失望し、議会に対して実力行使に出ているが（五月十五日）、ブルジョワ国民衛兵はすみやかに秩序を回復している。

六月事件

多数派は不安に襲われ、失業者の群れをパリに引き寄せていた国立作業場の廃止を政府に迫るようになった。そのため、十七歳から二十五歳の独身失業者は軍隊に編入され、それ以外の失業者は地方に送られて、さまざまな大規模土木事業に雇用されることが決定された。

そこで労働者たちは蜂起し、「われわれはパリを離れないぞ！　パンか、もしくは銃弾を！」と気勢を上げた。議会は陸軍大臣カヴェニャック将軍に全権を委任している。彼の指揮のもとで、正規軍とパリおよび地方の国民衛兵は暴動の鎮圧に当たり、反徒たちは死に物狂いの抵抗を続けてやまなかった。双方でおびただしい数の人命が失われ、抑圧は過酷をきわめた。カヴェニャックは行政府長官の地位にとどまり、出版報道の自由と集会の自由を制限する法案を成立させている。

四日間に及んだこの内戦からは、深刻な結果が生ぜずにはすまされなかった。ブルジョワに対する労働者の憎しみが生まれたのはこのときであり、また自由主義者、保守主義者の別なく、ブルジョワが社会主義に対する恐怖を覚えるようになったのもこのときからである。一八四八年の友愛の精神は失われ、代わりに登場してきたのは階級闘争であった。

憲　法

一八四八年六月から十一月にかけて、議会は国民主権と権力分立の原理に立脚した、新しい憲法を討議し採択している。その前文はかつてない崇高な理想主義の表現となり、国民の権利には代償として義務がともない、社会は窮乏にあえぐ国民に同胞としての援助の手を差し伸べなければならない、と国民に訴えている。

立法権は七百五十名の議員からなる一院制の議会に属し、議員の任期は三年で、男子普通選挙で選ばれることになった。行政権は共和国大統領に属し、大統領の任期は四年で、国民による直接選挙で選ばれることになっていた。大統領は大臣を任命し、大臣は大統領にのみ責任を負うものとされた。しかし大統領には議会を解散する権限はなく、大統領が議会と対立した場合のことは、なにひとつ想定されていなかった。

大統領選挙（一八四八年十二月十日）

人びとはただちに共和国大統領選挙に取りかかることを決定し、立法議会の選挙は先送りされることになった。穏健共和派の候補者カヴェニャック将軍は行政機構の支持を受けていた。しかし彼に対して、ナポレオン一世の甥ルイ＝ナポレオン・ボナパルト（三八〇－三八一ページ参照）が対抗馬として登場してきた。彼は一八四八年九月の憲法制定議会議員の補欠選挙で当選をはたしていたが、あまりにもつまらない人間であるとみなされ、まったく危険視されていなかった。とはいえ彼はナポレオンという名前のもつ威光を背景とし、カトリック陣営の支持を得ることにも成功していた。投票結果はそれにしても驚くべきものであった。カヴェニャック将軍の百四十四万八千票に対して、ボナパルトは有効投票数の七五パーセントに相当する五百四十三万四千票を獲得していたのである。彼が任命した大臣は、ほぼ全員が右派王党派に属していた。また彼はカトリック陣営の意向を受けて、ローマへのフランス軍の派遣を決定している（四三五ページ）。共和派は落胆し、憲法で予定されていた立法議会選挙に向けて、ただちに活動を開始することになった。

立法議会

立法議会選挙（一八四九年五月十三日）は、《秩序党》の名のもとにボナパルト派と手を結んでいた保守陣営の圧勝であった。保守陣営は全体で四百五十議席を獲得し、絶対過半数を占めたのである。しかし《山岳派》と呼ばれていた左派共和派も百八十議席を獲得し、フランス国内で二百万票近くを得ていた。この数値は一八四八年の選挙をはるかに上回るものであった。穏健共和派の議席数は八十に満たなかった。議会の多数派はまず大統領と協調して反動を推し進めていったが、しかし両者は同じ反動でも、それに与えるべき形態に関して対立していた。議会多数派の目論見が王政の復活であったのに反して、大統領の意図は個人的な権力の強化と帝政の再建だったからである。

反　動

ローマへの軍隊の派遣に反対しておこなわれた民衆の示威活動は、山岳派弾圧の機会を大統領に提供する結果となった。「いまこそ善人が安堵し、悪人が震えあがるべきときである」と、ルイ＝ナポレオンは声を張りあげている。新聞社と共和派の結社に対して強硬措置が取られ、三十名の山岳派代議士が逮捕された。

正統王朝派カトリックのファルー伯は、カトリック陣営が求めていた教育の自由を確立するための法案を提出している。状況には恵まれていた。というのもヴォルテールの影響のもとで反教権主義的傾向にあったブルジョワたちも、このときばかりは社会主義の亡霊に脅え、民衆の暴発を抑えることを宗教教育に期待していたからである。それでもナポレオンの創設による全フランス教員団は、高等教育の独占、およびすべての教育課程における学位授与の独占を維持しつづけた。ファルー法は真に自由主義的な措置であったが、このときはたまたま社会的反動の具としての外観を呈する結果となっていた。共和派はどうしても、そのようなものをカトリック陣営に認めるわけにはいかなかったのである。

議会は最終的に《普通選挙を純化する》ことを決定している。一八五〇年五月三十一日の法案により、投票権の行使にはひとつの条件が課されることになったが、これは実質的に浮動労働者から選挙権を奪うものであった。すなわち、同一の自治体に三年以上居住していることが必要条件とされたのである。

外　交

かつて共和派はルイ＝フィリップの平和外交を厳しく批判していた。しかし一度権力の座に就くと、こんどは彼らがルイ＝フィリップ以上に慎重になった。内政上の困難が外交上の抑制を余儀なくさせていたのは事実である。ドイツ、イタリア、オーストリア帝国の大きな混乱を前にして、フランスはほぼ完全な不干渉政策に徹していた。

ただ一度だけの対外干渉は、ほとんど内政上の理由によるものであった。ローマ教皇はローマから追い出され（一八四八年十一月二十四日）、イタリアの愛国者たちはローマにローマ共和国を樹立していた。これに対してフランスのカトリック陣営は、大統領選挙に協力する見返りとして、教皇の教皇国家への帰還の実現を誓約することをルイ＝ナポレオンに求めていたのである。大統領に当選したルイ＝ナポレオンは、喜んで誓約の実行に取りかかっているが、それはまたこの遠征が、昔からイタリア半島の憲兵役を任じていたオーストリアを出し抜く結果にもつながっていたからである。ウディノ将軍の率いる最初の小さな遠征部隊は思いがけない抵抗に遭遇した（一八四九年四月三十日）。援軍を送り、文字どおりの包囲戦を展開しなければならなかったが、最終的にローマは陥落し（七月一日）、ピウス九世はローマに戻ることができた。過激共和派は、フランス軍の一度だけの行動が、反動的な教皇権力の再建への奉仕となったことに怒り狂っていた。

憲法論争

王政復古を願っていた王党派は、いつまでも分裂状態を解消することができなかった。正統王朝派はシャルル十世の孫シャンボール伯〔ボルドー公〕を王位に就けることをめざし、オルレアン派はルイ＝フィリップの孫のパリ伯を支持していたからである。この争いにおいて、原理上の対立は王朝内の問題と絡みあっており、王党派は身動きが取れなかった。

その一方でルイ＝ナポレオンは、各県をめぐる公式の歴訪の機会を利用し、世論を味方とすることに努めていた。「ナポレオンの名前は――と彼は語っている――それだけでひとつの綱領である。その意味するところは、国内的には秩序、権威、宗教、国民の幸福であり、対外的にはフランス国家の威信である」。一八五一年七月、彼は、大統領職の四年の任期が切れてもみずからの再選が可能となるようにするための憲法の修正を要求している。しかし議会に上程された彼の提案は、憲法の修正に必要な賛成票数（七五パーセント）を得ることはできなかった。

クーデタ

そこでルイ゠ナポレオンは力に訴える覚悟を固めた。異父弟のモルニーが計画を立て、要所要所に献身的で勇敢な男たちが配置された。一八五一年十二月一日から二日にかけての夜、軍はパリ市内の戦略的地点を制圧し、それとともに警察は抵抗運動を指導する恐れのあるすべての人びとを逮捕していった。各所には市民への布告が張り出され、二つの政令が公布された。最初の政令は議会の解散と一八五〇年五月三日の選挙法の廃止を宣言するものであり、二番目の政令は、以下の文言に関して態度を明確にすることを国民に訴えていた。《フランス国民は、ルイ゠ナポレオンが権力を維持することを欲し、十二月二日の布告において提案された原理にもとづいて、憲法を作成するために必要な権限を、ルイ゠ナポレオンに委任するものである》。

パリでは、およそ三百名の議員が十区の区役所に集合し、大統領の免職を決議している。しかし彼らは逮捕され、投獄されてしまった。十二月三日午後、市中心部の民衆地区ではバリケードがいくつか築かれているが、それでも全体的に見て住民の反応は冷淡であった。翌日、軍隊は蜂起地区を包囲して片っ端からバリケードを撤去し、バリケードを守っていた人びとはその場で射殺された。この流血の大惨事は、ルイ゠ナポレオン独裁の船出に拭いがたい汚点を残す結果となった。

地方では抵抗はさらに深刻であった。およそ二十の地方で、武装した集団が県庁所在地へと向かっていった。軍隊はこれらを難なく撃退した。モルニーはこの機会を利用して反対派の一掃に乗り出している。機動部隊が二万六千名を逮捕し、逮捕者たちは、知事と検事と将軍一名からなる《合同委員会》によって裁かれることになった。アルジェリアへの流刑囚九千五百八十一名、仏領ギアナへの流刑囚二百三十九名、以上が略式裁判の結果であった。

しかしながら、国民の大多数はクーデタを受け入れた。十二月二十一日におこなわれた国民投票の結果は、賛成が七百十四万五千票であったのに対して、反対は六十四万六千票にすぎなかった。

第二十一章

Histoire de France

第二帝政
――内政

またしても帝政が成立したという事実からは、ナポレオン一世がフランス国民の意識のなかに残していった深い痕跡の存在が明らかであった。彼の甥は、はじめは権威主義的な秩序の回復を図ったのち、少しずつ自由主義的で議会主義的な君主政の方向へと進みはじめる。この微妙な方向転換の成功は、数ある独裁的政治体制の歴史のなかでもほとんど唯一の例外的なケースであった。とはいえナポレオン三世の最大の功績は、これまでフランス経済の近代化を妨げていた数々の障害を打破し、フランスに輝かしい繁栄をもたらしたということである。

『1855年のパリ万国博覧会の思い出』
（グランド・ギャラリーの様子を描いた石版画）

1　政治的変化

帝国の復活

クーデタのときに予告された憲法が公布されたのは一八五二年一月である。この憲法は共和暦八年の憲法を踏襲するものであり、普通選挙によって十年の任期で選ばれた共和国大統領に実質的に全権力を与えるものであった。三つの会議（機関）が大統領を補佐していた。ひとつは大統領の任命による百五十名の高官からなる元老院で、これは憲法の番人を務めるとともに、元老院決議によって憲法を補完する権限を有していた。もうひとつは六年の任期で選ばれる立法院で、大統領が提出する法案と課税の決議を担当し、討議は非公開であった。最後に国務院は、大統領の指名によって構成され、法案の準備に当たっていた。

皇子＝大統領（プランス＝プレジダン）と呼ばれるようになったルイ＝ナポレオンは、チュイルリー宮殿に居を構え、周囲に文字どおりの宮廷を作りあげている。一八五二年九月、フランス巡幸の旅に出るや、全国で《皇帝、万歳！》の歓呼の声に迎えられた。元老院はただちにルイ＝ナポレオンのために帝位を復活させることを提案した。十一月二十日におこなわれた国民投票の結果は、賛成七百八十三万九千票に対して、反対二十五万三千票にすぎなかった。第二帝政は一八五二年十二月二日に宣せられている。アウステルリッツ会戦の戦勝記念日であるとともに、クーデタ決行の日でもあった。

皇　帝

ナポレオン三世は特異な人間であり、また多分に謎めいた人物でもあったように思われる。以下にいくつかの特徴を列挙しておこう。

——徹底的な自己韜晦《とうかい》。これは陰謀家でもあり、また囚人になったこともある人間の、本能的な習性とでもいうべきものであった。

——危険や困難を前にしても、なんら変わることのない沈着さ。

——生来の善良さと、一見したところの単純さ。それゆえに彼は人びとから愛されるようになった。

——きわめて凡庸な知性。「皇帝は、誰もわかっていないようだが、じつは恐るべき無能な人間である」とチエールは言っていた。しかしその代わり、彼は国際人としての教養にあふれ——ドイツ語、英語、イタリア語を完璧に話すことができた——また経済・社会問題、さらには古代史にも、きわめて大きな関心を寄せていた。

——現実離れした想像力。彼は壮大で、また相矛盾するような計画に心を奪われては、夢想を楽しんでいた。

——優柔不断であるとともに、頑固な人間であった。ときには事件の経過に振りまわされているだけのようでもあり、ときには夢遊病者のように、頑固に目標を追求しては、あらゆる反対を穏やかな態度で退けていた。

ナポレオン三世は一八五三年一月に、目を見張るばかりの美貌で彼の心をとらえたスペイン人女性ウジェニー・ド・モンティホと結婚している。彼女は皇帝の宮廷生活に活気と豪奢な輝きをもたらし、帝政の威光に貢献していた。皇太子ルイの誕生の後（一八五六年三月十六日）、また皇帝の力に翳りが見えたときにも、彼女は政治への介入を試みている。

権威帝政

一八六〇年まで、皇帝の独裁にはこれに対抗する勢力が見あたらなかった。新聞は警告制度によって動きを封じられていた。この制度による制裁を二回にわたって受けた新聞は、発行を差し止められるか、あるいは廃刊に追いこまれた。選挙においては官選候補者制により、大臣が選定した候補者は行政機構のあらゆる機関を自由に利用することが可能であり、それに反して野党の候補者は、選挙運動のすべての手段を奪われていた。

ナポレオン三世は聖職者たちを物質的に厚遇することにより、彼らを味方につけることに留意していた。宗教団体は勢力を拡大し、同様にカトリック教育も社会へ浸透できるようになった。その一方で皇帝は、経済活動を力強く推進することにより、実業界のブルジョワジーと労働者大衆の支持を得ることに努めていた。

野党の王党派は、聖職者団体が帝政の味方になったので、同志を奪われてしまったようなものであった。彼らに可能であったのは、せいぜい宮廷を敬遠し、公的職務から遠ざかり、サロンやアカデミー・フランセーズを舞台に小規模な抵抗を試みる程度のことにすぎなかった。

王党派以上に危険だったのは、工房や秘密結社のなかに潜伏し、また国外からもヴィクトル・ユゴーなど著名な亡命者たちの言葉による激励を受けていた共和派野党である。狂信的な共和主義者たちは三回にわたって皇帝の暗殺を試みている。なかでももっとも恐るべきテロ行為は、イタリア人愛国者オルシーニによるものであった。彼は、ローマ共和国崩壊の責任者であると考えられていた男を罰しようとしたのである（一八五八年一月十四日）。皇帝と皇妃がオペラ座に近づいてきたとき、三つの爆弾が投げつけられ、八人が死亡、百四十八名が負傷している。

自由帝政への移行

イタリアの独立（一八五九年）を支援してナポレオン三世がおこなった介入は、帝政を自由主義的な方向へ導く結果となった。この介入により一部のカトリック勢力は体制から離れていったが、それは教皇の独立を守るために不可欠であると考えられていた教皇の世俗的権力を、ナポレオンの介入が危機に陥れてしまったからである。また実業界も皇帝に背を向けるようになったが、それはナポレオン三世がイギリスの中立を確保するために、自由貿易の道へと断固として進んでいったからであり、そのため外国との競争を前にして、多くの企業が困難な状況に陥ってしまったからである。けっきょくのところ、イタリア国民解放の試みに拍手喝采したのは共和主義者たちだけであった。それゆえ、保守陣営の不満を招いた代償を、皇帝が共和主義者たちに求めたのは、自然のなりゆきだったのである。

こうした変化が生まれてきたのは、整然とした計画にしたがってのことではなく、あいつぐ手なおしの結果であり、ためらいや後退の時期を挟んでのことであった。最初の譲歩は、表現の自由と立法府の権限の拡大を対象としており、自由主義的共和派野党は勢力を強化することが可能となった。一八六三年の立法府の選挙において、共和派は二百万票を獲得していたが、それが一八六九年には三百三十三万五千票を獲得したのである。しかしこのとき、野党共和派はもはや一枚岩ではなくなっていた。少数派の非妥協的な共和主義者とは別に、《第三党》が誕生し、ここに結集していた人びとは、帝政が自由主義的な議会主義体制の方向へと変化していくならば、帝政に甘んじてもいいと考えていたのである。この勢力の指導者であったエミール・オリヴィエは、一八七〇年一月に組閣を要請されている。彼の進言にしたがってナポレオン三世が公布した元老院決議は、十年前から進められていた体制の手なおしのすべてをあらためて採用し、それらの調整を図るものであった（一八七〇年四月二十日）。こうしてできあがった一種の新しい憲法は、一八一四年の憲章体制とかなり似通った体制の成立を図るものであり、しかもそのうえに普通選挙さえ取り入れられていた。元老院は、憲法を解釈する権限を保持しつつ、かつての貴族院同様、立法権にも関与していた。選挙によって選出される議会は、みずから議長を選出して法案を提出することができた。それでも内閣は議会に対して責任を負うものではなく、君主に対してのみ責任を負い、また君主は国民に直接支持を訴える権利を有していた。

こうした変更は国民投票にかけられ、結果はナポレオン三世の勝利であった。賛成七百五十三万八千票に対して、反対は百五十七万二千票であった。帝政はかつてないほど強固な基盤の上に立脚しているように思われたのである。

社会政策

労働者たちは第二共和政にすっかり失望していたので、それほど不満を抱くことなくクーデタを受け入れていた。ナポレオンの名前は民衆のあいだで人気があった。皇帝は若かったころに社会主義思想に関心を寄せており、真面目に労働者の生活条件を改善することを考えていた。

貧しい人びとに対する彼の善良な意図が示されたのは、はじめのうちはほとんど慈善福祉事業の設立というかたちでしかなかった。一八六〇年以降になって初めて、彼はエリート労働者たちの支持を得るような政策を打ち出し、彼らをブルジョワ共和主義政党から切り離すようになった。一八六四年の法律は、強制や暴力をともなわないかぎりにおいて、ストライキに訴える権利を労働者に認めている。その少し後になって、彼は手工業組合の結成を容認しているが、これは労働組合の前身といえるものであった。

フランスの労働者代表団は英国労働組合との接触を図るために渡英することを許され、しかもそのための助成金さえ支給されている。この集会からは、一八六四年、第一インターナショナルが誕生した。ナポレオン三世は当初、この労働者の国際組織に寛容な態度を示し、第一インターナショナルはすぐにフランスでかなりの数の加入者を獲得するようになった。もっとも、一八六八年にスイスで開かれたインターナショナルの大会において、革命の宣言が発せられたので、フランス政府は不安を抱くようになった。フランス支部は警察によって解散させられ、指導者たちは警察に追われる身となっている。

2　経済活動

ナポレオン三世の経済思想

経済に関するナポレオン三世の考えかたには、サン＝シモン主義者たちの社会主義的な流派からの影響がみられる。彼は、政府は経済界に介入すべきではないとする自由主義経済学の教義を排し、反対に国家には経済活動を推進し指導する権利と義務があると考えていた。それゆえ彼は、かつてのサン＝シモン主義者ミシェル・シュヴァリエを筆頭として、同じような思想を奉じる助言者たちを周囲に配している。多くの独裁体制におけるのと同様、国家によって実現された物質的な恩恵は、失われた自由に対する慰め、またその代償となりうるものであった。また経済発展は、労働者民衆の物質的幸福の向上を願っていた皇帝の人道主義的な目的にかなうものであった。

ナポレオン三世のこうした意図は、当時の幸運な状況から追い風を受けていた。西ヨーロッパの経済は、一八五二年から七二年にかけて、急速な膨張と繁栄の時期を迎えていたからである。第二帝政の政府の功績は、こうした状況を徹底的に活用し、フランス経済を《離陸》させ、新たな産業資本主義文明の流れにフランス経済を同調させるために必要な社会の変化をうながしたという点に求められるだろう。

資本市場（金融市場）

新たな企業活動のためには、フランス人が貯めこんでいた資金を流通させる必要があった。そのため一八〇七年の商法が改正され、有限責任株式会社の設立に便宜が図られている。他方、大銀行の設立がうながされるか、あるいは政府の支援を受け、クレディ・フォンシエ、クレディ・モビリエ、クレディ・リヨネ、ソシエテ・ジェネラルなどが誕生している。大銀行は次々と支店を開設し、また利益提供の見とおしを示すことによって、眠っていた資本を吸いあげ、それらを資金として貸し出し、国の内外を問わず工業、商業、農業の分野で、さまざまな企業活動を生み出すか、あるいは刷新していた。パリは一大資本市場となり、パリの証券取引所は熱気に包まれて、空前の活況を呈している。

交通網の整備

近代経済の主要な原動力であった鉄道網の発展は、フランスでは国民のあいだに広まっていた懐疑的な反応、資本の欠乏、また私的な企業活動を支持する人びとと公共事業をつかさどる行政とのあいだの原理的な対立によって、長いあいだ妨げられていた。妥協が成立したのはようやく一八四二年を迎えてからである。国家は土地の購入と土木工事を引き受け、認可を受けた私企業がレールの敷設、鉄道車両の調達、路線の経営をおこなうことになった。しかしこの段階で、すでに多くの時間が失われていた。一八四八年初頭、イギリスの五千九百キロメートルに対して、フランスの鉄道網は二千キロメートルにすぎなかった。ナポレオン三世は、すでに存在していた三十三の鉄道会社を大きな路線網を有する六つの会社に統合するように働きかけている。また彼はこれらの会社が巨額の社債を発行することを許可し、その保証は国家が引き受けることになった。その結果、フランスの鉄道網は一八七〇年の初めには一万八千キロメートル近くに達している。アルプスをくぐる初めての鉄道トンネル、モン・スニトンネルが開通したのもこの年のことであった。

同じように強制的な合併が進められたことにより、海上輸送の二つの大きな会社が誕生している。ひとつはフランスと北アフリカおよび東洋を結びつけていたフランス郵船会社であり、もうひとつは大西洋汽船会社である。これら二つの会社は、新型の蒸気船を有し、ナポレオン三世の世界戦略の恩恵を受けて、イギリスの海上交通独占を脅かすようになった。イギリスとの競争において最大の切札となったスエズ運河は、フランスからの出資を受けたフェルディナン・ド・レセップスによって、イギリスの反対にもかかわらず、ナポレオン三世の外交的な支援を受けて完成されている。

国内の運河や主要幹線道路は、これまでの体制のもとですでにじゅうぶんに整備されており、それほど注目すべき成果が実現されたわけではない。それでも第二帝政は、新たに多くの地方道路を開設し、孤立していた村落への交通を可能とすることに大きな努力を払っている。

通商政策

ナポレオン三世は、これまでの体制の保護貿易主義と決然と袂を分かっている。彼の顧問役であったミシェル・シュヴァリエと、自由貿易の信奉者であったイギリス人リチャード・コブデンのあいだで秘密交渉が続けられ、その結果一八六〇年一月二十三日に通商条約が締結されるにいたった。すべての輸入禁止処置が撤廃され、その代わりに輸入関税が課せられることになったが、それもきわめて抑制的なものであった。その後、同じような条約は、他の十一ヵ国と締結されている。

フランス産業は競争に生き残るために近代化を強いられた。一時的には危機が訪れ、多くの不満が噴出しているが、その後フランスはイギリスやベルギーに対する遅れを、かなりの程度取り戻すことができた。一八五九年から六九年にかけて、対外貿易総額は二倍になり、八十億フランに達している。

フランスの生産者たちは、一八五五年と六七年にパリで開かれ、何百万人もの来場者が訪れた二回の万国博覧会によって、おおいに生産意欲をかきたてられていた。

大規模土木工事

特別会計予算を与えられ、議会によるチェックを免れていた大規模公共土木工事は、フランス経済のあらゆる部門を活気づけていた。資金が集められ、物資が利用され、給料が支給され、新たに便利な交通手段が整備されるようになった結果である。それには鉄道建設以外にも、ドンブ、ソローニュ、コタンタン半島の湿地帯の干拓事業、ランド地方の広大な針葉樹林の育成などが挙げられるだろう。

パリ大改造

第二帝政期にはほとんどの大都市において、衛生環境の改善と都市景観美化のための大規模工事がおこなわれている。それでもこの点に関して、パリで実現された大事業に匹敵するものはほかにない。一八五〇年ごろ、パリは急速に増大する人口をもはや収めきることのできない物理的な状況のなかで息を詰まらせていた。ナポレオン三世は、かねてから構想していたパリ改造に着手するために、剛腕の男オスマンを選び、彼をセーヌ県知事に任命している。

行政区画の再編が進められ、パリ改造の物理的条件が整えられた。一八六〇年の法令により、オートゥイユ、パッシー、モンソー、モンマルトル、ベルヴィル、ベルシー、ヴォージラールなど、周辺の自治体がパリ市に併合され、全体は二十区に分けられることになった。

オスマンの事業は以下のように要約することができる。

――衛生環境の改善。非衛生地区は撤去され、導水工事が進められ、地下に下水溝が張りめぐらされ、パリ中央市場が開設された。

――交通網の整備。主要大通りが開削され、駅と交差点が拡張整備され、ガス灯の普及が図られ、舗石の代わりにアスファルトが用いられ、乗合馬車事業が推進された。また付随的な効果として、直線的な大通りが造られたことにより、必要な場合に、民衆蜂起を弾圧することが容易になった。

――美化。市内の見晴らしが改善され、オペラ・ガルニエのような新しい建物が建てられ、チュイルリー宮殿とルーヴル宮殿がつなげられ、サン・トーギュスタン教会が建てられ、ブローニュの森とヴァンセンヌの森がロンドンの公園を手本にして造られた。

あまり健全とは言いがたい財政的手段が用いられ、そのために土地に対する投機が容易になってしまったこと、また過去の思い出が大々的に破壊されてしまったこと、さらには直線が大量に取り入れられたことにより、市の外観が単調で退屈なものになってしまったことなど、オスマンにはさまざまな非難が投げかけられてきた。それでもパリを壮麗な都に造り変え、半世紀以上にわたって世界でもっとも魅力的な都市にしたことが、オスマンとナポレオン三世の功績であることに変わりはない。

第二十二章

Histoire de France

第二帝政
——外交

ナポレオン3世（左）とビスマルク（右）の会談

ナポレオン三世の外交政策は、国内の統治が巧妙で実り豊かであったのと同程度に、不幸と災厄の源であった。あまりにも壮大で、しかも相矛盾する目標を追求しすぎたあげくに、フランス外交は疲弊のきわみに達してしまったのである。秘密裡に進められ、逡巡とどんでん返しのくりかえしに終始したナポレオン三世の外交政策は、周辺国の不信と敵意をかきたててやまなかった。またきわめて高邁な理想のもとに遂行された彼の外交政策は、けっきょくのところ、ナポレオン一世の誇大妄想癖からもたらされたのと同じような破局へと、フランスを導いていった。

1　華々しい成功

目標と方法

ナポレオン三世の外交政策の指針となっていたのは、両立させることが困難な数々の目標であった。

ナポレオン一世の精神的後継者でもあったナポレオン三世は、フランス人のナショナリズムと軍国主義的なショーヴィニスム（盲目的愛国心）に満足を与え、独裁政治体制の束縛を国民に忘れさせることができるような、国威発揚政策を遂行する必要があった。フランス国家の大きな使命は、一八一五年のウィーン条約を破棄し、ヨーロッパに民族国家の原則を確立することだったのである。すなわち、みずからの意思に反して外国の支配下にあるか、あるいは時代遅れな王朝の利害によって人工的に分断されたままでいるすべての民族に、民族自決権にもとづく国民国家樹立の道を切り拓くということだったのである。

そのうえで、かりに植民地と支配海域の拡大が実現されたならば、それはフランス国家の経済的利益におおいに貢献することになるだろう。またそれと並行して、フランスの文化的進出を図るためには、多くの国々で宣教師たちの活動に積極的な保護を与えることが有効であり、しかもそのようにすることによって、帝国政府は国内のカトリック教徒たちからおおいに感謝されることになるだろう。

こうした壮大な計画を、おそらくナポレオン三世は可能なかぎり国際会議に訴えることによって、平和裡に実現することができることを願っていたように思われる。たとえどれほど武力に訴えざるをえなくなったとしても、ナポレオン一世を破滅に導いた誤り、すなわちイギリスとの戦争だけは、彼はなんとしてでも避ける覚悟であった。

この絶対的な前提を別とするならば、ナポレオン三世は、閣僚たちにも隠れて秘密裡に外交を進めることを好み、互いに絡みあっているとともに、多かれ少なかれ矛盾した多くの目的を同時に追い求め、あげくのはてにはどうにも身動きが取れなくなり、みずからの破滅を招いたのだった。

遠隔地域での試み

第二帝政が企てたいくつかの試みは、もっとも典型的な植民地主義の精神にしたがうものであった。セネガル、コーチシナ、ニューカレドニア、仏領ソマリ（ジブチ）で、軍事的・行政的な進出が図られている。

アルジェリアの征服は、多大な困難の末にカビリアの山岳地帯が平定されたことによって完了した。このときナポレオン三世は、注目に値する先見の明を示している。彼はアルジェリアに《アラブ王国》なる形態のもとで自治国の地位を与え、みずからがその君主となることを計画したのである。

キリスト教宣教師たちを保護するということが、中国に対する英仏合同遠征（一八六〇年）〔アロー号事件／アロー戦争〕の大義名分となった。英仏軍は北京を占領し、英国人捕虜が虐待されたことに対する報復という理由のもとで、中国歴代皇帝の伝説的な夏の離宮（円明園）を略奪し、焼き払ってしまった。

同じ一八六〇年、遠征隊がシリアに派遣されているが、その目的は大量虐殺の危機にさらされていたマロン派のキリスト教徒を救うことであった。ナポレオン三世はまた、フランスがフランソワ一世の時代から有していた、キリスト教の聖地に対する保護権〔聖地管理権〕（一七一ページ参照）をあらためて発動している。それ以外のところで、中近東諸国への侵略は、経済的・文化的浸透というきわめて近代的な形態のもとでおこなわれた。その顕著な例は、とりわけコンスタンティノープル、またエジプトなどに見られる。

海外でおこなわれたもっとも法外な試み、メキシコ遠征に関しては、後述することにする。

クリミア戦争（La guerre d'Orient）

ロシア皇帝ニコライ一世にとって、一八五〇年以降の政治状況は、きわめて好都合であるように思われた。彼は、トルコ帝国という《瀕死の病人》を分割するか、あるいは保護領にするというロシア外交のかねてからの意図を実現しようとしていたのである。パレスチナの聖地の保護をめぐって紛争が発生したことにより、ニコライ一世はオスマン・トルコ領内のすべてのギリシャ正教徒たちを保護するという権利を、ロシアに認めるように要求する機会を得たのだった。トルコ皇帝はこれを拒否したので、ニコライ一世の軍隊はルーマニアに侵入し、トルコは宣戦を布告している。イギリスは、ロシアがコンスタンティノープルを支配下に収めることを断固として阻止しようと考え、フランスに支援を要請した。ところでナポレオン三世は、ヨーロッパの大改革を夢見ており、そのためにはなによりもイギリスがフランスの友好国になることを願っていた。こうしてフランスの利害が直接絡んでいたわけではなかったにもかかわらず、フランスはイギリスと同盟を結び、両国はロシアに宣戦を布告したのである（一八五四年三月二十五日）。

ルーマニアとバルチック海で発生した、あまり芳しいものではなかった前哨戦の後に、英仏連合軍は、黒海におけるロシアの主要な海軍基地、クリミアのセバストーポリを攻撃することを決定した。英仏合同の遠征軍は市の北方に上陸し、その後、多くの死傷者を出したアルマ川の戦い（一八五四年九月二十日）の末に、市への接近を図ることができた。しかしその後、連合軍指揮官が戦闘の開始をためらっているあいだに、ロシア軍は塹壕と土塁からなる強力な防御陣地を築きあげた。セバストーポリの攻囲戦はまるひと冬続き、連合軍側では膨大な数の人命が失われていったが、その多くは病気〔コレラ〕によるものであった。

フランス軍はイギリス軍と異なり、徴兵によって欠員を補うことができたので、最終的にはイギリス軍の三倍の兵員を擁するようになり、作戦の最高指揮権はペリシエ将軍が担うことになった。ロシア軍の防御陣地を少しずつ破壊していったのちに、一八五五年九月八日、彼はついに総攻撃に打って出た。マクマオン将軍の働きによってマラコフの要塞が陥落し、ロシア軍は荒れはてた市を明け渡すほかはなかった。

パリ会議

それでも講和が成立するまでには、数ヵ月間にわたる外交上の駆け引きがくりひろげられている。ニコライ一世は一八五五年三月一日にすでに死去していた。息子のアレクサンドル二世は、オーストリアの圧力のもとで、ついに講和予備条約を受け入れることになった（一八五六年二月四日）。

予備条約にもとづいて正式の講和条約が成立したのは、ナポレオン三世が国威の発揚を意図して盛大に開催したパリ会議（一八五六年二月二十六日～四月六日）においてである。オスマン・トルコ帝国の独立と領土の保全は、あらためて列強諸国の保証するところとなった。ロシアは、トルコの海峡

〔ダーダネルス海峡とボスポラス海峡〕の確保を意図して十九世紀の初頭から制圧していた地域のほぼすべてを失う結果となった。イギリスは逆に東地中海における立場を強化することができた。一方、ナポレオン三世は、ヨーロッパ政治の栄えある仲裁者としての役割をまっとうし、一八一五年のウィーン会議で確立された秩序の破壊に着手できたことに満足を見いだしていた。

このようにして手に入れることができた権威を後ろ盾として、ナポレオン三世はバルカン半島に積極的に介入するようになった。彼の支援のもとで、ワラキア公国とモルドヴァ公国は合併し、新たな独立国として統一ルーマニア公国が誕生している（一八五九年）。その後、モンテネグロも独立をはたし、セルビアは独立国としての地位をさらに確かなものとした。

イタリア戦争

一八四八年の革命が失敗に終わった後、イタリアの愛国者たちの希望はピエモンテ・サルデーニャ王国に注がれるようになっていた。国王ヴィットリオ・エマヌエーレ二世と宰相カヴールは、イタリアをオーストリアの支配から解放するための戦いを再開する準備を整えていた。しかし二人は外国からの支援なしにはなにもすることはできなかった。ところでナポレオン三世は心の底から彼らを援助するつもりになっていた。彼は一八三一年、血気盛んな若者として、ロマーニャの蜂起に協力したことがあったのではないだろうか。しかし、事の困難さが、長いあいだ彼をためらわせていた。

その彼が突然に決意を固めたのは一八五八年七月である。カヴールは協議のために、ナポレオン三世が湯治で滞在していたプロンビエールを訪れるよう極秘裡に招待された。二人の会見では、行動計画に関する合意が口頭で交わされている。すなわち、フランスとピエモンテのあいだで防衛軍事条約が結ばれる。カヴールは、オーストリアがピエモンテに宣戦布告するように仕向ける。ナポレオン三世は救援に駆けつける。勝利の後、完全に解放されたイタリアは、教皇を中心とする連邦国家というかたちで再編される。協力の見返りとして、フランスはニースとサヴォワを領有する、というのである。

こうした計画のうち、最初の部分は逐一実行された。オーストリアはピエモンテからの度重なる挑発行為に苛立ちを募らせ、一八五九年四月末に宣戦を布告した。ただちに強力なフランス軍が北イタリアでピエモンテ軍に合流した。オーストリア軍はマジェンタ（六月四日）とソルフェリーノ（六月二十四日）で敗北し、ミンチョの防衛ラインの後方にまで退却した。このとき誰もが啞然としたことに、ナポレオン三世は突然戦いをやめてしまったのである。彼はヴィラフランカで皇帝フランツ・ヨーゼフと会見し、合意に達したうえで休戦条約に署名するとともに、プロンビエールで約束されていたのとはかなり異なる調停案の大筋を提示したのだった。オーストリアはヴェネトを保持し、中央イタリアの君主たちは復位が認められることになった。

フランスは、《アドリア海にいたるまで》イタリアを解放するという約束をはたさなかったので、サヴォワの領有は諦めるほかはなかった。

この突然の方針変更の理由はなんだったのだろうか？　ひとつには、フランス軍はすでに恐るべき人的損失をこうむっており、長期にわたる攻囲戦に着手することができるとはとうてい考えられなかったこと。もうひとつには、ドイツで不穏な動きが高まり、プロイセンがライン川に向けて軍を動かす気配を示すようになっていたこと。さらには、イタリア中央部で吹き荒れていた革命の嵐は、教皇の世俗的権力を脅かす勢いであったが、このときもしもナポレオン三世が教皇を見捨ててしまったならば、フランス国内のカトリックの支持が失われることは必至であったということ、などが挙げられるだろう。とはいえイタリアの愛国者たちはこのような困難のことなどほとんど念頭になく、彼らは自分たちがナポレオン三世に裏切られたものと考えたのだった。カヴールは怒り狂い、辞表を提出している。

イタリア王国の建設

ヴィラフランカの停戦協定は、チューリヒ条約によって確定され（一八五九年十一月十日）、条約では中央イタリアの君主たちの復位が予定されていた（パルマ、モデーナ、トスカーナ、教皇領ロマーニャ）。しかし各地の革命政府は自決権の原則を盾に取り、ピエモンテへの帰属を要求した。ナポレオン三世はけっきょくこれに同意しているが、しかしその見返りとして、プロンビエールの協定で予定されていたサヴォワとニースの割譲を要求した。一八六〇年一月に権力の座に返り咲いていたカヴールは、この取引を受け入れている（一八六〇年三月二十四日）。サヴォワとニースで住民投票が実施され、これらの決定は承認された。

この成功に意を強くしたナポレオン三世は、近代イタリアの創設者たちの大胆な行動をフランス世論に受け入れさせるとともに、ヨーロッパ各国の敵意からも彼らを守ることができるようになった。ガリバルディはシチリアに上陸し、ナポリのブルボン王国は崩壊し、ピエモンテ軍は力ずくで教皇領内へ侵入し、またかつての両シチリア王国だけではなく、ローマ教皇領から奪い取られたマルケ地方とウンブリア地方をも含む、イタリア王国の成立が宣言されたのである（一八六一年三月）。

2　失敗の連鎖

ローマ問題

イタリア人にとって、新たな王国がローマ以外の都市を首都とすることなど、まったく考えられなかった。しかしピウス九世は、教皇国家の最後の砦をみずから放棄するようにと勧告する周囲の提案をすべて退けてしまった。フランス・カトリック陣営の怒りを前にして、ナポレオン三世は、ローマを見捨てることもできず、またイタリア国民の願望に真っ向から対立することもできなかった。一八六四年九月十五日、彼はヴィットリオ・エマヌエーレ二世の内閣とのあいだで、曖昧な内容の協定に署名している。一八四九年以来、たえずローマに駐留していたフランス軍は一八六六年末に撤退する。その代わり、イタリア政府はローマには手を出さないことを約束し、その誠実さの保証としてフィレンツェを首都とする、というのである。

この協定はイタリア人のあいだに激しい怒りをかきたて、そのためナポレオン三世は、少なくともヴェネト奪還というイタリア人の要求に応える、ほとんど不可能な仕事に取り組まなざるをえなくなった。その機会を彼に提供したのは、一八六六年に勃発した普墺戦争である。ナポレオン三世は、プロイセンと同盟を結ぶようにイタリアを仕向け、みずからは中立を守る見返りとして、オーストリアからヴェネト州割譲の約束を取りつけたのである。イタリア軍は地上でも海上でも惨憺たる敗北を喫しているが、それでもイタリア軍による牽制行動は、ドイツにおけるプロイセンの勝利に貢献した（四六二ページ）。ウィーン条約（一八六六年十月三十日）の結果、フランツ・ヨーゼフはヴェネツィアをナポレオン三世に譲り、ナポレオン三世はすぐにこれをイタリアに引き渡している。自尊心を傷つけられたイタリア人は、ナポレオン三世にほとんど感謝しようとはしなかった。

フランス軍が一八六四年九月の協定にしたがってローマから撤退すると、ガリバルディはすぐに新たに義勇兵を募り、ローマへの進軍の準備を開始した。イタリア政府がこれを放置していたので、ナポレオン三世は急遽フランス軍旅団を上陸させ、メンターナの戦いでガリバルディ軍の進撃を阻止している（一八六七年十一月）。その後、フランス軍はふたたびローマで監視の目を光らせるようになった。一八七〇年の普仏戦争を目前に控えてからも、ナポレオン三世は教皇を見捨ててまでイタリアと同盟を結ぼうという気にはいつまでもなれなかった。最終的にイタリアの統一は、フランスで帝政が崩壊することによってはじめて実現されたのである。

イタリア人が国民的統一を実現するのを助けるために、ナポレオン三世は何度となくフランスの利益とみずからの体制の安定を深刻な危険にさらしてきた。それでも彼の煮えきらない態度は、フランスに対する恨みと苦々しい思い出しかイタリア国民に残さなかったという、逆説的な結果に終わってしまったのである。

メキシコ遠征

皇帝の対イタリア政策はまた、彼の統治のなかでももっとも無様な企てへと、彼を導く結果となった。メキシコ介入を決断した理由としては、英米のプロテスタント帝国主義に対してラテン世界のカトリック信者たちを守る、あるいは民衆革命に対抗して保守王党派を支援する、ないしはラテン・アメリカ世界にフランスの経済的・文化的進出のための足場を確保する、など、おそらくさまざまな要因が考えられるだろう。しかしそれとともにナポレオン三世は、メキシコ遠征がオーストリアとの関係を修復し、国内のカトリック教徒たちの苛立ちを鎮めることができる、なんらかのきっかけになりうると考えていたように思われる。

とはいえ一八六二年に事件が勃発したとき、フランスの介入はイギリスとスペインと合同でおこなわれた単なる軍事的威嚇以上のものではなく、その目的も、フアレスの率いる革命政権に、国外の債権者たちに対するメキシコの債務を認めるように迫るというものであった。しかし、その後イギリスとスペインが軍を引き揚げてからも、フランス軍司令部は、ベラクルスに上陸した派遣部隊を内陸部へと侵攻させた。プエブラで屈辱的な敗北を喫してからも、ナポレオン三世は――ちょうど一八四九年にローマで侵攻に手まどったときと同じように――あくまでも勝負にこだわる賭博者のように、増援を決定し、遠征軍は三万人に膨れあがった。フォレ将軍の指揮のもとで、遠征軍はプエブラとメキシコシティを占領している（一八六三年六月七日）。アメリカは南北戦争の渦中にあり、手をこまねいているほかはなかった。フランスの庇護のもとで、保守派の有力者からなる議会は、オーストリア皇帝フランツ・ヨーゼフの弟マクシミリアン大公に、メキシコ帝国の王位を授けることを決定した。

マクシミリアンは一八六四年六月にメキシコシティに到着している。しかし彼は、フアレスのパルチザン部隊によるゲリラ戦に対処することも、すべての保守勢力を味方につけることもできなかった。彼の権威はまた、フランス軍部隊の指揮官バゼーヌ将軍の陰謀によっても損なわれる結果となった。やがて、アメリカ政府は一八六五年の南北戦争の終結とともに、一八二三年のモンロー宣言の原則――外国はアメリカ大陸に干渉すべきではない――を主張し、フランス軍部隊の撤退を求めるようになった。ナポレオン三世は、国内で弱体化し、ヨーロッパでプロイセンとの戦闘に備えるために身動きが取れず、アメリカの要求を呑むほかはなかった。一八六七年二月、最後のフランス軍兵士たちがメキシコを離れ、それからまもなく、不幸なマクシミリアンは逮捕され、フアレス軍兵士によって銃殺された。

メキシコ遠征はフランスに多大な人命と膨大な戦費の損失、それに加えてアメリカの敵意をもたらしただけに終わり、ナポレオン三世の個人的な威信は完全に地に堕ちてしまった。

ポーランド問題

ナポレオン三世は一八五七年以降、ロシア皇帝アレクサンドル二世と良好な関係を結ぶことに成功していた。しかし両者の関係は、一八六三年にポーランド国民がふたたびロシアの支配に抗して立ちあがったとき、ナポレオン三世が示した態度によって危ういものとなってしまった。フランス世論は蜂起したポーランド国民を熱烈に支持していた。ナポレオン三世は国際会議の開催を要求し、多大の努力を払っている。ところがイギリスとオーストリアは言を左右にしてフランスの誘いに応じようとはしなかった。けっきょくナポレオン三世は、ロシア皇帝がフランスに寄せていた好意のすべてを失い、ロシア皇帝をプロイセンと密接な関係を築く方向へ押しやっただけであった。プロイセンはすぐにロシアに協力し、ポーランドの反乱を鎮圧していたのである。

ドイツ問題

プロイセンを盟主としてドイツの統一を実現しようとしたビスマルクの努力を前にして、ナポレオン三世は矛盾に満ちた立場に追いつめられることになった。一方で彼は、みずからが抱いていた政治哲学の論理に縛られ、ドイツ国民の願望を前にして、自身熱烈な擁護者であったイタリア国民の願望に対するのと異なった対応を示すわけにはいかなかった。しかしその一方で、巨大なドイツ帝国の誕生がフランスのヨーロッパ覇権を脅かす大いなる危険になりうるということについて、もちろん盲目ではなかった。こうしてナポレオン三世は多くのためらいと失敗をくりかえし、そのあげくに第二帝政とフランス国家は、一八七〇年の致命的な破局へと導いてしまったのである。

ビスマルクが企てたおおいなる政治的勝負の第一弾は、一八六四年のシュレスヴィヒ、ホルシュタイン両デンマーク公国の征服である。イギリスは武力でこれを阻止しようとしたが、ナポレオン三世はそのようなイギリスの行動に同調することを拒否している。

その翌年、対オーストリア戦争に取りかかる前に、ビスマルクはナポレオン三世の意向を探るために静養先のビアリッツを訪問している。このときビスマルクは、ナポレオン三世が、イタリア王国にヴェネツィアの領有を保証することにとりわけ強いこだわりを示しているのに気がついて一驚した。フランスが普墺戦争で中立を守ることの見かえりとして当然求めることができるはずの利益は、プロイセンとオーストリアが長期にわたる戦いに疲れ、フランスに調停を求めるようになれば自然と手にすることができるだろうと、ナポレオン三世は甘い考えを抱いていたのである。こうした思惑は、プロイセン軍がサドワで瞬く間に勝利を収めてしまったことにより、完全に裏切られるかたちとなった（一八六六年七月三日）〔ケーニヒグレーツの戦い〕。ナポレオン三世の顧問のうちの何名かは、ただちにライン川へ向けて軍事的な示威行動に打って出るべきであると主張している。しかしナポレオン三世は、交渉による解決を優先させた。フランスの出かたに不安を抱いていたビスマルクは、もっともらしい調停案をもち出してはフランス外交団を適当にあしらい、その間にオーストリアとの講和の条件を、プロイセンの都合のいいように調整していった（一八六六年七月二十六日のニコルスブルク仮条約、一八六六年八月二十三日のプラハ講和条約）。ビスマルクが賢明にも抑制的な態度を示したことにより、オーストリアはこのときもわずかな被害で難局を切り抜けることができた。とはいえ、プロイセンを後ろ盾として北ドイツ連邦が成立したという事実が、ドイツ統一へ向けてのおおいなる一歩であったことに変わりはない。

フランスの世論はナポレオン三世の弱腰を激しく非難した。ナポレオン三世は、いわば名誉の挽回を求めて、ビスマルクからいくつかの領土上の埋めあわせを手に入れようと躍起になった。彼はライン左岸のドイツ領、ベルギー、ルクセンブルクなどに対する領土的要求を次から次へともち出していった。ビスマルクはこうした《チップの要求》を小馬鹿にして取りあおうとはせず、逆にフランスの要求を巧みに利用して、ナポレオン三世に対するイギリスの敵意を煽りたて、南ドイツの国々を、プロイセンと秘密の軍事同盟条約を結ぶように誘導している。

それでも南ドイツの国々はあくまでも独立に固執していた。ビスマルクは、こうした各国の地方主義的な抵抗を、それ以上に大きなドイツ民族主義のうねりのなかに取りこむことを意図し、軍隊の後押しを受けて、フランスとの戦争を考えるようになった。彼の外交的手腕はフランスを孤立させ、苛立たせることに完全に成功していた。それでも、ビスマルクはさらにもっともらしい理由を見つけ出す必要があったが、折よく無能なフランス外交がお誂え向きの口実を提供してくれることになった。

戦争の発端

スペインの玉座は革命（軍事クーデタ）の後に空位になっていた。ビスマルクはプロイセン王ヴィルヘルム一世の従弟で、ホーエンツォレルン家のレオポルド王子を王位につけるために策をめぐらしていた。このニュースは一八七〇年七月三日に公表されると、フランスで激しい不安を引き起こした。ホーエンツォレルン家は、ハプスブルク家によるかつてのフランス包囲網を、ふたたび作り出してしまうのではないだろうか。ナポレオン三世は直接ベルリンに働きかけ、《ホーエンツォレルン家の立候補》を取り下げるように要求した。老王ヴィルヘルム一世は、従弟に立候補を断念するように《勧告》している。七月十二日、レオポルド王子はこの勧告にしたがい、ビスマルクはおおいに落胆した。

このみごとな外交的勝利が大きな禍のもとになってしまったのは、外務大臣グラモン公爵と、彼を後押しした皇妃ウジェニーの軽率なふるまいが原因である。二人は、このころ病気で身体を弱らせていたナポレオン三世から、駐プロイセン大使あての命令を引き出した。その内容は、エムスの保養地に滞在中のヴィルヘルム一世のもとを訪れ、このような立候補がふたたびくりかえされることはないと保証することを、プロイセン王に要求すべしというのである。ヴィルヘルム一世はこの無作法な要求に驚き、これをきっぱりと、それでも鄭重に拒絶した。ビスマルクはこの件を新聞に流したばかりか――有名なエムス電報事件である――、このとき、ドイツ国民とフランス国民の両方の怒りをかきたてるように、話を意図的に改竄した。かくて、《ガリアの雄牛》が――と彼は言っている――角を低く下げて《赤いぼろ切れ》に飛びかかった。戦争を支持する人びとの勢いが、ナポレオン三世の平和主義を圧倒してしまったのである。首相エミール・オリヴィエは議会で演説し、国家の名誉が命じる戦争を《心も軽く》引き受ける、と宣言した。パリ市民はショーヴィニスム（盲目的愛国主義）のうねりに巻きこまれ、エミール・オリヴィエの開戦の決定に拍手喝采した。宣戦布告がプロイセンに通告されたのは、一八七〇年七月十九日である。

敗北

すでにかなり以前から準備が整っていて、鉄道を最大限に利用しておこなわれたプロイセン軍の動員は、ただちに四十五万の兵士を前線に送りこむことができた。彼らはじゅうぶんな装備を有し、指揮官たちの戦意は高揚していた。一方、大混乱のなかで動員されたフランス軍は、とりあえず三十万の兵士を送ることができたのみであった。将軍たちの多くはアルジェリア戦争で経験を積んだ軍人たちで、手腕と規律の欠如を、勇気とその場かぎりの思いつきで補うことができるものと考えていた。

国境地帯での数回の前哨戦の後、ドイツ軍は同じ日のうちに（八月六日）、フレシュヴィレルの勝利でアルザス、フォルバックの戦いでロレーヌの征服を完了した。ロレーヌのフランス軍は無能なバゼーヌ将軍の指揮下でメスに閉じこめられたまま、そこで一月以上を無為に過ごしたあげくに、十月二十七日に不名誉な降伏を受け入れている。他方、アルザス軍はマクマオン元帥の指揮のもとでシャロンの野営地に退却し、そこで援軍と合流するとともに、皇帝と皇太子を迎えている。そこからアルザス軍はふたたびムーズ川に向けて攻勢に転じているが、その動きは遅く、ドイツ軍によってスダン盆地の要塞のなかに包囲されてしまった。ナポレオン三世は大量の犠牲者が出ることを避けるために降伏し、十万名近くの兵士とともに捕虜になった（九月二日）。

第二帝政の崩壊

敗北の知らせとともに、体制はあっけなく崩壊した。それには一八四八年の二月革命のときと同じように、デモ隊がブルボン宮の議場になだれこみ、パリ選出の共和派代議士が先頭に立って、群衆を市庁舎へ導き、そこで共和政と臨時政府の成立を宣言するだけでじゅうぶんだった。体制の機構――議会、上級公務員、軍隊――は、なんの抵抗も示さなかった。摂政ウジェニー皇妃はイギリスに亡命している。ナポレオン三世は講和が成立したのちに、妻のもとへと向かっていった。一八七三年一月九日、彼はチズルハーストで生涯を終えた。

第二十三章

Histoire de France

第三共和政
——保守党から急進社会党へ

パリのサン・シュルピス教会でのクラブの会議
(フランス国立図書館)

第三共和政は状況ゆえの妥協の産物であった。しかしこの政体はけっきょくのところ、一七八九年以来フランスに登場したすべての政体のなかでも、もっとも順応性に富み、もっとも持続性のある政体であるということが明らかとなった。国内では多くの党派が激しい闘争をくりひろげ、場合によっては卑賤な闘争に明け暮れていたとはいえ、それでもフランスは議会制民主主義の慣行を身につけ、潜在的な経済力を発展させ、植民地帝国を建設し、賢明な外交政策を推進することによって、一九一四年に強国ドイツと対決することが可能となるような同盟関係を築くことができた。

1　困難な船出

国家の防衛

九月四日に権力を掌握した臨時政府は、当初ビスマルクとの交渉を試みている。しかし、ビスマルクの要求があまりにも過酷であったために、臨時政府は戦争の継続を決定した。パリは九月末には早々とドイツ軍に包囲されてしまった。戦争の継続をもっとも強く主張していたガンベッタは、気球に乗ってパリを脱出することに成功し、トゥールを本拠地として、フランスの国力のすべての結集を図っている。祖国愛の大きな高揚に支えられ、彼は総計ほぼ六十万名近くの兵士を動員し、組織することができた。兵士たちは三つの主要な部隊に配属され――ロワール方面軍、北部方面軍、東部方面軍――ドイツ軍のパリ包囲を打ち破るための作戦に従事しているが、しかし結果は戦力を無為に消耗したにすぎなかった。

その間、パリに封じこめられていた軍隊も、国民衛兵の支援を受け、数回にわたって敵戦線の突破を試みているが、これも成功するにはいたらなかった。一八七一年一月の中旬、パリ市民は最悪の状況を迎えている。飢餓は目前に迫り、冬の寒さは例年になく厳しく、ドイツ軍の砲撃は絶えることがなかった。ガンベッタは熱い口調で抵抗の継続を訴えていたが、パリに残されていた政府の要人たちは、全面的な降伏と休戦を受け入れるほかはなかった（一月二十八日）。

講和条約

国民議会の選挙のために与えられた二週間の猶予の後、二月十二日にボルドーで開かれた議会でチエールが行政長官に任命された。彼はヴェルサイユでビスマルクと会見し、講和予備条約の協議を開始している。

二月二十六日に議会の承認を受け、その後フランクフルト条約（五月十日）によって確定された講和条約の条件は、きわめて過酷なものであった。アルザス地方と、メスをも含む北部ロレーヌ地方はドイツに割譲された。その広さは一万四千平方キロメートルにおよび、住民数は百六十万人に達している。さらには三年間で五十億フランの戦争賠償金の支払いが求められ、その支払いが完了するまでフランスは部分的にドイツ軍の占領下に置かれることになった。また、ドイツからフランスへ向けての輸出には、最恵国待遇の関税率が適用されることになった。

第二帝政期を通じて国家が蓄積していた富のおかげで、フランスは巨額の賠償金をすみやかに支払い、物質的な損害を修復することができた。しかし敗戦のトラウマはそれほどすぐに癒されることはなく、燃えあがるような復讐の願望も、住民の願いにもかかわらず祖国から奪い去られてしまった地方を取り戻したいという熱い思いも、いつまでも消えることはなかった。こうしてドイツとフランスのあいだには、恒常的な緊張要因が横たわりつづけた。

国民議会

国民議会の選挙が実施されたのは、一八七一年二月八日、きわめて例外的な状況においてであった。中央政府、あるいはまっとうな政党からの指令もなかったので、有権者の視線はすべての地方で、地域の有力者のほうに向けられがちであった。地域の有力者たちは伝統的に王党派で、平和支持の傾向の強い人びとであった。これに対して、ガンベッタが動員した共和主義者たちは、とうてい勝てる見こみもない戦争継続という方針しか、有権者に示すことができなかった。こうして二月十二日にボルドーで開催された国民議会の議員六百三十名のうち、四百名以上が王党派であったのに対して、共和派は二百名をわずかに上回る程度にすぎなかったのである。

チエール

王党派は——一八一五年にその例が見られたように——王政が前体制のあやまちを償うために必要な生け贄を血祭りにあげるという、醜悪な行為に走ることを望まなかった。またそもそも彼らには、新たな君主の人選に関して、互いに意見の一致を図るための時間が必要であった。そのため国民議会は、《フランス国家の政体が決定されるまで》……暫定的に《フランス共和国行政長官》を指名することを決定した。このとき行政長官に選ばれたのは、かつてルイ＝フィリップのもとで首相を務めたアドルフ・チエールである。彼は開戦直前の議会で国家の破局を招いた誤りを勇敢に告発していたので、高い評価を受けていた。七十四歳のこの小柄な老人は、権力欲の持主であるとともに、権力を行使する術を心得ていた。統治のすべての分野において豊富な経験を有し、歴史に対する豊かな知識の持主であるとともに、疲れを知らない行動力を備え、親しみやすく明晰な弁論の才に恵まれていた。

パリ・コミューン

チエールはすぐに深刻な危機に直面することになった。パリ市民が国民議会に反旗をひるがえして蜂起したのである。
プロイセンの包囲は五ヵ月という長期に及び、パリの住民は肉体的にも精神的にもきわめて重篤な病的状態に陥っていた。国民議会の最初の決定は彼らの怒りを増大させる一方であった。国民衛兵に支払われる給料はカットされ、攻囲戦のあいだ家賃とあらゆる種類の債権の返済の一時的停止を認めていた支払猶予令は終了し、国民議会はパリにではなく、ヴェルサイユに置かれることになったのである。

暴動が発生したのは三月十八日、国民衛兵がプロイセン軍の目を逃れるために、モンマルトルとベルヴィルに秘匿していた二百門の大砲の回収を命じたときである。住民は抗議に結集し、武器を手にして抵抗した。回収の任務にあたっていた兵士たちの一部も住民側に同調し、二人の将官が殺害された。一八四八年の事件を生々しく記憶にとどめていたチエールは、すべての政府機関と忠実な軍隊とともにパリを離れ、ヴェルサイユに退くことを決定した。チエールがパリから離れていったことにより、すでに前の週に成立していた《国民衛兵中央委員会》は自由に行動することが可能になった。《コミューン議会 Conseil général de la Commune》の選挙が実施され、全国の地方都市にも同じような自治政府の設立が呼びかけられた。実際このようなかたちでいくつかの試みが、とりわけリヨン、トゥールーズ、ナルボンヌなどで発生している。なかでもマルセイユでは、文字どおりの市街戦が展開された。

パリでコミューンは、革命的社会主義者たちの支配するところであったが、彼らには社会政策に関して標榜していた意図を、実地に移すための時間的余裕はなかった。独断的で混乱に満ちていたコミューンの活動は、もっぱら《ヴェルサイユ陣営》に対する闘争に明け暮れていたからである。

チエールがマクマオン元帥の支援を受け、プロイセン軍から解放された捕虜たちで軍隊の再建を図っているあいだに、パリ・コミューン側はヴェルサイユに攻勢をしかけている（四月三日）。しかし規律を欠いた彼らの部隊は正規軍に蹴散らされ、捕えられたコミューン側の指揮官は、三月十八日の将官殺害の報復として、その場で銃殺された。内戦は以後、情け容赦のない残酷な様相を呈するようになる。

五月初め、政府軍はパリの前哨基地を次々と攻略していった。五月二十一日、政府軍は奇襲をかけてパリ市内に突入し、首都の西部地区を支配したが、その後コミューン側の執拗な抵抗を打破するには、さらに一週間の熾烈な戦いが必要であった。コミューン兵たちは退却を強いられた地区に、次々と火を放っていった。こうしてチュイルリー宮殿、市庁舎、最高裁判所など、由緒ある建造物が焼失し、またパリ大司教ダルボワをはじめ、捕らえられていた四百八十名の人質が虐殺された。一方、政府軍も同様に、マクマオン元帥の命令を無視し、非情な殺戮をためらわなかった。この《血の一週間》で、コミューン側では総計二万名近くの犠牲者が出たものと考えられている。その後、軍事裁判所はさらに一万三千名を懲役刑もしくは流刑に処している。

社会主義インターナショナルはこの事件において表立った活動をしたわけではなく、むしろ抑制的な役割をはたしたにすぎなかったが、すべての犯罪的行為の責任を問われることになった。かくしてカール・マルクスは、パリ・コミューンが——実際にはさまざまなイデオロギーが混在していたにもかかわらず——史上初めての共産主義革命であったとする神話を創り出すことができたのである。フランスの共和派指導者たちは、当面のあいだ社会主義勢力とのあらゆる共闘に激しい拒絶反応を示すようになった。

チエール内閣

国民議会はチエールに共和国大統領の称号、および議会制における のと同様の責任を有する首相の権限の両方を与え、彼の権限を強化するとともに、その内容を明確にしている（リヴェ法、一八七一年八月三十一日）。

チエールと国民議会の保守多数派が力をあわせたことにより、国内の秩序は回復され、財政は再建され、フランスは新たな軍隊を有することができるようになり、県会と市町村参事会にもそれなりの権限が回復されるようになった。この政府の主要な功績は、フランクフルト講和条約で予定されていたよりも十八ヵ月も早く、一八七三年九月末に領土の完全な解放を実現することができたということである。こうした成果を得ることができたのは、五十億フランという巨額な戦争賠償金を期日前に支払うことができたからであり、それを可能にしたのは二回にわたる多額の公債の発行であった。一八七三年七月に発行された二回目の公債は、フランス国民の祖国愛と彼らの豊かさをみごとに証明する結果となっている。三十億フランの要請に対して、四十二億フランが提供されたのだった。

君主政復興の失敗

チエールは一八七一年二月、国民議会の多数派が望んでいた王政復古が仮に実現されることになったとしても、それには反対しないと約束していた。しかし一八七二年末、彼は公然と保守的な共和政に賛成する立場を表明した。議会はそれからまもなく、チエールを退陣に追いこみ、代わりにマクマオン元帥を大統領に任命している（一八七三年五月二十四日）。このすぐれた軍人は根っからの正統王朝派であったが、共和国大統領の職責に専念し、一方、政府の実質的な指揮にあたっていたのは、副首相のアルベール・ド・ブロイ公で、彼はオルレアン派の議会の大物であった。

ド・ブロイと議会多数派が望んでいた王政復古の主要な妨げとなっていたのは、依然として王党派の二つの陣営への分裂であった。正統王朝派はシャンボール伯（忠臣たちによればアンリ五世）を支持し、オルレアン派はルイ＝フィリップの孫であるパリ伯を推していた。それぞれの党派は王権について異なる概念を抱いており、正統王朝派が白旗に象徴される王朝の権利を主張していたのに反して、オルレアン派は三色旗に象徴される国民主権の原理を受け入れていた。王位を要求していた二人のあいだでいつまでも実現されなかった和解は、一八七三年八月、パリ伯からの働きかけによってようやく成立のはこびとなった。パリ伯はオーストリアのフロースドルフの宮殿を訪れシャンボール伯に敬意を表し、その結果として、子どものいなかったシャンボール伯はパリ伯を後継者として承認したのである。

議会と政府はアンリ五世を迎える準備を開始した。しかしアンリ五世は、《彼の原理》の象徴である白旗を掲揚することなしにフランスに戻ることを望まず、このことを公式に表明した。しかるに国民の大部分、とりわけ軍隊が——誰よりもこの点を強調していたのはマクマオンである——三色旗の放棄を受け入れるとはとうてい考えられなかった。王党派は混乱し、それまで以上に分裂の度合いを深め、ド・ブロイの提案による暫定的処置に甘んじるほかはなかった。マクマオン大統領の任期がとりあえず七年に延長されたのである（一八七三年十一月二十日）。

準憲法的法律（Les lois constitutionnelles）

《大統領の七年の任期》を定めたこの法律は、また準憲法的法律の準備を任務とする国会委員会の創設を決定していた。しかし委員たちの意に反して進められたその作業は、些末な議論に終始するばかりで少しも進まず、また議会は議会で、かつての多数派が分裂していたために、完全な機能麻痺の状態に陥っていた。野党共和派はこうした状況を理由に、新たな議会のための選挙の実施を要求している。何名かの穏健王党派は、彼らが夢見ていた立憲君主政にできるかぎり近いかたちの共和政体を、自分たちの手で創り出したほうが、まだましなのではないかと考えるようになった。同じころ、共和主義者たちは、ボナパルト派の急速な台頭に危機感を募らせていた。彼らはボナパルト派に対して、すでに確立されている政治体制という障害をあらかじめ作りあげておくことが急務であり、そのためにはたとえ彼らの理想の一部を犠牲にせざるをえなかったとしても、それもやむをえないのではないかと考えるようになっていた。こうして穏健王党派と共和派の双方における二種類のあきらめが、たまたま同じ方向を指向した結果として誕生したのが、一八七五年の準憲法的法律だったのであり、第三共和政はこれらの法律にもとづいて、同年二月から七月にかけてその礎が築かれたのである。議会保守派は避けることのできない歴史の流れを承認することに、いつまでも激しい嫌悪を募らせていた。そのことは一八七五年一月三十日、《ヴァロン修正案》をめぐる有名な投票においても明らかであった。このとき共和国の原理は、わずか一票の差で承認されたのである。

たとえこの一種の憲法が、その形態において他のいかなる憲法にも似ていなかったとしても、準憲法的法律はまさにその曖昧さゆえに、革命的断絶をともなうことなく状況に応じて変化していくことが可能だったのである。

共和国大統領は、行政権のトップに立ち、国民議会のなかに統合されていた上院と下院によって、七年の任期で選ばれることになった。大統領は大臣と公務員を任命するが、それでも彼は無答責であった。というのも大統領のすべての政治行為には大臣の署名が必要であり、その大臣が両院に対して責任を負っていたからである。それとは逆に大統領は、上院の同意のもとで、下院を解散する権限を有していた。

この上院は三百名の議員からなり、国民議会の保守的な精神を共和国のなかに存続させるために作られたものであった。というのも、国民議会は七十五名の終身上院議員をあらかじめ指名することになっていたからである。また他の上院議員も四十歳以上でなければならず、彼らはそれぞれの県ごとに、代議士、県会議員、郡参事会員、および一名の市町村庁代表によって構成される投票者団体によって選出されることになっていた。こうすれば上院は、フランスの農村部と名望家たちの立場を代表する機関となるであろう。上院の安定は保証されていたが、それは上院の選挙が三年に一度と定められ、しかも改選議席は三分の一にすぎなかったからである。

一方、普通選挙で選出される下院について、その構成は後日採択される予定の国家組織法によって定められることになっていた。投票形態は郡ごとの単記投票制で、十万人、あるいは場合によっては十万人未満の人口に対して、代議士一名の割合であった。

国民議会が上院と下院に分けられたのは、一八七五年十二月三十一日である。

一八七七年五月十六日の危機

一月の選挙の結果、下院では共和派が大幅に過半数を占め（五百五十三議席中三百四十議席）、一方、上院において彼らに対立していた保守派は、不正な選挙戦略も災いして、期待していたよりもはるかに少ない議席しか獲得することはできなかった。やむなくマクマオンは、最初は穏健共和派のアルマン・デュフォールを、次にジュール・シモンを首相に任命している。しかしマクマオンは、左翼の反教権主義キャンペーンに対するジュール・シモンの姿勢が弱腰すぎると考えるようになった。彼はジュール・シモンに不快感を表明し、内閣は議会の信任を得ていたにもかかわらず、退陣を余儀なくされた（一八七七年五月十六日）。議会はその一ヵ月後これに反撃し、マクマオンが権力の座に招いていたド・ブロイ公に対する不信任決議案を採択した。そのため共和国大統領は憲法で認められていた権利を行使し、議会の解散を宣言した。

その後、激しい選挙戦が展開された。保守派と共和派はそれぞれの陣営の引き締めを図り、戦術のかぎりを尽くして戦いをくりひろげた。《フランスが主権者国民の声を世に知らしめたならば、したがうか、退陣するか、道は二つにひとつしかない》と、左翼の大物指導者ガンベッタは声を張りあげて訴えている。

そして実際、共和派が勝利したことにより、大統領は多数決原理に《したがう》ほかはなくなり、ふたたびデュフォールを首相に任命した。解散権の行使がこのように不本意な結果に終わってしまったため、以後いかなる大統領も、もはやあえて解散権の行使に踏みきろうとはしなくなってしまったのである。このようにしてこのときの政治危機は、第三共和政を議会制の方向へと大きく向かわせることになった。言葉を変えるならば、この体制のもとで、政府はもはや議会の多数派によって任命される委員会以上のものではなくなってしまったも同然だったのである。

一八七九年一月の上院選挙の結果、保守派は最後の砦を失い、共和派は上院でも過半数を占めた。マクマオンは気力を喪失し、大統領を辞任した。両院はただちに合同で、マクマオンの代わりに、一八四八年に活躍したベテランの共和主義者ジュール・グレヴィを大統領に指名している（一八七九年一月三十日)。

2　政治の変動

体制の機能

共和国大統領は――一八七九年から一九一四年の三十五年間に七名が登場している(四九二ページ表)――当時のフランスの政界において、原則的に控えめな役割しかはたしていない。というのも、組閣と政権の指揮は首相の権限に属し、また首相は当然のことながら、その時々の多数派によって指名されていたからである。とはいえ大統領は政界の舞台裏で調停者あるいは政治顧問としての活動を続けており、そのことはとりわけ外交において明らかであった。実際、大統領は外交政策の一貫性を保証する情報管理者としての役割をはたしていたが、その影響力は、責任担当者としての首相が大統領以上に頻繁に交代していただけにいっそう重要であった。

実際、内閣はきわめて頻繁に交代し――一八七九年から一九一四年にかけて四十六、一九一四年から四〇年にかけて四十五の内閣が誕生している――もっとも長く続いたものでも三年ともたず、もっとも短いものは数日の運命でしかなかった。体制の威信に悪影響を及ぼしかねないこのような不安定な状態が続いていたというのも、それは議会に強固に組織された大政党が存在せず、そのためイギリスあるいはアメリカにおけるような政権の交代劇が可能ではなく、逆に議会には、もっともらしい名称を頻繁につけかえては次々と姿をあらわす多くの《議会内グループ》しか存在していなかったからである。どのグループも内的に統一の図られている内閣を構成するにはあまりにも小さく、そのためわずかなことでも解消されてしまうような連立政権を作るほかはなかったのだった。それでもこうした政治システムは、一般に考えられているほど不都合なものであったわけではない。むしろ《内閣の危機》は、体制が健全に機能するための重要な要素のようにさえ考えられたのである。というのも、不安定な政治状況ゆえに、体制は次々と発生する新たな状況や困難を前にして、それほど大きな動揺をきたすことなく、その都度もっとも状況に適した連立政権を成立させることができたからである。そもそも統治の一貫性を保証していたのは、安定した巨大な行政機構であり、その行政機構は大臣が頻繁に交代していたおかげで、それだけ自由に独自のプランを追求しつづけることができたのである。

　けっきょくのところ、体制の変化が目に見えるようになっていったのは、とりわけ権力機構内部への《新たな階層》の漸進的な参入というかたちにおいてであった。《新たな階層》の母体をなしていたのは、プチ・ブルジョワジー、あるいは一般大衆であり、彼らは、共和派の第一世代を構成していた大ブルジョワジーに取って代わりつつあったのである。

オポルチュニスト

　一八七九年に政界の支配者にとどまることができた共和主義者たちは、急進派《ラディコー》と日和見派《オポルチュニスト》に分裂した。急進派は、共和国の誕生を可能にした譲歩をただちに取り消し、上院の廃止、政教の分離、所得税、名簿式投票の導入など、抜本的な制度改革の実現を求めていた。一方、オポルチュニストたちは、なによりも秩序と経済発展を渇望していたブルジョワジーを安心させることが重要であると考えていた。さまざまな改革案は原則的に承認するものの、その実現は《時宜を見て《オ・モマン・オポルタン》》慎重になされるべきであるというのである。

こうした傾向の人びとは、まずおよそ二十年間にわたって政界に君臨することになった。なかでももっとも代表的な人物であったジュール・フェリは、カトリック教会に対する仮借ない攻撃に取り組み、とりわけ若者教育の機会を教会から奪い去ることに力を尽くしている。小学校は、無償、義務、非宗教性（ライシテ）、を三本の柱とすることになった。非認可の宗教団体は、それまで運営していた中等教育機関の閉鎖を求められ、また彼らの共同体は突然に解散を命じられた。

またオポルチュニスト政権は、集会の自由、出版報道の自由、組合結成の自由を確立する法案を成立させている（ヴァルデック＝ルソー法、一八八四年）。上院の構成に関してもさらなる民主化が図られ、終身上院議員の議席が廃止されるとともに、各自治体には人口に比例した代表選挙人の数が割りあてられることになった。

経済と金融に関して、オポルチュニスト政権は慎重な管理者としての行動を示し、均衡予算の維持に努め、またフランス銀行の金庫をいっぱいにすることに力を尽くしている。西ヨーロッパ経済は一八七三年から九五年にかけて全域的に長期的な不況に陥り、そのためオポルチュニスト政権はふたたび保護関税政策に戻るようになった。これはとりわけ農民層からの要請によるものである。

ブーランジスム

体制は一八八七年から八九年にかけて、深刻な危機に直面した。ブーランジェ将軍という、凡庸でありながら野心的であった人物を中心にして、あらゆる不満分子が結集してしまったからである。この将軍が人気を博するようになったのは、一八八七年に陸軍大臣として、ショーヴィニスム的なナショナリズムを人びとに訴えかけたからである。彼を熱烈に讃美する人びとの輪は、急進的共和主義派からボナパルト派、さらには王党派にまで広がっていった。彼の立場は「解散と修正」というスローガンに尽きていた。すなわち議会を解散し憲法を修正するということである。政府は無思慮にも彼を解任することにより、彼に自由な行動を許す結果となった。ブーランジェ将軍は、議会で空白となった議席に次々と立候補し、あたかも国民投票によるかのように、多くの人びとから絶大な支持を得ることに努めたのである。一八八九年一月二十七日、将軍はパリの選挙で圧倒的な勝利を収め、すぐにでも権力を手にすることができるように思われた。しかし彼は、支持者たちが期待していたような武力の行使に出ることをためらい、政府は態勢を立てなおす余裕を得ることができた。ブーランジェは逮捕を恐れ、あわれにもベルギーに逃亡し、その結果ブーランジェ陣営は崩壊した。しかしながらこの事件により、フランスの政治状況は長期間にわたる由々しい影響を受ける結果となった。一八七一年以来、左翼イデオロギーの一部を構成していた軍国主義的ナショナリズムが、保守派イデオロギーのなかへと取り入れられ、それまで共和主義を支持していた有権者の一部が、体制批判勢力の側にまわってしまったからである。

パナマ疑獄

その三年後、体制はパナマ運河をめぐる政財界スキャンダルにより、またしても激しく動揺することになった。両大洋間を結ぶ新たな運河建設のためにフェルディナン・ド・レセップスが設立した会社が倒産し、それとともに資金調達のための社債に応募していた多くの小預金者たちの財産が失われてしまったのである。その後、何名かの政治家に流されていた賄賂をめぐって、次々と新たな事実が発覚していった。クレマンソーをはじめ、何名もの急進派指導者と事件とのかかわりが取り沙汰され、その反作用として、穏健共和派が勢力を伸ばす結果となった。穏健共和派は社会主義諸政党の台頭に不安を抱いていた。社会主義系の政党を率いていたのは、生粋のマルクス主義者ジュール・ゲード、また大雄弁家ジャン・ジョレスなどである。一八九三年の選挙で、社会主義諸政党は五十議席を獲得した。

共和政体とカトリック勢力の接近

何名かの穏健共和派は、そこでカトリック教会に対する戦いに終止符を打つべきときが来たと考えるようになった。また同じように教皇レオ十三世は、フランスのカトリック教徒たちに共和政体を明確に承認するように求めていた。こうしたいわゆる《ラリマン〔加担政策、カトリック王党派の第三共和政支持〕》と呼ばれた政策により、社会はある程度鎮静化の方向に向かい始めていた。ところがそのとき、社会を大混乱に陥れる大事件が発生し、人びとの心はふたたび激しく燃えあがってしまったのである。

ドレフュス事件

陸軍大尉アルフレッド・ドレフュスは、軍事機密をドイツ側に流した罪に問われ、一八九四年、位階剝奪と流刑の判決を受けていた。彼の友人たちがこの判決を重大な誤審であるとして告発した。その後、数多くのジャーナリストや政治家たちがこれに続き、その数はふえる一方であった。彼らは軍上層部、さらにはより一般的に右翼や聖職者たちが、真実と正義を踏みにじろうとしているとして非難した。これに対して右派陣営は、同じように激しく、軍隊に対するユダヤ人とフリーメイスンの陰謀を告発した。フランス国家はドレフュス派（あるいは再審請求派）と反ドレフュス派という、激しく対立する二つの陣営に分断されてしまったのである。

国家主義者たちの不穏な動きは、一八九九年、きわめて危険な様相を呈するにいたり、そのため左派諸政党は団結して、ヴァルデック＝ルソーを首班とする《共和国防衛》内閣を組織した。ヴァルデック＝ルソーはドレフュス裁判の再審とドレフュスの釈放を実現することができたが、それでも完全な復権がなされるためには一九〇六年の無罪判決を待たねばならなかった。

急進的共和国（La république radicale）

カトリック系の出版物と聖職者の一部が、ドレフュス事件において不用意な立場を示していたため、反教権主義の炎がふたたび燃え上がってしまった。グラン・トリアン〔至高存在への崇敬を廃して非宗教化・リベラル化したフリーメイスン・フランス・ロッジ〕を後ろ盾にして、議会では左翼ブロックが形成され、そこには社会主義者たちも含まれていた。

ヴァルデック＝ルソーはまず結社に関する包括的な法律を通じて宗教団体に対する攻撃を開始している（一九〇一年七月一日）。一九〇二年の選挙で左翼ブロックは勢力を大幅に強化し、上院議員エミール・コンブの率いる新内閣は反教権主義政策をさらに推し進め、この闘争はほとんど迫害の様相を呈するようになった。宗教団体は解散を命じられ、財産を差し押さえられ、三千の修道会系の学校が閉鎖され、公立学校で依然として教鞭をとっていた修道士と修道女たちは教育の現場から追放されていた。コンブは一八〇一年の政教協約の廃棄を準備し、教皇庁との外交関係もすでに断ち切っていたが、このとき思いがけない議会内の混乱が原因となって、コンブ内閣は退陣に追いこまれてしまった。

彼の後を継いだルーヴィエは、引きつづき政教協約の廃棄に取りかかっているが、それでもこの《政教分離法》（一九〇五年十二月九日）に、彼は真にリベラルな性格を与えようと努めている。にもかかわらず、教皇ピウス十世は非妥協的な態度を崩さず、フランス司教団が法律に認められていた優遇的な処置を受け入れることを許さなかった。教会財産——教会およびさまざまな建築物——は、《政教分離法》が設立を予定していた《文化協会》に所属するものとされていたが、この《文化協会》を教皇が認めなかったために、けっきょくは国家あるいは地方公共団体への帰属が決定されたのである。

その間、社会主義者たちは、第二インターナショナルの指令にしたがい、一九〇五年末、左翼ブロックの連合から離脱していった。議会では、ＳＦＩＯ（労働者インターナショナル・フランス支部）なる呼称のもとで、偉大なる弁論家ジャン・ジョレスの指揮下に結集していた社会主義の諸分派は、野党としての彼らの立場を合法性の枠内で貫徹しようと考えていた。しかし労働界で、ＣＧＴ（労働総同盟）は、暴力的でアナーキズム的傾向のイデオロギーの支配下にあり、革命的なストライキの実行を広く人びとに訴えかけていた。一九〇六年から一一年にかけて、フランスでは大規模なストライキがあいついで発生し、公共サービスにも支障が出るようになった。ジョルジュ・クレマンソーの急進派内閣（一九〇六〜〇九年）は、強硬な手段を用いてこれに対処し、そのため急進派と社会主義者たちのあいだの溝は深まる一方であった。

一九一一年以降、国際間の緊張の高まりとともに、穏健共和派は勢力を回復している。彼らは、宗教問題に関しては国内の対立の鎮静化を図り、国防計画に関しては右翼との接近を図るべきであると主張していた。レイモン・ポワンカレは、最初は首相（一九一二年一月）、次いで大統領に就任し（一九一三年二月）、こうした政策を推進していった。そのもっとも典型的なあらわれは、兵役を二年から三年に延長することを定めた一九一三年八月三日の法律である。しかし一九一四年五月の選挙の結果、社会主義的色彩を強めていた左翼ブロックはふたたび勢いを取りもどし、そのため第一次世界大戦が勃発したとき、首相として政府を率いることになったのは穏健右派の社会主義者ルネ・ヴィヴィアニであった。

3　外交政策

植民地拡大

大々的な植民地の拡大は、一八八〇年ジュール・フェリによって開始され、その後すべての内閣によって継承されている。これは主に三つの目的に応えるものであった。

——共和政体の威信を高める。
——フランス経済のために原料生産地と市場を確保する。
——対独報復を準備するためにフランスを世界的な強国にする。

しかしながら、世論の大部分はこうした試みに批判的であった。人びとは国内の整備と、アルザス・ロレーヌを取り戻すために注がれるべき国力が浪費されていると考えたのである。実際ビスマルクは、フランスが植民地拡大の方向へと向かうことを煽りたてるような態度を示していたが、その目的がフランス人の目を対独報復から逸らせることだったのは明らかである。

北アフリカに対するフランスの支配は、東に向かってはチュニジアを保護領とすることによって（一八八一年）、南に向かってはサハラ砂漠の奥深くへと進出することによって、最後に西に向かっては、モロッコ帝国を保護領とすることによって（一九一二年）達成されている。モロッコを保護領とすることは、国際間の激しい競争の的になっていたのだった。

ブラックアフリカ（サハラ砂漠以南のアフリカ）に対するフランスの侵略は、沿岸部に建設されていた既存の施設を拠点とし、部族長たちとの契約、またはより強大な主権者たちとの何回かの短期的な軍事衝突を経て進められていった。こうした活動からは、最終的にAOF（仏領西アフリカ）とAEF（仏領赤道アフリカ）という二つの大きなブロックが誕生している。これら二つのブロックと仏領サハラとの結合は、一九〇一年、チャド湖沿岸地域で、アルジェリア、コンゴ、セネガルから出発した部隊によって達成された。

マダガスカルの征服は、一八七〇年以前から着手されていたが、これがかなりの困難を経て実現されるにいたったのは、一八九五年から一九〇七年にかけて、ガリエニ将軍の精力的な活動によってである。インドシナでは、すでにナポレオン三世の政府はコーチシナを手に入れ、カンボジアを保護領としていた。ジュール・フェリはフランスの支配をアンナン（安南）とトンキンに広げることを意図し、そのためこれらの国々の宗主国であった清国と短期的な戦争が勃発している〔清仏戦争〕。天津条約（一八八五年）により、清の皇帝は、フランスがこれらの地域を保護領とすることを承認した。紅河（ホン川）流域地帯からトンキンにかけて鉄道が建設され、それにより中国においても雲南省まで、フランスの支配圏は拡大されることになった。

第三共和政によって実現されたフランスの新たな植民地帝国は、総計でおよそ一千万平方キロメートルにおよび、支配地域の住民数は五千万人に達している。これは一八七一年当時の十倍に相当している。

国際的孤立──一八七一〜九〇年

一八七〇〜七一年の普仏戦争の敗北、また国内情勢の不安定のため、当初フランスは、国際政治の舞台で存在感を発揮することができなかった。一八八〇年以降になって初めて、またジュール・フェリの植民地拡大政策ゆえに、フランスの対外政策はある程度活動力を取り戻し、イギリスおよびイタリアといったライバル諸国の野望と衝突するようになった。これはビスマルクのおおいに喜びとするところであった。常々ビスマルクは、ヨーロッパ大陸でのドイツの覇権に対抗する、なんらかの同盟関係が成立することを恐れていたからである。

《係争地》のひとつは、フランスが早くから財政的・文化的に一種の保護領化を達成していたエジプトであった。イギリスは巧妙かつ断固たる行動に出ることにより、スエズ運河会社の支配権を掌中に収め、ついでナイル川流域一帯に政治的な支配を及ぼすにいたった。エジプトを追われたフランスは、あらゆる機会をとらえてイギリスの行動を妨害するようになった。

一方イタリアは、フランスがチュニジアを保護領としたことにより、この地域に対する意図をくじかれるかたちとなった。チュニジアにはすでに多くのイタリア人による大きな入植地が存在していたのである。イタリアは幻滅を強いられ、ドイツ、オーストリアに接近し、ここに三国同盟が成立するにいたった（一八八二年）。この同盟を背景にして、イタリアの首相クリスピは、フランスに対するさまざまな挑発をくりかえしている。仏伊間の緊張は、関税および財政上の争いの域を出ることはなかったが、これはフランスよりもむしろイタリアに大きな損害をもたらすものであった。

一八九〇〜一九〇四年の同盟関係

一八九〇年のビスマルクの引退ののち、ヨーロッパの同盟関係には大きな変動が生じることになった。ロシアはドイツの束縛から解放され、またアジアではイギリスと潜在的な敵対関係にあったために、フランスとの同盟を求めるようになった。ロシア側からの接近は、フランスで温かく迎え入れられた。一八九一年から一九〇一年にかけてさまざまな交渉がくりかえされ、多くの協定が細部にまでわたって結ばれるようになり、両国のあいだには政治的・軍事的同盟関係が成立するに至った。またこの同盟関係は金融面にも及んでいる。フランス資本はロシアの鉄道および産業設備の充実に貢献することになったからであり、その総額は百億フラン近くにまで達していた。

ロシアとの同盟関係は、とりあえず英仏関係を悪化させる結果となった。フランスの指導者たちは、ロシアとの同盟関係に意を強くし、インドシナおよびとりわけアフリカにおいて、多かれ少なかれ公然とイギリスに挑戦するようになったからである。一八九八年、ファショダ事件が発生するとともに、英仏間の緊張は頂点を迎えることになった。マルシャンを隊長とするフランスの遠征隊は、西海岸から出発して、アフリカ大陸横断の快挙を成し遂げ、ナイル川上流地帯に達しているが、ここはイギリスが自国の縄張りとみなしているところであった。戦争の危険を前にして、当時ドレフュス事件の混乱に追いまくられていたフランス政府は、譲歩を余儀なくされ、マルシャンを召還している。

しかしこの危機が過ぎ去ると、緊張関係は徐々に改善に向かい、英仏両国は、ヴィルヘルム二世治下のドイツの強まる一方の不穏な動きに対抗するためには、互いを必要としているということを認識するようになった。英国王エドワード七世の有名なパリ訪問（一九〇三年五月）からは、こうした《英仏協商》の誕生が明らかである。一九〇四年四月八日の協定は、両国間のすべての係争を平和裡に解消するものであった。この協定は文字どおりの同盟関係の成立を意味していたわけではない。しかし以後、両国首脳部は秘密裡に接触を続けるようになった。

英仏協商の立役者になったのは、フランス側ではテオフィル・デルカセである。彼は一八九八年六月から一九〇五年六月まで、連続して五つの内閣の外相を務めていた。また彼はイタリアとの関係修復にも成功している。一九〇〇年十二月の秘密協定により、両国は互いに、フランスはモロッコで、イタリアはリビア（トリポリタニア）で、自由な行動が認められることを承認した。のみならず、一八八二年の三国同盟が一九〇二年に更新されたとき、イタリアはフランスに、この同盟がフランスに不利にはたらく恐れはないとする保証を与えたのである。

戦争の接近

ドイツ首相ビューローは、一九〇五年、ロシアが日本に敗れ、また国内の革命騒ぎによって弱体化したことにより目の前にもたらされた好機を、見逃そうとはしなかった。ドイツ皇帝ヴィルヘルム二世はタンジールに上陸し、センセーショナルな演説を敢行し、フランスに対してモロッコの独立を守る決意であると宣言した。対独協調派デルカセの意向にもかかわらず、フランス政府は妥協の姿勢を示し、国際会議の開催を受け入れている。イギリスが明確な支持を表明してくれたことにより、アルヘシラスの国際会議はフランスに有利に展開し、英仏協調は強化された。ビューローの期待とはまさに正反対の結果が生じたのである。しかもこの危機は、英露間の接近をうながすきっかけとなり、一九〇七年には英露間で、一九〇四年に英仏間で締結されたのと同じような協定が成立することになった。中央両帝国〔ドイツ帝国とオーストリア帝国〕を主軸とする三国同盟に対して、それほど堅固ではなかったとはいえ、しかし広大さにかけてははるかにこれを凌ぐ、英仏露間の三国協商が誕生したのである。

とはいえ、第一次世界大戦を招くことになった一連のバルカン危機のなかで、最初に勃発したボスニアをめぐるロシア・オーストリア間の紛争（一九〇八－〇九年）において、フランスは同盟国のロシアにきわめて消極的な援助しか与えず、このことがロシアの屈辱的な退却の原因のひとつとなった。ロシアは一九一一年、フランスがまたしてもドイツと対決せざるをえなくなったときに、同じようなやりかたでフランスに意趣返しをしている。ドイツはモロッコに対するフランスの支配に反対の意を表明するため、アガディールの錨泊地に巡洋艦を派遣していた。イギリスが誠実な支持を表明してくれたことにより、フランスは妥協点を見いだすことができた。ドイツがモロッコ問題に容喙《ようかい》するのを断念する代わりに、フランスはコンゴ植民地の一部をドイツに割譲することになったのである。

このときロシアが消極的な協力の姿勢しか示さなかったために、フランスの指導者たちは仏露同盟の絆が弱まっていく危険性を意識するようになった。一九一二年十月、ポワンカレは、たとえ戦争がバルカン紛争を原因として発生したとしても、ドイツがロシアを攻撃した場合、フランスはロシアを支援する用意があると公式に表明すべきであると考えた。同時にさまざまな協定が両国の参謀長間で交わされている。このようにして戦争へ向けての連鎖の歯車は確実に整えられ、フランスは第一次世界大戦に突入することになったのだった。

■第三共和政歴代大統領

アドルフ・チエール
1871年２月17日選出。1873年５月24日辞任に追いこまれる。
ド・マクマオン元帥
1873年５月24日選出。1879年１月30日みずからの意思で辞任。
ジュール・グレヴィ
1879年１月30日選出。1885年12月28日再選。1887年辞任に追いこまれる。
サディ・カルノ
1887年12月３日選出。1894年６月24日アナーキストにより暗殺される。
ジャン・カジミール＝ペリエ
1894年６月27日選出。1895年１月16日みずからの意思で辞任。
フェリックス・フォール
1895年１月17日選出。1899年２月16日急死。
エミール・ルベ
1899年２月18日選出。1906年２月18日任期をまっとうする。
アルマン・ファリエール
1906年２月18日選出。1913年２月18日任期をまっとうする。
レイモン・ポワンカレ
1913年２月18日選出。1920年２月17日任期をまっとうする。
ポール・デシャネル
1920年１月17日選出。1920年９月21日抑鬱状態となり辞任。
アレクサンドル・ミルラン
1920年９月23日選出。1924年６月３日辞任に追いこまれる。
ガストン・ドゥメルグ
1924年６月13日選出。1931年６月13日任期をまっとうする。
ポール・ドゥメール
1931年６月13日選出。1932年５月６日精神異常者により暗殺される。
アルベール・ルブラン
1932年５月10日選出。1939年５月２日再選。1940年７月11日辞表提出。

第二十四章

Histoire de France

第一次世界大戦

一八七〇年の普仏戦争とは異なり、フランスは仇敵ドイツにもはや一国としてではなく、二つの強力な同盟国とともに立ち向かい、しかももはや侵略国としてではなく、過去に被害を受けた国家として精神的な優位に立つことができた。フランスは四年間の長きにわたって未曾有の犠牲を耐え忍び、味方をも敵をも等しく驚かせた決意と勇気を示している。アメリカの援助を受けて、かろうじて勝利を収めることができたことにより、フランスは一八七一年に失ったアルザスとロレーヌを取り戻すことができたが、それでも国家は貧血状態に陥っていた。

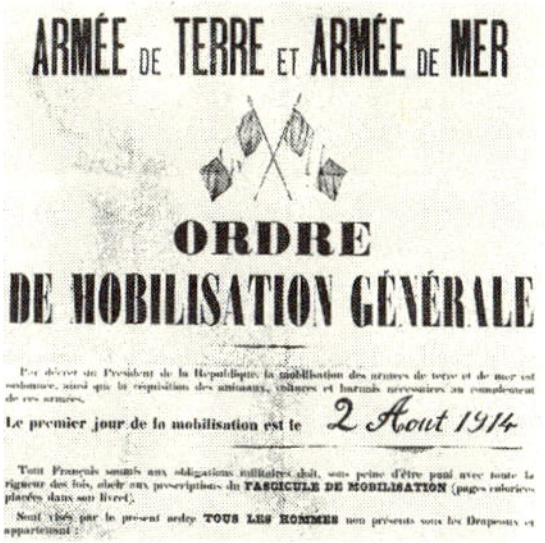

1914年8月2日の総動員令告知

宣戦布告

オーストリアの皇位継承者の暗殺事件（一九一四年六月二十八日）は、時限爆弾のような効果を発揮した。ひと月近くの時間が経過したのちに、危機は致命的な局面を迎え、それからはすべてが恐るべき速さで進んでいった。

七月二十三日……オーストリアはドイツの後押しを受け、セルビアに受諾不能な最後通牒を突きつける。ポワンカレとヴィヴィアニは、公式訪問していたサンクトペテルブルクを離れる。このとき二人は、フランスが同盟の約束を遵守することをロシアに保証している。

七月二十八日……イギリスの調停工作は不調に終わる。オーストリアはセルビアに宣戦布告する。

七月二十九日……ロシア皇帝は部分的な動員を命令する。ドイツは、もしもロシアがそれ以上の動きを見せるならば、それに対応する用意があるとロシア側に警告する。

七月三十日……ロシアで総動員令が下される。

七月三十一日……ドイツはロシアに最後通牒を突きつけ、フランスに中立を守る用意があるかどうか打診する。中立を守る場合、その保証としてフランスは、トゥールとヴェルダンの要塞の明け渡しを求められる。

八月一日……イギリスの支援がまだ明らかではなかったにもかかわらず、フランスはドイツの要求を撥ねつけ、総動員令を布告する。ドイツはロシアに宣戦布告する。

八月二日……ドイツ側の期待とは裏腹に、フランスはみずから戦闘を開始しようとはせず、逆に軍隊に国境から十キロメートルの地点にとどまるように命令する。ベルギーは、領内の自由通行を求めるドイツ側からの最後通牒を拒絶する。
八月三日……フランスの航空機がニュルンベルク上空を飛行したという（偽りの）口実のもとに、ドイツはついにフランスに宣戦布告する。ドイツ軍はベルギーに侵攻する。
八月四〜五日……イギリスは、ベルギーが侵略されるまで態度を決めかねていたが、事ここにいたり、参戦を決定する。

聖なる団結

動員令の発令に対し、国民は全体的に見て、熱狂的な情熱に駆られてこれに応えている。戦争は、四十年前から予告されていた《復讐》の瞬間の到来であり、一八七一年に奪われた地方を取り戻すとともに、不正な侵略者に対して自由と権利を守るための十字軍の戦いなのであった。社会主義者たちは彼らの平和主義を見なおし、組合主義者たちは彼らの反軍国主義を見なおしている。ジョレスが若き国家主義者によって暗殺されても（七月三十一日）、社会党の代議士たちは他の政党と歩調を合わせ、政府に対する信任決議案に賛成票を投じ、ヴィヴィアニが八月二十六日に結成した《聖なる団結》内閣に、閣僚二名を送りこんで参加することを決定している。

戦争プラン

《シュリーフェン・プラン》と呼ばれたドイツ側の戦争計画は、単純な発想にもとづくものであった。ロシア軍は動員の遅れのため、大々的な軍事行動を開始するまでには、少なくとも六週間を要するであろう。それゆえドイツ軍は、当面西部戦線に戦力を集中し、フランスに対して瞬く間に勝利を収めることができるであろう。しかるのちに、ドイツは軍隊を東側に移動させて、ロシアと戦うことができるであろう。

フランス軍を打ち破るには、ベルギーとフランス北部を経由する遠大な軍事行動を展開することにより、フランスの東部および北部のドイツ国境地帯に集結しているフランス軍を包囲するかたちをとればいい。フランスの参謀本部は、シュリーフェン・プランの存在を知らなかったわけではないが、その規模を過小評価していた。

国境地帯での戦闘

戦闘初期の数週間、シュリーフェン・プランはさしたる抵抗を受けることもなく、予定どおりに実行された。十日間（八月六〜十六日）もあれば、小さなベルギー軍のヒロイックな抵抗を打ち破るにはじゅうぶんであった。フランス軍の左翼は、サンブル川のシャルルロワの周辺で反撃を試みているが、これもまた徹底的に打ち破られ（八月二十一〜二十四日）、退却を余儀なくされ、小規模なイギリスの遠征部隊と合流することもできず、またイギリス軍はイギリス軍で、モンス一帯で敗北を喫していた。その後の数日間、包囲作戦はフランス北部の平原地帯を突破して強行軍で展開されている。ドイツ軍の右翼はパリに接近した。フランス政府は、動揺した五十万人のパリ市民とともに首都を離れ、ボルドーに移ることになり、その間、ガリエニ将軍が首都防衛の任に当たることになった。

マルヌの奇跡

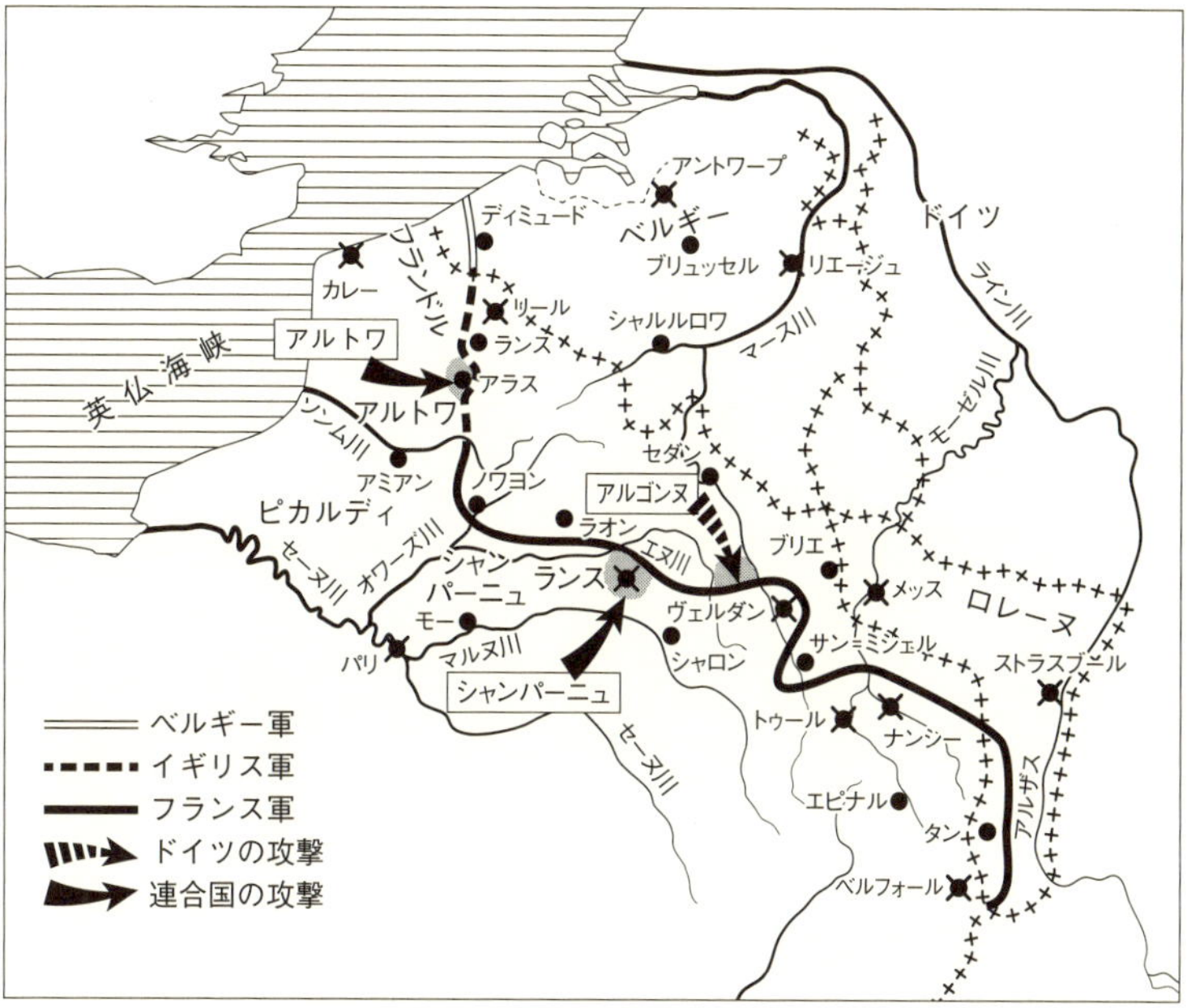

1915年の西方戦線（DUROSELLE, Cours d'Histoire. Classes terminales, F. Nathan.）

しかしながらフランス軍の全面的退却は、けっして壊走状態に陥ることなく、完全に秩序だって整然とおこなわれていたので、総司令官ジョフルは軍隊を再度結集し、さらに増強することが可能であった。それに反して、ドイツ軍はあまりにも速やかな前進のために戦力が低下し、しかもドイツ軍最高司令部は、想定していたよりも早く開始されたロシア軍の攻勢に対抗するために、フランス戦線から二つの軍団を引き抜くことを決定していた。

九月四日、ドイツ軍の作戦行動の右外翼を形成していたフォン・クリュク軍は、パリ東部へ向けてマルヌ川を突破しようとしていた。ガリエニからの緊急の要請を受けて、ジョフルは部隊に、移動を停止してドイツ軍に対峙するよう命令した。九月五日から十日にかけて、広大な戦線を舞台にくりひろげられた戦闘は、ドイツ軍の全面的な退却によって終結した。

陣地戦

フランス軍は勝利を収めたものの、極度に疲弊し、勝利に乗じて追撃することはできず、ドイツ軍はシャンパーニュ地方で強固な陣地に立てこもり、どのような正面攻撃をもはね返すことができるようになった。仏英の連合軍はこの戦線を北西側に回りこもうとし、そのため九月二日から十一月十三日にかけて続けられた一連の戦いは、そのつど、塹壕ラインのさらなる延長を招く結果となっている。この《海岸線に向けての競争》の末に、北海からスイス国境にいたるまで、なんと七百キロメートルにも及ぶ戦線が途切れることなく形成され、戦闘は膠着状態に陥ってしまった。いずれの陣営においても、戦線には二重三重の塹壕が掘られ、塹壕は有刺鉄線で守られるとともに、セメントあるいは土で作られた堡塁でたえず強化されていった。

一九一五年、ドイツは軍隊の主力をロシア戦線に投じている。そこでジョフルはドイツの西部戦線に大攻勢をしかけ、同盟国の困難を軽減しようとした。しかし最高司令部がなんとしてでも達成しようとした敵陣突破は、そのころ保有していた軍備だけでは実現不能であるということが明らかになった。人的被害ばかりが膨れあがり、少しの成果も期待できなかった攻撃の継続を正当化するために、司令部は、勝利は《漸進的削減《グリニョタージュ》》によって、すなわち敵の戦闘能力を少しずつ確実に低下させていくことによって、得られるものであると主張するようになった。ただこのような戦法に頼ったならば、攻撃側は必然的に防御側よりも多くの人命を失うことになるということを、人びとは忘れていたのである。事実、一九一五年だけでも、戦闘は恐るべき結果に終わり、戦死したかあるいは捕虜となったフランス兵は四十万人、また負傷あるいは病気によって戦闘不能となった兵士の数は、六十万人近くに達したものと考えられている。

ヴェルダンの戦い

こうした《消耗戦》作戦は、一九一六年、こんどはドイツ側の採用するところとなった。ドイツ軍は、フランス軍の戦線のなかでも防御が困難でありながら、けっして失うわけにはいかない重要な地点、すなわち戦線の突出部に位置していたヴェルダンへの攻撃を開始した。一九一六年二月から六月にかけて、戦闘は熾烈をきわめ、あらゆる種類の火器による軍事史上最大規模の砲撃が展開された。それでもペタン将軍はみごとに要塞を防衛し、ドイツ軍の前進は妨げられ、ヴェルダンは救われた。この勝利は、恐るべき損害をともなうものであったとはいえ、世界中の人びとの目に、フランス軍《兵士《ポワリュ》》の勇気と抵抗力を象徴するものとなった。

ヴェルダンで多大な損害をこうむりながら、それでもジョフルは、いまではるかに多くの兵員を擁するようになっていたイギリス軍とともに、ソンム戦線で大攻勢をかけることを決定した。しかしこのときも、初期の数回の戦勝の後、一九一六年七月、英仏連合軍の前進は消耗戦の恐るべき膠着状態に陥ってしまった。戦死者は、英仏側で六十一万五千人、ドイツ側で六十五万人であった。

人的損害はこれほどではなかったとはいえ、それでも同じように期待はずれな結果に終わったのは、ドイツ側連合国に対する牽制作戦の試みである。ダーダネルス海峡をめぐる軍事行動は、もっぱらイギリス軍によるものであったが、完全な失敗に終わってしまった。セルビアの救援を目的とするフランス軍部隊のサロニカへの上陸は、遅きに失していた。

戦時国家体制

一九一四年末、あらゆる人びとの予想に反して長期戦の展望に直面したとき、フランスは国の経済をふたたび軌道に乗せ、戦争の需要に応えることができるようにしなければならなくなった。これは工業化がもっとも進んでいた地方がドイツ軍の手中に落ちていただけに、きわめて困難な務めであると言わざるをえない。国有の軍需工場だけではじゅうぶんではなく、私企業にも支援を要請する必要があった。軍事物資の納入業者たちは、国からの財政支援を受け、またたとえ多少の欠陥があったとしても、確実に商品を売りさばくことができるようになり、こうして戦争成金（死の商人）と呼ばれる一団の人びとが生まれるようになった。同様に、物資の欠乏ゆえに利益を得ることができるようになった商人たちも富を蓄えていった。それ以外にも恵まれた人びとの範疇としては、《特別配属兵》と呼ばれた熟練労働者たちをあげることができるだろう。彼らは動員を解除され、軍需産業に配属されて高額の給料を支払われるようになった。農民たちはこうした特別な配属の対象にはされず、その点は自由業に従事する中流階級も同様であった。中流階級および金利生活者たちは、他のあらゆる人びとにもまして、紙幣価値の急激な下落と、いくつかの製品の品薄ゆえの物価上昇に苦しめられる結果となった。求められる犠牲の不平等が、社会の緊張と人びとの恨みを生み出していった。政府は、完全に自由主義経済の教えに染まっていたので、物資の配給あるいは強制的な価格決定といった政策に出ることをためらっていた。また同様に、戦争成金たちの利益を部分的に吸いあげることが可能であったかもしれない所得税の創設に踏みきることもできなかった。

協商側が制海権を掌握していたので、ドイツ軍の潜水艦による被害があったとはいえ、フランス国民（占領地域のフランス人を除いて）は、同じころドイツ国民が強いられていたほどの窮乏生活を経験するようなことはまったくなかった。

要するにフランスは、全面的な経済動員といった規制をみずからに課することなく、戦争状態に突入していたのである。

似たような曖昧な状態、また似たようなその場かぎりの対応が、政治の分野でも散見されている。戦争初期の数ヵ月間、政府はボルドーに拠点を移し、議会は休会していたので、総司令官ジョフルはほぼ独裁的な権限を与えられていた。シャンティイに置かれていた彼の総司令部（GQG）は、一種の影の内閣のごとき存在であった。しかし一九一五年以降、閣僚たちと議会はパリに戻り、銃後の国民生活、さらには軍隊に対する管理も、ふたたび開始するようになっていった。

国民的団結の原理は守られながら、それでも組閣をめぐっての駆け引きがまたしても開始されるようになった。一九一四年から一七年のあいだに、相継いで四つの内閣が誕生しては消えていった。ルネ・ヴィヴィアニ内閣（一九一四年八月〜一九一五年十月）、アリスチッド・ブリアン内閣（一九一五年十月〜一九一七年三月）、アレクサンドル・リボ内閣（一九一七年三月〜九月）、ポール・パンルヴェ内閣（一九一七年九月〜十一月）である。

一九一七年の危機

内閣のこのような頻繁な交代は、なによりも一九一七年に国民が陥った危機的な状況の前触れにほかならなかった。

戦争指揮に対する批判はますます激しさを増し、ブリアンもついにはジョフルから指揮権を取り上げざるをえなくなった（一九一六年十二月）。ジョフルの後を継いだ、まだ若く活力にあふれていた将軍ニヴェルは、みずからの考案による画期的な戦法を採用し、すべての他の戦線においても同じような攻勢を同時にしかけるならば、念願の敵戦線《突破》を実現することができると自負していた。とはいえ、一九一七年三月上旬にはロシアで革命が勃発し、ロシア軍の軍事的努力に期待をかけることはもはやできなかった。それに反してアメリカの参戦（四月二日）は、もしもフランスがもう少し待つことができるならば、決定的な援助になるものと考えられた。そこで多くの人びとは、ニヴェルに慎重さを求めて忠告をくりかえしていたが、しかしながら彼は数ヵ月も前から準備していた《彼の攻撃》をあきらめようとはしなかった。四月十二日に開始された《彼の攻撃》は、ドイツ軍が当初の陣地の後方に最近になって構築していた《ジークフリート・ライン》の防衛を前にして、完全な失敗に終わってしまった。

軍最高司令部の犯罪的な無分別も、こんどばかりは限度を超えていた。五月、いくつかの部隊が戦闘配置につくことを拒否している。ニヴェルは引責辞任し、代わりにヴェルダンの戦いの勝者、ペタンが総司令官に就任した。彼は人命を尊重し、兵士たちに快適な従軍環境の整備を心がける指揮官として知られていた。彼は規律を回復させることができたが、しかし当面、大規模な軍事作戦をおこなうことはもはや論外であった。

一九一七年後半の数ヵ月間、フランスの同盟諸国は敗北を重ねていた。フランドルで大攻勢に出たイギリス軍はおびただしい数の死傷者を出し、イタリア軍はカポレットの戦いで大敗を喫し、ケレンスキーのロシア共和国軍は崩壊し、その後権力は労兵評議会（ソヴィエト）の掌握するところとなっていた。

こうした軍事的状況に、三年間にわたる犠牲と窮乏生活から生み出されていた国内の厭戦気分は、高まる一方であった。妥協による講和を実現し、多くの人びとの無意味な死に終止符を打つべきであるという思いは、国外からのはたらきかけによってさらに強められていった。すでに一九一六年末、ウィルソン米大統領は休戦を提案し、また一九一七年の初頭にはオーストリア皇帝カール一世から単独講和の提案があった。またロシア革命の勃発も、講和をうながす大きな要因であった。

平和主義——当時は敗戦主義と呼ばれていた——の立場がますます好意的に受けとめられるようになっていったのは、もっぱら社会主義者と組合主義者たちにおいてである。一九一七年五月から六月にかけて、金属産業ではストライキが頻発していた。社会党の代議士たちは国民連合《ユニオン・ナシオナル》から離脱していった。元首相ジョゼフ・カイヨーは公然と和平交渉の開始を主張していた。いくつかのケースが裏切りと認められるか、あるいは疑われたことにより、人心を害する不穏な空気が流れはじめていた。

クレマンソー

一九一七年十一月十四日、ポワンカレ大統領は彼が嫌っていた男、急進共和派の上院議員ジョルジュ・クレマンソーに協力を要請している。七十六歳のこの元気な老人は、こうして一八七一年に始まる政治家人生の頂点に立つことになった。論争の激しさゆえに《猛虎《ティーグル》》と綽名されていたこの老人は、軍の上院委員会議長の職責において、兵士たちから多大の人気を博しており、その後も塹壕のなかにまで、兵士たちのもとを頻繁に訪れている。民間人であれ軍人であれ、彼はあらゆる人びとの心のなかに、燃えるような祖国愛と激烈なエネルギーをかきたてることができた。

彼は議会に独裁的な権限を要求し、それを手にすることができた。政党の枠を超えて選ばれた彼の閣僚たちは、クレマンソーの意志の実行者以上のものではありえなかった。敗戦・平和主義者たちは情け容赦なく訴追され、二人の首相経験者、マルヴィとカイヨーには国家反逆罪の判決が下されている。フランスではようやく強力な指導者による統治が実現されたように考えられた。

勝利

軍隊でも銃後の世界でも、士気と規律の回復が急務であった。ロシアは戦線を離脱し、ドイツは戦力のすべてを西部戦線に投入することが可能となった。一九一八年春、協商側の百七十二に対して、ドイツは百九十二の歩兵師団を有し、この差はアメリカ参戦の重圧が感じられる前に戦闘に決着をつけるのにじゅうぶんであると考えられた。さらにドイツ総合参謀本部長エーリヒ・フォン・ルーデンドルフは、フランス側の前線に突破口を開けるさまざまな作戦を周到に準備していた。

一九一八年三月から七月にかけて、ルーデンドルフはいくつかの地点で四回にわたる強力な攻撃に着手し、攻撃のたびに協商側の前線には、敵の支配地域の奥に取り残された孤立地帯が数多く発生するようになった。三回目の攻撃のとき、ドイツ軍はふたたびマルヌ川の流れにまで達している。ルーデンドルフの最初の勝利からは、フランス軍とイギリス軍の連携の欠如が明らかであった。英仏両政府はそこでただひとつの最上級司令部の創設を決定し、その指揮権はフォッシュ将軍に託されることになった（ドゥラン会議、三月二十五日）。彼はまた、日増しに増強されていたアメリカ軍遠征部隊に対する指揮権をも有することになった。

戦争の転換点となったのは、おそらく一九一八年七月十八日であろう。その日、シャンパーニュ地方のシャトー＝チエリの近郊で、多くの戦車および航空機の支援のもとにおこなわれた強力な反撃により、ドイツ軍の進軍は明らかに阻止された。それまでに失われていたすべての地域も、その後すみやかに回復されている。八月と九月を通じて、フォッシュは前線の全域で一連の攻撃を開始し、ルーデンドルフに態勢を立てなおす暇を与えず、陣地から陣地へと後退を余儀なくさせていった。ドイツ軍は依然として規律を保っていたが、ドイツ側の同盟諸国の軍隊は次々と崩壊していった。ブルガリア（九月二十九日）、トルコ（十月三十一日）、オーストリア＝ハンガリー二重帝国（十一月三日）は、あいついで休戦を求めるほかはなかった。こうした成果には、テサロニケに派遣されていたフランシェ＝デペレ将軍指揮下のフランス軍遠征部隊の目覚ましい活躍も大きく貢献している。

ドイツ軍最高司令部は、司令部の結束が崩れかけていることに不安を覚え、戦闘に終止符を打つように文民権力に働きかけた。十一月七日、ドイツ側使節団が戦線を越えてフォッシュとの交渉に臨んでいる。休戦協定が締結されたのは、十一月十日から十一日にかけての夜、コンピエーニュの森のなかのルトンドにおいてであった。フランス側では、休戦協定の締結は時期尚早であると考える人びとも少なくはなかった。休戦は敵国の領土内にまで戦線を拡大することを不可能にし、ドイツ軍に対する評価を貶めることにはならなかったからである。しかしフォッシュが課した休戦の条件は、ドイツが戦勝国側の要求に全面的にしたがうというものであった。

ヴェルサイユ条約

講和の条件は、一九一九年一月から六月にかけて、パリで開かれた会議の場で検討されている。議会から白紙委任状を受けていたクレマンソーは、イギリス首相ロイド・ジョージとアメリカ大統領ウッドロウ・ウィルソンを相手に対立をくりかえしてやまなかった。アルザス・ロレーヌ地方のフランスへの返還は問題なく承認されたものの、ライン川を国境とすることをフランスに認めることを英米側は拒否した。ライン川を国境とすることは、フォッシュとフランス国民の多くがフランスの将来の安全のために必要であると考えていたのである。クレマンソーは、ドイツ側から一方的な攻撃を受けた場合の援助の保証を取りつけ、また安全保障上のいくつかの措置を承認させることで満足しなければならなかった。その結果、将来のドイツ軍は人員を十万人に制限され、ライン川左岸は十五年間にわたって占領下に置かれ、占領軍の撤退は条約が忠実に遵守された場合にのみ、漸進的におこなわれることになった。またこの地域およびライン川右岸においても、幅五十キロメートルのベルト地帯は永久に非武装地帯であるとされた。フランスはザール地方を、一八一四年にフランスに帰属したものとして要求していたが、この地方は十五年間にわたって国際連盟の管理下に置かれることになり、しかるのちに、最終的な帰属は住民の選択に委ねられることになった。

英米は、フランスが侵略された地域でこうむった破壊と損失の修復を、ドイツが負担すべきであるという点は原則的に承認していた。しかし、こうした修復に要する費用の総額とまたその方法に関していたので、英米とフランスは意見の一致を見ることはできなかった。実際、これらの問題は複雑をきわめて、《賠償委員会》に付託されることになり、委員会は一九二一年五月までに報告書を提出することになった。当面の措置として、ドイツはとりあえず二百五十億金フランに相当する分納金の支払いを求められることになった。

講和条約が公式に調印されたのは、一九一九年六月二十八日、ヴェルサイユ宮殿の鏡の間においてである。

第二十五章

Histoire de France

両大戦間の第三共和政
――一九一九〜三九年

国民連合による内閣

勝利の陶酔に続いてすぐに幻滅が訪れた。フランスは膨大な戦争努力を強いられて国力を消耗し、一九一四年以前の世界で有していた国家としての重みも、また国内の経済的・社会的安定をも、取り戻すことはできなかった。国外からもたらされたイデオロギーが広く浸透し、国内の政治的分裂はますます深刻となり、その一方で国家の安全は、ヒトラー・ドイツの台頭によって脅かされるようになった。歴代政府は政党政治の駆け引きの場と化し、弱さと無能さを露呈して、議会制政治体制の機能の衰えは明らかであった。

1　戦後、一九二〇〜二四年

終戦後の諸問題

フランスは戦勝国として終戦を迎えたものの、国家としての活力は致命的な損傷をこうむっていた。人的損害に関して、死者および行方不明者の総計は百三十一万人に達し、その数はすべての戦争当事国のなかでも、労働力人口に対してもっとも高い割合を示していた。百十万人以上が治癒の見こみのない傷痍軍人となり、しかもいわば逆さまの淘汰によって、犠牲となったのは、もっぱら肉体的にも精神的にも生存適者であるはずの人びとばかりであった。物質的損害に関して、砲撃の被害を受けた戦闘地域では、三百万ヘクタール近くの国土が、村をも都会をも含めてすべて荒れ地となり、もはや使用することのできない廃墟あるいは荒廃地と化していた。ドイツ軍は撤退するときに、占領地域の潜在的工業力を徹底的に破壊し、家畜を連れ去り、交通網をずたずたに寸断していった。千五百億フラン以上に上る戦費を調達するために、フランス国外に有していた資産と国内に保有していた金の大部分を取り崩す必要があった。また国内からも同盟国からも巨額の借款に頼らなければならなかった。こうした費用の調達と借金の返済を、ともに可能とするために必要な金銭を、いまどこに求めたらいいのだろうか。「ドイツに払わせろ」という単純な解決案は、当然のことながらドイツ国民の反発に遭い、しかもそのような重荷を引き受けることは、ドイツには実際問題として不可能であるという現実にぶつかるのみであった。

互いに密接な関係にあったこれら二つの大きな問題——安全保障と賠償問題——は、単に独仏関係だけではなく、二大同盟国であった英米とフランスの関係にも暗い影を投げかけていた。フランスは戦時中だけではなく、戦後を迎えてからも、依然として英米の援助を必要としていたからである。

こうした点に関して、幻滅はすぐにやってきた。アメリカ上院はウィルソン大統領の約束を批准することを拒否し、そのためライン川を国境とすることをあきらめる見返りとして、クレマンソーが手に入れていた軍事支援の保証は意味を失ってしまったのである。また同じウィルソンの主導のもとに誕生した国際連盟によって、フランスに与えられるはずであった軍事支援の保証も、同様にあらゆる効力を失ってしまう結果となった。というのもイギリスは、国際連盟に真の介入の力を与えることを拒否してしまったからである。一方、戦後の経済復興に関して、英米はともに自国の負担をできるかぎり減らそうと努めていたが、その目的はもっぱらドイツ経済の再建を支援することであった。フランスが同じようにフランス経済の再建を理由に、戦時中に共通の戦争目的のために借り入れていた債務の軽減を求めたとき、英米はフランスの要求をまったく相手にしようとはしなかった。こうしたかつての同盟国の態度に対する恨みを、フランスはいつまでも忘れることはできなかった。

国民連合（ブロック・ナシオナル）

一九一九年十一月の国民議会選挙の結果誕生した《軍服議会《シャンブル・ブルー・オリゾン》》は、戦時中の団結の精神の存続を明らかに示すものであった。《国民連合《ブロック・ナシオナル》》と称された多数派の連合には、右派から急進共和派にいたるまで、ほぼすべての議会内グループの代表が参加していた。

この国民連合による統治の始まりには、いわば父親殺しのような趣がある。一九二〇年一月の新しい共和国大統領の選挙のときに、人びとは《勝利の父》クレマンソーの立候補を退けてしまったからである。この屈辱的な敗北を踏まえて、クレマンソーは政界を引退した。彼の後を受けたアレクサンドル・ミルランは、保守派に転じたもうひとりの社会主義者であったが、一九二〇年九月、ポール・デシャネルの後任として共和国大統領に選ばれ、彼自身も議会政治の場から遠ざかってしまった。ポール・デシャネルはクレマンソーよりも好ましい人物として大統領に選出されていたが、すぐにうつ症のために大統領の職務をまっとうすることができなくなっていたのである。

その後はレイモン・ポワンカレとアリスチッド・ブリアンという二人の人物が政治舞台を支配するようになった。ポワンカレは情熱的に仕事に取り組む几帳面な性格の人間で、平均的なフランス人にとって節約と道徳的廉潔のお手本であり、また外交においてはヴェルサイユ条約の完全な遵守を求める強い意志の持主であったが、もとよりこれはミルラン大統領の外交政策の基調そのものであった。一方、ブリアンは明敏で温和な性格の人間で、人の心をとらえる雄弁家であり、妥協による解決を求める傾向が強く、また社会主義の闘士としての過去から、人道主義的なイデオロギーに傾きがちであった。

共産党の誕生

社会党は国民連合から自発的に身を引いていたが、その後、党勢は党の根幹にかかわる深刻な分裂によって危機を迎えることになった。レーニンとボリシェヴィキによって設立された第三インターナショナルに対する対応をめぐり、トゥール会議（一九二〇年十二月）で激しい議論が交わされ、けっきょく、党は二つに分裂してしまったのである。かたや無条件に親ソヴィエト的で、革命を志向するフランス共産党が新たに誕生し、その一方で社会党（SFIO、労働者インターナショナル・フランス支部）は、ジョレスの民主主義的で愛国的な理想にあくまでも忠実であった。

党の分裂に呼応するかたちで、一九二一年七月、組合運動にも同じような分裂が生じている。かたや労働総同盟（CGT）では、社会党が掲げる社会主義の改革主義的精神が強調され、その一方で統一労働総同盟（CGTU）は、労働界における共産党の《指令伝達機関》となっていた。これら二つの巨大な労働者団体とは別に、一九一九年にはフランス・キリスト教労働者同盟（CFTC）も誕生しているが、この組織が大きな影響力を発揮するようになるのは、かなり後になってからである。

賠償問題

ブリアンは一九二一年一月から一九二二年一月にかけて政府の首班を務め、東欧にロシアの代わりになりうる同盟国を見いだすことに力を注いでいる。一方で、彼はポーランドがソ連に対抗して強力な国家となり、シュレージエンに領土を拡大することを支援し、また他方では、小三国同盟（チェコスロヴァキア、ルーマニア、ユーゴスラヴィア）の成立に力を貸していた。そこで当時とりわけ大きな不安要因となったのは、安全保障問題よりも賠償問題のほうであった。一九二一年にあいついで開催された国際会議の場で、フランスの立場は次々と崩されてしまったからである。

ブリアンは気力を喪失し、後任をポワンカレに託すことになった。ポワンカレはまず交渉に全力を尽くしているが、最終的にはドイツが連合国側の好意の裏をかいていると確信し、実力行使に踏みきる決意を固めるようになった。一九二三年一月、フランスとベルギーの合同部隊は、ドイツ工業力の主要な中心地であるルール地方の炭鉱と工場を管理下に置いた。こうした行動に対して、ドイツは最初消極的な抵抗を示し、無抵抗のストライキで対抗したのみであった。しかし経済の完全な崩壊の危

	対米ドル相場(1米ドルに対して)	小売物価指数(1938年を100とする)
1914年	5フラン	15
1919年2月	5.75フラン	—
1919年12月	11フラン	38
1920年12月	17フラン	53
1923年12月	20フラン	49
1924年3月	22フラン	56

機に直面し、ドイツもついには白旗を掲げざるをえなくなった。一九二四年一月、ドイツと連合国側のあいだで新たな交渉が開始され、その結果《ドーズ案》が採択された。賠償に関するこの調整案は、部分的にフランス側の要求を満足させるものであった。

戦後復興

経済再活性化の妨げとなっていた最初の困難が克服されると、フランス経済は膨大な需要にも支えられ、力強い復活をはたしている。一九二四年、経済の再建はすでに八〇パーセント近くまで達成されていた。税収が大幅に改善され、均衡予算の実現も考えられるようになった。

社交界、芸術界、文学界も、《新富裕層》の享楽願望に支えられ、同様に力強い輝きを放つようになった。こうした気運の高まりは、一九二五年にパリで開催された装飾芸術万国博覧会〔アール・デコ博〕において頂点を迎えている。そこでは戦前に見られたのと同じような、大展示会の伝統が復活していた。

しかし、こうした輝かしい社会の表舞台の裏側では、二つの不安な兆候が、一九一四年以前の《ベル・エポック》の生活の快適さをふたたび取り戻すことができると信じていた人びとの幻想を打ち砕こうとしていた。フランの交換価値は、戦時中はまだじゅうぶんに維持されていたが、一九一九年以降は一進一退をくりかえしながら、少しずつ低下し始めていた。また通貨膨張は、当局の不手際な対応もあって物価高を招き、固定収入で生活していたすべての人びとは大きな打撃を受けることになった。

宗教問題の鎮静化

国民連合の多数派から構成されていた歴代政府は、大戦前に国家とカトリック教会の関係を悪化させていた対立が再燃することを避けるよう努めている。ブリアンはヴァチカンとの外交関係の復活に力を尽くした。こうしたことから長い交渉が開始され、一九二四年には、教会所有の不動産に対して、ある程度は満足できる法的地位が承認され、また司教の任命に関する非公式の協議体制が整えられることになった。

2　政党政治の再燃

左翼カルテル

教会に対するブリアンとポアンカレの好意的な対応に、急進共和派は苛立ちを募らせ、一九二四年五月の選挙のときには社会党と手を結ぶようになった。こうした接近に関しては、物価高と税制をめぐる問題も大きな要因となっており、議会ではこの《左翼カルテル》が多数派を占めることになった。左翼カルテルはまず、左翼の綱領に反対の意向を表明していた共和国大統領ミルランを退陣に追いこんでいる。しかしミルランの後任として、もっとも穏健な急進共和派のひとり、ガストン・ドゥメルグが就任するのを妨げることはできなかった。社会党は、このとき急進社会党党首エドゥアール・エリオが組閣した内閣に参加しようとはしなかったが、それでも閣外協力は継続している。左翼カルテルの戦闘的な反教権主義は、カトリック陣営の怒りと不安をかきたててやまなかった。しかしエリオ内閣にとってそれ以上に致命的だったのは、大小資本家たちの不安である。彼らは国家財政の運営のために不可欠な公債に応募することを拒否してしまったからである。フランの下落はとどまるところを知らなかった。一九二五年四月十日、上院は従来の役割とは裏腹に、エリオ政権を退陣に追いこんでしまった。

こうして政局はきわめて不安定な時期を迎え、十六ヵ月間に六つの内閣が誕生しては消えてゆき、フランは下落しつづけてやまなかった。一九二五年七月、一米ドルは四十九フランとなり、一ポンドは二百四十フランにまで急落している(一九一九年は一ポンド=二十六フランであった)。

ポワンカレと財政再建

一九二六年七月ついにドゥメルグは、広範な国民連合内閣《ユニオン・ナシオナル》を結成するようにポワンカレに要請した。このポワンカレ内閣には社会党を除くすべての大政党の主要なメンバーが顔を揃えている。メロン=ベランジェ協定が調印され(一九二六年九月)、フランスの対米戦時債務をめぐる困難な問題がようやく解決されるはこびとなり、ポワンカレ内閣には英米の経済支援がもたらされることになった。信頼が回復され、フランの価値は急激に上昇し、フランスの輸出に悪影響を及ぼすほどであった。

一九二八年四月の国民議会選挙は、ポワンカレを支持していた右派と中道の勝利であった。そこでポワンカレは通貨制度の新たな改定に着手した。一九二八年六月二十五日の法律により、不換紙幣の強制的流通――一九一四年八月以来効力を有していた――には終止符が打たれることになった。ただし交換率は、一八〇三年三月以来変わることなく維持されてきた《ジェルミナル・フラン》の価値のもはや五分の一でしかなかった。すなわち従来の一フラン＝金三二七・五ミリグラムに対して六五・五ミリグラムにすぎず、その結果一米ドルは二五・五二フラン、一ポンドは一二四・二四フランになった。このフラン切り下げ――一連の切り下げの最初のものである――により、フランス政府は、ジェルミナル・フランで借り入れていた債務の一部を価値の下落したポワンカレ・フランで返済することができるようになった。しかしそのため、多くの場合愛国的な感情に駆られて金や預金を国に託していたすべての人びとから、国は借入金の五分の四を横領する結果となったのである。国の信用も、またフランス人一般の国民感情も、長期にわたって悪い影響を受けずにはすまされなかった。

しかしながら、当面この通貨の安定は、フランスによい結果をもたらしている。一九二九年以降、きわめて深刻なものとなった世界的な大経済危機のなかでも、フランは強い通貨であると考えられた。外国資本がフランスに流入し、公共財政は、一九一四年以降絶えてなかった安定と余裕を享受している。

ブリアンの外交

一九二五年四月から一九三二年三月にかけて成立したすべての内閣の構成において、またポワンカレ内閣のもとにおいても、外務大臣の職にあったのはブリアンであった。彼の和解政策が実地に展開されたのは、とりわけ国際連盟の場においてである。彼の主要な目的は、ドイツが新たな西側国境を自発的に承認することをドイツ側に求め、イギリスからはこの国境防衛の約束を取りつけることであった。それがロカルノ条約の目的だったのである（一九二五年十月十六日）。その一年後、ドイツは国際連盟への加盟を承認された。ブリアンは、彼が構想を練っていた広範な集団安全保障体制にアメリカを参加させることに力を尽くしているが、彼の努力は形だけの成果しか得ることはできなかった。戦争の全面的放棄を謳ったブリアン゠ケロッグ条約（パリ不戦条約）は、一九二八年八月二十七日、十五ヵ国の代表により、パリで正式に調印されている。しかし、これはなんら実効性のある制裁をともなうことのない、高邁な意図の表明でしかなかった。それゆえにこそ、五ヵ国を除いて世界中の国々がこれに賛同することが可能だったのである。

ドイツ外相シュトレーゼマンはこうした和解ムードを利用し、ハーグ会議の席上で（一九二九年八月）、ラインラントからの占領軍の期日前の撤退、併せて賠償問題に関しては、新たな枠組み――ヤング案――の実現に努めている。ヤング案には、ドイツの債務総額の実質的な削減、およびドイツの財政に対する外国による管理の停止が盛りこまれていた。

ブリアンは《平和の使徒》としての自分の姿にますますとらわれるようになっていったが、それとともにフランス世論の一部からは、弱腰と過度の楽天性を非難されるようになった。さらに一九二九年九月、彼はヨーロッパ連邦の構想を打ち出し、先駆的な予言者としての姿を示している。しかし彼の計画が真面目に受けとめられることはなかった。

右派政権

財政再建が成功したことにより、急進共和派は自由な行動を取ることができるようになった。彼らはこの機会を利用して、ふたたび野党の立場に移行している（一九二八年九月）。そのためポワンカレは、右派と中道の政党のみから構成される政権を発足させた。一九二九年七月二十九日、ポワンカレが健康上の理由から引退せざるをえなくなってからも、この同じ連立政権は、一九三二年五月の選挙まで、あいついで成立した九つの内閣で権力を掌握しつづけている。この期間を通じてもっとも顕著な活躍を続けていた政治家は、アンドレ・タルデューであった。彼は大ブルジョワジーの出身で、すぐれた知性の持主であったが、性格は狷介《けんかい》で、議会政治が政党間の駆け引きの場と化し、機能麻痺の状態に陥っている現実を前にして、テクノクラートとして嫌悪を隠そうとはしなかった。彼は伝統的な政権争いという轍からの政治の脱却をめざし、みずからの政権において経済的・社会的進歩の実現を優先課題としている。それゆえ彼は社会保障制度と家族手当制度を整備し、また良好な財政状態を利用して、道路、鉄道、電化、研究所、病院など、国内の物理的設備の大幅な刷新計画に着手した。

同時にマジノ線の建設が開始されている。この総合的な大規模地下要塞は、フランス北東部国境の安全を保障するものと考えられていた。

植民地帝国

広く国民のあいだに漂っていた幸福感は、同様に植民地で達成されていた成果をも糧としていた。一九三一年、パリでは植民地博覧会が開催され、人びとは祖国の栄光を讃えてやまなかった。この博覧会は植民地帝国崩壊以前に開催された最後の大きな祭典だったのである。第一次世界大戦の結果、フランス帝国はさらに版図の拡大をはたしていた。一九一一年にドイツに割譲された赤道アフリカの領土を取り戻しただけではなく、フランスは旧ドイツ植民地の一部、カメルーンとトーゴを手に入れ、また旧オスマン帝国の一部であったシリアとレバノンに対する暫定的な委任統治権をも手中に収めていた。征服された住民たちの民族主義的な感情の目覚めも、当時はまだ宗主国フランスに不安を与えるようなものではなかった。民族主義運動はまだ、多くがパリ留学の経験のある知識人によって指導された小さなグループの活動にすぎなかった。彼らが共産党の支持を得ていたということも、多くの共感を得ることの助けにはならなかった。もっとも深刻な武装抵抗運動であったモロッコのアブド・アル＝カリームによる抵抗運動（一九二五〜二六年）は、むしろ最後の征服戦争といった趣のあるものであった。

3　体制の崩壊

急進共和派の復帰

一九三二年五月の選挙は左翼政党に過半数の議席をもたらした。社会党は依然としてブルジョワ政権に参加することに嫌悪感を募らせていたので、二年間にわたって不安定な政権の指揮にあたったのは急進社会党であった。

急進社会党による脆弱な政権は、多くがどうすることもできない外的要因ゆえの、あまたの危険と困難に直面することになった。

——財政的困難。世界的な経済危機の結果、ドイツは戦後賠償金の支払いを停止するにいたった。アメリカ大統領フーヴァーによる一年間の総括的モラトリアムの後、ローザンヌ会議が開催され（一九三二年七月）、ドイツは三十億金マルク（ライヒスマルク）の未払金を支払うことによって、あらゆる債務から解放されることになったのである。もっともこの取り決めも、それから間もなくヒトラーによって拒否されてしまった。当初の要求額であった六百二十億フランの代わりに、フランスが一九二〇年から三一年にかけて受け取ったのは、現金で八十億フラン、現物で四十億フランを多少上回る程度にすぎない。こうした賠償金の支払いも失われてしまったため、一九三二年以降、予算はふたたび歳出超過に陥ってしまった。さらにフランス経済は、当初は世界的な経済危機を免れていたものの、その後は逆に多くの困難に見舞われるようになった。輸出は激減し、生産活動は低下し、失業が蔓延し、多くの国民が将来に対する不安を覚えるようになり、資本は流失していった。

──国外からの脅威。一九三三年一月、ヒトラーが政権を掌握し、早くも同年十月、ドイツは大見得を切って国際連盟から脱退し、ブリアンの夢の破綻が明らかとなった。すでにイタリアに根を下ろしていたファシズムは、他のヨーロッパ諸国にも伝播する恐れがあった。それとはまた正反対の意味で、ソヴィエトの脅威が高まっていた。スターリン独裁のもとで、ソ連の混乱のなかからは恐るべき経済・軍事大国が出現し、この軍事大国は各国でコミンテルンの破壊活動工作員を支援しつづけていた。フランス人はコミュニズムとファシズムのいずれをより多く恐れるかによって、対外的な友好感情についてのみずからの立場を決定するようになり、そのことが政治的情熱をさらに煽りたてる結果となっていた。

──極右団体の増加。議会政治に対する信頼が失われ、ファシストとナチスによる手本が示されたことにより、多くの右翼団体が誕生し、そこに結集した人びとは、彼らの主張を街頭活動によってアピールしようとした。王党派のアクシオン・フランセーズは、一九二六年にピウス十一世の非難を受けて極端に弱体化してしまっていたが、その後、パリ選出代議士ピエール・テタンジェの創設によるジュネス・パトリオット（青年愛国党）、またなによりも退役軍人組織クロワ・ド・フー（火の十字架団）が誕生している。クロワ・ド・フーは、ド＝ラ＝ロック陸軍中佐の指揮のもとで急速に勢力を拡大し、一九三五年に二十六万人の団員を数えるまでになった。

一九三四年二月六日の危機

政財界を巻きこんだ一大疑獄事件が発生し、極右団体は大規模な反体制活動を展開する絶好の機会を手に入れた。一九三三年十二月末、ロシア系ユダヤ人のペテン師スタヴィスキーによる大がかりな詐欺事件がマスコミに暴露されたのである。幾名かの政治家たちもこの事件に絡んでいた。事件は翌一月、新たに詐欺師スタヴィスキーの死、また捜査を担当していた判事の死といった衝撃的な展開を通じて、ますます大きな反響を呼ぶようになった。時の首相カミーユ・ショータン自身、事件への間接的な関与がささやかれ、辞職を余儀なくされた。後継者に指名された急進社会党のエドゥアール・ダラディエは、二月六日に議会で信任投票を受けることになった。極右団体およびいくつかの退役軍人組織は支持者たちを動員し、下院のブルボン宮に向けて行進を開始した。統制のとれていなかった彼らは警官隊と衝突し、警官隊が発砲するに及んで十六名の死者とおよそ二千名の負傷者が出た。

ダラディエは激しい非難を浴びて辞任し、人びとは元共和国大統領のガストン・ドゥメルグに出馬を要請し、エリオ、タルデューらを含むユニオン・ナシオナル内閣が誕生した。ドゥメルグはデクレ

＝ロワ（法律と同等の効力をもつ政令）による権限行使の権利を要求し、行政権の強化を可能とする憲法の改正に踏みきろうとした。しかし急進社会党はこれを断固として拒否した。ドゥメルグは政権を放棄せざるをえず、政局は一九三四年から三六年にかけて、またしても短命な内閣のあいつぐ叢生の場と化してしまった。これらの内閣を支えていたのは、多くの場合中道派と急進派の連立である。

国際的危機の高まり

この二年間、国内的には経済が停滞し、デフレ政策と公務員給与の削減が進められたが、たいした成果も得られなかった。その一方で、国際間の緊張も深刻な状況に直面していた。イタリアはエチオピア征服戦争に乗り出し（一九三五年十月）、その結果、国際連盟の無力が明らかになるとともに、ムッソリーニと同盟関係を築こうとしていたフランス外相ピエール・ラヴァルの努力は水泡に帰してしまった。ムッソリーニはヒトラーに接近したのである。

ドイツの脅威を前にして、フランスの指導者たちはかつての仏露同盟の再現を考えるようになった。仏ソ条約は一九三五年五月に調印され、議会はこれを一九三六年二月二十七日に批准している。ヒトラーは、仏ソ条約の成立はロカルノ条約を無効にするものであると宣言し、非武装地帯のラインラントに軍隊を進駐させた。この明らかなヴェルサイユ条約違反に対して、当時急進党のアルベール・サローを首班としていたフランス政府は、単に口頭による抗議を表明したにすぎなかった。イギリスはあらゆる軍事行動に反対していた。こうしてヒトラーの計画を阻止する最後の機会も失われてしまった。

人民戦線

国内的には極右団体の活動、国外的にはヒトラーとムッソリーニの台頭によって、ファシズムの脅威は高まる一方となり、左翼の諸勢力は陣営の引き締めを図るようになった。こうした団結の動きには、共産党も歩調を合わせることが可能であったが、それはモスクワからの指令があったからであり、しかもソ連政府は、ブルジョワ国家フランスと同盟を結ぶというお手本さえ示していたからである。こうした流れのなかで、労働組合の活動家たちは政治家たちよりも一歩先を進んでいた。というのも一九三六年三月、社会党系の労働総同盟と共産党系の似たような組合組織、統一労働総同盟のあいだで統合が実現されたからである。政党間に関しては、人民戦線《フロン・ポピュレール》という名称のもとで戦術的な結束が図られ、《ファシズム阻止》《パンと平和と自由》の保証が綱領に掲げられることになった。一九三六年五月の国民議会選挙で、人民戦線は三百七十八議席を獲得し、これに対して右派中道諸政党は二百四十一議席を確保したのみであった。ただし人民戦線が勝利したなかで、急進社会党は六十万票を失って議席を四十三減らし、それに反して共産党は七十万票を上乗せし、議席数は十から六十二へと大幅な躍進を示していた。それでも共産党は政府に参加することを拒み、閣外協力を約束したのみであった。急進社会党は反対に、社会党党首レオン・ブルムによる内閣に参加している。ブルムは繊細で高潔な知識人であったが、あまりにも良心的で誠実な人間であり、どのような煽動とも無縁な政治家であったので、大衆の心をとらえて彼らの先頭に立つことも、合法性に反する政治行動に走ることもできなかった。

ブルム内閣

権力の座に就く（六月六日）とすぐに、ブルムは危機的な社会状況に直面しなければならなかった。選挙の勝利による高揚感のなかで、組合活動家たちは下部組織からの突き上げもあり、彼らが望んでいた経営者側からの譲歩をただちに引き出そうとしたのである。野外パーティーのような雰囲気のなかで、百五十万人の労働者がストライキに入り、昼夜を問わず仕事場を占拠しつづけた。ブルムは労働総同盟と経営者側の代表を招集し、彼の調停のもとで《マチニョン協定》が締結された（マチニョンというのは首相官邸の名称である）。一〇～一五パーセントの賃上げに加えて、組合側は企業内での彼らの影響力を保障するあらゆる権利を獲得することができた。その数日後、政府は週四十時間労働と有給休暇を制定するための法案を追加している。

さらに、小麦庁の設置は農業収入の安定と増加を可能とするはずであった。フランス銀行には新たな定款が定められ、理事会における国代表の優越的地位が確立された。大規模な土木事業計画は失業問題の解消に役立つものと考えられた。労働階級の社会的地位を向上させるために、中等教育の改革が進められ、大衆のさまざまな余暇のための計画が実施に移されている。

しかしながらこうした改革の情熱は、すぐに解決不能な困難に逢着することになった。期待されていたような景気の回復は見られず、賃上げの効果は物価の上昇によって相殺され、ストライキやデモは依然として散発的にくりかえされて、生産に由々しい影響を与えていた。貿易収支の赤字は膨らむ一方となり、資本の流出は増加しつづけていた。政府は選挙綱領に反して、フランの新たな切り下げを余儀なくされた（金六五・五ミリグラムから四三ミリグラムへ）。急進社会党の閣僚たちの苛立ちを抑え、また広く国内の不安を鎮めるために、一九三七年二月、ブルムは改革を《一時休止》すると発表した。

国外の事件も混乱を助長してやまなかった。一九三六年七月に始まったスペイン内戦によって、人びとはスペイン共和国防衛の情熱をかきたてられた。共産党は、イギリスに追随して不干渉政策を決定したブルムに激しい非難を浴びせかけた。四面楚歌の状態に陥ったブルムは議会に全権を要求した。上院がこれを拒否したのを受けて、ブルムは辞職した(一九三七年六月二十二日)。

人民戦線最後の内閣

ブルムのあとを受けて首相の座についたのは、急進社会党のショータン、次いでダラディエである。二人は、はじめは人民戦線の綱領どおりに社会党の参加と共産党の支持を受けていたが、その後国外の危機が高まるにつれて、極左勢力からの協力を遠ざけるようになり、代わりに右派・中道の穏健派からの支持を求めるようになった。当時はデクレ＝ロワによる統治が広くおこなわれ、そのことからも議会制の機能不全は明らかであった。逆に経済は回復に向かっていたが、その下支えとなっていたのは、軍備拡張計画であるとともに大蔵大臣ポール・レノーによるエネルギッシュで着想豊かな経済政策である。

戦争の足音

ブルムの辞職の後、急進派の内閣は、とりわけ外務大臣ジョルジュ・ボネの主導のもとで、ドイツとイタリアに対し宥和政策を取りつづけた。一九三八年三月のヒトラーによるオーストリア併合は、いかなる抵抗にも遭わず、フランスは形だけの抗議を表明したにすぎない。

それからまもなくしてヒトラーが引き起こしたチェコスロヴァキア問題に関しては、事情は別であった。フランスはチェコスロヴァキアの防衛を条約で約束していたからである。しかし独仏の力関係から、フランス単独での武力介入は論外であった。ところでイギリスはこのときも戦争を忌避したのである。一方、ソ連は戦闘に参加する用意があると表明していたが、それにはポーランドとルーマニアがソ連軍の領内通過を認めることが条件であり、これは両国がまったく受け入れることのできない話であった。フランスに残された道は、交渉による解決を求めていた英国の指導者、チェンバレンとハリファクスの外交努力に協力するということでしかなかった。こうして結ばれたのがミュンヘン協定であり（九月三十日）、これによりチェコスロヴァキアの分割が決定されたのである。フランスの世論は二つに割れ、大多数が安堵の溜息をついた一方で、先見の明のある一部の人びとは激しい怒りに駆られていた。

一九三九年三月、チェコスロヴァキアの残された領土もドイツに併合されてしまったが、これを境にイギリス外交は百八十度の転換を示すことになった。イギリスは突如としてヒトラーの行動に秘められていたほんとうの意味を理解したのである。ドイツの脅威にさらされていた中小のすべての国々に、イギリスは急遽支援の保証を与えるようになった。なかでも重要な意味をもっていたのは、久しい以前からフランスと防衛条約で結ばれていたポーランドである。さらにドイツの次の目標がグダニスクであるということが明らかになったとき、イギリスとフランスは一九三九年四月、ソ連との交渉を開始した。もっともこの交渉は八月に暗礁に乗り上げてしまった。英仏とソ連は互いに不信感を募らせていたからであり、また、それとともに、ソ連軍が自国領内に入ることをポーランドがけっして認めようとはしなかったからである。そこでスターリンはヒトラーに接近するようになった。一九三九年八月二十三日、独ソ不可侵条約が締結され、両者間の共謀関係が確立された。依然として協調的な口調でなされていた八月二十五日のヒトラーの発言に対して、ダラディエは、ヒトラーのさらなる侵略に対してフランスはポーランド防衛の誓約を守るであろうと答えている。

ドイツ軍がポーランドに侵攻したその日に（九月一日）、フランス政府は総動員令を発令した。動員は士気の高まりも見られない諦念のなかで進められ、一九一四年八月の熱狂とは対照的であった。翌二日、議会も同様に避けることのできない現実を受け入れることを承認し、議論もおこなわれないまま戦時予算が可決された。九月三日夜、正式に宣戦が布告された。

第二十六章

Histoire de France

第二次世界大戦

ヒトラーによって強いられた戦争において、フランスはかつて経験したことのない軍事的大敗北を喫し、四年間にわたりドイツの軍事的支配体制のもとに置かれることになった。第三共和政はこうした不幸の責任を問われて崩壊し、それに代わってペタン元帥の独裁的な政権がヴィシーに樹立された。ペタン政権は、当初は国民に安堵とともに迎えられたが、占領軍との融和を図るためにとられた数々の対応によって人びとの信頼を失っていった。それとは逆に、ドゴール将軍によってまず国外から開始されたレジスタンス運動は、当初ほとんど賛同者を得られなかったものの、最終的には国民の大多数の支持を集めるようになった。

ペタン元帥の肖像とラジオ放送

1　敗戦

奇妙な戦争

ポーランドは九月末にはすでに制圧され、国家としてはもはや存在せず、国土はドイツとソヴィエト・ロシアによって分割されていた。フランスの参戦はザール地方でおこなわれた形だけの攻勢にとどまり、それも十月一日には早々に中止されていた。それでもダラディエは、十月六日にヒトラーからなされた、既成事実の承認を踏まえたうえでの和平の提案をあくまでも拒絶している。じつを言うと、ヒトラーはすぐにでも西部戦線で攻勢をかけるつもりであった。ただその年の秋と、また例外的に過酷なものであった冬のきわめて不順な気象条件ゆえに、彼は攻撃を延期せざるをえなかったのである。一方、連合軍側はひたすら防衛一方の待機戦術に出ていたが、それはその間に軍備の不足を補い、経済封鎖によってドイツが弱体化することを期待してのことであった。

その結果、ほぼ完全にいかなる戦闘も発生しないという半年間が経過していった。この《奇妙な戦争《ドロール・ドゥ・ゲール》》〔英語ではPhoney War〕と呼ばれた時期は、フランス国民の精神にきわめて悪い影響を及ぼしている。侵略者を追い返さなければならないという差し迫った状況ではなかったため、動員された者もそうでない者も含めて、人びとは彼らの個人的な安楽と利益を求めるようになった。敗戦・平和主義は、一方では独ソ条約が締結されたために、突如として一九三六年以前の反軍国主義に舞い戻ってしまった共産党によって、また他方では、口にこそ出さなかったものの、終了の時期も目的もはっきりとしない戦争に終止符が打たれることを期待していた人びとによって、支持されていた。

十一月三十日にソ連軍の攻撃を受けながら、フィンランドが果敢な防衛を示したことから、スカンジナヴィア諸国を通して戦争に介入するという案が浮上してきたが、およそ実現不可能ということで見送られた。ダラディエは無気力な対応を非難されて辞職した（一九四〇年三月二十日）。

代わりに登場したポール・レノーは、中立国ノルウェーの港ナルヴィクを経由し、ノルウェーの沿岸水域を通って運ばれていたスウェーデンの鉄鉱石――ドイツにとって重要なものであった――をドイツから奪うための作戦を、イギリスと協力して準備している。しかしヒトラーは連合軍の機先を制し、デンマークとノルウェーに侵攻した（四月七〜九日）。フランスはそれでも鉄鉱石積出港であるナルヴィクを占領することに成功している（五月二十八日）。しかしこのとき、戦争の帰趨はすでにほかのところで決定されようとしていた。

電撃戦（五〜六月）

ドイツ軍は準備にじゅうぶんな時間をかけ、五月十日の朝、ベルギーとオランダに対する大規模な攻撃を開始した。戦闘は英仏連合軍にとって最悪の状況のなかで発生した。即応態勢にあったフランス軍師団の半数以上が、東部国境沿いのマジノ線に釘づけにされていたのである。マジノ線をフランス・ベルギー間の国境に沿って延長する代わりに、フランス軍は、ベルギーの北部を流れ、エスコー川とムーズ川という自然の要害に連なる、アルベール運河沿いの防御ラインをあてにしていた。ベルギー軍だけではこの防衛ラインを守ることは不可能と思われていたので、フランスはあらかじめこの地域にフランス軍部隊を配置しておくことを希望していた。しかしベルギー政府は、国王レオポルド三世の意向を受け、一九三六年に採用された厳正中立路線を放棄することを最後の最後まで拒みつづけた。総司令官ガムランは、そこでできるだけはやく、もっとも強力な数個師団をベルギーに送り、ベルギー軍とオランダ軍の残存部隊と合流し、フランスの国外で戦闘を開始することを決定した。ところでこうした動きは、ヒトラーの作戦にとって、まさに願ったりかなったりであった。ヒトラーは、マジノ線の先端部分と連合軍の戦闘態勢の機動部分とのあいだの結合部という最大の弱点に攻撃を集中することを考えていた。そのあたりにはアルデンヌの山岳地帯と森林地帯が広がり、地形はいくつもの深い谷によって分断されていたので、フランス側はドイツ軍機甲部隊による攻撃をあまり想定していなかったからである。ついで敵陣を突破することができたならば、すぐに北西部へと向かい、ベルギー領内で危険な状態に陥ってしまった連合軍を包囲する、これがヒトラーの作戦であった。要するに第一次大戦時のシュリーフェン作戦と同じような作戦であったが、ただその方向性が逆だったのである。作戦は予定どおりに展開された。早くも五月十五日には、分断されたフランスの防衛ラインは修復不能と考えられた。五月二十日、ドイツ軍の機甲縦列部隊はアブヴィル近くの海岸線にまで到達し、四十五師団もの英仏軍は北部に孤立させられてしまったのである。兵士たちの多くはダンケルクからイギリスへ渡り、窮地を脱することができたが、しかし装備はすべて敵軍の手に落ち、その損害の回復には数ヵ月が要されることになった。五月十九日、敵軍にまわりこまれたガムランは指揮権を剝奪され、後任には、かつてフォッシュ将軍のもとで参謀長官を務めたことのあるヴェガン将軍が選ばれている。同時に、ペタン元帥が副首相として政府に参加することになった。第一次大戦時の古き栄光に訴えることにより（ヴェガンは七十三歳、ペタンは八十四歳であった）、レノーは国民の自信を回復させようとしたのである。

道をふさぐ大量の避難民の群れに動きを妨げられ、ヴェガンは敵軍を排除するために当初計画していた反撃を予定どおりに実行することはできなかった。それでもソンム川の河口からヴォージュ山地にかけて、彼はほぼ連続する最後の防衛ラインを再構築している。しかし、六月五日から十日にかけて、この防衛ラインも数ヵ所で突破され、その後は孤立した部隊が敵軍から逃れるために退却を開始し、パニックに陥った何百万人の避難民のなかを逃げまどうといったありさまであった。さらに不幸に追い打ちをかけるように、戦利品の分け前にあずかろうとして、イタリアが参戦を決定した（六月十日）。

休戦

閣僚たちは六月十日、急遽パリを離れ、十四日にボルドーで再会している。その間、軍指導部とイギリスの指導者たちを交えて、紛糾した議論がくりかえされ、そのあげくにレノーは大胆な案を抱くようになった。フランス本土ではあっさりと軍事的敗北を認め、無益な戦闘を停止し、それとともに搬送可能なすべてのものをともなって、政府は北アフリカに移動し、そこでイギリスの側に立って戦闘を継続する、というのである。そうすれば植民地帝国の資源を活用し、まだ手つかずのフランス艦隊の威力を存分に発揮することができるであろう。しかしヴェガンとペタンはこの案に断固として反対した。ヴェガンは軍だけが敗北の恥辱と責任を引き受ける結果になることを望まなかった。ペタンは、政府の務めはフランス国民のなかにとどまり、国民が試練を耐えるのを助けることであると主張した。二人はともに、イギリスは長くもちこたえることはできず、いずれ平和交渉を求めるようになり、そのつけはフランスにまわされるだろうと考えていたのである。

十六日夜、レノーは政権をペタンに移譲し、ペタンはただちに休戦交渉を開始した。ヒトラーはフランス海軍の艦船がイギリス艦隊の強化につながってしまうことだけはなんとしてでも避けなければならないと考えていた。また彼には、フランスに独立した政権のごときものが存在し、それがドイツに代わって行政上の任務と秩序の維持にあたってくれるならば、そのほうがはるかに好都合であるように思われた。こうした理由からヒトラーの態度は比較的協調的であった。もっとも自分の勝利を象徴的な行為によって祝福するという喜びまで手放したわけではない。休戦条約が署名されたのは（六月二十二日）、ヴィルヘルム二世のドイツが一九一八年十一月十一日に敗北を認めたのと同じ、ルトンドの地においてである。戦闘行為が実質的に停止されたのは六月二十五日、イタリアとの休戦条約がローマで署名されてからである。

フランスは大きく二つに分断された。占領地区はフランス北部全域と大西洋岸におよび、ドイツの軍事的統制のもとに置かれることになった。南部にはいわゆる《自由》地区が認められ、そこでフランス政府は主権国家としての体裁をひととおり維持することが許され、十万名の軍隊を保有することも承認された。フランス艦隊は、植民地帝国防衛のためのいくつかの艦艇部隊を除いて、本来の母港に集められ、武装を解除されることになったが、ただドイツ軍はそれには手をつけないことを約束していた。あらゆる戦争の習慣にしたがって、占領軍を維持するための費用は敗戦国の負担とされ、戦争捕虜（百五十万人）の解放は、平和条約の締結後ということになった。

2　ペタン元帥の政府

第三共和政の崩壊

ボルドーは占領地区に位置することになったので、ペタンと彼の政府はボルドーを離れてヴィシーに移り、この温泉町の豪華な療養ホテルが政府機関を受け入れることになった。

大部分のフランス人は安堵をもって休戦を歓迎していた。彼らの感謝の念は、みずからの栄光と平穏な生活を危険にさらしてまで、国家を最悪の不幸から救おうとした老元帥のほうへと向けられていた。一方、ペタン自身は、みずからの使命が国家刷新の事業に着手することであると信じていた。こうした道のりへ向けての第一歩は、国家を破滅へと導いた第三共和政という忌まわしい政治体制を完全に葬り去ることであった。

このような政治作業の遂行にあたったのは、ペタンによって白紙委任状を与えられた上院議員のピエール・ラヴァルである。七月四日から十日にかけて、ラヴァルは説得と威嚇を巧みに使い分け、ヴィシーに招集された上院議員と下院議員、および権威の低下していた共和国大統領アルベール・ルブランを説得することに成功した。七月十日、両院は合法的に国民議会として統合され、以下の文面を、賛成五百六十九票、反対八十票、棄権十七票で採択している。

《フランス国（État français）の新たな憲法を、一回あるいは数回の法律行為によって公布することを目的として、国民議会は、ペタン元帥の権威および署名のもとにある共和国政府に、すべての権限を与える。この憲法は労働と家族と祖国の権利を保障するものとなるであろう》

ヴィシー体制

すぐに公布された最初の《準憲法的法律（actes constitutionnels）》は、共和国大統領の職務を廃止し、《フランスの元帥にしてフランス国首席》に全権を与え、副首相のピエール・ラヴァルを万一の場合の後継者に指名していた。しかし予告されていた憲法の公布は延期された。

当面、老元帥はあらゆる権威の唯一の源となり、絶対君主のごとき存在としてある種の崇拝の対象となっていた。実際問題として、ペタンは高齢のために明晰な思考も意思の力も衰えており、多くの場合、側近と閣僚たちの操り人形のような存在にすぎなかった。上級行政職と忠実な崇拝者たちのなかにふたたび姿をあらわすようになっていたのは、第三共和政によって排斥され、不安と失望を強いられていた人びとである。すなわち、かつての王党派、カトリックとプロテスタントの双方を含むキリスト教徒たち、軍人、大実業家、また右翼であれ左翼であれ、親ファシズム的であった反議会主義者たち、などである。《国民革命》は《労働、家族、祖国》をスローガンに掲げ、みずからをフランス革命の原理から生まれた議会制民主主義に対する反動として位置づけていた。この《国民革命》が確立しようとしていた新たな秩序の模範となっていたのは、はじめのうちは国民社会主義（ナチズム）というよりも、むしろポルトガルのサラザール体制に見られたようなキリスト教的な同業組合主義と道徳的秩序である。それゆえ労働組合連合は廃止され、代わりに当局の指名による労使代表からなる同業組合組織が設置された。農業同業組合が農業を統括し、他の経済部門はそれぞれの組織委員会の管轄に属することになった。若者たちは《フランスの仲間》運動に加わるように奨励され、また兵役年齢に達した若者たちは《青年錬成所》に登録された。在郷軍人部隊が結成され、ヴェルダンの勝者ペタンを支えるために、第一次世界大戦に参加した旧兵士たちを動員することになった。

しかしながらその後、ヴィシー体制はしだいに、ヒトラー・ドイツに見られた全体主義体制の醜悪な行動と制度を取り入れるようになっていった。不法な逮捕と勾留、警察による強制尋問、特別法

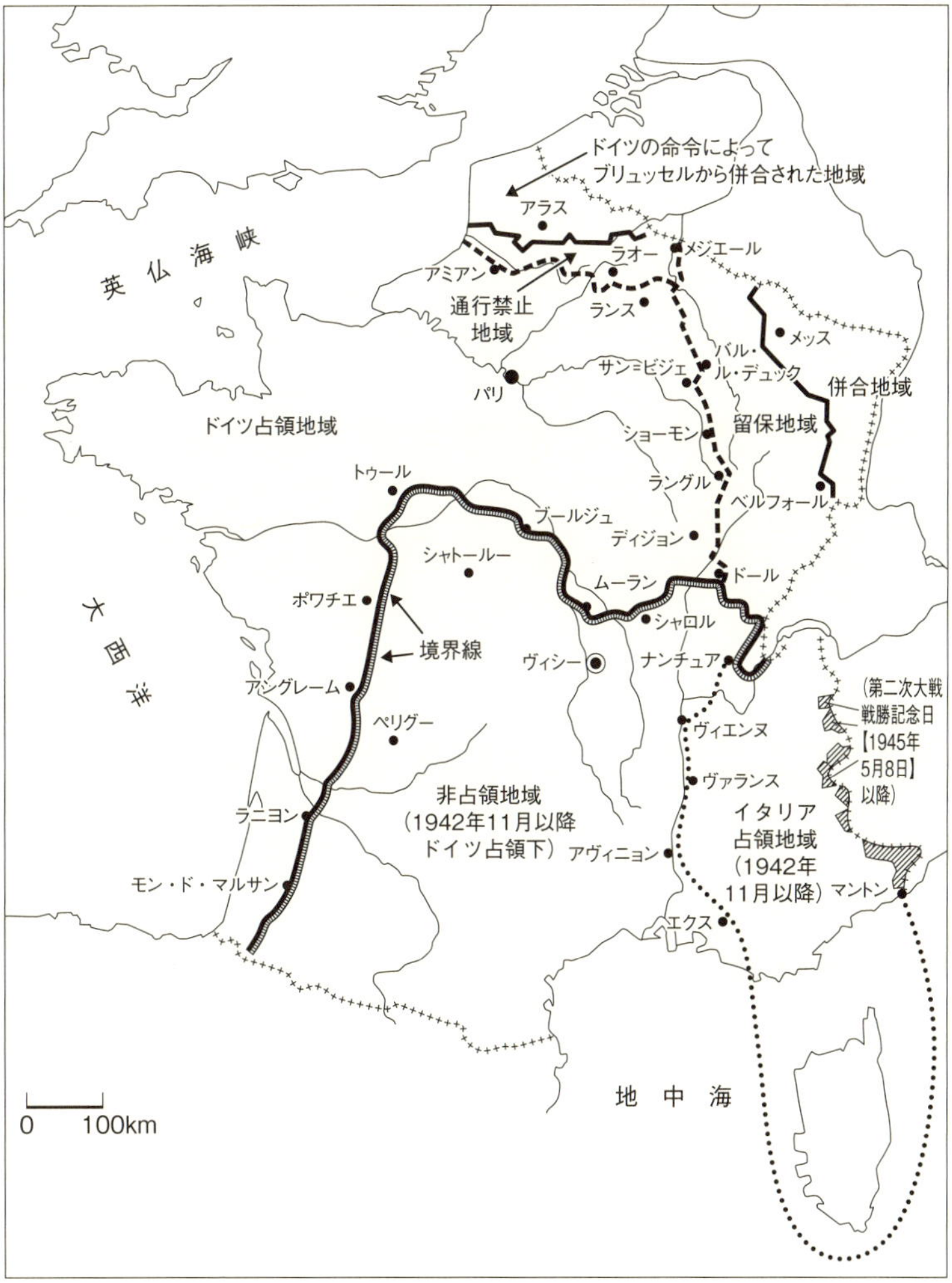

フランスの分割（H.Michel, La Seconde Gurre mondiale, t. I, P.U.F.）

廷、ユダヤ人の迫害、そして悲しむべきことに、不気味なＳＳ（ナチス親衛隊）を連想させるほかはない、《秩序維持》のための親独義勇軍の設立などである。

占領地区

休戦協定に違反して、ドイツはアルザス・ロレーヌ地方の三つの県をあっさりとドイツ帝国に併合してしまった。兵役年齢に達していたこれらの県の若者たちは、ドイツ国防軍に強制的に編入され、行政と土地のドイツ化が積極的に進められている。さらにノール県とパ＝ド＝カレ県は、ブリュッセルの軍政司令部の管轄地区になった。占領地区内のフランスの他の部分は、パリに在住する軍司令官の支配下に置かれ、この軍司令官の補佐――かつ監視――に当たっていたのは、防諜機関と宣伝活動部、さらに外務省代表として駐仏ドイツ大使の地位にあったオットー・アーベッツである。占領地区に残されていたフランスの行政機関は、こうしたドイツ側の諸機関の厳しい管理下に置かれていた。ヴィシー政権のすべての法律行為――任命であれ、さまざまな法令であれ――には、ドイツ側の承認が必要であった。イデオロギー上の理由から、あるいは利害に駆られて、進むべき道を見失ってしまった何人かのフランス人は、マスコミあるいはファシズム寄りの組織を通じて、こうした抑圧に協力するようになった。その代表的な人物としては、かつて人民戦線内閣の閣僚を務めたこともある社会主義者のマルセル・デア、また共産党を離れた後、フランス人民党（ＰＰＦ）を結成していたジャック・ドリオらがいる。彼らはヴィシー政権を激しく非難していたが、それはヴィシー政権がドイツ側の主張を全面的に支持することに難色を示していたからである。

ドイツ当局は休戦協定の諸条項、さらには彼らが一方的に追加したそれ以外の条項を盾にとり、フランスの富を徹底的かつ暴力的に搾取するようになった。こうした徴収によって奪われた富の総額は、フランスの国家収入の五〇パーセント以上に上ったものと考えられる。フランス人は、とりわけ都市部において、配給、飢え、寒さを体験した。また恐怖にもさらされていた。ドイツ警察（ゲシュタポ）の恐怖、また英米軍による爆撃の恐怖は、日ごとに募る一方であった。

初期の対独協力

ヴィシー政権の政治方針は、ドイツとの関係をどのように考えるかという一点をめぐって、さまざまな変遷をたどっている。当初、休戦協定の受け入れに関して二つの意見が対立していた。国防相のヴェガン将軍をはじめ幾人かの人びとは、休戦協定は忠実に履行するが、それでも一時的な勝者にすぎないドイツにことさらに迎合する必要はないと考えていた。これに対してピエール・ラヴァルを領袖とする他の人びとは、フランスの将来を救うための最良の方法は、ドイツの戦争努力に全面的に協力することであると主張した。そうすれば戦争が終了した時点で、フランスはよりよい扱いを受けることができるであろう。一方、ペタン元帥の場合、彼の態度を基本的に決定していたのは、ポーランドを襲った恐ろしい運命をフランスにもたらさないようにし、フランス国民と戦争捕虜の苦しみを少しでも軽減したいという願いであった。そこから導き出された彼の方針は、第一次大戦後のドイツと同じように、《策を弄して》時間を稼ぎ、独立政権の外観を維持しつつ、ヴェガンとラヴァルのどちらの方針にもしたがわないというものであった。

親独的な政策を遂行するにあたり、ラヴァルはひとつの悲劇的な事件を論拠とすることが可能であった。アルジェリアの錨泊地マルサ・アル＝カビール（メルサルケビール）に停泊していたフランス艦隊の大部分が、七月三日、イギリス軍の攻撃によって破壊されてしまったのである。イギリス軍はこれらの艦艇がイギリスに敵対して利用されることを恐れたのだった。この攻撃によって千三百名の水兵が犠牲となり、フランス人は心に深い傷を負い、怒りに震え、フランス海軍の育成に力を注いできた主要な人物のひとり、ダルラン提督はイギリスに対して終生変わることのない憎悪を抱くようになった。

ラヴァルはヴェガンの反対に邪魔されるのを避けるために、ヴェガンをアルジェリアの民事・軍事総督に任命して政府から遠ざけるようペタンに働きかけた（九月六日）。ヒトラーがスペイン総統フランコと会見するためにスペイン国境を訪れた機会を利用し、ラヴァルは彼の政策を進めていった。十月二十四日、モントワール駅でペタンとヒトラーが会談し、その結果、独仏間の《協力《コラボラシオン》》という新たな政策が打ち出されることになった。この行為はフランス世論に激しい衝撃を与えたが、ペタンが期待していたのはフランス国民の苦しみを少しでも軽減することであった。しかし実際にはその効果はほとんど見られず、ペタンは幻滅し、ラヴァルに敵対していた閣僚たちによる一種の陰謀に加担するようになった。こうしてラヴァルは突然に解任され、ドイツ側はこれに対して激しい怒りを表明したのである（十二月十三日）。

ダルラン

ラヴァルに代わって外相に就任したピエール＝エチエンヌ・フランダンは、右派の大物代議士で、すぐれた知見と勇気の持主であったが、ヴェガンが主張していた政策を追求することは、時間的にほとんどできなかった。翌一九四一年二月九日、ドイツ側からの命令によって解任されてしまったからである。政権はフランソワ・ダルラン提督の手に移り、ダルランは副首相以外にも、外相、内相、海軍相を兼任することになった。権力の座にあった十四ヵ月のあいだ、この有能で野心的で日和見主義的でもあった海軍軍人は、状況に応じて態度を変化させている。対独協力を進める過程において、彼はイラクで発生した親英的な政府に対する反乱を支援しようとしたドイツ軍に、シリアのフランス軍基地の使用を承認したほどであった（一九四一年五月）。また北アフリカで新たに軍隊を創設しようとしたヴェガンの行動にドイツ側が不安を抱いたので、ダルランはヴェガンをフランスに呼び戻している。しかし、一九四二年の初頭、ドイツ軍がソ連およびリビアで手痛い敗北を喫したことから、枢軸側の敗北の可能性が感じられるようになるとダルランは、ドイツに対してさほど協調的ではなくなっていった。

ヒトラーは一九四二年四月、ラヴァルを権力の座に復帰させるように要求している。ペタンはラヴァルに強い嫌悪感を抱いていたが、ヒトラーの要求を呑むほかはなかった。準憲法的特例法により、ペタンはラヴァルに内政と外交の両方の指揮を委ねている。この時点から《国民革命》は棚上げにされ、ヴィシー体制を支えてきた初期からの推進者たちの多くは政権を離れていった。

ヴィシー体制の最期

その数ヵ月後、ペタンは彼の名誉を救い、すべてのフランス人の団結を可能にする最後の機会を逃してしまった。英米軍が北アフリカに上陸し（一九四二年十一月八日）、この作戦に海外のフランス軍部隊が参加したことが伝えられると、ヴェガンをはじめ多くの他の政治家たちは、ペタンに対し、現地におもむいてドイツとの戦いを再開するよう強く要請した。しかしペタンはこの要請を受け入れようとはしなかった。彼はあくまでも自分がフランスにとどまることこそが、フランスにとって有益であると信じていたのである。一方ドイツ側は、北フランスでのフランス軍部隊の活動により、一九四〇年六月の協定は無効になったものと考えた。ドイツ軍は自由地区に侵入し、休戦協定によって認められていた小さな軍隊も武装解除された。トゥーロンの艦隊はドイツ軍の手に落ちる直前に自沈している。

ヴィシー政権は艦隊と植民地を失い、それとともに切り札をも失う結果となった。このとき以降、ドイツにとってヴィシー政権は、全土が占領されたフランスに依然として存続している、尊重に値しない従順な傀儡政権以上のものではありえなかった。ラヴァルは実質的にただひとりで政権の運営に当たり、あくまでも対独協力政策を推し進めていたが、彼が示した旺盛な活動力と勇気は、よりよい主義主張の実現のためにこそ発揮されるにふさわしいものであった。ラヴァルとドイツ側とのあいだで交わされた議論の多くは、ドイツ産業のためにフランス人労働力の徴用を進めながら、それでもできるかぎりその数を少なくすることを目的としていた。六十万人以上のフランス人労働者が、対独協力強制労働（STO）の名目でドイツに送られ、ラヴァルはそれと引き換えに、およそ十万人の戦争捕虜の帰還を実現している。

3　レジスタンスと解放

ドゴールと自由フランス

独仏休戦協定締結の四日前、ひとりのフランス人の声がBBC（英国放送協会）を通じてフランスに流れ、敗戦に屈することなく戦闘を継続するようフランス人に呼びかけていた。シャルル・ドゴール将軍の声である。彼は軍事的には機動力を主体とする戦闘の重要性を主張していた理論家で、六月五日にポール・レノー内閣に入閣していたが、その後はロンドンに亡命していた。彼の呼びかけは当初わずかな反応しか得ることはできなかった。メルサルケビール海戦でフランス兵の恐るべき虐殺を断行したイギリス軍に、ドゴールは買収されて活動しているとみなされたのである。イギリス首相チャーチルは戦闘の継続を願う自由フランス軍の指導者として、ドゴールを承認した。こうしたフランス人の数は、はじめはきわめて少数であったが、少しずつ数を増し、やがてイギリス軍のなかで独立した戦闘部隊を形成することができるほどになった。ドゴールには海外のフランス領土を味方につけることが期待されていた。しかし北アフリカはヴェガン将軍のもとで完全にヴィシー政権の支配下にあった。ダカールに地歩を築こうとした《自由フランス》の試みはみじめな失敗に終わっている（一九四〇年九月）。しかし、赤道アフリカでは地歩を固めることができた。

一九四一年春、ダルランがシリアにあるフランス軍の空港の使用をドイツ軍に認めたとき、ドゴールはイギリスに、フランス軍部隊の助けを借りてシリアを征服するように働きかけた。ドゴールはこのようにしてシリアを掌握しようとしたのである。しかしシリアのフランス軍は、ダン将軍のもとであくまでもペタンに忠誠を誓っていた。降伏してからもフランス軍の将校と兵士たちの多くは、同じフランス人に攻撃されたことに怒りを覚え、ドゴールを支持することを拒み、そのためシリアはイギリスが支配することになった。

おそらくこうした失敗に鑑みて、英米は一九四二年十一月、北アフリカで展開された大作戦からドゴールと自由フランス軍を完全に排除する決定を下したのではないかと思われる。それまでペタンに忠誠を誓っていたフランス軍を味方につけるために、英米が期待をかけたのはジロー将軍であった。ジローは偉大な指揮官として軍隊内でも高い人気を博し、しかもドイツの収容所からの脱走に成功して人びとに感動を与えたことで、おおいなる威光に包まれていたからである。しかしもっとも決定的な瞬間にアルジェリアにいたのはジローではなく、ダルランであった。フランス軍もはじめはヴィシー政権からの表向きの命令にしたがい、アメリカ軍の侵攻を阻もうとしていたが、ダルランはペタン元帥から一種内密の白紙委任状を受け取っていることを盾にとり、フランス軍の抵抗をやめさせてしまったのである。こうしてダルランはアルジェリアにおけるフランスの権力の保持者として、英米軍から承認されることになったが、ただそれも長いことではなかった。ダルランは十二月二十三日、ドゴール支持の若者によって暗殺されてしまったからである。その結果、ジローは当初から彼に予定されていた役割を引き受けることになった。

　ドゴールはのけ者にされたことに我慢がならなかった。彼はフランス人による戦闘行動をひとつにまとめることの必要性をローズヴェルトとチャーチルに訴え、二人を説得することに成功している。一九四三年五月末、彼はアルジェリアを訪れ、ジローとともに《フランス国民解放委員会》の共同議長を務めることになった。もっとも、ジローには政治的感覚がまったく欠けていたので、すぐに軍事的な役割を担うだけの役割に格下げされてしまった。ドゴールは現場をひとりで牛耳ることができるようになり、たとえどのようなかたちであれペタン体制に仕えていた人びとすべてを排除している。彼はかつての第三共和政時代の代議士数名とともに、諮問会議を設立し、解放後のフランスの将来の政治体制を討議することになった。一九四四年五月二十六日、解放委員会はついにみずから《共和国臨時政府》を名乗るようになった。

その間、ジローはじゅうぶんの数の兵員を確保し、アメリカの物資の助けを借りて、機甲師団二師団と歩兵師団五師団を編成することができた。これらのフランス軍師団はすぐに勇猛ぶりを発揮し、一九四三年夏のイタリア戦線ではジュアン将軍の指揮下できわめて積極的な役割をはたし、またその少し後にはルクレール将軍およびラトル・ド・タシニー将軍の指揮のもとで、フランス本土解放の戦いに参加している。

国内のレジスタンス

レジスタンスの精神はドイツ軍の圧政のもとにあった占領地区で、自由地区より早い時期からより力強い高まりを見せていた。それでも組織的な活動をおこなう好条件に恵まれていたのは、南部の自由地区のほうである。主要な活動内容は、非合法のビラと定期刊行物の配布、脱走した戦争捕虜が占領地区と自由地区のあいだの境界線あるいはスペイン国境を通過するための秘密ルートの確保、情報の収集と伝達、などであった。活動家の数が目に見えて増加し、闘争が激しさを増していったのは、とりわけ一九四一年六月以降、ヒトラーがソ連に侵攻した結果、共産党がふたたびドイツを敵視する側にまわってからである。破壊活動、また占領軍兵士らに対する襲撃がくりかえされ、そのたびに徹底的な復讐と人質の銃殺がおこなわれたが、それは占領軍に対する憎しみを募らせるばかりであった。

こうした活動はその後もますます活発になっていったが、一九四二年末以降、そこにはさらに《マキ》の活動も加わるようになった。《マキ》とは森林あるいは山岳地帯に身を潜めて生活していたパルチザンの多くの小集団であり、はじめのうちは対独協力強制労働（ＳＴＯ）を逃れようとした若者たちによって結成されたものである。多くの場合彼らの統率にあたっていたのは、休戦協定によって一度は存在を認められていたフランス軍の旧将校たちであった。フランス全土が占領下に置かれ、ヴィシー政権が当初ドイツに対して抱いていた幻想が崩れ去るとともに、レジスタンス運動は大部分のフランス国民の協力を、積極的にであれ密かにであれ、確実に期待することができるようになった。

ジャン・ムーランはドゴール将軍の代理として、一九四二年一月パラシュートでフランスに潜入し、はじめのうちはバラバラに結成されていたさまざまな抵抗運動と接触している。一九四三年五月、これらの運動の指導者たちはパリで秘密裡に顔をあわせ、全国抵抗評議会（ＣＮＲ）を結成した。ロンドンと国内のレジスタンスとのつながりがさらに緊密になり、一九四三年十一月には、パラシュートによる武器搬入が可能になった。さらに一九四四年二月、武装したすべての活動家たちは、原則的に《フランス国内軍（ＦＦＩ）》のなかに統合されることになった。しかし共産党は政権掌握の可能性を視野に、それぞれの組織内への工作員の潜入を図りながら、しかも、独立した行動手段を維持しようと努めていた。そのひとつが共産党系の武装組織、義勇パルチザン（ＦＴＰ）である。

解放

連合軍がノルマンディに上陸したとき（六月六日）、ロンドンから連絡を受けたフランス国内軍（ＦＦＩ）は総力を結集して行動を開始した。装備はきわめて貧弱で、また多くの作戦の誤りゆえに無益な人命の損失を出しながら、それでもＦＦＩはドイツ軍の連絡・交通網を混乱に陥れ、勝利に貢献している。アメリカ軍司令部はＦＦＩの活躍に感銘を受け、解放された地方を連合軍の軍事行政機関の管理下に置くという当初の計画を断念することになった。はじめ連合軍は、すでに成立していた地方当局と直接交渉する予定で、アルジェの臨時政府は相手にしないつもりだったのである。

同様にこうした結果をもたらすことになったのは、ヴィシー政権の瞬時にして完全な崩壊であった。八月二十日、ペタン元帥はドイツ軍に強制的に連行され、最初はベルフォール、次いでドイツのジグマリンゲンに移送された（九月九日）。ラヴァルはヴィシー政権の他の数名の閣僚とともに、ジグマリンゲンでペタンに合流している。国内ではあらゆる地域で知事も市町村長も、解放とともに表舞台に登場してきた各県の解放委員会と、ロンドンから派遣されてきた共和国委員に、多かれ少なかれ自発的に権力を移譲している。

パリ解放委員会は共産党の方針に押され、早々と八月十六日に蜂起することを市民に呼びかけていた。もっともこの決定はあまりにも時期尚早であった。連合軍はまだ遠く、ドイツの軍事司令官フォン・コルティッツ将軍は、依然としてＦＦＩを打ち破ることができるじゅうぶんな兵力を有していたからである。幸い、コルティッツ将軍は戦うことの無意味さを理解し、ダイナマイトと火器でパリを破壊することを命じていたヒトラーにしたがわないという勇気の持主であった。パリが危機的な状況にあることを知ったアメリカ軍は、ルクレール・ド・オートクローク将軍指揮下のフランス軍第二機甲師団に、直接パリの攻撃に向かうことを許可している。第二機甲師団は八月二十五日にパリに入り、市民の熱狂的な喜びに迎えられ、フォン・コルティッツ将軍は守備隊の降伏を受け入れた。翌日、ドゴール将軍は全国抵抗評議会（ＣＮＲ）のメンバーに囲まれて、シャンゼリゼ通りを凱旋行進している。

八月十五日にプロヴァンスに上陸した連合軍のなかで、イタリアから来たフランス軍（兵員二十六万、七個師団）は、数の上でアメリカ軍に引けを取らなかった。そこでこの最初のフランス軍の指揮官ラトレ・ド・タシニー将軍は、彼自身の情熱のおもむくままに行動することが可能であった。フランス軍は怒濤の進撃を見せ、九月十二日にはブルゴーニュで、北部から南下してきた軍隊と早くも合流している。

終　戦

十一月を迎えてまだ解放されていなかったのは、アルザスの北部とロレーヌの一部のみであった。しかしドイツにはまだ百万人のフランス人戦争捕虜、強制徴用された六十万人の労働者、二十万人近くの強制収容所の抑留者が残されていた。彼らを解放するために、フランスはさらに軍事的努力を継続し、それをさらに強化する必要があった。それはまた講和条約の締結時に、フランスの利益が連合軍によって考慮されるためにも必要なことであった。というのも《三巨頭》——チャーチル、ローズヴェルト、スターリン——は、フランスの存在を完全に無視していたからである（ドゴールはヤルタ会談［一九四五年二月］にもポツダム会談［一九四五年七月］にも招かれなかった）。フランスは軍事的努力を継続し、自国の存在を主張するために、イギリスとアフリカから上陸してきたフランス軍部隊に、国内軍から新たに十万人以上の義勇兵を加えている。ルクレール、ラトレ、ベトゥアールらをはじめとする将軍たちの指揮のもとで、フランス軍は残された国土を解放し、さらに南ドイツの奥深くへと侵攻していった。こうした軍事的努力により、ドゴールはドイツによる降伏文書の署名（一九四五年五月七日）に、フランスの代表を立ち会わせることができるようになり、またその後ドイツとオーストリアにフランスの占領地区を設定することもできたのである。

戦争の決算

フランスの人的損害はおよそ六十万人で、第一次大戦時に比べればはるかに少なかった。それ以外のちがいとしては、強制収容所の抑留者、銃殺された者、爆撃による死者など、民間人の犠牲者の数が総計で全体の三分の二を占めていたことであろう。人的損害とは逆に、物質的損害はおそらくはるかに甚大であった。その被害はフランスの全土におよび、また英米軍の爆撃は港湾、駅、鉄道、橋などを激しい攻撃の対象としていたからである。そのうえ百万以上の家屋が完全に破壊されるか、あるいは大きな損傷をこうむっていた。

さらにはドイツからの要求に応えるために、フランスは紙幣の発行を大幅に増やさなければならなかった（一九三九年八月三十一日に流通していた紙幣は千四百二十億フラン、これに対して一九四四年十月には六千三百二十億フランの紙幣が流通していた）。この驚くべき通貨膨張は、経済の再建をいっそう困難にしたものと考えられる。他方、精神的な意味での損害に関して、その重さを考えてみることは可能でも、その深さを推し量ることなどとうていできるものではない。

第二十七章

Histoire de France

第四共和政

第四共和政を見舞った最初の不運は、第三共和政に直接つながってはいなかったということである。もしも第三共和政の後を受けてすぐに第四共和政が成立していたならば、人びとはおそらく強力で安定した行政権を確立することに意を注いだことだろう。その必要性は第三共和政の最後の数年間に明らかに認識されていたからである。しかし、二つの共和政のあいだには、ヴィシー政権という君主政的で独裁的な政権が存在していた。その反動として、人びとは議会主導型の体制を成立させ、歴代の政権はまたしても政党間の駆け引きの場となってしまったのである。第四共和政にははじめからつきまとっていたもうひとつの弱点は、この政体が少数のフランス国民によってしか受け入れられていなかったということである。この虚弱な政体は、さまざまな国際情勢の危機と脱植民地化の衝撃に直面しなければならなかった。脱植民地化の衝撃を受けて、第四共和政はわずか十二年でその幕を閉じる。

RPFのポスター

ドゴール将軍の政権

フランス再建の指揮を託することができる人物は、あらゆる面からみてドゴール将軍をおいてほかには考えられなかった。彼の先見の明と性格の強さは証明済みであり、国民は彼に喝采を送り、レジスタンスのすべての組織が彼を支持し、またなによりも彼自身、フランスを再建することがみずからの使命であるという強い信念を抱いていた。一九四五年九月はじめ、ドゴールは政府の改造に着手し、二名の共産党員をも含めて、国内のレジスタンスの代表たちを入閣させている。多くの困難に妨げられながら、それでも彼は国家権力の基盤を固め、無政府主義的な県解放委員会の権力に終止符を打ち、共産党の影響下にあった愛国民兵を解散させることができた。

少なくとも二万名にのぼる人びとが略式処刑され、個人的な報復、恣意的な逮捕がくりかえされたあげくに、正規の裁判所による厳格な審理が開始され、ドイツ軍の行為に協力した人びとに裁きが下されることになった。三万五千の判決が下され、そのうち死刑判決はおよそ二千八百である（実際に処刑されたのは七百六十七名であった）。もっとも重要なケースは、特別高等裁判所で裁かれている。みずから司直の手に身を委ねたペタン元帥の裁判は、人びとの興奮をかきたててやまなかった。審理の末に死刑が宣告されたが、ドゴールはこれを終身刑に減刑している。一方、ラヴァルは処刑された。報復はまた大規模な追放のかたちをとり、数千名の公務員および管理職員らが職を奪われ、《レジスタンス活動証明》を主張できる人びとが彼らに取って代わることになった。

戦争継続の努力を続けながらも、ドゴール将軍の臨時政府は数々の行政命令を発し、長期にわたって国民生活を大きく規定することになる一連の改革に着手している。炭鉱、航空会社、ルノー兄弟会社、電気事業とガス事業、大保険会社、またいくつかの大預金銀行が国営化され、労働組合設立の自由が確立され、従業員百名以上の企業のなかには企業委員会が設置され、社会保障制度の普及と統一が図られ、また経済計画委員会が創設されて、経済の近代化と指導のために果たすべき国家の役割が模索されることになった。

政治的復興の開始

臨時政府はヴィシー政権のもとで成立していたすべての法律の無効をただちに宣言していた。とするならば、第三共和政期の政治体制に無条件に復帰するというのが当然の流れだったのではないだろうか。急進社会党はそれを要求していたが、ドゴールも、レジスタンスを母胎とするすべての政治勢力も、またおそらく多くのフランス国民も、なにか新しいことを始めたいと願っていた。

諮問会議の否定的な見解にもかかわらず、ドゴールは国民投票の実施を決定しているが、これは古くからの共和主義者たちにとって、きわめていかがわしい政治手法というほかはなかった。また国民投票に負けず劣らず、彼らの反発を招いたのは、女性投票権承認の決定である。

一九四五年十月二十一日におこなわれた総選挙の際に、女性をも含めてすべてのフランス人は、代議士を選出するとともに、二つの質問に対して態度を明確にすることが求められた。

質問その一――この選挙によって選出される議会は、憲法制定議会となるべきであろうか。答、賛成九六パーセント。

質問その二――提示された規定計画にしたがって議会の権限が制限されることを、国民は承認するであろうか。答、賛成六二・八パーセント。

一方、比例代表制によって実施された本来の国政選挙の結果からは、従来の勢力分布の決定的な変貌が明らかであった。共産党は二六パーセントの票をえて百五十八名の当選をはたし、フランスの第一党に躍進した。次に共産党に迫る勢いを見せたのは、キリスト教系の新しい政党、人民共和運動（MRP）である（得票率二三・三パーセント、獲得議席数一五二）。社会党（SFIO）は一九三六年当時の勢力（得票数二三・四パーセント）を維持したものの、急進社会党（一〇・五パーセント）および他のさまざまの中道勢力（一五・六パーセント）は壊滅状態であった。

三大政党が一致して政府首班の職務をドゴールに承認するのに問題は生じなかった（十一月十三日）。しかし大臣職の配分をめぐっては駆け引きがくりかえされ、ドゴールは苛立ちを募らせ、議会が彼の政治行動をさらに厳しく制限しようとしたとき、彼の不満は一挙に爆発した。一九四六年一月二十日、ドゴールは突然に辞任を表明した。

第四共和政憲法

議会はドゴールに代えて、数週間前に議長に選出されたばかりの社会党のフェリクス・グーアンを首班に任命している。議会が四月に採択した憲法草案は、一院制の議会にすべての権限を与え、その一方で共和国大統領には端役としての役割しか認めていなかった。ドゴールが公然と非難したこの憲法草案は、国民投票（五月五日）の結果、有効投票総数の五三パーセントの反対によって廃案とされた。草案を否定された憲法制定議会は解散するほかはなく、新たな議会が六月二日に成立している。このとき人民共和運動（二二・六パーセント）は、共産党（二〇・八パーセント）、またそれ以上に社会党（一六・一パーセント）にはっきりと差をつけ、政権の指揮は人民共和運動の党首ジョルジュ・ビドーに託されることになった。

第一次憲法草案には修正が加えられ、国民議会（この名称は維持されていた）の絶対的な権限には多少の制限が加えられることになった。もうひとつの議会の設置が予定されていたが、それはもはや上院ではなく、共和国評議会と呼ばれることになった。議席数は三百二十、任期は六年で、議員はきわめて複雑な二段階選挙制度によって選出されることになっていた。この評議会には見解を表明するという権限しか認められてはおらず、しかも国民議会は評議会の見解を尊重する義務を負っていたわけではない。それでも評議会はまたかつての上院と同じように、共和国大統領の選出に参加することが可能であった。大統領は七年の任期で選ばれ、一八七五年に付与されていた特権のほとんどを認められていたが、しかし議会を解散する権限は認められていなかった。解散権はこのとき閣議に属するものとされていたが、ただそれには非常に多くの条件が課せられており、そのため十二年間でただ一度行使されたのみである。

この凡庸な妥協案は、十月十三日、投票総数の五三パーセントの賛成によって承認されている。ただし、それはフランス国民の三分の一をわずかに上回る程度の賛成でしかなかった。登録有権者の三二・四パーセントは、投票にうんざりしていたのか、あるいは態度を明確にすることに困惑を覚えていたのか、いずれにせよ棄権にまわっていたからである。こうした成立時の弱みに加えて、憲法を実施するにあたっては、さらに数々の弱みがつけ加えられ、第四共和政は第三共和政の悪しき先例をくりかえすことになった。とりわけ人びとは、内閣を承認するにしても、あるいは打倒するにしても、絶対過半数の賛成が必要であるとする規定を骨抜きにすることに全力を傾けたが、けっきょくのところ、この規定は削除されてしまったのである。政権はますます不安定になる一方であった。一九四六年十二月から五八年五月までのあいだに、二十四もの政権が誕生しては消えていった。内閣不在の政治空白期間はしばしば数週間続き、不毛な慣例のごときものとなり、国民はますますドゴールの言うところの《影絵芝居〔茶番劇〕》を見せつけられているような気分に陥っていた。

政党政治

一九四六年十一月十日に成立した最初の国民議会では、共産党が第一党となり、その後に人民共和運動（ＭＲＰ）が続いていた。この二つの政党のあいだで、社会党は多少劣勢ではあったが、それでも調停役としての地位を維持していた。こうして社会党のなかから、第四共和政の初代大統領、情熱的で思慮深い南仏人のヴァンサン・オリオルと、首相ポール・ラマディエが誕生している。ポール・ラマディエはまず、一九四五年末以来の決まりごとになっていた《三党連立体制》の公式にしたがって組閣にあたり（一九四七年一月）、人民共和運動、社会党、共産党の三大政党のそれぞれから、ほぼそれぞれの勢力に応じて入閣者を決定している。

一九四七年五月はじめ、共産党は経済社会政策における論争で政府に反対票を投じ、ラマディエはすぐに共産党の閣僚を内閣から放逐した。

こうして野党の立場に追いやられた共産党は、労働総同盟（ＣＧＴ）を支配下に置いていたので、一連の大規模ストライキを開始し、あらゆる公共サービスは次々と麻痺してしまった。社会党系の組合員たちは、ストライキ権のこのような政治的利用に抗議し、労働総同盟を脱退して対抗組織を結成し、労働総同盟－労働者の力（ＣＧＴ－ＦＯ）を名乗っている。

同じころ、もうひとつの反対勢力が反対側の地平から登場してきた。一度は政界を退いていたドゴール将軍が活動を再開し、次々と政治的発言をくりかえすようになったのである。一九四七年四月七日、ドゴールは国家の改革を目標に掲げ、ストラスブールでフランス国民連合（ＲＰＦ）を結成した。十月の市町議会選挙で、フランス国民連合の候補者たちは有効投票総数の四〇パーセントを獲得している。こうした左右両翼の野党勢力のあいだに立たされて、第四共和政の歴代内閣は《第三の勢力》の上に成立の基盤を求めるようになった。つまり人民共和運動、社会党、急進社会党、およびドゴールに敵対する保守系諸政党などから構成される不均質な連立政権となっていったのである。ラマディエ以降の歴代の首相は、これらのさまざまな政党から交互に選出されている。

一九五一年六月の国民議会選挙の結果、政局はますます混迷の度を深めていった。フランス国民連合は百十七議席を確保し、反対に大幅に議席を失ったのは人民共和運動であるが（八十八議席）、しかし他の四大政党（共産党、社会党、急進社会党、独立・農民中道派）も、ほぼそれに匹敵する議席を確保していた。この《六角形議会》において、連立政権を組むことはこれまで以上に避けがたいこととなり、政府の弱体化は避けられなかった。政権を担当したのは、多くの場合、中道右派あるいは急進社会党の所属議員であり、それに反して社会党は一九五二年三月以降、野党の位置にとどまっている。一方、フランス国民連合の代議士たちは、けっきょくのところ彼らの指導者ドゴールが非難していた《体制》の一員となり、閣僚に就任するようになっていった。ドゴールは失望し、怒りを爆発させ、彼らを同志とは認めず、フランス国民連合の運動を中止すると宣言した。フランス国民連合の名のもとで選出されていた代議士たちは、以後《社会共和派》を名乗っている。

こうした反議会主義的な立場は、また別の運動によって引き継がれるようになった。ピエール・プジャードは、経済の構造的変化によってそれまでの生活様式を脅かされていた小商人や職人たちを結集し、プジャード運動と呼ばれる激しい闘争を展開している。

立法府主導型のこの政体からは二人の大物政治家が登場し、長期にわたって人びとの信望を集めるようになった。そのうちのひとりアントワーヌ・ピネーは、なによりも秩序と自由を愛する平均的フランス人をもっともよく代表する政治家で、公共財政の再建と運営を慎重に推し進めていった。もうひとりのピエール・マンデス゠フランスは、情熱と勇気をあわせもつ知識人で、きわめて独自色の強い政治手法を発揮している。第四共和政の三番目にして最後の議会は、二番目の議会が解散されたのを受けて、一九五六年一月二日の選挙によって成立した。このとき人びとを驚かせたのは、プジャード運動の躍進であった。プジャード運動は有効投票総数の一二・五パーセントを獲得して五十二議席を得、これに反して人民共和運動は大幅に得票率を下げ（一〇・六パーセント）、またとりわけ社会共和派の退潮は顕著であった（四パーセント）。共和戦線——非共産党系左翼政党の連合——はわずかながら勢力を伸ばし、大統領ルネ・コティは、*原注1 社会党総書記ギ・モレを首相に指名して組閣を命じている。ギ・モレ内閣はアルジェリア問題に忙殺されながらも、一九五六年一月から翌五七年にかけて十六ヵ月間続き、第四共和政時代でもっとも長命の内閣となった。ギ・モレの後、政局は若干右傾化し、二名の急進社会党員、次いで人民共和運動のピエール・フリムランが首相を務めている。フリム

＊原注1　ルネ・コティは一九五三年十二月二十三日に大統領に選出されているが、このときの選挙からは政党間の対立の無節操ぶりが明らかであった。ルネ・コティが選出されるまでには七日間と十三回の投票が要されたのである。賢明で、謙虚で、協調的であったルネ・コティは、その後多くのフランス人に愛されるようになった。

ランは一九五八年五月、第四共和政清算の作業に当たることになった。

対ヨーロッパ外交

第四共和政の最初の数年間、国内政治はもっぱら経済問題に振りまわされていたが、国際情勢からの影響も深刻であったことに変わりはない。《冷戦》の始まりとともに、アメリカとアメリカの同盟諸国はソ連圏と対立するようになっていたからである。フランスは経済復興のために、マーシャルプランによる巨額な融資の恩恵をこうむっており、アメリカの味方となるほかはなかった。一九四九年四月、フランスは北大西洋条約（NATO条約）に署名し、ヨーロッパ十ヵ国、およびカナダ、アメリカとともに、共通の防衛体制を整えることになった。しかしそれでは、フランスが完全にアメリカの保護領同然になってしまう恐れがある。多少なりとも独自の立場を堅持したいと願うならば、フランスはヨーロッパ諸国の有機的な団結という枠組みに頼るほかはなかった。一九四九年五月には、イギリスの同意のもとで、ヨーロッパ評議会が開かれている。しかしその結果は、なんの権限ももたない、かたちだけの議会がストラスブールにできただけであった。はるかに有効で大胆だったのは、ジャン・モネの創意を継承した仏外相ロベール・シューマンによって一九五〇年五月に提唱された試みである。それはヨーロッパ石炭鉄鋼共同体（CECA、英語略称ECSC）を創設し、それを足がかりに仏独の和解に道筋をつけ、これを全ヨーロッパ建設の礎石にしようというものであった。イギリスは参加を拒否したが、それでもCECA（ECSC）は順調に発展していった。

しかし間の悪い事件が発生し、ヨーロッパの協力体制にはブレーキがかけられることになった。アメリカが朝鮮戦争（一九五〇年六月）に深入りし、ドイツの再軍備を考えるようになったのである。

フランス政府は独立したドイツ軍の誕生を恐れ、これを避けるために、ヨーロッパ防衛共同体（CED、英語略称EDC）の創設を提案した。困難な交渉の末に、一九五二年五月二十七日、ようやくパリで条約が締結されるはこびとなった。しかし国民議会による条約の批准は、共産党とドゴール主義者たちの反対に遭い、また他の政党――人民共和運動（MRP）を除いて――も内部は賛否がわかれていた。けっきょく一九五四年八月三十日、マンデス＝フランス内閣のもとで、ヨーロッパ防衛共同体（CED）構想は嘆かわしい手続き投票の結果葬り去られてしまったのである。しかしこの経験は共同市場の創設にあたって教訓として役立つことになった。このとき政府はまず予備交渉によって得られた原則を議会に承認させ、しかるのちにローマ条約に調印し（一九五七年三月二十五日）、かくしてヨーロッパ経済共同体（CEE、英語略称EEC）が発足するにいたったのである。

ブラックアフリカ（サハラ以南のアフリカ）の植民地政策

一九四六年の憲法には、《フランスは海外の諸国とともに、人種・宗教の区別なく、権利と義務の平等の上に立脚する連合を形成している》と謳われていた。その結果、国民議会と共和国評議会には旧植民地出身の代議士たちが顔を連ね、一方それぞれの旧植民地では、領土議会が予算と行政において大きな権限を有することになった。このようにして政治的エリート層が形成され、彼らはすぐにそれぞれの国の指導権をみずからの手に握りたいと願うようになった。一九五七年に採択された《基本法》は、とりあえず彼らにある程度の満足を与えている。フランス本国から任命された総督は、領土議会によって選ばれた閣僚の補佐を受けることになり、また領土議会の権限も増大していた。

インドシナ戦争

第二次大戦中、インドシナは反フランス民族主義運動を支援していた日本の支配下にあった。日本の敗戦の後、ドゴールに派遣されたルクレール将軍はコーチシナに拠点を回復し、共産主義系の主要な民族主義運動ヴェトミンの指導者ホー・チ・ミンと交渉を開始している。ホー・チ・ミンはトンキンに進出を図っていた中国を警戒し、交渉に応じることを承諾した。彼はフランスにまで足を運んでいるが、期待していたような譲歩をフランスから引き出すことはできなかった。

一九四六年末、ヴェトナムにおけるフランス当局の愚かしい行動によって悲劇的な事件が発生し、その後事態はさらに深刻化して、戦争は避けられない状況になった。フランス軍がヴェトミン支配下のハイフォンに激しい砲撃を加え、その報復としてハノイのフランス人が大量に殺されたのである。ヴェトミンはソ連と中国から有効な支援を受けており、これに対して本国を遠く離れ、世論の理解もじゅうぶんではなかったフランス軍は、戦争を続けることが困難であった。フランス軍はいたずらに戦力を消耗し、一方歴代のフランス政府は、多かれ少なかれ英米からの非難にさらされ、体面を保ちつつこの難局を切り抜ける方途をもはや見いだすことができなかった。状況を打開するには、ディエン＝ビエン＝フーの大敗（一九五四年五月）という心理的衝撃が必要であった。このヴェトナム北部の平原で、フランス軍はヴェトミンに包囲されて全滅してしまったのである。マンデス＝フランスは、列強諸国がアジアの問題に関してジュネーヴで開催していた会議に出席した。列強の仲介のもとで、彼は条約に署名し、フランスはヴェトナム問題から完全に解放され、共産主義の脅威から南ヴェトナムを守るための援助の責任はアメリカに委ねられることになった。

七年以上にわたったこの戦争で、フランスは九万二千名の人命と三兆フラン（旧フラン）を意味もなく失ったのみであった。インドシナ問題は国内で政党の分裂を招き、体制の権威は失墜する一方であった。

北アフリカ問題

フランス世論の一致した見解によれば、百万人以上のヨーロッパ人が住むアルジェリアはフランス国土の不可欠の部分であり、またいつまでもそうであるべきところであった。人びとが承認していたのは、せいぜい一定の行政上の自治をアルジェリアに認め、また一九四四年三月に約束されていた市民の平等が、イスラム教徒の住民にもすみやかに認められるようにすべきである、ということくらいでしかなかった。そのため一九四七年九月一日に採択された《組織法規》はアルジェリア議会の設立を決定している。議会は同数のフランス人とイスラム教徒からなり、予算に関する権限を有するものであった。

チュニジアとモロッコに関しては事情が異なり、この両国において事態は保護領制から独立へと順調に移行するはずであった。しかし「フランスのアルジェリア」の安全のためには、アルジェリアの左右に位置する両国に対する管理を継続する必要があると考えられた。それゆえ、紛糾に満ちたさまざまな紆余曲折を経て、数々の事件と国際世論の圧力のもとで、モロッコとチュニジアは一九五六年三月、ようやく最終的に完全な独立を達成することができたのである。モロッコの場合、フランス政府は正統な支配者であったスルターンのムハンマド五世を廃位し、マダガスカルに追放するという挙にまで及んでいる。

その間にも、アルジェリアの民族主義者たちは軍事力を強化していた。一九五四年十一月一日、彼らはコンスタンチノワの山岳地帯で公然と反乱に立ちあがっている。厳しい弾圧も治安を回復するにはいたらず、非常事態が宣言され、アルジェリアは軍の支配下に置かれることになった（一九五五年三月）。歴代のフランス政府は、どのような党派の連合として成立していた場合であれ、あるいは事態の鎮静化を図るためにどのような解決をひそかに考えていたにせよ、いずれにしても二重の圧力のもとで困難な選択を強いられていた。アルジェリア在住のフランス人たちは彼らの生命が保護されることを強く要求し、また軍の幹部らは軍がインドシナで嘗めた屈辱を晴らす覚悟を強く固めていたからである。それでも社会党のギ・モレは、反乱の指導的な組織であったアルジェリア民族解放戦線（FLN）との交渉を原則的に承認している。ただし、それには停戦が前提条件であり、これに反してFLNは、停戦の前提条件として独立の事前承認を要求していた。対立は解消不能であり、人びとは力の行使に突入し、内戦につきものの残虐行為が双方でくりかえされた。

スエズ事件

当時アラブ諸国は、フランスに敵対して積極的なプロパガンダを展開し、アルジェリアの独立運動を支援していたので、ギ・モレは、こうしたキャンペーンを陰で操っていると目されていたエジプトの独裁者、ナセルを攻撃する機会を見逃そうとはしなかった。ナセルによるスエズ運河国有化の決定（一九五六年七月二十六日）は、仏英双方の利益をともに損なうものであった。そこでフランスはイギリスと協調して軍事介入の準備を進めることになった。軍事介入は十月三十一日、エジプトに対するイスラエルの攻撃に便乗するかたちで開始されている。作戦はかなりずさんに展開され、目的の一部を達成したのみで、十一月六日、アメリカとソ連からの一致した威嚇と、国連からの非難を受けて停止された。ナセルは軍事的には敗北しても、けっきょくは勝利を手中にし、一方エジプトと近東全域におけるフランスの影響力はほぼ完全に失われてしまった。

最後の危機（一九五八年五月）

アルジェリアで軍事的手段による和平実現の希望が遠ざかるにつれ、《ピエ・ノワール》（アルジェリア在住のフランス人）と軍人たちは、祖国が戦いに倦みはて、政治的な解決を求めるようになり、つまりはアルジェリア民族解放戦線（FLN）と交渉を開始し、それがアルジェリアの独立につながってしまうのではないかというのが彼らの思いであった。ただ強力な政府だけが状況を立てなおすことができるであろう、これが彼らの考えであった。しかし、どうしたらそのような強力な政府の出現を、第四共和政という憐れむべき政体に期待することができるだろうか。フランス本国においても、多くの政治家たち――共和国大統領ルネ・コティをはじめとして――は、憲法改正の必要性を考えるようになっていた。

一九五八年四月十五日にフェリックス・ガヤール内閣が総辞職して以来、内閣はひと月近く不在となり、体制の機能マヒは誰の目にも明らかであった。新たな内閣を成立させることができる人物としてフリムランの名前が浮上してくるまでには、一ヵ月近くにも及ぶ無内容な事前折衝が必要とされたのである。こうして選ばれたフリムランが信任投票のために議会に登場したまさにその日（五月十三日）、《積極的活動主義》を掲げたアルジェリアのフランス人反政府集団は大規模なデモを企画し、さらにそれに乗じてアルジェの総督府を占拠するとともに、《公安委員会》を結成した。軍隊はこれを抑えようとしなかった。逆にアルジェリアのフランス軍司令官サラン将軍は、《公安委員会》を支持し、ドゴール将軍に政界への復帰を要請したのである。ドゴールは報道機関を通して簡単なコミュニケを発表し、みずから《共和国の職務を引き受ける用意がある》と言明した（五月十五日）。その後、彼はコロンベの所領に引きこもり、体制が崩壊していくのを傍観している。議会はフリムランを信任し、非常事態宣言を発した。政府は急遽憲法改正の基本方針を採択しているが、しかし秩序維持にあたる機動部隊（警察、憲兵、国家治安隊［ＣＲＳ］）の服従を、もはや当てにすることはできなかった。フランス本土で軍事クーデタが準備されているという噂が飛び交い、世論は混乱のきわみに達していた。反政府集団が結成した《公安委員会》はすでにコルシカを制圧していた（五月二十四日）。ドゴール将軍は五月二十七日に沈黙を破り、《共和国政府の樹立に必要な正規の手続きを開始した》と宣言し、それとともにすべての非合法活動を非難した。実際、彼は権力を求めていたとはいえ、それはあくまでも既存の制度の枠組みのなかでのことであり、彼は合法的に権力を授与されることを意図していたのである。

その後の数日間、左翼における人民戦線のごときものの誕生であれ、あるいは右翼における軍事独裁の実現であれ、そのような脅威に対抗しうる唯一の救いをドゴールに求めようとする政治家たちの数は日々増えつづけ、事態はドゴールと彼らとの会談において練りあげられたシナリオに沿って展開していった。

五月二十八日……フリムラン内閣が総辞職する。左翼諸政党は《反ファシズム》を掲げて大規模なデモ行進をおこなう。

五月二十九日……コティ大統領は《もっとも有名なフランス人》に政界への復帰を要請すると発

表し、もしも議会がこれに同意しないならば、みずから辞任すると宣言する。

五月三十一日……五月二十七日の段階では依然としてほぼ全員一致でドゴールに反対していた社会党の議員総会は、ギ・モレの勧告を受け入れることを決定する。ギ・モレはすでに三十日にコロンベに足を運び、ドゴールとの会見をすませていた。社会党の議員総会は賛成七十七、反対七十四で、ドゴールを行政府の首班として認める旨の基本方針を承認する。

六月一日……議会は賛成三百二十九、反対二百二十四で、ドゴール内閣の成立を承認する。内閣には右翼から社会党にいたる大政党の相当数のリーダー格の政治家たち、また議員ではないがドゴールに忠実な何名かの人びとが含まれていた。

六月二日……議会はドゴール政権に六ヵ月間にわたって全権を委任し、またいくつかの条件のもとで、新憲法草案の作成を委任する。


第四共和政は公式にはまだ存続していたが、事実上その幕はすでに降ろされていた。

第二十八章

Histoire de France

第五共和政

十二年間の引退生活ののちに政界に復帰したドゴール将軍は、よりいっそう彼の構想にかなった政治体制をフランスに樹立するという、長年の夢を実現することができた。彼の強権のもとで脱植民地化の危機は克服された。フランスは、すでに長いあいだ体験されたことのない安定と威信と繁栄をふたたび見いだしている。しかし、ひとたび難局が克服されてみると、人びとは老齢を迎えつつあった君主的指導者の独断的な権力に、少しずつ抵抗を覚えるようになった。一九六八年五月の思いがけない危機の発生からは、人びととの不満の深さが明らかであった。ドゴールはこのときの危機からも驚くべき立ちなおりを見せている。しかし、これは彼の最後の成功であった。それから一年も経たないうちに、ドゴールは引退のやむなきにいたる。その後、ジョルジュ・ポンピドゥーとヴァレリー・ジスカール＝デスタンは、それぞれに異なったやりかたで、ドゴールが残した政治遺産をもっとも有効に活用することに努めている。

アルジェで演説をするドゴール

1　秩序の回復

第五共和政の誕生

アルジェからパリに向けてドゴール将軍に呼びかけ、彼を受け入れた人びとにとって、強力な政府を樹立することは、アルジェリア問題を解決するための究極の手段以外のなにものでもありえなかった。しかしドゴールにとってアルジェリア問題は、反対に権力を手中に収め、みずからの構想にしたがって国家を再生させるための好機以外のものではありえなかった。それさえできたならば、アルジェリア問題はもとより、他の多くの問題をも有効に解決することができるであろう。ドゴールは六月四日から七日にかけて、短期間アルジェリアを訪れ、軍隊を掌握し、人びとの心をとりあえず落ち着かせることができた。このとき彼はいかなる言質も与えず、同時にいかなる期待も裏切ることのない、かなり曖昧な発言に徹している。このようにしてドゴールは新しい憲法を公布するために必要な時間を稼いだのである。

憲法草案はミシェル・ドブレの主催する専門委員会で準備され、次いで閣僚会議、憲法諮問委員会、国務院によって検討が重ねられた。こうして九月四日、象徴的に共和国広場《プラス・ド・ラ・レピュブリック》で催された儀式の場で、ドゴール将軍は正式に憲法草案を国民に提示した。九月二十八日におこなわれた国民投票の結果は、あらゆる人びとの予想を覆すものであった。一九三六年以来、このときほど棄権が少なかったことはなく（わずか一五パーセント）、憲法は投票総数の七九・二五パーセントによって承認されたのである。じつを言えば――このことは誰の目にも明らかであったが――承認されたのは、憲法というよりもドゴール将軍その人であった。

一九五八年の憲法

この第五共和政の憲法では、二つの原則に関して困難な調整が図られている。ひとつには権力分立の原則を維持しつつ、独立した強力な行政権の実現を図るということ。もうひとつは、議会に対する政府の政治的責任を明らかにすること。そのためこの憲法において、行政権は大統領と首相の二人の指導者によって担われる結果となった。

一　共和国大統領は、およそ八万名の有力者からなる選挙人団（両院議員、県議会議員、市町村議会議員）によって七年の任期で選ばれる。大統領は憲法の番人であり、国家の連続性と独立を保証する存在であり、首相を選任し、また首相の提案にもとづいて、政府の他の閣僚を任命する。第四共和政時代の憲法によって国家元首に認められていたすべての職務に加えて、大統領はさらに三つの特権を享受し、これが大統領の優越的な地位を際立たせている。

——国民議会を解散する権利

——国民投票によって国民に直接訴えかける権利

——国家制度あるいは国民の安全が脅かされるような危機において、大統領は全権を掌握することができる（緊急措置発動権、第十六条）。

二　首相は政治の遂行にあたり、すべての公職の任命権を有する。しかし首相は議会に対して責任を負っている。

議会は二院からなる。国民議会は普通選挙で選ばれ、上院は第三共和政時代と同様なかたちで選ばれる（四七七ページ参照）。法律は両院によって承認されなければならない。しかし、両院が対立した場合、最終的な決定権は国民議会にある。いくつかの新たな規定が議会の権限を制限している。


――閣僚は国会議員になることはできない。

――二回の通常会期の期間は厳格に限定されている。

――憲法は法律が必要とされる領域を列挙している。それ以外の領域において、政府は法律と同等の効力を有する政令、あるいは行政命令によって行動することができる。

――政府は議事日程を決定することができる。

――政府を倒すには、絶対過半数による不信任決議案の採択が必要である。


こうした両院とは別に、九名からなる憲法評議会が設置され、政治機構の健全な機能の監視にあたることになった。また経済社会審議会が設置されているが、これは完全な諮問機関である。

体制の機能

新体制のもとでの最初の国会選挙は、一九五八年十一月末、ドゴールが主張した小選挙区二回投票制によっておこなわれた。このとき躍進をはたしたのは、ドゴールを支持するために数週間前に結成されたばかりの新共和国連合（ＵＮＲ）である。同党は有効投票総数の二六パーセントの支持を得、百九十八議席を獲得した。これに対して共産党は、新しい選挙方法によって不利を強いられ、二一パーセントの得票率を誇りながら、わずか十議席しか獲得することができなかった。

当然のことのように、ドゴールは有効投票総数の七八・五パーセントの支持を得て大統領に選出された（一九五八年十二月二十一日）。一九五九年一月八日、ルネ・コティはドゴールに正式に権限を委譲し、同日、新大統領はミシェル・ドブレを首相に任命している。

続いて上院議員の選挙がおこなわれた。地方の有力者たちの影響力は依然として根強く、そのため上院では、ドゴールに敵対する第四共和政時代の政治家たちが全体の過半数を占める結果となっている。上院が置かれていたリュクサンブール宮殿は、政権批判と厄介な《不平不満》の牙城となるが、それでも権力に対しては無力な存在であった。

というのも国民議会には、新共和国連合（ＵＮＲ）の《無条件支持派》のブロックに協力しようとするじゅうぶんな数の代議士が、立場のちがいを超えてつねに存在し、彼らは共産党系および社会党系左翼、またドゴールのアルジェリア政策に反対する右翼反対派といった野党勢力に対して、つねに政権支持の立場を崩そうとはしなかったからである。

状況が状況であっただけに――フランスはアルジェリア問題の解決という困難な課題に直面していた――、またドゴール将軍がきわめて高圧的な性格の人間であったために、議会の役割は、憲法によって認められていた小さな役割よりもさらに小さなものとなった。ドゴールはたえず議会の頭越しに、国民に直接語りかけるようになっていった。ラジオやテレビを通じての演説、舞台効果を狙った記者会見、地方遊説などは、すべて《言葉による大統領職》遂行のための格好の場となり、人心を虜にする彼の表現の才はいかんなく発揮された。しかも数々の深刻な事件の発生を前にして、ドブレ内閣は一年間にわたり治安維持のための法令を、政令というかたちで発布することができる特別な権限を手に入れ（一九六〇年二月）、さらに一九六一年四月、ドゴールは憲法第十六条を盾に取り、みずから全権を手中に収めるにいたっている。

アルジェリアの独立

一九五八年当時、アルジェリア在住ヨーロッパ人の一致した見解によれば、アルジェリアの分離独立などはまったくの論外であり、こうした彼らの主張は軍隊によっても、本土のフランス人によっても支持されていた。フランス本国では到達すべき目標についても、また進むべき方向性についても、誰にも明確な展望があったわけではなく、この点に関してはドゴール自身も他の人びとと同じようなものであった。それゆえ問題の解決は長期にわたる困難な過程を経て、手探りで求められるよりほかはなかったのである。

一九五八年十月、ドゴールはアルジェリア人反乱組織に対してみずから《勇者の和睦》と称した和平案を申し入れているが、アルジェリア共和国臨時政府（ＧＰＲＡ）はこれを拒絶した。そのため戦闘は継続され、双方で残虐行為がくりかえされたが、決定的な結果はいつまでも得られなかった。とはいえ、その間にもフランスでは世論に変化が生じ、また大統領自身もさまざまな発言を巧みに社会に広め、問題を根本的に解決しようとする意図をのぞかせるようになっていた。最終的に一九六〇年十一月、ドゴールはアルジェリア共和国独立の可能性を示唆するようになり、国民投票によってフランス人の意思が問われることになるとの声明を発表した。最初の国民投票は一九六一年一月八日におこなわれ、投票者の七五・二パーセント（登録有権者数の五六パーセント）がアルジェリア国民の《民族自治》の原則を承認している。

あくまでも「フランスのアルジェリア」の存続を主張していた人びとは、こうした流れを武力によってくい止めようと試みた。一九六一年四月二十二日、四人の将官――そのうちの二人は駐アルジェリア仏軍の旧総司令官ラウール・サランとモーリス・シャルである――は、いくつかのパラシュート部隊の支援を受け、アルジェで権力を掌握するにいたった。しかし徴集兵たちはこうした行動に追随しようとはしなかった。ドゴールはテレビに出演し、《一握りの反乱将軍たち》に侮蔑の言葉を投げかけているが、これはドゴールによるもっとも劇的で有効なテレビ出演のひとつであったとされている。将軍たちは二日後に降伏した。

このとき以降、アルジェリア共和国臨時政府(GPRA)代表とフランス政府代表とのあいだで、秘密裡の困難な交渉が開始された。そのあいだにもOAS(「フランスのアルジェリア」を支持する人びとの秘密軍事組織)は、アルジェリア放棄の責任を問われた人々に対するテロ行為をくりかえしている。一九六二年三月十八日、困難な交渉の末にようやく協定がまとまり、エヴィアンで調印された。戦闘は停止され、アルジェリア共和国臨時政府は承認され、アルジェリア在住フランス人の安全とフランスの利益が保障されることになった。このエヴィアン協定は、四月八日、フランスで国民投票にかけられ、投票総数(登録有権者の六四パーセント)の九〇パーセントの賛成を得、次いでアルジェリア人自身によっても承認された。

フランス軍の最後の部隊が北アフリカを離れたのは、ようやく一九六四年六月を迎えてからである。アルジェリアのフランス人――いわゆるピエ・ノワール――の大部分は、新たな状況を受け入れることができないまま、彼らの努力によって開発された国を離れていかなければならなかった。こうした悲劇を前にしてドゴールはあくまでも冷淡だったので、犠牲を強いられた人びとはドゴールに対する怨みをいつまでも忘れることができなかった。

脱植民地化の完了

一九五八年の憲法では、完全な自治が認められた旧植民地諸国とフランスとのあいだで《共同体》が設立されることが定められていた。この《共同体》は行政評議会と上院を有し、代表は当然のことながらフランス共和国大統領であった。それゆえ完全な独立を望む国々が共同体への参加を将来停止する可能性はじゅうぶんに考えられた。

共同体としてのこのような結合の形態を、ドゴールは一九五八年八月末、マダガスカルと仏領ブラックアフリカのそれぞれの国々で提示している。ほぼすべての国で提案は肯定的かつ熱烈に受けとめられているが、ギニアは例外であった。ギニア民族運動の指導者セク・トゥーレは敵意をあからさまに示し、そのためギニアに対する行政上および経済上のあらゆる援助はすぐに完全に打ち切られることになった。

ギニア以外の国々でも、フランスとの絆の維持を強く願っていた指導者たちは、ヴェトナムとアルジェリアの例から刺激を受けていた若き民族主義者たちの圧力にさらされることになった。ドゴールはフランスの利益を守るためにも、このような民族主義的な感情を満足させる必要があることを理解し、またそのことをフランス国民に理解させようと努めている。一九六〇年五月、議会は一九五八年憲法を見なおし、共同体の参加国が《国際的主権》を有することを可能とすることを決定した。そうすれば存続が期待されていた各国間との絆は、双方向の協力協定というかたちをとることになるであろう。このことは一九六〇年から六一年にかけて、大きな混乱もなく実現されている。

2 ドゴール時代の頂点

憲法改正

アルジェリア問題が解決され、脱植民地化の流れが比較的円満に完了し、経済が再建され、より誇り高く独立した外交が確立され、このようにしてドゴール将軍の精神的権威はもっとも高い頂へと昇りつめていった。

一九六二年四月八日の国民投票の勝利の後、ほどなくしてドゴールは行政権をよりいっそう完全に行使しようとする意思を鮮明にし、ドブレに代えてジョルジュ・ポンピドゥーを首相に任命した。ポンピドゥーは国会議員ではなかったが、かつてドゴールの官房長官を務めたことがあった。八月二十二日、通称プチ・クラマールと呼ばれる場所で、ドゴールはＯＡＳ（秘密軍事組織）によるテロ攻撃から奇蹟的に逃れることができた。この事件はドゴールに、かねてから心に抱いていた改革に拍車をかけ、憲法改正の仕事を完成させることを決意させた。すなわち共和国大統領の選出を普通選挙によるものにしようとしたのである。九月十二日、閣議はこの改革案を国民投票にかけることを決定した。政界はたちまち蜂の巣をつついたような騒ぎになり、憲法審議会と国務院の法律家たちの反対意見があいついで表明された。このような場合に立法府の介入が予定されていたはずの憲法を、国家元首みずからが無視しているというのである。上院議長のモネルヴィルは《背信》という言葉を口にしたほどであった。第三共和政時代に最後の首相を務めたポール・レノーは、国民議会で内閣不信任案を決議させ、これに対して大統領は議会の解散という対抗措置に出た。その結果、国民投票は国民議会選挙とほぼ並行しておこなわれることになったのである。

一九六二年十月二十八日の国民投票の結果、軍配はドゴールにあがり、彼は有効投票総数の六二パーセントの支持を受けている。もっともこれは登録有権者数の四六パーセントにすぎず、野党はこれに元気づけられ、国民議会選挙の勝利に向けて全力を投入することになった。しかし野党の努力は無駄に終わり、二度にわたる投票の結果（十一月十八日と二十五日）、新共和国連合（ＵＮＲ）はそれまでの百九十八議席に代わって二百三十三議席を獲得した。ドゴール主義への同調を表明していた独立共和派の支援をも得て、ポンピドゥー内閣は半数を上回るじゅうぶんな議席を有することになり、一九六五年十二月の大統領選挙まで、さしたる妨害に悩まされることなく統治を継続することが可能であった。

一九六五年の大統領選挙

敗北した各政党は、彼らの希望を一九六五年十二月に予定されていた大統領選挙に託することになった。彼らは野党勢力の再編を図り、またテレビを幅広く利用して選挙キャンペーンを大々的に展開し、選挙の準備を積極的に進めていった。第一回投票がおこなわれた一九六五年十二月五日の夜、ドゴールは五人の他の候補者に対して、有効投票総数の四三・七パーセントを獲得するにとどまり、当選未定の状態になったことにひどく自尊心を傷つけられた。他の候補者たちのなかでも最上位に位置したのは左翼の候補者フランソワ・ミッテランであり、彼は三二・二パーセントの票を集め、憲法の規定にしたがって第二回投票に臨むことができた。それでもミッテランは、第一回投票でドゴール以外の候補者に与えられた右翼と中道の票を集めることができず、十二月十九日、有効投票総数の四五・四パーセントを得るにとどまり、ドゴール（五四・六パーセント）に明らかな差をつけられる結果となった。こうしてドゴールは新たに七年の大統領任期を開始することができたのである。

外交

外交はドゴール将軍の《特権領域》であり、ここで彼は議会の意見をほとんど尊重することなく、秘密裡に行動しようと考えていた。

開戦当初の敗戦により、また戦後は第四共和政の弱体ぶりによって、極端に低下していたフランスの威信を回復し、祖国に過去の栄光に見あった役割を取り戻し、世界のヘゲモニーを分けあっていた二大超大国を前にして独自の立場を守り抜くこと、以上がドゴール外交の目的であったといえる。願望を実現するための適切な方策はなかったので、ドゴール外交はしばしば芝居がかった効果に頼るようになった。たとえ見かけ上のことにすぎなかったとしても、くりかえし主張されるならば、いつかは現実として認められるかもしれないではないか。

フランスがアメリカの勢力圏にあることはライヴァルのソ連も認めていたところであり、それゆえフランス外交の独自性が主張されたのは、米ソのうちでももっぱらアメリカに対してであった。一九五九年三月には、ドゴールははやくもフランスの地中海艦隊をＮＡＴＯの指揮権からはずしている。さらにその後、アメリカの戦略爆撃機部隊はフランスの基地を離れなければならなくなった（一九五九年六月）。一九六六年三月、ドゴールは最終的にＮＡＴＯからのフランス軍の離脱を宣言し、そのため連合軍の司令部（ＳＨＡＰＥ、ヨーロッパ連合軍最高司令部）はベルギーに移されている。さらに彼はアメリカの反対に屈することなく、またフランス国内からの強い反対にもかかわらず、フランスに独自の核兵器という《決定的戦力》をもたらすことを願っていた。フランスの初めての原子爆弾は一九六〇年二月十三日、サハラ砂漠で実験に成功している。ウラン精製のための巨大な施設がローヌ川流域のマルクールに多額の費用をかけて建設された。ドゴールは一九六二年、ジュネーヴ軍縮会議への参加を拒否し、一九六三年の米ソによる核実験停止協定に署名することも拒んでいる。

ドゴールによる対ヨーロッパ政策自体、反米的色彩の強いものであった。彼が望んでいたのは《ヨーロッパのヨーロッパ》であり、《北大西洋のヨーロッパ》ではなかったのである。それゆえ彼はまずアデナウアー西独首相との個人的な関係を生かして、ドイツとの関係をさらに緊密なものにすることに力を尽くしている。また同様にヨーロッパ共同市場の設立を強力に推し進め、フランスの通商相手国に対して、農業政策の面での不一致を克服するように強くはたらきかけている。さらにまた共同市場（ＥＣＣ）へのイギリスの参加を拒否している。彼の判断によれば、イギリスはヨーロッパでアメリカの《トロイの木馬》になる恐れがあったからである。

同じような傾向は世界の他の国々との関係においても見られている。たしかにドゴールは重大な危機――ベルリンの壁（一九六一年）、キューバへのミサイル配備をめぐっての米ソの対立（一九六二年十月）――に際しては、強くアメリカを支持しているが、それでも西側の同盟からはつねに一線を画し、ソ連に接近し（一九六六年にはモスクワを訪問している）、一九六四年一月には早々と中華人民共和国との関係を樹立し、ヴェトナムでのアメリカの軍事行動を公然と非難し、一九六七年にはイスラエルの活動を糾弾し、またフランス系カナダ人の分離独立運動への支持を表明している。

このように祖国への愛を徹底して誇示しつづけたことは、共産党をも含めてあらゆる党派のフランス人の盲目的な愛国心に満足を与え、ドゴールは内政を有利に展開することができた。それでも彼はとりわけ人民共和運動（ＭＲＰ）および社会党内に当初から存在していたかなりの数の支持者たちを失う結果を招いている。彼らはヨーロッパの政治的統合という理想に対するドゴールの拒否と嘲りの言動を許すことができなかったのである。

経済発展

一九五八年十二月末からドゴールは、大蔵大臣アントワーヌ・ピネの提唱による一連の強力な経済安定政策をすでに実施に移していた。国有企業への補助金の削減と直接税の引き上げによる歳出超過予算の赤字幅の縮小、再度のフランの切り下げ（一七・五五パーセント）、旧百フランに相当する《新一フラン》の発行、為替管理の廃止、貿易の自由化などである。

こうした経済対策の効果は、政治的安定の回復とヨーロッパ共同市場の実現という追い風を受け、とりあえず目覚ましい結果をもたらした。一九五九年から六三年にかけて、フランス経済の年間成長率（六・三パーセント）は、ヨーロッパのすべての国、およびアメリカとカナダの成長率をも凌駕している。一九五八年に十七億米ドルであった対外債務は、一九六二年末には完全に返済されていた。しかし、こうした成長にはインフレの危険がともない、そのため一九六三年にはいくつかの物価安定策が講じられ、その結果、経済成長には歯止めがかけられ、ふたたび貿易収支の不均衡が生じるようになった。

しかも経済の急速な変革は社会の不満を増大させていた。一般に近代化の急速なリズムについていくことが比較的困難であった農業労働者たちは、たびたび暴力的な示威運動に走っている。工場労働者は物価スライド制のＳＭＩＧ（全産業一律最低保障賃金）制度により、農民よりも保護されていたとはいえ、それでも彼らの目に最低賃金と最高賃金の格差は広がる一方であるように思われてならなかった。とりわけ一九六三年以降、失業問題がふたたび浮上するようになった。このような不満の高まりが、一九六八年春の社会的混乱の要因のひとつであったと考えられる。

3　ドゴール体制の凋落

一九六八年の危機

一九六七年三月の国民議会選挙の結果、多数派を占めていたドゴール派は後退しておよそ四十議席を失い、反対にさまざまな左翼系野党が躍進を遂げ、全体で四八・九パーセントの得票率を示していた。ポンピドゥー首相は政局運営に対する野党からの妨害を断ち切るため、会期の冒頭から経済社会問題に関する立法措置を政令によっておこなうことができる権利を手中に収めている。

その後の数ヵ月間、社会的不満の高まりを見抜くことは、さまざまな兆候からじゅうぶんに可能であった。不満の原因はあいまいで多様だったので、それだけ広範な広がりを見せていたのである。それでも一挙に体制を揺るがしかねないほどの異様な危機の発生を予見させるようなものはなにもなかった。

きっかけとなったのは一九六八年三月の末からすでにナンテール大学で広まりを見せていた混乱である。次いで五月三日、パリのソルボンヌ大学の周辺で事態は一挙に暴動の様相を呈するようになった。警察の激しい弾圧が火に油を注ぐ結果となり、また現場からは生々しい混乱のようすがラジオによってただちに全国に伝えられ、混乱は国中に広まっていった。さらにその後の数日間、騒乱にはかなりの数の学生たちが加わり、また教員たちの姿も見られるようになった。労働組合と左翼系の諸政党は、行動そのものよりも、なかば意味不明の言葉が入り乱れていたロマン主義的で無政府主義的な大規模な不満の爆発に、当初は戸惑いを隠しきれなかった。五月十三日以降、騒乱は労働界にも広がっていった。労働諸団体はしばしば下部組織による《山猫スト》の突き上げを食らい、国中のあらゆる活動がマヒ状態に陥ってしまった。ドゴールはルーマニアへの公式訪問を急遽切り上げ、五月二十四日にテレビ演説を通じて全国民に語りかけたが、効果は無に等しかった。一方、ジョルジュ・ポンピドゥーは労使の幹部を集めて会合を開いている。五月二十七日に調印されたいわゆる《グルネル》協定は賃金生活者にかなり有利なものであった。

しかしグルネル協定は、協定が提示された労働者集会で承認を拒否され、ゼネストは収束しなかった。労働総同盟（CGT）と共産党は、状況に追いまくられて混乱をきたし、ミッテランとマンデス＝フランスによる左翼政権の樹立を考えるようになった。政府の側で混乱が頂点に達したのは、ドゴールがエリゼ宮を離れ、コロンベの自宅に向かったという情報が五月二十九日に伝えられたときである。事態はついに権力の空白を迎えたのだろうか？　じつを言うと、ドゴールはドイツ駐留フランス軍の指揮官たちの意向を確かめに行ったのだった。五月三十日彼はパリに戻ると、十六時三十分に短い演説（三分間）をおこない、決意のほどを表明した。私は大統領の地位にとどまり、内閣をいまのままにし、議会を解散する。私は私を支持してくれる人びとに、私への支持を表明してくれるようお願いする、と。人びとはこの呼びかけに応え、五十万人以上のデモ隊がシャンゼリゼを行進し、大統領にエールを送っている。

状況はもののみごとに一変した。個人の権力を敵視し、民主主義を標榜していた左翼諸政党は、普通選挙による判定を拒むことはできなかった。労働諸団体は極左を敵視し、組合員たちに仕事への復帰をうながした。学生たちの異議申し立ては、ますます大きな非難の的となり、けっきょくは散り散りになって消えていった。こうした狂乱の数ヵ月において、おそらくもっとも驚くべきことは、暴力的な衝突から何千もの負傷者が出たにもかかわらず、死者はわずか二名にすぎなかったということであろう。

ドゴール体制の最期

一九六八年六月二十三日と三十日の選挙結果からは、左翼諸政党が助長しているものと考えられた無政府状態に対する、世論の激しい拒否が明らかになった。このとき新共和国連合（Union pour la nouvelle République, UNR）は共和国防衛連合（Union pour la défence de la République, UDR）と名称を変え、二百九十四議席を獲得し、新議会で絶対過半数を確保したのに対して、左翼の得票率は四一パーセントに落ちこみ、共産党議員の数は七十三名から三十四名に激減したのである。

ドゴールは変革の意志を明確にあらわし、ジョルジュ・ポンピドゥーに代えて、一九五八年以来外相として彼に忠実に仕えてきたクーヴ＝ド＝ミュルヴィルを首相に任命した。エドガー・フォールは文相として高等教育組織全般の改革にあたることになった。またドゴールとりわけが重視していたのは、五月危機の勃発から明らかになった国民の願望に応えるということであった。人びとは地域別および職業別の利益が国家の決定にいっそう反映されることを願っていたのである。

こうした地方分権化の計画に、ドゴールは憲法の改正を重ねあわせようとした。彼が国家の頂点に君臨していることに対して、フランス国民がみずからの見解を表明し、しかもそれを前年（一九六八年）六月の国民議会選挙のとき以上に明確にせざるをえなくなるような、そのような国民投票を彼は必要としたのである。四月十日ドゴールは、もしも彼に対する反対が過半数を超えたならば引退すると宣言した。これは危険な挑戦であった。というのも、たとえ世論が地方制度改革に好意的であったとしても、それにはドゴールが求めていたような上院の改革がともなわねばならないということが、人びとにには理解しがたかったからである。ドゴールが上院に対する積年の恨みに突き動かされているのは明らかであった。しかも《私か、あるいは混乱か》といういつもながらの脅し文句は、ジョルジュ・ポンピドゥーが必要な場合にはいつでも大統領職を継承する用意があると言明して以来、さほど人びとの心に訴えるものではなくなっていた。一九六九年四月二十七日の国民投票の結果、拒否は五三・二パーセントであった。翌二十八日の朝、ドゴールはわずか十七語の尊大なコミュニケを発表し、権力の行使を停止すると宣言した。

コロンベに引退した後、彼は公の場にはけっして姿を見せず、どのような政治的発言をも控え、近親者を除いてほとんどあらゆる人びととの接触を避け、過去の演説の刊行と回想録の執筆に専念している。一九七〇年十一月九日、彼の突然の死は、単にフランス国民の不幸というだけではなく、世界的な人物の逝去として受けとめられた。

4　ドゴール以後

ポンピドゥー大統領

大統領選挙で、ジョルジュ・ポンピドゥーは共和国防衛連合（Union des démocrates pour la République, UDR）と右派からのただひとりの候補者となり、これに対して対抗馬となったのは分裂した左派からの四人の候補者と中道からのひとりアラン・ポエールであった。上院議長であったポエールは、ドゴールの引退後、臨時政府首班を務めて知名度を上げ、人びとから高い評価を得ていた。左派の票が分散していたため、ポエールは対抗馬として最多の票を獲得し、決選投票でポンピドゥーと争うことになった。左翼の有権者たちは投票意欲を失い、多くが棄権（登録有権者総数の三五・五パーセント）にまわり、ポンピドゥーはじゅうぶんな数の有効投票数（五七・五パーセント）を得て、余裕をもって大統領に選出された。

この頑健で如才のないオーヴェルニュ人は、立派な体格とあたりの柔らかい善良な物腰で周囲からの信頼を勝ち得ていた。彼はあらゆる面で強硬さと柔軟さ、ドゴール主義に対する忠誠と他の政治勢力に対する柔軟な対応を、巧みに使いわける術を心得ていた。彼が首相に選んだジャック・シャバン＝デルマスは行政府と立法府の関係に新たなスタイルを取り入れ、議会は重要な決定事項により深く関わるようになっている。シャバン＝デルマスが実現を企図していた《新しい社会》は、協調と責任への呼びかけを基本とするものとされ、こうした精神のもとで、彼は多くの有益な社会改革を推し進めていった。一方、ポンピドゥーはドゴールの外交政策――米ソから一線を画する独自の外交、アフリカ諸国との協力関係の維持――を大筋では継承しつつ、それをさほど挑発的ではない、あるいはより友好的な態度で推進していった。彼が決断した主要な方針変更は、イギリスのヨーロッパ共同市場への参加承認に対するフランスの反対を取り下げたことである。もっともこの決定は世論からそれほど高い評価を受けたわけではない。この問題をめぐって一九七二年四月二十三日に実施された国民投票で、賛成は登録有権者の三六・一パーセントにすぎず、反対は一七・二パーセントであったが、それ以外は棄権（三九・五パーセント）にまわるか、あるいは白票か無効票（七・一パーセント）を投じていたからである。

このほぼ完全な失敗は、シャバン＝デルマス内閣に対する野党の漠然とした幻滅感をさらに強める結果となった。与党の右からも左からも、《ＵＤＲ（共和国民主連合）＝国家》に対する不満がくりかえし表明されている。《ＵＤＲ＝国家》は権力の濫用を助長し、《資本家たち》に便宜を与えているとして非難された。ポンピドゥー大統領はみずから事態の収拾を図る決意を固め、シャバン＝デルマスを更迭し、代わりにピエール・メスメールを首相に任命した。メスメールは忠誠心の強い謙虚なドゴール主義者で、道徳的な厳格さに関しては折り紙つきの人物であった。ポンピドゥーはメスメールとともに、一九七三年三月の国民議会選挙に勝利した。左翼連合が有効投票総数の四五・五パーセントを得たのに対して、与党保守派連合は四六・九パーセントを獲得したにすぎない辛勝ではあったが、それでも多数決二回投票制のおかげで、与党は国民議会で四百九十議席中二百七十八議席を確保することができた。このようにして共和国民主連合（ＵＤＲ）は引きつづき政権を担うことが可能になったのである。

ポンピドゥー時代の終わり

国民議会選挙の後、人びとの期待とは裏腹に政権の人事に関しても政策の方向性についてもいかなる変化も見られなかった。ポンピドゥーが示したただひとつの重要な提案――憲法を改正して大統領の任期を七年から五年に短縮する——は、両院合同会議で改正に必要な五分の三の賛成を得る見とおしが立たず、彼はこの改正案を撤回せざるをえなかった。

一九七四年の初頭、政府は世界的な経済危機の影響を前にしてなす術を失っていた。生産活動は停滞し、物価は上昇し、失業率は増大する一方であった。しかも大統領の健康を危ぶむ噂が流れ、世論の不安はさらに大きなものになっていった。噂は突然、噂以上のものであることが明らかとなり、ポンピドゥーは後継者を決定することができないまま、一九七四年四月二日に死去した。

ヴァレリー・ジスカール＝デスタン

この政治の空白期間は、大勢の大統領候補者に出馬をうながす結果となり、一九七四年五月に予定されていた選挙で、立候補者は十二名を下らない見こみであった。今回、左翼は前回以上の団結が予想されていたが、それは社会党第一書記フランソワ・ミッテランの存在があったからである。彼は鳴り物入りで政策《共同綱領》を立ち上げ、その旗印のもとで共産党および急進党の一部との連携を実現していた。反対に右派では共和国民主連合（ＵＤＲ）が分裂していた。多数派はジャック・シャバン＝デルマスを推し、他方ジャック・シラクの率いる少数派は、独立共和派の候補者で《継続のなかの変化》を掲げていたヴァレリー・ジスカール＝デスタンを推していた。ジスカール＝デスタンはまた、前政権時に野党の地位にとどまっていた改革的中道派の支持を得ることができるものと考えられた。

第一回投票でフランソワ・ミッテランは大幅に票を伸ばし（有効投票総数の四三・四パーセント）、ジスカール＝デスタン（三三パーセント）を上回っていた。しかしジスカール＝デスタンは、シャバン＝デルマス（一四・六パーセント）、ジャン・ロワイエ（三・二パーセント）など、他の候補者に投じられた右派と中道の票を、決選投票で集めることができるだろうと予想されていた。並はずれた政治的能力の持主であった二人の政治家の決選投票に、フランス国民は熱狂し、棄権率は史上最低になることが予想された。けっきょくのところ、ジスカール＝デスタンはわずか三十五万票差で、すなわち有効投票総数の五〇・七パーセントを得て、勝利を収めた。

フランス政界の極端な《二極化》とドゴール主義の覇権の終焉が明らかになったこの選挙の翌日、新たに大統領に選出されたジスカール＝デスタンは、国家の近代化と政界の《緊張緩和》を図り、社会の《閉塞状況の打開》を実現したいとするみずからの願いをともかくも表明している。しかし彼の試みはほとんど克服不能なさまざまな障害にぶつからざるをえなかった。野党はあくまでも敵対的な姿勢を崩そうとはせず、あらゆる対話を拒み、また経済危機は長引き、コストのかかる社会改革は思うに任せず、労働者たちは失業とインフレに悩まされて不満を募らせ、懐疑主義と倦怠感が蔓延し、もともと政権を支持していた人びとの心までもが蝕まれるようになっていった。彼らはジスカール＝デスタンが自由主義を掲げながら、経済界に対する中央官庁の厳格な規制を維持しつづけていることに不満を抱くようになった。また人びとは、ジスカール＝デスタンが左翼からの要求に譲歩しているとして非難するようになった。たとえば、一定の条件のもとで中絶を許可する法案の成立（一九七四年十一月）、また法定成人年齢の二十一歳から十八歳への引き下げなどである。

外　交

外交面でジスカール＝デスタン大統領は前任者たちの外交を大筋で継承している。独自の核武装をさらに推し進め、西ドイツとの協力関係を維持してヨーロッパ共同市場の制度のより円滑な運用をめざし、またアメリカとは友好的な関係を維持しつつ、独自の外交的立場を誇示することにも神経を使っている。たとえば、ソ連がアフガニスタンに侵攻したとき、フランスはモスクワ・オリンピックのボイコットに同調することを拒否した。ジスカール＝デスタンはワルシャワにおもむいてソ連のブレジネフと会見し、西側陣営のスポークスマンとなって、ブレジネフからなんらかの譲歩を引き出すことができるものと考えていたが、しかしそれはまったくの幻想にすぎなかった。

かつてフランスの植民地であったアフリカ諸国との関係は、経済・技術分野で維持されていた。チャド共和国に対する軍事援助は、リビアの領土拡大の試みに対する歯止めとなっている。また一九七九年九月、フランス政府は中央アフリカ帝国の独裁者ジャン＝ベデル・ボカサの失脚に一役買っている。しかしジスカール＝デスタンが当初ボカサに対して示していた異様なまでの寛大さを、フランス政府は人びとに忘れさせることはできなかった。フランスの協力予算は、ボカサの皇帝就任式を盛りあげたグロテスクなまでの祝賀行事の費用を、あらかた賄っていたのではないだろうか？

内　政

新たな閣僚人事の選任と構成に際して、ジスカール＝デスタンは当然のことながらジャック・シラクを首相に任命している。シラクはドゴール主義政党（共和国民主連合〔ＵＤＲ〕）の党首で、同党は国民議会でもっとも多くの議席を有していた（三六パーセント）。しかしシラク首相は、権力から遠ざけられた《ドゴール派の大物たち》の不満を抑えることに苦慮している。またとりわけ大きな経済的困難に直面することになった。

フランス経済は《石油危機》、すなわち石油輸出国機構（ＯＰＥＣ）の決定による石油価格の急激な上昇によって、甚大な影響を被ることになった。一九七五年、工業生産指数は三十年来初めての減少を記録している。同じ年、失業者数は九十万人に達し、前年比で四五パーセント増加し、またインフレは給与所得者の購買力をますます低下させる一方であった。

国民の不満は、県議会議員の改選のためにおこなわれた一九七六年三月の地方選挙ではっきりとあらわれた。三つの左派系野党が力を合わせ、合計して有効投票総数の五四パーセントを獲得したのである。

ジャック・シラクは情勢の立てなおしを試みているが、その後、突然辞任を表明した（一九七六年八月二十五日）。ジスカール゠デスタンが自分にじゅうぶんな行動の自由を認めていないというのである。こうしてシラクはふたたびドゴール主義政党を自由に率いることが可能になり、このことは一九七六年十二月、共和国民主連合（ＵＤＲ）が共和国連合（Rassemblement pour la République, ＲＰＲ）と名称を変更したことにもよくあらわれていた。

レイモン・バール

ジスカール゠デスタンが選んだ新首相は学界で高い評価を受けていた経済学の教授で、ブリュッセルのヨーロッパ共同市場の上層機関でキャリアを積んでいたレイモン・バールである。バールの経済プログラムは以下のごとくであった。強権的な操作により物価上昇を抑える。個人と企業に対する課税を強化し、内需の抑制を図る。将来性ある分野の産業（航空宇宙産業、エレクトロニクス産業、遠距離通信産業、バイオテクノロジー産業）を積極的に支援する。赤字産業を人為的に存続させることをやめる。原子力発電所の建設を推進し、エネルギー分野でのフランスの対外依存率の減少を図る。

政治的動揺

こうした政策は短期的には失業の増大を招くほかはなかった。社会の不満は一九七七年三月の市町議会選挙において明らかであった。社会党と共産党の有権者が協定を結び、それにより野党は住民三万人以上の都市の三分の二で勝利を収めたのである。それでもパリで、ジャック・シラクは大統領が推薦した候補者を退け、市長に選出された。

市町議会選挙の敗北の後、レイモン・バールは内閣の改造に着手し、一九七八年春の国民議会選挙に向けて、与党側の状況を立てなおすことに力を尽くしている。

このときの国民議会選挙の結果は、左派野党勢力の勝利を確実視していたあらかたの予想を裏切るものであった。連立政府側が有効投票総数の五〇・五パーセントという僅差で勝利したのである。僅差とはいえ、小選挙区制のおかげで連立政府は、野党側の百九十九議席に対し、国民議会で二百八十八議席という安定多数を確保することができた。

そこでレイモン・バールは閣僚を部分的に刷新して従来の経済緊縮政策を継続することが可能となり、それによりフランスは負債の減少とフランの安定を実現することができた。国内総生産の伸びはわずかではあったが、それでも他の多くの西側諸国の国内総生産を上回っていた。もっとも失業者の増加はとどまるところを知らず（一九八一年に百七十万人に達している）、またフランスはヨーロッパでもっとも高いインフレ率（一二パーセント）を記録した国のひとつであった。

左翼の勝利

一九八一年春の大統領選挙に備えて、左派は《共同政策綱領》に署名し、共産党の支持を確かなものとしていた。この《綱領》は政治的・社会的改革に関して百ばかりの具体的な政策を提案していたものである。また左派はフランソワ・ミッテランという、知力においても政治的老獪さにおいても卓越した能力を有し、さらに社会党の結束と強化を成し遂げることができた候補者を擁していた。

ジスカール＝デスタンが犯した誤りは、権力の疲弊が目に見えていたにもかかわらず、自分の再選を疑ってはいなかったということである。ジャック・シラクはみずからこのチャンスにかけてみる決意を固めていた。もっともシラクは第一回投票で有効投票総数の一八パーセントを獲得したにすぎず、これに対してジスカール＝デスタンは二八パーセントの票を集め、ミッテランの二六パーセントを凌駕していた。しかしミッテランは第二回投票で、統制の取れた共産党の支持を受けて左翼票をくまなく集め、これに対してシラクを支持した人びとは、右派の候補者であるジスカール＝デスタンを支持することにそれほど積極的ではなかった。

その結果、フランソワ・ミッテランは有効投票総数の五一・七パーセントを獲得し、大統領に選出された。左翼はこうして、四半世紀以上にわたって権力の緑野から遠ざけられていたのちに、ついに『約束の地』を手に入れたのである。左翼の有権者たちは狂喜し、鬱積していた欲求のはけ口を求めてバスティーユ広場に集まり、歓声をあげて夜の集会をくりひろげた。

第二十九章

Histoire de France

フランソワ・ミッテランの治世――一九八一～九五年

ミッテラン（左）とシラク（右）

フランソワ・ミッテランは野党時代、ドゴール体制を《恒久的クーデタ》と評し、これを厳しく批判していた。しかしひとたび権力を掌握してからは、一九五八年の憲法によって共和国大統領に与えられていたすべての権限を、ミッテランは少しもためらうことなく行使している。強い意志を貫き、巧みな駆け引きを駆使することによって、彼は七年間の大統領任期を二度にわたってまっとうした。これはフランス共和国史上、他に類例のない記録である。

1　フランソワ・ミッテラン

生涯

権力の座に到達したとき、彼は六十四歳だった。生まれたのは一九一六年十月二十八日、ジャルナック（シャラント県）である。地方の小ブルジョワジーに属する大家族の五番目の子どもだった。父親は鉄道員としての勤務を経た後、妻の実家の大きな酢醸造所の経営を引き継いでいた。アングレームのサン゠ポール・カトリック系中・高等学校で古典課程を終了した後、若きフランソワ・ミッテランは一九三四年パリに出て、パリ大学法学部と政治学院に在籍している。幼いころから宗教的な環境に親しみ、そのころはカトリック右派に位置していた。一九三九年九月には一兵卒として動員され、一九四〇年六月には負傷して捕虜となるが、二回の失敗の後、一九四一年十二月に脱走に成功している。

彼は数ヵ月間ヴィシー政権のもとで働き、戦争捕虜復員局に勤務していたが、一九四三年初め、レジスタンスに参加した。ロンドンとアルジェに行き、アルジェで初めてドゴール将軍に面会している。ドゴールはフランスに帰還した後、ミッテランに戦争捕虜担当省での勤務を求めているが、ミッテランはドゴールと深いかかわりができるのを避け、しばらくのあいだ、マスコミの世界で活動する道を選択した。一九四六年末、ニエーヴル県から国民議会議員に選出され、民主社会主義レジスタンス連合（UDSR）の議員団に加入して政界に復帰している。このUDSRは人民共和運動（MRP）と社会党（SFIO）のあいだの中間的な小政党であった。こうした戦略的な立場に立つことにより、彼は第四共和政期の短命な内閣があいつぐなかで、七回閣僚に任命されている。

ドゴール将軍が権力の座に返り咲いたことにより、ミッテランはふたたび野党の立場に身を置くことになった。一九六五年末、彼はすべての左派政党の結集を図り、《民主社会主義左翼連合》の結成に尽力している。同年十二月の大統領選挙に立候補し、第一回投票でドゴールを当選未定にすることに成功した。ドゴールは、彼が軽く見ていた政治家と第二回投票で戦わなければならなくなったことに驚きと屈辱を禁じえなかった。ミッテランは決選投票で敗れはしたが、有効投票総数の四四・八〇パーセントを獲得している。

一九六八年の五月危機に際して、ミッテランは権力が自分の手の届くところにあると考えたが、次期大統領候補者として早々と名乗り出たのは不用意な選択であった。ドゴール派の巻き返しが功を奏したことにより、彼は誰よりも手ひどい攻撃の的にされてしまったからである。そのためミッテランは大統領選への出馬を断念し、第五共和政の創始者ドゴールの後を継承することになったのはジョルジュ・ポンピドゥーであった。もっともミッテランはその後、表舞台への復帰を準備することに成功している。社会党が新たな大政党として生まれ変わり、彼はその第一書記に就任することができたからである。ポンピドゥーの死去にともない、一九七四年五月に実施された大統領選挙で、ミッテランは有効投票総数の四九・一九パーセントを獲得し、勝利まであと一歩であった。

人間ミッテラン

キャリアの一端を要約してみただけでも、ミッテランが野心と粘り強さという二つの基本的な性格を備えた人間であるということが明らかである。多様な人格的側面を併せもつことにより、彼は人びとの関心をかきたて、心をとらえ、周囲の者たちを味方に引き寄せていた。絶えず読書を続け、つねに文学と歴史に関する豊かな教養を蓄えることにより、彼の思索は的確となり、また彼の表現は、文語であれ口語であれ、当時の政治家たちのなかでひときわすぐれた正確さと美しさを誇っている。彼が出版した十二ばかりの著作からは、政治と外国文化に対する関心の大きさと同様に、芸術と文学に対する関心の大きさも明らかに見てとることができる（『ミツバチと建築』一九七八年）。もっとも彼はドイツ語も（ドゴールと異なり）、英語も（のちのシラクとも異なり）、自由に使うことはできなかった。

またミッテランには友情をきわめて大切にするという注目すべき性格が認められる。そのために彼はしばしば困難な状況に陥ったこともあるが、その好例は、いかがわしい実業家でありながらかつて戦争捕虜仲間であったパトリス・プラの場合などであろう。こうした友人たちはミッテランの周囲でさまざまなサークルを形成し、そのそれぞれが彼の人生のさまざまな局面、あるいは彼の活動のさまざまな側面にかかわっていた。ルイ十四世を取り巻いていた宮廷人の場合と同じように、こうした友人たちからの献身は、下はわずかばかりのやさしい言葉から、上は大統領の旅行への同行の誘いにいたるまで、さまざまな恩恵が与えられることによって巧みに維持されていた。ルイ十四世が寵臣たちをマルリに招いていたのと同じように、ミッテランにとってのマルリは、ランド地方のラッチュの田舎の別荘であった。

さらにミッテランには秘密を好むという面が強く見られたが、これは君主的な権力の行使にとってきわめて重要な手法であったというほかはない。各省庁も、またエリゼ宮で大統領の周辺につめかけていた顧問官や補佐官たちも、それぞれが情報と思索をつかさどる個別の流れを形成するのみであり、多くの場合相互の面識はなく、それゆえ大統領は一人で選択と決定をおこなうことが可能であるという特権的な立場に立っていた。当然のことながら、こうした政治手法が奸計、二枚舌といった非難を生み出す原因になったことも稀ではない。

2　第一期在任期間

モロワ内閣

就任後すぐにミッテランは大統領選の勝利の余勢を駆って、国民議会の解散に踏みきっている。このときの選挙で社会党は二百六十九議席を獲得し、議会で絶対過半数を占めることができた。それでもミッテランは大統領選に際して共産党からもたらされた決定的な支援を考慮し、新内閣の閣僚に四人の共産党員を迎えることを決定している。首相に任命されたのは社会党員でリール市長のピエール・モロワであったが、閣僚に共産党員を迎えるというミッテランの決定は、大西洋同盟でフランスと結ばれていた各国に大きな不安を抱かせずにはおかなかった。

モロワ内閣は成立後ただちに《共同政策綱領》で約束されていた改革の実現に向けて動きはじめた。最低賃金と社会保障手当の増額、引退年齢の引き下げ、週労働時間の四十時間から三十九時間への短縮、四週間から五週目への有給休暇の延長、五大産業グループと私立銀行の国有化、富裕税の導入などである。

政治活動の分野では、二つの重要な措置が政治闘争の条件に変化をもたらすことになった。国民議会選挙が、ドゴール主義の正統教義によって第五共和政の支柱のひとつとみなされていた郡単位一人区制によってではなく、県レベルでの比例代表制によっておこなわれることになったのである。それとともに国民議会議員の総数は四百九十一名から五百七十七名に引き上げられ、人口の多い地方にとってより公平な代表制が実現されることになった。それと並行して、地方分権化の法整備が進み、ジャコバン派とナポレオンによる二百年来の中央集権化の流れには歯止めがかけられることになった。以後、各県の県議会議長は、これまで知事のものとされていたもっとも重要な権限の多くを引き継ぎ、また地方議会は予算をこれまで以上に自由に使うことが可能になっている。

幻滅

モロワ内閣の多方面にわたる金融緩和政策は、すぐに赤字予算、資本の流失、私企業の経営意欲の減退、国際市場でのフランの下落などを招く結果となった。

一九八三年三月の市町村議会選挙からは、左派支持層の幻滅が明らかであった。モロワは物価と賃金の凍結、通貨の切り下げによって、経済の混乱に歯止めをかけようと試みている。

モロワ内閣はさらに精神的な領域においても深刻な挫折を味わうことになった。強力な圧力団体、国民教育連盟（ＦＥＮ）からの要請に応ずるために、政府は多くのカトリック系私立学校を公教育の枠組みのなかに取り入れることを目的とする法案の準備を進めていた。これに対して私立学校を擁護していた人びとは多くの都市で抗議集会を開き、ついにはパリでも大規模な集会が開催されることになった。一九八四年六月二十四日、生徒たちの両親など百五十万人近くの人びとが大々的な示威活動を展開し、子どもたちの教育を国家の専横にしたがわせようとする政府の方針に強い抗議の声をあげた。

ミッテラン大統領はこの結果を重く受け止め、政府に法案の撤回を求め、ピエール・モロワの代わりに、みずからの若くて優秀な後継者と目されていたロラン・ファビウスを首相に任命している。

ファビウス政権

ファビウスは経済面・社会面で強硬な政策を公約に掲げていたので、共産党は多くの党員の批判の的であった政府の政治方針から離脱するための格好の口実を手に入れることができた。共産党の閣僚は政府を離れ、党は国民議会で社会党政権の計画にくりかえし反対票を投じることになった。

当然のことながらファビウス政権の政策は、レイモン・バールの政策にますます接近するようになり、そのためファビウスは一部の左翼有権者の票を失うことになった。

右派の復活

人びとの失望は、一九八六年三月の国民議会選挙からも明らかであった。社会党の得票率は三七・五パーセントから三一・〇四パーセントに下落したのである。それでも選挙制度のしくみのおかげで、社会党は国民議会で最も多くの議席を確保することができた（二百六議席）。もっともこれに対立する右派連合は総計で二百九十議席を占め、それゆえたとえ共産党（三十五議席）とそれ以外の左派勢力（九議席）、さらに場合によっては極右の国民戦線（三十五議席）が社会党に同調したとしても、右派連合は議会で絶対過半数を確保することができたのである。

第一次コアビタシオン（保革共存政権）

ミッテラン大統領は憲法の文言を厳密に守り、選挙で勝利した右派連合のなかでも最大勢力であった共和国連合（RPR）の党首、ジャック・シラクに新内閣の組閣を要請した。第五共和政の歴史のなかで、初めて国家元首と政府首班が対立する政党に属することとなり、両者は協力を強いられる結果となったのである。これがいわゆる《コアビタシオン（同居）》と称された政治状況の誕生であった。

ミッテラン大統領はもちまえの試合巧者ぶりをいかんなく発揮し、行政の日常的な運営から遠ざけられた国家元首の役割のなかに、人気をじゅうぶんに回復するための機会を見いだすことができた。その一方でライバルとなった共同統治者のシラクは、失敗がくりかえされるたびに、国民からの賛同を得る余地がますます狭まっていくのを目のあたりにする結果となった。とりわけ問題となったのは、どのような対策も明らかに不可能であると思われた失業問題の深刻化であり、また大学制度改革のための法案が、法案を敵視する若者たちの大規模な反対運動の高まりを招き、撤回のやむなきに追いこまれるという屈辱的な失態であった。それでも一九八七年末、シラク政権はかなりの数の重要な成果を誇ることができた。為替と金融の自由化、価格の段階的自由化、もっとも貧しい社会層を対象とする所得税の免除、人事管理におけるより多くの自由の承認と免税措置による企業活動の活性化、また国によるテレビ事業の独占の廃止、さらには前政権下で国有化されていたいくつかの製造企業と銀行の民間への再売却などである。

一九八八年春の大統領選挙は、フランソワ・ミッテランとジャック・シラクのいずれが、コアビタシオンという困難な政治ゲームからより多くの利益を得ることができたかを示すことになった。

3　第二期ミッテラン政権

一九八八年の大統領選挙

このときの選挙では面白いことに、任期満了を迎えたばかりの大統領とその大統領の下で現役の首相を務めていた人物が、第二回投票で対決するという状況が現実のものとなった。ジャック・シラクが第一回投票で右派候補者たち（なかでも有力だったのはレイモン・バールとジャン゠マリ・ルペンである）のトップに立ったからである。ミッテランは第二回投票で五三・九八パーセントの得票率を得、一九八一年のときよりも明らかな勝利を収めることができた。パリ証券取引所はこの結果を歓迎し、株価は二・三五ポイントの上昇を示している。一九八一年に数ポイントの下落を記録して不安を示したのとは対照的であった。

今日振りかえってみると、ミッテランが二回目の大統領就任をめざして立候補の決意を固めたということには、より重い意味あいがあったように思われる。主治医の証言からは、彼が当時すでに重度の病――前立腺がん――に侵され、任務を法的期限までつつがなくまっとうすることはおそらくできないだろうということを、じゅうぶんに承知していたという事実が明らかだからである。それでもミッテランが立候補を決意したのは、おそらく病気と運命に対する挑戦の思いがあったからであろう。しかしまたそれ以上にとりわけ彼の心を動かしていたのは、すでに着手していた大計画の数々、なかでも統一欧州の建設を最後までやりとげたいという強い思いであったように思われる。

ロカール内閣

一九八一年のときと同様、フランソワ・ミッテランは国民議会を解散して新たに選挙を実施することにより、大統領選での勝利をただちに強化する道を選択している。国民議会選挙は六月五日と十二日におこなわれた。大方の予想どおり、左派は議会で過半数を確保したが、それでも第一回投票で右派諸政党は左派を上回る票を獲得していた。そこでミッテランは野党に向かって、《歩み寄り》を試みることになり、そのために首相に任命したのがミシェル・ロカールである。ロカールは国立行政学院を卒業し、社会党内では経済のエキスパートと目されていたが、マルクス主義イデオロギーにも、あるいはジョレス一流の情熱的な社会主義的言説にも、あまり縁のない人間であった。ロカール内閣には多数派の社会党員以外にも、五人の中道右派（フランス民主連合［ＵＤＦ］）の閣僚が加わり、またアカデミー会員のアラン・ドゥコー、エコロジストのブリス・ラロンドなど、政界以外のところからも十二名の閣僚が参加している。

ロカール内閣の最初の成果は、数ヵ月前からニューカレドニアで発生していた混乱を平和裡に解決したことであった。いわゆるマティニョン合意により（マティニョンとは首相官邸の名称）、独立派の先住民とフランス人入植者の子孫たちとのあいだで妥協が成立した（一九八八年六月二十六日）。この合意は同年十一月に国民投票によって承認されている……が、棄権率は五〇パーセントを超えていた。

その後の数年間、ロカールはいくつもの有効な政策を採択させることができ、それらは実質的に制度化されることになった。失業者のための失業最低賃金（ＲＭＩ）、社会保障費の負担を雇主と給与所得者だけにではなく、あらゆる類の収入に求めることを目的とした一般社会保険料負担制度（ＣＳ

G）、また過去の違法行為に対する特赦と抱きあわせて成立が図られた政務活動費の透明化を目的とする法律の整備などである。

難　局

このロカール内閣は、増大する社会不安、学生たちの示威活動、またいわゆる《女性イスラム教徒のスカーフ》問題（若いイスラム教徒の女生徒は、イスラム教徒であることを明らかに示す衣服を、教育の非宗教性の原則に抵触することなく学校で身に着けることが許されるだろうか？）など、いくつもの国内問題に対処しなければならなかった。さらに厄介だったのは、政財界の贈収賄事件が発覚し、そこに社会党に近い人びとだけではなく、大統領に近いところにいた人びとまでもが絡んでいたことである。

外交面でフランスの立場は、首相という以上に大統領によって決定されていた。それでもロカールはヨーロッパ統合の強力な支持者だったので、この基本的な点において大統領と首相のあいだに意見の不一致が生じることはありえなかった。

しかし二人のあいだには、ロカールがミッテランと党の指導権を争い、ミッテランの社会主義概念を《時代遅れ》と評して以来、根本的に気まずい対立が続いていた。中道への歩み寄りもさしたる成果を生んでいなかった。ミッテラン大統領は、共和主義的価値観の称揚を意図し、フランス革命二百年記念祭を盛大に挙行している。しかしこのとき再燃された歴史論争からは、大統領の意図とはむしろ反対の結果が生じていた。

社会主義政権

野党は地域圏議会選挙で勢力の伸長をはたしていた。ミッテランは一九九一年五月、社会主義的な色彩を強め、政権に対する個人的な影響力を強化すべきときが来たと判断した。そのため内閣の首班にはミッテランに忠実な二人の政治家があいついで登場している。フランスで初めての女性首相となったエディット・クレソン、次いで一九八一年から大統領府事務総長を務めていたピエール・ベレゴヴォワである。クレソンは農業生産者たちの抗議活動に対処する必要に迫られたが、彼女の政治手法はすぐに人びとの反発を買い、就任後一年未満で辞任せざるをえなかった。

ピエール・ベレゴヴォワ内閣のもとでは、一九九二年九月、激しい議論の末にフランス国民を真っ二つに分裂させることになった重要な政治事件が発生した。マーストリヒト条約批准のための国民投票である（六〇九ページ参照）。けっきょくのところこの条約の批准は、投票総数の五一・〇一パーセントの賛成という僅差によるものでしかなかった。

しかしベレゴヴォワはマーストリヒト条約によって課せられる条件をあらかじめ想定し、緊縮政策を継続させていた。この政策は社会主義政権が人びとに抱かせていた期待を裏切り、多くの国民に落胆を強いるものであった。一九九三年三月の国民議会選挙からは人びとの幻滅の大きさが明らかであった。社会党が三五・九五パーセントの票しか集められなかったのに対して、右派と中道の諸政党は合計で六三・五六パーセントの票を獲得したのである。

第二次コアビタシオン

ミッテラン大統領は、右派の最大政党でドゴール主義政党であった共和国連合（ＲＰＲ）から首相を任命せざるをえなかった。このとき選ばれたエドアール・バラデュールは、かつてジョルジュ・ポンピドゥーの右腕であった政治家である。バラデュールは柔和な物腰の人物で、大統領の特権を尊重していたので、この第二次コアビタシオンは、一九八六年のジャック・シラクのときほど、大統領と首相の対立を引き起こすことにはならなかった。

《スキャンダル》

バラデュール内閣の二年間には、何人もの重要な人物を巻きこんだセンセーショナルな事件が数多く発生している。前首相のピエール・ベレゴヴォワはみずからの潔白を疑われ、精神的に追い詰められて自殺し、また大統領の側近のひとりであったフランソワ・グロスーヴルもエリゼ宮の一室で謎の自殺を遂げ、やり手の実業家でミッテランの保護を受けていたベルナール・タピによる公金横領事件が発覚し、かつてヴィシー政権の警察長官で、人道に対する罪で訴えられたことのあるルネ・ブスケとミッテラン大統領との関係をめぐって論争がもちあがり、閣僚経験のある三人の社会党員――ジョルジナ・デュフォワ、エドモン・エルヴェ、ロラン・ファビウス――は、エイズウイルスに汚染された血液の使用をめぐって、適切な対応を怠ったとして責任を問われ、ベチューヌの代議士で市長のジャック・メリクは、タピ事件における偽証の罪に問われることになった。野党サイドでも、三人の市長が公的資金の横領事件に連座していた。グルノーブル市長のアラン・カリニョン、カンヌ市長のミシェル・ムイヨ、リヨン市長のミシェル・ノワールであり、そのうちミシェル・ノワールは女婿ピエール・ボトンの違法な裏工作にかかわっていた。

司法捜査により、公共事業費を流用して社会党の資金にまわしていた秘密のルートの存在が暴露された。社会党の会計責任者が《調査の対象》となっている。

内政

バラデュール内閣の内政を見舞った最初の失敗は、バラデュールに彼の意図の限界を悟らせることになった。国民教育相フランソワ・バイルーが準備していた法案は、公立学校に与えられていたのと同様の経済援助を私立学校にもたらすためのものであった。左派諸政党は《ファルー法の擁護》、すなわち公共教育の非宗教化の原則を守るために、パリで七十万人のデモ隊を結集することに成功している。これは教育の自由を守るために百五十万人近くの結集が図られた一九八四年の抗議活動に対する、一種の意趣返しのようなものであった。

エドアール・バラデュールは、歴代の社会党政権が解体を試みた銀行と公共企業〔航空宇宙産業、エールフランス、クレディ・リヨネ、スネクマ〔国立航空機エンジン開発製造公社〕、トムソン、社会保障公庫など〕を民営化するためのプロセスに着手している。この内閣がとりわけ人びとの記憶に残ることになったのは、公的債務の負担を削減し、またヨーロッパ通貨の誕生に備えるために、緊縮政策をどこまでも推し進めたことによってであった。しかしそのためバラデュールは失業者の深刻な増加の責任を問われずにはすまなかった。失業率は一九九三年には一〇・九パーセント〔三百十一万二千人〕、九五年には一一・五パーセント〔三百二十三万五千人〕に達していた。

当時の重苦しい雰囲気のなかでただひとつ明るい話題となったのは、一九九四年六月、連合軍のノルマンディ上陸作戦の五十周年記念式典が開催されたことである。

諸政党の混乱

他方、きたるべき大統領選挙に備えて、政党間の対立の構図にはさまざまな動きが生じていた。極右では、国民戦線が地域圏議会選挙で不気味な存在感を示し、党首のジャン＝マリ・ルペンは大統領選への出馬を表明していた。フィリップ・ド・ヴィリエは《フランス運動》を創立している。保守主義者で伝統主義者であった彼はヨーロッパの統合に反対していた。小さな「急進左翼運動（MRG）」は、名称を変えて「急進運動」となり、党首のジャン＝フランソワ・オリは、依然として根強いものがあったベルナール・タピの人気にあやかってみずからの強化を図っていた。環境保護運動は二派に分裂し、それぞれブリス・ラロンドとアントワーヌ・ヴェシュテルの指導のもとにあった。

社会党は、一九八一年から八四年まで経済金融大臣を務め、その後ブリュッセルのヨーロッパ経済共同体（CEE）の執行委員会委員長として頭角をあらわしていたジャック・ドロールを、次期大統領候補にすることを望んでいた。しかし全左翼勢力の落胆をよそに、ドロールは社会党からの出馬要請を断ってしまった。そこで社会党は、かつての国民教育相で清廉さにかけては非の打ちどころのなかったリオネル・ジョスパンに白羽の矢を立てた。ジョスパンはまた一部の世論から、ミッテランの賞讃者たちの一団からは距離をとっていたという肯定的な評価を得ていた。

また与党サイドも分裂の様相を呈することになった。当然の候補者と目されていたのは与党側の主要政党、共和国連合（RPR）の創始者で総裁のジャック・シラクである。シラクはすでに一九八一年と八八年に大統領選に出馬し、当選を逃していた。しかしエドアール・バラデュールは、おそらく世論調査の結果にも励まされて、みずから立候補を表明する決意を固めた（一九九五年一月）。こうして与党側の諸政党は《シラク派》と《バラデュール派》に分裂することになったのである。共和国連合の多数派はシラクを支持し、フランス民主連合（UDF）の多数派はバラデュールを支持した。

4　外交――過去の遺産

全体的傾向

国民議会の多数派に変動が生じるのに応じて、フランソワ・ミッテランは国内では政治活動を調整する必要に迫られていたが、その一方でフランスの外交関係の方向性を決定する上で、彼はつねに主導権を維持していた。それゆえ大統領在職期間中の十四年間にわたって、彼の外交政策に大きな断絶はなかったものと考えていい。

外交面での彼の主要な協力者のひとりは、ミッテランが追求した一般的な目標を以下のように記している。「……ソ連に対しては強硬な姿勢を貫きつつ、国交を断絶することはしない。アメリカに対しては、友好国としての立場を示しつつ、西側陣営の一員に組みこまれることを拒否する。ヨーロッパの立ちなおりと拡大された南北間の連帯の強化の実現に取り組む。大筋としては過去の遺産を継承しつつ、そこに穏やかな修正を加えていく。人権の擁護にはさらに留意する。あらゆる国にフランスに対する敬意を求める。パワーバランスに応じて、フランスがさらに大きな役割を果たすことができるようにする。その他の点に関しては、状況に応じて行動する」*原注1。

左翼出身で、しかも政権内に共産党員の閣僚を迎えたフランスで初めての大統領に対して、主要自由主義諸国がある程度不信の念を募らせていたとしても不思議ではない。こうした外交上の障害が取り除かれたのは、一九八三年一月、ミッテランがドイツの連邦議会で演説したときのことであった。ソ連が東ヨーロッパの核兵器廠にミサイルSS20を配備したことに対する対抗措置として、場合によってはは西ドイツにパーシング弾道ミサイルが配備されることを、ミッテランは強く支持したからである。フランス国内でも独自の核戦力を維持することを、ミッテランは同じように強硬な態度で承認している。

国家元首の集まり、外国訪問などは、その後何年にもわたってきわめて頻繁におこなわれるようになり、*原注2 そのような機会にミッテランは各国の首脳に対して、彼の個人的な魅力と説得力を行使し、しかも少しずつ人びとの尊敬を集め、ときには友情さえ結ぶことができるようになった。二期目の大統領職にあったとき、ミッテランは各国指導者たちのあいだである種《長老》的存在とみなされるようになり、フランスの実際の国力が望みうる以上の大きな精神的権威を有するようになっていた。

対米外交

フランスにとっての最強の同盟国アメリカに対するミッテランの外交政策は、《友好国である。すなわち同盟国ではあるが、その一部隊ではない》という言葉に要約されるだろう。仏米間の主要な摩

＊原注1　ユベール・ヴェドリーヌ『フランソワ・ミッテランの世界』パリ、ファイヤール、一九九六年、八九ページ。

＊原注2　第一期大統領在任期間の七年間だけでも、ミッテランは五十五ヵ国に対して六十回の公式訪問をおこない、十八回のヨーロッパ評議会、七回の《サミット（先進国首脳会議）》に出席している。

擦の原因は経済問題、とりわけ通商問題にあり、またとくにキューバをはじめとするラテン・アメリカ諸国との関係にあった。ミッテラン夫人が二度にわたってハバナを訪問し、また一九九五年にフィデル・カストロがみずからパリを訪れたことに、アメリカ政府は強い不快感を表明している。アメリカによるグレナダ（一九八三年）とハイチ（一九九四年）への二回にわたる軍事介入について、フランス政府は前者に対しては非難の意味あいを含んだ沈黙を守り、後者に対してはきわめて消極的な協力を示したにすぎなかった。

ヨーロッパにおいてもミッテランは一九八一年末、アメリカ政府がポーランドのヤルゼルスキ将軍による軍事的弾圧に対抗してとった強硬姿勢に同調することを拒否している。一九八六年四月、アメリカ大統領レーガンは地中海の米艦隊に対する敵対的な行動に対する報復として、トリポリを空爆する決定を下していた。このときイギリスとスペインがアメリカの軍事作戦に協力する意向を表明していたのに反して、ミッテランはアメリカ軍機にフランス上空を飛行する権利を認めようとはしなかった。しかしそれとは逆に、イラクによるクウェート侵攻に対する対抗措置が講じられたとき、ミッテランは国連でただちにアメリカ支持を表明し、次いで現地にフランス軍を派遣することを決定している。

対ソ連外交

ソ連に対するミッテランの態度は、当初それなりに慎重なものであった。しかしモスクワを初めて訪問したとき（一九八四年六月）、ミッテランは儀礼的な食事会の席上のスピーチで、シベリアに送られていた反体制学者アンドレ・サハロフを弁護し、ソヴィエト体制の要人たちを驚かせた。仏ソ関係がふたたび良好なものになったのは、その後ゴルバチョフの時代を迎えてからである。フランスでゴルバチョフは個人的な友人として迎えられていた。

対英外交

イギリスとの同盟関係は当然のことながら《英仏協商》の名に恥じない《協調的》なものでなければならなかった。もっとも両国の関係は、サッチャーが英国政府の首相であったときのミッテランの第一期大統領在任期間のほうが、より協調的なものであったように思われる。おもしろいことに保守党党首の《鉄の女》と日和見主義的で人あたりのいい社会党党首のあいだには、ある種の友情のようなものが芽ばえていた。こうした良好な相互理解関係があったればこそ、英仏海峡トンネルの工事という、たびたび延期されていた一大事業が着工のはこびとなり（一九八六年）、一九九四年にはユーロ・スターの営業が開始されたのである。さらにヨーロッパを遠く離れたフォークランド島をめぐってアルゼンチンとの戦争が勃発したとき、サッチャーはフランスからの支持が得られたことに感謝の意を表明している。

ジョン・メージャーの首相時代に仏英関係がふたたび冷えこんだのは、イギリスの不信の的であった統合ヨーロッパ建設の動きにおいて、仏独間の協力がますます明らかとなり、これに対してメージャーが不快感を隠しきれなかったからである。

対中東・アフリカ外交

イスラエルとアラブ諸国間の紛争において、ミッテランはフランスがアラブ寄りであるという印象をやわらげようと努めている。そのために有効だったのは、イスラエルの社会主義者で労働党のシモン・ペレスとの友好的な関係であった。それでも一九八二年三月、ミッテランは初めてのイスラエル公式訪問の折に、イスラエル国会（クネセト）で演説し、パレスチナ人には国家を有する権利があると言明した。その後の数年間に、ミッテランはパレスチナ解放機構のヤセル・アラファト議長を二回フランスに迎えている。

フランソワ・ミッテランはアフリカで、脱植民地化の後にもなお残されていたフランスの影響力を維持することに努め、それまでの政権下で交わされていた協力協定を尊重している。彼が軍事介入に踏みきったのは一度だけ、一九八三年にリビアがチャドの一地方を占領しようとしたときのことであった。さらにとりわけ記憶に残されるものとしては、一九九〇年六月のラ・ボールにおける演説があげられるだろう。このときラ・ボールでは、サハラ砂漠以南の三十五のアフリカ諸国の国家元首あるいは代表が一堂に会していた。彼らは、もしもフランスからの物質的援助を受けつづけたいと願うならば、自国の民主化を推し進めることが強く求められているということを理解したのである。

対ドイツ・対ヨーロッパ外交

二期目の大統領在任期間中におけるフランソワ・ミッテランの主要な関心事は、統合ヨーロッパの建設と仏独間の連携であったように思われる。もとより後者は前者のための不可欠な推進力であった。フランス大統領とドイツ首相ヘルムート・コールは頻繁に顔を合わせ、二人のあいだにはいつしか心からの友情の絆が生まれていた。

すでに第一期在任期間中から、ミッテランは南フランスの農民の怒りを恐れることなく、スペインとポルトガルにヨーロッパ共同市場への参入を認めていた。ルクセンブルクで交わされたシェンゲン協定（一九九〇年六月）は、ヨーロッパ共同体加盟諸国のあいだで、警察による国境検査の撤廃をめざすものであった。最後にマーストリヒト条約（一九九一年十二月）は共通の通貨の創設と漸進的な政治的統合を視野に入れていた。フランス、次いで他の調印国でも、条約は国民投票によって批准され（デンマークを除く）、一九九三年十一月に発効している。

失敗？

ミッテラン大統領の外交が、多くの場合その目的において透徹した視野に立ち、また行動において一貫していたとはいえ、それでも失敗を避けることができたわけではない。たとえば一九八二年、フランスはアメリカと歩調をあわせて軍事部隊をレバノンに派遣している。この派遣部隊はなんら有効な成果を収めることなく、しかもある襲撃事件では五十八名もの死者を出し、二年と経たないうちに撤退せざるをえなかった。

それ以上に時宜を得なかったのは、東西ドイツ統一のときに彼が示した優柔不断な対応である。原則的には統一を承認しながらも、ミッテランはしかたなしにこれを認めているといった印象を免れることができなかった。ゴルバチョフの立場を配慮し、彼はまず現実を受け入れる以上にドイツ・ポーランド間の国境を正式に認めることを優先すべきであると主張した。ミッテランの不決断の印象は、さらに一九八九年十二月、キエフでのゴルバチョフとの会見、またその後の東ドイツへの公式訪問によって強められる結果となった。ミッテランはドイツ国家が分断されたままの状態にとどまることを支持しているように思われたのである。

ユーゴスラヴィア紛争に際して、ミッテランはしばしばセルビアの立場に好意的であるような印象を与えている。彼は戦場へのいかなる介入をも考慮しようとはしなかった。「戦争に戦争を付け加えるべきではない」というのが彼の言い分であった。

遺産

フランソワ・ミッテランは権力の座を離れた後、八ヵ月しか生きることはできなかった。こうして人びとはミッテランが任期の法的期日まで責任をまっとうするために、どれほどの意志と気力を必要としたかということを理解したのである。ストイシズムと尊厳に満ちていたミッテランの死（一九九六年一月八日）は、統治と生活のスタイルにおいてますます君主然としたようすを見せるようになっていた彼のふるまいを前にして、人びとが感じることのあった違和感を忘れさせるのにじゅうぶんであった。

フランソワ・ミッテランの最後の公的な行事は、一九九五年五月七日に五二・六四パーセントの得票率を得て大統領に選出されたジャック・シラクへの権力の移譲であった。このささやかなセレモニーは完全に友好的な雰囲気のなかで整然とおこなわれ、長期にわたったミッテラン政権の主要な成果のひとつ、一九五八年憲法の適切な運用によるその存在の強化、を象徴的に示すものとなった。またそのことにより、左右両勢力間の権力の交代が円滑におこなわれ、民主主義体制の基盤が確立されたのである。またミッテランは社会党系左翼による権力の行使を実現し、それとともに共産主義の弊害を取り除くことによって、社会党系左翼の成熟を可能にしたのだった。

さらにフランソワ・ミッテランは、パリに数々の記念建造物を建立し、首都の景観に長期にわたる足跡を残していった。ヴィレット公園とそこに建設された科学都市と音楽都市、バスティーユのオペラ座、デファンス地区のロータリーのグランダルシュ、またとりわけ入り口に大胆なピラミッドを備えることになった大ルーヴル美術館、さらにはフランス国立図書館などである。

参考文献

■第一章

J・ギレーヌ『フランス以前のフランス　新石器時代から鉄器時代まで』（一九八〇年）。J. GUILAINE : *La France d'avant la France. du néolithique à l'âge du fer* (1980).

H・ド・サン＝ブランカ『最初のフランス人』（一九八七年）。H. DE SAINT-BLANQUAT : *Les Premiers Français* (1987).

M・ルスポリ『ラスコー』（一九八六年）。M. RUSPOLI : *Lascaux* (1986).

R・ジョフロワ、A・テノ『フランス考古学入門』（一九八三年）。R. JOFFROY, A. THÉNOT : *Initiation à l'archéologie de la France* (1983).

H・ユベール『ケルト人とその膨張』（一九七四年）。H. HUBERT : *Les Celtes et l'Expansion celtique* (1974).

P＝M・デュヴァル『ケルト人』（一九七七年）。P.-M. DUVAL : *Les Celtes* (1977).

J・J・アット『ケルト人とガロ・ロマン人』（一九七〇年）。J.-J. HATT : *Celtes et Gallo-Romains* (1970).

F・ロ『フランスの誕生』（一九七〇年、改訂版、J・ブーサール監修）。F. LOT : *Naissance de la France* (1970, éd. rev. par J. Boussard).

R・ペルヌー『ガリア人』（一九八〇年）。R. PERNOUD : *Les Gaulois* (1980).

P・M・デュヴァル『パクス・ロマーナ期のガリアの日常生活』（一九五三年）。P.-M. DUVAL : *La Vie quotidienne en Gaule pendant la Paix romaine* (1953).

P・M・デュヴァル『ガリアの神々』（一九五七年）。P.-M. DUVAL : *Les Dieux de la Gaule* (1957).

É・グリフ『ローマ期のキリスト教世界ガリア』（一九六四〜六七年、第二版）。É. GRIFFE : *La Gaule chrétienne à l'époque romaine* (1964-1967, 2de éd.).

A・オーダン『リヨン、ガリアにおけるローマの鏡』（一九六五年）。A. AUDIN : *Lyon, miroir de Rome dans les Gaules* (1965).

J・アルマン『ウェルキンゲトリクス』（一九八四年）。J. HARMAND : *Vercingétorix* (1984).

■第二章

G・ド・トゥール『フランク王の歴史』（二巻、一九六三〜六五年）。G. DE TOURS : *Histoire des Francs* (2 vol., 1963-1965).

A・ティエリ『メロヴィング朝時代の物語』（一九六五年、新版）。A. THIERRY : *Récits des temps mérovingiens* (1840, 1re éd., 1965, dernière éd.).

F・ロ『古代世界の終わりと中世の始まり』（一九六八年）。F. LOT : *La Fin du monde antique et le début du Moyen Âge* (1968).

R・ラトゥーシュ『五世紀の大侵略と西ヨーロッパの危機』（一九四六年）。R. LATOUCHE : *Les grandes invasions et la crise de l'Occident au Ve siècle* (1946).

P・リシュ『蛮族の侵入』（一九七八年）。P. RICHÉ : *Les invasions barbares* (1978).

P・リシュ『未開時代の西欧の教育と文化　六世紀から八世紀にかけて』（一九七三年）。P. RICHÉ : *Éducation et culture dans l'Occident barbare. VIe-VIIIe siècles* (1973).

G・テシエ『クロヴィスの洗礼』（一九六四年）。G. TESSIER : *Le Baptême de Clovis* (1964).

G・フルニエ『メロヴィング朝の諸王』（一九七八年）。G. FOURNIER : *Les Mérovingiens* (1978).

C・ルロン『メロヴィング朝時代のガリアの日常生活』（一九六三年）。C. LELONG : *La vie quotidienne en Gaule a l'époque mérovingienne* (1963).

M・ブーヴィエ＝アジャン『アッチラ　神による災い』（一九八二年）。M. BOUVIER-AJAM : *Attila. le fléau de Dieu* (1982).

■第三章

L・アルファン『シャルルマーニュとカロリング帝国』（一九六八年）。L. HALPHEN : *Charlemagne et l'Empire carolingien* (1968).

J・ブサール『シャルルマーニュとその時代』（一九六八年）。J. BOUSSARD : *Charlemagne et son temps* (1968).

R・フォルツ『シャルルマーニュの戴冠』（一九六四年）。R. FOLZ : *Le Couronnement impérial de Charlemagne* (1964).

E・ペロワ『カロリング朝の世界』（一九七四年）。E. PERROY : *Le Monde carolingien* (1974).

P・リシュ『カロリング朝　ヨーロッパを作った一家』（一九八七年）。P. RICHÉ : *Les Carolingiens. une famille qui fit l'Europe* (1987).

L・ミュッセ『蛮族の侵入　キリスト教ヨーロッパに対する二回目の攻撃、七世紀〜十一世紀』（一九七一年）。L. MUSSET : *Les invasions. le second assaut contre* *l'Europe chrétienne (VIIe-XIe siècles)* (1971).

M・ド・ボユアール『ヴァイキング』（一九六八年）。M. DE BOÜARD : *Les Vikings* (1968).

J・H・ボシ『カロリング朝時代の物語』（一九七三年　）。J.-H. BAUCHY : *Récits des temps carolingiens* (1973).

M・ブロック『封建社会』（一九四〇年）。M. BLOCH: *La Société féodale* (1940).

F・L・ガンソフ『封建制とは何か』（一九五七年）。F. L. GANSHOF : *Qu'est-ce que la féodalité?* (1957).

■第四章

G・デュビ『紀元千年』（一九六七年）。G. DUBY : *L'An Mil* (1967).

F・トリストラン『鶏と狼　ジェルベールの物語と紀元千年』（一九八二年）。F. TRYSTRAM : *Le Coq et la Louve. histoire de Gerbert et l'an mille* (1982).

L・テイス『ユーグ・カペーの台頭』（一九八四年）。L. THEIS : *L'Avènement d' Hugues Capet* (1984).

S・リアル『カペー朝の奇跡』（一九八七年）。S. RIALS : *Le Miracle capétien* (1987).

M・ド・ボユアール『征服王ギヨーム』（一九八四年）。M. DE BOÜARD : *Guillaume le Conquérant* (1984).

M・パコー『ルイ七世と彼の王国』（一九六四年）。M. PACAUT : *Louis VII et son royaume* (1964).

R・ペルヌー『アリエノール・ダキテーヌ』（一九六五年）。R. PERNOUD : *Aliénor d'Aquitaine* (1965).

M・デュモンティエ『プランタジネット帝国　アリエノール・ダキテーヌとその時代』（一九八〇年）。M. DUMONTIER : *L'Empire des Plantagenêts. Aliénor d'Aquitaine et son temps* (1980).

J・ルヴロン『フィリップ尊厳王あるいはまとめられたフランス』（一九七四年）。J. LEVRON : *Philippe Auguste ou la France rassemblée* (1974).

G・デュビ『ブーヴィーヌの日曜日』（一九七三年）。G. DUBY : *Le Dimanche de Bouvines* (1973).

R・ペルヌー『王妃ブランシュ』（一九七二年）。R. PERNOUD : *La Reine Blanche* (1972).

J・ド・ジョワンヴィル『聖王ルイの聖なる言葉と正しい行いを記した書』（ペルヌー版、一九六〇年）。J. DE. JOINVILLE : *Le Livre des saintes paroles et des bonnes actions. de saint Louis* (éd. R. Pernoud, 1960).

G・スヴリ『聖王ルイとその世紀』（一九八三年）。G. SIVÉRY : *Saint Louis et son siècle* (1983).

J・リシャール『聖王ルイ』（一九八三年）。J. RICHARD : *Saint Louis* (1983).

M・ロクベール『カタリ派事件』（一九七〇年）。M. ROQUEBERT : *L'épopée cathare* (1970).

P・ベルペロン『アルビジョワ十字軍』（一九四二年）。P. BELPERRON : *La Croisade contre les Albigeois* (1942).

J・ファヴィエ『フィリップ端麗王』（一九七八年）。J. FAVIER : *Philippe le Bel* (1978).

L・ダイエ『テンプル騎士団、その知られざる者たち』（一九七二年）。L. DAILLIEZ : *Les Templiers, ces inconnus* (1972).

■第五章

L・ジュニコ『中世の分水嶺』（一九七五年）。L. GENICOT : *Les lignes de faîte du Moyen Âge* (1975).

J・ル・ゴフ『中世西欧文明』（一九六五年）。J. LE GOFF : *La civilisation de l'Occident médiéval* (1965).

G・デュビ『戦士と農民　七世紀から十二世紀にかけて』（一九六九年）。G. DUBY : *Guerriers et paysans. VIIe-XIIe siècle* (1969).

M・ブロック『フランス農村史の独自性』（一九五五年、第二版）。M. BLOCH : *Les Caractères originaux de l'histoire rurale française* (1955, 2de éd.).

G・デュビ『騎士と女性と司祭　中世フランスの結婚』（一九八一年）。G. DUBY : *Le Chevalier, la Femme et le Prêtre. le mariage dans la France féodale* (1981).

E・ル・ロワ＝ラデュリ『モンタイユー、ピレネーの村、一二九四〜一三二四年』（一九七五年）。E. LE ROY LADURIE : *Montaillou, village occitan de 1294à1324* (1975).

R・ペルヌー『大聖堂時代の女』（一九八〇年）。R. PERNOUD : *La Femme au temps des cathédrales* (1980).

G・デュビ『大聖堂時代　芸術と社会、九八〇〜一四二〇年』（一九七六年）。G. DUBY : *Le Temps des cathédrales. L'art et la société 980-1420* (1976).

Ph・コンタミヌ『中世の戦争』（一九八〇年）。Ph. CONTAMINE : *La Guerre au Moyen Age* (1980).

J・シュリニ『中世西欧宗教史』（一九六八年）。J. CHELINI : *Histoire religieuse de l'Occident médiéval* (1968).

J・ル・ゴフ『キリスト教世界の最盛期』（一九八二年）。J. LE GOFF : *L'Apogée de la chrétienté* (1982).

W・ニグ『聖ベネディクトゥス　西欧修道会の父』（一

九八〇年)。W. NIGG : *Saint Benoît. le père des moines de l'Occident* (1980).
J・ダララン『ロベール・ダルブリセル　フォントヴロー の創始者』(一九八六年)。J. DALARUN : *Robert d'Arbrissel. fondateur de Fontevraud* (1986).
X・バラル・イ・アルテ、F・アヴリル、D・ガボリ＝ショパン『十字軍の時代』(一九八二年)。X. BARRAL I ALTET, F. AVRIL, D. GABORIT-CHOPIN : *Le Temps des croisades* (1982).
J・プラヴェル『イェルサレムのラテン王国史』(二巻、一九六九〜七〇年)。J. PRAWER : *Histoire du royaume latin de Jérusalem* (2 vol., 1969-1970).

■第六章

J・フロワサール『年代記』(十三巻、一九六九年、新版)。J. FROISSART : *Chroniques* (13 vol., 1969, nouv. éd.).
Chr・ド・ピザン『賢明王シャルル五世の事績と習慣の書』(二巻、一九三六〜四〇年版)。Chr. DE PISAN : *Le livre des faits et bonnes mœurs du sage roi Charles V* (2 vol., éd. 1936-1940).
J・ユイザンガ『中世の黄昏』(一九六七年)。J. HUIZINGA : *Le Déclin du Moyen Age* (1967).
P・S・レヴィス『中世末期のフランス』(一九七七年)。P. S. LEWIS : *La France à la fin du Moyen Age* (1977).
F・オトラン『フランスの権力と社会　十四〜十五世紀』(一九七四年)。F. AUTRAND : *Pouvoir et Société en France. XIV*^{e}*-XV*^{e} *siècles* (1974).
J・ファヴィエ『百年戦争』(一九八四年)。J. FAVIER : *La Guerre de Cent Ans* (1984).
A・ドニュール『初期ヴァロワ朝の王と賢者』(一九七四年)。A. DENIEUL : *Rois fous et Sages de la première maison de Valois 1328-1498* (1974).
G・ボルドノヴ『シャルル五世』(一九八四年)。G. BORDONOVE : *Charles V* (1984).
M・デュピュイ『ベルトラン・デュ・ゲクラン』(一九七七年)。M. DUPUY : *Bertrand du Guesclin* (1977).
J・ドヴィオス『ジャン善良王』(一九八五年)。J. DEVIOSSE : *Jean le Bon* (1985).
F・オトラン『シャルル六世』(一九八六年)。F. AUTRAND : *Charles VI* (1986).
Ph・コンタミヌ『百年戦争時の日常生活』(一九七六年)。Ph. CONTAMINE : *La Vie quotidienne pendant la guerre de Cent Ans* (1976).

M・モラ、Ph・ヴォルフ『ヨーロッパにおける十四〜十五世紀の民衆革命』（一九七〇年）。M. MOLLAT, Ph. WOLFF : *Les révolutions populaires en Europe aux XIVe et XVe siècles* (1970).

M・ドマンジェ『ジャックリーの乱』（一九七五年）。M. DOMMANGET : *La Jacquerie* (1975).

J・カステルノー『エチエンヌ・マルセル　十四世紀の革命家』（一九七三年）。J. CASTELNAU : *Etienne Marcel. un révolutionnaire au XIVe siècle* (1973).

M・リュスネ『フランスの大災厄』（一九八五年）。M. LUCENET : *Les Grandes Pestes en France* (1985).

R・ペルヌー、M・V・クラン『ジャンヌ・ダルク』（一九六九年）。R. PERNOUD, M.-V. CLIN : *Jeanne d'Arc* (1969).

R・ペルヌー『オルレアンの解放』（一九六九年）。R. PERNOUD : *La libération d'Orléans* (1969).

G・デュビ『ジャンヌ・ダルク裁判』（一九七三年）。G. DUBY : *Les procès de Jeanne d'Arc* (1973).

Cl・プラン『ジャック・クールあるいは実現された夢』（一九八二年）。Cl. POULAIN : *Jacques Cœur ou les Rêves concrétisés* (1982).

P・ボナンファン『フィリップ善良公』（一九五九年）。P. BONENFANT : *Philippe le Bon* (1959).

■第七章

Ph・ド・コミーヌ『回想録』（三巻、一九二四〜二五年、カルメット出版）。Ph. DE COMMYNES : *Mémoires* (3 vol., 1924-1925, éd. J. Calmette).

P・M・カンダル『ルイ十一世』（一九七五年）。P. M. KENDALL : *Louis XI* (1975).

M・ションバール・ド・ローヴェ『アンヌ・ド・ボージュー』（一九八〇年）。M. CHOMBART DE LAUWE : *Anne de Beaujeu* (1980).

K・シェル『シャルル突進公』（一九七九年）。K. SCHELLE : *Charles le Téméraire* (1979).

Y・ラバンド＝メルフェール『シャルル八世』（一九八六年）。Y. LABANDE-MAILFERT : *Charles VIII* (1986).

I・クルーラス『シャルル八世とイタリアの幻影』（一九八六年）。I. CLOULAS : *Charles VIII et le Mirage italien* (1986).

J・マルカル『アンヌ・ド・ブルターニュ』（一九八〇年）。J. MARKALE : *Anne de Bretagne* (1980).

B・キイエ『ルイ十二世』（一九八六年）。B. QUILLIET : *Louis XII* (1986).

J・ジャカール『バイヤール』（一九八七年）。J. JACQUART : *Bayard* (1987).

J・ジオノ『パヴィアの敗北』（一九六三年）。J. GIONO : *Le Désastre de Pavie. 24 Février 1525* (1963).

C・ケテル『ナポリ病　梅毒の歴史』（一九八六年）。C. QUÉTEL : *Le Mal de Naples. Histoire de la syphilis* (1986).

■第八章

R・マンドルー『フランス近世史入門　歴史心理学試論、一五〇〇年〜一六四〇年』（一九七三年）。R. MANDROU : *Introduction à la France moderne. 1500-1640. Essai de psychologie historique* (1973).

R・ドゥーセ『十六世紀フランスの政治機構』（二巻、一九四八年）。R. DOUCET : *Les institutions de la France au XVI*^{e} *siècle* (2 vol., 1948).

J・ジャカール『フランソワ一世』（一九八一年）。J. JACQUART : *François I*^{er} (1981).

J・L・ドジャン『マルグリット・ド・ナヴァール』（一九八七年）。J. L. DÉJEAN : *Marguerite de Navarre* (1987).

Y・カゾー『ジャンヌ・ダルブレ』（一九七三年）。Y. CAZAUX : *Jeanne d'Albret* (1973).

I・クルーラス『アンリ二世』（一九八五年）。I. CLOULAS : *Henri II* (1985).

Ph・エルランジェ『ディアーヌ・ド・ポワチエ』（一九五五年）。Ph. ERLANGER : *Diane de Poitiers* (1955).

A・ルフラン『ルネサンス期の日常生活』（一九三八年）。A. LEFRANC : *La Vie quotidienne au temps de la Renaissance* (1938).

Fr・ジェブラン『ルネサンス期の城』（一九二七年）。Fr. GEBELIN : *Les Châteaux de la Renaissance* (1927).

I・クルーラス『ルネサンス期のロワールの城における日常生活』（一九八三年）。I. CLOULAS : *La Vie quotidienne dans les châteaux de la Loire au temps de la Renaissance* (1983).

M・フォワズィル『グベルヴィル卿』（一九八一年）。M. FOISIL : *Le Sire de Gouberville. Un gentilhomme normand au XVI*^{e} *siècle* (1981).

E・ル・ロワ＝ラデュリ『ラングドックの農民』（一九六九年、縮約版）。E. LE ROY LADURIE : *Les Paysans de Languedoc* (1969, éd. abrégée).

■第九章

B・ド・モンリュック『回想録　一五二一〜七六年』（一九六四年、プレイヤッド版）。P. COURTEAULT [Ed.], B. DE MONLUC : *Commentaires. 1521-1576* (1964, éd. de la Pléiade).

P・ド・ブルデイユブラントーム『回想録』（十二巻、一八六四〜九六年）。P. DE BOURDEILLE BRANTÔME : *Mémoires* (12 vol., 1864-1896).

P・ド・レトワール『アンリ三世時代のあるパリ市民の日記』（一九六六年）。P. DE L'ESTOILE : *Journal d'un bourgeois de Paris sous Henri III* (1966).

A・ルノーデ『パリの前宗教改革とユマニスム、一四九四年〜一五一七年』（一九一六年）。A. RENAUDET : *Préréforme et humanisme à Paris pendant les premières guerres d'Italie 1494-1517* (1916).

P・ショーニュ『宗教改革の時代　カトリック世界の危機　分裂　一二五〇〜一五五〇年』（一九七五年）。P. CHAUNU : *Le Temps des réformes. La crise de la chrétienté. L'éclatement. 1250-1550* (1975).

J・ドリュモー『宗教改革の誕生と表明』（一九六八年）。J. DELUMEAU : *Naissance et Affirmation de la Réforme* (1968).

J・カディエ『カルヴァン』（一九六六年）。J. CADIER : *Calvin* (1966).

G・リヴェ『宗教戦争　一五五九〜九八年』（一九七七年）。G. LIVET : *Les Guerres de Religion. 1559-1598* (1977).

I・クルーラス『カトリーヌ・ド・メディシス』（一九七九年）。I. CLOULAS : *Catherine de Médicis* (1979).

J・オリュー『カトリーヌ・ド・メディシス』（一九八六年）。J. ORIEUX : *Catherine de Médicis ou la reine noire* (1986).

E・ブーラサン『シャルル九世』（一九八六年）。E. BOURASSIN : *Charles IX* (1986).

Ph・エルランジェ『聖バルテルミの虐殺』（一九六〇年）。Ph. ERLANGER : *Le Massacre de la Saint-Barthélemy* (1960).

J・エステーブ『虐殺への警鐘　聖バルテルミの季節』（一九六八年）。J. ESTEBE : *Tocsin pour un massacre. La saison des Saint-Barthélemy* (1968).

M・ヤルドニ『宗教戦争の時代のフランス人の国家意識』（一九七一年）。M. YARDENI : *La Conscience nationale en France pendant les guerres de Religion (1559-1598)* (1971).

P・シュヴァリエ『アンリ三世』（一九八五年）。P. CHEVALLIER : *Henri III* (1985).

J＝P・バブロン『王妃マルゴ』（一九六五年）。J. BABELON : *La Reine Margot* (1965).

J＝C・スルニヤ『ブレーズ・ド・モンリュック』（一九八一年）。J.-C. SOURNIA : *Blaise de Monluc* (1981).

L・クレート『コリニー』（一九八五年）。L. CRÉTÉ : *Coligny* (1985).

J＝M・コンスタン『ギーズ家』（一九八四年）。J.-M. CONSTANT : *Les Guise* (1984).

E・バルナヴィ、R・デシモン『旧教同盟　裁判官と絞首台』（一九八五年）。E. BARNAVI, R. DESCIMON : *La Sainte Ligue. le juge et la potence. l'assassinat du président Brisson (15 novembre 1591)* (1985).

Ph・トゥールノー『宗教戦争の時代のアンジューの人々　ルーヴェの日記より』（一九八七年）。Ph. TOURAULT : *Les Angevins au temps des guerres de Religion. d'après le journal de Louvet* (1987).

■第十章

P・ド・レトワール『アンリ四世時代のあるパリ市民の日記』（一九六四年）。P. DE L'ESTOILE : *Journal d'un bourgeois de Paris sous Henri IV : 1598-1610* (1964).

J＝P・バブロン『アンリ四世』（一九八二年）。J.-P. BABELON : *Henri IV* (1982).

R・ムーニエ『アンリ四世の暗殺』（一九六四年）。R. MOUSNIER : *L'assassinat d'Henri IV* (1964).

B・バルビシュ『シュリー』（一九七八年）。B. BARBICHE : *Sully* (1978).

F・ケルミナ『マリ・ド・メディシス』（一九七九年）。F. KERMINA : *Marie de Médicis* (1979).

M・カルモナ『リシュリュー』（一九八三年）。M. CARMONA : *Richelieu* (1983).

Ph・エルランジェ『リシュリュー』（一九八五年）。Ph. ERLANGER : *Richelieu* (1985).

P・シュヴァリエ『ルイ十三世』（一九七九年）。P. CHEVALLIER : *Louis XIII* (1979).

F・ド・ヴォー・ド・フォルティエ『ラ・ロシェル攻囲戦』（一九七八年）。F. DE VAUX DE FOLETIER : *Le Siège de La Rochelle* (1978).

L・クレート『大攻囲戦時におけるラ・ロシェルの日常生活』（一九八七年）。L. CRÉTÉ : *La Vie quotidienne à La Rochelle au temps du grand siège 1627-1628 (1987).*

G・リヴェ『三十年戦争』（一九六三年）。G. LIVET :

La Guerre de Trente Ans (1963).

V＝L・タピエ『ルイ十三世とリシュリュー治下のフランス』(一九六七年)。V.-L. TAPIÉ : *La France de Louis XIII et de Richelieu* (1967).

Br・ラシーヌ『約束の地（リシュリューの《影の枢機卿》、ジョゼフ・デュ・トランブレ神父の小説風伝記）』(一九八六年)。Br. RACINE : *Terre de Promission (Biographie romancée du P. Joseph du Tremblay, l'« Eminence grise » de Richelieu)* (1986).

■第十一章

レ枢機卿『回想録』(一九六八年、プレイヤッド版)。Cardinal de RETZ : *Mémoires* (1968, éd. de la Pléiade).

Ch・ブーイエ『グランド・マドモワゼル』(一九八六年)。Ch. BOUYER : *La Grande Mademoiselle. Anne Marie Louise d'Orléans, duchesse de Montpensier* (1986).

H・メティヴィエ『フロンドの乱』(一九八四年)。H. MÉTHIVIER : *La Fronde* (1984).

G・ドタン『マザランと彼の友人たち』(一九六八年)。G. DETHAN : *Mazarin et ses Amis* (1968).

G・ドタン『マザラン　バロック時代の平和主義者』(一九八一年)。G. DETHAN : *Mazarin. un homme de paix à l'âge baroque : 1602-1661* (1981).

G・ファニエ『十七世紀前葉の女性とフランス社会』(一九二九年)。G. FAGNIEZ : *La Femme et la société française dans la première moitié du XVIIe siècle* (1929).

L・コニェ『ジャンセニスム』(一九六一年)。L. COGNET : *Le Jansénisme* (1961).

R・タヴノー『古典主義時代フランスのカトリシズム一六一〇～一七一五年』(一九八〇年)。R. TAVENEAUX : *Le Catholicisme dans la France classique. 1610-1715* (1980).

A・ドダン『聖ヴァンサン・ド・ポールと慈善』(一九六〇年)。A. DODIN : *Saint Vincent de Paul et la Charité* (1960).

L・シャテリエ『篤信家たちのヨーロッパ』(一九八七年)。L. CHATELLIER : *L'Europe des dévots* (1987).

■第十二章

第十三章を参照されたい。

■第十三章

サン＝シモン『回想録』(七巻、一九五〇年、プレイヤッド版)。SAINT-SIMON : *Mémoires* (7 vol., 1950, éd.

de la Pléiade).
R・ムーニエ『絶対王政下のフランスの制度』（一九八〇年）。R. MOUSNIER : *Les Institutions de la France sous la monarchie absolue, 1598-1789* (1980).
P・ガクソット『ルイ十四世治下のフランス』（一九六八年）。P. GAXOTTE : *La France de Louis XIV* (1968).
P・グベール『ルイ十四世と二千万人のフランス国民』（一九六六年）。P. GOUBERT : *Louis XIV et vingt millions de Français* (1966).
P・グベール『十七世紀のフランス農民の日常生活』（一九八二年）。P. GOUBERT : *La Vie quotidienne des paysans français au XVIIe siècle* (1982).
Fr・ブリュシュ『ルイ十四世』（一九八六年）。Fr. BLUCHE : *Louis XIV* (1986).
C・デュロン『大王の世紀の女性たちの日常生活』（一九八四年）。C. DULONG : *La Vie quotidienne des femmes au grand siècle* (1984).
J・オルシバル『ルイ十四世とプロテスタント』（一九五一年）。J. ORCIBAL : *Louis XIV et les Protestants* (1951).
M・リシャール『アンシャン・レジーム期のプロテスタントの日常生活』（一九六六年）。M. RICHARD: *La Vie quotidienne des protestants sous l'Ancien Régime* (1966).
E・ラブルース『《一つの信仰、一つの法、一人の王？》ナントの勅令の廃止』（一九八五年）。E. LABROUSSE : *« Une foi, une loi, un roi? » La révocation de l'édit de Nantes* (1985).
Y＝M・ベルス『クロカンの反乱史』（一九八六年）。Y.-M. BERCE : *Histoire des croquants* (1986).
A・デュカス『カミザールたちの戦い』（一九七八年）。A. DUCASSE : *La Guerre des camisards. La résistance huguenote sous Louis XIV* (1978).
Ph・エルランジェ『ムッシュー、ルイ十四世の双生の兄』（一九五三年）。Ph. ERLANGER : *Monsieur, frère de Louis XIV* (1953).
P・ラザール『ヴォーバン』（一九三四年）。P. LAZARD: *Vauban, 1633-1707* (1934).
J・メイエ『コルベール』（一九八一年）。J. MEYER : *Colbert* (1981).
A・コルヴィジエ『ルーヴォワ』（一九八三年）。A. CORVISIER : *Louvois* (1983).
D・デセール『大王の世紀の金と権力と社会』（一九八三年）。D. DESSERT :*Argent, pouvoir et société au Grand Siècle* (1983).

D・デセール『フーケ』（一九八七年）。D. DESSERT : *Fouquet* (1987).

Fr・シャンデルナゴール『国王の散歩道（マントノン夫人の架空の回想録）』（一九八一年）。Fr. CHANDERNAGOR : *L'Allée du roi. Souvenirs de Françoise d'Aubigné, marquise de Mainteon, épouse du Roi de France* (1981).

P・ヴェルレ『ヴェルサイユ宮殿』（一九八五年）。P. VERLET : *Le Château de Versailles* (1985).

■第十四章

J＝C・プチフィス『摂政』（一九八六年）。J.-C. PETITFILS : *Le Régent* (1986).

J・メイエル『摂政時代のフランスの日常生活』（一九七九年）。J. MEYER : *La Vie quotidienne en France au temps de la Régence* (1979).

P・ガクソット『ルイ十五世』（一九八〇年）。P. GAXOTTE : *Louis XV* (1980).

P・ショーニュ『啓蒙の文明』（一九七一年）。P. CHAUNU : *La Civilisation de l'Europe des Lumières* (1971).

Fr・ブリュシュ『十八世紀フランス貴族の日常生活』（一九七三年）。Fr. BLUCHE : *La Vie quotidienne de la noblesse française au XVIIIe siècle* (1973).

G・ショシナン＝ノガレ『十八世紀の貴族　封建制から啓蒙の世紀へ』（一九七六年）。G. CHAUSSINAND-NOGARET : *La Noblesse au XVIIIe siècle. De la féodalité aux Lumières* (1976).

J・エグレ『ルイ十五世と高等法院の対立』（一九七〇年）。J. EGRET : *Louis XV et l'opposition parlementaire, 1715-1774* (1970).

D・ロッシュ『パリの民衆』（一九八一年）。D. ROCHE : *Le Peuple de Paris. Essai sur la culture populaire au XVIIIe siècle* (1981).

H・ヴェルディエ『ショワズール公　政治と快楽』（一九六九年）。H. VERDIER : *Le Duc de Choiseul. La politique et les plaisirs* (1969).

A・マルティノー『デュプレクス　生涯と業績』（一九三一年）。A. MARTINEAU : *Dupleix. Sa vie et son œuvre* (1931).

A・リヒテンベルジェ『モンカルムとカナダの悲劇』（一九三四年）。A. LICHTENBERGER : *Montcalm et la tragédie canadienne* (1934).

D・ガレ『ポンパドゥール夫人あるいは女性の権力』

(一九八五年)。D. GALLET : *Madame de Pompadour ou le Pouvoir féminin* (1985).
J・ルヴロン『バリ夫人あるいはある宮廷女性の最後』(一九七三年)。J. LEVRON : *Madame du Barry ou la Fin d'une courtisane* (1973).
E・バダンテール『エミリ、エミリ　十八世紀の女性の野心』(一九八三年)。E. BADINTER: *Emilie, Emilie. L'ambition féminine au XVIIIe siècle* (1983).
E＝M・ブナブー『十八世紀の売春と風紀取締警察』(一九八七年)。E.-M. BENABOU : *La Prostitution et la Police des mœurs au XVIIIe siècle* (1987).
J・サバチエ『フィガロと彼の主人　十八世紀の召使いたち』(一九八四年)。J. SABATTIER : *Figaro et son maître. Les domestiques au XVIIIe siècle* (1984).
R・ダルントン『猫の大量虐殺　かつてのフランスにおける行動傾向と信仰』(一九八五年)。R. DARNTON : *Le Grand Massacre des chats. Attitudes et croyances dans l'ancienne France* (1985).

■第十五章

A・ド・トクヴィル『旧体制と大革命』(一九六二年)。A. DE TOCQUEVILLE : *L'Ancien Régime et la Révolution* (1962).
J・エグレ『フランス革命前夜、一七八七〜八八年』(一九六二年)。J. EGRET : *La Pré-Révolution française, 1787-1788* (1962).
P・ジロー・ド・クルサック『ルイ十六世の教育』(一九七二年)。P. GIRAULT DE COURSAC : *L'éducation d'un roi. Louis XVI* (1972).
E・ルヴェ『ルイ十六世』(一九八五年)。E. LEVER : *Louis XVI* (1985).
C－J・ジニュー『チュルゴ』(一九四五年)。C.-J. GIGNOUX : *Turgot* (1945).
R・ラクール＝ゲイエ『カロンヌ』(一九六三年)。R. LACOUR-GAYET : *Calonne. Financier, réformateur, contre-révolutionnaire 1734-1802* (1963).
G・ド・ディスバハ『ネッケルあるいは徳性の破綻』(一九七四年)。G. DE DIESBACH : *Necker ou la Faillite de la vertu* (1974).
Fr・ブリュシュ『ルイ十六世時代の日常生活』(一九八〇年)。Fr. BLUCHE : *La Vie quotidienne au temps de Louis XVI* (1980).
H・ドニオル『アメリカ建国におけるフランスの協力』(四巻、一八八六〜九九年)。H. DONIOL : *Histoire de*

la participation de la France à l'établissement des États-Unis d'Amérique T. 4 (4 vol., 1886-1899).

M・Ch・ルナール『ロシャンボー　アメリカの解放者』（一九五一年）。M. Ch. RENARD : *Rochambeau. libérateur de l'Amérique* (1951).

R・ド・カストリ『ラファイエット　自由のパイオニア』（一九七四年）。R. DE CASTRIES : *La Fayette. pionnier de la liberté* (1974).

■第十六章

G・ルフェーヴル『フランス革命』（一九六三年）。G. LEFEBVRE : *La Révolution française* (1963).

P・ガクソット『フランス革命』（一九六二年）。P. GAXOTTE : *La Révolution française* (1962).

G・ルフェーヴル『一七八九年の大恐怖』（一九六二年）。G. LEFEBVRE : *La Grande Peur de 1789* (1962).

Fr・フュレ、D・リシェ『フランス革命』（二巻、一九七三年）。Fr. FURET, D. RICHET : *La Révolution française* (2 vol., 1973).

M・ヴォヴェッル『君主政の崩壊』（一九七二年）。M. VOVELLE : *La Chute de la monarchie* (1972).

A・コバン『フランス革命の意味』（一九八四年）。A. COBBAN : *Le Sens de la Révolution française* (1984).

Fr・フュレ『フランス革命を考える』（一九七九年）。Fr. FURET : *Penser la Révolution française* (1979).

J・ゴドショ『バスチーユ襲撃』（一九六五年）。J. GODECHOT : *La Prise de la Bastille. 14 Juillet 1789* (1965).

J＝P・イルシュ『八月四日の夜』（一九七八年）。J.-P. HIRSCH : *La Nuit du 4 août* (1978).

R・コブ『フランス民衆の抗議』（一九七五年）。R. COBB : *La Protestation populaire en France* (1975).

J＝P・ベルトー『革命期フランスの日常生活』（一九八三年）。J.-P. BERTAUD : *La Vie quotidienne en France au temps de la Révolution* (1983).

J＝P・ベルトー『革命期の兵士の日常生活、一七八九～九九年』（一九八五年）。J.-P. BERTAUD : *La Vie quotidienne des soldats de la Révolution, 1789-1799* (1985).

M・オズーフ『革命祭典』（一九七六年）。M. OZOUF : *La Fête révolutionnaire, 1789-1799* (1976).

T・タケット『大革命　教会とフランス。一七九一年の宣誓』（一九八六年）。T. TACKETT : *La Révolution, L'Eglise, la France. Le serment de 1791* (1986).

A・ラトレイユ『カトリック教会とフランス革命』(二巻、一九四六〜一九五〇年)。A. LATREILLE : *L'Eglise catholique et la Révolution française* (2 vol., 1946-1950).
G・ショシナン＝ノガレ『ミラボー』(一九八二年)。G. CHAUSSINAND-NOGARET : *Mirabeau* (1982).
R・ド・カストリ『ラファイエット』(一九八一年)。R. DE CASTRIES : *La Fayette* (1981).

■第十七章

G・ヴァルテル『ロベスピエール』(二巻、一九六一年)。G. WALTER : *Robespierre* (2 vol., 1961).
A・ソブール『パリのサン・キュロット』(一九六八年)。A. SOBOUL : *Les Sans-culottes parisiens en l'an II. mouvement populaire et gouvernement révolutionnaire 1793-1794* (1968).
P&G・ジロー・ド・クルサック『ルイ十六世裁判に関する調査』(一九八二年)。P. & G. GIRAULT DE COURSAC : *Enquête sur le procès de roi Louis XVI* (1982).
B・ヴィノ『サン＝ジュスト』(一九八五年)。B. VINOT : *Saint-Just* (1985).
Fr・ブリュシュ『ダントン』(一九八四年)。Fr. BLUCHE : *Danton* (1984).
Fr・ブリュシュ『一七九二年九月　虐殺の論理』(一九八六年)。Fr. BLUCHE : *Septembre 1792. Logiques d'un massacre* (1986).
M＝H・ブルカン『タリアン夫妻』(一九八七年)。M.-H. BOURQUIN : *Monsieur et Madame Tallien* (1987).
Cl・プチフレール『ヴァンデとヴァンデの反乱』(一九八一年)。Cl. PETITFRÈRE : *La Vendée et les Vendéens* (1981).
R・セシェ『フランス人によるフランス人のジェノサイド　ヴァンデの反乱』(一九八六年)。R. SECHER : *Le Génocide franco-français. La Vendée-Vengé* (1986).
J・ド・ロワンセ『キブロン事件』(一九七六年)。J. DE ROINCÉ : *Le Drame de Quiberon 1795* (1976).
G・ド・ディスバハ『亡命の歴史、一七八九年から一八一四年』(一九八四年)。G. DE DIESBACH : *Histoire de l'émigration, 1789-1814* (1984).
A・マチエ『総裁政府』(一九八四年)。A. MATHIEZ : *Le Directoire* (1984).
J＝P・ガルニエ『バラス　総裁政府の王』(一九七〇年)。J.-P. GARNIER : *Barras. le roi du Directoire* (1970).

J・ゴドショ『総裁政府時代の日常生活』（一九七七年）。J. GODECHOT : *La Vie quotidienne en France sous le Directoire* (1977).

J・ゴドショ『反革命』（一九八四年）。J. GODECHOT : *La Contre-Révolution 1789-1804* (1984).

J・ブリュア『グラッキュス・バブーフと平等者たち』（一九七八年）。J. BRUHAT : *Gracchus Babeuf et les Égaux. ou "Le Premier Parti communiste agissant* (1978).

M・ブリュギエール『革命の管理者と受益者』（一九八六年）。M. BRUGUIÈRE : *Gestionnaires et profiteurs de la Révolution. l'administration des finances françaises de Louis XVI à Bonaparte* (1986).

R・セディヨ『フランス革命の代償』（一九八七年）。R. SÉDILLOT : *Le Coût de la Révolution française* (1987).

■第十八章

L・カーズ『セント・ヘレナ島回想録』（一九六八年、J・チュラール版）。LAS CASES : *Mémorial de Sainte-Hélène* (1968, éd. J. Tulard).

L・マドラン『統領政府と第一帝政』（一六巻、一九三六～五四年）。L. MADELIN : *Histoire du Consulat et de l'Empire* (16 vol., 1936-1954).

J・バンヴィル『ナポレオン』（一九三一年）。J. BAINVILLE : *Napoléon* (1931).

J・チュラール『ナポレオン』（一九七七年）。J. TULARD : *Napoléon. Ou le mythe du sauveur* (1977).

J・チュラール『大帝国』（一九八二年）。J. TULARD : *Le Grand Empire. 1804-1815* (1982).

J・チュラール『ミュラ』（一九八五年）。J. TULARD : *Murat* (1985).

G・ジロ＝ド＝ラン『ベルナドット　戦争指揮官と国家元首』（一九六八年）。G. GIROD DE L'AIN : *Bernadotte. chef de guerre et chef d'État* (1968).

G・ブロン『大陸軍（グランダルメ）』（一九七九年）。G. BLOND : *La Grande Armée. 1804-1815* (1979).

G・ブロン『百日天下』（一九八三年）。G. BLOND : *Les Cent-Jours* (1983).

G・ド・クレルモン＝トネール『スペイン遠征』（一九八三年）。G. DE CLERMONT-TONNERRE : *L'Expédition d'Espagne 1808-1810* (1983).

R・マルジュリ『ワーテルロー』（一九六四年）。R. MARGERIT : *Waterloo* (1964).

T・アロンソン『ボナパルト一族　ある家族の歴史』（一九六七年）。T. ARONSON : *Les Bonaparte. Histoire*

d'une famille (1967).
G・ジロ＝ド＝ラン『ジョゼフ・ボナパルト』（一九七〇年）。G. GIROD DE L'AIN : *Joseph Bonaparte. le roi malgré lui* (1970).
B・メルシオール＝ボネ『ジェローム・ボナパルト　あるいは叙事詩の裏側』（一九七八年）。B. MELCHIOR-BONNET : *Jérôme Bonaparte. ou l'Envers de l'épopée* (1978).
G・シャトネ『マリ＝ルイーズ　忘れられた皇妃』（一九八三年）。G. CHASTENET : *Marie-Louise. l'impératrice oubliée* (1983).
L・マドラン『フーシェ』（一九五五年）。L. MADELIN : *Fouché. 1759-1820* (1955).
J・オリュー『タレーラン』（一九七〇年）。J. ORIEUX : *Talleyrand* (1970).
G・ド・ベルチエ＝ド＝ソーヴィニ『メッテルニヒ』（一九八六年）。G. DE BERTIER DE SAUVIGNY : *Metternich* (1986).
J・チュラール『ナポレオン時代のフランス人の日常生活』（一九七八年）。J. TULARD : *La Vie quotidienne des Français sous Napoléon* (1978).

■第十九章

G・ド・ベルチエ＝ド＝ソーヴィニ『王政の黄昏　王政復古の歴史』（一九七四年）。G. DE BERTIER DE SAUVIGNY : *Au soir de la monarchie. Histoire de la Restauration* (1974).
Ph・マンセル『ルイ十八世』（一九八二年）。Ph. MANSEL : *Louis XVIII* (1982).
J・カバニス『シャルル十世』（一九七二年）。J. CABANIS : *Charles X. roi ultra* (1972).
D・パンクネ『一八三〇年の革命』（一九八八年）。D. PINKNEY : *La Révolution de 1830 en France* (1988).
F・リュド『一八三一年一一月のリヨンの蜂起』（一九六九年）。F. RUDE : *L'Insurrection lyonnaise de novembre 1831. le mouvement ouvrier à lyon de 1827-1832* (1969).
J・ルカ＝デュブルトン『ルイ＝フィリップ』（一九三八年）。J. LUCAS-DUBRETON : *Louis-Philippe* (1938).
Ph・ヴィジエ『七月王政』（一九六四年）。Ph. VIGIER : *La Monarchie de Juillet* (1964).
P・ロザンヴァロン『ギゾーの時代』（一九八五年）。P. ROSANVALLON : *Le Moment Guizot* (1985).
P・ギラル『アドルフ・チエール』（一九八六年）。P.

GUIRAL : *Adolphe Thiers* (1986).

A・ジャルダン『トクヴィル』（一九八四年）。A. JARDIN : *Tocqueville* (1984).

R・ルモン『フランスの右翼』（一九八二年）。R. RÉMOND : *Les Droites en France* (1982).

G・ド・ブロイ『オルレアン派　フランスの自由主義の方策』（一九八一年）。G. DE BROGLIE : *L'Orléanisme. la ressource libérale de la France* (1981).

Fr・ブリュシュ『ボナパルティスム　権威主義的右翼の起源、一八〇〇〜一八五〇年』（一九八〇年）。Fr. BLUCHE : *Le Bonapartisme. Aux origines de la droite autoritaire (1800-1850)* (1980).

L・シュヴァリエ『フランスの労働者階級　危険な階級』（一九五八年）。L. CHEVALIER : *Classes laborieuses. classes dangereuses en France* (1958).

G・ド・ベルチエ＝ド＝ソーヴィニ『アメリカ人旅行者の見たフランスとフランス人　一八一四〜四八年』（二巻、一九八二〜八五年）。G. DE BERTIER DE SAUVIGNY : *La France et les Français vus par les voyageurs américains. 1814-1848* (2 vol., 1982, 1985).

A・ダンセット『現代フランス宗教史』（一巻、一九四八年）。A. DANSETTE : *Histoire religieuse de la France contemporaine* (t. I, 1948).

J・ルブラン『ラムネーあるいは自由の不安』（一九八一年）。J. LEBRUN : *Lamennais ou l'inquiétude de la liberté* (1981).

■第二十章

A・ド・トクヴィル『回想録』（トクヴィル全集第十二巻、一九六四年）。A. DE TOCQUEVILLE : *Souvenirs* (t. XII des *Œuvres complètes*, 1964).

P・ド・ラ・ゴルス『フランス第二共和政史』（二巻、一八八七年）。P. DE LA GORCE : *Histoire de la Seconde République française* (2 vol., 1887).

Ph・ヴィジエ『第二共和政』（一九六七年）。Ph. VIGIER: *La Seconde République* (1967).

L・ジラール『第二共和政』（一九六八年）。L. GIRARD: *La Deuxième République* (1968).

A＝M・ド・リュペ『アルフォンス・ド・ラマルチーヌの業績と生涯』（一九四八年）。A.-M. DE LUPPÉ : *Les Travaux et les Jours d'Alphonse de Lamartine* (1948).

H・ギユマン『一二月二日のクーデタ』（一九五一年）。H. GUILLEMIN : *Le Coup du 2 Décembre* (1951).

R・アルノー『一二月二日』（一九六七年）。R.

ARNAUD : *Le 2 Décembre* (1967).
A・ダンセット『ルイ＝ナポレオンの権力掌握』（一九六一年)。A. DANSETTE : *Louis-Napoléon à la conquête du pouvoir* (1961).

■第二十一章

P・ド・ラ・ゴルス『第二帝政史』（七巻、一八九四～一九〇五年)。P. DE LA GORCE : *Histoire du Second Empire* (7 vol., 1894-1905).
G・プラダリ『第二帝政』（一九七九年)。G. PRADALIÉ : *Le Second Empire* (1979).
L・ジラール『ナポレオン三世』（一九八六年)。L. GIRARD : *Napoléon III* (1986).
Cl・デュフレーヌ『皇妃ウジェニー』（一九八六年)。Cl. DUFRESNE : *L'Impératrice Eugénie* (1986).
Cl・デュフレーヌ『モルニー』（一九八三年)。Cl. DUFRESNE : *Morny. l'homme du Second Empire* (1983).
A・ジェラール『第二帝政革新と反動』（一九七三年)。A. GÉRARD: *Le Second Empire. innovation et réaction* (1973).
L・ベルジュロン『十九世紀フランスの工業化』（一九七九年)。L. BERGERON : *L'Industrialisation de la France au XIXe siècle* (1979).
J・オータン『ペレール兄弟　起業の喜び』（一九八四年)。J. AUTIN : *Les Frères Pereire. Le bonheur d'entreprendre* (1984).
E＝F・フルーリ、L・ソノレ『第二帝政時代の社会』(四巻、一九一一～二四年)。E.-F. FLEURY, L. SONOLET : *La Société du Second Empire* (4 vol., 1911-1924).
P・ギラル『資本主義の黄金時代におけるフランスの日常生活、一八五二～七九年』（一九七六年)。P. GUIRAL : *La Vie quotidienne en France à l'âge d'or du capitalisme 1852-1879* (1976).
G・デュヴォー『第二帝政下のフランスの労働者の生活』（一九四六年)。G. DUVEAU : *La Vie ouvrière en France sous le Second Empire* (1946).
G・ドラマール『メキシコの悲劇』（一九六三年)。G. DELAMARE : *La Tragédie mexicaine* (1963).
H・ギユマン『一八七〇年のあの奇妙な戦争』（一九七二年)。H. GUILLEMIN : *Cete curieuse guerre de 1870* (1972).
E・ゾラ『壊滅』（一九六七年、プレイヤード版)。E. ZOLA : *La Débâcle* (1967, éd. de la Pléiade).

■第二十二章

前章を参照されたい。

■第二十三章

A・ダンセット『一八七一年のコミューンの起源』（一九四四年）。A. DANSETTE : *Les origines de la Commune de 1871* (1944).

W・セルマン『パリ・コミューン』（一九八六年）。W. SERMAN : *La Commune de Paris* (1986).

X・ド・ラ・フルニエール『ルイーズ・ミシェル、囚人番号二一八二』（一九八六年）。X. DE LA FOURNIÈRE : *Louise Michel, matricule 2182* (1986).

J・シャストネ『第三共和政史』（五巻、一九五五～六二年）。J. CHASTENET : *Histoire de la troisième République* (5 vol., 1955-1962).

P・バラル『第三共和政の創設者たち』（一九六八年）。P. BARRAL : *Les Fondateurs de la troisième République* (1968).

Fr・ゴゲル『第三共和政時代の政党政治』（一九六八年）。Fr. GOGUEL : *La Politique des partis sous la IIIe République* (1968).

A・ダンセット『ブーランジスム　一八八六～一八九〇』（一九三八年）。A. DANSETTE : *Le Boulangisme 1886-1890. Du Boulangisme à la révolution Dreyfusienne* (1938).

Ph・ルヴィラン『ブーランジェ、君主政の破壊者』（一九六二年）。Ph. LEVILLAIN : *Boulanger, fossoyeur de la monarchie* (1962).

A・ダンセット『パナマ事件』（一九三四年）。A. DANSETTE : *Les Affaires de Panama* (1934).

E・ヴェベール『アクシオン・フランセーズ』（一九八五年）。E. WEBER : *L'Action française* (1985).

Z・ステルネル『革命的右翼　フランス・ファシズムの起源、一八八五～一九一四年』（一九七八年）。Z. STERNHELL : *La Droite révolutionnaire, 1885-1914. Les origines françaises du fascisme* (1978).

M・オズーフ『学校と教会と共和国、一八七一～一九一四年』（一九六三年）。M. OZOUF: *L'Ecole, l'Eglise et la République, 1871-1914* (1963).

P・シュヴァリエ『教育の非宗教化　ジュール・フェリとレオ十三世』（一九八一年）。P. CHEVALLIER : *La Séparation de l'Eglise et de l'école. Jules Ferry et Léon XIII* (1981).

G・ルフラン『第三共和政時代の社会主義運動』（一九

六三年）。G. LEFRANC : *Le Mouvement socialiste sous la troisième République(1875-1940)* (1963).
G・ルフラン『第三共和政時代のフランスの組合運動』（一九六七年）。G. LEFRANC : *Le Mouvement syndical sous la troisième République* (1967).
M・トマ『ドレフュス事件』（一九六一年）。M. THOMAS : *L'Affaire sans Dreyfus* (1961).
J＝D・ブルダン『事件』（一九八三年）。J.-D. BREDIN : *L'Affaire* (1983).
E・ヴェベール『世紀末　十九世紀末のフランス』（一九八六年）。E. WEBER : *Fin de siècle. La France à la fin du XIXᵉ siècle* (1986).
P・ギラル『アドルフ・ティエール』（一九八七年）。P. GUIRAL : *Adolphe Thiers. Ou de la nécessité en politique* (1987).
G・シュアレス『ブリアン』（六巻、一九三八〜五二年）。G. SUAREZ : *Briand* (6 vol., 1938-1952).
J＝D・ブルダン『ジョゼフ・カイヨー』（一九八〇年）。J.-D. BREDIN : *Joseph Caillaux* (1980).
H・ゴルトベール『ジャン・ジョレス』（一九七〇年）。H. GOLDBERG : Jean Jaurès (1970).
Ph・エルランジェ『クレマンソー』（一九七九年）。Ph. ERLANGER : *Clemenceau* (1979).
P・ミケル『ポワンカレ』（一九六一年）。P. MIQUEL : *Poincaré* (1961).

■第二十四章

F・ガンビエス、M・シュイール『第一次世界大戦史』（二巻、一九六八年）。F. GAMBIEZ, M. SUIRE : *Histoire de la Première Guerre mondiale* (2 vol., 1968).
P・ミケル『大戦争』（一九八三年）。P. MIQUEL : *La Grande Guerre* (1983).
J＝J・ベッケル『大戦争時のフランス人』（一九八〇年）。J.-J. BECKER : *Les Français dans la Grande Guerre* (1980).
S・オドゥーアン＝ルゾー『塹壕の戦闘員たち』（一九八六年）。S. AUDOIN-ROUZEAU : 14-18. *Les Combattants des tranchées* (1986).
F・テボー『第一次大戦時の女性』（一九八六年）。F. THEBAUD : *La Femme au temps de la guerre de 14* (1986).
G・ブロン『ヴェルダン』（一九六四年）。G. BLOND : *Verdun* (1964).
J・ロマン『ヴェルダン前夜 — ヴェルダン』（『善意の

人々』一五巻、一六巻、一九三八年)。J. ROMAINS : *Prélude à Verdun — Verdun* (t. XV et XVI *Les Hommes de bonne volonté*, 1938).

G・ペドロンシニ『一九一七年の反乱』(一九六七年)。G. PEDRONCINI : *Les Mutineries de 1917* (1967).

P・ヴァリヨン『ジョフル』(一九五六年)。P. VARILLON : *Joffre* (1956).

J・オータン『フォッシュあるいは意志の勝利』(一九八七年)。J. AUTIN : *Foch ou le Triomphe de la volonté* (1987).

Ph・エルランジェ『クレマンソー』(一九七九年)。Ph. ERLANGER : *Clemenceau* (1979).

■第二十五章

J・ネレ『第三共和政　一九一四〜一九四〇年』(一九六五年)。J. NERE : *La Troisième République 1914-1940* (1965).

J=P・アゼマ、M・ヴィノック『第三共和政』(一九七六年)。J.-P. AZEMA, M. WINOCK : *La Troisième République* (1976).

A・プロスト『二〇世紀フランス小史』(一九七九年)。A. PROST: *Petite Histoire de la France au XX*^{e} *siècle* (1979).

A・ソーヴィ『両大戦間のフランス経済史』(二巻、一九六五〜六七年)。A. SAUVY : *Histoire économique de la France entre les deux guerres* (2 vol., 1965-1967).

J・トゥシャール『一九〇〇年以降のフランス左翼』(一九七七年)。J. TOUCHARD: *La Gauche en France depuis 1900* (1977).

S・ベルンスタイン『急進党史』(一九七七年)。S. BERNSTEIN : *Histoire du parti radical* (1977).

J・エリチエ『エドゥアール・エリオ』(一九八七年)。J. HÉRITIER : *Edouard Herriot* (1987).

J-B・デュロゼル『一九三二〜一九三九年のデカダンス』(一九七九年)。J.-B. DUROSELLE : *La Décadence 1932-1939* (1979).

G・デュプー『人民戦線と一九三六年の選挙』(一九五九年)。G. DUPEUX : *Le Front Populaire et les élections de 1936* (1959).

G・ルフラン『人民戦線史』(一九六五年)。G. LEFRANC : *Histoire du Front populaire* (1965).

J・フォーヴェ、A・デュアメル『フランス共産党史』(一九七七年)。J. FAUVET, A. DUHAMEL : *Histoire du parti communiste français* (1977).

Ｐｈ・ロブリュー『モーリス・トレーズ、生涯の表と裏』（一九七五年）。Ph. ROBRIEUX : *Maurice Thorez, vie secrète et vie publique* (1975).

Ｊ・ラクチュール『レオン・ブルム』（一九七七年）。J. LACOUTURE : *Léon Blum* (1977).

Ｒ・レモン、Ａ・クートゥロ『一九三〇年代のフランスのカトリック』（一九七九年）。R. RÉMOND, A. COUTROT : *Les Catholiques dans la France des années 30* (1979).

Ｐ・デュカテル『大衆的イメージに見られる第三共和政史　第五巻：一九二四〜一九四〇年』（一九七九年）。P. DUCATEL : *Histoire de la IIIe République vue à travers l'imagerie populaire et la presse satirique. 5, de la république à l'état Française 1924-1940* (1979).

Ｊ－Ｎ・ジャンヌネ『共和国のフランソワ・ド・ヴァンデル　金と権力、一九一四〜四〇年』（一九八〇年）。J.-N. JEANNENEY : *François de Wendel en République. L'argent et le pouvoir 1914-1940* (1980).

■第二十六章

Ｊ・ブノワ＝メシャン『西欧を揺るがした六〇日』（三巻、一九五六年）。J. BENOIST-MECHIN : *Soixante Jours qui ébranlèrent l'Occident. 10 Mai-10 Juillet 1940* (3 vol., 1956).

Ｐ・ミケル『第二次世界大戦』（一九八六年）。P. MIQUEL : *La Seconde Guerre mondiale* (1986).

Ｒ・アロン『ヴィシー政権史、一九四〇〜一九四四年』（一九五四年）。R. ARON : *Histoire de Vichy, 1940-1944* (1954).

Ｒ・パクストン『ヴィシー時代のフランス一九四〇〜一九四四年』（一九七三年）。R. PAXTON : *La France de Vichy, 1940-1944* (1973).

Ｍ・フェロ『ペタン』（一九八七年）。M. FERRO : *Pétain* (1987).

Ｆ・キュフェルマン『ラヴァル、一八八三〜一九四五年』（一九八七年）。F. KUPFERMAN : *Laval, 1883-1945* (1987).

Ｌ・ステンベール『フランスのドイツ人　一九四〇〜一九四四年』（一九八〇年）。L. STEINBERG : *Les Allemands en France, 1940-1944* (1980).

Ｈ・ミシェル『フランスのレジスタンスの歴史』（一九六〇年）。H. MICHEL : *Histoire de la Résistance en France* (1960).

Ｈ・ミシェル『自由フランスの歴史』（一九七二年）。

H. MICHEL : *Histoire de la France Libre* (1972).
H・アムールー『占領下のフランス全史』（七巻、一九七五〜八五年）。H. AMOUROUX : *La Grande Histoire des Français sous l'occupation* (7 vol., 1975-1985).
H・アムールー『占領下のフランス人の生活』（一九六一年）。H. AMOUROUX : *La Vie des Français sous l'occupation* (1961).
H・ノゲール『レジスタンス活動家の日常生活休戦から解放まで』（一九八四年）。H. NOGUÈRES : *La Vie quotidienne des résistants de l'armistice à la Libération, 1940-1945* (1984).
J・デュケーヌ『占領下のフランス人カトリック教徒たち』（一九八六年）。J. DUQUESNE : *Les Catholiques français sous l'occupation* (1986).
M＝R・マリュ、R・パクストン『ヴィシー政権とユダヤ人』（一九八一年）。M.-R. MARRUS, R. PAXTON : *Vichy et les Juifs* (1981).
P・オリ『対独協力者たち』（一九七六年）。P. ORY : *Les Collaborateurs, 1940-1945* (1976).
J・ドペリ＝ド＝ベイヤク『親独義勇軍の歴史』（一九六三年）。J. DELPERRIE DE BAYAC: *Histoire de la milice, 1918-1945* (1963).

■第二十七章

J・シャサル、A・ランスロ『一九四〇年以降のフランス政界』（一九七九年）。J. CHAPSAL, A. LANCELOT : *La Vie politique en France depuis 1940* (1979).
G・エルジェ『第四共和政史』（二巻、一九六五〜六八年）。G. ELGEY : *Histoire de la IVe République* (2 vol., 1965-1968).
Ph・ウィリアムズ『第四共和政下の政治世界』（一九七一年）。Ph. WILLIAMS : *La Vie politique sous la 4e République* (1971).
R・アロン『対独協力者粛清史』（四巻、一九六七〜七五年）。R. ARON : *Histoire de l'épuration* (4 vol., 1967-1975).
H・ロトマン『対独協力者たちの粛清、一九四三〜五三年』（一九八六年）。H. LOTTMAN : *L'Épuration, 1943-1953* (1986).
A・グロセ『第四共和政とその外交政策』（一九六一年）。A. GROSSER : *La IVe République et sa politique extérieure* (1961).
Y・クリエール『アルジェリア戦争』（四巻、一九六八〜七一年）。Y. COURRIÈRE : *La Guerre d'Algérie* (4 vol., 1968-1971).

J・ダロ『インドシナ戦争、一九四五～一九五四年』(一九八七年)。J. DALLOZ : *La Guerre d'Indochine, 1945-1954* (1987).
J・ラクチュール『ピエール・マンデス＝フランス』(一九八一年)。J. LACOUTURE : *Pierre Mendès France* (1981).
J・フェルニヨ『ドゴールと五月一三日』(一九六五年)。J. FERNIOT : *De Gaulle et le 13 mai* (1965).

■第二十八章

P・ヴィアンソン＝ポンテ『ドゴール共和国の歴史』(二巻、一九七〇～七一年)。P. VIANSSON-PONTÉ : *Histoire de la République gaullienne* (2 vol., 1970-1971).
J・トゥシャール『ドゴール主義　一九四〇～一九六九年』(一九七八年)。J. TOUCHARD : *Le Gaullisme, 1940-1969* (1978).
R・ジラルデ『フランスの軍事的危機　一九四五～一九六二年』(一九六四年)。R. GIRARDET : *La Crise militaire française, 1945-1962* (1964).
R・レモン『ドゴールの復帰』(一九八三年)。R. RÉMOND : *Le Retour de de Gaulle* (1983).
J・ラクチュール『ドゴール』(三巻、一九八四～八六年)。J. LACOUTURE : *De Gaulle* (3 vol., 1984-1986).
J・フォーヴェ、J・プランシェ『将軍たちの反乱』(一九六一年)。J. FAUVET, J. PLANCHAIS : *La Fronde des généraux* (1961).
A・ダンセット『一九六八年五月』(一九七一年)。A. DANSETTE : *Mai 1968* (1971).
C・デュロン『シャルル・ド＝ゴール時代の大統領官邸その日常生活』(一九七四年)。C. DULONG : *La Vie quotidienne à l'Elysée au temps de Charles de Gaulle* (1974).
A・グロセ『第五共和政の外交』(一九六五年)。A. GROSSER : *La Politique extérieure de la Ve République* (1965).
A・クリジェル『フランス共産党』(一九六八年)。A. KRIEGEL : *Les Communistes français. essai d'ethnographie politique* (1968).
A・アリス、A・ド＝セドゥイ『共産党の内情』(一九七四年)。A. HARRIS, A. DE SÉDOUY : *Voyage à l'intérieur du Parti communiste* (1974).
E・ルーセル『ジョルジュ・ポンピドゥー』(一九八四年)。E. ROUSSEL : *Georges Pompidou* (1984).
Ch・デバシュ『ポンピドゥー時代のフランス』(一九

七四年)。Ch. DEBBASCH : *La France de Pompidou* (1974).

A・デュアメル『ジスカール政権下の共和国』(一九八〇年)。A. DUHAMEL : *La République giscardienne* (1980).

J・ボトレル『ジスカール時代の七年間』(一九八三年)。J. BOTHOREL : *Histoire du septennat giscardien* (1983).

O・デュアメル『左翼と第五共和政』(一九八〇年)。O. DUHAMEL : *La Gauche et la* Ve *Cinquième République* (1980).

■第二十九章

F＝O・ジスベール『フランソワ・ミッテランの生涯』(一九九六年)。Franz-Olivier GIESBERT : *François Mitterrand. une vie* (1996).

ピエール・ファヴィエ、ミシェル・マルタン＝ロラン『ミッテランの時代』(三巻、一九九六年)。Pierre FAVIER, Michel MARTIN-ROLAND : *Les Années Mitterrand* (3 vol., 1996).

J＝M・コロンバニ、H・ポルテッリ『フランソワ・ミッテラン　二回にわたる大統領在任期間』(一九九五年)。Jean-Marie COLOMBANI, H. PORTELLI : *Le Double Septennat de François Mitterrand. dernier inventaire* (1995).

A・デュアメル『一芸術家の肖像』(一九九六年)。A. DUHAMEL : *François Mitterrand. Portrait d'un artiste* (1996).

P・ジャロー『フランソワ・ミッテランの十四年間』(一九九五年)。Patrick JARREAU, J. KERGOAT : *François Mitterrand. 14 ans de pouvoir* (1995).

C・ラン『親しい人々の輪　近親者たちの目から見たフランソワ・ミッテラン』(一九九五年)。Caroline LANG : *Le Cercle des intimes. François Mitterrand par ses proches* (1995).

D・モロ『フランソワ・ミッテラン』(一九九六年)。Danièle MOLHO : *François Mitterrand* (1996).

H・ヴェドリーヌ『フランソワ・ミッテランの世界』(一九九六年)。Hubert VÉDRINE : *Les Mondes de François Mitterrand* (1996).

監訳者あとがき

本書はギヨーム・ド・ベルティエ・ド・ソヴィニー『フランス史』（フラマリオン書店、一九九七年）Guillaume de Bertier de Sauvigny: *Histoire de France*, Flammarion, 1997 の全訳である。一九九七年版は一九七七年に同じくフラマリオン書店から出た初版の増補新版で、初版の最後を飾っていた章「ヴァレリー・ジスカール＝デスタン」以後のフランス現代史、すなわちフランソワ・ミッテランの死までが書き足されている。翻訳にはこの増補新版を使用した。

著者のギヨーム・ド・ベルティエ・ド・ソヴィニーについては後述することにして、まず、訳者たちがなにゆえに、四十年以上も前に初版が出て一九九七年に増補新版が出た本書をあえて翻訳しようと決意するに至ったか、その経緯から話し始めることにしよう。

私たちが本書の翻訳を決意した理由、それは至って簡単なことである。類書がほとんど存在していないからである。理由はこれに尽きる。

そう、まことにもって意外だが、一人の著者、それも真っ当な歴史家による一冊読み切りのフランス通史というのは、まだ日本では存在していないのである。

ケンブリッジ版世界各国史の一冊であるロジャー・プライスの『フランスの歴史』（創土社）は、近代以前の時代（前工業化以前の時代）に当てられているのはわずかに約五分の一で、とうてい通史の名に値するものではない。また、山川出版社から出ている二つの通史、すなわち福井憲彦編『フランス史』（「新版世界各国史12」）と柴田三千雄・樺山紘一・福井憲彦編『フランス史 1・2・3』（「世界歴史大系」）は、いずれも日本のフランス史学の権威と精鋭が総力を挙げて編纂したハイ・レベルな歴史書であるが、しかし、一般読者がフランス史の概要をつかむことのできるようなリーダブルな歴史書とはとうていいえない。ミシュレの有名な『フランス史』（大野一道・立川孝一監修）は『十九世紀史』と合わせて抄訳が藤原書店から全六巻で出ているが、これも一般読者が簡単に通読できるような本ではない。つまり、日本ではフランス史に関してはありとあらゆる時代の研究書が翻訳されたり、日本人によって執筆されたりしているにもかかわらず、通史と呼び得るような一冊の歴史書は実際には存在していないのである。

では、本国フランスではどうなのか？

さらに意外なことだが、フランスでは、ベルティエ・ド・ソヴィニーのこの本が出版されるまで、一冊で通読可能なフランス史は事実上、存在していなかったのである（ちなみに、現在でもこれを超える通史は出ていない）。

私がそのことに気づいたのは、いまを去ること五十年近く前の一九七〇年のことである。

この年、大学の仏文科に進学した私は、フランス文学理解のためにもフランスの通史が不可欠と感じてこれを探したところ、唯一あったのは山川出版社が出していた旧版の「世界各国史」の二巻に当たる井上幸治編の『フランス史（新版）』だった。井上幸治・高橋秀二・木村尚太郎・二宮宏之・遅塚忠躬・喜安朗・桂圭男・山極潔という、いまにしてみれば豪華な執筆陣で、レベルは高く、私もずいぶんとお世話になったが、いかんせん、それぞれの専門家による「論文集」の感は否めず、通読にはいかにも不向きな本だった。また、時代風潮を反映してか、マルクス主義の影響が非常に強く、パートによってはかなり片寄りのある史観が展開されていた。

もっとも、後で知ったことだが、アンドレ・モロワの『フランス史』が一九五二〜五三年に上下二巻本として新潮社から出ていたのである。いちおう、一人の著者による通史ではある。ただし、アンドレ・モロワは小説家・エッセイストで、歴史家ではないから、私が課した条件には当てはまる本ではない（後に入手して読んでみたが、翻訳が古いせいか非常に読みにくく、また初歩的な誤訳も散見する）。

このように、日本人によるリーダブルな通史もなく翻訳もないとならば、フランス語で書かれた通史を求めるしかないと思い、該当するような本を求めに出掛けたのが、当時、東大本郷の生協の片隅にあった丸善洋書部支店である。ところが、そこのベテラン店員さんに伺ったところ、受験用の簡単な教科書を除くと、一冊にまとまった通史は存在しないとの返事が返ってきた。ティエールに始まって、ギゾー、ミシュレと来て、アンリ・マルタン、エルネスト・ラヴィス、ジャック・バンヴィルと続くフランスの文人的歴史家たちによる数巻から十数巻に及ぶ膨大な通史は存在するが、コンパクトな一巻本のフランス史はないとのことである。

うそだろうと思ったが、丸善の店員さんから「リーヴル・ディスポニーブル」という、フランスで入手可能な目録のフランス史の項目を見せられては納得せざるをえなかった。実際、驚くべきことに、この状況は一九七七年まで、すなわち、本書が出版されるまでずっと続いたのである。

では、どうして簡にして要を得たフランス通史がベルティエ・ド・ソヴィニーが執筆を決意するまで、フランスでも日本でも誰の手によっても書かれることがなかったのか？

いろいろと要因があるだろうが、一つには、十九世紀末から厳密な史料批判に基づく実証史学が盛んになるにつれて専攻分野の細分化が進行したことが挙げられる。実証研究をを徹底させるには狭く限定した時代と領域において深く研究を行うほかないので、かつてのような文人歴史家が著したようなフランス通史を執筆することが不可能になったのだ。

もう一つの要因としては、第一次世界大戦後にフランスの歴史学を席巻したマルクス主義史観が考えられる。マルクス主義史観は、経済や階級闘争といった下部構造的要素を歴史の真の動因として重視したので、必然的にそれまでの歴史記述の主体を成していた「王の歴史」、すなわち政治事件史が軽視されることになった。必然的に、フランス通史も敬遠された。

同じことは、第二次世界大戦後、マルクス主義的歴史学に代わって覇権を握ったアナール派の歴史学についてもいえる。感性や心性といったものが長期的な持続の中でどのように変化するのかを見るアナール派史学にとって、「王の歴史」は最も軽蔑すべき対象となり、必然的にフランス通史を書こうとする歴史家も現れなくなってしまったのだ。

このように、フランスでも日本でも、一人の歴史家によるフランス通史が書かれないという理由は似たようなものだが、しかし、日本の場合、フランスとは少し違った事情も存在した。

それは、帝国大学（東京大学の前身）に史学科が設けられたのは一八八七年と意外に古いが実際に日本人の西洋歴史学者が育つようになったのは第一次世界大戦後であり、このときにはヨーロッパでは実証主義史学からマルクス主義史学へと主流が移動しつつあったため、日本の西洋史学、なかでもフランス史学は物語史観（「王の歴史」）時代も実証主義史観の時代も経ずに、いきなりマルクス主義史観時代を迎えてしまったということである。一九八〇年代からアナール派史学がこれに代わっても省略された前期の二つの時代の方法論は冷笑の対象になったまま、再評価されることはなかった。この欠落が意外に大きな影響を及ぼすこととなる。

というのも、フランスなら小学生のころから物語史観による政治事件史を覚えさせられているから、少なくともバカロレア合格者のレベルなら「王の歴史」についてある程度は知っている。ところが、日本のフランス史教育においては、マルクス主義史観時代においてもアナール派史観時代においても「王の歴史」は軽蔑の対象でしかなかったため、西洋史学科に進学した学生は高校の教科書レベルから、「王の歴史」についていっさい知ることなくいきなり専門書に取り組まざるを得ないのだ。その結果、専門の時代区分や分野については非常に詳しいフランス史の専門家でも、専門以外のところでは「王の歴史」さえほとんど知らないという困った事態が生じている。

たとえば、近年、フランスの歴史家のアンケートなどで歴代フランス王の中で最も偉大な王とされることの多いルイ十一世について中世史以外のフランス史家に尋ねたとしても、返って来る答えは、素人とほとんど変わらないはずである。しかも、そのことが恥ずかしいと感じられないほどに日本のアカデミズムにおいては専門に閉じこもることが美風とされているのである。

日本の特殊事情はこれくらいにして、話をフランスに戻そう。

フランスにおいて簡便なフランス通史が存在しないということは、外国人から見ると、ある意味、「異常」な状態といえるが、フランス人はこれをあまり異常とは思わなかったようである。繰り返すが、フランス人であれば、わざわざ通史を読むまでもなく、「王の歴史」については一通り知っており、通史がなくても困らなかったからだ。

だが、私のような外国人で、フランス史の専門家ではないが、フランスの歴史の概要を一通りつかんでおきたいと思う人にとって、このことは極めて困った事態というほかなかった。おそらく、私のような人間が世界中にたくさんいたはずである。にもかかわらず、フランスの歴史家でそのことに気づいた人はほとんどいなかった。

われらがギヨーム・ド・ベルティエ・ド・ソヴィニーもそうした「フランス語で書かれた簡便なフランス史が存在しないことを知らないフランス人」の一人だったようである。だが、彼が教鞭をとっていたのがパリ・カトリック学院だったことが幸いした。

すなわち、カトリック学院は後述するように外国人の学生を積極的に受け入れており、またベルティエ・ド・ソヴィニー自身が英語が堪能だったこともあって、非常勤として「アメリカン・カレッジ・イン・パリス The American College in Paris」（ロイド・デラメイターが一九六二年に創設した、授業に英語を用いる私立カレッジ。略称ACP。The American College of Paris とも呼ばれる。一九八八年にはアメリカの大学基準を満たす国際大学「アメリカン・ユニヴァーシティ・オブ・パリス The American University of Paris」に昇格）でも教えていたことから必然的に外国人学生と触れ合う機会が多くなり、外国人学生に推薦できる「フランス語で書かれた簡便なフランス史」が存在しないという驚愕の事実を知るに至ったのである。

げんに、本書の初版の冒頭には「この小さな作品の最初のアイディアを負うているアメリカン・カレッジ・オブ・パリスの学生たちに捧げる」という献辞が掲げられている。もし、外国人学生と触れ合う機会がなかったら、ベルティエ・ド・ソヴィニーとて「フランス語で書かれた簡便なフランス史が存在しない」という事実に気づくことはなかったにちがいない。

しかしながら、いくら驚愕の事実を発見したとしても、その発見者にフランス史に関する該博な知識がなければ、そもそも『フランス史』を執筆することは不可能である。発見者がベルティエ・ド・ソヴィニーであったという事実がこの欠落の解消に大きくかかわっていたのである。

では、ベルティエ・ド・ソヴィニーとは、どのような歴史家なのだろうか？

訳者にわかった範囲で経歴を記すと次のようになる。

ギヨーム・ド・ベルティエ・ド・ソヴィニーは、一九一二年、サン・シール士官学校出身の職業軍人の父マリー＝フェルナン＝ピエール・ド・ベルティエ・ド・ソヴィニーと母エンマ・ルイーズ・オステリットとの間の三男としてブローニュ・シュル・メールに生まれた。父のマリー＝フェルナン＝ピエールは第一次世界大戦に従軍し、一九一五年にマルヌのソンピで戦死している。

ちなみに、ベルティエ・ド・ソヴィニー伯爵家はブルボン王朝に仕えた名門の法服貴族で、代々、現在の県知事に相当するアンタンダン（地方長官）を務めた人物を輩出している。

歴史に名を残したのはルイ＝ベニーニュ＝フランソワ・ド・ベルティエ・ド・ソヴィニーである。パリ総徴税区長官をつとめていたルイ＝ベニーニュ＝フランソワはオルレアン公（フィリップ・エガリテ）周辺が流したデマを信じた民衆によって一七八九年七月二十二日、オテル・ド・ヴィル前広場で絞首刑に処された後、四肢を引き裂かれて広場で死体を凌辱された。フランス革命史の血みどろな出来事であり、本書でもページが割かれている。

ルイ＝ベニーニュ＝フランソワの四人の息子たちはいずれも亡命し、コンデ公の軍隊に加わったが、ギヨームの曾祖父に当たる四男のフェルディナン・ド・ベルティエ・ド・ソヴィニーは一八一〇年、兄たちとともに「シュヴァリエ・ド・ラ・フォワ」別名「コングレガシオン」という王党派の秘密結社を組織し、ブルボン王朝の復帰を目指す反ナポレオン運動を展開した。後述のようにギヨームは自宅に残されていたこの曾祖父の文書をもとに博士論文を書き上げた。

ギヨームに話を戻すと、三歳で父を失った彼は母とともに祖父の住むヴェルサイユに身を寄せた。ヴェルサイユのリセ・サン・ジャンに学んで哲学バカロレアを取得すると、ソルボンヌの史学科に籍を置く一方、カーン近郊にあるルビゼーの聖職者の知的レベルを高めるために十八世紀にフランス人宣教師ヨハネ・ウードが設立した修道院で見習いとなり、一九三六年にはベルギーのゲントの司祭に任じられた。このキャリアは、長男は家の跡継ぎ、次男は軍人、三男は聖職という、貴族子息の職業選択の定番に従ったものだが、われわれにとって幸いなことに聖ジャン（ヨハネ）・ウード会は在俗のまま布教と教育に当たることを旨としているので、ギヨームは一九三七年に学士号を取得すると、在俗司祭として母校のリセ・サン・ジャンの地理・歴史教員となったのである。一九三九年に第二次世界大戦が勃発するとギヨームは動員され、ベルギー戦線に従軍司祭として参加した。

戦後は一九四七年からパリ・カトリック学院（ICP）で歴史教授として教鞭をとるかたわら、一九四八年に曾祖父のフェルディナン・ド・ベルティエ・ド・ソヴィニーに関する博士論文「ユルトラ王党派の一典型・フェルディナン・ド・ベルティエ伯爵（一七八二〜一八六四）とコングレガシオンの謎」をソルボンヌ（パリ大学文学部）に提出、国家博士となった。

ギヨームの名を一気に高からしめたのは一九五五年にフラマリオン書店から出版された『王政復古期　La Restauration』である。それまで、王政復古期は輝かしい大革命とナポレオン帝政の後にやってきた幻滅の時代、亡命貴族が支配する希望のない反動の時代と思われていたが、ギヨームは厳密な資料批判により、王政復古期とはそのフランス語の語義通りに、大革命と帝政によって破壊された社会秩序がリストアーされていく活気ある過渡期であったことを見事に証明したのである。

しかしながら、ソルボンヌの歴史講座を独占していたマルクス主義史学の主流からしてみれば、これは「異端」の思想であり、評価には留保が加えられたようである。

だが、一九六〇年代後半からマルクス主義史学の影響力が衰えるにつれ、ギヨームの『王政復古期』への評価は次第に高くなり、やがて、この時代の代表的な歴史研究の一つに数えられるようになった。実際、刊行後すでに六十四年になるがギヨームの『王政復古期』を超えるような著作はいまだに現れていない。私も王政復古期を舞台としたバルザックの小説を読むときには、この本を座右の一冊としている。

ギヨームはこれに続いてウィーン会議を指導したオーストリアの宰相メッテルニヒについての研究書を何冊か書き上げ、アカデミズムにおける地位を不動のものとしたが、しかし、かといってソルボンヌおよび他の大学の講座にジャン・ウード会所属の在俗司祭でもあるギヨームが招かれることはなかった。ギヨームは、パリ大学神学部の後継大学としてのＩＣＰの教授であることを誇りに思っていたのか、一九七七年（一説に一九七八年）に退職するまでこの座にとどまった。しかし、まさにこうしたＩＣＰの教授というキャリアが先に述べたようにギヨームに新しい可能性を開くことになったのである。

『フランス史』は一九七七年にフラマリオン書店から上梓されると、予想通り、海外で大きな反響を呼び、英語とドイツ語とスペイン語に翻訳された。フランス国内でも、存在しない公定の歴史教科書の代わりとしておおいに歓迎されたのである。

では、『フランス史』には、他の歴史書にはないどのような特徴があったのだろうか？

一つは、マルクス主義史観やアナール派史観によって退けられて久しい昔の歴史書のスタイルを復活させて、「王の歴史」すなわち政治事件史を中心にしたこと。ギヨームは外国の大学で教えたり、あるいはＩＣＰで留学生を指導するうちに、フランスの歴史というものをまったく知らない学生を対象とするには、アナール派的な長期的持続を論ずる前にまず「王の歴史」を一通り教えておく必要があることを痛感したのである。

このことは現在、大学でフランス文化論を講義している私にはよくわかる。たとえば、ルイ七世とルイ九世、ルイ十一世とルイ十二世、フィリップ二世とフィリップ四世、シャルル五世とシャルル六世などのそれぞれの王の違いなどまったくわからない学生にフランス中世文化史を教えるのはほとんど無意味に近いのだが、実際には、これらの王がどう違うのかを学生が自主的に予習してこれるような教材というのは存在していないのである。あるとしたらウィキペディアくらいだが、教師としてはウィキペディアで予習してこいとはいえない。まことに困った状況である。

『フランス史』の初版が出版された一九七七年にはウィキペディアどころかインターネットさえ存在していなかったから、『フランス史』の出版が外国人学生からどれほど歓迎されたかは想像できないほどである。『フランス史』はフランスに関することを学ぼうとする外国人学生にとってまさに救世主として歓迎されたのであり、いまもその翻訳が外国人学生にとって最大の情報源となっている。

『フランス史』の第二の特徴は、あたう限り編年体の記述を採用している点である。これは歴史を教科書で学ぶものと思っている日本人にとっては当たり前のことだが、リセやコレージュの歴史授業のために公的な教科書が存在しておらず、教員が自主的に教材を選ぶことになっているフランス人学生たちにとってはむしろ驚きの便利さを提供したものであったにちがいない。なぜなら、この編年体の叙述スタイルにより歴史の流れというものがスッキリと頭に入ってくるからだ。そう、編年体というのは決して馬鹿にしたものではないのである。クロノロジックな知識がなければ長期的持続の意味も理解できないからである。

第三の特徴は、時代区分ごとに政治・経済の状況が簡潔に分析されているばかりか、社会や文化の中にもたらされた構造的な変化も的確に記述されていることである。たとえば、私は『怪帝ナポレオン三世　第二帝政全史』（講談社学術文庫）を書いたこともあってこの時代にはかなり詳しいつもりなのだが、そうした目をもって読むと『フランス史』の第二帝政の章はじつに見事に書かれていることがわかる。少ないページの中に事件史以外にもこれだけの情報を過不足なく、しかも初心者にもわかるように盛り込むといった離れ業はだれにでもできることではない。ＩＣＰの教授として、まったくフランス史を知らない外国人学生から博士論文を執筆する博士課程の院生まで相手にしてきた練達の教授であるギヨームならではの力技というほかはない。

第四は、先史時代からミッテラン時代までを網羅した全二十九章の配分の良さである。メロヴィング朝から百年戦争までの中世、ヴァロワ朝とブルボン朝、大革命とナポレオン帝政、立憲王政と第二帝政、第三共和政と両次世界大戦、第四共和政から二十世紀末まで。どの時代にも等しく光が当てられ、必要にして十分なページが割かれている。

第五はユルトラ王党派の家系で自らもジャン・ウード会の在俗司祭という、左翼からは色眼鏡で見られそうな出自にもかかわらず、その歴史的判断は常に公正でバランスが取れていること。歴史家の鑑のような記述である。

と、このように本書の特色を列挙してきたが、これらを一言で言い表すとすれば、次のようなことになるのではあるまいか？

すなわち、完璧で誰にも文句のつけようのない理想的なフランス史の教科書、これである。一人でフランス史の教科書を著すことは決して不可能ではない。しかし、簡にして要を得た、しかも読みごたえのあるフランス史の教科書を一人で書くことは絶望的に不可能に近い。もし、そうでなかったら、とっくにだれかによって書かれていたはずなのである。

本書に不満を感じたフランス史家がいたとしたら、ぜひとも自分なりの「フランス史」に挑戦してほしいものである。これ以上のものを仕上げることが容易ではないことはすぐに了解されるはずである。

次に、訳者の一人である私とベルティィエ・ド・ソヴィニーとのかかわりについて触れておこう。私がベルティィエ・ド・ソヴィニーについて知るきっかけとなったのは、彼が注釈を書いたジャン＝アンリ・マルレの石版画集『タブロー・ド・パリ』（新評論）を一九八四年に翻訳したことである。短い注釈の中に込められた深い学識に魅せられた私はたちまちベルティィエ・ド・ソヴィニーのファンとなり、さっそく目録にある限りの著作を取り寄せたのだが、その中に『フランス史』があったというわけである。

ちなみに、今日でも入手可能なベルティエ・ド・ソヴィニーの著作は以下の通りである。

［単著］

Souvenirs inédits d'un conspirateur: Révolution, Empire et première Restauration, Paris, Tallandier, 1993, 2Vol

La Restauration, Paris, Flammarion, 1955

Metternich et la chute de Chateaubriand en 1824, Paris, A.Pedone, 1957

Metternich et son temps, Paris, Hachette, 1959

Metternich et la France après le Congrès de Vienne, Paris, Hachette, 1968-71, 3vol

La Révolution de 1830 en France, Paris, Armand Colin, 1970

Histoire de France, Paris, Flammarion, 1977（本書）

Tableaux de Paris, dessins de J.-H.Marlet, Genève, Slatkine, 1979（『タブロー・ド・パリ』鹿島茂訳、新評論、一九八四年／藤原書店、一九九三年）

La France et les Français vus par les voyageurs américains: 1814-1848, Paris, Flammarion, 1982-1985, 2vol

Au soir de la monarchie: la Restauration, Paris, Flammarion, 1983

La révolution parisienne de 1848: vue par les Américains, Paris, La Ville, 1984

Metternich, Paris, Fayard, 1986
Les titans du capitalisme américain, Paris, Plon, 1992
Les eudistes 1680-1791: Au service de l'Eglise de France, Paris, SPM, 1999
La Restauration en questions: joie, hardiesse, utopies, Paris, Bartillat. 1999

［共著］
Nouvelle histoire de l'Eglise, sous la direction de Rogier, Aubert et Knowlesm 4vol, 《Siècle des Lumières, Révolutions, Restaurations》, Paris, Seuil, 1966（ギヨーム・ド・ベルティエ・ド・ソヴィニー&ユセフ・ハヤール『キリスト教史8　ロマン主義時代のキリスト教』上智大学中世思想研究所編訳・監修、講談社、一九九一年／平凡社、一九九七年）
Nouvelle histoire de Paris, tom7 《La Restauration》, Paris, Hachette, 1977
Paris et ses rois, Paris, Paris-Musees, 1987
L'histoire de Paris par la peinture, sous la direction de Georges Duby et de Guy Lobrichon, Paris, Citadelles & Mazenod, 2008

ベルティエ・ド・ソヴィニーは一九七七年に約三十年在籍したパリ・カトリック学院を退職すると、招請のあったアメリカの大学、すなわち、インディアナ大学、フィラデルフィア大学、コロラド大学、ミシガン大学、カリフォルニア大学などでフランス史の講義を行ったが、その過程でまた新たな発見をする。十九世紀に大西洋を渡ってフランスを訪れたアメリカ人旅行者の旅行記が生原稿のままのものを含めて大学図書館や各地の図書館に思いのほか大量に収蔵されていることを知り、これらの資料を読み込んでいけばアメリカ人旅行者の目を通して観察された当時のパリとフランスの風俗がモザイク的に再現できると確信したのである。

この地道な発掘作業が結実したのが『アメリカ人旅行者が見たフランスとフランス人　一八一四—一八四八年』La France et les Français vus par les voyageurs américains: 1814-1848, Paris, Flammarion, 1982-1985, 2vol、および『アメリカ人が見た一八四八年のパリ革命（二月革命）』La révolution parisienne de 1848: vue par les Américains, Paris, La Ville, 1984である。

これは、渉猟され尽くしたと思われていた歴史資料が探索範囲を海外にまで広げさえすればまだまだ発掘可能であることを教えてくれる貴重な試みであり歴史研究者にとって大きなヒントになる企てではないだろうか？

このように、最晩年までベルティィエ・ド・ソヴィニーは精力的に著作活動を続け、一九九七年には、本書の増補部分であるミッテラン政権の章を執筆、自らとほぼ同時代を生きたミッテランに公正な評価を与えて筆を置いた。一九九九年、一生を通じてかかわってきた聖ジャン・ウード会についてのモノグラフィーを書き上げると、これを最後の著作としてパリのラスパイユ大通りにあるマリ・テレーズ養老院に入り、二〇〇四年にその生涯を終えた。享年九十二。見事な学者人生であったといえる。

最後に翻訳について触れておこう。

『タブロー・ド・パリ』を翻訳した後、私は取り寄せたベルティィエ・ド・ソヴィニーの『フランス史』にいたく感心し、日本の学生にもこの理想的な教科書を与えたいと考え、翻訳に着手しようとしたが、なぜか手を挙げる出版社が一つも現れなかった。

それから三十年以上が経過し、この素晴らしい著作を日本語にする機会はないものと諦めていたところ、以前に拙著『怪帝ナポレオン三世　第二帝政全史』を担当された講談社学術図書編集の園部雅一氏が明治大学中野キャンパスの研究室に現れて、講談社選書メチエに入れるのにふさわしいフランス史の本はないかと尋ねられた。そこで、渡りに船とばかりに本書を手渡し、東大大学院以来の旧友である楠瀬正浩氏と共訳というかたちで翻訳に取り掛かったのである。

作業は楠瀬氏が訳したものを私がチェックしながら、場合によっては読みやすいように訳し直すというかたちで進行し、初校に校閲が入ってからさらに二人で訳文を練りながら校了にまでこぎつけたが、なにぶんとも文学畑の人間であるため、歴史の専門家の目で見ればいろいろとおかしな点も目につくかもしれない。また、極端なまでに凝縮した歴史記述を目指す文体であるため、これを解きほぐすのに苦労した箇所も少なくない。当然、思い違いも見つかるかもしれない。よろしく江湖諸賢の御叱正を乞う次第である。

なお、書籍化に当たっては、講談社学術図書編集の青山遊氏に御尽力を戴いた。この場を借りて心よりの感謝の気持ちを伝えたい。

二〇一九年二月十九日　　訳者代表　鹿島茂

1830年　七月革命。ルイ＝フィリップが即位
1848年　二月革命。ルイ＝ナポレオン・ボナパルトが大統領就任。第二共和政成立
1852年　ルイ＝ナポレオンのクー・デター。ナポレオン三世として皇帝即位。第二帝政開始
1853年　クリミア戦争勃発
1855年　第一回パリ万国博覧会開催
1870年　普仏戦争勃発。第三共和政開始
1871年　パリ・コミューン
1887年　エッフェル塔着工
1894年　露仏同盟締結。ドレフュス事件
1905年　政教分離法成立
1907年　フランス・イギリス・ロシアの間で三国協商が成立
1914年　第一次世界大戦勃発
1918年　コンピエーニュ休戦協定
1919年　ヴェルサイユ条約、アルザス・ロレーヌがフランス領に
1928年　ブリアン＝ケロッグ条約（パリ不戦条約）
1936年　国民議会選挙で人民戦線が勝利
1939年　第二次世界大戦勃発
1940年　ナチス・ドイツがフランス占領。フィリップ・ペタンによるヴィシー政権成立。《自由フランス》挫折
1944年　パリ解放、シャルル・ドゴール臨時政府成立
1946年　第四共和政成立。第一次インドシナ戦争勃発
1954年　第一次インドシナ戦争終結、ヴェトナムより撤退。アルジェリア独立戦争勃発
1956年　スエズ事件
1959年　ドゴールが大統領に就任、第五共和政成立
1962年　アルジェリア独立戦争終結、アルジェリア独立
1968年　五月危機
1986年　単一欧州議定書調印
1992年　マーストリヒト条約締結（翌年、欧州連合創設）

1648年　フロンドの乱。三十年戦争が終結し、ヴェストファーレン条約締結
1659年　ピレネー条約締結
1661年　ルイ十四世親政開始。ヴェルサイユ宮殿着工
1667年　フランドル戦争勃発
1774年　ルイ十六世即位
1695年　カピタシオン（人頭税）導入
1701年　スペイン継承戦争勃発
1710年　ディジエーム（十分の一税）導入
1714年　ラシュタット条約締結、スペイン継承戦争終結
1720年　ジョン・ローの金融システム破綻
1756年　七年戦争勃発
1763年　パリ条約締結、七年戦争終結。イギリスに海外植民地の多くを割譲
1778年　アメリカ独立戦争参戦
1789年　フランス革命開始。国民議会成立。バスティーユ監獄襲撃。人権宣言
1793年　ルイ十六世処刑。第一次対仏大同盟結成。山岳派独裁、恐怖政治
1794年　テルミドール九日の反動
1795年　総裁政府成立
1798年　第二次対仏大同盟結成
1799年　ブリュメール十八日のクーデター。ナポレオン・ボナパルトが第一統領就任
1800年　フランス銀行設立
1802年　アミアンの和約、イギリスと講和
1804年　ナポレオンが皇帝位に就く。第一帝政開始
1805年　第三次対仏大同盟結成、アウステルリッツの戦い
1812年　ロシア遠征失敗
1814年　第一次王政復古、ルイ十八世がフランス王に即位
1815年　ナポレオン百日天下、ワーテルローの戦い。第二次王政復古、ルイ十八世が復位

1309年　教皇庁がアヴィニョンに移される（1377年まで）
1328年　シャルル四世死去、カペー朝断絶。フィリップ六世が即位し、ヴァロワ朝成立
1337年　百年戦争勃発
1348年　ペスト流行
1358年　ジャックリーの乱、エチエンヌ・マルセルの反乱
1415年　イギリスがノルマンディに上陸、アザンクールの戦い
1429年　ジャンヌ・ダルクがオルレアンを解放。シャルル七世が戴冠
1453年　百年戦争終結
1461年　シャルル七世死去。ルイ十一世即位
1477年　ブルゴーニュ公シャルル戦死。ブルゴーニュ公国解体
1494年　イタリア戦争勃発
1508年　カンブレ同盟締結
1515年　ルイ十二世死去。フランソワ一世即位。ヴァロワ゠アングレーム朝成立
1516年　フランソワ一世と教皇レオ十世との間でコンコルダート締結。ガリカニスムの始まり
1521年　イタリア戦争勃発
1534年　檄文事件
1541年　ジャン・カルヴァン『キリスト教綱要』フランス語版出版
1547年　フランソワ一世死去。アンリ二世即位
1559年　カトー゠カンブレジ和約、イタリア戦争終了。アンリ二世死去。フランソワ二世即位
1560年　フランソワ二世死去。シャルル九世即位
1562年　ヴァシーのプロテスタント虐殺、ユグノー戦争勃発
1572年　聖バルテルミの虐殺
1589年　アンリ三世暗殺によりヴァロワ朝断絶。アンリ四世が即位しブルボン朝成立
1598年　ナントの勅令、ユグノー戦争終結
1604年　ポーレット法導入
1618年　三十年戦争勃発

略年表

前2万年ころ　ラスコーの洞窟壁画
前2000〜1500年ころ　巨石文明
前1000年ころ　フェニキア人・ギリシャ人による植民活動
前600年ころ　ケルト人襲来
前52年　カエサル、ガリア全土を征服
415年　西ゴート王国成立
476年　西ローマ帝国滅亡
481年　クロヴィス即位
511年　クロヴィス死去。キルデベルト一世、クロタール一世、クロドミール、テウデリク一世による、フランク王国の分割相続
732年　カール・マルテル、イスラム勢力に勝利
751年　ピピン三世即位。カロリング朝成立
800年　シャルルマーニュが教皇レオ三世より西ローマ皇帝として戴冠
843年　ヴェルダン条約。フランク王国が三分割される
987年　ルイ五世が死去しカロリング朝断絶。ユーグ・カペーが即位し、カペー朝成立
1147年　第二回十字軍にルイ七世が参加
1152年　ルイ七世、アリエノール・ダキテーヌと離婚。アリエノールはアンジュー伯アンリ・プランタジュネと再婚
1154年　アンリ・プランタジネットがイングランド王に即位（ヘンリー二世）、アンジュー帝国成立
1163年　ノートルダム大聖堂着工
1180年　フィリップ二世即位
1208年　教皇インノケンティウス三世が南仏のカタリ派を攻撃、アルビジョワ十字軍始まる
1285年　フィリップ四世即位
1297年　ルイ九世が教皇ボニファティウス八世により列聖される
1307年　テンプル騎士団事件

［ら］

［ま］

［や］

［は］

［た］

［な］

［さ］

［か］

主要人名索引

- 原著に採録されているもののうち、紙幅の都合上、主要人名を抜粋して立項した。
- フランス元首（国王、大統領等）はイタリックで示し、フランス語表記を添えた。
- 表記は原著に倣い、適宜補足などをした。

［あ］

ギヨーム・ド・ベルティエ・ド・ソヴィニー（Guillaume de Bertier de Sauvigny）

一九一二年生まれ。哲学バカロレア取得後、パリ大学文学部や聖ヨハネ・ウード会修道院にて学び、その後は同修道会の在俗司祭となる。リセ教員、従軍司祭などを務めたのち、戦後は一九四八年よりパリ・カトリック学院の歴史教授に就任（一九七七年まで）。パリ大学文学部より博士号。主な著書に、本書のほか、*La Restauration, 1815-1830*（Hachette, 1977）（『王政復古期』未邦訳）、*Metternich*（Fayard, 1986）（『メッテルニヒ』未邦訳）などがある。二〇〇四年逝去。

鹿島　茂（かしま・しげる）

一九四九年生まれ。東京大学大学院人文科学研究科博士課程単位取得満期退学。現在、明治大学教授。十九世紀フランスの社会・小説が専門。代表作に『馬車が買いたい！』（サントリー学芸賞、白水社）、『子供より古書が大事と思いたい』（講談社エッセイ賞、青土社）など。

楠瀬正浩（くすのせ・まさひろ）

一九四七年生まれ。東京大学大学院人文科学研究科仏語仏文学博士課程単位取得満期退学。一九七〇年、一九七八年パリ大学留学。フランス語、イタリア語非常勤講師を務める。訳書に『幻想の過去——20世紀の全体主義』（フランソワ・フュレ著、バジリコ）がある。

フランス史《し》

二〇一九年　四月一〇日　第一刷発行

著者　ギヨーム・ド・ベルティエ・ド・ソヴィニー

監訳者　鹿《か》島《しま》　茂《しげる》

訳者　楠《くすの》瀬《せ》正《まさ》浩《ひろ》

発行者　渡瀬昌彦

発行所　株式会社　講談社

東京都文京区音羽二丁目一二―二一　〒一一二―八〇〇一

電話（編集）〇三―三九四五―四九六三

（販売）〇三―五三九五―四四一五

（業務）〇三―五三九五―三六一五

装幀者　奥定泰之

本文データ制作　講談社デジタル製作

本文印刷　株式会社　新藤慶昌堂

カバー・表紙印刷　半七写真印刷工業　株式会社

製本所　大口製本印刷　株式会社

ISBN978-4-06-515029-0　Printed in Japan

N.D.C.235　667p　19cm

講談社選書メチエの再出発に際して

講談社選書メチエの創刊は冷戦終結後まもない一九九四年のことである。長く続いた東西対立の終わりはついに世界に平和をもたらすかに思われたが、その期待はすぐに裏切られた。超大国による新たな戦争、吹き荒れる民族主義の嵐……世界は向かうべき道を見失った。そのような時代の中で、書物のもたらす知識が一人一人の指針となることを願って、本選書は刊行された。

それから二五年、世界はさらに大きく変わった。特に知識をめぐる環境は世界史的な変化をこうむったとすら言える。インターネットによる情報化革命は、知識の徹底的な民主化を推し進めた。誰もがどこでも自由に知識を入手でき、自由に知識を発信できる。それは、冷戦終結後に抱いた期待を裏切られた私たちのもとに差した一条の光明でもあった。

その光明は今も消え去ってはいない。しかし、私たちは同時に、知識の民主化が知識の失墜をも生み出すという逆説を生きている。堅く揺るぎない知識も消費されるだけの不確かな情報に埋もれることを余儀なくされ、不確かな情報が人々の憎悪をかき立てる時代が今、訪れている。

この不確かな時代、不確かさが憎悪を生み出す時代にあって必要なのは、一人一人が堅く揺るぎない知識を得、生きていくための道標を得ることである。

フランス語の「メチエ」という言葉は、人が生きていくために必要とする職、経験によって身につけられる技術を意味する。選書メチエは、読者が磨き上げられた経験のもとに紡ぎ出される思索に触れ、生きるための技術と知識を手に入れる機会を提供することを目指している。万人にそのような機会が提供されたとき初めて、知識は真に民主化され、憎悪を乗り越える平和への道が拓けると私たちは固く信ずる。

この宣言をもって、講談社選書メチエ再出発の辞とするものである。

二〇一九年二月　　野間省伸

講談社選書メチエ　世界史

MÉTIER

講談社選書メチエ　文学・芸術

MÉTIER

アメリカ音楽史　大和田俊之
ピアニストのノート　V・アファナシエフ　大野英士訳
見えない世界の物語　大澤千恵子
パンの世界　志賀勝栄
小津安二郎の喜び　前田英樹
金太郎の母を探ねて　西川照子
ニッポン　エロ・グロ・ナンセンス　毛利眞人
天皇と和歌　鈴木健一
コンスタンツェ・モーツァルト　小宮正安
物語論　基礎と応用　橋本陽介
乱歩と正史　内田隆三
浮世絵細見　浅野秀剛
凱旋門と活人画の風俗史　京谷啓徳
歌麿『画本虫撰』『百千鳥狂歌合』『潮干のつと』　菊池庸介編
小論文　書き方と考え方　大堀精一
胃弱・癇癪・夏目漱石　山崎光夫